汉宋易学解读

余敦康 著

中 华 书 局

图书在版编目(CIP)数据

汉宋易学解读/余敦康著. —北京:中华书局,2017.1
ISBN 978-7-101-12094-3

Ⅰ.汉… Ⅱ.余… Ⅲ.①《周易》–研究–中国–汉代②《周易》–研究–中国–宋代 Ⅳ.B221.5

中国版本图书馆 CIP 数据核字(2016)第 207841 号

书　　名	汉宋易学解读
著　　者	余敦康
责任编辑	傅　可
出版发行	中华书局
	(北京市丰台区太平桥西里 38 号　100073)
	http://www.zhbc.com.cn
	E-mail:zhbc@zhbc.com.cn
印　　刷	北京天来印务有限公司
版　　次	2017 年 1 月北京第 1 版
	2017 年 1 月北京第 1 次印刷
规　　格	开本/710×1000 毫米　1/16
	印张 33¾　插页 2　字数 450 千字
印　　数	1-6000 册
国际书号	ISBN 978-7-101-12094-3
定　　价	59.00 元

目　录

上篇　汉代易学

第一章　汉易象数之学的兴起 ……………………………………………… 1

第二章　孟喜、京房的卦气理论与文化理想 …………………… 15

第三章　《易纬》的卦气理论与文化理想 ……………………… 37

第四章　东汉易学的发展 ………………………………………… 60

第五章　郑玄的易学 ……………………………………………… 78

第六章　荀爽的易学 ……………………………………………… 88

附录　王弼的《周易略例》 …………………………………… 104

下篇　宋代易学

第七章　李觏的《易论》 ………………………………………… 127

第八章　欧阳修的《易童子问》 ………………………………… 149

第九章　司马光的《温公易说》 ………………………………… 163

第十章　苏轼的《东坡易传》 …………………………………… 178

　一、苏轼易学的特色 …………………………………………… 178

　二、自然之理与人事之功 ……………………………………… 184

　三、卦爻结构与义理内涵 ……………………………………… 202

　四、苏轼的文化价值理想 ……………………………………… 221

第十一章　周敦颐的易学……………………………………………… 235

第十二章　邵雍的易学………………………………………………… 259

　　一、先天之学与后天之学…………………………………………… 259

　　二、先天之学的宇宙图式…………………………………………… 275

　　三、物理之学与性命之学…………………………………………… 292

　　四、宇宙意识与人文情怀…………………………………………… 311

第十三章　张载的易学………………………………………………… 325

　　一、张载易学的特色………………………………………………… 325

　　二、为天地立心……………………………………………………… 337

　　三、为生民立命……………………………………………………… 359

　　四、为往圣继绝学，为万世开太平………………………………… 379

第十四章　程颐的《伊川易传》……………………………………… 401

　　一、体用一源显微无间……………………………………………… 401

　　二、天地之序与天地之和…………………………………………… 422

　　三、外王理想与政治运作…………………………………………… 446

第十五章　朱熹的易学………………………………………………… 468

　　一、《周易本义》九图与《易学启蒙》的象数之学……………… 468

　　二、朱熹易学的特色………………………………………………… 499

　　三、朱熹易学的天人合一思想……………………………………… 518

第一章 汉易象数之学的兴起

在易学发展史上，汉代以"卦气说"为代表的象数派的易学是一个重要的中间环节。这派易学上承先秦的传统，推天道以明人事，发展了《周易》所固有的核心思想，广泛地运用于实际的生活，同时也加深扩大了《周易》所固有的内容与形式的矛盾，从而激发出魏晋时期以王弼为代表的义理派的易学。如果对汉代易学缺乏一种客观的历史的理解，因袭前人的门户之见，入主出奴，宗之者奉为圭臬，贬之者视为不屑一顾的断层现象，这就既不能把握易学演变的规律，也难以发掘易学内在的精髓。

关于易学的演变，《四库全书总目·易类》有一个概略的描述：

故《易》之为书，推天道以明人事者也。《左传》所记诸卜，盖犹太卜之遗法。汉儒言象数，去古未远也。一变而为京、焦，入于礼祥；再变而为陈、邵，务穷造化。《易》遂不切于民用。王弼尽黜象数，说以老庄；一变而胡瑗、程子，始阐明儒理；再变而李光、杨万里，又参证史事。《易》遂日启其论端。此两派六宗，已互相攻驳。又易道广大，无所不包，旁及天文、地理、乐律、兵法、韵学、算术以逮方外之炉火，皆可援《易》以为说，而好异者又援以入《易》，故易说愈繁。

这种描述大体上是可信的。在两千年来的历史长河中，易学确实是分化成为象数派与义理派两大发展系列。汉儒的象数，京房、焦延寿的机祥，陈抟、邵雍的图书，是由象数派演变而成的三宗。王弼的"说以老庄"，胡瑗、程颐的"阐明儒理"，李光、杨万里的"参证史事"，是由义理派演变而成的三宗。这就是所谓"两派六宗"。至于旁及天文、地理、乐律等等的"易外别传"，都可以归结为象数之学的发展系列。虽然他们在历史上互相攻驳，党同伐异，各自以为独得易学的精髓，斥他人为有悖于易学的本义，长期以来形成了很深的门户之见，但就宏观整体而言，却是彼此促进，相得益彰，各派各宗都从不同的侧面发展了易学的核心思想，在不同的程度上丰富了易学的宝库。

究竟易学的本身有没有一个核心思想或内在精髓？如果肯定为有，那么这个核心思想或内在精髓又是通过何种历史的动因在汉代表现为与宗教巫术的占卜机祥纠缠扭结在一起的象数派的形式？汉易的象数之学究竟是怎样走到穷途末路，终于为王弼的义理派的易学所取代的？为什么在魏晋以后，义理派的易学占据统治地位，象数派的易学仍然薪火相传，绵延不绝，到了清代，又掀起了一个复兴汉易的热潮？我们今天研究汉易，究竟应该怎样超越前人的门户之见，着眼于易学发展的整体，恰如其分地估价其历史的地位，透过那些花样翻新而又繁琐荒诞的象数形式发掘其合理的内核？所有这些问题都涉及对易学的本质及其演变规律的根本理解，每个研究者由于受到主客观条件的种种限制，很难作出全面准确的回答，但是为了把汉易的研究从描述的水平推进到一定的理论高度，这些看来似乎是大而无当的问题却是不能不认真思考的。

惠栋是清代复兴汉易的著名大师。梁启超在《清代学术概论》中曾以八个字概括惠派的治学方法："凡古必真，凡汉皆好。"惠栋的易学，于郑玄之所谓"爻辰"，虞翻之所谓"纳甲"，荀爽之所谓"升降"，京房之所谓"世应""飞伏"，与夫"六日七分""世轨"诸说，一一为之疏通证明。虽然如此，但是惠栋在他的名著《易汉学》中却不以汉易为限而追溯到先秦的传统，以《易传》的本文为据，提出了"易尚时中说"，认为"时中"二字就是易学本身的核心思想或内在精髓，汉易的象数之学就是继承这个传统发展而来的。他说：

易道深矣，一言以蔽之曰：时中。孔子作《彖传》，言时者二十四卦，言中者三十五卦。《象传》言时者六卦，言中者三十八卦。其言时也，有所谓时者，待时者，时行者，时成者，时变者，时用者，时义、时发、时含、时极者。其言中也，有所谓中者，中正者，正中者，大中者，中道者，中行者，行中者，刚中、柔中者。而蒙之《彖》则又合时中而命之。……愚谓孔子晚而好《易》，读之韦编三绝而为之传，盖深有味于六十四卦、三百八十四爻时中之义，故于《彖传》《象传》言之重，词之复。子思作《中庸》，述孔子之意而曰"君子而时中"。孟子亦曰："孔子圣之时。"夫执中之训，肇于中天，时中之义，明于孔子，乃尧舜以来相传之心法也。其在《丰·彖》曰"天地盈虚，与时消息"；在《剥·彖》曰"君子尚消息盈虚，天行也"；《文言》曰"知进退存亡而不失其正者，其惟圣人乎"；皆时中之义也。知时中之义，其于《易》也，思过半矣。

在《易例》中，惠栋又进一步提出了"易尚中和说"。《易例》是惠栋的一部未成之书。《四库全书总目》推想："意栋欲镕铸旧说，作为易例，先创草本，采摭汉儒易说，随手题识，笔之于册，以储作论之材。"关于"易尚中和"一例，"曰中和，曰《诗》尚中和，曰礼乐尚中和，曰君道尚中和，曰建国尚中和，曰《春秋》尚中和，分为六类，已极繁复，而其后又出中和一类，君道中和一类，卷末更出中和之本一类，此亦必欲作易尚中和一例，而散见于九处者也"。值得注意的是，惠栋的"易尚中和说"引以为证的证据主要不是汉儒易说，也不是《易传》本文，而是从儒家典籍中广泛采摭而来的许多并未涉及易学的关于中和的言论，诸如《孟子》《荀子》《中庸》《周礼》《礼器》《乐记》《洪范五行传》《左传》《春秋繁露》《太玄》《法言》《白虎通》《申鉴》等等，也从道家的典籍《老子》《庄子》和《淮南子》中引证了许多关于中和的言论。这种情况表明，在惠栋的心目中，中和思想不仅是易学的核心或精髓，也是儒道两家思想的共同的核心或精髓，其所以特别拈出，作为易之一例，是因为中和思想乃是易学的象数形式所内含的哲学义理，卦爻变化所遵循的根本原则，如果不能准确地把握这个思想，则无从见出圣人作《易》之大纲。

惠栋在《易例》中反复阐明，二、五为中，相应为和，中和思想在易学中是通过爻位表现出来的，而在既济卦的爻位配置中表现得最为典型。既济卦☲坎上离下，初、三、五刚居阳位，二、四、上柔居阴位，六爻皆得其正，六二与九五，刚中与柔中相应，此之谓和。既济卦是由乾坤二卦按照中和的原则升降交合变化而来的。乾六爻，二、四、上非正，坤六爻，初、三、五非正，乾必交坤而后亨，爻必得位而后正。所以乾二当居坤五，坤五当降乾二，乾四当居坤初，坤初当居乾四，乾上当居坤三，坤三当居乾上。经过这样一番升降交合，乾坤二卦就变化成为两个坎上离下的既济卦。惠栋认为，既济卦的爻位配置，阴阳和均，刚柔相当，是一种最理想的象数形式，完美地体现了元亨利贞四德。关于元亨利贞，惠栋解释说："乾初为道本，故曰元。六爻发挥，旁通于坤，故亨。乾二、五之坤，成坎，坤二、五之乾，成离。坎上离下，六爻位当，各正性命，保合太和，乃利贞，是利贞之义矣。"因而"元亨利贞皆言既济"，既济卦中的坎离之象蕴含着中和之本的哲学义理。在"元亨利贞大义"例中，惠栋深有感慨地表述了他对易学精髓的根本理解以及复兴汉易象数之学的用心所在。他说："易道晦蚀且二千年矣。元亨利贞乃二篇之纲领，魏晋以后注易者皆不得其解。……今幸东汉之易犹存，荀、虞之说具在，用申师法，以明大义，以溯微言，二千年绝学庶几未坠，其在兹乎！其在兹乎！"

惠栋站在象数派易学的立场，全盘否定魏晋以后的义理派的易学，认为"易道晦蚀且二千年"，显然是一种胶固偏狭的门户之见。但是，惠栋认为，在汉易的象数之学中，确有一个核心思想或内在精髓，表现了"时中""中和"以及"元亨利贞"的哲学义理，却是一种论证精确为人信服的真知灼见，有力地回击了义理派对象数派的指责。长期以来，义理派指责象数派排斥义理，象数派指责义理派扫落象数，而实际的情况却是，象数派并不排斥义理，义理派也未扫落象数，双方的互相指责都是没有根据的，这两派的分野以及矛盾的焦点应该重新探讨。

我们曾经指出，《周易》这部书包括《易经》和《易传》两部分。《易经》是一部占筮书，《易传》则是一部哲学书，但是《易传》的哲学思想是利用了《易经》占筮的特殊结构和筮法建立起来的，因而这两部分在内容上有差别而在形式上却存在着联系，形成了一种哲学思想和宗教巫术的奇妙的结合。这种结合并不是完美无缺、天衣无缝的，它的内容和形式、哲学思想和宗教巫术常常发生尖锐的矛盾。如果使内容屈从于形式，那么它的哲学思想便会沦落为宗教巫术的奴婢；反之，如果使形式服从于内容，那么它的卦爻结构和编纂体例就成为表现哲学思想的一种工具。《周易》的形式就是象数，它的内容就是义理。由于形式与内容不可分，象数与义理乃是紧密结合在一起的。讲象数，目的在于阐发某种义理；谈义理，也不能脱离象数这种表现工具。《周易》这部书是中外思想史上的一个极为特殊的现象，它的形式和内容两方面都应该引起足够的重视。义理派的特征不在于扫落象数，象数派的特征也不在于排斥义理，这两派的分野以及矛盾的焦点，关键在于如何处理内容与形式的关系，也就是说，究竟是使内容屈从于形式还是使形式服从于内容。

就《易传》的主导倾向而言，应该承认，它是属于义理派的易学。《易传》之所以能够成功地把《易经》这部占筮之书改造成为一部哲学书，根本原因在于它发挥了解释学的优势。《易传》并没有扫落象数，只是在处理象数与义理的关系时，把义理摆在首位，使象数服从于表现义理的需要。为了达到这个目的，《易传》对象数的体例、结构和功能作了一系列不同于筮法的新的规定，诸如承、乘、比、应、时、位、中等等。这些规定也是《易传》解释《易经》并且阐发自己的哲学思想所依据的基本原则。《易传》所说的"形而上者谓之道，形而下者谓之器"，就是立足于本体论哲学的高度，来说明象数与义理之间的关系。象数有形可见，是为形而下，义理隐藏于象数之中，看不见，摸不着，是为形而上。但是形而上的义理必须借助形而下的象数才能表现出来。《系辞》说："子曰：'书不尽言，言不尽意。'然则圣人之意，其不可见乎？子曰：'圣人立象以尽意，设卦以尽情伪，系辞焉以尽其言。'"《系辞》的这个说法就是义理派易学的理论依据。它首先肯定有一个"圣人之意"，这就是义理，也就是哲学思想。这种哲学思想是文字语言所不能完全表达的，所以圣人借助于《周易》的卦象、爻象以及卦辞、爻辞来表达。在言（卦爻辞）、象（卦爻象）、意（义理）三

者的关系中，意是居于首位的。

但是另一方面，《易传》也没有完全否定占筮，而保留了某些对象数的神秘崇拜。比如它把卦爻结构看做是一个圆满自足的先验的体系，认为"天地之数五十有五"，这些神秘的数字是事物变化的根本原因，特别是在《说卦》中把八卦与四时、八方相配，组成为一个八卦方位的世界图式，并且列举了一系列来自宗教巫术的卦象，作为沟通神人关系的手段，预测吉凶祸福的依据。所有这些，说明《易传》还存在着一种与义理派格格不入的象数派的倾向。

这两种互相对立的易学倾向并存于《易传》之中，有时把义理置于首位，有时又把象数奉为神圣。但是，无论《易传》表现为何种倾向，其中都贯穿着一个核心思想或内在精髓，这就是惠栋所指出的"时中""中和"的哲学义理，也就是《庄子·天下篇》所概括的"《易》以道阴阳"。如果按照"观变于阴阳而立卦，发挥于刚柔而生爻"的思路，把卦爻结构看做是对阴阳变化的一种摹拟和象征，这就表现为一种义理派的倾向。反之，如果按照"蓍之德圆而神，卦之德方以知"的思路，认为可以根据卦爻结构把天下所有的道理都推演出来，这就表现为一种象数派的倾向。由于这两种倾向表现得错综复杂，梦如乱丝，所以后来的象数派和义理派都可以在《易传》中找到自己的根据。

《易传》中的象数派的倾向在汉易中得到了充分的发展，这种倾向独立成派是从汉易开始的。究竟汉易为什么不顾《易传》中占主导地位的义理派的倾向，而对其中带有宗教巫术色彩的象数之学感到极大的兴趣？这个问题如果单从易学传承的角度来看是难以理解的，只有联系到汉代哲学总的发展线索以及时代思潮的演变情况才能得到合理的说明。

皮锡瑞在《经学通论》中曾经指出："汉初说《易》，皆主义理，切人事，不言阴阳术数。""阴阳灾变为《易》之别传。""经学有正传，有别传。以《易》而论，别传非独京氏而已，如孟氏之卦气，郑氏之爻辰，皆别传也。又非独《易》而已，如《伏传》五行，《齐诗》五际，《礼月令》《明堂阴阳说》，《春秋公羊》，多言灾异，皆别传也。"皮锡瑞认为，孔子删定六经，不以阴阳五行为宗旨，继承这一学风的，为经学之正传。阴阳五行思想源于齐学，后来窜入儒家，在汉世又成一代风气，使整个经学都受到了影响，是为别传。汉初主义理的易学皆祖田何、杨叔、丁将军，不言阴阳术数，盖得《易》之正传。以阴阳灾变为说，首改师法的易家，始于孟喜而成于京房。尽管孟京之学各有所授，而止得为《易》之别传。皮锡瑞的这个看法把易学置于经学与时代思潮的总体演变之中进行宏观的考察，是颇有见地的。

就易学本身而论，以阴阳灾变为说的《易》之别传不始于汉初，而始于宣、元之际的孟喜、京房。孟喜之学出于丁宽之门人田王孙。王孙授施雠、孟喜、梁丘贺。《汉书·儒林传》说："喜好自称誉，得《易》家候阴阳灾变书，诈言师田生且死时枕喜膝，独传喜，诸儒以此耀之。同门梁丘贺疏通证明之，曰：田生绝于施雠手中，时喜归东海，安得此事？""京房受《易》梁人焦延寿。延寿云尝从孟喜问《易》。会喜死，房以为延寿《易》即孟氏学，翟牧、白生（孟喜门人）不肯，皆曰非也。"这段史料说明，孟喜首改师法，援引阴阳灾变之说入《易》，受到同门梁丘贺、施雠的激烈反对，京房的易学托于孟喜，又不为孟喜的门人所认可。由此可见，易学在汉代的演变，直到宣、元之际才分化成义理派与象数派两种互相攻驳的倾向。象数派的倾向离开了《易》之正传，标新立异，持论巧慧，《易》家不能难，虽然暂时居于劣势，却是一股新生的力量，很快就蔚为大观，独立成派，在哀、平之际发展成《易纬》那种庞大完整的体系，东汉时期的郑玄、荀爽、虞翻等人又从而推波助澜，使象数派的易学取得了压倒的优势，成为整个汉易的代名词。我们今天来研究这一段历史，如果单从易学本身传承的角度来看，孟喜揭开象数派易学发展的序幕，完全是根据于他所编造的一套谎言。很难理解，这套谎言竟然能赢得众多人们的信服，从根本上改变了易学的面貌。但是，如果我们看到阴阳灾变之说是汉代的一股风行的时代思潮，那么孟喜的易学由于迎合了这股思潮而具有强大的生命力，就是一个合乎规律的现象了。

汉代的经学与时代思潮的演变，以武帝时期的"罢黜百家，独尊儒术"为标志，可以明显地区分为前后两个不同的阶段。武帝以前，虽然黄老之学受到特别的尊崇，但是先秦百家争鸣的余波未息，思想领域呈现一种多元化的局面。儒家的经学就总体而言以墨守训诂、拘泥古义的一派占优势，在思想上未能作出积极的建树。司马谈在《论六家要旨》中评论说："夫儒者以六艺为法。六艺经传以千万数，累世不能通其学，当年不能究其礼，故曰博而寡要，劳而少功。若夫列君臣父子之礼，序夫妇长幼之别，虽百家弗能易也。"儒家为了在与黄老之学的角逐中取得胜利，必须克服自身的缺点，把关于人道的思想提到天人之学的高度来重新论证，根据汉代封建统一帝国的实际需要来革新经学。在这方面，阴阳家关于天道的思想是一个十分有用的资料。当时的黄老之学正是由于吸取了阴阳家的思想，"因阴阳之大顺"，才能满足汉初休养生息的时代需要。司马谈对阴阳家评论说："夫阴阳四时、八位、十二度、二十四节，各有教令，顺之者昌，逆之者不死则亡，未必然也，故曰使人拘而多畏。夫春生夏长，秋收冬藏，此天道之大经也，弗顺则无以为天下纲纪，故曰四时之大顺，不可失也。"阴阳家源出于战国末年齐人邹衍，其思想特色为先秦时期阴阳与五行两大思想系统的合流而不同于《易传》。吕不韦编纂《吕氏春秋》，曾根据这种思想构造了一个十二纪的世界图式。秦始皇统一中国，又根据这种思想制定了一套以水德为统帅的典章制度。到了汉初，阴阳五行思想风行不衰，十二纪的世界图式受到儒道两家的普遍重视。《礼记·月令》基本抄自《吕氏春秋》十二纪纪首。《淮南子·时则训》是将十二纪纪首稍加补缀而成。但是，当时无论是儒家的《礼记》还是道家的《淮南子》，都没有成功地把阴阳家关于天道的思想改造成一种系统完备的天人之学，《淮南子》的思想长于天道而短于人道，《礼记》的思想长于人道而短于天道。因此，在汉初的七十年间，经学与时代思潮都在酝酿着一场巨大的变革。直到董仲舒出来，根据阴阳五行思想来阐发《春秋公羊传》的微言大义，把儒家的文化价值理想纳入阴阳家的世界图式之中，这场变革才算完成，而董仲舒本人也就跃居为领导经学与时代思潮演变的一代宗师。《汉书·五行志》回顾这一段历史，准确地指出："汉兴，承秦灭学之后，景、武之世，董仲舒治《公羊春秋》，始推阴阳，为儒者宗。"

阴阳家的世界图式是由哲学、科学与宗教巫术三种不同性质的思想奇妙地结合而成的。它首先站在哲学的高度，以阴阳五行为基本的思想构件，编织了一个时空的框架，然后把当时人类所积累的一切知识，包括天文、地理、历法、音律、物候、历史、政治、法令等等，统统分门别类地安排在这个时空框架之中，同时又保留了原始宗教的农耕祭仪与时令禁忌，以天子为领导全国宗教、政治与农事活动的首领，按照天人感应的巫术原理，负责维护自然秩序与社会秩序的和谐，保持天人之间动态的平衡。这是适应当时学术融合与政治统一的历史发展趋势而出现的一种新型的世界观，与其他各家思想相比，具有多方面的优越性。就意识形态方面而言，它只是为人们提供一种整体思维的方式而不像其他各家那样带有文化价值理想的偏狭性，人们接受这种世界观，既不必改变自己的立场，又能获得一种广阔的视野与整合思想的能力，所以包容性极大，在百家争鸣中实际上处于超越的地位，一直是不受排斥而风行不衰。就政治方面而言，它比其他各家最能全面地反映封建统一帝国的宏大规模与雄伟气魄，特别是它总结了天文历法的科学知识，规定了一套指导全国的农业生产与政治活动的月令法典，把阴阳五行的世界观与封建统一帝国每日每时必须从事的具体的经济政治管理活动紧密地联系在一起，因而也受到统治者的欢迎。在秦汉之际这个历史时期，它曾与法家的思想相结合，促进了政治的统一；又与道家的思想相结合，顺应天时，恢复了经济的生机。儒家的经学如果拒绝这种新型的世界观，墨守训诂，拘泥古义，顽固地坚持不以阴阳五行为宗旨的经学正传的保守学风，那就是大大落后于时代了。从这个角度来看，由董仲舒开始的经学之别传倒是迎合了时代的潮流，代表了经学中的一股方兴未艾的革新的势力。

董仲舒援引阴阳五行学说来解释儒家的经义，着重发挥了符瑞与灾异的思想。符瑞象征着自然与社会秩序的和谐，灾异则象征着这种秩序受到了破坏，产生了某种冲突与危机。这是一种源于远古的宗教巫术而又混杂着先进的哲学与科学成分的奇特的思想，可以概括为天人感应论。自从董仲舒以天人感应论为汉代的新儒学奠定了理论基础以后，其他的经学家群起仿效，纷纷结合自己所治的经典来发挥这种思想，因而天人感应论在汉代发展成为一种普遍的思维模式，几乎人人都受到它的影响。不仅经学家们讲，皇帝大臣们讲，就是从事自然科学（如天文、历法、数学、医学）的人们也都或多或少处于这种思维模式的支配之下。这种天人感应论首先肯定有一位主宰自然和社会的至上神，即作为"百神之大君"的天神。这位天神用阴阳五行为材料构筑了一个物质性的自然界，也用阴阳五行来体现自己的意旨，为人类社会确定了三纲五常的规范。天神干预人事，人的行为也感应上天。但是，天人之间的交往并不是直接进行的，天神只是通过自然界的各种灾异和符瑞来间接地表示对人们的谴告和嘉奖，人们也只有通过对自然现象作细致周密的观察才能了解天意。因此，这种天人感应论也叫做阴阳术数，即根据阴阳五行的数理来推断天象气候的变化，占卜人事的吉凶祸福，预言政治的成败兴衰。各派经学家为了通经致用，必须彻底改变经学正传的保守学风，把儒家的经义和这种阴阳术数之学紧密地结合起来。在这种时代风气的影响之下，阴阳术数之学与《春秋》相结合而形成了"春秋阴阳说"，与《书》相结合而形成了"洪范五行说"，与《礼》相结合而形成了"明堂阴阳说"，与《诗》相结合而形成了"四始五际说"。由此看来，孟喜、京房所提出的"卦气说"，实质上就是阴阳术数之学与《易》相结合的产物。易学在汉代的演变为什么表现为象数派的形式，是与阴阳术数之学在汉代广泛的传播渗透分不开的。

一般而言，阴阳术数与儒家经义相结合，应该尽可能地满足三个方面的要求，一是立足于儒家的文化价值思想，二是提供一个完整的世界图式，三是推断灾异有数理的根据，能以命中率高取得人们的信服。就当时所出现的各种经学别传来看，易学的"卦气说"充分利用了《周易》框架结构中的那套象数模式，最能全面地满足这些要求，比依据其他经典的种种讲法要优越得多。比如董仲舒的"春秋阴阳说"，把儒家的文化价值理想纳入阴阳五行的世界图式之中是做得比较成功的，但在以灾异来附会实际的政治方面却不够圆满，闯了一个大祸，险被处死，吓得他以后"不敢复言灾异"。再比如，治《尚书》的学者夏侯始昌，因"明于阴阳，先言柏梁台灾日，至期日果灾"，受到武帝的重视。其族子夏侯胜"从始昌受《尚书》及《洪范五行传》，说灾异"，因预言应验，为执政者霍光所信服，"以此益重经术士"。但是，"洪范五行说"却未能上升到哲学的高度，为人们提供一个如同"卦气说"那样完整的世界图式。至于"明堂阴阳说"与"四始五际说"也都带有这样或那样的缺陷，存在着一定的片面性。其所以如此，主要是由于这几种经学别传所依据的经典与阴阳术数相结合的潜在能力无法与《周易》相比拟，本身就带有这样或那样的缺陷。因此，虽然当时各派经学家都在积极从事与阴阳术数相结合的工作，提出了各种各样的说法，易学的"卦气说"却是后来居上，取得了举世公认的成就，而《周易》的地位也由此青云直上，跃居为群经之首，尊奉为六艺之原。

"卦气说"以震、离、兑、坎为四正卦，分主东、南、西、北四方与春、夏、秋、冬四时，这是依据《说卦》中的八卦方位说发展而来的。《说卦》对于"卦气说"的形成起了关键性的作用，而易学迟至宣帝年间才发展为"卦气说"的体系，可能与此时《说卦》的重新发现密切相关。王充《论衡·正说篇》说："孝宣皇帝之时，河内女子发老屋，得逸《易》《礼》《尚书》各一篇，奏之。宣帝下示博士，然后《易》《礼》《尚书》各益一篇。"《隋书·经籍志》说："及秦焚书，《周易》独以卜筮得存，唯失《说卦》三篇。后河内女子得之。"这两段史料说明，《说卦》在秦汉之际曾一度佚失，到宣帝时失而复得。宣帝时丞相魏相"数表采《易阴阳》及《明堂月令》奏之"，孟喜"得《易》家候阴阳灾变书"可能都是指的此事。《说卦》的重新发现，在当时的思想生活中是一件大事，因为它为人们提供了一个用卦爻结构编织的时空框架的原型，这个原型虽然简陋粗疏，却是立足于儒家的文化价值理想，具有象数的思维模式，如果以这个原型为基础进行加工改造，使之与阴阳术数相结合，不仅可以发展为一种更加全面的世界观，而且可以更为有效地参与实际的政治经济的管理活动，发挥调整的作用。当时魏相向宣帝上奏所发表的一段言论，对于我们准确地把握后来盛行的"卦气说"的实质及其所反映的具体的历史内容，有着十分重要的意义，值得认真剖析。他说：

　　臣相幸得备员，奉职不修，不能宣广教化。阴阳未和，灾害未息，咎在臣等。臣闻《易》曰："天地以顺动，故日月不过，四时不忒；圣王以顺动，故刑罚清而民服。"天地变化，必由阴阳，阴阳之分，以日为纪。日冬夏至，则八风之序立，万物之性成，各有常职，不得相干。东方之神太昊，乘震执规司春；南方之神炎帝，乘离执衡司夏；西方之神少昊，乘兑执矩司秋；北方之神颛顼，乘坎执权司冬；中央之神黄帝，乘坤、艮执绳司下土。兹五帝所司，各有时也。东方之卦不可以治西方，南方之卦不可以治北方。春兴兑治则饥，秋兴震治则华，冬兴离治则泄，夏兴坎治则雹。明王谨于尊天，慎于养人，故立羲和之官以乘四时，节授民事。君动静以道，奉顺阴阳，则日月光明，风雨时节，寒暑调和。三者得叙，则灾害不生，五谷熟，丝麻遂，草木茂，鸟兽蕃，民不夭疾，衣食有余。若是，则君尊民悦，上下亡怨，政教不违，礼让可兴。夫风雨不时，则伤农桑，农桑伤，则民饥寒；饥寒在身，则亡廉耻，寇贼奸宄所由生也。臣愚以为阴阳者，王事之本，群生之命，自古贤圣未有不由者也。天子之义，必纯取法天地，而观于先圣。……臣相伏念陛下恩泽甚厚，然而灾气未息，窃恐诏令有未合当时者也。愿陛下选明经通知阴阳者四人，各主一时，时至明言所职，以和阴阳，天下幸甚。（《汉书·魏相传》）

魏相是宣帝时与丙吉齐名的名相，是一位卓越的政治家，而不是一般的易学家，虽然史传称他"明《易经》,有师法"，但没有交代他的承传系统。清人唐晏的《两汉三国学案》推测："相所治《易》未知何家，然彼时施、孟、梁丘盛行。考之《虞氏易》说震为春、兑为秋、坎为冬、离为夏之说，与此正同，则相所治亦《孟氏易》也。"这个推测是不准确的。因为当时孟喜的新易学受到同门梁丘贺等人的排斥，不为学界所信，加上政治地位卑微，宣帝因闻喜改师法，拒绝任命他为博士，其学并未盛行。而魏相身居丞相高位，显赫一时，尽管他以四正卦配四时与孟氏易说相同，但这个说法是源于《说卦》而不是源于孟氏易说。以"卦气说"为主要内容的新易学在宣帝时是处于创建阶段，魏相以一位政治家的远见卓识，在这种新易学中贯注了时代的理想，使之与封建统一帝国的实际的管理需要紧密结合，不仅为这种新易学勾勒了一个粗线条的轮廓，也为它的进一步发展指明了前景，在"卦气说"的演变史上，应该看做是一位先驱人物。而孟氏易说无非是在魏相思想的基础上作了一些技术性的加工，搞出了一个完整的体系而已。

魏相的这一段言论为"卦气说"提出了几个要点。第一，他以震、离、兑、坎四卦与四方、四时相配，以坤、艮二卦与中央相配，编织成一个阴阳五行的时空框架，以此来象征自然界的和谐，而把社会人际关系的和谐置于自然界和谐的基础之上。如果"日月光明，风雨时节，寒暑调和"，灾害不生，自然界处于和谐的有序状态，则五谷丰登，六畜兴旺，人民丰衣足食，安居乐业，君臣上下之间的人际关系也将处于和谐的有序状态。这种自然与社会的和谐就是当时人们普遍追求的最高理想，而"卦气说"实际上就是以这种整体和谐作为自己的思想核心的。

第二，他根据天人感应论的根本原理，认为国家的政治经济的管理必须取法天地，奉顺阴阳，严格按照自然与社会整体和谐的规律办事，决不可倒行逆施，错谬天时。因为"东方之卦不可以治西方，南方之卦不可以治北方。春兴兑治则饥，秋兴震治则华，冬兴离治则泄，夏兴坎治则雹"。如果违反了这种整体和谐的规律，将引起一系列恶性的连锁反应，首先是引起自然灾害，破坏了国家赖以为生的农业经济基础，农业经济基础一旦破坏，人民饥寒交迫，铤而走险，则进一步破坏国家政治秩序的稳定。

第三，他把调和阴阳、维护自然与社会的整体和谐规定为天子应尽的职责。他告诫宣帝说："臣愚以为阴阳者，王事之本，群生之命，自古贤圣未有不由者也。天子之义，必纯取法天地，而观于先圣。"至于三公大臣，其职责是协助天子调和阴阳。如果整体和谐受到破坏，阴阳未和，灾害未息，天子与三公大臣都应引咎自责。因此，他向宣帝建议，"愿陛下选明经通知阴阳者四人，各主一时，时至明言所职，以和阴阳"。这就是说，要在政府机构中设立专职人员来观察卦气的寒温清浊，作为天子进行决策的重要依据，以便有效地实行国家的政治经济的管理，发挥调整的功能。

从魏相的这一段言论可以看出，在"卦气说"的创建阶段，就已经把自然与社会的整体和谐确定为这种新易学的核心思想与实质内容。其实，这种整体和谐的思想也是《易传》的义理派易学的内在精髓。《乾卦·彖传》说："乾道变化，各正性命，保合太和，乃利贞。首出庶物，万国咸宁。"如果我们跳出易学的圈子，联系到先秦以来的广阔的文化背景进行宏观的考察，可以看出，这种整体和谐的思想并非来源于《易经》的卦爻结构和筮法，也不是《易传》独有的创造发明，而是贯穿于除法家以外的各派思想之中，特别是儒道两家的思想。儒家一向是把社会人际关系的和谐作为自己的最高理想。比如《论语·学而》说："礼之用，和为贵。先王之道斯为美。"道家则是一向把自然界看做是一个和谐的整体。比如《老子》四十二章说："万物负阴而抱阳，冲气以为和。"《庄子·田子方》说："至阴肃肃，至阳赫赫。肃肃出乎天，赫赫发乎地，两者交通成和，而物生焉。"《易传》借助于《易经》的卦爻结构和筮法综合总结了儒道两家在长期的发展过程中所形成的思想，提出了"太和""中和""时中"种种说法，于是关于自然与社会的整体和谐就构成为易学本身的核心思想或内在精髓了。汉初的义理派的易学就是围绕着这个核心来发挥的。比如《礼记·乐记》在解释礼乐文化的本质时就是以《易传》的这个核心思想为依据的。它说：

> 天尊地卑，君臣定矣。卑高以陈，贵贱位矣。动静有常，小大殊矣。方以类聚，物以群分，则性命不同矣。在天成象，在地成形。如此，则礼者天地之别也。地气上齐，天气下降，阴阳相摩，天地相荡，鼓之以雷霆，奋之以风雨，动之以四时，暖之以日月，而百化兴焉。如此，则乐者，天地之和也。化不时则不生，男女无辨则乱升，天地之情也。

由此看来，"卦气说"作为易学发展的一种象数派的形式，它的核心思想或内在精髓不仅和义理派的易学不相矛盾，而且也是和先秦以来文化思想发展的主流息息相通的。

但是，为了把整体和谐的思想用于实际的生活，使之成为政府决策的依据，渗透到国家的管理活动之中，则必须进一步与阴阳术数相结合，搞出一套具体的操作系统。魏相总领众职，日理万机，不可能去潜心从事这种繁琐细致的学术工作，只是提出了一个初步的设想。他向宣帝建议，应当效法高帝时的先例，设立专职人员各主一时。至于究竟怎样用《周易》的框架结构和四时、八方、十二月、二十四节、七十二候、三百六十日一一相配，按日以候气，分卦以征事，这套具体的操作系统是由掌握了专门知识的易学大师孟喜、京房所完成的。

第二章　孟喜、京房的卦气理论与文化理想

孟喜的著作早已失传，我们今天研究孟喜的卦气说，唯一可据的史料只有唐代僧一行的《卦议》所作的评述。僧一行指出：

> 十二月卦出于《孟氏章句》，其说《易》本于气，而后以人事明之。
>
> 当据孟氏，自冬至初，中孚用事，一月之策，九六七八，是为三十。而卦以地六，候以天五，五六相乘，消息一变，十有二变而岁复初。坎、震、离、兑，二十四气，次主一爻，其初则二至、二分也。坎以阴包阳，故自北正，微阳动于下，升而未达，极于二月，凝涸之气消，坎运终焉。春分出于震，始据万物之元，为主于内，则群阴化而从之，极于南正，而丰大之变穷，震功究焉。离以阳包阴，故自南正，微阴生于地下，积而未章，至于八月，文明之质衰，离运终焉。仲秋阴形于兑，始循万物之末，为主于内，群阳降而承之，极于北正，而天泽之施穷，兑功究焉。故阳七之静始于坎，阳九之动始于震，阴八之静始于离，阴六之动始于兑。故四象之变，皆兼六爻，而中、节之应备矣。（见《新唐书》卷二十七上）

关于这段史料，清代学者曾经作过一番考证。焦循的《易图略》认为，"按

孟氏所说，别无可核，惟见此议"。"《唐书·艺文志》：《孟喜章句》十卷，则一行时有此书"。这就是肯定一行读过孟喜的原著，他的《卦议》对孟喜的评述应当是可信的。张惠言的《易义别录》认为，"彼文云'十二月卦出于《孟氏章句》，其说《易》本于气，而后以人事明之'，下乃言'当据孟氏，自冬至初，中孚用事'云云，则当是《说卦章句》。以《卦议》不言引《章句》文，或是一行约义"。这就是推测一行的评述可能是根据孟喜的《说卦章句》概略而成的。

从这段史料可以清楚地看出孟喜的卦气说由《说卦》发展而来的线索。《说卦》以坎、震、离、兑四卦与四时、四方相配，提供了一个时空框架的原型，孟喜在此基础上加工改造，使之进一步与一年二十四节气相配，并用其中的阴阳奇偶的象数变化来解释以至代表季节变化的周期性的节律。所谓"坎、震、离、兑，二十四气，次主一爻，其初则二至、二分也"，是说此四卦每卦六爻，凡二十四爻，每爻代表一个节气，其初爻分别代表冬至、春分、夏至、秋分。此说以图示之：

坎☵	冬至	小寒	大寒	立春	雨水	惊蛰
震☳	春分	清明	谷雨	立夏	小满	芒种
离☲	夏至	小暑	大暑	立秋	处暑	白露
兑☱	秋分	寒露	霜降	立冬	小雪	大雪

坎卦的卦象为阴包阳，阴气旺盛，阳气微弱，故居于北正，时为冬季，其初六爻代表冬至。此时阳气开始萌动，但升而未达，故坎卦中的阳爻为阳七少阳之象。到了二月，随着阳气逐渐兴起，由少阳发展为老阳，于是凝涸之气消失，坎运结束而过渡到震卦用事。震卦初爻为阳九老阳之象，表示阳气壮大，化生万物，为群阴之主，故春分出于震。阳气运行到正南方，化生万物的功用已经穷尽，于是震卦用事至此结束而过渡到离卦用事。离卦的卦象为阳包阴，位居南正，时为夏季，其初九爻代表夏至。此时阳气旺盛，但微阴生于地下，只是逐渐积累而未彰明显著，故为阴八少阴之象。到了八月孟秋季节，阴气渐盛，草木零落，文明之质衰，于是离运结束而过渡到兑卦用事。兑卦上爻为阴，表示阴气由离卦之少阴发展为老阴

而形见于外，为一卦之主，其下两阳爻皆降而承之。此卦的初爻代表秋分。随着时序的运转，万物走向成熟。到了正北方，成就万物之功已尽，于是兑卦用事至此结束而过渡到坎卦用事。孟喜认为，"故四象之变，皆兼六爻，而中、节之应备矣"。这就是说，坎卦中的阳七少阳，震卦中的阳九老阳，离卦中的阴八少阴，兑卦中的阴六老阴，这四象的变化推动四卦中的六爻的变化，呈现出一种周而复始、循环运转的规律，因而坎、震、离、兑的二十四爻也就可以完整地表现一年中气候演变的情况，与十二中气、二十四节气一一相应。

据一行《卦议》的评述，"十二月卦出于《孟氏章句》"，可见孟喜的卦气说是以十二月卦为主干的。十二月卦也叫十二消息卦。消是阴进阳退，息是阳进阴退。阴阳二气的相互推移决定了四时的变换，这种情况和阴阳二爻的相互推移所引起的卦变极为类似，于是卦气说利用这种类似安排了一个十二消息卦的框架结构。以图示之：

复	临	泰	大壮	夬	乾
十一月	十二月	正月	二月	三月	四月
姤	遁	否	观	剥	坤
五月	六月	七月	八月	九月	十月

这十二消息卦以十月为纯阴，坤卦主之，至十一月冬至一阳生为复，冬至以后阳气逐渐上升，阴气日渐消亡，到了四月为纯阳，乾卦主之。物极必反，阳极则阴起，到了五月夏至一阴生，姤卦主之。五月以后则阴气上升，阳气下降，到了十月又回复到纯阴的坤卦。如此循环往复，表现了一年十二个月的有规律的运转过程。古代历法，五日谓之候，三候谓之气，一月有中、节二气，合为六候三十日，每一气的三候又分为初候、次候、末候。孟喜以易说历，认为"自冬至初，中孚用事"。这是以中孚卦与冬至的初候相配。"一月之策，九六七八，是为三十"。这是以筮法中的老阳、老阴、少阳、少阴之数与一月三十日相配。"卦以地六，候以天五"，是说

十二月卦中每卦或每月有六候,一候有五日,合于天地之数的中数。"五六相乘,消息一变",是说天五与地六相乘为三十日,合为一月,代表阴阳消息变化推移的一个阶段。"十有二变而岁复初",是说每年十二月的循环往复就是由阴阳消息十二个阶段的变化推移所形成的。

孟喜的易学,史缺有间,现在已是难于详考了。从一行的评述来看,"其说《易》本于气,而后以人事明之",可以看出他以四正卦配四时,十二卦配十二月,中孚卦配冬至初候,目的不在于说明气象历法本身的变化规律,而是为了比附人事,用来占验阴阳灾异,实质上是一种新的占法,其理论基础就是汉代占统治地位的天人感应论。这种占法的特点是把气象历法的科学知识纳入《周易》的框架结构之中,称之为卦气,然后反过来根据卦爻的变化来推断预测卦气的运行流转是否正常,如果出现参前错后的不正常的现象,这就是天神发出的灾异谴告。事实上,《周易》的框架结构源于筮法,气象历法属于实证科学,二者的性质是根本不相同的。焦循在《易图略》中曾正确地指出:"以《易》说历与以历说《易》,同一牵附。《易》自为《易》,历自为历,其义可通,其用不可合。"由于卦气说的目的在于占验,追求一种合用的操作系统,强行把二者相配,所以必然会有各种不同的配法,而且呈现出一种由简单粗陋到貌似精确的发展趋势。

一行在《卦议》中也对京房的易学作了评述,指出:

> 京氏又以卦爻配期之日,坎、离、震、兑,其用事自分、至之首,皆得八十分日之七十三。颐、晋、井、大畜,皆五日十四分,余皆六日七分,止于占灾眚与吉凶善败之事。至于观阴阳之变,则错乱而不明。

《汉书·京房传》介绍京房的易学指出:

> 其说长于灾变,分六十四卦,更直日用事,以风雨寒温为候,各有占验。

孟康注说:

分卦直日之法，一爻主一日，六十卦为三百六十日。余四卦，震、离、兑、坎，为方伯监司之官。所以用震、离、兑、坎者，是二至二分用事之日，又是四时各专王之气。各卦主时，其占法各以其日观其善恶也。

京房的卦气说对孟喜的配法作了补充调整，其特点是分卦直日，以卦爻配一年的日数。一行站在天文历法学家的立场评论说，这种配法"止于占灾眚与吉凶善败之事。至于观阴阳之变，则错乱而不明"。其所以如此，是因为一年的准确的日数为三百六十五又四分之一日，与六十四卦三百八十四爻的数目不相符合，二者本来是不可以强配的。但是用这种分卦直日之法来讲阴阳灾异，比用"春秋阴阳""洪范五行""四始五际""明堂阴阳"等等讲法要优越得多，因为它能作出一种貌似精确的数学计算，可以把阴阳灾异说得毫厘不爽。《汉书·京房传》说："永光、建昭间，西羌反，日蚀，又久青亡光，阴雾不精。房数上疏，先言其将然，近数月，远一岁，所言屡中，天子（元帝）悦之。数召见问。"这种情况说明，京房的卦气说虽然从天文历法的角度来看是"错乱而不明"，但从讲阴阳灾异的角度来看，却是一个非常合用的工具。

据一行和孟康的介绍，京房的分卦直日之法，可能有两道数学计算的程序。首先是从六十四卦中挑选出震、离、兑、坎四卦"为方伯监司之官"。其余六十卦，每卦六爻，共为三百六十爻，"一爻主一日，六十卦为三百六十日"。多出的五又四分之一日，每一日以八十分计算，共得四百二十分。再以六十卦分之，每卦可得七分。经过这一道运算程序，用六十卦配一年的日数，每卦得六日七分，正好与四分历的日数相合。但是，京房为了强调四正卦"是二至二分用事之日"，使它们各主管八十分日之七十三，这就必须经过第二道运算来重新调配，于是京房从颐、晋、井、大畜所主管的六日七分中扣除七十三分来归于四正卦，各得五日十四分，其余五十六卦皆六日七分，仍然与四分历的日数相合。京房的这种配法还有一个原因，就是为了附会经文中的"七日来复"之语。焦循在《易图略》中指出：

京氏附会于七日来复，苦七分不可以为一日，乃割颐之七十三分益于中孚之六日七分。每日法八十分，以七十三分加入七分，合成一日，为七日。若是卦不起中孚而起于颐，不合于法，故以此七十三分归诸坎，而颐之六日七分，乃仅有五日十四分。于是亦割晋以归震，割井以归离，割大畜以归兑。错乱不经，诚如一行所诮。

京房的著作现在留传的有《京氏易传》三卷。《四库全书总目》归于子部术数类，对其性质、内容、体例、影响作了简明的评述：

> 其书虽以《易传》为名，而绝不诠释经文，亦绝不附合易义。上卷、中卷以八卦分八宫，每宫一纯卦统七变卦，而注其世、应、飞、伏、游魂、归魂诸例。下卷首论圣人作易揲蓍布卦；次论纳甲法；次论二十四气候配卦，与夫天、地、人、鬼四易，父母、兄弟、妻子、官鬼等爻，龙德、虎形、天官、地官与五行生死所寓之类。盖后来钱卜之法，实出于此。故项安世谓以《京易》考之，世所传《火珠林》即其遗法。……张行成亦谓卫元嵩《元包》其法合于《火珠林》，《火珠林》之用祖于京房。陆德明《经典释文》乃于《周易》六十四卦之下悉注某宫一世、二世、三世、四世、游魂、归魂诸名，引而附合于经义，误之甚矣。

就性质而言，《四库全书总目》把京房的这部著作归于术数，是有一定道理的，但是认为其书"绝不诠释经文，亦绝不附合易义"，就未免强调得过了头，表现了后世经学家的某种顽固的偏见。实际上，《京氏易传》虽然打乱了原有的卦序，按照新发明的体例编排了一个八宫卦的系统，与章句之学不相同，但是也诠释了许多经文，力求附合易义，汉易象数之学的理论基础与思维模式是通过京房的这部著作而后确立的。如果说孟喜的卦气说只是以卦爻与历法相配，着眼于构筑一个便于占验的操作系统，京房则是站在象数派的立场上进一步探索这个操作系统在易学中的根据，着眼于研究卦爻本身的结构功能及其变化的规律，以便从理论的高度把术数与易学紧密结合起来。因此《京氏易传》是一个复杂的混合体，包含着术数与易学两个部分，尽管其中术数的部分后来为术士末流所承袭，演变为钱卜之法，但是其中对象数义例的阐发与以象数解易的思路，不仅代表了易学发展的一个新阶段，也对后世包括义理派在内的整个易学产生了深远的影响。

《京氏易传》以八宫卦为主干，根据乾坤六子、阴阳变化的原理对六十四卦的卦序作了新的编排。京房认为，这种编排可以更加完美地体现"生生之谓易"的易学精神。他说：

> 积算随卦起宫，乾坤震巽坎离艮兑，八卦相荡，二气阳入阴，阴入阳，二气交互不停。故曰"生生之谓易"。天地之间无不通也。

这种八宫卦的卦序是一种以象数架设而成的世界图式，大大扩展了卦气说所能包容的范围，可以把所有的自然现象与社会现象统统纳入其中，就像放在手掌中一样。他说：

> 分六十四卦，配三百八十四爻，成万一千五百二十策，定气候二十四，考五行于运命，人事天道，日月星辰，局于指掌。

京房认为，在这个象数图式之中，是蕴含着一种义理的，这就是吉凶生死相互转化的哲学义理。他说：

> 于六十四卦，遇王则吉，废则凶，冲则破，刑则败，死则危，生则荣，考其义理，其可通乎。

京房以上述的几个论点为前提，说明了他对易义的根本理解，确定了如何通过这个象数图式"考其义理"的认知方法。他说：

> 故《易》所以断天下之理，定之以人伦，而明王道。八卦建，五气立，五常法象乾坤，顺于阴阳，以正君臣父子之义。故《易》曰："元亨利贞。"

夫作《易》所以垂教，教之所被，本被于有无。且《易》者，包
备有无。有吉则有凶，有凶则有吉。生吉凶之义，始于五行，终于八卦。
从无入有，见灾于星辰也。从有入无，见象于阴阳也。阴阳之义，岁
月分也。岁月既分，吉凶定矣。故曰"八卦成列，象在其中矣"。六
爻上下，天地阴阳，运转有无之象，配乎人事。八卦仰观俯察在乎人，
隐显灾祥在乎天，考天时、察人事在乎卦。

　　由此可以看出，京房把易义理解为一种天人之学，实质在于推天道以
明人事，根据天道运行的正常规律来调整人伦王道君臣父子的正常秩序，
这是与历代儒家对易义的根本理解相符合的，而不同于后世《火珠林》之
类的求官卜宅的末流术数。值得注意的是，他所提出的认知方法是从象数
派的立场出发的，而且具有鲜明的卦气说的特征。京房认为，八卦的卦爻
结构"包备有无"，包含着"从无入有"与"从有入无"两个方面的认知功
能。"有"指有形可见的星辰灾异与人事吉凶，"无"指无形可见的阴阳变
化与吉凶相生的内在义理。此无形可见的内在义理表现于外，"从无入有，
见灾于星辰"。表现于外的星辰灾异为内在的义理所支配，"从有入无，见
象于阴阳"。因而《易》之所以垂教，示人以吉凶，主要是教导人们善于
把握这种有与无的关系。这种有与无的关系实际上也就是哲学史上反复讨
论的本质与现象的关系，本质隐而无形，现象显而可见，魏晋时期王弼、
韩康伯的义理派的易学站在本体论的高度讨论这个问题，而首先运用有无
这一对范畴来阐发易义的人应该归功于京房。只是京房认为这种有无关系
完整地体现在卦爻结构之中，特别是体现在由八卦排列而成的卦气图式之
中。他说："阴阳之义，岁月分也。岁月既分，吉凶定矣。"京房于是推导
出了象数派易学的一个基本的论点，认为"考天时、察人事在乎卦"，所谓"八
卦成列，象在其中矣"，这个象就是"运转有无之象"。他的八宫卦就是围
绕着这个基本的论点架设起来的。这是剖析八宫卦的一个重要关键。掌握
了这个关键，就能高屋建瓴，以简驭繁，而不致被它的那一套光怪陆离、
牵强附会的图式所困惑。

　　八宫卦以乾、震、坎、艮为阳四宫，坤、巽、离、兑为阴四宫，按照

宫卦的爻变引起卦变的原理，每一宫卦可变为七卦。其初爻变成之卦以初爻为一卦之主，为一世卦；二爻变成之卦以二爻为一卦之主，为二世卦；三爻变成之卦以三爻为一卦之主，为三世卦；四爻变成之卦以四爻为一卦之主，为四世卦；五爻变成之卦以五爻为一卦之主，为五世卦。宫卦的上爻为上世，上爻不变，而反变五世卦中之第四爻，是为游魂卦。再变游魂卦下体之三爻而为归魂卦。（八宫卦的卦序，以图示之。）

世游归	八宫卦							
八纯上世	乾	震	坎	艮	坤	巽	离	兑
一世	姤	豫	节	贲	复	小畜	旅	困
二世	遁	解	屯	大畜	临	家人	鼎	萃
三世	否	恒	既济	损	泰	益	未济	咸
四世	观	升	革	睽	大壮	无妄	蒙	蹇
五世	剥	井	丰	履	夬	噬嗑	涣	谦
游魂	晋	大过	明夷	中孚	需	颐	讼	小过
归魂	大有	随	师	渐	比	蛊	同人	归妹

京房认为，"八卦之要，始于乾坤，通乎万物"。"奇偶之数，取之于乾坤。乾坤者，阴阳之根本"。京房的这个思想实际上是承袭孟喜而来的。孟喜曾根据乾坤为阴阳之根本的思想安排了一个十二消息卦的图式，来表现一年十二个月的有规律的运转过程。京房发展了孟喜的思想，把十二消息卦的图式扩大为八宫卦的图式，使之"通乎万物"，来说明以乾坤为根本的卦爻结构本身就是一个囊括宇宙、统贯天人的完整的体系。八宫卦中的乾坤二宫，自上世以至五世共为十二卦，其变化的规律是与十二消息卦相

一致的。乾宫初爻变为姤，二爻变为遁，三爻变为否，四爻变为观，五爻变为剥。坤宫初爻变为复，二爻变为临，三爻变为泰，四爻变为大壮，五爻变为夬。京房为了把这个规律用于八宫六十四卦，创造发明了游魂、归魂的体例。惠栋《易汉学》引张行成的解释说，乾宫五世的剥卦䷖，"若上九变，遂成纯坤，无复乾性矣。乾之世爻，上九不变。九返于四而成离，则明出地上，阳道复行，故游魂为晋。归魂于大有，则乾体复于下矣"。坤宫五世的夬卦䷪，"若上六变，遂成纯乾，无复坤性矣。坤之世爻，上六不变。六返于四而成坎，则云上于天，阴道复行，故游魂之卦为需。归魂于比，则坤体复于下矣"。乾宫归魂于大有，过渡到长男震宫八卦，震宫归魂于随，过渡到中男坎宫八卦，坎宫归魂于师，过渡到少男艮宫八卦，合于乾生三男之义。坤宫亦据坤生三女之义，依次过渡到长女巽宫，中女离宫，少女兑宫，而以归妹配六十四卦之终。因此，游魂、归魂的体例把十二消息卦的小循环系统扩大为六十四卦的大循环系统，不仅解决了架设八宫卦图式的某些技术上的难题，而且具有一定的理论意义。京房本人十分重视这个体例，把它托之于孔子所创，强调指出："孔子《易》云，有四《易》。一世、二世为地《易》，三世、四世为人《易》，五世、八纯为天《易》，游魂、归魂为鬼《易》。"

关于世应、飞伏的体例，晁公武在《京氏易传》后序中解释说："其进退以几而为一卦之主者谓之世，奇偶相与，据一以起二而为主之相者谓之应。世之所位而阴阳之肆者谓之飞，阴阳肇乎所配而终不脱乎本，以应显佐神明者谓之伏。"

世应的体例，目的在于阐发一卦六爻中的主从配合关系。由于卦变受爻变支配，变爻的进退在卦中具有举足轻重的作用，对全局产生重要影响，故以此变爻为一卦之主，称之为"居世""临世""治世"。有主必有从，主者为世，从者为应，这种主从关系是根据"奇偶相与"的原则来决定的。一卦六爻，初、三、五为奇，二、四、上为偶，若初为世，则四为应，二为世，则五为应，三为世，则上为应，反之亦然，这就是所谓"据一以起二而为主之相者谓之应"。六爻中的主从关系，既有严格的贵贱等级之分，又有相互之间的紧密配合。京房以之比附人事，认为初爻为元士，二爻为大夫，三爻为三公，四爻为诸侯，五爻为天子，上爻为宗庙，把卦爻的结构等同于社会的结构，若尊者居世，则卑者顺从尊者与之配合，若卑者居世，则尊者附就卑者与之配合，社会结构的功能是与卦爻结构的功能相等同的。《易纬·乾凿度》解释京房的这个思想指出："凡此六者，阴阳所以进退，君臣所以升降，万人所以为象则也。"因此，世应的体例不仅是阐发象数规律，其深层的用意还在于以此作为准则来明王道，正人伦，调整社会政治的秩序。游魂卦以四为变爻，故为诸侯居世，反应元士。归魂卦以三为变爻，故为三公居世，上应宗庙。世应的体例在八宫卦中是普遍适用的。

飞伏的体例，目的在于阐发卦爻结构中的阴阳变化存在着一种隐显有无的关系。可见者为飞，不可见者为伏，阳飞则阴伏，阴飞则阳伏。由于六十四卦皆为八经卦相重所组成，而八经卦中之阴阳皆为两两相对，故乾☰飞则坤☷伏，震☳飞则巽☴伏，坎☵飞则离☲伏，艮☶飞则兑☱伏，反之亦然。每一重卦分为上下二体，初、二、三世爻位于下体，四、五、上世爻位于上体，由世之所位而形成的卦终不脱乎其所本之经卦，故可据此窥探六十四卦中普遍存在的飞伏关系。以乾宫卦为例，一世卦为姤☴，其下体为巽，故与巽为飞伏。二世卦为遁☶，其下体为艮，故与艮为飞伏。三世卦为否☷，其下体为坤，故与坤为飞伏。四世卦为观☴，其上体为巽，故与巽为飞伏。五世卦为剥☶，其上体为艮，故与艮为飞伏。游魂卦为晋☶，其九四爻为乾阳复归之位，由五世卦之六四爻变化而来，故亦与艮为飞伏，同于五世卦。归魂卦为大有☰，其下体复归本位而变为乾，故与坤为飞伏。其他各宫卦例皆类此。京房在《丰卦传》中指出：

> 阴阳升降，反归于本，变体于有无。吉凶之兆，或见于有，或见于无。阴阳之体，不可执一为定象，于八卦阳荡阴，阴荡阳，二气相感而成体，或隐或显。故《系》云："一阴一阳之谓道。"

这就是京房创设飞伏体例的指导思想。根据这个体例，不仅可以更好地解释卦气图式中阴阳二气变易消息的规律，而且可以在比附人事占验吉凶方面具有更大的灵活性。

除了世应、飞伏的体例以外，京房还创设了纳甲与五行六位的体例。他说：

分天地乾坤之象，益之以甲乙壬癸。震巽之象配庚辛，坎离之象配戊己，艮兑之象配丙丁。八卦分阴阳，六位配五行，光明四通，变易立节。

所谓纳甲，是以八卦配十干，举甲以该十日，故曰纳甲。这种配法是把十干中的奇数甲、丙、戊、庚、壬为阳，偶数乙、丁、己、辛、癸为阴，以与乾坤六子之阴阳相配。乾坤为父母，乃阴阳之始终，故以代表奇数始终之甲壬配乾，代表偶数始终之乙癸配坤。庚阳入震配长男，辛阴入巽配长女，戊阳入坎配中男，己阴入离配中女，丙阳入艮配少男，丁阴入兑配少女。八卦各爻再配以十二支，称为纳支。其配法也是把十二支分为阴阳两组，子、寅、辰、午、申、戌为阳支，丑、卯、巳、未、酉、亥为阴支，乾、震、坎、艮四阳卦按不同的顺序分别配以阳支，坤、巽、离、兑四阴卦也按不同的顺序分别配以阴支。在纳甲、纳支的基础上再配以五行，这就是所谓"六位配五行"。综合这三种配法，以图示之如下：

爻位＼八卦	乾金	坤土	震木	巽木	坎水	离火	艮土	兑金
上 爻	壬戌土	癸酉金	庚戌土	辛卯木	戊子水	己巳火	丙寅木	丁未土
五 爻	壬申金	癸亥水	庚申金	辛巳火	戊戌土	己未土	丙子水	丁酉金
四 爻	壬午火	癸丑土	庚午火	辛未土	戊申金	己酉金	丙戌土	丁亥水
三 爻	甲辰土	乙卯木	庚辰土	辛酉金	戊午火	己亥水	丙申金	丁丑土
二 爻	甲寅木	乙巳火	庚寅木	辛亥水	戊辰土	己丑土	丙午火	丁卯木
初 爻	甲子水	乙未土	庚子水	辛丑土	戊寅木	己卯木	丙辰土	丁巳火

这个图式既是一个占验系统，也是一个宇宙模型。其中以干支配八卦，

可以把卦爻的阴阳变化编排得如同干支六十周期那样井然有序，使之进一步与历法相配合，更便于说明卦气的运转，推算人事的吉凶。以五行配八卦，则可以引进五行生克的思想来阐发卦爻之间错综复杂的制约关系，编排一个更为合用的占验系统。京房指出："八卦鬼为系爻，财为制爻，天地为义爻，福德为宝爻，同气为专爻。"这些花样翻新的体例就是五行生克思想在八卦中的具体运用。所谓"鬼为系爻，财为制爻"，是就五行相克而言。系者束缚之意，制我者也，如火克金，火即金之鬼。财者我所制也，如木克土，土为木之财。"天地为义爻，福德为宝爻"，是就五行相生而言。天地，生我者也，如金生水，金为水之父母。福德，我所生者也，如金生水，水为金之子孙。"同气为专爻"，同气，兄弟也，如金与金，木与木相遇。以乾卦各爻为例，乾属金，其初爻甲子水为金所生，故为乾之子孙，二爻甲寅木为金所克，故为乾之财，三爻甲辰土，土生金，是乾之父母，四爻壬午火，火克金，是乾之官鬼，五爻壬申金，与乾同气为兄弟。京房以为："生吉凶之义，始于五行，终于八卦。"这就是说，五行生克是吉凶转化最初的契机，它在占验系统中的地位比八卦阴阳更为重要。

京房以此五行六位的图式为基础，发明了一套推算卦气运转的数学方式，称之为"月建""积算"。晁公武在《京氏易传》后序中解释说："起乎世而周乎内外、参乎本数以纪月者谓之建，终之始之，极乎数而不可穷以纪日者谓之积。"

月建本源于历法，即以十二支与十二月相配，称冬至所在之十一月为建子之月，十二月为建丑之月，正月为建寅之月，二月为建卯之月，直至十月为建亥之月，如此每年周而复始。京房把这种月建之法纳入卦爻结构之中，创设了一套"世卦起月例"，即以爻直月，从世起建，每卦主管六月。乾起甲子，坤起甲午，按照子午分行的方向与世爻之阴阳以定其所建之月。故一世卦阴在午，主五月，阳在子，主十一月。二世卦二阴在未，主六月，二阳在丑，主十二月。三世卦三阴在申，主七月，三阳在寅，主正月。如此直至八纯上世六阴在亥，主十月，六阳在巳，主四月。这样每卦六爻所主管之六月计一百八十日。所谓积算是以爻直日，即从月建所止之日起，一爻为一日，按照干支顺序周而复始，也是一卦计一百八十日。运用这一套月建、积算的计算程序，可以把卦气运转的具体的月份和日数计算得貌似精确，也可以见出其中的五行生克的关系。比如姤卦☰为乾宫一世卦，月建起庚午至乙亥，初爻阴在午，主五月，至上爻亥为十月，相当于芒种到小雪的循环周期。积算即从月建所止之日乙亥起，周而复始，循环至甲戌，其中各配以五行，乙亥为水，丙戌为土，五行升降，以显示吉凶之兆。再比如否卦☰为乾宫三世卦，月建起三世爻壬申，主七月立秋，循环至丁丑，主十二月大寒。积算即从月建所止之日丁丑起至丙子，周而复始。申为金，丑为土，金土同宫，吉凶可见。京房对自己所发明的这一套数学方法十分自信，夸耀为符合天地万物的规律，能把吉凶计算得绝对精确，毫厘不爽。他说："积算气候无差于晷刻。吉凶列陈，象在其中矣。天地运转，气在其中矣。乾道变化，万物通矣。"（《晋卦传》）"定吉凶于顷刻，毫厘之末，无不通也，无不备也。"（《震卦传》）

京房的易学源于孟喜而又自成一家，受到官方的重视，立为博士。《汉书·儒林传》说："房授东海殷嘉、河东姚平、河南乘弘，皆为郎、博士。由是《易》有京氏之学。"在汉代官方易学的系统中，京氏之学与施、孟、梁丘之学并立而为四。如果就易学理论的完整与实际的影响而言，京房则是后来居上，不仅超过了施雠、梁丘贺两家，也超过了孟喜。我们在上节曾经指出，阴阳术数与儒家经义相结合是汉代风行的一股时代思潮，代表了经学发展中的革新势力。这种结合应该尽可能地满足三个方面的要求，一是立足于儒家的文化价值理想，二是提供一个完整的世界图式，三是推断灾异有数理的根据，能以高命中率获得人们的信服。只有满足了这三个方面的要求，才能达到通经致用的目的。从这个角度来分析比较四家的易学，施雠、梁丘贺两家恪守田生师法，其学风趋于保守，孟喜首改师法，援引阴阳灾变之说入《易》，迎合了时代思潮，毫无疑问是汉代象数派新易学的一位开风气的人物。但是，孟喜的十二月卦的图式过于简陋，推断灾异缺乏数理的根据，也难以用于实际的政治，起到匡救时局、整顿纲纪的作用。京房继承了孟喜的思路，编制了一个八宫卦、五行六位的图式，创设了世应、飞伏的义例，确定了一套月建、积算的推断灾异的数学方法，并且使之体现儒家的文化价值理想，全面地满足了上述的三个要求。因此，只有京房才称得起是汉代象数派新易学的真正奠基者。

所谓儒家的文化价值理想，其基本点就是追求包括自然与社会在内的整体的和谐。尽管汉代各派经学都讲阴阳灾异，普遍带有术数之学的成分，但由于体现了儒家的这种文化价值理想，仍然属于经学范畴而不能简单地归结为术数。关于京房的易学，也应作如是观。京房在其《易传》中指出：

> 夫《易》者象也，爻者效也。圣人所以仰观俯察，象天地日月星辰草木万物，顺之则和，逆之则乱。夫细不可穷，深不可极，故揲蓍布爻，用之于下。筮分六十四卦，配三百八十四爻，序一万一千五百二十策，定天地万物之情状。故吉凶之气顺六爻，上下次之八九六七之数，内外承乘之象。故曰兼三才而两之。

京房认为，天地万物的运行是一个有规律的过程，表现为一种自然的和谐，人类社会不能违反这个规律，"顺之则和，逆之则乱"。因而人们必须根据对天道规律的认识与理解，顺应自然的和谐，来谋划一种和谐的社会秩序，否则，逆天而行，必然造成危机，既破坏了自然的和谐，也破坏了社会的和谐。可以看出，京房的这个天人合一的思想是和所有的儒家相通的，具有儒家的普遍的品格。京房的特点在于他把这个天人合一的思想纳入象数的模式之中。照京房看来，关于天道的规律，"细不可穷，深不可极"，其微细深奥之处难以认识，所以圣人"揲蓍布爻"，安排了一个象数模式，人们只要通过其中的"八九六七之数，内外承乘之象"，就能全面地掌握天、地、人三才之道。

京房所谓的天道规律，主要是指卦气，这是根据阴阳家的月令思想加工改造发展而来的，吸收了天文历法的科学知识，也反映了以农耕经济为基础的帝国统治的需要。他所设想的社会的和谐，主要是指君臣、父子、夫妇之间的正常的秩序，完全是以儒家的价值观念为准则的。京房视天人为一体，把这二者统统纳入象数模式之中，使之受统一的象数规律所支配。因此，京房精心创设的这一套象数模式与象数规律，实质上是按照儒家的价值标准所描绘的一幅理想的蓝图，体现了自然与社会整体和谐的思想，

如果用之于实际的政治，既是一种认知工具，也是一种决策的依据，具有多方面的功能。

据史传记载，京房是一位兼有易学家、思想家、政治家三重身份的人物。元帝时期，京房把他的卦气说用之于实际的政治，反对宦官石显，宣传他的"考功课吏法"，企图挽救危机，拨乱反正，终因政治斗争失败而献出了自己的生命，死时年仅四十一岁。这种情况表明，京房是忠于自己的儒家文化价值理想，也是忠于自己的象数派易学的哲学信念的。通过京房的政治活动，我们可以进一步理解卦气说产生的时代背景及其所蕴含的社会历史内容，更为具体地把握卦气说的本质。

西汉政治由盛而衰是从元帝时期开始的。元帝宠幸石显，任用巧佞，小人道长，君子道消，仇忠害正，吏治腐败，危机的迹象业已显露。京房针对时弊，反复劝诫元帝应该认清形势，推行"考功课吏法"，任用贤能，整顿吏治。他指出：

> 古帝王以功举贤，则万化成，瑞应著，末世以毁誉取人，故功业废而致灾异。宜令百官各试其功，灾异可息。
>
> 《春秋》纪二百四十二年灾异，以示万世之君。今陛下即位以来，日月失明，星辰逆行，山崩泉涌，地震石陨，夏霜冬雷，春凋秋荣，陨霜不杀，水旱螟虫，民人饥疫，盗贼不禁，刑人满市，《春秋》所记灾异尽备。陛下视今为治耶，乱耶？（《汉书·京房传》）

京房援引天人感应的思想来分析时局，表达政见，这是当时今文经学家的普遍的做法。其所谓瑞应，象征着自然与社会的整体处于和谐状态，所谓灾异，则象征着这种和谐受到了破坏，这二者都体现了天神的意旨，是天神对君主所发出的嘉奖和谴告。只是京房站在易学的立场，认为天人感应是通过卦气表现出来的，卦气是否正常，与君主的行为直接关连。他根据当时一系列的灾异现象断定已经进入乱世，原因在于君主"以毁誉取人"，未能"以功举贤"。他的这一番言论虽然从理论上看来是荒谬的，政治上却是一种切中时弊、抓住要害的远见卓识。元帝开始曾被京房说服，准备试行他的"考功课吏法",后来又听信石显及其党羽的谗言,推迟不行,把京房调离京师,出任魏郡太守。京房在赴任途中,接连给元帝上了三封奏折。这三封奏折是我们具体了解卦气说如何用于实际政治的极为生动的史料,值得详加剖析。

第一封奏折是京房未出发前于建昭二年二月朔拜时上的。他说:

> 辛酉以来,蒙气衰去,太阳精明,臣独欣然,以为陛下有所定也。然少阴倍力而乘消息。臣疑陛下虽行此道,犹不得如意,臣窃悼惧。守阳平侯凤欲见未得,至己卯,臣拜为太守,此言上虽明下犹胜之效也。臣出之后,恐必为用事所蔽,身死而功不成,故愿岁尽乘传奏事,蒙哀见许。乃辛巳,蒙气复乘卦,太阳侵色,此上大夫覆阳而上意疑也。己卯、庚辰之间,必有欲隔绝臣令不得乘传奏事者。(《汉书·京房传》)

据王先谦《汉书补注》所引各家之说,房上封事当在三月,所称辛酉为正月二十八日,己卯、庚辰、辛巳,则二月之十六、十七、十八日。京房当于二月十六日己卯拜为太守。这是元帝受石显等人的蒙蔽而疏远京房的一个措施,表明元帝的决心已经动摇,京房与石显斗争的第一个回合已经失败。京房回顾前一段过程,认为根据对卦气的观察,自正月二十八日辛酉以来,一则以喜,一则以忧。喜的是"蒙气衰去,太阳精明"。所谓蒙气,指的是一种遮掩太阳的尘云,混浊昏暗,与上下合之雾及日旁气之霓同属阴云一类。蒙气为阴冒阳,象征邪臣蒙蔽君主。蒙气衰去,象征君主不受蒙蔽,有了自己的主见。忧的是二月的卦气为"少阴倍力而乘消息"。消息即十二辟卦,消卦为太阴,息卦为太阳,其余杂卦为少阴、少阳,辟卦为君,杂卦为臣。二月的卦气为晋卦、解卦用事,两个少阴杂卦合力干扰辟卦大壮,由此可以看出元帝并未完全排除邪臣的蒙蔽,仍然犹豫不决,拿不定主意。到了己卯拜为太守,自己的忧虑是被证实了。京房第二个回合的斗争是争取在出任太守以后能够每年回到京师向元帝汇报,于是他根据卦气对这次斗争是否成功进行预测。京房认为,辛巳之日,"蒙气复乘卦,太阳侵色",这表明在此以前的己卯、庚辰两日之间,必定有人进了谗言,

蒙蔽君主，阻止自己乘传奏事。

京房的这个忧虑也被证实了。在出发前，元帝果然命令京房不要乘传奏事，石显的阴谋得逞，京房第二个回合的斗争也失败了。走到新丰，京房上了第二封奏折。他说：

> 臣前以六月中言遁卦不效，法曰："道人始去，寒，涌水为灾。"至其七月，涌水出。臣弟子姚平谓臣曰："房可谓知道，未可谓信道也。房言灾异，未尝不中，今涌水已出，道人当逐死，尚复何言？"臣曰："陛下至仁，于臣尤厚，虽言而死，臣犹言也。"平又曰："房可谓小忠，未可谓大忠也。昔秦时赵高用事，有正先者，非刺高而死，高威自此成，故秦之乱，正先趣之。"今臣得出守郡，自诡效功，恐未效而死。惟陛下毋使臣塞涌水之异，当正先之死，为姚平所笑。（《汉书·京房传》）

在这封奏折中，京房通过他与弟子姚平围绕着对遁卦卦气的两番讨论，一方面向元帝表明自己以身殉道的决心，另一方面也劝诫元帝应以国家的安危为重，让他在魏郡试行"考功课吏法"，不要做出贻笑大方的蠢事。遁卦为六月辟卦，如果遁卦的卦气运行失常，阴阳错谬，则当暑而寒，出现洪水灾异，在人事上则象征着有道术之人当被逐死。京房以前曾经作过预言，至七月洪水果然涌出，预言是应验了。在这种情况下，京房本来应该全身远害，不必多言。但是京房认为，虽言而死，仍要坚持自己的政见。他的这种无所畏惧的勇气来源于他的坚定的哲学信念与政治理想。京房的占验之术，其理论基础是天人感应论，而不同于术数末流所服膺的宿命论。这种天人感应论强调发挥人的主观能动性，因而尽管卦气呈现道人当逐死的凶兆，但是只要决策得当，行为合理，灾异是可以止息，凶兆是可以转化的。京房认为，以谏杀身而无益于国只算得是小忠，谏行言听而身与国同休才是大忠，所以他要求元帝给他一个在魏郡建功立业的机会，不要使涌水灾异的凶兆在他身上应验。

到了陕西弘农，京房又上了第三封奏折：

及丙戌小雨，丁亥蒙气去，然少阴并力而乘消息，戊子益甚，到五十分，蒙气复起。此陛下欲正消息，杂卦之党并力而争，消息之气不胜。强弱安危之机不可不察。己丑夜，有还风，尽辛卯，太阳复侵色，至癸巳，日月相薄，此邪阴同力而太阳为之疑也。臣前白九年不改，必有星亡之异。臣愿出任良试考功，臣得居内，星亡之异可去。议者知如此于身不利，臣不可蔽，故云使弟子不若试师。臣为刺史又当奏事，故复云为刺史恐太守不与同心，不若以为太守，此其所以隔绝臣也。陛下不违其言而遂听之，此乃蒙气所以不解，太阳亡色者也。臣去朝稍远，太阳侵色益甚，唯陛下毋难还臣而易逆天意。邪说虽安于人，天气必变，故人可欺，天不可欺也，愿陛下察焉。（《汉书·京房传》）

　　照京房看来，"考天时、察人事在乎卦"，卦气图是一个巨大的信息库，储藏着"强弱安危之机"，因而他的政治活动随时随地都以对卦气的观察作为决策的依据。丙戌为四月二十四日，其明日丁亥直小满，杂卦小畜用事，此时蒙气虽去，"然少阴并力而乘消息"，杂卦合力对辟卦进行干扰，至丁亥次日戊子益甚，当五十分日中之时，蒙气复起。这种卦气象征着君弱臣强，消息之气被并力而争的杂卦之党所压倒。到了四月二十七日己丑夜，又起了还风，还风即暴风，一直刮到二十九日辛卯，太阳昏暗无光。癸巳为五月二日，正当乾卦用事之始，而有此"日月相薄"之异，太阳受到邪阴同力的严重干扰，卦气的运转极为反常。京房认为，如果九年不改，必有星亡之异，但是，如果使弟子任良出任刺史，自己留居京师，中央与地方相结合推行考功法，则"星亡之异可去"。究竟是赞成还是反对考功法，这是当时忠邪贤佞两派政治势力斗争的焦点。石显等人极力反对，编造种种邪说，而元帝终于听信了他们的邪说，拒绝京房的合理建议。京房认为，这种错误的做法影响了卦气，"蒙气所以不解，太阳亡色"，都是由此而造成的。京房最后向元帝提出严重警告，决不可违逆天意，甘受邪说的蒙蔽，今后的卦气将更加反常，太阳将更加昏暗无光，"邪说虽安于人，天气必变"，这条天人感应的规律是应该认真思考的。

　　从京房的这三封奏折可以看出，他的卦气说和他的政治活动是结为一体，密不可分的。他的政治活动始终是以卦气说作为理论基础，而卦气说也始终是与实际的政治相联系，总的目的则是为了克服危机，理顺关系，使自然与社会的整体复归于和谐。就京房的政治活动而言,最后是失败了，终以"非谤政治，归恶天子"的罪名惨遭杀害。究竟失败的原因是由卦气说所引起的还是另有所在，这是我们公正持平地评价京房易学的一个关键问题。

宋代的司马光对京房的政治活动作了充分的肯定。他指出：

> 人君之德不明，则臣下虽欲竭忠，何自而入乎？观京房所以晓孝元，可谓明白切至矣，而终不能寤，悲夫！《诗》曰："匪面命之，言提其耳。匪手携之，言示之事。"又曰："诲尔谆谆，听我藐藐。"孝元之谓矣。(《资治通鉴》卷二十九)

司马光的分析是颇有见地的。在封建君主专制政体中，君主集中了国家的一切权力，因而君主的明暗直接关系着国家的治乱安危。如果"人君之德不明"，尽管忠正的大臣进行耳提面命的谏诤规劝，提出各种合理的改革建议，也会遇到不可克服的障碍而归于失败。反之，如果遇到一个严明有如宣帝那样的君主，情况就会改观。仲长统在回顾宣元之际政治的演变时，也提出了与司马光相同的看法。他说："孝宣之世，则以弘恭为中书令，石显为仆射，中宗严明，二竖不敢容错其奸心也。后暨孝元，常抱病而留好于音乐，悉以枢机委之石显，则昏迷雾乱之政起，而仇忠害正之祸成矣。呜呼，父子之间，相监至近，而明暗之分若此，岂不良足悲耶！"(《全后汉文》卷八十九) 因此，从这个角度来看，京房反对石显的斗争之所以失败，不能归咎于他的卦气说，而应该联系到君主专制政体的内在矛盾挖掘其深层的原因。

其实，汉代的经学，特别是今文经学，对这种君主专制政体的内在矛盾是有着较为清醒的察觉的。当时各派经学家为了防止君主拒谏饰非，滥用权力，都在"屈君而伸天"上大做文章，企图假借天神的权威用阴阳灾异来加以限制。比如与京房同时治《齐诗》的翼奉曾说："《易》有阴阳,《诗》

有五际，《春秋》有灾异，皆列终始，推得失，考天心，以言王道之安危。"(《汉书·翼奉传》)这种经学实质上是一种政治哲学，并且带有鲜明的时代特征，形成为弥漫于朝野上下的一股思潮。京房的卦气说就是在这股思潮的强大影响下孕育成熟的。在那个特定的时代，许多从事政治斗争以维护社会整体利益的先进人物，除了利用阴阳灾异这个思想武器以外，是别无其他选择的。

但是，京房的象数派的易学，其理论基础与思维模式，后来也受到了许多人的严厉批评。王夫之的批评是具有代表性的。他说：

> 或曰：房之按日以候气，分卦以征事，所言者亦与当时之得失祸福合，何也？曰：石显之邪，而君德以昏，国是以乱，众耳众目具知之矣。事既已然，取而求其所以然者，而实固非也。势已成，形已见，谓天之象数亦然，亦恶从而辨之？
>
> 盖房之为术，以小智立一成之象数，天地之化，且受其割裂，圣人之教，且恣其削补。道无不圆也，而房无不方，大乱之道也，侮五行而栌二仪者也。郑弘、周堪从而善之，元帝欲试行之，盖其补缀排设之淫辞有以荧之尔。取天地之人物、古今王霸、学术治功，断其长，擢其短，令整齐瓜分如弈者之局、厨人之刅也，此愚所以闻邵子之言而疑也，而况房哉！(《读通鉴论》卷四)

王夫之批评京房的易学在两个重要之点上难以成立。第一，他的卦气说根本不能对人事的得失祸福作出预测，只不过是就昭然若揭的既成事实作出事后的解释，归结为天之象数。这种解释是似是而非的，实际上是精心编造出来用于骗人的淫辞。第二，他"以小智立一成之象数"，立典要以为方体，极力使内容屈从于形式，把天象人事瓜分割裂，削足适履生搬硬套地统统塞入一个固定的格式之中，这就必然圆凿方枘，与五行二仪之道以及事物的实际的变化格格不入。

应当承认，从理论思辨的角度来看，王夫之的批评确实是击中了京房易学的要害，但是，由于京房易学迎合了时代的思潮，适应于实际政治的

需要，尽管理论上破绽甚多，难以自圆其说，仍然有着强大的生命力。成帝时期，谷永也用卦气说来表达政见，从事斗争。他上书给成帝说：

> 王者躬行道德，承顺天地，……则卦气理效。……失道妄行，逆天暴物……则卦气悖乱。……终不改寤，恶洽变备，不复谴告，更命有德。(《汉书·谷永传》)

因此，如果脱离了汉代的时代思潮与实际政治来孤立地看京房的易学，是难以作出公正持平的评价，也难以全面地把握其本质的。

第三章 《易纬》的卦气理论与文化理想

　　纬书最早见于史籍记载，是西汉成帝年间李寻所提出的"五经六纬"的说法。孟康解释说："六纬，五经与《乐纬》也。"张晏认为，"六纬，五经及《孝经纬》也"。颜师古肯定了孟康的解释，认为，"六纬者，五经之纬及《乐纬》也"（见《汉书·李寻传》）。后来，《孝经纬》也加入了纬书的系统，合称七纬。关于《易纬》，《后汉书·樊英传》注指出共有六种，即《稽览图》《乾凿度》《坤灵图》《通卦验》《是类谋》《辨终备》。纬书自隋以后大都散亡，保留下来的只有《易纬》，而且也不全了。清代辑佚之风大盛，于《易纬》又辑出《乾坤凿度》《乾元序制记》二种。

　　《四库全书总目·易类六》对纬书的性质与起源提出了一种看法：

　　　　纬者经之支流，衍及旁义。《史记·自序》引《易》"失之毫厘，差以千里"，《汉书·盖宽饶传》引《易》"五帝官天下，三王家天下"，注者均以为《易纬》之文是也。盖秦汉以来，去圣日远，儒者推阐论说，各自成书，与经原不相比附。如伏生《尚书大传》，董仲舒《春秋阴阳》，核其文体，即是纬书。特以显有主名，故不能托诸孔子。其他私相撰述，渐杂以术数之言，既不知作者为谁，因附会以神其说。迨弥传弥失，又益以妖妄之词，遂与谶合而为一。

这种看法把纬书和当时经学家所写的一般性的经学著作混同起来，划不清二者的界线。实际上，是否"托诸孔子"是区别二者的一条重要标志。虽然二者都是解释经义的，从文体和思想内容上也看不出什么差别，但是一般性的经学著作只把这种解释看做个人对孔子的"微言大义"的理解，是否正确，还留有讨论的余地，而纬书则把这种解释附会到孔子的名下，有着和经书同样神圣的性质，只能奉为权威，而根本不容许讨论。纬书直接继承了《尚书大传》《春秋阴阳》的那种用术数来解释经义的学风，这是显而易见的。至于纬书为什么故意隐瞒作者的姓名，把自己的解释"托诸孔子"，并且变本加厉地编造预言，使之与谶合而为一，掀起了一股带有时代特色的谶纬思潮，这种情形只有联系到西汉末年深重的社会政治危机才能得到合理的说明。

汉武帝以后，各派经学家所讲的经义都杂以术数之言，关于灾异的思想突出为主导的方面。当时人们对灾异的解释都是对朝政的批评，着重于指责君主的过失，对同一灾异现象作出了不同的解释，表现了统治集团中各种势力的不同的政见。这些解释在思想上都表现为神学预言的性质，预言是否应验，是否为君主所相信，并不决定于预言本身，而是由各种复杂的历史条件以及各派政治力量的实际的斗争所决定的。一般来说，当时许多讲灾异的经学家，虽然动机大多是为了进一步巩固君权，但是结局都很不美妙。班固十分感慨地指出：

> 汉兴推阴阳言灾异者，孝武时有董仲舒、夏侯始昌，昭、宣则眭孟、夏侯胜，元、成则京房、翼奉、刘向、谷永，哀、平则李寻、田终术。此其纳说时君著明者也。察其所言，仿佛一端。假经设谊，依托象类，或不免乎"亿则屡中"。仲舒下吏，夏侯囚执，眭孟诛戮，李寻流放，此学者之大戒也。京房区区，不量浅深，危言刺讥，构怨强臣，罪辜不旋踵，亦不密以失身，悲夫！（《汉书·眭两夏侯京翼李传赞》）

班固认为，这些讲灾异的经学家命运所以悲惨，一是因为他们以预言向君主谏诤，尽管有时能应验，却不合道术，二是因为他们地位卑微，力量弱小，不能与当权者相抗衡。其实，讲灾异本身就是对当权者的一种斗争，而且必然要表现为预言的形式，问题在于这种预言是以经学家个人的名义作出的，并不直接体现孔子或神的意旨，容易被当权者罗织罪名，在斗争中处于不利的地位。比如眭孟被杀的罪名是"妖言惑众，大逆不道"，夏侯胜因"非议诏书，毁先帝"而被囚执，京房的罪名是"非谤政治，归恶天子"，李寻的罪名是"执左道，乱朝政，倾覆国家，诬罔主上"。经学家为形势所迫，有必要改变斗争策略，他们不再以个人名义来解释灾异了，于是进行造神活动，把预言附会到孔子或神的名下，这就可以提高预言的神圣性质，增加被当权者采纳的机会。即令预言不被采纳，达不到政治目的，也可以减少无端获罪的可能。因此，哀平之际，社会政治危机加深，西汉政权病入膏肓，许多人背离正统经学，转而造作谶纬，是一个可以理解的合乎规律的现象。

当然，谶纬不单纯是讲灾异的经学家出于斗争策略而采用的一种思想形式，它的社会基础要广阔得多，反映了统治集团以外的下层人士以及被压迫的农民群众的情绪和愿望。当时，由于持续不断的社会政治危机，而又看不到任何的出路，各个阶层都骚动不安，纷纷进行造神活动，利用宗教迷信来表达自己的情绪和愿望。《汉书·哀帝纪》记载：

（建平）四年春，大旱，关东民传行西王母筹，经历郡国，西入关至京师。民又会聚祠西王母，或夜持火上屋，击鼓号呼相惊恐。

《资治通鉴》卷三十四也载有此事：

（建平）四年春正月，大旱。关东民无故惊走，持稿或撷（麻秆）一枚，转相付与曰，行西王母筹。道中相过逢，多至千数，或被发徒跣，或夜折关，或逾墙入。或乘车骑奔驰，以置驿传行。经郡国二十六，至京师，不可禁止，民又聚会里巷阡陌，设博具，歌舞祠西王母。

这是一种多么震撼人心的场面。关东的饥民举着以禾秆或麻秆制成的西王母筹，浩浩荡荡，经历数十郡国，游行到首都。首都的群众又持火上屋，击鼓号呼，表示响应。这是一次规模巨大、煽动性极强的政治示威活动，是农民起义的前兆，它利用宗教迷信发泄了人民蓄积已久的怨气。如果不联系到这种广阔的历史背景，谶纬是不可能成为风靡一时的社会思潮的。

在纬书中，通过对灾异的解释指斥"人主自恣""后党擅权""女谒乱公""佞臣持位""邪臣蔽主""君臣无道"的言论比比皆是，并且直言不讳地预言亡国丧主，天下大乱，世界已面临末日。这完全是一种危机时代的意识。虽然如此，在纬书作者的心目中，必然存在着一个追求和谐的正面理想，如果缺少这个正面理想，他们对朝政的指斥与对危机的揭露就失去了前提，根本无法进行衡量比较了。因此，纬书的内容和当时的正统经学一样，灾异与符瑞的思想也是相反相成，合为一体的。只是各种纬书所依据的经典不同，关于灾异与符瑞的讲法不大一样。

就《易纬》而论，关于灾异与符瑞的思想和孟喜、京房的易学一样，也是围绕着卦气说而展开的。《四库全书总目》对《易纬》八种一一作了评述，一方面正确地指出卦气说乃是《易纬》的主要内容，同时又颠倒了源流关系，认为《易纬》的卦气说为孟喜、京房之学所自出，与事实不相符。其对《易纬稽览图》评述说：

> 其书首言卦气起中孚，而以坎、离、震、兑为四正卦，六十卦卦主六日七分，又以自复至坤十二卦为消息，余杂卦主公、卿、侯、大夫，候风雨寒温以为征验，盖即孟喜、京房之学所自出。汉世大儒言易者，悉本于此，最为近古。

对《易纬通卦验》评述说：

> 黄震《日抄》谓其书大率为卦气发。……此本卷帙不分，核其文义，似于"人主动而得天地之道则万物之蕴尽矣"以上为上卷，曰"凡易八卦之气验应各如其法度"以下为下卷，上明稽应之理，下言卦气之征验也。

对《易纬乾元序制记》评述说：

> 其所言风雨寒温消息之术，乃与《稽览图》相近。

对《周易乾凿度》评述说：

> 说者称其书出于先秦。自《后汉书》、南北朝诸史及唐人撰《五经正义》、李鼎祚作《周易集解》，征引最多，皆于易旨有所发明，较他纬独为醇正。至于太乙九宫、四正四维皆本于十五之说，乃宋儒戴九履一之图所由出，朱子取之，列于《本义》图说。故程大昌谓汉魏以降言易学者皆宗而用之，非后世所托为，诚稽古者所不可废矣。

对《易纬·是类谋》评述说：

> 其间多言机祥推验，并及于姓辅名号，与《乾凿度》所引易历者义相发明。

从这些评述来看，《易纬》的思想以卦气说为核心，与孟京易学是完全相同的。但是，孟京易学皆立为博士，属于官方的正统经学，而《易纬》则是兴起于哀平之际的谶纬思潮的一个组成部分，就卦气说的源流而言，《易纬》是继承了孟京易学，决不能颠倒这种关系，认为是"孟喜、京房之学所自出"。

由正统经学的卦气说演变为《易纬》的卦气说是和哀平之际的社会政治危机紧密相连的。我们可以从成帝年间谷永的经历窥探出一些这种演变的蛛丝马迹。《汉书·谷永传》记载："永于经书，泛为疏达。……其于天官，《京氏易》最密，故善言灾异，前后所上四十余事，略相反覆，专攻〔政〕上身与后宫而已。"谷永把京房的易学用于实际的政治，认为天人感应是通过卦气表现出来的。如果皇帝励精图治，搞好政治，"则卦气理效"；反之，如果倒行逆施，把政治搞坏，"则卦气悖乱"。谷永根据这个思想对成帝所

遭逢的灾异进行了一番数学推算。他说：

> 陛下承八世之功业，当阳数之标季，涉三七之节纪，遭《无妄》之卦运，直百六之灾厄，三难异科，杂焉同会。……臣永所以破胆寒心，预言之累年。下有其萌，然后变见于上，可不致慎！

谷永计算出了成帝时期，"三难异科，杂焉同会"，就是说成帝不巧同时遇到了三难，处于三难的集结点上。这三难是，"三七之节纪"，"《无妄》之卦运"，"百六之灾厄"。关于第一难，孟康说："至平帝乃三七二百一十岁之厄，今已涉向其节纪。"关于第二难，沈钦韩说："案京房六日七分图，无妄为九月卦。九月雷已收声，无云而雷，故为大灾。"关于第三难，即所谓"阳九之厄"。《汉书·律历志》引《易九厄》曰："初入元，百六，阳九。"孟康解释说："所谓阳九之厄，百六之会者也。"这些数据都是从卦气说的象数模式推算出来的。但是，尽管用卦气说来作预言比起其他的形式更能危言耸听，眩人耳目，还是不能说服皇帝，京房惨遭杀身之祸，谷永也不为成帝所亲信。原因当然是多方面的。不过这种情况也使当时的一些讲卦气说的人感到，为了说服皇帝，进一步使预言起到蛊惑人心的作用，光有象数的精确性还不够，必须直接附会为神的意旨，增加它的神秘色彩，使之具有更大的权威性。

《易纬》正是适应了哀平之际的社会政治危机，一方面把卦气的体系弄得更加庞大，把象数的模式弄得更加完备，同时也编造了许多妖妄的谶语，给卦气说加了一个神秘的起源。《乾坤凿度》说：

> 乾凿度，圣人颐，乾道浩大，以天门为名也。乾者天也。……乾训健，壮健不息，日行一度。凿者开也，圣人开作，度者度路，又道。圣人凿开天路，显彰化源。
>
> 坤凿度者，太古变乾之后，次凿坤度。

这是说，圣人即神为了显明万化的本源，首先凿开通向天门的道路，然后又凿开通向大地的道路。所谓《乾坤凿度》，即取义于此。关于这部《乾坤凿度》，有一个神秘的传授系统。首先是圣人"章流立文，以诂息孙"，然后相继传授于天老氏、混沌氏、天英氏、无怀氏、神农氏、烈山氏、鳌厘氏、老孙氏、轩辕氏……

虽然如此，如果我们撇开这些神秘主义的呓语，仍然可以看出《易纬》的卦气说和孟喜、京房的正统经学一样，其中也是体现了儒家的文化价值理想，追求自然与社会整体的和谐。《易纬·通卦验》指出：

> 凡易八卦之气，验应各如其法度，则阴阳和，六律调，风雨时，五谷成熟，人民取昌，此圣帝明王所以致太平法。
>
> 故设卦观象，以知有亡。夫八卦谬乱，则纲纪坏败，日月星辰失其行，阴阳不和，四时易政。八卦气不效，则灾异气臻，八卦气应失常。
>
> 夫卦之效也，皆指时卦当应，他卦气及，至其灾，各以其冲应之。此天所以示告于人者也。

所谓"时卦当应"，是说卦气运转正常，"验应各如其法度"，节气来得不早不晚，恰如其时。在这种情况下，阴阳和谐，风调雨顺，五谷丰登，人民安居乐业，富裕昌盛。这是太平盛世的景象，也是时代的理想。反之，如果出现参前错后的现象，节气来早了，后面的卦气走到前面，或者节气来晚了，前面的卦气落在后面，这就是"八卦谬乱"，时卦气应失常。在这种情况下，阴阳和谐受到破坏，就会产生各种自然灾异，社会的纲纪也随之而坏败。所谓"各以其冲应之"，是说每一个卦气的失常都有特定的自然灾异和纲纪坏败与之相应。这是"天所以示告于人者也"。

在那个危机时代，理想与现实结成了一对既互相排斥而又彼此激发的奇妙关系。人们越是对现实强烈不满，就越是激发出对理想的执着追求，越是对理想执着追求，就越是激发出对现实的更加强烈的不满。《周易·系辞》曾说："《易》之兴也，其于中古乎？作《易》者，其有忧患乎？""《易》之兴也，其当殷之末世，周之盛德耶？当文王与纣王之事耶？是故其辞危，危者使平，易者使倾。"《易纬》继承了《易传》的这种忧患意识，遵循着孟、京易学的那条思路，一方面积极从事理论探索，按照心目中对整体和谐的理想把卦气说发展成为一个完整的象数体系，同时又着眼于批判调整，编造了大量体现天神谴告的神秘预言，企图在无所复望的危机时代找出一点微弱的希望之光出来。从这个角度来看，《易纬》的象数之学代表了易学史上的一个新的发展阶段，集中反映了西汉末年时代的思想风貌，表现了当时的人们对危机的痛切感受与对理想的执着追求，不仅其中的理论探索在易学史上占有重要的地位，而且其中的那些荒诞妖妄的神秘预言也具有极为珍贵的社会心理学的价值。如果脱离历史的具体性而仅仅从思辨的角度来研究，是难以把握《易纬》的真正的本质的。

《易纬》的卦气说，就其思想实质而言，与孟喜、京房相同，都是按照儒家的价值标准所编织的一幅关于天人和谐的理想蓝图，但就其象数形式而言，则比孟喜、京房更为清晰，更为严谨，也更便于占验。孟喜的卦气说以十二月卦为主干，以四正卦主管二十四节气，这个图式过于简陋。京房的分卦直日、六日七分之说虽然比孟喜完备，但是瓜分割裂，错乱不明，缺乏逻辑的一致性。《易纬》在孟京易学的基础上取长补短，提出了一个新的图式。唐宋以后人们对汉易卦气说的了解，多半是以《易纬》的这个新的图式为据的。《稽览图》说：

> 甲子卦气起中孚。
>
> 小过、蒙、益、渐、泰（寅）。需、随、晋、解、大壮（卯）。豫、讼、蛊、革、夬（辰）。旅、师、比、小畜、乾（巳）。大有、家人、井、咸、姤（午）。鼎、丰、涣、履、遁（未）。恒、节、同人、损、否（申）。巽、萃、大畜、贲、观（酉）。归妹、无妄、明夷、困、剥（戌）。艮、既济、噬嗑、大过、坤（亥）。未济、蹇、颐、中孚、复（子）。屯、谦、睽、升、临（丑）。坎（六）、震（八）、离（七）、兑（九）。已上四卦者，四正卦，为四象。每岁十二月，每月五月（按五月月字当作卦）。卦六日七分。每期三百六十六日，每四分（按六日当作五日，四分当作四分日之一）。

孔颖达《周易·复卦疏》引《稽览图》说：

> 卦气起中孚。故离、坎、震、兑各主其一方，其余六十卦，卦有六爻，爻别主一日，凡主三百六十日。余有五日四分日之一者，每日分为八十分，五日分为四百分，四分日之一又是二十分，是四百二十分。六十卦分之，六七四十二，卦别各得七分。是每卦得六日七分也。

朱震《汉上易传》引《是类谋》说：

> 冬至日在坎，春分日在震，夏至日在离，秋分日在兑。四正之卦，卦有六爻，爻主一气。余六十卦，卦主六日七分，八十分日之七。岁十二月，三百六十五日四分日之一。六十而一周。

惠栋《易汉学》根据这些说法制有六日七分图，而归之于孟喜。其实孟喜并无六日七分之说，京房虽提出了六日七分之说，但以四正卦各主管八十分日之七十三，又从颐、晋、井、大畜四卦扣除七十三分，使之各主管五日十四分，体系不够严密。因而惠栋所制的六日七分图应该归之于《易纬》。其图如下。

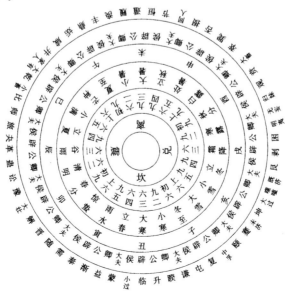

朱震《汉上易传》载有李溉所传卦气图，以卦爻配七十二候，指出"其说源于《易纬》"。惠栋在《易汉学》中作了考证："按《御览》载《易纬·通卦验》（九百六十七卷、九百四十四卷）曰：'惊蛰，大壮初九候，桃始华，不华，仓库多火。'今图与之合。又曰：'姤上九候，蝉始鸣，不鸣，国多妖言。'按图，姤九五蝉始鸣，上九半夏生。迟一候者，朱子发（震）云：《易通卦验》，易家传先师之言，所记气候，比之《时训》，晚者二十有四，早者三，今图依《时训》，故异也。"

《易纬》综合总结了孟、京易学的探索成果，使之进一步与当时的天文历法知识相吻合，编织了一个相当完整的卦气图式。清人庄存与的《卦气解》对这个图式的内在逻辑线索提出了一种解释，他说：

> 卦气始中孚，终于颐，浑盖之象，包括始终也。乾辟巳，坤辟亥，摄提方也。巽候申，艮候亥，日月会也。巽后而艮先，天行有进退也。先卯中而晋，后酉中而明夷，岁之昼夜也。……
>
> 自中孚迄井，阳爻八十九，阴爻九十一，共一百八十，当半岁实。其在晋以前，阳爻三十八，解以后，阳爻五十一，历日在春分前则少，在春分后则多之象也。自咸迄颐，阳爻九十一，阴爻八十九，共一百八十，当半岁实。其在大畜以前，阳爻五十四，贲以后，阳爻三十七，历日在秋分前则多，在秋分后则少之象也。阳爻多则阴爻少，象行度之缩焉；阳爻少则阴爻多，象行度之盈焉。自解迄大畜，阳爻一百有五，阴爻七十五，昼永而夜短也。自贲迄晋，阳爻七十五，阴爻一百有五，昼短而夜永也。二至相距，阴阳爻不正九十，而多一少一者何也？曰：吾以是知岁实之有消长也。（见《清经解续编》卷百六十）

庄存与的解释刻意求深，可能超出了《易纬》的原意，但就其所勾勒的基本思路而言，大体上是符合实际的。从孟喜、京房开始，直到《易纬》，卦气说的基本思路都是致力于用卦爻的象数来描述一年中的气候的变化，表示四时循环寒暑往来的正常的节律。由于气候变化的正常节律属于实证知识，是确凿不移的客观事实，而卦气图式则是一种象数符号，只有把象数符号的变化编排得适合于气候的变化，使符号系统与事实系统同构，卦气图式才能臻于完善，显示出一种内在的逻辑性。所谓"甲子卦气起中孚"，张惠言《易纬略义》解释说，"微阳生于坎下，作而气尚微，寒温未知万物变形，律气先得中孚卦气，乃信爱而养之，故言卦气起中孚也"。坎卦初六主冬至，冬至一阳生，中孚卦编排在复卦之前，复卦为消息卦，表示一阳初生，卦气图式以中孚卦为起点，是与这种气候的变化相吻合的。其所以以颐卦为终点，大概是取颐养之义，阳气归养于颐，至中孚复出，这就构成了一个终而复始的循环圆圈。至于彻底打乱《周易》原有的卦序，作出如此花样翻新的编排，也诚如庄存与所说，是以一年四季的昼夜长短与寒暑差异为参照系，进行了一番精心设计的。在这个循环圆圈内，自中孚迄井，自咸迄颐，阴阳爻的分配两两对称；自解迄大畜，自贲迄晋，阴阳爻的分配也是两两对称。这种象数形式的严格对称与气候变化的正常节律息息相通，完美地表现了自然的和谐。

在中国的传统思想中，各家各派对这种自然的和谐都是仰慕歆羡，极尽赞美之能事。比如孔子曾说："天何言哉，四时行焉，百物生焉！"（《论语·阳货》）庄子曾说："天地有大美而不言，四时有明法而不议，万物有成理而不说。"（《庄子·知北游》）《汲冢周书·周月解》曾说："万物春生、夏长、秋收、冬藏，天地之正，四时之极，不易之道。"《易纬》的卦气说找到了一种象数语言把这种难以言说的自然和谐之美表现出来，确实是一个伟大的创造。但是，《易纬》继承了先秦易学的传统，其思想实质属于天人之学的范畴，而不是一种纯粹的自然哲学。这种天人之学一方面是援引天道来论证人道，把天道的自然规律看做是人类社会的合理性的根据，另一方面又按照人道来塑造天道，把人们对合理的社会存在的主观理想投射到客观的自然规律之上。因而这种天人之学的研究对象既不单纯是天（自然），也不单纯是人（社会），而是"天人之际"，即天与人之间的相互依存的紧密联系。它的性质既不是纯粹的自然哲学，也不是纯粹的社会哲学，而是一种囊括宇宙、统贯天人的整体哲学。在中国哲学史上，这种天人之学源远流长，各家各派的思想都可以归结到这个范畴之内，对于易学来说，则表现得更是鲜明。《周易·系辞》说："《易》之为书也，广大悉备，有天道焉，有人道焉，有地道焉，兼三才而两之，故六，六者非它也，三才之道也。"因此，从这个角度来看，《易纬》所精心设计的卦气图式，目的不仅是为了表现自然和谐之美，而且也是为了对社会的和谐作论证，通过天道来表现人们对合理的社会存在的一种理想或期望。

《易纬》的卦气图式是带有浓厚的政治伦理色彩的。《乾凿度》说：

> 孔子曰：八卦之序成立，则五气变形。故人生而应八卦之体，得五气以为五常，仁义礼智信是也。夫万物始出于震，震，东方之卦也，阳气始生，受形之道也，故东方为仁。成于离，离，南方之卦也，阳得正于上，阴得正于下，尊卑之象定，礼之序也，故南方为礼。入于兑，兑，西方之卦也，阴用事而万物得其宜，义之理也，故西方为义。渐于坎，坎，北方之卦也，阴气形盛，（阴）阳气含闭，信之类也，故北方为信。夫四方之义，皆统于中央，故乾坤艮巽，位在四维，中央所以绳四方行也，智之决也，故中央为智。故道兴于仁，立于礼，理于义，定于信，成于智。五者道德之分，天人之际也，圣人所以通天意，理人伦，而明至道也。

《易纬》的这一段言论，与其说是严密的逻辑论证，无宁是一种牵强的比附。但是，这种比附从汉代经学中流行的天人同类的观念看来，是并不牵强而十分自然的。董仲舒曾说："天亦有喜怒之气，哀乐之心，与人相副，以类合之，天人一也。春，喜气也，故生；秋，怒气也，故杀；夏，乐气也，故养；冬，哀气也，故藏；四者，天人同有之。"（《春秋繁露·阴阳义》）《易纬》遵循这种思维模式，认为卦气的运转体现了五常之德，天人之际以此五常之德作为联结的纽带。分别说来，春生为仁，震卦主之；夏长为礼，离卦主之；秋收为义，兑卦主之；冬藏为信，坎卦主之；中央为智，以统四方。合起来说，五者都是卦气运转的正常的节律，是一个完整的"至道"。因而圣人可以凭借这个"至道"来"通天意，理人伦"，根据对自然和谐规律的了解来正确处理人际关系，使社会也归于和谐。

关于社会人际关系的和谐，在《易纬》中反复申说，列为卦气图式中的一个不可分割的组成部分。这种社会的和谐既是历代易学的人文主义精神之所在，也是那个危机时代人们普遍追求的正面理想。《易纬》通过卦气图式为这个正面理想树立了宇宙论的基石，并且用易学的术语把它明确地表述为"中和"。如果我们忽视《易纬》理论探索的这个最为重要的着眼之点，而把卦气说仅仅看做是对天文历法的描述，这就很难如实地把握《易纬》的那种贯彻始终的天人之学的精神。比如《乾凿度》说：

䷭孔子曰：升者十二月之卦也。阳气升上，阴气欲承，万物始进，譬犹文王之修积道德，弘开基业，始即升平之路。当此时也，邻国被化，岐民和洽，是以六四蒙泽而承吉，九三可处王位，享于岐山，为报德也，明阴以显阳之化，民臣之顺德也。故言无咎。

䷩孔子曰：益之六二，或益之十朋之龟，弗克违，永贞吉，王用享于帝，吉。益者正月之卦也，天气下施，万物皆益，言王者之法天地，施政教，而天下被阳德，蒙王化，如美宝，莫能违害，永贞其道，咸受吉化，德施四海，能继天道也。王用享于帝者，言祭天也。

䷐孔子曰：随上六，拘系之，乃从维之，王用享于西山。随者二月之卦，随德施行，藩决难解，万物随阳而出，故上六欲待九五，拘系之，维持之，明被阳化，而阴欲随之也。譬犹文王之崇至德，显中和之美，拘民以礼，系民以义。当此之时，仁恩所加，靡不随从，咸悦其德，得用道之王，故言王用享于西山。

王者天下所归往。《易》曰：在师中，吉无咎，王三锡命。师者众也，言有盛德，行中和，顺民心，天下归往之，莫不美命为王也。

大君者，君人之盛者也。《易》曰：知临，大君之宜，吉。临者大也，阳气在内，中和之盛，应于盛位，浸大之化，行于万民，故言宜处王位，施大化，为大君矣，臣民欲被化之词也。

孔子曰：《易》天子三公诸侯绂服皆同色。困之九二，困于酒食，朱绂方来。九五，劓刖，困于赤绂，乃徐有悦。……困之九二，有中和，居乱世，交于小人，又困于酒食者，困于禄也。朱绂者，赐大夫之服也。

文王方困，而有九二大人之行，将赐之朱绂也，其位在二，故以大夫言之。至于九五，剗剥不安也。文王在诸侯之位，上困于纣，故曰困于赤绂。夫执中和，顺时变，以全王德，通至美矣，故曰乃徐有悦。丘记诸象曰：困而不失其所亨也，贞，大人吉，以刚中也。

《易纬》所说的"中和"，既是一种社会人际关系的最合理的状态，也是一种处理社会人际关系的最合理的准则。这种社会人际关系，主要是指君臣父子夫妇之间的关系。这种关系的最合理的状态应该包含两个相反相成的方面，一方面是以君、父、夫为主导，以臣、子、妇为从属，严格区分二者的尊卑等级；另一方面是二者的协同配合，团结一致，"阳唱而阴和，男行而女随"。就政治关系而言，"初为元士，二为大夫，三为三公，四为诸侯，五为天子，上为宗庙"，这种尊卑等级的地位是不能颠倒的，但是，初必须与四相应，二必须与五相应，三必须与上相应。只有把这两个方面有机地结合起来，才能使社会中的各种关系一体化，达到中和的境界。由于君主居于最高的主导地位，在处理社会人际关系中负有特殊的责任，所以必须具有如同文王那样的"中和之美"的品德，"顺民心"，"施大化"，使天下臣民心悦诚服地来归往。

这种中和的理想在卦气图式中的表现也是包含着两个相反相成的方面，一方面是以阳为主导，以阴为从属，各有不同的职责，另一方面是阳左行，阴右行，协同配合，完成一年十二月卦气的运转。《乾凿度》指出：

孔子曰：乾坤，阴阳之主也。阳始于亥，形于丑，乾位在西北，阳祖微据始也。阴始于巳，形于未，据正立位，故坤位在西南，阴之正也。君道倡始，臣道终正，是以乾位在亥，坤位在未，所以明阴阳之职，定君臣之位也。

乾阳也，坤阴也，并治而交错行。乾贞于十一月子，左行，阳时六。坤贞于六月未，右行，阴时六。以奉顺成其岁。

根据这些论述，可以看出，在《易纬》的卦气图式中是蕴含着一种中和的义理的，目的在于表现那个特定的时代人们关于天人和谐的理想，并非如后世一些人所指斥的只讲象数，不讲义理。《乾凿度》开宗明义所提出的"易一名而含三义"的著名命题，就是分别从简易、变易、不易三个不同的角度来阐发卦气图式中所蕴含的中和义理的。所谓不易，是说尊卑等级的地位不能改易。"天在上，地在下，君南面，臣北面，父坐子伏，此其不易也。"这种尊卑等级的地位是自然与社会秩序的本然，如果上下颠倒，就会产生混乱。所谓变易，是说阴阳二气的协调配合的功能只有在变化推移的过程中才能呈现出来。就自然现象而言，"天地不变，不能通气"。以否卦的卦象为例，天在上，地在下，天地不交通，阴阳不用事，二者不能协调配合，因而阻止了万物的生长。相反，泰卦的卦象为地在上，天在下，天地交通，阴阳用事，二者协调配合，因而促进了万物的生长。就君臣关系而言，"君臣不变，不能成朝"。以殷纣为例，纣行酷虐，不能变节以下贤，因而导致王朝覆灭。相反，文王以吕尚为师，则产生了九尾狐的祥瑞。就夫妇关系而言，"夫妇不变，不能成家"。"妲己擅宠，殷以之破；大任顺季，享国七百。"这是正反两方面的例证。所谓简易，是说《周易》的中和原理虽然支配天地万物，但是简单明白，易知易从，"虚无感动，清净炤哲"，"不烦不挠，淡泊不失"。

《易纬》的这个命题可以追溯到先秦的《易传》，实际上是对《系辞》中的一些零散的说法的集中概括。《系辞》说："天尊地卑，乾坤定矣。卑高以陈，贵贱位矣。"这就是所谓不易。"刚柔相摩，八卦相荡"，"在天成象，在地成形，变化见矣"。这就是所谓变易。"乾知大始，坤作成物，乾以易知，坤以简能。易则易知，简则易从。"这就是所谓简易。《易纬》的特点在于适应汉代流行的那种以术数解经义的学风，把易学的根本原理纳入卦气图式之中。其所谓"易一名而含三义"，说的其实就是卦气图式兼有三义，不仅完美地表现了自然与社会的有序状态，而且是一个简化而易于处理的宇宙模型。

究竟自然与社会的有序状态从何而生？为什么这个有序状态必然要表现为象数的形式？这是编织卦气图式、制造宇宙模型所涉及的两个高层次的理论问题。孟京易学对此虽有所探索，但语焉不详。《易纬》继承孟京易学的思路深入探索，围绕着这两个问题发表了一段系统的言论，作了全面的回答。这一段言论对后世象数派的易学产生了深远的影响，成为他们经常引用的理论根据，因而值得认真剖析。《乾凿度》说：

> 昔者圣人因阴阳，定消息，立乾坤，以统天地也。夫有形生于无形，乾坤安从生？故曰有太易、有太初、有太始、有太素也。太易者，未见气也。太初者，气之始也。太始者，形之始也。太素者，质之始也。气形质具而未离，故曰浑沦。浑沦者，言万物相浑成而未相离。视之不见，听之不闻，循之不得，故曰易也。
>
> 易无形畔。易变而为一，一变而为七，七变而为九。九者气度之究也，乃复变而为一[①]。一者形变之始，清轻者上为天，浊重者下为地。
>
> 物有始，有壮，有究，故三画而成乾。乾坤相并俱生。物有阴阳，因而重之，故六画而成卦。卦者挂也，挂万物，视而见之，故三画已下为地，四画已上为天。物感以动，类相应也。阳气从下生，动于地之下，则应于天之下；动于地之中，则应于天之中；动于地之上，则应于天之上。故初以四，二以五，三以上，此谓之应。
>
> 阳动而进，阴动而退，故阳以七、阴以八为象。易一阴一阳，合而为十五之谓道。阳变七之九，阴变八之六，亦合于十五，则象变之数若一。阳动而进，变七之九，象其气之息也。阴动而退，变八之六，象其气之消也。故太一取其数以行九宫，四正四维，皆合于十五。

所谓"圣人因阴阳，定消息，立乾坤，以统天地"，指的就是圣人所编造的卦气图式。这个卦气图式把乾坤树立为阴阳之根本，根据阴阳二气的运转规定了十二消息卦的次序，是一个统领天地便于操作的宇宙模型，代表了自然与社会的有序状态。那么，这个有序状态究竟是未有天地以前就有的，还是从某种混沌状态演化而来的呢？《易纬》认为，未有天地以前，宇宙是一团混沌，寂然无物，虚无无形，当然不会有乾坤，也不会呈现出

---

① 郑玄注说："一变误耳，当为二。二变而为六，六变而为八，则与上七、九意相协，不言如是者，谓足相推明耳。"

有序的图式。有形的天地是从无形的混沌自然演化而来的，经历了四个阶段，"太易"阶段漠然无气可见，郑玄干脆把它归结为无（太易无也），这是宇宙的最原始的状态；"太初"阶段为气之始，太易从无入有，忽然而自生出寒温之气，是为太初；"太始"阶段为形之始，"太素"阶段为质之始。气、形、质都有了，但还没有完全分离，所以称之为浑沦。这个浑沦，如同老子所说，"有物浑成，先天地生"。天地是浑沦进一步分化的结果。有了天地，才能呈现出有序的图式。就这个意义而言，未有天地以前并不存在有序。但是，既然有序是从原始的混沌状态演化而来，那么也只有从演化的过程中才能找到有序的根据。《乾坤凿度》说："太易始著，太极成，太极成，乾坤行。"郑玄注："太易无也，太极有也。太易从无入有，圣人知太易有理未形，故曰太易。"所谓"太易有理未形"，是说早在漠然无气的太易阶段，就存在着一种有序之理，只是含而未露，没有清晰地呈现出来而已。"太易从无入有"，演化为气形质具而未离的浑沦，这就是太极。到了太极阶段，乾坤就开始运行了。就这个意义而言，未有天地以前也是存在一种有序之理的，它由微而著，由隐而显，与宇宙的自然演化过程同步，表现为一种奇偶之数的变化规律。

这种奇偶之数也就是天地之数，奇数为阳，偶数为阴，尽管在原始的混沌状态天地尚未形成，天地之数的有序之理已经预先在演化过程中表现出来了。所谓"易变而为一"，易指太易，一指太初，由太易变为太初，就有了一这个数字。"一变而为七"，是由太初变为太始的数据。"七变而为九"，是由太始变为太素的数据。九为气变之终，据郑玄所说，"乃复变而为二"。二为阴数，与阳数一相配，为形变之始，也是由太易变为太初的数据。二变而为六，六与七相配是由太初变为太始的数据。六变而为八，八与九相配，是由太始变为太素的数据。由此看来，阳数表示气变，阴数表示形变，气变与形变同时进行，阴阳之数相并而生。宇宙的演化经过这四个层次历然有着严密数据的阶段，于是混沌初开，乾坤始奠，"清轻者上为天，浊重者下为地"，从而产生了有形的天地。

由天地生出万物。"物有始，有壮，有究"。这三个阶段相当于宇宙演化的阶段。"物于太初时如始，太始时如壮，太素时如究"。"三画而成乾"

就是象征这三个演化阶段的。"乾坤相并俱生",有了乾,同时也就有了坤。物有阴阳,因而重之,所以六画而成一卦。卦是悬挂的意思,是有形之物的象征,首先是象征有形的天地,天在上,地在下,故三画以下为地,四画以上为天,这种上下之位是万物秩序的本然,是不可改易的。但是,物类相感,阴阳相应,宇宙间主导和从属两大势力只有协调配合才能保持和谐稳定,生生不已,这就是所谓变易。所以"动于地之下,则应于天之下",表现为爻数,就是初与四相应;"动于地之中,则应于天之中",表现为爻数,就是二与五相应;"动于地之上,则应于天之上",表现为爻数,就是三与上相应。因此,卦爻的象数一方面反映了宇宙的演化的过程,同时也蕴含着不易和变易的易学原理,体现了天地万物的有序的结构和功能。

《易纬》认为,阴阳运行并不局限于一卦六爻之内,而是向外扩展为一个"太乙九宫""四正四维"的空间图式。阴阳运行是按照"阳动而进,阴动而退"的逆行方向交错进行的,所以阳变是由七到九,阴变是由八到六。"阳以七、阴以八为象",象为爻之不变动者,七为少阳,八为少阴,加起来是十五。老阳为九,老阴为六,是为变爻,加起来也是十五。因而十五这个数字就是"一阴一阳之谓道"的数据,可以根据这个数据来架设一个九宫图。九宫的说法本于《礼记》的"明堂阴阳说"。《大戴礼记·明堂篇》说明堂有"九室",其形"上圆下方",象天圆地方,天覆地载,其数为"二、九、四、七、五、三、六、一、八"。据说这九个数目是五行生成之数,明堂九室即取法于此。《易纬》把九宫与"四正四维"的八卦方位结合在一起,整齐排比,用卦爻的象与数架设了一个九宫图。其图如下:

由四正四维加上中央组成的九宫,横看,竖看,斜看,都是十五。这就是所谓"戴九履一,左三右七,二四为肩,六八为足,五居中央"。这个图在数学史上叫"九宫算"。"九宫算"实际上是数学上的幻方。英国学者李约瑟博士说:"幻方在中国出现的年代至少可以说比希腊要早两个世纪。"(《中国科学技术史》第三卷第三十九章四节)但是《易纬》的目的不是研究数学,而是利用数学所积累的知识来架设一个框架,以便囊括所有的天象和人事,卦气图式就是以这个框架为基础建立起来的。《乾凿度》说:

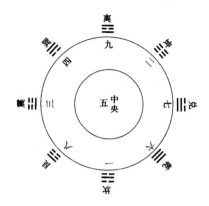

震生物于东方，位在二月。巽散之于东南，位在四月。离长之于南方，位在五月。坤养之于西南方，位在六月。兑收之于西方，位在八月。乾制之于西北方，位在十月。坎藏之于北方，位在十一月。艮终始之于东北方，位在十二月，八卦之气终，则四正四维之分明，生长收藏之道备，阴阳之体定，神明之德通，而万物各以其类成矣。

这是一个空间和时间相配合的世界图式，代表了自然和社会的有序状态，蕴含着天人整体和谐的理想。其所以表现为象数的形式，是因为宇宙的演化以及天地万物的有序之理本来就是通过象数关系和象数符号表现出来的。这个世界图式有了时间性和空间性的规定，而在原始的无形的混沌状态中，这种时空规定并不存在，但是，由无形的混沌演化为有形的天地，其时间的序列表现为十五这个数字，再由十五扩展为四正四维的空间序列，所以用象数关系和象数符号来表现天地万物的有序之理是以这种高层次的宇宙论为理论根据的。

《易纬》继承了先秦易学的基本精神，并不满足于对客观世界进行纯粹理性的认识，而是极力强调这种认识的实践功能，用来指导人事，调整各种社会人际关系，使之和谐融洽。《乾凿度》指出：

故《易》者，所以经〔继〕天地，理人伦，而明王道。是故八卦以建，五气以立，五常以之行，象法乾坤，顺阴阳，以正君臣父子夫妇之义，度时制宜，作网罟，以畋以渔，以赡人用。于是人民乃治，君亲以尊，臣子以顺，群生和洽，各安其性，八卦之用。

这一段言论集中概括了卦气图式的天人之学的本质。从魏相开始，经过孟喜、京房，直到《易纬》，几代人都是殚思极虑，绞尽脑汁，为编织一个完善的卦气图式而从事坚持不懈的努力，其历史的动因与其说是用卦爻的象数来模拟或翻译天文历法早已取得的知识，无宁说是根据时代的理想来谋划一种和谐的社会发展前景，使得社会领域的各种人际关系也能像天地万物那样调适畅达，各得其所。

《易纬》视天人为一体，自然的和谐与社会的和谐相互感应，认为这种相互感应可以通过儒家礼乐文化的具体操作过程完美地实现。《通卦验》指出：

天地以扣〔和〕应，黄钟之音得，蕤宾之律应，则公卿大夫列士以德贺于人主。因诸政所请，行五官之府，各受其当声。调者，诸气和，则人主以礼赐公卿大夫列士。五日仪定，地之气和，人主公卿大夫列士之意得，则阴阳之晷如度数。夏日至之礼，如冬日至之礼，舞八乐，皆以肃敬为戒。黄钟之音调，诸气和，人主之意慎，则蕤宾之律应。磬声和，则公卿大夫列士诚信，林钟之律应。此谓冬日至成天文，夏日至成地理。

反之，如果不遵循儒家的文化价值准则，使得社会的和谐受到严重破坏，就会造成阴阳错缪，八卦气应失常，从而破坏自然的和谐。《通卦验》指出：

不顺天地，君臣职废，则乾坤应变，天为不放，地为不化，终而不改，则地动而五谷伤死。上及君位，不敬宗庙社稷，则震巽应变，飘风发屋折木，水浮梁，雷电杀人。……入山泽，不顺时卦，失山泽之礼，则艮兑应变，期云不出，则山崩，恩泽不下，灾则泽涸，物枯槁不生。夫妇无别，大臣不良，则四时易；政令不行，白黑不别，愚智同位，则日月无光，精见五色；此离坎之应也。皆八卦变之效也。故曰八卦变象，皆在于己。

郑玄注："己，人君也。上列八卦气之非常而为灾异者，温而不至者，若〔皆〕教令失中之征也。"这就是说，卦气的失常，根本原因在于君主决策的失误。

由此可以看出，《易纬》的卦气说带有强烈的政治性，实际上是对国家管理和政治决策的一种研究。就其从积极的方面论述如何促进整体和谐而言，是对君主的决策进行正面的指导。就其从消极的方面论述和谐受到破坏的原因而言，则是对君主决策的失误进行严厉的批评和警告。但是，由于《易纬》的这种研究是以天人感应论作为指导思想的，而天人感应论是一条巫术的原理，所以《易纬》的卦气说也带有强烈的巫术色彩。根据这条巫术原理，《易纬》认为，可以通过观察卦气来预言政治的成败得失，因为卦气是否正常，是与人们的行为特别是与君主的决策直接关连的。《通卦验》指出：

> 冬至之日，立八神，树八尺之表①，日中规，其晷之如度者，则岁美，人民和顺。晷不如度者，则其岁恶，人民为讹言，政令为之不平。晷进则水，晷退则旱，进尺二寸则月食，退尺则日食。月食籴贵，臣下不忠。日食则害王命，道倾侧。故月食则正臣下之行，日食则正人主之道。晷不如度数，则阴阳不和，举措不得。发号出令，置官立吏，使民不得其时，则晷为之进退，风雨寒暑为之不时。

《是类谋》对"天子亡征"作了全面的论述，充分表现了那个特定时代弥漫于朝野上下的危机意识。"一曰震气不效"，这是苍帝之世的亡征，"鼠

---

① 《古微书》于"立八神，树八尺之表"下引注云："神读如引。言八引者，树杙于地，四维四中，引绳以正之，故因名之。"

蟊食人"，"彗守大辰"，"天下亡"。"二曰离气不效"，这是赤帝之世的亡征，"虹蜺数兴"，"石飞山崩"，"天下甚危"。"三曰坤气不效"，这是黄帝之世的亡征，"名水赤"，"天下亡"。"四曰兑气不效"，这是白帝之世的亡征，"昼昏地裂，大霆横作，天下亡"。"五曰坎气不效"，这是黑帝之世的亡征，"五角禽出，山崩日既，天下亡"。"六曰巽气不效"，这是霸世之主的亡征，"大水名川移，霸者亡"。"七曰艮气不效"，这是"假驱之世"的亡征，"长人出，星亡殒石，怪辞之主亡"。"八曰乾气不效"，"雌擅权，国失雄，陪孽领威，君若赘流"，"摄提亡"。出现了这些亡征，天人和谐被彻底破坏，整个世界完全是一片末日景象："昼视无日，""夜视无月"，"天下愁，山泉扬"，"四野扰扰"，"天地昧昧"，"民衣雾，主吸霜"，"不知夏，不知冬，不见父，不见兄，望之莫莫，视之盲盲"。这些论述虽然危言耸听，但是《易纬》并没有放弃自己的正面理想，仍然怀有挽救危机的热切的期望。《是类谋》指出："帝世者，必省救，维躬是类，参当以阙，则乾坤定，五德九拱明。"这就是说，如果居于最高决策地位的君主能够反躬自省，参错其所当为之际，以阙绝乱谋，消弭祸端，就可以重新奠定乾坤，恢复自然与社会的正常的秩序。

为了根据卦气作出预言，《易纬》确定了一条总的原则。这就是《稽览图》所说的，"诸卦气，温寒清浊，各如其所"。温寒为实，清浊为貌，温当清净，寒当白浊。《易纬》认为，卦气之所以有温寒清浊，原因在于天地阴阳之气是否相应。"地上有阴而天上有阳曰应，俱阴曰罔；地上有阳而天上有阴曰应，俱阳曰罔。"由于用事之卦的三爻和上爻代表地上和天上，所以可以根据这两爻的关系来断定温寒清浊的变化是否正常。按照郑玄的解释，"九三上六决温，九三上九微温，六三上九决寒，六三上六微寒"。张惠言《易纬略义》引《魏书·律历志》所载《正光历》作了更为详明的解释："九三应上九，清净微温阳风；九三应上六，绛赤决温阴雨。六三应上六，白浊微寒阴雨；六三应上九，麹尘决寒阳风。诸卦上有阳爻者，阳风；上有阴爻者，阴雨。"如果卦气的温寒清浊符合这个规定，就叫做"各如其所"。反之，如果不符合这个规定，变异反常，或者"有貌无实，有实无貌"，或者杂卦侵消息卦，或者阳虐阴威，当寒而不寒，当温而不温，则卦气不效，产生各种灾异。《稽览图》指出,"凡异所生,灾所起,各以其政,变之则除"。这就是说,自然界的灾异都是由政治的失误所引起,也可以通过政治的改弦更张而消除。

王充在《论衡·寒温篇》中针对卦气说的这种思想进行了评论,他说:

> 春温夏暑,秋凉冬寒,人君无事,四时自然。夫四时非政所为,而谓寒温独应政治?正月之始,立春之际,百刑皆断,囹圄空虚,然而一寒一温。当其寒也,何刑所断?当其温也,何赏所施?由此言之,寒温,天地节气,非人所为,明矣。

王充否定卦气说的天人感应论,从而否定卦气说的天人之学的实质,企图割断其中内在具有的天人关系,认为从天文历法的角度来看,卦气说是值得肯定的,如果运用于实际的政治,则是"变复之家"的荒谬做法。他评论说:

> 《易》京氏布六十(四)卦于一岁中,六日七分,一卦用事。卦有阴阳,气有升降。阳升则温,阴升则寒。由此言之,寒温随卦而至,不应政治也。
>
> 京氏占寒温以阴阳升降,变复之家以刑赏喜怒,两家乖迹。

实际上,卦气说中的天人关系是不能割断的,其基本精神在于推天道以明人事。尽管寒温节气、四时运行与政治并无直接关连,王充的实证分析完全正确,但在汉代的那种特定的历史条件下,人们为了追求一种文化价值理想,防止君主滥用权力,胡作非为,唯一可供选择的思想武器只能是由董仲舒所倡导的天人感应论。《易纬》的卦气说通过易学的象数形式完满地表现了这种天人感应论,如果割断了其中的天人关系,使之与政治脱离,它的生命也就要窒息了。

第四章　东汉易学的发展

　　东汉易学的发展，大体上以党锢之祸为标志，划分为前后两个不同的阶段。从光武即位到党锢之祸以前，东汉易学直接继承了西汉时期孟喜、京房和《易纬》的思路，仍然是以天人感应论为理论基础，通过观察卦气来占验灾异，企图对实际的政治进行有效的批判调整，有着强烈的实践功能。在这个阶段，虽然易学理论并没有什么创新，也没有出现什么值得称道的易学大师，但却显示出旺盛的生命力，《易》为群经之首的地位于此时正式确立，易学所阐发的天人和谐的理想取得了共识。班固在《汉书·艺文志》中的一段言论典型地表达了这个阶段人们对易学的看法，他说："六艺之文，《乐》以和神，仁之表也；《诗》以正言，义之用也；《礼》以明体，明者著见，故无训也；《书》以广听，知之术也；《春秋》以断事，信之符也。五者，盖五常之道，相须而备，而《易》为之原。故曰'《易》不可见。则乾坤或几乎息矣'，言与天地为终始也。"党锢之祸以后，由于易学脱离了实际的政治，情况发生了截然相反的变化。在这个阶段，易学从政治的领域退回到纯学术的研究，不追求通经致用，因而不大讲阴阳灾异，虽然相继涌现出了郑玄、荀爽以及虞翻这样一批著名的易学大师，创设了一系列的新的义例，使得卦气说中的巫术色彩逐渐减少，理性色彩逐渐增多，但是卦气说的生命力也由此而逐渐窒息，象数派易学中的内容与形式的矛盾也由此而逐渐扩大。在这个阶段，象数之学一方面是发挥得淋漓尽致，超越前人，同时又是恶性膨胀，走到了穷途末路，以王弼为代表的义理派的易学就是直接受到郑玄、荀爽以及虞翻等人的激发而孕育成熟的。

易学作为经学的一个组成部分，它的发展规律是与经学的总的发展规律相一致的。所谓经学就是解释儒家经典之学。经学的起源，可以上溯到孔子。从孔子到汉武帝以前这个相当长的历史时期，儒家经学不过是一般的学术，尽管其中有着丰富的政治思想，但与实际的政治并无直接的关连。自从汉武帝提倡经学以来，儒家的经义就不仅是一种理论学说，而且广泛地渗透到国家政治生活的各个领域，成为人们行动的最高依据。就价值准则而言，所谓"以《禹贡》治河，以《洪范》察变，以《春秋》决狱，以三百五篇当谏书"，无论什么行动都要在经书中找依据。即令有些行动无法在经书中找到依据，也要采取种种方法来附会，使它披上经学的外衣。至于封禅、巡狩、郊祀、宗庙之类的国家大典和规章制度，更是要以经义为准，如果不合经义，国家就不能顺利地进行活动，实施权力。就理论基础而言，为了调节君主专制政体的内在矛盾，使君主的权威受到一定的制约，汉代经学普遍致力于与阴阳术数相结合，掀起了一股天人感应论的思潮，大讲阴阳灾异。这种理论假借天意赋予臣下以一定的批评朝政的权利，也可以迫使专制君主能够有所警戒，不致过分地滥用权力。皮锡瑞在《经学历史》中指出：

> 汉有一种天人之学，而齐学尤盛。《伏传》五行、《齐诗》五际、《公羊春秋》多言灾异，皆齐学也。《易》有象数占验，《礼》有明堂阴阳，不尽齐学，而其旨略同。当时儒者以为人主至尊，无所畏惮，借天象以示徵，庶使其君有失德者犹知恐惧修省。此《春秋》以元统天、以天统君之义，亦《易》神道设教之旨。汉儒借此以匡正其主。其时人主方崇经术，重儒臣，故遇日食地震，必下诏罪己，或责免三公。虽未必能如周宣之遇灾而惧，侧身修行，尚有君臣交儆遗意。

因此，汉武帝以后的经学与先秦以及汉初的经学不同，它的基本职能在于为当时的人们提供一种指导思想行动的价值准则和世界观，作为一种官方的意识形态直接为政治服务。如果王权强大，能够自觉接受这种意识形态的调节，通过阴阳灾异来消除实际政治中的弊端，理顺关系，稳定秩序，这种经学就会繁荣，相应地显示出强大的生命力。反之，如果王权的代表不是如同儒家所设想的那种圣君明主，而是一批昏君庸主，宦官外戚，他们任意妄为，把王权变成谋取极为卑劣的私人利益的工具，根本不接受任何的调节，在这种情况下，经学中的天人感应的理论，阴阳灾异的预言，也就相应地变成了一厢情愿的幻想，不痛不痒的恐吓，它的理论上的荒谬就会越来越显露，它的生命也就会由此而终结了。

以卦气说为代表的汉代易学的发展规律，是服从于汉代经学的这个总的发展规律的。本来由孟喜、京房所精心构筑的一套卦气说在哀平之际业已遭遇到一次意识形态上的危机，而演变为《易纬》的卦气说，经过王莽时期的剧烈的政治动乱，这种危机更形严重，但是，光武中兴，建立了强大的东汉政权，包括卦气说在内的整个经学危机也相应地被挽救过来，从而恢复了生机。光武从一个普通的儒生登上皇帝的宝座，就精神支柱来说，完全是依靠谶纬神学。因此，光武本人特别崇信谶纬，即位以后，也和王莽一样，"宣布图谶于天下"。《后汉书·方术列传》说："王莽矫用符命，及光武尤信谶言，士之赴趣时宜者，皆骋驰穿凿，争谈之也。"《张衡传》说："初，光武善谶，及显宗、肃宗因祖述焉。自中兴之后，儒者争学图纬，兼复附以妖言。"东汉初年，谶纬神学成了风靡一时的学问，不仅今文经学家大谈特谈，古文经学家也受到影响，统治阶级不仅用图谶来决断国家大事，而且也用图谶来解决经学中的疑难问题。尽管在这个阶段一些持有清醒理性态度的学者不断批判天人感应、阴阳灾异的理论上的荒谬，比如光武时期的桓谭，章帝时期的王充，但是，这种理论的生命力仍然不可遏止，显示出旺盛的发展势头。其所以如此，是因为这种理论的生命力主要在于其中所蕴含的文化价值理想为社会普遍接受，能够在实际的政治生活中发挥出有效的调节功能，而不在于它的逻辑结构是否严密，它的理论体系是否符合少数学者头脑中的抽象理性的要求。

东汉初年，易学中的四家，施、孟、梁丘、京氏，皆立为博士，《易纬》

的思想也得到了发展。清人唐晏在《两汉三国学案》中指出："故东汉一代，《京易》大行，以其说近乎谶纬也。故东京凡以明《易》征者，多方术之士。"其实，当时"以纬证经"的风气盛行，各家各派的经学都近乎谶纬，同时由于受时代思潮的影响，各家各派在援引阴阳五行的思想来解释儒家的经义，因而也都或多或少地带有方术之士的气味。只是由于京氏易学以及《易纬》最适合于与阴阳术数相结合，能够站在天人之学的高度来满足时代的需要，所以蔚为大观，发展为主流。班固把《易》置于群经之首，推崇为六艺之原，主要是根据这一点而言的。

章帝年间，为了建立一门统一的经学，在白虎观召开了一次讲议五经同异的经学会议，由章帝亲自主持督率群臣作出决议，并且委托班固编纂了一部贯通五经大义的《白虎通》。白虎观会议的代表性是很广泛的，经学各派都有人参加，因而反映在《白虎通》中的观点既有今文经学的，也有古文经学的和谶纬神学的。这是一部带有"国宪"性质的重要文件，实际上等于东汉政权的一部立法纲要，它以经义的形式规定了国家制度和社会制度的基本原则，确立了各种行为准则，把儒家的经学发展为一种制度化了的思想，成为国家进行活动、实施权力的理论依据。《白虎通》论述了爵、号、谥、五祀、社稷、礼乐、封公侯、京师、五行、三军、诛伐、谏净、乡射、致仕、辟雍、灾变、耕桑、封禅、巡狩、考黜、王者不臣、蓍龟、圣人、八风、商贾、瑞贽、三正、三教、三纲六纪、情性、寿命、宗教、姓名、天地、日月、四时、衣裳、五刑、五经、嫁娶、绋冕、丧服、崩薨等四十三个专题，包罗万象，门类庞杂，几乎囊括了东汉统一帝国从思想到制度的全部内容。但是概括起来不外乎两个方面，一是根据儒家的文化价值理想所设计的一套礼乐制度和伦理规范，二是根据阴阳术数的原理所设计的一套理论论证和操作程序。如果把前者比喻为"硬件"，那么后者就可称为"软件"。值得注意的是，关于"软件"的部分多半是从孟京易学和《易纬》的卦气说采撷而来的。这种情况说明，易学的卦气说作为一种高层次的天人之学不仅为经学中的各派所共同承认，而且被居于最高决策地位的君主正式接受为国家政权的指导思想。恰恰是由于这个原因，这个阶段的易学在理论上始终是停留于西汉时期的水平，没有什么创新，而指导政治

的实践功能却表现得非常突出，有着旺盛的生命力。

就理论论证而言，《白虎通》采撷了《易纬》的说法，为君臣关系确立了一个宇宙论的根据。《天地篇》说：

> 天者何也？天之为言镇也，居高理下为人镇也。地者易也，言养万物，怀任交易变化也。始起先有太初，后有太始，形兆既成，名曰太素。混沌相连，视之不见，听之不闻，然后剖判……故《乾凿度》曰："太初者气之始也，太始者形兆之始也，太素者质之始也。"

> 天道所以左旋，地道右周何？以为天地动而不别，行而不离，所以左旋右周者，犹君臣阴阳相对之义。

> 君舒臣疾，卑者宜劳。天所以反常行何？以为阳不动无以行其教，阴不静无以成其化，虽终日乾乾，亦不离其处也。故《易》曰："终日乾乾，反覆道也。"

关于礼乐制度，《礼乐篇》论证说：

> 王者所以盛礼乐何？节文之喜怒。乐以象天，礼以法地。人无不含天地之气，有五常之性者，故乐所以荡涤，反其邪恶也；礼所以防淫佚，节其侈靡也。……乐言作、礼言制何？乐者阳也，阳倡始，故言作；礼者阴也，阴制度于阳，故言制。乐象阳，礼法阴也。

关于三纲，《三纲六纪篇》论证说：

> 君臣父子夫妇，六人也，所以称三纲何？一阴一阳谓之道，阳得阴而成，阴得阳而序，刚柔相配，故六人为三纲。三纲法天地人，六纪法六合。君臣法天，取象日月屈信（伸），归功于天也。父子法地，取象五行，转相生也。夫妇法人，取象六合阴阳，有施化端也。

关于五常，《情性篇》论证说：

五常者何？谓仁义礼智信也。仁者不忍也，施生爱人也。义者宜也，断决得中也。礼者履也，履道成文也。智者知也，独见前闻，不惑于事，见微者也。信者诚也，专一不移也。故人生而应八卦之体，得五气以为常，仁义礼智信是也。

就操作程序而言，《白虎通》根据阴阳术数的原理，把符瑞和灾异作为主要杠杆。它说：

天下太平，符瑞所以来至者，以为王者承天统理，调和阴阳，阴阳和，万物序，休气充塞，故符瑞并臻，皆应德而至。(《封禅篇》)

天所以有灾变何？所以谴告人君，觉悟其行，欲令悔过修德，深思虑也。《援神契》曰：行有点缺，气逆于天，情(精)感变出，以戒人也。(《灾变篇》)

实际上这就是通过观察卦气来进行决策。所谓符瑞，象征着卦气运转正常，灾异则象征着卦气运转失常，二者都体现了天意。既然天子的职责是"承天统理，调和阴阳"，所以也应该通过自己的政治措施或某种巫术动作来协助卦气的正常运转。《白虎通》说：

天子所以亲射何？助阳气达万物也。春，阳气微弱，恐有物窒塞，不能自达者。夫射，自内发外，贯坚入刚，象物之生，故以射达之也。(《乡射篇》)

冬至所以休兵、不举事、闭关、商旅不行何？此日阳气微弱，王者承天理物，故率天下静，不复行役，扶助微气，成万物也。(《诛伐篇》)

《白虎通》进一步按照卦气的正常运转对操作程序作了一系列具体的规定。《八风篇》说："风者何谓也？风之为言萌也，养物成功，所以象八卦。阳生于五，极于九，五九四十五日变，变以为风，阴合阳以生风也。"因此，每一卦主四十五日，每四十五日为一风，如此循序而变，一年三百六十日共有八风，每一风都有一种相应的物候，表现为自然的和谐，王者必须承顺这种卦气的正常运转来进行决策，采取相应的政治措施。具体说来是："条风至，则出轻刑，解稽留。明庶风至，则修封疆，理田畴。清明风至，出币帛，使诸侯。景风至，则爵有德，封有功。凉风至，报地德，化四乡。昌盍风至，则申象刑，饬囷仓。不周风至，则筑宫室，修城郭。广莫风至，则断大辟，行狱刑。"

据《后汉书·杨终传》的说法，白虎观会议是章帝采纳了杨终的建议召开的。杨终向章帝建议说："宣帝博征群儒，论定五经于石渠阁。方今天下少事，学者得成其业，而章句之徒，破坏大体。宜如石渠故事，永为后世则。"因而白虎观会议的主题不是提倡理论上的探索精神，刻意求新，而是极力消除各种分歧的看法，团结各家各派，把章句之徒破坏的"大体"重新确定下来。《白虎通》杂论经传，六艺并录，傅以谶记，围绕着所谓"大体"作出了各派都能接受的规范性的结论，这个目的是达到了。由此汉代整个经学的发展进入了一个收敛时期，各派经学都没有出现什么值得称道的革新人物，易学也是如此。但是，既然易学的卦气说作为经学"大体"中的"软件"，取得了君主、大臣和各派经学的共识，被正式确定为国家政权的指导思想，它的地位就上升到顶峰，它的社会历史意义也就表现得更加显豁了。

东汉初年的几位皇帝，包括光武、明帝、章帝，都是接受了西汉末年政治危机的教训，经常反躬自省，引咎自责，以国家的整体利益为重，兢兢业业，励精图治的。就指导思想而言，他们毫无例外地都是遵循由董仲舒所倡导、由卦气说所发展的一套天人感应、阴阳灾异的巫术原理的。尽管阴阳灾异与政治人事并无必然的联系，这套巫术原理当时业已受到桓谭、王充等人的批驳，但是其中所蕴含的文化价值理想却有着历史的合理性，并且在实际生活中发挥了应有的调节功能。比如光武因日食下诏说："吾德薄致灾，谪见日月，战栗恐惧，夫何言哉！今方念怨，庶消厥咎。其今有司各修职任，奉遵法度，惠兹元元。百僚各上封事，无有所讳。"因地震下诏说："日者地震，南阳尤甚。夫地者，任物至重，静而不动者也。而今震裂，咎在君上。鬼神不顺无德，灾殃将及吏人，朕甚惧焉。其令南阳勿输今年田租刍稿。"明帝举行宗教仪式，"升灵台，望元气，吹时律，观物变"，下诏告诫有司"务顺时气，使无烦扰"。因日食下诏说："昔楚庄无灾，以致戒惧；鲁哀祸大，天不降谴。今之动变，傥尚可救，有司勉思厥职，以匡无德。"章帝也是举行宗教仪式，"登灵台，望云物"，"以为王者生杀，宜顺时气"。因地震下诏说："朕以无德，奉承大业，夙夜栗栗，不敢荒宁。而灾异仍见，与政相应。朕既不明，涉道日寡；又选举乖实，俗吏伤人，官职耗乱，刑罚不中，可不忧与！"（均见《后汉书》本纪）

由于君主带头提倡，一大批真正忠于王权的崇儒明经的大臣为了匡救时局，表达政见，也都以易学的卦气说为范式，利用阴阳灾异的神学理论来调节现实生活中的王权危权。比如和帝时期，外戚窦宪擅权，司徒丁鸿因日食上疏说："臣闻日者阳精，守实不亏，君之象也；月者阴精，盈毁有常，臣之表也。故日食者，臣乘君，阴陵阳；月满不亏，下骄盈也。……间者月满先节，过望不亏，此臣骄溢背君，专功独行也。陛下未深觉悟，故天重见戒，诚宜畏惧，以防其祸。"（《后汉书·丁鸿传》）这种调节不是没有效果的。丁鸿的告诫引起了和帝的警觉，"书奏十余日"，终于采取断然措施诛灭了窦宪。《后汉书·和帝纪》指出："自窦宪诛后，帝躬亲万机。每有灾异，辄延问公卿，极言得失。前后符瑞八十一所，自称德薄，皆抑而不宣。"

安帝时期，宦官樊丰等人擅权，太尉杨震根据同样的理论因京师地震上疏说："臣闻师言，地者阴精，当安静承阳。而今动摇者，阴道盛也。其日戊辰，三者皆土，位在中宫，此中臣近官盛于持权用事之象也。……唯陛下奋乾刚之德，弃骄奢之臣，以掩讹言之口，奉承皇天之戒，无令威福久移于下。"（《后汉书·杨震传》）但是这次调节却失败了。安帝拒绝了杨震的建议，反而听信了樊丰等人的诬陷，迫使杨震饮鸩自杀。由此可见，卦气说能否对实际的政治起到有效的调节作用，关键不在于这种理论的本身，而在于专制君主有无认真奉行的诚意。当时陈忠也给安帝上疏说："顷季夏大暑，而消息不协，寒气错时，水涌为变。天之降异，必有其故。所举有道之士，可策问国典所务，王事过差，令处暖气不效之意。庶有谠言，以承天诫。"（《后汉书·陈忠传》）由于安帝并无认真奉行的诚意，因而陈忠的建议相应地产生了两个结果，一是君主"每引灾自厚，不责臣司，臣司狃恩，莫以为负"，使下诏罪己变成了例行公事，二是"灾眚变咎，辄切免公台"，干脆转嫁责任，策免大臣，总的说来，是使卦气说的调节作用归于失效。

安帝以后，东汉政权接连不断被一批昏君庸主、宦官外戚轮流把持，不接受任何的调节，政治极端腐败，国家的情况一天比一天坏。虽然如此，阴阳灾异毕竟是汉代经学王权理论中唯一能起调节作用的思想武器。在当时的情况下，即令对皇帝不抱幻想，只要向皇帝进行谏净规劝，表达政见，都必须采用神学的语言，表现为阴阳灾异的形式。郎𫖮就是一个典型的例子。据《后汉书·郎𫖮传》记载，他的父亲郎宗是一位习《京氏易》的学者，"善风角、星算、六日七分"，"𫖮少时传父业，兼明经典"，"昼研精义，夜占象度"。阳嘉二年，他应顺帝征召，上朝占验灾异。他根据京氏易学特别是《易纬》的卦气说对当时的朝政进行了全面的批评，并陈消灾之术，提出了具体的改革意见。他前后四次给顺帝所上的奏章，洋洋洒洒，是东汉时期把卦气说用于实际政治的极为生动的史料，与西汉时期京房给元帝所上的奏章同样，从动态的角度展示了卦气说的本质，弥足珍贵，值得认真剖析。

在第一次奏章中，郎𫖮首先指出："臣闻天垂妖象，发见灾符，所以谴告人主，责躬修德，使正机平衡，流化兴政也。《易内传》曰：'凡灾异所生，各以其政。变之则除，消之亦除。'伏惟陛下躬日昃之听，温三省之勤，思过念咎，务消祇悔。"所引《易内传》即《易纬·稽览图》，这是郎𫖮批评朝政的思想总纲，认为灾异的产生，原因在于政治举措失误，只有革新政治，才能消灾免祸。接着郎𫖮根据这个思想总纲提出了三条批评意见，也相应地提出了三条改革建议。

一是假借园陵火灾批评"时俗奢侈，浅恩薄义"。他引《易天人应》为据，"君高台府，犯阴侵阳，厥灾火"，"上不俭，下不节，炎火并作烧君室"，推论火灾是由顺帝缮理西苑，修筑宫殿所引起，因而建议"诸所缮修，事可省，诚禀恤贫人，赈赡孤寡"，通过这些措施来消灾。

二是以卦气图式的正常时序为参照系，引证《易纬·稽览图》的说法，推论正月以来卦气反常，原因在于顺帝得贤而不用，并且违反时节，在火卦用事之时滥施刑罚。他说:"窃见正月以来,阴暗连日。《易内传》曰:'久阴不雨,乱气也,蒙之比也。蒙者,君臣上下相冒乱也。'又曰:'欲德不用,厥异常阴。'夫贤者化之本,云者雨之具也。得贤而不用,犹久阴而不雨也。又顷前数日,寒过其节,冰既解释,还复凝合。夫寒往则暑来,暑往则寒来,此言日月相推,寒暑相避,以成物也。今立春之后,火卦用事,当温而寒,违反时节,由功赏不至,而刑罚必加也。宜须立秋,顺气行罚。"

三是根据当时卦气不效猛烈抨击执政的三公玩忽职守,尸位素餐,同时预言立夏之后当有震裂涌水的灾异,告诫顺帝应该遵循夏令,调整政策。他说:"臣伏案《飞候》,参察众政,以为立夏之后,当有震裂涌水之害。又比荧惑失度,盈缩往来,涉历舆鬼,环绕轩辕。火精南方,夏之政也。政有失礼,不从夏令,则荧惑失行。正月三日至乎九日,三公卦也。三公上应台阶,下同元首。政失其道,则寒阴反节。……而今之在位,竞托高虚,纳累钟之奉,忘天下之忧,栖迟偃仰,寝疾自逸,被策文,得赐钱,即复起矣。何疾之易而愈之速?以此消伏灾眚,兴致升平,其可得乎?"

在第二次奏章中,郎顗"条序前章,畅其旨趣",进一步提出了七条意见。

一是承接前章继续批评顺帝崇尚奢侈,营建宫室,并且进行推算,预言将会发生旱灾或火灾。他说:"今月十七日戊午,徵日也,日加申,风从寅来,丑时而止。丑、寅、申皆徵也,不有火灾,必当为旱。"这是就"纳音之法"来推算的。戊午属火,于五音为徵,故以戊午为徵日。南方为徵,故为火及旱。

二是继续抨击三公,预言三年之后将导致日食之灾,并且批评顺帝诏令失当以致引起立春前后的卦气反常。他说:"去年以来,兑卦用事,类多不效。《易传》曰:'有貌无实,佞人也;有实无貌,道人也。'寒温为实,清浊为貌。今三公皆令色足恭,外厉内荏,以虚事上,无佐国之实,故清浊效而寒温不效也,是以阴寒侵犯消息。占曰:'日乘则有妖风,日蒙则有地裂。'如是三年,则致日食,阴侵其阳,渐积所致。立春前后温气应节者,诏令宽也。其后复寒者,无宽之实也。"

三是根据卦气的运转预言今年必有水旱之灾,告诫顺帝关心民生疾苦,奉行节约,减免赋税,及早预防。他说:"臣闻天道不远,三五复反。

今年少阳之岁，法当乘起，恐后年已往，将遂惊动，涉历天门，灾成戊己。今春当旱，夏必有水，臣以六日七分候之可知。夫灾眚之来，缘类而应。行有玷缺，则气逆于天，精感变出，以戒人君。王者之义，时有不登，则损滋彻膳。数年以来，谷收稍减，家贫户馑，岁不如昔。百姓不足，君谁与足？水旱之灾，虽尚未至，然君子远览，防微虑萌。"

四是根据对天象的观察，荧惑失度而入于轩辕，推论为是由于顺帝多积宫人所引起，应"简出宫女，恣其姻嫁"。他说："轩辕者，后宫也。荧惑者，至阳之精也，天之使也，而出入轩辕，绕还往来。《易》曰：'天垂象，见吉凶。'其意昭然可见矣。礼，天子一娶九女，嫡滕毕具。今宫人侍御，动以千计，或生而幽隔，人道不通，郁积之气，上感皇天，故遣荧惑入轩辕，理人伦，垂象见异，以悟主上。"

五是根据去年有白气从西方天苑入玉井的天象进行推论，认为这是"金气为变，发在秋节"，"其宿主兵，其国赵、魏"，预言"立秋以后，赵、魏、关西将有羌寇叛戾之患"。因此他建议顺帝采取两手措施。一手是人事的准备，"宜预宣告诸郡，使敬授人时，轻徭役，薄赋敛，勿妄缮起，坚仓狱，备守卫，回选贤能，以镇抚之"。另一手是天人感应、五行生克的巫术操作，他说："金精之变，责归上司。宜以五月丙午，遣太尉服干戚，建井旟，书玉板之策，引白气之异，于西郊责躬求愆，谢咎皇天，消灭妖气，盖以火胜金，转祸为福也。"

六是根据今月乙卯之日白虹贯日的天象进行推论，认为"贯日中者，侵太阳也；见于春者，政变常也"，"以甲乙见者，则谴在中台"。因此，这种反常的天象是由司徒失职所引起。他说："自司徒居位，阴阳多谬，久无虚己进贤之策，天下兴议，异人同咨。且立春以来，金气再见，金能胜木，必有兵气，宜黜司徒以应天意。陛下不早攘之，将负臣言，遗患百姓。"

七是根据《诗氾历枢》的说法推算出当年为戊仲十年，来年当入于戊季，戊亥之间为"帝王兴衰得失"的转折关头，又根据《易雄雌秘历》的说法推算出阳嘉元年、二年正值戊仲，九月建戊，困卦当事，是一个困乏时期，因此，郎颛建议顺帝应该改元更始，全面地革新政治，以求脱困谋通之道。他说："宜因斯际，大蠲法令，官名称号，舆服器械，事有所更，变大为小，去奢就俭，机衡之政，除烦为简。改元更始，招求幽隐，举方正，征有道，博采异谋，开不讳之路。"

这次奏章呈上以后，台官质问他说："对云白虹贯日，政变常也。朝廷率由旧章，何所变易而言变常？""又阳嘉初建，复欲改元，据何经典？"他站在理论的高度为自己的论点作了答辩。指出立春之后，阳气开发，应该奉顺时气，推行温柔之政，但实际却是考事不息，以秋冬之政行乎春夏，所以引起白虹贯日的变常之咎。至于建议改元更始，是有经典为据的。《春秋保乾图》认为汉三百载，斗历改宪；《易纬·乾凿度》认为三百四岁为一德，五行更用，自文帝改法至今适三百载，"历运变改，故可改元，所以顺天道也"。

在第四次的奏章中，郎𫖮放言高论，利用卦气说对当时社会政治危机的一些要害问题，包括君主暗弱，臣下擅权，以及倒行逆施、残酷暴虐的政策，提出了四条更加大胆的意见。

一是直言不讳地当面指斥顺帝的所作所为残酷暴虐，从根本上违背了天人整体和谐的理想，严厉警告顺帝必须立即改正暗弱的缺点，否则将有严重的后果。他说："王者则天之象，因时之序，宜开发德号，爵贤命士，流宽大之泽，垂仁厚之德，顺助元气，含养庶类。……自立春以来，累经旬朔，未见仁德有所施布，但闻罪罚考掠之声。夫天之应人，疾于景响，而自从入岁，常有蒙气，月不舒光，日不宣曜。日者太阳，以象人君。政应于下，日应于天。……臣之所陈，辄以太阳为先者，明其不可久暗，急当改正。其异虽微，其事甚重。"

二是根据二月辟卦大壮用事之时雷不发声的变异，推论为是由政治上的君弱臣强所引起，因而建议顺帝采取断然措施，立即付黜酷害之臣，把遭到破坏的天人和谐重新恢复过来。他说："孔子曰：'雷之始发大壮始，君弱臣强从解起。'今月九日至十四日，大壮用事，消息之卦也。于此六日之中，雷当发声，发声则岁气和，王道兴也。……王者崇宽大，顺春令，则雷应节，不则发动于冬，当震反潜。故《易传》曰：'当雷不雷，太阳弱也。'今蒙气不除，日月变色，则其效也。……陛下若欲除灾昭祉，顺天致和，宜察臣下尤酷害者，亟加付黜，以安黎元，则太皓悦和，雷声乃发。"

三是对去年十月二十日癸亥太白与岁星合于房、心的天象进行占验，认为这是一个反常的现象。因为岁星为木，太白为金，金木相贼，本来是不应该会合的，而现在却运行失序，会合于"天帝明堂布政之宫"的房、心，这是"以阴凌阳，臣下专权之异"，而且预示必有饥荒。因此他向顺帝建议，"陛下宜审详明堂布政之务，然后妖异可消，五纬顺序矣"。

四是引《易纬》的说法为据，"阳无德则旱，阴僭阳亦旱"，认为当年春旱，根本原因在于朝廷暴政和臣下专权，如果不从根本入手，反而倒行逆施，企图用虚伪的祈祷来感应皇天，消除旱灾，是决无可能的。他说："自冬涉春，讫无嘉泽，数有西风，反逆时节。朝廷劳心，广为祈祷，荐祭山川，暴龙移市。臣闻皇天感物，不为伪动，灾变应人，要在责己。若令雨可请降，水可攘止，则岁无隔并，太平可待。然而灾害不息者，患不在此也。立春以来，未见朝廷赏录有功，表显有德，存问孤寡，赈恤贫弱，而但见洛阳都官奔车东西，以系纤介，牢狱充盈。……愿陛下早宣德泽，以应天功。若臣言不用，朝政不改者，立夏之后乃有澍雨，于今之际未可望也。若政变于朝而天不雨，则臣为诬上，愚不知量，分当鼎镬。"

他的这些言论，从卦气说的理论本身来看，并无任何创新，但从社会政治的角度来看，他对时局的分析，对朝政的批评，却是切中时弊，抓住要害，是一种具有远见卓识的理性判断。就前者而言，他的理论是经不起严格推敲的，他的预言妖妄荒诞，不值一驳，但就后者而言，其中闪耀着一种自然与社会整体和谐的理想的光辉。他以这种理想来衡量现实，评价现实，立足于批判调整，提出了全面革新政治的建议，至于理论的论证以及表现的形式，则是根据京房和《易纬》的卦气说。他本人对卦气说是坚信不疑的，他向顺帝保证，如果预言不中，"分当鼎镬"。实际上，他的坚信包含着两个不同的方面，一方面是坚信卦气说中的占卜巫术必然应验，另一方面是坚信卦气说中的天人和谐的理想必然实现。这两个方面虽然背逆错谬，圆凿方枘，却是奇妙地结合在一起，不可偏废地共同展现出卦气说的本质。我们可以设想，如果顺帝不是昏君庸主而像东汉初年的几位皇帝那样，有着认真奉行的诚意，能够接受他的建议，改正自己的失职行为，这种看来破绽甚多的卦气说仍然是可以发挥出应有的调节功能，从而延续它的生命力。但是，自安帝而后，历顺、冲、质以至桓、灵之际，东汉政权业已彻底腐烂，完全背叛了曾在《白虎通》中明文申述的理想，不接受任何的调节，在这种情况下，天人感应、阴阳灾异的思潮发生了深刻的危机，而卦气说中的象数形式与人文义理的矛盾也越来越显露了。

据《后汉书·方术列传》记载，当时一些习《京氏易》的学者对卦气说中的内在矛盾已经有了明确的意识。比如唐檀，"习《京氏易》"，"尤好灾异星占"。安帝元初七年，郡界有芝草生，太守欲上言之，以问檀。檀对曰："方今外戚豪盛，阳道微弱，斯岂嘉瑞乎？"这就是根据对实际政治的理性分析否定了卦气说中的巫术理论。顺帝永建五年，白虹贯日，"檀因上便宜三事，陈其咎征。书奏，弃官去"。这就是明知佞邪当朝，革新无望，也要假借卦气说中的巫术理论来表达政见。再比如樊英，也是一位习《京氏易》的学者，"又善风角、星算，河洛七纬，推步灾异"。顺帝策书备礼，玄纁征之。樊英入殿不屈，曰："臣见暴君如见仇雠。"不以奇谟深策应对。这就是从理性的分析出发，完全不相信卦气说能对顺帝这种无道的暴君有所匡救。

既然卦气说对实际政治的调节功能归于失效，那么今后究竟何去何从，走哪一条发展道路呢？事实上，这也是以天人感应、阴阳灾异为理论基础的整个经学所面临的共同问题。易学的危机与整个经学的危机是紧密联系在一起的。如果说这种经学在近三百年的时间里一直是作为官方的意识形态居于正统地位，表现了时代的理想，履行了世界观和价值准则的职能，而到了东汉末年，这种官方的意识形态却受到了来自官方的致命打击，以皇帝为首的统治阶级不仅本身完全背叛了经学所宣传的原则，而且采取种种残酷的手段来迫害那些忠实于正统的经学家。东汉政权的这种愚蠢做法使得社会政治危机日益失控，加速了自己的灭亡。《后汉书·儒林列传》说："自桓、灵之间，君首秕僻，朝纲日陵，国隙屡启，自中智以下，靡不审其崩离。"东汉政权必然崩溃已经成了人们的共识了。虽然如此，它仍然是作为一种无理性的暴力沉重地压在每一个人身上。这种情况在知识分子中激起了两种不同的反应。一种是使经学脱离政治，隐居教授，闭门著述，专门从事学术性的经学活动，不再去追求经世致用；另一种是使政治脱离经学，适应当时"匹夫抗愤，处士横议"的舆论动向，抛弃正统经学中的那种天人感应、阴阳灾异的陈腐理论，立足于人类的理性，去探索一种新的表达政见的意识形态。总的说来，不管是经学脱离政治还是政治脱离经学，都说明知识分子对作为官方意识形态的正统经学产生了严重的失望心理，纷纷去寻找新的精神出路了

东汉末年，思想学术的发展进入转型时期，包括卦气说在内的正统经学的常规研究已经走到穷途末路了，无论在思想史上还是在易学史上，都孕育着一场革命性的变革。如果说在西汉武、宣之世，各派经学家都以董仲舒的天人感应、阴阳灾异的理论为范式，群起仿效，纷纷致力于儒家经义与阴阳术数相结合，追求通经致用，参与国家实际政治的管理，那么东汉末年的情况则与此截然相反。一部分继续关心政治的知识分子纷纷抛弃正统经学的陈腐理论，掀起了一股以王符、崔寔、仲长统、荀悦为代表的社会批判思潮。仲长统所提出的"人事为本，天道为末"的命题，典型地表现了这股思潮与正统经学相对立的思路。所谓"人事"，指的是有关"治乱之实"的实际政治，所谓"天道"，指的是有关灾异符瑞的阴阳术数。仲长统认为："故审我已善，而不复恃乎天道，上也；疑我未善，引天道以自济者，其次也；不求诸己，而求诸天者，下愚之主也。"（《全后汉文》卷八十九）仲长统的这个思想实际上也连带着批判了京房、《易纬》的卦气说的易学。但是，仲长统对不与阴阳术数相结合的易学本身的思想仍然是十分重视的。他说："《易》曰：'阳一君二臣，君子之道也；阴二君一臣，小人之道也。'然则寡者，为人上者也；众者，为人下者也。一伍之长，才足以长一伍者也；一国之君，才足以君一国者也；天下之王，才足以王天下者也。愚役于智，犹枝之附干，此理天下之常法也。"（《后汉书·仲长统传》）仲长统的这个思想可以说是开了王弼义理派易学思想的先河。王弼说："夫众不能治众，治众者，至寡者也。夫动不能制动，制天下之动者，贞夫一者也。故众之所以得咸存者，主必致一也；动之所以得咸运者，原必无二也。"（《周易略例·明象》）荀悦也是同样重视易学本身的思想，并且进一步探索天人新义，直接为王弼的义理派的易学作了准备。他说："立天之道曰阴与阳，立地之道曰柔与刚，立人之道曰仁与义。阴阳以统其精气，刚柔以品其群形，仁义以经其事业，是为道也。故凡政之大经，法教

而已。教者，阳之化也；法者，阴之符也。……俗乱则道荒，虽天地不得保其性矣。"（《申鉴·政体》）又说："《易》称'乾道变化，各正性命'，是言万物各有性也。'观其所感，而天地万物之情可见矣'，是言情者应感而动者也。昆虫草木皆有性焉，不尽善也；天地圣人皆称情焉，不主恶也。"（《申鉴·杂言下》）

　　另外一部分知识分子脱离政治，转而从事学术性的经学活动，也在很大程度上削弱了官学的正统地位，促进了以文化传承为目的的私学的繁荣。《后汉书·儒林列传》记述了很多这类事例。比如任安，"少游太学受《孟氏易》，兼通数经。又从同郡杨厚学图谶，究极其术"，"学终，还家教授，诸生自远而至"。孙期，"少为诸生，习《京氏易》《古文尚书》。家贫，事母至孝，牧豕于大泽中，以奉养焉。远人从其学者，皆执经垄畔以追之"。杨伦，"少为诸生，师事司徒丁鸿，习《古文尚书》"，"讲授于大泽中，弟子至千余人"，"伦前后三征，皆以直谏不合。既归，闭门讲授，自绝人事"。景鸾，"能理《齐诗》《施氏易》，兼受河洛图纬"，"凡所著述五十余万言。数上书陈救灾变之术。州郡辟命不就"。李育，"少习《公羊春秋》"，"常避地教授，门徒数百。颇涉猎古学"。何休，"精研六经"，"不仕州郡"，"太傅陈蕃辟之，与参政事。蕃败，休坐废锢，乃作《春秋公羊解诂》，覃思不窥门，十有七年"。

　　在过去的年代，官学占有绝对的优势，私学只是官学的辅翼，并且把立为官学当做自己的奋斗目标。经师如果受到征辟，任以官职，是一种崇高的荣耀。现在情况完全颠倒过来，私学的吸引力远远超过了官学，学术性的经学活动比经世致用更为重要。知识分子的这种选择促成了经学脱离王权的离心运动，也相应地引起了学风的转变。许多从事私学的经学家不顾政府的禁令，摆脱家法的束缚，朝着博采众说、融会贯通的方向发展，因而逐渐消除了今古文的界限，涌现出了一大批"能通古今学"的通儒。这在经学史上是一件大事，也对易学的发展产生了深远的影响。《后汉书·儒林列传》指出："建武中，范升传《孟氏易》，以授杨政，而陈元、郑众皆传《费氏易》，其后马融亦为其传。融授郑玄，玄作《易注》，荀爽又作《易传》，自是《费氏》兴，而《京氏》遂衰。"

今文经学的《京氏易》走向衰落，古文经学的《费氏易》代之而起，易学发展的这种重大转折是与党锢之祸密切相关的。东汉政权对知识分子的迫害打击在党锢之祸中达到了高潮，广大的知识分子群面临着一场出处进退的严峻考验。《后汉书·党锢列传》说："逮桓灵之间，主荒政缪，国命委于阉寺，士子羞与为伍，故匹夫抗愤，处士横议，遂乃激扬名声，互相题拂，品核公卿，裁量执政，婞直之风，于斯行矣。"当时党人领袖李膺免归乡里，"天下士大夫皆高尚其道，而污秽朝廷"。既然是"污秽朝廷"，站在朝廷的对立面，当然也就从根本上否定了以今文经学为主体的官方的意识形态，从而激发了知识分子的更为深刻的反思，更为紧张的探索。但是，这种反思探索究竟应该沿着什么方向进行呢？一部分关心政治的知识分子，怀着强烈的忧患意识，仍然坚定地沿着自己所选定的方向，积极地参加"清议"运动。"清议"是一种建立在理性基础之上的自由的政论，不仅撇开了阴阳术数的巫术对朝政进行大胆的揭露，激烈的抨击，而且撇开了正统经学，提出了一系列指导政治的新原则。仲长统推崇崔寔所写的《政论》说："凡为人主，宜写一通，置之坐侧。"（《后汉书·崔寔传》）另一部分知识分子则根据"平运则弘道以求志，陵夷则濡迹以匡时"的处世原则，转而选择了学术的方向。当时荀爽致书李膺，"欲令屈节以全乱世"，典型地表现了这部分从政治上退回到学术的知识分子的心态。他说："顷闻上帝震怒，贬黜鼎臣，人鬼同谋，以为天子当贞观二五，利见大人，不谓夷之初旦，明而未融，虹霓扬辉，弃和取同。方今天地气闭，大人休否，智者见险，投以远害。虽匮人望，内合私愿。想甚欣然，不为恨也。愿怡神无事，偃息衡门，任其飞沉，与时抑扬。"（《后汉书·党锢列传》）荀爽本人是忠实地奉行这种处世原则的。《后汉书·荀爽传》说："后遭党锢，隐于海上，又南遁汉滨，积十余年，以著述为事，遂称为硕儒。"他的促使《京氏易》向《费氏易》转变的《易传》就是在党锢之祸以后隐居著述时完成的。郑玄也是在党锢之祸以后潜心学术的。他开始师事京兆第五元先，通《京氏易》，后因涿郡卢植，事扶风马融。"及党事起，乃与同郡孙嵩等四十余人俱被禁锢，遂隐修经业，杜门不出。"他在《戒子书》中申述了自己何以在政治与学术之间作出断然选择的理由。他说："遇阉尹擅势，坐党禁锢，十有四年，而蒙赦令，举贤良方正有道，辟大将军三司府。公车再召，比牒并名，早为宰相。惟彼数公，懿德大雅，克堪王臣，故宜式序。吾自忖度，无任于此，但念述先圣之元意，思整百家之不齐，亦庶几以竭吾才，故闻命罔从。"（《后汉书·郑玄传》）

　　从时代思潮的宏观角度来看，对东汉末年思想学术的转型起主要推动作用的，毫无疑问是那些关心政治参加"清议"运动的知识分子。由汉末"清议"到魏晋"清谈"的发展是顺理成章的，很难设想，如果没有魏晋"清谈"，能够培育出以王弼为代表的义理派的易学。但是，荀爽、郑玄的学术功绩是不可泯灭的。他们的功绩在于站在文化传承的立场对两汉近四百年的经学进行了系统的总结。就易学而论，他们诚然是致力于象数之学的常规研究，但由于他们融合今古文之所长，突破了孟京易学和《易纬》的范式，创设了一系列新的义例，也为义理派的易学准备了必要的条件。如果没有荀爽、郑玄等人的努力，易学研究的根本转变也是很难设想的。

第五章　郑玄的易学

东汉末年，郑玄网罗众家，遍注群经，集今古文之大成，对汉代经学作了系统的总结，然而也恰恰是由于郑学的兴起而促成了汉学的衰落。皮锡瑞在《经学历史》中指出：

> 经学盛于汉，汉亡而经学衰。桓灵之间，党祸两见，志士仁人，多填牢户，文人学士，亦扞文网，固已士气颓丧而儒风寂寥矣。郑君康成，以博闻强记之才，兼高节卓行之美，著书满家，从学盈万。当时莫不仰望，称伊洛以东，淮汉以北，康成一人而已。咸言先儒多阙，郑氏道备。自来经师未有若郑君之盛者也。然而木铎行教，卒入河海而逃；兰陵传经，无救焚坑之祸；郑学虽盛，而汉学终衰。

照皮锡瑞看来，其所以如此，是因为郑玄打破了今古文的界限，混淆了两汉家法的师承门户，迎合了当时学者苦于家法繁杂、莫知所从的心态。"于是郑《易注》行而施、孟、梁丘、京之《易》不行矣；郑《书注》行而欧阳、大小夏侯之《书》不行矣；郑《诗笺》行而鲁、齐、韩之《诗》不行矣；郑《礼注》行而大小戴之《礼》不行矣；郑《论语注》行而齐、鲁《论语》不行矣。"

郑玄在那个"士气颓丧而儒风寂寥"的时代，惨淡经营，建立了一门统一的郑学，延续了学术文化的传承，在经学史上确实取得了辉煌的成就。后世对郑玄的经学特别是对他的《三礼》之学，作了很高的评价。比如朱熹评论说："郑康成是个好人，考礼名数大有功，事事都理会得，如《汉律令》，亦皆有注，尽有许多精力。东京诸儒煞好，卢植也好。康成也可谓大儒。"（《朱子语类》卷八十七）顾炎武《述古》诗云："六经之所传，训诂为之祖。仲尼贵多闻，汉人犹近古。礼器与声容，习之疑可睹。大哉郑康成，探赜靡不举。六艺既该通，百家亦兼取。至今《三礼》存，其学非小补。"（《亭林诗集》卷四）但是，郑玄的经学，其根本旨趣，在于"述先圣之元意，整百家之不齐"，仅仅着眼于学术文化的传承，而避开了政治上的通经致用。这就使得经学与时代的脉搏脱节，丧失了指导调整实际生活的功能，而演变为一种名物训诂的章句之学。因此，尽管郑玄的经学闳通博大，无所不包，对经文字义的训诂远远超过了前辈经师，但是，贯穿在汉代经学特别是今文经学中的那种浓郁的生活气息以及跳动着的时代精神，却是消失不见了。从思想史的角度来看，所谓"郑学虽盛而汉学终衰"，这种转变的意义，只是标志着自汉武帝以来阴阳术数与经义相结合的时代思潮至郑玄而终结。郑玄的经学，可以说是旧的时代思潮的掘墓人，却不能算作新的时代思潮的催生婆。

　　关于郑玄的易学，总的特点和他的经学一样，也是杂糅今古。《四库全书总目》指出："考玄初从第五元先受《京氏易》，又从马融受《费氏易》，故其学出入于两家；然要其大旨，费义居多。"王应麟在其所辑《周易郑注》中指出："郑注《诗》《礼》中所引《易》义，皆用京氏学，与《易注》用费学不同。"在此以前，《费氏易》与《京氏易》是两个不同的系统。《费氏易》属于古文经学，未立于学官，与实际的政治无关，一直是作为一门纯粹的学术流行于民间。晁说之《古易跋》说："先儒谓费直专以《彖》《象》《文言》参解易爻。以《彖》《象》《文言》入卦中者，自费氏始。"费氏易学的特点是以《传》解《经》，而以经文本义的训诂作为主要的研究对象。《京氏易》属于今文经学，其特点是以义理为主而"绝不诠释经文"，着重于编排一个卦气图式，以便占验阴阳灾异，参与国家政治的管理。尽管就训诂的角度而言，《京氏易》有许多与经文本义背逆错谬，荒诞不经，但是由于它迎合了当时的时代思潮，能够对国家政治起到一定的指导调整的作用，在现实生活中有着合理性的根据，因而人们视为当然，不多追究，自元帝立为学官以来，一直在官方的意识形态中享有崇高的地位。现在郑玄一方面继承了费氏易学的传统，并且进一步使《彖》《象》与经文相连，同时又在京氏易学业已丧失了合理性根据的历史条件下，援引其中"绝不诠释经文"的义理来对经文作训诂的诠释，这就把汉易象数之学引入了绝境，无论在训诂或义理方面，都显得扞格难通。

李鼎祚在《周易集解序》中比较了郑玄易学与王弼易学的不同，认为"郑则多参天象，王乃全释人事"。这也是象数派易学与义理派易学的根本区别所在。所谓"郑则多参天象"，指的是郑玄多以爻辰解《易》。爻辰的体例创始于京房。京房以乾、坤十二爻左右相错与十二辰相配，乾卦六爻依次配以子、寅、辰、午、申、戌，坤卦六爻依次配以未、巳、卯、丑、亥、酉，这就是爻辰说的滥觞。京房根据这种配法，把阴阳、五行、干支结合起来，构筑了一个八卦六位的宇宙模型和占验系统。《易纬》继承了这个体例，稍作变通，用爻辰来讲一年十二个月的运转，并以六十四卦为一周期，计算年代。《易纬·乾凿度》说：

> 天道左旋，地道右迁，二卦十二爻，而期一岁。乾阳也，坤阴也，并治而交错行。乾贞于十一月子，左行，阳时六。坤贞于六月未，右行，阴时六，以奉顺成其岁。岁终次从于屯、蒙。屯、蒙主岁。屯为阳，贞于十二月丑，其爻左行，以间时而治六辰。蒙为阴，贞于正月寅，其爻右行，亦间时而治六辰。岁终则从其次卦。

《易纬》对乾卦六爻的配法依次为子、寅、辰、午、申、戌，与京房相同，对坤卦六爻的配法则变动了顺序，依次为未、酉、亥、丑、卯、巳，与京房不同。这是因为《易纬》的目的在于以乾、坤十二爻来表示十二个月的运转，必须按照阴道右行来编排始未而终巳（自六月而至四月）的顺序。所谓"岁终则从其次卦"，是说当乾、坤二卦主一年的运转结束，第二年就轮到屯、蒙二卦主岁，以此类推，六十四卦共主三十二年，是为一个周期。可以看出，《易纬》的爻辰说也是着眼于构筑一个宇宙模型和占验系统，而不是为了解说经文。至于郑玄的爻辰说，则把解说经文作为主要的着眼点。就其宇宙论的思想而言，郑玄是继承了京房、《易纬》，以乾、坤十二爻与十二辰相配，并且引申扩大，构筑了一个更加庞杂的系统。但是郑玄的目的不是用来讲阴阳灾异，而是把它当做一个普遍的原理来讲通《周易》的所有的经文。照郑玄看来，乾、坤两卦所值之辰对其余的六十二卦是普遍适用的，凡阳爻所值之辰可以按乾卦的爻辰解释，阴爻所值之辰可以按坤卦的爻辰解释，因而六十四卦、三百八十四爻都可以纳入爻辰的模式之中，根据爻辰的象数来阐发其中的义理。

惠栋《易汉学》据郑氏易说制有《爻辰所值二十八宿图》，现录以备考。

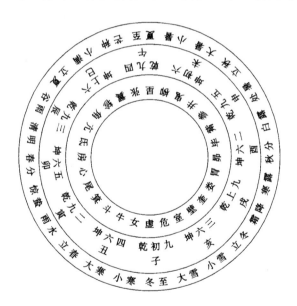

李鼎祚所谓"郑则多参天象"，主要是就郑玄以爻辰与二十八宿的星象相配而言的。现据王应麟辑、张惠言订正的《周易郑注》略举数例，稍加剖析，以窥见郑氏易说的基本思路。

比初六："有孚盈缶。"郑注云："爻辰在未，上值东井。井之水人所汲，用缶。缶，汲器。"比初六为阴爻，同于坤初六所值之辰，故曰"爻辰在未"。未就时间而言为六月，就空间而言为西南。西南之分野与井宿之星象对应，故"上值东井"。这种把天上星象对应于地上方位的分野之说并非郑玄首创，而是源于古代占星术的成说。《吕氏春秋·有始览》说：

> 天有九野，地有九州。……何谓九野？中央曰钧天，其星角、亢、氐；东方曰苍天，其星房、心、尾；东北曰变天，其星箕、斗、牵牛；北方曰玄天，其星婺女、虚、危、营室；西北曰幽天，其星东壁、奎、娄；西方曰颢天，其星胃、昴、毕；西南曰朱天，其星觜觿、参、东井；南方曰炎天，其星舆鬼、柳、七星；东南曰阳天，其星张、翼、轸。

郑玄认为，井宿之象为汲水之井，经文"有孚盈缶"的微言大义，可以依据比初六之爻辰"上值东井"来诠释。

泰六五："帝乙归妹，以祉元吉。"郑注云："五爻辰在卯。春为阳中，万物以生。生育者，嫁娶之贵。仲春之月嫁娶，男女之礼，福禄大吉。"泰六五为阴爻，同于坤六五所值之辰，故曰"爻辰在卯"。卯就时间而言为仲春之月，此时行嫁娶之礼，可获大吉。这是以爻辰配卦气。

坎六四："尊酒簋，贰用缶。"郑注云："爻辰在丑，丑上值斗，可以斟之象。斗上有建星，建星之形似簋。贰，副也。建星上有弁星，弁星之形又如缶。"坎六四为阴爻，同于坤六四所值之辰，故曰"爻辰在丑"。丑之方位在东北，上值斗宿，斗宿似酒器，"可以斟之象"。斗宿包含十个星座，其中"建星之形似簋"，"弁星之形又如缶"，故经文所云可用爻辰所值之星象来诠释。

坎上六："系用徽纆。"郑注云："系，拘也。爻辰在巳。巳为蛇，蛇之蟠屈似徽纆也。"坎上六为阴爻，同于坤上六所值之辰，故曰"爻辰在巳"。巳之属相为蛇，"蛇之蟠屈似徽纆"，故经文云："系用徽纆。"这是以爻辰配十二生肖。

离九三："不击缶而歌。"郑注云："艮爻也，位近丑。丑上值弁星，弁星似缶。"离九三为阳爻，其爻辰本应同于乾九三所值之辰，但辰宫之星并无缶之象，故创爻体之说使之位近艮爻六四所值之丑，以便"上值弁星"，取其似缶之象以诠释经文。关于爻体的体例，张惠言在《周易郑氏义》中指出：“阳爻在初、四则震爻；二、五则坎爻；三、上则艮爻。阴在初、四则巽爻；二、五则离爻；三、上则兑爻。”因此，尽管从离九三所应值之辰找不到似缶之象，也可以用爻体说把它牵合到艮爻，使之上值弁星，来诠释经文中的缶象。

困九二：“困于酒食。”郑注云：“二据初，辰在未，未为土，此二为大夫有地之象。未上值天厨，酒食象。困于酒食者，采地薄，不足己用也。”困九二为阳爻，其爻辰本应同于乾九二所值之寅，郑玄为方便起见，取初六所值之未来诠释，使之牵合有地与酒食之象。

☱中孚卦辞：“豚鱼吉。”郑注云：“三，辰在亥，亥为豕。爻失正，故变而从小名言豚耳。四，辰在丑，丑为鳖蟹。鳖蟹，鱼之微者。爻得正，故变而从大名言鱼耳。三体兑，兑为泽。四上值天渊。二、五皆坎爻，坎为水。二浸泽，则豚利。五亦以水灌渊，则鱼利。豚鱼，以喻小民也，而为明君贤臣恩意所供养，故吉。”这一段注文综合了爻辰与爻体两种方法，对中孚的卦画与卦辞作了全面的诠释，充分表现了郑氏易说的基本思路。六三辰在亥，六四辰在丑，上值天渊，这是就爻辰而言的。六三为阴，爻体为兑，九二、九五为阳，爻体为坎，这是就爻体而言的。尽可能利用爻辰与爻体之象来诠释经文，这就是郑氏易学的特点。

关于郑玄的爻辰，清代学者作了许多客观的研究。焦循在《易图略》中评论说，“谬悠非经义”，“余于爻辰无取焉尔”。王引之在《经义述闻》中评论说：

> 《易》之取象，见于《说卦》者，较然可据矣。汉儒推求卦象，皆与《说卦》相表里，而康成则又以爻辰说之。……舍卦而论爻，已与《说卦》之言乾为坤为者异矣，而其取义，又多迂曲。如九二爻，郑以为辰当值寅者也。而于困九二“困于酒食”注云：“二据初，辰在未。未上值天厨，酒食象。”则舍本爻之寅，而言初爻之未。未值天厨，何不系于值未之初六，而系于值寅之九二乎？九三爻当值辰者也，而于离九三“鼓缶而歌”注云：“艮爻也，位近丑，丑上值弁星，弁星似缶。”则舍辰宫之星，而言丑宫之星。丑者六四所值之辰，岂九三所值乎？

艮主立春，所值者寅也，何不取象于寅，而取于所近之丑乎？坎六四"尊酒簋，贰用缶"。注云："爻在丑，丑上值斗，可以斟之象。斗上有建星，似簋。建星上有弁星，弁星形又如缶。"爻辰既值斗，何不遂取斗象，而取于斗所酌之尊？又不直取建星弁星，而取建星弁星所似之簋与缶，不亦迂回而难通乎？上六"系用徽纆"，注云："爻辰在巳，巳为蛇，蛇蟠屈似徽纆也。"爻辰既在巳而为蛇，何不遂取蛇象，而取蛇所似之徽纆乎？初九辰在子，子为鼠。九二辰在寅，寅为虎。九三辰在辰，辰为龙。九四辰在午，午为马。九五辰在申，申为猴。上九辰在戌，戌为犬。初六辰在未，未为羊。六二辰在酉，酉为鸡。六三辰在亥，亥为豕。六四辰在丑，丑为牛。六五辰在卯，卯为兔。岂亦将象其禽之所似以为爻乎？展转牵合，徒见纠纷耳！

如果把焦循、王引之对郑玄的评论用来评论孟喜、京房和《易纬》的易学，也是同样允当的。因为汉代经学特别是今文经学致力于阴阳术数与经义相结合，"其中多非常异义可怪之论"，牵强附会、不合训诂之处，是触目可见的。但是，自汉武帝以来的数百年间，人们不仅见怪不怪，反而群起仿效，掀起了一股大讲阴阳灾异的时代思潮。现在当这股时代思潮的生命力已经终结，郑玄不再讲阴阳灾异，只是援引其中的成说来诠释经文，表面上看来，似乎理性的成分增多，实际上不合理的成分倒是更加显豁了。王利器《郑康成年谱》载有一则轶闻："王弼注《易》，刻木偶为郑康成像，见其所误，辄呵斥之。"（见朱胜非《绀珠集》引《鸡跖集》）这虽是后人编造的一则莫须有的故事，但由此也可见出，王弼的易学主要是以郑玄的易学作为对立面，直接激发而成的。

虽然如此，就学术文化的传承而言，郑玄在易学史上的功绩是不可泯灭的。这主要表现在三个方面。第一是较为完整地保存了汉易象数之学的成说；第二是创设了一些尔后为义理派易学所继承的体例；第三是发展了京房以有无范畴说《易》的思想，明确地展示了以《老》注《易》的方向。下面分别举例说明：

第一，陆德明《经典释文·序录》指出："永嘉之乱，施氏、梁丘之《易》

亡，孟、京、费之《易》人无传者，唯郑康成、王辅嗣所注行于世。"西晋以后，汉易失传，幸亏郑玄保存了其中的大量成说，才使象数之学不致断绝，而郑玄也就成为汉易象数之学的主要代表人物。关于易之取象，郑玄除了利用爻辰和爻体的方法，还利用了创自京房的互体说。以互体说《易》，也是郑玄易学的一个特点。互体与爻体不同。互体是以卦中的第二、三、四爻结成一卦体，第三、四、五爻又结成一卦体，从而使一卦变为四卦，以增加卦象。比如贲卦☲☶离下艮上，其卦辞为"贲，亨，小利有攸往"。郑注云："离为日，天文也。艮为石，地文也。天文在下，地文在上，天地二文，相饰成贲者也。……卦互体坎、艮。艮止于上，坎险于下，夹震在中，故不利大行，小有所之，则可矣。"至于爻体，则是以一爻当一卦之体。如离九三，因其为阳爻而在三，故为艮爻，可取艮卦之象；中孚六三，因其为阴爻而在三，故为兑爻，可取兑卦之象。

关于易数，郑玄沿袭了《易纬》由气生数的说法，把天地之数与五行之数结合起来，作了系统的表述。他注"易有太极"说："极中之道，淳和未分之气也。"由太极分而为天地之气，就有了天地之数。他注"大衍之数五十，其用四十有九"说：

　　天地之数，五十有五，以五行气通。凡五行减五，大衍又减一，故四十九也。衍，演也。天一生水于北，地二生火于南，天三生木于东，地四生金于西，天五生土于中。阳无偶，阴无配，未得相成。地六成水于北，与天一并；天七成火于南，与地二并；地八成木于东，与天三并；天九成金于西，与地四并；地十成土于中，与天五并也。

他注"五位相得而各有合"说：

　　天地之气各有五。五行之次，一曰水，天数也；二曰火，地数也；三曰木，天数也；四曰金，地数也；五曰土，天数也。此五者，阴无匹，阳无偶，故又合之。地六为天一四也，天七为地二偶也，地八为天三四也，天九为地四偶也，地十为天五四也。二五阴阳各有合，然后气

相得，施化行也。

汉代易学普遍致力于用天地之数与五行之数来构筑一个时空图式，使之体现阴阳匹配、化生万物的义理，郑玄把前人的各种说法综合整理成为一种系统的知识，后世象数派的易学大多是依据郑玄的表述而承接汉易的传统的。

第二，由于郑玄的易学杂糅今古，"费义居多"，并且进一步"合《彖》《象》于经，欲便学者寻省易了"，所以对《易传》诠释《易经》的方法作了客观的研究，从中引申而为明确的体例，如得位失位、据、应、承、乘、中等等。王弼在《周易略例》中虽然激烈地反对以象数解《易》，主张"忘象以求其意"，认为"夫情伪之动，非数之所求也"，但对郑玄依据《易传》所引申出的这些体例，却是全部继承过来。因为离开了这些体例，便无从说明卦爻之间的各种依存关系，阐发其中所蕴含的义理。所谓得位失位之例，如家人䷤注云："二为阴爻，得正于内；五，阳爻也，得正于外。"中孚䷼注云："三，……爻失正。""四，……爻得正。"此言阴爻居阴位，阳爻居阳位，为得位。反之，则为失位。阳在阴上为据，如困䷮九二注云："二据初。"阴在阳下为承，如坎䷜六四注云："六四上承九五。"阴居阳上为乘，如坎上六注云："上六乘阳，有邪恶之罪。"应指阴有阳应，阳有阴应，阴阳得正相应则吉，失正相应，犹为失义。中有二例，坤六二注云："此爻得中气而在地上。"此二五为中也。复六四注云："爻处五阴之中，度中而行。"则非二五亦得为中。蹇《彖》曰："蹇利西南，往得中也。"注云："中，和也。"由是言之，得和为中，度中而行，则和矣。（参见张惠言《周易郑氏义》）

第三，金春峰在《汉代思想史》中，列举了大量例证，说明郑玄为引《老》注《易》的开始。如在《乾凿度》注中，郑注"太易始著，太极成；太极成，乾坤行"说："太易，无也，太极，有也。太易从无入有，圣人知太易，有理有形，故曰太易。"注"性无生，生复体"说："生与性，天道精，还复归本体，亦是从无入有。"注"天数一，地数二"说："一者无也。二者有，偶也。"在《乾凿度》注中，注"管三成为道德苞籥"说："德者，得也。

道者，理也。"注"光明四通，效易立节"说："效易者，寂然无为之谓也。"注"虚无感动，清静炤哲说"说："炤明也。夫惟虚无也，故能感天下之动。惟清净也，故能炤天下之明。"注"太易者未见气也，太初者气之始也"说："以其寂然无物，故名之为太易，元气之所本始。太易既自寂然无物矣，焉能生此太始哉？则太始者，亦忽然而自生。"注"气形质具而未离，故曰浑沦"说："虽合此三始，而犹未有分判。老子曰：有物浑成，先天地生。"金春峰认为，贯穿于这些注中的思想，有四个要点：（1）自然无为，物性自得；（2）本体寂然虚无清静；（3）从无入有，有生于无；（4）以理释道。因此，郑玄的易学确实既是汉易经验论和象数学的终结，又是以义理解《易》和引《老子》自然无为思想以注《易》的开始。（见《汉代思想史》609—611页）

实际上，郑玄的这条以《老》解《易》的思路是直接承袭京房而来的。京房在其《易传》中曾说："且《易》者，包备有无。""从无入有，见灾于星辰也。从有入无，见象于阴阳也。""六爻上下，天地阴阳，运转有无之象，配乎人事。"至于《易纬》的一套宇宙生成论，无论就思想或语言来看，都是明显地援引了《老子》。比如宇宙生成的四个阶段，"有太易，有太初，有太始，有太素"，是从《老子》的"道生一，一生二，二生三"转换而来的。所谓"浑沦者，言万物相浑成而未相离，视之不见，听之不闻，循之不得，故曰易也"，更是直接套用《老子》的语言来解《易》。我们可以把这种以《老》解《易》的现象一直追溯到先秦。如果不充分估计到《老子》思想的影响，是很难解释从《易经》发展到《易传》的过程的。因而在中国思想史上，《易》、《老》互通，《易》、《老》互训，历代都是如此。就汉代的象数之学而言，二者的互通、互训是建立在"有生于无"的宇宙生成论的哲学基础之上的。而魏晋的义理派的易学则是以高层次的"以无为本"的哲学本体论为基础的。用"以无为本"的命题来取代"有生于无"的命题，在易学史上意味着理论形态和思维模式的根本性的变革，郑玄的易学虽未完成这场变革，但却明确地展示了二者互通、互训的方向，他的功绩也是不可忽视的。

第六章　荀爽的易学

荀爽与郑玄是同时代人。关于他的易学，荀悦在《汉纪》中介绍说："臣悦叔父故司徒爽著《易传》，据爻象承应阴阳变化之义，以十篇之文解说经义，由是兖豫之言《易》者，咸传荀氏之学。"以《传》解《经》，说明荀爽是继承了费氏易学的传统。但是，在高层次的宇宙论和思维模式方面，荀爽与郑玄同样，仍然是接受了京氏易学的影响，并没有突破卦气说的常规，说明他的易学的总的特点，也是杂糅今古的。

荀爽为荀卿后裔，出身儒学世家。东汉末年，颍川荀氏家族坚持儒家的文化价值理想，积极参与实际的政治斗争，涌现了不少知名人士。其父荀淑，于冲质之世，梁太后临朝，因日食地震之变，上书表达政见，反对权势赫赫的外戚梁冀。"当世名贤李固、李膺等皆师宗之。"荀淑之侄荀昱、荀昙，"兄弟皆正身疾恶，志除阉宦"，"昱后共大将军窦武谋诛中官，与李膺俱死。昙亦禁锢终身"。至于荀爽本人，面对着东汉政权对知识分子的残酷迫害，则游移于政治与学术之间，表现了复杂矛盾的心态。他对党人领袖李膺是十分仰慕的。《资治通鉴》卷五十三记载："荀爽尝就谒膺，因为其御。既还，喜曰：今日乃得御李君矣。"桓帝延熹九年，党锢之祸的前夕，荀爽虽明知时局无可匡救，政见不被采纳，仍然根据京氏易学的卦气理论，以学术干预政治，对朝政提出了批评。他说：

臣闻之于师曰："汉为火德，火生于木，木盛于火，故其德为孝。其象在《周易》之离。"夫在地为火，在天为日。在天者用其精，在地者用其形。夏则火王，其精在天，温暖之气，养生百木，是其孝也。……故汉制使天下诵《孝经》，选吏举孝廉。夫丧亲自尽，孝之终也。今之公卿及二千石，三年之丧，不得即去，殆非所以增崇孝道而克称火德者也。……

　　臣闻有夫妇然后有父子，有父子然后有君臣，有君臣然后有上下，有上下然后有礼义。礼义备，则人知所措矣。夫妇人伦之始，王化之端，故文王作《易》，上经首乾、坤，下经首咸、恒。孔子曰："天尊地卑，乾坤定矣。"夫妇之道，所谓顺也。……今汉承秦法，设尚主之仪，以妻制夫，以卑临尊，违乾坤之道，失阳唱之义。……

　　昔者圣人建天地之中而谓之礼，礼者所以兴福祥之本，而止祸乱之源也。……众礼之中，婚礼为首。故天子娶十二，天之数也。……臣窃闻后宫采女五六千人，从官侍使复在其外。冬夏衣服，朝夕禀粮，耗费缣帛，空竭府藏，征调增倍，十而税一，空赋不辜之民，以供无用之女，百姓穷困于外，阴阳隔塞于内。故感动和气，灾异屡臻。……

　　夫寒热晦明，所以为岁；尊卑奢俭，所以为礼；故以晦明寒暑之气，尊卑侈约之礼为其节也。《易》曰："天地节而四时成。"……今臣僭君服，下食上珍，所谓害于而家，凶于而国者也。宜略依古礼尊卑之差，及董仲舒制度之别，严督有司，必行其命。此则禁乱善俗足用之要。(《后汉书·荀爽传》)

　　荀爽认为，如果在人事上"遵法尧汤，式是周孔"，"则嘉瑞降天，吉符出地"，反之，则"感动和气，灾异屡臻"。这种说法明显地是根据于京氏易学的卦气理论。但是，荀爽和当时的许多有识之士同样，对这种卦气理论能否对实际政治起到有效的调节作用，是抱怀疑态度的，一当奏书上呈给桓帝，立即弃官而去。党锢之祸以后，荀爽一方面致书党人领袖李膺，"欲令屈节以全乱世"，而自己则退回到学术领域，隐于海上，南遁汉滨，积十余年，以著述为事。虽然如此，他也并未完全忘怀政治。其所著除了纯粹的学术著作如《礼》《易传》《诗传》《尚书正经》《春秋条例》外，又集汉事成败可为鉴戒者，谓之《汉语》。献帝年间，荀爽受召拜为司空，与司徒王允共谋诛灭董卓，以黄发之年又一次参与了实际的政治斗争。范晔在《后汉书·荀爽传》中，对荀爽与郑玄二人的处世之道作了一番比较评论，认为郑玄累征不起，始终是作为一名处士而全其高节，而荀爽所遵循的则是"平运则弘道以求志，陵夷则濡迹以匡时"。"荀公之急急自励，其濡迹乎？不然，何为违贞吉而履虎尾焉？"与郑玄的那种完全不问政治从事纯粹学术活动的处世之道有所不同。

荀爽《易传》已佚，其零文碎义多见于李鼎祚《周易集解》。马国翰《玉函山房辑佚书》辑有《周易荀氏注》三卷，颇便省览。关于荀爽的易学，清代学者作了大量的研究。惠栋在《易汉学》中以荀氏易学列为一家，指出其易学的主旨为乾升坤降说。张惠言在《周易荀氏九家义》中赞同惠栋的看法，认为"荀氏之义莫大乎阳升阴降"，同时作了进一步的考证，指出"乾升坤降，其义出于《乾凿度》"。

就总体而言，荀爽确实是极力把乾升坤降树立为一条普遍的原理，用来诠释《周易》所有的经文。这种情形就和郑玄把爻辰的体例推广运用到所有的经文中一样。因为费氏易学的特点是以《传》解《经》，把经文本义的训诂作为主要的研究对象，如果对经文本义缺乏一以贯之的理解，从中提炼出某种普遍适用的体例，则难以把《传》与《经》之间的种种矛盾抵牾之处一一讲通，不足以成一家之学。但是《周易》的经文是一个意义的体系，京氏易学业已对这个意义的体系作出了某种诠释，并且长期居于主流地位，凝结为一种传统的成见，习惯的势力，如果对意义的理解不能有根本性的突破，则无论如何努力依据费氏易学以《传》解《经》，其所树立的普遍原理也摆脱不了京氏易学的窠臼。郑玄是这样，荀爽也是这样。

京氏易学把《周易》理解为一个卦气的体系，一个可以用来占验灾异的操作系统。这个卦气的体系与占验的系统，以乾为纯阳，坤为纯阴，把它的整个错综复杂的结构关系都建立在乾坤阴阳的基础之上。京房指出，"八卦之要，始于乾坤，通乎万物"。"奇偶之数，取之于乾坤。乾坤者，阴阳之根本"。由此可以看出，郑玄的爻辰，荀爽的乾升坤降，都是承袭京房的这种理解而来的，实际上是一种象数的体例，是从卦气图式中提炼出来的。不过比较起来，郑玄的爻辰体例侧重于以乾坤十二爻与天象作外在的比附，而荀爽的乾升坤降体例则是着眼于揭示象数本身的内在规律，并且把中和树立为卦爻变化所趋向的理想目标，带有更多的人文主义的色彩。

乾升坤降作为一种以《传》解《经》的普遍适用的象数体例，大体上包含着以下三个基本观念。第一，乾坤两卦为阴阳之根本，万物之祖宗，六十四卦都是由乾坤中的阴阳二爻推移交易变化而成的。第二，阴阳二爻推移交易所遵循的规则为阳进阴退，因为阳由七上九，阴由八降六，故阳性欲升，阴性欲承。第三，这种推移交易应以中和作为所趋向的理想目标，二为下卦之中，五为上卦之中，二为阴位，五为阳位，阴位为臣，阳位为君，故阳在二者，当上升坤五为君，阴在五者，当降居乾二为臣。现分别举例说明之。

第一，荀爽对乾坤两卦的《彖》文"大哉乾元""至哉坤元"解释说：

> 谓分为六十四卦，万一千五百二十册，皆受始于乾也。册取始于乾，犹万物之生本于天。
>
> 谓万一千五百二十册皆受始于乾，由坤面生也。册生于坤，犹万物成形出乎地也。

荀爽的这种解释是把象数的形式与义理的内容视为同一，完全根据象数来阐发乾元、坤元所蕴含的义理。就象数的形式而言，六十四卦三百八十四爻，阴阳两爻各为一百九十二，阳爻之数为九，九是三十六根蓍草的商数，阴爻之数为六，六是二十四根蓍草的商数，$(192 \times 36) + (192 \times 24) = 11520$，所以"二篇之策万有一千五百二十"。由于"蓍从爻中生"，二篇之策由阴阳两爻的蓍数相加而成，而乾为纯阳，坤为纯阴，所以把二篇之策归结为以乾元、坤元为基础，是符合象数形式的内在规律的。荀爽由此推论，"册取始于乾，犹万物之生本于天"，"册生于坤，犹万物成形出乎地"。这是把乾坤推演出二篇之策看做是与天地生成万物的过程相等同。根据这种等同关系，拿卦爻与所有的天象人事一一相配，也就是顺理成章了。所以荀爽在解释《说卦传》"幽赞于神明而生蓍"时指出："谓阳爻之册三十有六，阴爻之册二十有四，二篇之册万有一千五百二十，上配列宿，下副物数。"这是整个汉易象数之学的共同的思路，也是郑玄的爻辰说所遵循的基本思路。但是荀爽不像郑玄那样去专门从事与十二辰、二十八宿相配的工作，而是把爻变本身的规律作为主要的研究对象。这就过渡到他的第二个基本观念上来了。

第二，荀爽认为，三百八十四爻，动行相反，阳动而进，阴动而退，一消一息，万物丰殖，故能成就富有之大业。荀爽的这个观念实际上是从卦气图式中的阴阳推移的规则提炼而来的。比如他解释《系辞》"变化者，进退之象也"说："春夏为变，秋冬为化，息卦为进，消卦为退也。"解释"往来不穷谓之通"说："谓一冬一夏，阴阳相变易也。十二消息，阴阳往来无穷已，故通也。"解释"往者诎也，来者信也"说："阴气往则万物诎者也，阳气来则万物信者也。"荀爽把卦气图式中的这条规则确立为爻变的体例，力图根据阳升阴降的象数来阐发六十四卦所蕴含的义理。比如《既济·彖》曰："既济亨，小者亨也。"荀爽解释说："天地既交，阳升阴降，故小者亨也。"《泰·九二》："用冯河，不遐遗。朋亡，得尚于中行。"荀爽解释说："河出于乾，行于地中。阳性欲升，阴性欲承。冯河而上，不用舟航，自地升天，道虽辽远，三体俱上，不能止之，故曰不遐遗。中谓五，坤为朋。朋亡而下，则二上居五而行中和矣。"《临·九二象》："咸临吉，无不利，未顺命也。"荀爽解释说："阳感至二，当升居五，群阴相承，故无不利也。阳当居五，阴当顺从，今尚在二，故曰未顺命也。"《升·六五象》："贞吉，升阶，大得志也。"荀爽解释说："阴正居中，为阳作阶，使升居五，已下降二，与阳相应，故吉而得志。"《升·上六》："冥升，利于不息之贞。"荀爽解释说："坤性暗昧，今升在上，故曰冥升也。阴用事为消，阳用事为息。阴正在上，阳道不息，阴之所利，故曰利于不息之贞。"《乾·文言》："时乘六龙以御天也。"荀爽解释说："御者行也。阳升阴降，天道行也。"照荀爽看来，阳当升在上，阴当降居下，凡是符合这一原则的，则吉而得志无不利。如果阳当升而反降居下，阴当降而反升在上，就是一种不应有的反常现象。那么，这种价值取向的根据究竟何在呢？这就过渡到他的第三个基本观念上来了。

第三，荀爽认为，阳之所以当升，阴之所以当降，是因为只有如此，才能使爻变趋向于中和的目标。所谓中和，实际上并不属于象数范畴，而是属于义理范畴，来源于儒家的文化价值理想。《礼记·中庸》："中也者，天下之大本也；和也者，天下之达道也。致中和，天地位焉，万物育焉。"就社会政治的层面而言，这种中和一方面强调君臣上下的尊卑贵贱之分，另一方面又强调二者的协同配合，团结一致。荀爽站在象数派易学的立场，极力把这种中和的义理纳入象数的模式之中，并且把它确立为爻变所应当趋向的理想目标。《系辞上》："天下之理得，而成位乎其中矣。"荀爽解释说：

> 阳位成于五，五为上中。阴位成于二，二为下中。故易成位乎其中也。

这就是说，一卦六爻的象数模式，有位有中，五为阳位之中，二为阴位之中，故阳必升居五，阴必降在二，始得谓之"成位乎其中"。位是强调尊卑贵贱之分的，如果阴阳皆能得位，"阴阳正而位当，则可以干举万事"。中是强调彼此相应，协同配合的，如果阴阳皆能得中，"阴阳相和，各得其宜，然后利矣"（《乾·文言注》）。因此，中和既是爻变所应当趋向的理想目标，也是判定爻变是否正常的最高的价值标准。

由于乾坤为阴阳之根本，六十四卦都是由乾坤十二爻的升降推移而形成的，所以阳升阴降其实就是乾升坤降。荀爽对六十四卦的爻位配置作了详细的比较分析，认为唯有既济卦的爻位配置最能符合中和的准则，因而乾升坤降应以形成两个既济卦为最高的理想。《乾·文言》："云行雨施，天下平也。"荀爽解释说：

> 乾升于坤曰云行，坤降于乾曰雨施。乾坤二卦成两既济，阴阳和均而得其正，故曰天下平。

既济☵坎上离下，初、三、五，阳居阳位，二、四、上，阴居阴位，九五与六二，刚柔俱得正得中，既有刚柔之分，又有阴阳之和，确实是一

个最理想的象数模式。荀爽认为，其所以能够形成如此理想的象数模式，是因为乾升于坤，坤降于乾，严格遵循了乾升坤降的爻变规律。若坤五降居乾二，则成离，乾二升居坤五，则成坎，经过这样一番升降交合，乾坤二卦就变化成为两个坎上离下的既济卦。为什么荀爽把乾升坤降确立为自己的易学的主旨，只有根据他的人文主义的价值取向来探索，才能得到合理的说明。

与既济卦相反对的卦是未济卦。未济☲坎下离上，卦中六爻，阳居阴位，阴居阳位，虽刚柔相应而不当位，这是由于违反了乾升坤降的原则，沿着乾降坤升的轨道而形成的。荀爽对未济卦的这种象数模式进行了谴责，认为"虽刚柔相应而不以正，犹未能济也"，"未济者，未成也"。既济卦的象数模式与此相反，象征着天地既交，阳升阴降，不但大者亨通，小者也亨通，一切的事情均获成功，完美地实现了中和的理想。但是，由于阴阳变化不测，有序会朝着无序转化，所以尽管既济卦的爻位配置达到了最佳状态，仍然要本着《周易》所固有的忧患意识，致力于调整。《既济·象》："水在火上，既济。君子以思患而预防之。"荀爽解释说："六爻既正，必当复乱，故君子象之，思患而预防之，治不忘乱也。"

从荀爽的这些言论看来，他的易学更多地注重人事的调整，与郑玄的那种"多参天象"的爻辰说有所不同。家人卦☴巽上离下，《象》曰："父父、子子、兄兄、弟弟、夫夫、妇妇，而家道正，正家而天下定矣。"荀爽解释说："父谓五，子谓四，兄谓三，弟谓初，夫谓五，妇谓二也，各得其正，故天下定矣。"这是以家人卦的象数模式来表达儒家的社会政治理想。儒家十分重视家族制度的巩固，认为是治国平天下的基础，为了巩固家族制度，必须使其中的各种人际关系皆得其正。荀爽认为，家人卦的爻位配置正好表现了这种合理的人际关系。父居五位，五为乾阳；子居四位，阴四承五；兄三弟初，皆为阳爻；夫五乾阳，妇二坤阴。五爻皆得其正而家道正，如果使上九变为上六，由巽而之坎，则六爻皆正而成既济定，故正家而天下定。荀爽对家人卦的六二极尽赞美，认为"六二处和得正，得正有应，有应有实，阴道之至美者也"。这是站在象数派易学的立场，根据六二的爻位配置抽绎出的伦理准则。

照荀爽看来，乾升坤降的象数体例"与天地合其德"，处理人际关系的最高伦理准则都是从这种象数体例中抽绎出来的。《乾·文言》："本乎天者亲上，本乎地者亲下"。荀爽解释说：

　　　　谓乾九二本出于乾，故曰本乎天，而居坤五，故曰亲上。
　　　　谓坤六五本出乎坤，故曰本乎地，降居乾二，故曰亲下也。

《乾·文言》："夫大人者，与天地合其德。"荀爽解释说：

　　　　与天合德，谓居五也。与地合德，谓居二也。

《坤·彖》："含弘光大，品物咸亨。"荀爽解释说：

　　　　乾二居坤五为含，坤五居乾二为弘，坤初居乾四为光，乾四居坤初为大也。

《坤·文言》："直方大，不习无不利，则不疑其所行也。"荀爽解释说：

　　　　直方大，乾之唱也。不习无不利，坤之和也。阳唱阴和，而无所不利，故不疑其所行也。

　　荀爽所说的这种最高伦理准则，实际上就是中和。这种中和以阳为主导，以阴为从属，虽有尊卑贵贱之分，却是阳唱阴和，互为补充，共同实现整体的和谐。如果把这种中和的义理完全纳入象数的模式之中，必须确立阳升阴降的体例，否则，就不能自圆其说。因为乾卦六爻，二、四、上阳居阴位，三爻都不当位，坤卦六爻，初、三、五阴居阳位，也是三爻都不当位，只有把乾坤十二爻按照阳升阴降的原则互换，才能形成两个六爻俱得位得中的既济卦，使之完美地体现中和的义理。从荀爽的这条思路来看，他对象数之学的研究，其深层的思想动因并不在于象数本身，而是从

中和的义理出发的。

我们曾经指出，荀爽是一位游移于政治与学术之间的知识分子，党锢之祸以后，虽然被迫隐居著述，却并未忘怀政治。因此，他写作《易传》，常常借用象数之学的形式来阐发某些政治观点。如果我们联系他在党锢之祸以前给桓帝上的奏疏一并考察，可以看出，他的政治观点不仅是前后一贯，一脉相承，带有强烈的现实的针对性，而且在理论上进行了升华，凝结成一个以中和为基本观念的政治理想了。

东汉末年，政治危机的主要症结在于"君道秕僻"，"主荒政缪"。当时许多有识之士都迫切希望出现一个具有中和之德的君主来整顿朝纲，拨乱反正。尽管这种希望不断变为失望，在历史的必然性面前毫无实现的可能，但是他们仍然始终坚持，不肯放弃。因为他们站在儒家的立场，除了坚持这种一厢情愿的希望以外，再也找不到其他可以摆脱危机的出路了。荀爽当年明知政见不被采纳仍然上疏表达政见，典型地表现了儒家的那种知其不可为而为之的执着性格。在《易传》中，他根据乾升坤降的象数原理，把对实际政治的执着的希望转化为一种超越的政治理想。比如临卦䷒坤上兑下，九二为阳，六五为阴，二为臣位，五为君位。荀爽认为，作为一个君主，应该具有乾刚中正之德，才能使群阴相承。临卦的九二爻符合这一条件，但其位不当，故未顺命。五者帝位，六五居之，虽亦处中，却无乾刚之德。因此，必须按照阳升阴降的原则来理顺这种关系，使二升居五位。临卦六五："知临，大君之宜，吉。"荀爽解释说："五者帝位，大君谓二也，宜升上居五位，吉。故曰知临，大君之宜也。二者处中，行升居五，五亦处中，故曰行中之谓也。"照荀爽看来，帝位应由有德者居之，六五有帝位而无帝德，九二有帝德而无帝位，故二应升居五位，取六五而代之，始能君临天下，合乎大君之宜。这就是儒家所服膺的"汤武革命"的思想了。

荀爽对师卦所作的系列解释，把这个思想表述得更为显豁。师卦䷆坤上坎下，五阴一阳，阳失位居二。荀爽认为，"谓二有中和之德，而据群阴，上居五位，可以王也"。这就是说，师卦六爻，唯有九二具备中和之德，能为上下五阴之主，虽失位居二，但是根据阳升阴降的原则，是可以取代六五而为王的。荀爽通过对九二、六四、六五、上六的解释，具体地描述了这种取代的过程。《九二·象》："王三锡命，怀万邦也。"荀爽解释说：

> 王谓二也，三者阳德成也。德纯道盛，故能上居王位而行锡命，群阴归之。故曰王三锡命，怀万邦也。

六四："师左次，无咎。"荀爽解释说：

> 左谓二也，阳称左。次，舍也。二与四同功。四承五，五无阳，故呼二舍于五，四得承之。故无咎。

六五："田有禽，利执言，无咎，长子帅师。"
《象》："长子帅师，以中行也。"荀爽解释说：

> 田，猎也。谓二帅师禽五，五利度二之命，执行其言，故无咎也。长子，谓九二也。五处中应二，二受任帅师，当上升五。故曰长子帅师，以中行也。

上六："大君有命，开国承家。"荀爽解释说：

> 大君谓二。师旅已息，既上居五，当封赏有功，立国命家也。开国，封诸侯；承家，立大夫也。

照荀爽看来，师卦中的阳升阴降，就是九二取代六五的过程，而这个过程就与周武王取代殷纣王的革命过程相当。就九二所具备的中和之德而言，已受命为王，但尚在师中，未居王位。《九家易》说："二非其位，盖谓武王受命而未即位也。"由于九二阳德已成，德纯道盛，有王三锡命之象，故必能取代六五而上居王位。这种取代得到了六四的竭诚拥护。六四为阴，阴当承阳，而五虚无阳，故呼二阳上舍于五。由于二与四同功，六四对九二的这种竭诚拥护是符合它的本性的。六五居尊失位，是九二所要取代的对象，如同田猎所欲捕获之禽，所以九二取代六五也就如同九二帅师禽五。李鼎祚指出："盖犹殷纣而被武王禽于鹿台之类是也。以臣伐君，假言田猎。"这就是说，这种取代的过程是通过暴力革命来完成的。但是荀爽认为，从六五的角度来看，阳升阴降是一个必然的规律，二当升五，五当降二，只要审时度势，执行九二之命令，则可获无咎。上六处师卦之终，师旅已息。九二既升居五位而为君，成为一位改朝换代的开国皇帝，当封赏有功，立国命家，建立一个正常的封建等级秩序。

就在荀爽写作《易传》发表这种革命言论的同时，黄巾起义的烽火业已熊熊燃烧。荀爽和当时多数士族知识分子一样，并没有投身于这场革命之中，而是站在东汉政权一边反对黄巾起义。这是因为他们所服膺的革命属于儒家式的"汤武革命"，而不是这种农民式的革命。据史传记载，党禁解，"司空袁逢举有道，不应。及逢卒，爽制服三年"。献帝即位，董卓辅政，"征处士荀爽、陈纪、韩融、申屠蟠"。"爽等皆畏卓之暴，无敢不至，独申屠蟠得征书，人劝之行，蟠笑而不答，卓终不能屈。"《后汉书集解·荀爽传》引惠栋曰："《北海耆旧传》云：公沙孚字允慈，与爽共约，出不得事贵势。而爽当董卓时，脱巾未百日，位至司空。后相见，以爽违命，割席而坐也。"荀爽虽应董卓之征，见卓忍暴滋甚，必危社稷，与王允、何颙同谋诛卓。荀爽的这种看来似乎有乖趣舍而实则前后一贯的处世之道，也在《易传》中作了理论上的论证。

荀爽认为，当时为明夷之世，他在致李膺书中指出："以为天子当贞观二五，利见大人，不谓夷之初旦，明而未融。"明夷卦☷离下坤上，离为日，坤为地，日之初出，其明未朗。就理想应然的情况而言，"天子当贞观二五"，想不到却遭逢了"夷之初旦"的时运，理想与现实严重背离，作为一个有智慧有节操的知识分子，此时此际，将何以自处呢？明夷卦初九："明夷于飞，垂其翼，君子于行，三日不食。"荀爽解释说：

> 火性炎上，离为飞鸟，故曰于飞。为坤所抑，故曰垂其翼。阳为君子，三者阳德成也。日以喻君，不食者，不得食君禄也。阳未居五，阴暗在上，初有明德，耻食其禄。故曰君子于行，三日不食也。暗昧

在上，有明德者，义不食禄也。

履卦、初九："素履，往无咎。"荀爽解释说：

> 初九者潜位，隐而未见，行而未成。素履者，谓布衣之士，未得居位。独行礼义，不失其正，故无咎也。

《遁·九三·象》："畜臣妾吉，不可大事也。"荀爽解释说：

> 大事，谓与五同任天下之政，潜遁之世，但可居家畜养臣妾，不可治国之大事。

《困·象》："困而不失其所亨，其唯君子乎。"荀爽解释说：

> 谓二虽弇阴陷险，犹不失中，与正阴合，故通也。喻君子虽陷险中，不失中和之行也。

《家人·初九·象》："闲有家，志未变也。"荀爽解释说：

> 初在潜位，未干国政，闲习家事而已，未得治官，故悔。居家理治，可移于官，守之以正，故悔亡，而未变从国之事，故曰未变也。

荀爽的这些言论，典型地表现了一个儒家知识分子的心态。儒家的基本精神在于积极用世，怀有强烈的社会责任感，以天下为己任。尽管时运不济，遭逢明夷、潜遁、困穷之世，使自己的愿望无法实现，被迫处于潜位，闲习家事，畜养臣妾，仍然独行礼义，不失中和之行，保持自己的节操，从政治国的志向始终不渝。这就是所谓"穷则独善其身，达则兼济天下"。因此，儒家十分重视时运的休否穷通，根据对客观环境的审慎的分析研究来决定自己的出处进退。当年荀爽致书李膺，"欲令屈节以全乱世"，是从这种考虑出发的。后来他自己应董卓之征，出任司空，又参与诛灭董卓的政变，也是出于同样的考虑。我们可以在《易传》中找到他的这种考虑的理论上的依据。

蹇卦☷坎上艮下。《六四象》："往蹇来连，当位实也。"荀爽解释说：

> 蹇难之世，不安其所，欲往之三，不得承阳，故曰往蹇也。来还承五，则与至尊相连，故曰来连也。处正承阳，故曰当位实也。

这是说，六四当蹇难之世，居内外之间，不安其所，面临着出处进退的抉择。欲往三则不得上承五阳，这种抉择是不可取的，故曰往蹇。如若归来还承五阳，则与至尊之天子相连。六居四为处正，上比五为承阳，正当本实之位，故当蹇难之世，唯有处正承阳才是最为明智的处世之道。荀爽以黄发之年应董卓之征，受到一些人的误解，其实他的这种做法是有易学理论依据的。

从他的易学理论来看，他也预见到董卓必然失败，否则，他是不会潜图董氏，去做"违贞吉而履虎尾"的蠢事的。讼卦☰乾上坎下。上九："或锡之鞶带，终朝三褫之。"荀爽解释说：

> 二四争三，三本下体，取之有缘，或者，疑之辞也，以三锡二，于义疑矣。争竞之世，分理未明，故或以锡二。终朝者，君道明；三者，阳成功也。君明道盛，则夺二与四，故曰终朝三褫之也。鞶带，宗庙之服，三应于上，上为宗庙，故曰鞶带也。

荀爽认为，"二与四讼，利见于五，五以中正之道解其讼也"。二之所以与四讼，在于争三，三为三公，也就是争夺三公的权位。二为大夫，与三相比，以大夫取得三公的权位，虽事出有因，而于理不当。由于当时是争竞之世，分理未明，二或能胜讼获赐三公之服。但终因君明道盛，九五以中正之道公平地解决了这场争讼，夺二与四，使九二所获赐的三公之服三次被剥夺。

比卦☵坎上坤下，《彖》："后夫凶，其道穷也。"荀爽解释说：

　　　　后夫，谓上六，逆礼乘阳，不比圣王，其义当诛，故其道穷凶也。

　　上六为阴，九五为阳。按照正常的礼制，阴当居下而上承阳，不能居于阳上而乘凌之。上六以卑凌尊，以阴乘阳，不同于下四阴对九五圣王的亲比顺从，显然是一种逆礼的行为，这种穷凶极恶之人是应当诛灭的。

　　噬嗑卦☲离上震下。上九："何校灭耳，凶。"荀爽解释说：

　　　　为五所何，故曰何校。据五应三，欲尽灭坎三体，坎为耳，故曰灭耳凶。上以不正，侵欲无已，夺取异家，恶积而不可弇，罪大而不可解，故宜凶矣。

　　何同荷，校为木枷。上据五，为五所荷，业已触犯刑律，套上木枷。但仍积恶不改，据五应三。三、四、五互体为坎，这是企图尽灭坎三体。坎为耳，故曰灭耳凶。上九以穷亢之阳，位于不正，而侵欲无已，应三据五，夺取异家，这种罪大恶极的行为，非处以重刑不可，是一种自取灭亡之道。

　　我们可以看出，荀爽的乾升坤降与郑玄的爻辰虽然都是从卦气图式中提炼出的象数体例，但是荀爽的易学与郑玄相比却蕴含着更多的人文主义的内容。这是因为郑玄的爻辰多与天象相参，而荀爽的乾升坤降所树立的中和目标本身就是从人文主义的义理出发的。由于易学的基本精神在于"推天道以明人事"，本质上是一种天人之学，所以谈天道必涉及人事，讲人事必上溯天道，天与人的关系从来不可割裂，只是各派易学的侧重点有所不同。关于郑玄的易学，许多研究者都已注意到其中具有以易说礼的特点。张惠言的《周易郑氏义》对郑氏易学中的礼象作了专门研究，列有二十三个条目，包括中春嫁娶、三十而娶二十而嫁、天子之女、后无出道、郊禘、时祭、祭礼盥而不荐、二篚用享、长子主器、亨西山、时会而盟、尊酒篚贰用缶、朝觐、聘、侯封、贡赐、中国七千里、大夫有地、军赋、宾士、世子不孝之刑、剭诛、圜土。张惠言的研究，证据确凿，立论允当，说明郑玄对易学中的人文主义的义理也是十分关注的。但是，郑玄没有从事高层次的哲学探索，完全依据汉代经学"天人相副"的传统观点来理解易学的天人之学，因而这种理解只能停留在简单比附的水平。拿荀爽的理解与郑玄相比，看来是前进了一大步了。荀爽把象数模式理解为一个乾升坤降的动态的结构，这个动态的结构以中和作为自己所趋向的目标，由于所有的自然现象和社会现象均受统一的象数规律所支配，所以中和也就很自然地成为天道与人事所共同趋向的目标。应当承认，荀爽的这种理解是超出了简单比附的水平，在一定程度上提示出天人关系的内在联系了。

但是，我们也应当看到，荀爽的易学与郑玄的易学同样，以《传》解《经》做得并不成功，矛盾抵牾之处甚多，无法自圆其说。究其原因，主要是由于荀爽站在象数派易学的立场，把阳升阴降作为一种普遍适用的体例强加在《周易》的文本之上，这种做法不仅直接违背了《周易》本身立足于义理以《传》解《经》的传统，而且也使得他自己的易学不断陷入自相矛盾的窘境。

《周易》本身以《传》解《经》的传统，着重于阐发阴阳相交、二气感应的义理。为了促使二者的相交感应得以完美地实现，常常强调刚来下柔、阴升阳降的一面。我们可以从《象传》文本找到许多例证。比如《泰·彖》云："天地交，泰。"《否·彖》云："天地不交，否。"这是说坤上乾下为交而泰，反之为不交而否。《谦·彖》云："谦亨。天道下济而光明，地道卑而上行。"《随·彖》云："刚来而下柔，动而悦，随。"《咸·彖》云："咸，感也。柔上而刚下，二气感应以相与。"《晋·彖》云："柔进而上行。"《升·彖》云："柔以时升。"就五、二两爻而言，《彖》并未主张阳在二者当升坤五为君，阴在五者当降居乾二为臣，只要二者得中相应，乾五坤二与坤五乾二都是同样合理的。比如同人卦☰，乾五坤二，《彖》云："柔得位得中而应乎乾，曰同人。"鼎卦☲的象数模式与此相反，坤五乾二，《彖》云："柔进而上行，得中而应乎刚，是以元亨。"由此看来，荀爽把阳升阴降树立为一条普遍性的原理，显然是与《彖》中这些说法相抵触的。

荀爽在这些地方表现了极大的困惑，不得不自违其例，承认阴升阳降也是一种合乎规律的现象。比如《系辞上》："仰以观于天文，俯以察于地理。"荀爽解释说："谓阴升之阳，则成天之文也；阳降之阴，则成地之理也。"他解释《泰·象》"天地交，泰"说："坤气上升，以成天道；乾气下降，以成地道。天地二气，若时不交，则为闭塞，今既相交，乃通泰。"《序卦》："泰者通也。"荀爽解释说："谓乾来下降，以阳通阴也。"《谦，九三象》："劳谦君子，万民服也。"荀爽解释说："阳当居五，自卑下众，降居下体，君有下国之意也。"《晋·彖》："柔进而上行。"荀爽解释说："阴进居五，处用事之位，阳中之阴，侯之象也。"《旅·彖》："旅，小亨。"荀爽解释说："谓阴升居五，与阳通者也。"此外，关于《蒙卦》六五，荀爽解释说："顺于上，巽于二，有似成王任用周召也。"关于《贲卦》六五，荀爽解释说："五为王位，体中履和，勤贤之主，尊道之君也。"这就是说，阴在五者不必降居乾二为臣，也同样可以获吉。所有这些说法，明显地表明荀爽在以《传》解《经》的过程中，左支右绌，自相矛盾，难以自圆其说。汉易象数之学发展到荀爽的阶段，象数形式与义理内容的内在矛盾越来越激化了。人们对象数形式的研究，目的是为了表现蕴含着时代理想的义理内容。但是，象数形式总是不能完美地表现义理内容，常常造成很大的损害，而且所要表现的义理内容越是丰富，二者之间的矛盾也就越是激化。究竟怎样来解决这个矛盾？易学的发展究竟应往何处去呢？王弼继承了先秦时期以《传》解《经》的主流精神，把义理内容置于首位，使象数形式完全服从于表现义理内容的需要，提出了一种义理派易学的解决方法。而虞翻则仍然从事象数之学的常规研究，发明了许多新的体例，企图把义理内容完全纳入象数形式之中，这又是一种解决矛盾的方法。这两种方法孰优孰劣，只有通过一系列具体的历史研究才能得到合理的说明。

王弼的《周易略例》

在易学史上，王弼的《周易略例》是一部划时代的著作。王弼在这部著作中对《周易》的编纂体例、卦爻结构及其哲学功能进行了系统的研究，猛烈抨击了汉易的象数学的思维模式，为义理派的新易学奠定了理论基础。易学史上义理派与象数派的明显的分野就是以这部著作的出现为标志的。

《周易》这部书包括《易经》和《易传》两部分。《易经》是一部占筮书，《易传》则是一部哲学书，但是《易传》的哲学思想是利用了《易经》占筮的特殊结构和筮法建立起来的，因而这两部分在内容上有差别而在形式上却存在着联系，形成了一种哲学思想和宗教巫术的奇妙的结合。这种结合并不是完美无缺、天衣无缝的，它的内容和形式、哲学思想和宗教巫术常常发生尖锐的矛盾。如果使内容屈从于形式，那么它的哲学思想便会沦落为宗教巫术的奴婢；反之，如果使形式服从于内容，那么它的卦爻结构和编纂体例就成为表现哲学思想的一种工具。《周易》的形式就是象数，它的内容就是义理。由于形式与内容不可分，象数与义理乃是紧密结合在一起的。讲象数，目的在于阐发某种义理，谈义理，也不能脱离象数这种表现工具。《周易》这部书是中外思想史上的一个极为特殊的现象，它的形式和内容两个方面都应该引起足够的重视。义理派的特征不在于扫落象数，象数派的特征也不在于排斥义理，这两派的分野，关键在于如何处理内容与形式的关系，也就是说，究竟是使内容屈从于形式还是使形式服从于内容。

何谓象数？象指的是八卦的卦象，数指的是爻的奇偶。从占筮的角度来说，象数就是占筮道具（即蓍草）所显示出来的朕兆，体现了鬼神的意旨，具有一种神秘的性质，人们可以根据象数显示的变化来预测吉凶祸福。这是象数的原始的含义。《易传》的作者对这种象数作了全新的解释，不把它们看做是一种筮法，而认为其中蕴含着阴阳学说的哲理，于是基本上剔除了其中的宗教巫术的成分，把它们改造成表现哲学思想的一种工具。因此，《易传》的易学就是义理派的易学，它所从事的工作就是使形式服从于内容。但是另一方面，《易传》也没有完全否定占筮，在一定程度上保留了宗教巫术的杂质。比如《说卦》把八卦的卦象看做是沟通神人关系的手段，《系辞》认为"天地之数五十有五"，这些神秘的数字是事物变化的根本原因。照这个说法，象数又恢复了它的原始的含义而凌驾于哲学思想内容之上，《易传》的易学又具有象数派易学的特征了。这两种相互对立的思想倾向并存于《易传》之中，所以后来的象数派和义理派都可以在《易传》中找到自己的根据。

就《易传》的主导倾向而言，应该承认，它是属于义理派的易学。《易传》之所以能够成功地把《易经》这部占筮之书改造成为一部哲学书，根本原因在于它发挥了解释学的优势。《易传》并没有扫落象数，只是在处理象数与义理的关系时，把义理摆在首位，使象数服从于表现义理的需要。为了达到这个目的，《易传》对象数的体例、结构和功能作了一系列不同于筮法的新的规定，诸如承、乘、比、应、时、位、中等等。这些规定也是《易传》解释《易经》并且阐发自己的哲学思想所依据的基本原则。《易传》所说的"形而上者谓之道，形而下者谓之器"，就是立足于本体论哲学的高度，来说明象数与义理之间的关系。象数有形可见，是为形而下，义理隐藏于象数之中，看不见，摸不着，是为形而上。但是形而上的义理必须借助形而下的象数才能表现出来。《系辞》说：

子曰："书不尽言，言不尽意。"然则圣人之意，其不可见乎？子曰："圣人立象以尽意，设卦以尽情伪，系辞焉以尽其言，变而通之以尽利，鼓之舞之以尽神。"

夫乾确然示人易矣，夫坤隤然示人简矣。爻也者，效此者也。象也者，像此者也。爻象动乎内，吉凶见乎外，功业见乎变，圣人之情见乎辞。

是故《易》者，象也。象也者，像也。彖者，材也。爻也者，效天下之动者也。

《系辞》的这些说法就是义理派易学的理论依据。它首先肯定有一个"圣人之意"，"圣人之情"，这就是义理，也就是哲学思想。这种哲学思想是文字语言所不能完全表达的，所以圣人借助于《周易》的卦象、爻象以及卦辞、爻辞来表达。在言（卦爻辞）、象（卦爻象）、意（义理）三者的关系中，意是居于首位的。我们可以把《系辞》的这个思想和王弼的论述来比较一下。王弼在《明象》中说：

夫象者，出意者也。言者，明象者也。尽意莫若象，尽象莫若言。言生于象，故可寻言以观象。象生于意，故可寻象以观意。意以象尽，象以言著。

可以看出，义理派易学的共同特征就是使形式服从于内容，极力把原本于筮法的象数改造成表现哲学思想的一种工具。王弼的义理派的易学思想继承了《易传》的这种主导倾向，他在《周易略例》中围绕着象数形式所提出的许多看法，除个别细节外，大体上是与《易传》一脉相承的。

但是，王弼的义理派的易学思想比之于《易传》，要显得更为纯粹、坚定、明确。《易传》只是呈现出一种主导倾向，王弼则是独立成派了。《易传》并没有完全否定卜筮，而保留了某些对象数的神秘崇拜，比如把卦爻结构看做是一个圆满自足的先验的体系，认为"极数知来之谓占"，特别是在《说卦》中把八卦与四时、八方相配，组成为一个八卦方位的宇宙图式，并且以牵强附会的手法列举了一系列杂乱无章的卦象，所有这些，说明《易传》还存在着一种与义理派格格不入的象数派的倾向。而这种倾向在王弼的易学中是被完全摈落了。

《易传》中的象数派的倾向在汉易中得到了充分的发展。这种倾向独立成派是从汉易开始的。汉易之所以对象数学的思维模式感到极大的兴趣，主要是受当时今文经学的影响，为了用《周易》的卦爻结构来讲阴阳灾异。当时几乎所有的今文经学家都在讲阴阳灾异，比如董仲舒的《春秋阴阳》，刘向的《洪范五行》，《齐诗》的"四始五际"，《礼记》的"明堂阴阳"。以孟喜、京房的卦气说为代表的汉代象数派的易学比这些讲法要显得优越，是因为它能作出一种貌似精确的数学计算，可以把阴阳灾异说得毫厘不爽。《汉书·京房传》介绍京房的易学指出："其说长于灾变，分六十四卦，更直日用事，以风雨寒温为候，各有占验。"这种卦气说实质上是一种新的占法。它根据《说卦》的八卦方位说，首先把八卦与四时、八方相配，然后再与十二月、二十四节、七十二候、三百六十日相配，组成为一个比《说卦》更加整齐有序的象数模式，按日以候气，分卦以征事，占验人事的吉凶祸福，预言政治的成败兴衰。从讲阴阳灾异的角度来看，这种卦气说的象数模式确实具有特殊的优越性，是一个非常合用的工具。

所谓卦气，是说卦爻的变化代表阴阳二气的消长。由于阴阳二气是万化之源，体现了神意，支配着所有的天象和人事，决定了各种各样的吉凶祸福，所以为了进行预测，必须仔细观察卦爻的变化。汉代象数派的易学倾注全力来研究卦爻的变化，其故在此。实际上，这是把形式置于首位，与义理派的易学恰恰相反，表现了象数派易学的基本特征。从孟喜、京房到《易纬》，也包括整个汉代的象数派的易学，都在从事这个使内容服从于形式的工作。他们费了不少的心思，绞了不少的脑汁，对六十四卦、三百八十四爻进行花样翻新的排列组合，目的是想安排一个框架结构，以便把所有的天象和人事的知识统统塞进去。

王弼在《明象》中对汉易的这种象数学的思维模式进行了猛烈的抨击。他说：

> 是故触类可为其象，合义可为其征。义苟在健，何必马乎？类苟在顺，何必牛乎？爻苟合顺，何必坤乃为牛？义苟应健，何必乾乃为

马？而或者定马于乾，案文责卦，有马无乾，则伪说滋漫，难可纪矣。互体不足，遂及卦变；变又不足，推致五行。一失其原，巧愈弥甚。纵复或值，而义无所取。盖存象忘意之由也。忘象以求其意，义斯见矣。

王弼认为，象数派易学的根本错误在于"存象忘意"，把形式置于首位，而丢掉了其中的义理。其实汉易象数学并非排斥义理，只是象数学的义理乃是一种天人感应论的神学义理，或者是一种反映天象变化的宇宙生成论的义理，这是一种为感性所束缚的低层次的义理，与《易传》所说的"形而上者谓之道"的那种本体论的义理不相同。汉易象数学的义理实际上是一种"物质性的思维"，这种思维必然要把象数奉为神圣，或者以易象架设一个卦气框架，或者以易数架设一个太乙九宫、四正四维的框架，以为天象人事的变化尽在其中。为了达到这个目的，于是"案文责卦"，在象数形式的本身上打主意。遇到说不通的情况，就发明了互体说，把一卦变为四卦，增加卦象以说明之。互体也难以说通，又发明了卦变说来说明。卦变不足，又推致五行来增加卦象。王弼认为，这是一个研究方向上的错误，易学之所以陷入荒诞烦琐，"伪说滋漫"，都是由此而产生的。正确的研究方向应该是"忘象以求其意"，也就是说在"得意"以后，应该"忘象"以摆脱感性的束缚，使思维来一次由感性到理性的飞跃。义理派的易学与象数派的易学，二者的根本分歧之点就在于此。

我们可以看出，易学史上义理派与象数派的明显的分野是从王弼才开始的。义理派主张"忘象以求其意"，使形式服从于内容。象数派主张"存象忘意"，使内容服从于形式。这两种不同的倾向在《易传》原文中同时存在，虽然有主次轻重之不同，但却是奇妙地结合在一起的。这种复杂的情况只有联系到先秦哲学总的发展线索才能得到合理的说明。汉易为什么不顾《易传》中占主导地位的义理派的倾向，而特别看中带有宗教巫术色彩的象数学？这也不是汉易的过错。因为在那个特定的时代，人们需要用阴阳灾异的思想来对社会生活、特别是对王权进行调节。至于王弼打出义理派易学的旗号猛烈抨击汉易的象数学，主要是由于正始年间人们对本体论的哲学怀有普遍性的期待，对阴阳灾异的思想产生了深刻的不满。王弼是用了"以意逆志"的方法去读《周易》的。这个意是时代之意,当然也是王弼个人之意。由于《周易》本来就蕴含着丰富的本体论的思想,所以王弼之意符合于《周易》之志,真正读懂了《周易》,也完美地继承了《周易》的义理派的易学思想。王弼的这种继承其实也是一种创新。王弼不仅反对了汉易的象数学,也把原本存在于《易传》中的象数学杂质完全清除掉了。义理派的易学思想是通过王弼的这种创新才形成了一套理论而独立成派的。

人们常说王弼以《老》解《易》,这是不确的。实际上,王弼是在以《易》解《易》,也就是说,他是根据原本存在于《易传》中的义理派的易学理论来解《易》,只是做了一番扬弃的工作,清除了其中的象数学的杂质,把义理派的易学理论发展得更为纯粹、坚定而明确。王弼在《周易略例》中集中阐述了他解释《周易》所遵循的基本原则。这些原则并非来源于《老子》,而是来源于《易传》。《老子》从来没有谈过象数,如何处理象数与义理、形式与内容的关系问题,在《老子》中根本不存在。这是一个仅仅属于易学的极为特殊的问题,但也是一个确定象数派与义理派的最后分野的至为重要的关键问题。王弼在《周易略例》中所研究的就是这样一个为《老子》所从未涉及的专门的易学问题。在《周易略例》中,王弼围绕着《周易》的编纂体例、卦爻结构及其哲学功能所阐述的一系列的思想,我们都可以在《易传》中找到它们的原始的依据,除若干不甚重要的细节外,可以说基本上是忠实于《易传》的本义的。因为这个缘故,所以王弼的这部著作受到后来所有义理派易学家的重视。他们并不把这部著作看做是玄学著作,而看做是一部义理派的易学著作。

但是,王弼是一位哲学家,不同于一般的易学家。他研究《周易》,目的不在于恢复《周易》的本义,而是为了利用《周易》来发挥自己的哲学思想。从这个意义上来看,说王弼是以《易》解《易》,这也是不确的。前面我们业已指出,王弼根据贵无论玄学的内在的理论需要,针对《周易》和《老子》这两部经典原文的不同的情况,大体上确定了不同的解释的重点。由于《老子》原文偏于说无,王弼从中提炼出了"以无为本"作为贵无论玄学的基本命题,然后以"崇本息末""守母存子"为指导思想,着重于从由体以及用的方面来解决本体与现象的关系问题。《周易》原文与《老子》不同，并未说无，而是"言必及有"。六十四卦，三百八十四爻，所涉及的都是些现象，其中是否蕴含着体用本末的哲理呢？如果回答是肯定的，那么如何把其中的哲理与"以无为本"这个最高命题挂上钩，组成一个崭新的哲学体系呢？应该承认，这些问题才是王弼在《周易略例》中所探索的重点，而不仅仅是以《易》解《易》。就王弼的真正的企图而言，他是想会通《老》《易》，一方面以《老》解《易》，同时也以《易》解《老》，使这两部经典中所蕴含的本体论思想形成一种有无互补的关系，在贵无论玄学的理论基础上获得有机的统一。如果说他解释《老子》着重于发挥由体以及用的思想，那么他解释《周易》则着重于由用以求体。这个体是有层次之分的，也是无处不在的。从"以无为本"的最高层次来看，六十四卦为体之用，属于现象范畴。但是六十四卦与三百八十四爻之间也有一种体用本末的关系，卦为体，爻为用。虽然王弼在《周易略例》中并未明确拈出这一对范畴，其中的思想却是毫不含糊，无可置疑的。因此，我们如果说王弼只是想会通《老》《易》，这也是不确的。应该说，王弼是在从事一种推陈出新的改造工作，他所关心的不是《老》《易》的本身，不是业已成为过去的先秦的传统，而是正始年间的现实的需要，时代的课题。解释学的本质在于创新，在于找出传统与现实的联结点。通过王弼的重新解释，这两部经典终于改变了先秦的旧貌，而换上了正始年间贵无论玄学的新颜。从这个意义上来看，《周易略例》主要是一部玄学著作，是王弼的玄学体系中的一个有机组成部分，而不仅仅只是一部易学著作。

王弼的玄学体系是在《老子注》和《周易注》中全面展开的，《老子指略》和《周易略例》是这两部巨著的一个导引，是他的玄学体系的一个序曲。我们唯有通过《老子指略》和《周易略例》，才有可能去进一步了解他的玄学体系。前面我们说过，王弼之所以高于何晏，不在于他的抽象程度更高，而在于他结合具体的能力更强。王弼是针对着何晏所遇到的困难进行哲学探索的，他的整个思考始终是围绕着一个中心问题，就是如何把现象与本体有机地联结起来。由于《周易》和《老子》原文的内在的逻辑结构不相同，一个是谈有，一个是说无，所以王弼重新解释它们，分别选择了不同的解释原则,解释《周易》着重于由用以求体,解释《老子》着重于由体以及用。
于是王弼克服了何晏所遇到的困难,成功地构筑了一个完整的体系。

就解释《周易》而言,何晏所遇到的困难主要是不懂六十四卦的卦义。
其实所有这些卦义在《彖传》和《象传》中都一一作了清楚的说明,何晏
之所以感到困惑莫解,关键在于他找不到一条有效的途径突破汉人象数派
易学的藩篱。汉人对象数形式倾注了全部的热情,只讲卦变而不讲卦义,看
来学问高深,实则思想浅薄,《易传》的本体论思想在这种卦变说中完全淹
没了。此种学风在汉魏之际仍然盛行,居于主流地位,并且赢得人们的赞赏。
比如孔融对虞翻的卦变说就表示大为佩服。《三国志·吴书·虞翻传》说:

> 翻与少府孔融书,并示以所著《易注》。融答书曰:"闻延陵之理乐,
> 睹吾子之治《易》,乃知东南之美者,非徒会稽之竹箭也。又观象云物,
> 察应寒温,原其祸福,与神合契,可谓探赜穷通者也。"

管辂的易学论《易》而不及《易》中辞义,也与虞翻属于同一思维模式。
因此,为了恢复《易传》中原有的卦义说,必须从根本上推翻汉人的象数学。

王弼的《周易略例》就是为了克服何晏所遇到的困难而不得不作的。
这部著作不仅在易学史上引起了一场革命性的变革,而且顺利地解决了贵
无论玄学所面临的解释学的难题,具有双重的哲学意义。

《周易略例》共有七篇文章,各有重点。《明彖》论卦,《明爻通变》
论爻,《明卦适变通爻》论卦与爻的关系,《明象》论形式与内容的关系,《辩
位》阐述他对"同功异位"的独到的见解,《略例下》杂论各种体例,《卦略》
列举了十一卦的卦义,是全文的总结。这七篇文章组成了一个有机的序列,
总的目的是想通过对《周易》体例和卦爻结构的研究,把象数形式完全改
造成为表现义理的一种工具,以恢复《易传》中原有的卦义说。王弼在《周
易注》中展开他的玄学体系,就是以卦义说为主轴的。而卦义说所依据的
解释学的原则,就是通过《周易略例》的研究而后确定下来的。

王弼在《明象》中首先指出,每一卦都有一个中心主旨,这就是一卦
之体,而《彖辞》的作用就在于说明这个一卦之体。所以通过卦名和《象

辞》，可以找到贯穿在每一卦中的总体性的思想。如果掌握了这个总体性的思想，就可以统宗会元，提纲挈领，从容自如地应付各种错综复杂的变化而不致感到困惑。这个总体性的思想也叫做理，"物无妄然，必由其理"。实际上，这个理也就是卦义。六十四卦有六十四个卦义，六十四个具体的必然之理。而所有这些卦义又是与"天下之至赜"，即支配宇宙人生的最高原理相通的。《明象》说：

> 夫《彖》者，何也？统论一卦之体，明其所由之主者也。……
> 物无妄然，必由其理。统之有宗，会之有元，故繁而不乱，众而不惑。……
> 故举卦之名，义有主矣；观其《彖辞》，则思过半矣。……
> 品制万变，宗主存焉；《彖》之所尚，斯为盛矣。……
> 繁而不忧乱，变而不忧惑，约以存博，简以济众，其唯《彖》乎！乱而不能惑，变而不能渝，非天下之至赜，其孰能与于此乎！故观《彖》以斯，义可见矣。

我们可以把王弼的这些说法来和《易传》比较一下。《系辞》说："《彖》者，言乎象者也。""极天下之赜者存乎卦。""彖者，材也。""知者观其《彖辞》，则思过半矣。"《系辞》也是十分重视《彖辞》的作用，认为它是裁决论断一卦的卦义的，只要看了每一卦的《彖辞》，就能了解这一卦的大体上的意义，而这种卦义并非各自孤立，而是"极天下之赜"，与最高的原理相通。可以看出，王弼强调卦义的思想是直接继承了《系辞》而来的。事实上，《系辞》的说法是根据《彖传》而来的。《彖传》对六十四卦的卦义一一作了具体的论述，并且特别挑选出十几个卦义以明确的警句进行赞叹，比如"豫之时义大矣哉"，"随之时义大矣哉"，"颐之时大矣哉"，"大过之时大矣哉"，"险之时用大矣哉"，"遁之时义大矣哉"，"睽之时用大矣哉"，"蹇之时用大矣哉"，"解之时大矣哉"，"姤之时义大矣哉"，"革之时大矣哉"，"旅之时义大矣哉"，等等。《系辞》总结了《彖传》的这些具体的论述，作出结论说："彖者，材也。"王弼在《明象》中所阐述的思想，并非空无依傍，而是和《易传》一脉相承的。此外,《彖传》认为,从卦义中可以看出"天地万物之情"。比如恒卦,"观其所恒,而天地万物之情可见矣";咸卦,"观其所感,而天地万物之情可见矣";萃卦,"观其所聚,而天地万物之情可见矣"。王弼根据这些说法,把卦义和"天下之至赜"联系起来。所以尽管王弼在《明象》中所致力发掘的只是六十四个卦义中的具体之理,并非"以无为本"的那个高层次的抽象之理,但是他根据《易传》的说法,在具体与抽象之间架设了一道桥梁。这就为他展开自己的多层次的哲学系统打下了理论基础。

王弼在《明象》中接着论述了"一卦之体必由一爻为主"的思想。他说:

> 夫众不能治众,治众者,至寡者也。夫动不能制动,制天下之动者,贞夫一者也。故众之所以得咸存者,主必致一也。动之所以得咸运者,原必无二也。……
>
> 故六爻相错,可举一以明也;刚柔相乘,可立主以定也。是故杂物撰德,辩是与非,则非其中爻,莫之备矣。故自统而寻之,物虽众,则知可以执一御也;由本以观之,义虽博,则知可以一名举也。故处璇玑以观大运,则天地之动未足怪也;据会要以观方来,则六合辐辏未足多也。……
>
> 夫少者,多之所贵也;寡者,众之所宗也。一卦五阳而一阴,则一阴为之主矣;五阴而一阳,则一阳为之主矣。夫阴之所求者阳也,阳之所求者阴也。阳苟一焉,五阴何得不同而归之?阴苟只焉,五阳何得不同而从之?故阴爻虽贱,而为一卦之主者,处其至少之地也。或者遗爻而举二体者,卦体不由乎爻也。

王弼所讲的这些具体的体例也是沿袭了《易传》的说法的。《系辞》说:"若夫杂物撰德,辩是与非,则非其中爻不备。""阳卦多阴,阴卦多阳,其故何也?阳卦奇,阴卦偶。"《易传》所讲的这些体例也就是《易传》所据以解释《易经》的基本原则。实际上,《易经》本身是根本没有这些体例的。《易经》有卦名,有卦辞,而无卦义。卦名只是标志卦画的一种文字符号,卦辞乃是毫无深意的占卜的记录。至于由六爻相错所组成的六十四卦，虽然其间体现了一种严格的数学变化的规律，但是人们长期以来对这种规律并不理解，只是简单地把它们看做是一种筮法。《易传》为了利用《易经》的象数形式来发挥自己的哲学思想，必须规定一些体例，以便于作出新的创造性的解释，在卦画、卦名、卦辞之间建立一种有机的联系，使之表现出一种义理。如果单纯从形式的角度来看，《易传》的体例漏洞甚多，常常不能自圆其说。但是这些体例却为自由的理解开辟了广阔的天地，成功地把筮法改造成表现哲学思想的一种工具。随着哲学思想的发展，对表现工具提出了更多的要求，于是体例也就不断地丰富完备。拿王弼所讲的体例与《易传》相比较，王弼显然是丰富完备得多，而且凝炼成了一种简洁明了的公式。《略例下》说：

> 凡《彖》者，通论一卦之体者也。一卦之体必由一爻为主，则指明一爻之美以统一卦之义，《大有》之类是也。卦体不由乎一爻，则全以二体之义明之，《丰卦》之类是也。

王弼解释《周易》，在许多场合也不能严格遵守他自己所规定的这个体例。这并不是因为王弼所规定的体例不符合《易经》的实际，或者王弼自己在逻辑上陷于混乱，而是由于义理派的易学始终是站在解释学的立场来看待体例的，只要体例适合于表现自己的哲学思想，这就算是达到了目的。因此，义理派的易学对体例的研究实质上是对筮法的一种不断的改造。

表面上看来，所谓"一卦之体必由一爻为主"所讲的只是体例，它沿袭于《易传》而且比《易传》讲得更为明确，实际上，其中贯穿着一种本体论的哲学思维由低级向高级的发展线索。体例是形式，哲学思维是内容，形式是服从于内容的。王弼在《明象》中，借助于"一爻为主"的体例，发挥了一套"以寡治众""以一制动"，"统宗会元""约以存博""简以济众"的本体论的思想。这些思想在《易传》中也是存在着的，但却没有概括成如同王弼这样的简明的哲学命题。从这个角度来看，王弼对体例的研究，乃是对蕴含于《易传》中的本体论哲学的一种反思和创造性的发展。正是由于王弼把本体论的哲学推进到一个新的发展高度，所以他对筮法的改造也就比《易传》更为彻底。

《明象》论卦，《明爻通变》进而论爻。一卦六爻，结成一个整体，有一个中心主旨，《彖辞》的哲学功能在于"统论一卦之体"，阐明卦义，那么爻的功能又是什么呢？《系辞》指出："爻者，言乎变者也。""爻也者，效天下之动者也。"这就是说，爻是表示变化的。汉人的象数派的易学也承认爻是表示变化的，但却把这种变化看做是卦气的变化，天象的变化，而不是人事的变化。因而汉易搬用了研究天文历法的数学方法来研究这种变化，然后和人事的吉凶祸福牵强比附，作出神秘的预言。实际上，这是一种宗教巫术，并不是哲学思维。王弼在《明爻通变》中尖锐地批判了汉易的这种爻变观，为义理派易学的爻变观奠定了理论基础。他说：

> 夫爻者，何也？言乎变者也。变者何也？情伪之所为也。夫情伪之动，非数之所求也。故合散屈伸，与体相乖；形躁好静，质柔爱刚；体与情反，质与愿违。巧历不能定其算数，圣明不能为之典要，法制所不能齐，度量所不能均也。为之乎岂在夫大哉！陵三军者，或惧于朝廷之仪；暴威武者，或困于酒色之娱。近不必比，远不必乖。同声相应，高下不必均也；同气相求，体质不必齐也。召云者龙，命吕者律。故二女相违，而刚柔合体。隆墀永叹，远壑必盈。投戈散地，则六亲不能相保；同舟而济，则吴越何患乎异心。故苟识其情，不忧乖远；苟明其趣，不烦强武。能说诸心，能研诸虑，暌而知其类，异而知其通，其唯明爻者乎！

王弼认为，爻象所表示的变化主要是人事的变化，事物的变化，这种变化是由"情伪"所引起的。"情伪"这个名词本于《系辞》"情伪相感而利害生"。情即实情，伪即虚伪，合起来说，是指支配人们行动的种种矛盾的心理状态，也泛指事物由两个对立的方面所形成的种种复杂的实际情况。邢琦注说："变之所生，生于情伪，情伪所适，巧诈多端，故云情伪之所为也。"王弼认为，这种由情伪引起的变化，错综复杂，相互矛盾，"巧历不能定其算数，圣明不能为之典要"，没有固定的格式，不能用数学的方法来计算，也不能用法制度量来整齐划一。但是，这种变化仍有规律可寻，只要能"识其情"，"明其趣"，就可以"睽而知其类"，"异而知其通"。

王弼的这一段话，是针对着汉易的象数说，有所指而言的。汉易的象数说以孟喜、京房为代表。他们致力于研究爻变的本身，把三百八十四爻按照新发明的规则排列成一个整齐有序的象数模式，然后把天象人事瓜分割裂，削足适履、生搬硬套地统统塞入这个模式之中。王夫之有一段言论，批判了京房易学的理论上的荒谬，也连带批判了宋代邵雍的象数学。他说：

> 盖（京）房之为术，以小智立一成之象数，天地之化，且受其割裂，圣人之教，且恣其削补。道无不圆也，而房无不方，大乱之道也，侮五行而椓二仪者也。郑弘、周堪从而善之，元帝欲试行之，盖其补缀排设之淫辞有以荧之尔。取天地人物、古今王霸、学术治功，断其长，擢其短，令整齐瓜分如弈者之局、厨人之钉也，此愚所以闻邵子之言而疑也，而况房哉！（《读通鉴论》卷四）

王夫之所谓"道无不圆也，而房无不方"，这句话一针见血，击中了象数学爻变观的要害。象数学固然十分重视爻变，但却极力使内容屈从于形式，绞尽脑汁把爻变本身搞成一种固定的格式，用种种人为的方法"定其算数"，"为之典要"，这就必然圆凿方枘，与人事以及事物的实际的变化格格不入。

王弼把人事以及事物的实际的变化置于首位，认为这些变化是由"情伪"所引起的，爻只是表示这些变化的，并不是变化的本身，这就从根本上改变了象数学的思维模式，确立了使形式服从于内容的义理派易学的爻变观。王弼列举了一系列的实例，说明那自身等同的却排斥它自身，那自身不等同的东西却包含着同一，虽然变动无常，没有一成不变的格式，但其间却有着一种相反相成的关系。王弼认为，人们不能用数学的方法来研究这种关系。（"夫情伪之动，非数之所求也。"）但是可以通过体会义理的方法，"能说诸心，能研诸虑"，做到"睽而知其类，异而知其通"，把这种相反相成的辩证规律找出来。爻的哲学功能就是表示变化的，所以必须"明爻"才能认识变化的规律。

王弼由此展开进一步的论述。他说：

> 是故情伪相感，远近相追；爱恶相攻，屈伸相推；见情者获，直往则违。故拟议以成其变化，语成器而后有格。不知其所以为主，鼓舞而天下从，见乎其情者也。是故范围天地之化而不过，曲成万物而不遗，通乎昼夜之道而无体，一阴一阳而无穷。非天下之至变，其孰能与于此哉！是故卦以存时，爻以示变。

"卦以存时，爻以示变"，明确指出卦与爻各有不同的哲学功能，卦是表示时义即卦义的，这是一卦的中心主旨，爻则是表示变化的。就爻所表示的变化而言，有"情伪相感""远近相追""爱恶相攻""屈伸相推"等种种复杂的情况，但总的说来，都是对外物实际变化的一种拟议、效法、模仿。由于天地万物千变万化，神妙莫测，所以爻也就以一阴一阳"范围天地之化"，表示了"天下之至变"。从"语成器而后有格""鼓舞而天下从""曲成万物而不遗"这几句话来看，掌握了这个"天下之至变"不仅具有认识论的意义，而且可以在实践上发而为作用。王弼论爻以《明爻通变》标题，就包含了这两层意思。"明爻"说的是对变化的认识，"通变"说的是应变，即把这种认识运用于实践。所谓"卦以存时，爻以示变"，其实说的就是卦为体，爻为用，二者并非一般与特殊的关系，而是体与用的关系。

《明卦适变通爻》论述卦与爻的关系，反复阐明了卦为体、爻为用的思想。王弼说：

> 夫卦者，时也；爻者，适时之变者也。夫时有否泰，故用有行藏；卦有小大，故辞有险易。一时之制，可反而用也；一时之吉，可反而凶也。故卦以反对，而爻亦皆变。是故用无常道，事无轨度，动静屈伸，唯变所适。故名其卦，则吉凶从其类；存其时，则动静应其用。寻名以观其吉凶，举时以观其动静，则一体之变，由斯见矣。

王弼认为，"夫卦者，时也"。时也叫做时用，时义，其实就是卦义。卦义为一卦之体，由时、中、位三者综合而成，代表一种时态，一种由时间、地点、条件所制约的具体的情境。所谓"爻者，适时之变者也"，是说爻代表在此具体情境下事物的变化以及人们应变的行为。事物如何变化，行为的后果是吉是凶，并不决定于它们本身，而决定于是否适合于具体情境的规定。这种由卦所代表的具体的情境也可以说是一种形势，时机，这是总揽全局的。它不是一种抽象之理，不是特殊中的一般，也不是纯思辨的本体，它乃是一种动态的结构，是用中之体，变动无常，处于不断地迁徙流转的过程之中，而且从总体上支配着决定着事物的变化以及人们的行为。但是从另一方面来看，由爻所代表的事物的变化以及人们的行为也并不是处于被支配被决定的消极状态，而是可以采取"适时之变"，对总的形势作出全面的估计，确定适当的对策，推动形势朝有利的方面转化。所以王弼认为，"夫时有否泰；故用有行藏；卦有小大，故辞有险易。一时之制，可反而用也；一时之吉，可反而凶也"。《周易》着眼于人们的实践的目的，把形势分为两类，一种是有利的，一种是不利的。泰为亨通，大为君子道长，就总的形势而言，是有利的，但如果行为不当，采取了错误的对策，其后果则是"一时之吉，可反而凶也"。反之，否为闭塞，小为君子道消，属于不利的形势，在此形势下，人们应该积极去谋求解脱之方，以转凶化吉，所以说"一时之制，可反而用也"。由于卦与爻是紧密联系在一起的，卦的变化决定了爻的变化，所以说"卦以反对，而爻亦皆变"。卦为体，爻为用。王弼称卦的变化为"一体之变"，反复强调人们必须对这个"一体之变"有一个清醒的认识，认为"存其时，则动静应其用"，"用无常道，事无轨变，动静屈伸，唯变所适"。既然如此，那么如何来认识这个"一体之变"呢？

王弼在《明卦适变通爻》中接着提出了一种由用以求体的方法，认为应从具体分析爻与爻之间的各种错综复杂的关系入手。他说：

> 夫应者，同志之象也；位者，爻所处之象也。承乘者，逆顺之象也；远近者，险易之象也。内外者，出处之象也；初上者，终始之象也。是故，虽远而可以动者，得其应也；虽险而可以处者，得其时也。弱而不惧

于敌者，得所据也；忧而不惧于乱者，得所附也。柔而不忧于断者，得所御也。虽后而敢为之先者，应其始也；物竞而独安静者，要其终也。故观变动者，存乎应；察安危者，存乎位；辩逆顺者，存乎承乘；明出处者，存乎外内。远近终始，各存其会；辟险尚远，趣时贵近。

　　王弼所讲的这些体例，全都沿袭于《易传》，只是作了一次系统的总结。《易传》根据这些体例解释《易经》，借以发挥儒家的一套社会政治伦理思想，主张以阳刚为统帅，以阴柔为从属，刚柔相济，阴阳配合，共同实现一种太和境界。《易传》认为，这种太和境界并非既成的事实，而是有待争取的目标，所以应该发扬"自强不息"的积极精神，审时度势，抓住事物发展的重要契机，采取正确的行动，因而由六爻相错所形成的这些体例也就成为指导人们正确行动的指南。王弼在讲这些体例时，并没有违反儒家的这种基本精神。而这种精神是与表现在《老子》原文中的那种贵柔守雌、无为而治的精神完全不相同的。

　　"夫应者，同志之象也"。这是说，一卦六爻，初与四、二与五、三与上，阴求阳，阳求阴，互相感应，得应则志同相合。"位者，爻所处之象也。"这是说，二、四为阴位，三、五为阳位，柔爻居阴位，刚爻居阳位，谓之当位，否则为不当位。"承乘者，逆顺之象也。"这是说，以下对上曰承，以上对下曰乘，柔承刚为顺，刚承柔为逆，柔乘刚为逆，刚乘柔为顺，阴阳柔刚的领导与被领导的地位不能颠倒。"远近者，险易之象也。"邢璹注说："远难则易，近难则险。需卦九三近难，险也。初九远险，易矣。"远近之说本于《系辞》："二与四同功而异位，其善不同。二多誉，四多惧，近也。柔之为道，不利远者。""远近相取而悔吝生。""凡《易》之情，近而不相得则凶。"所谓"内外者，出处之象也"，"初上者，终始之象也"，邢璹注说："内卦是处，外卦为出。初为始，上为终也。"

　　王弼全面分析了六爻相错所形成的这些体例，总结说："故观变动者，存乎应；察安危者，存乎位；辩逆顺者，存乎承乘；明出处者，存乎外内；远近终始，各存其会；辟险尚远，趣时贵近。"这是说，由于爻变的体例反映了事物及人事变化的规律，所以可以根据爻之是否有应以观其变动，根据爻之是否得位以察其安危，根据爻之承乘关系以辨其逆顺，根据内卦外卦之分以明出处，爻有远近终始，则表示其吉凶险易因时而异。所有这些，说的都是人们对客观环境的理性的认识，对具体形势的清醒的估计。但是王弼并不仅仅停留于此，他的主要目的在于由此而引申出一种涉世妙用，发挥认识的实践功能，汲取人事的智慧，提高人们的应变能力。所以王弼把认识与行为紧密联系起来，反复告诫人们，尽管处于不利的客观环境之中，仍然可以采取合理的决策，变不利为有利。他指出，如果得其应，则虽远而可以动；如果得其时，则虽险而可以处；如果得所据，则虽弱而不惧于敌；如果得所附，则虽忧而不惧于乱；如果得所御，则虽柔而不忧于断；如果应其始，则虽后而敢为之先；如果要其终，则虽物竞而独安于静。总之，王弼所强调的是要高度发挥人的主观能动性，根据对客观形势的具体的分析，把认识转化为行动，以解决人们在社会实践活动中所面临的各种复杂的问题。

汉易象数派的卦气说也是把认识与行为紧密联系起来研究的。比如谷永说："王者躬行道德，承顺天地，……则卦气理效。……失道妄行，逆天暴物，……则卦气悖乱。"（《汉书·谷永传》）这是说，卦气是否正常运转与皇帝的行为直接相关。如果皇帝励精图治，搞好政治，"则卦气理效"；反之，如果倒行逆施，把政治搞坏，"则卦气悖乱"。《易纬稽览图》说："诸卦气温寒清浊，各如其所。"《易纬乾凿度》说："善虽微细，必见吉端，恶虽纤芥，必有悔吝。"这是说，从卦气的温寒清浊可以看出人们行为的善恶吉凶，二者之间存在着一种天人感应的关系。因此，为了找到人们行为的指南，应该仔细观察卦气的变化。

但是，汉易所谓的认识是对卦气的认识，是对象数形式的认识，也可以说是对体现在卦气中的神意的认识，带有宗教蒙昧主义的色彩。王弼认为，卦与爻所反映的变化不是卦气的变化，天象的变化，主要是人事的变化，人们应该通过卦爻的变化去汲取人事的智慧而不是作出神秘的预言。这就把认识置于理性主义的基础之上，从根本上改变了象数派的那种思维模式。所谓人事的智慧就是义理。义理有体有用，就卦而言，是为体，就爻而言，是为用。由六爻相错所形成的"应""位""承乘""远近""内外""初上"各种不同的体例，错综变织，共同构成一种时态，显示一种受多样规定性制约的具体的情境，而且千变万化，不拘一格。为了认识这种复杂的变化，人们固然要把握一卦之体，由体以及用，同时也要具体分析爻与爻之间的各种体例，由用以求体，否则便无从具体地体会义理，使自己的决策思想和应变能力趋于上乘。所以王弼在《明卦适变通爻》中总结说：

> 吉凶有时，不可犯也；动静有适，不可过也。犯时之忌，罪不在大；失其所适，过不在深。动天下，灭君主，而不可危也；侮妻子，用颜色，而不可易也。故当其列贵贱之时，其位不可犯也；遇其忧悔吝之时，其介不可慢也。观爻思变，变斯尽矣。

王弼在这一段话里，对卦与爻的关系作了进一步的考察。王弼认为，形势和时机是总揽全局的，人们的行为受此全局的制约和支配，所以应该有一种战略的眼光，根据对形势和时机的认识来决定自己的行为。如果违犯时机，不适合形势的要求，尽管罪过不大，错误不重，也会导致凶咎的后果。这一条原则，无论对"动天下、灭君主"这样的国家大事，还是对"侮妻子、用颜色"这样的家中小事，都是适用的。因此，当遇到贵贱的分位业已确定的形势，这是绝不可去触犯的。当形势仅仅呈现出一些细微的悔吝的苗头，也不可掉以轻心，而要谨慎从事。所谓"观爻思变，变斯尽矣"，是说通过爻变去认识卦的"一体之变"，就能全面地把握变化。这就是由用以求体的思想了。

《明象》就如何处理内容与形式的关系问题，指出了义理派易学与象数派易学的根本分歧所在。王弼并没有否定象数，他对卦、爻以及卦爻结构体例的研究，都是只涉及象数形式而没有谈义理。他所说的卦以六爻为成而以一爻为主，其中一与多的关系就是数的关系。所谓"卦以存时，爻以示变"；"观爻思变，变斯尽矣"，说明他对卦象、爻象是十分重视的。前面说过，《周易》这部书是中外思想史上的一个极为特殊的现象，它的内容和形式两个方面都应该引起足够的重视。如果研究《周易》而完全排斥其象数形式，它的义理也就空无依傍，失去着落了。只是王弼在处理二者

的关系时，是使形式服从于内容，而与汉易的那种使内容屈从于形式的做法不相同。在《明象》中，王弼一方面继承了《易传》的义理派的易学倾向，同时也援引了庄子的思想，说明他对象数形式的总的看法。他说：

> 故言者所以明象，得象而忘言；象者所以存意，得意而忘象。犹蹄者所以在兔，得兔而忘蹄；筌者所以在鱼，得鱼而忘筌也。然则，言者，象之蹄也；象者，意之筌也。是故，存言者，非得象者也；存象者，非得意者也。象生于意而存象焉，则所存者乃非其象也；言生于象而存言焉，则所存者乃非其言也。然则，忘象者，乃得意者也；忘言者，乃得象者也。得意在忘象，得象在忘言。故立象以尽意，而象可忘也；重画以尽情，而画可忘也。

庄子曾经呼唤着一种真正的理解："吾安得夫忘言之人而与之言哉！"（《庄子·外物》）在他所生活的那个特定的处境里，他找不到这种"忘言之人"，于是把希望寄托于未来。他说："万世之后而一遇大圣，知其解者，是旦暮遇之也。"（《齐物论》）忘言并非不言，但言者所以在意，故得意而忘言，才能有真正的理解。《易传》也在呼唤着这种真正的理解。《系辞》说："子曰：书不尽言，言不尽意。然则圣人之意其不可见乎？"《系辞》认为，言是可以尽意的，因为"圣人立象以尽意，设卦以尽情伪，系辞焉以尽其言"。但是，《系辞》的这个言尽意的观点在曹魏正始年间却受到一些人的怀疑。荀粲就是一个显明的例子。《三国志·魏书·荀彧传》注引《荀粲传》说：

> 粲诸兄并以儒术论议，而粲独好言道，常以为子贡称夫子之言性与天道，不可得闻，然则六籍虽存，固圣人之糠秕。粲兄俣难曰："《易》亦云圣人立象以尽意，系辞焉以尽言，则微言胡为不可得而闻见哉？"粲答曰："盖理之微者，非物象之所举也。今称立象以尽意，此非通于意外者也，系辞焉以尽言，此非言乎系表者也；斯则象外之意，系表之言，固蕴而不出矣。"

荀粲的言不尽意的观点是根据庄子而来的。庄子认为，圣人之言是"迹"，圣人之意是"所以迹"，"迹"并不等于"所以迹"。"迹"是"古人之糟粕"，是死去的东西，与此相对，"所以迹"应该是古人之精华，是活着的东西。由于现象与本体不可割裂，"迹"与"所以迹"、糟粕与精华、死去的东西与活着的东西，也是紧密联系在一起的。庄子并不否认有真正的理解，只是认为这种理解应该把圣人之意置于首位，而不应该在圣人之言上咬文嚼字，把死去的糟粕当做活着的精华。忘言并非不言，但唯有忘言才能得意，因为圣人之言未尽圣人之意。虽然言不尽意，高层次的理解仍然是可能的。表面上看来，庄子的这个观点与《系辞》的言尽意论似乎相反，其实并不矛盾，而是相一致的。《系辞》一方面认为"书不尽言，言不尽意"，指出语言文字有局限，不能完全表达圣人之意，另一方面又说，"圣人立象以尽意"，"系辞焉以尽言"，认为尽管如此，圣人之意不能悬空存在，还是要利用象与辞这种工具才能表达出来。就象与辞本身而言，诚然不能完全表达圣人之意，但为了理解圣人之意，又必须依赖于这种有缺陷的表达工具。这就是形式与内容的既对立又统一的关系。庄子与《系辞》从不同的侧面揭示了这种关系，都是对真正的理解的一种可贵的探索。但是，《系辞》的说法却受到荀粲的怀疑，他认为"立象以尽意"，其所尽之意非"象外之意"，"系辞焉以尽言"，其所尽之言非"系表之言"。他援引庄子的思想，认为"六籍虽存，固圣人之糠秕"，至于"象外之意，系表之言"，那活着的精华，隐藏的意义，则有待于人们去认真发掘。究竟应该通过一种什么途径才能把它们发掘出来呢？这是一个解释学的问题，也就是说，应该立足于真正的理解，把言尽意论与言不尽意论辩证地统一起来。荀粲只看到二者的对立，虽然他对本体论的哲学怀着热切的期待，却不能构筑一个体系。王弼则发现了二者的相互联结之点，准确地把握了理解的本质。

王弼在《明象》中说，"尽意莫若象，尽象莫若言"；"意以象尽，象以言著"。这是根据《系辞》言尽意的观点立论的，强调表达形式与所表达的内容之间的同一。他又进一步指出，"故言者所以明象，得象而忘言，象者所以存意，得意而忘象。犹蹄者所以在兔，得兔而忘蹄；筌者所以在鱼，得鱼而忘筌也"。这是根据庄子的言不尽意的观点立论的，强调表达形式与所表达的内容乃是一种手段与目的关系，二者之间存在着差别。王弼不像荀粲那样把这两种观点对立起来，而是认为真正的理解在于从二者的同一中看到差别，又从差别中看到同一。实际上，荀粲是不满于当时儒学理论上的浅薄，特别是象数派易学的理论上的浅薄，有所激而言的。象数派易学片面地强调形式与内容的同一，认为形式就是内容，因而倾注全力研究象数，以为圣人之意尽在此象数之中。荀粲的怀疑是很有道理的。他说："盖理之微者，非物象之所举也。"汉易的致命的缺陷就在于看不到形式与内容的差别。当时许多有识之士都立足于破，力求破除汉易的象数学的藩篱，比如钟会的"《易》无互体"说就是如此。但是为了全面地解释《周易》，以便从中引申出一种适合于正始年间时代需要的新的本体论哲学，问题的关键在于立。只有立了义理派易学之新，才能彻底破除象数派易学之旧。这种大破大立的双重任务，是通过王弼的《周易略例》的研究最后完成的。

王弼指出，义理派易学的研究目的在于"得意"，这个意就是荀粲所说的"象外之意""系表之言"，也就是庄子所说的踏出"迹"来的"所以迹"，隐藏于形色名声之内的真正的活着的精华。象数派易学与此相反，他们误把手段当做目的，因而他们殚思极虑，却只做了一点"存言""存象"的形式主义的工作，把最本质的东西忘掉了。但是意也不是离开言与象而悬空存在的，所以必须"寻言以观象"，"寻象以观意"，只是在"得意"之后，应该"忘言""忘象"，以摆脱形式的束缚，使思维来一次飞跃，去领悟那飘浮游离于言象之外的意义本身。就表现在言象之中的圣人之意而言，这种意在象数派易学中是被完全淹没了。至于那尚未表现在言象之中的"象外之意"，"系表之言"，更是为象数派易学所忽视。因此，王弼所说的"得意"，其着眼点也是双重的，包含着继承与革新两个方面，即不仅恢复那被淹没之意，而且要把握那更为深刻的"象外之意"。实际上，这就是一种创造性的理解。这种理解不离开传统，同时又不囿于传统。"尽意莫若象，尽象莫若言"，王弼的这种言尽意论表现了他尊重传统的一面。"得意在忘象，得象在忘言"，这种言不尽意论又表现了王弼锐意革新的突破意识。传统与革新的统一，这正是理解的本质。

前面说过，王弼的《周易略例》，其总的目的是想通过对《周易》体例和卦爻结构的研究，把象数形式完全改造成为表现义理的一种工具，以恢复《易传》中原有的卦义说。因此，王弼所说的"得意"，主要是指对六十四卦的卦义的把握。汉易象数学"存象忘意"，只注重卦象而忘掉卦义。王弼反其道而行之，认为"忘象以求其意，义斯见矣"。这是义理派易学独立成派的一个显明的标志。所谓"忘象"并非完全摈落卦象，但唯有不拘泥于卦象，才能为自由的理解开拓出一个广阔的天地。王弼在《卦略》中，运用他所确立的解释学的原则，分析了十一个卦义，虽然带有举例性质，但却是他在《周易注》中结合时代课题全面展开他的哲学系统的理论基础。

就《周易》哲学本身而言，其中存在着两种不同的整体观。一种是义理派易学的整体观。这种整体观立足于六十四卦的卦义，以乾、坤两卦为始，以既济、未济两卦为终，构成一个整体发展的序列。乾为"天下之至健"，坤为"天下之至顺"，由此而展开为六十四卦，其中或吉或凶，或泰或否，显示出各种错综复杂的具体的情境，发展到既济，"刚柔正而当位"，整体趋于和谐、平衡、有序，但这种状态只是暂时的，紧接着又转向于未济。《系辞》描述这种整体观的特征说："《易》穷则变，变则通，通则久。""《易》之为书也不可远，为道也屡迁，变动不居，周流六虚，上下无常，刚柔相易，不可为典要，唯变所适。"

除此以外，还有一种象数派易学的整体观，这就是《说卦》中的八卦方位说。《说卦》说："万物出乎震，震，东方也。齐乎巽，巽，东南也。齐也者，言万物之絜齐也。离也者，明也，万物皆相见，南方之卦也。……坤也者，地也，万物皆致养焉。……兑，正秋也，万物之所说也。……战乎乾。乾，西北之卦也，言阴阳相薄也。坎者，水也，正北方之卦也，劳卦也，万物之所归也。艮，东北之卦也，万物之所成终，而所成始也。"这种八卦方位说以八卦与四时、八方相配，构筑了一个时空交织的宇宙整体的框架，万物就在此框架中产生和发展。

我们可以看出，体现在这两种整体观中的"圣人之意"是不相同的。前者是一种本体论的哲学，后者实际上是一种适应于占卜需要的宗教巫术。义理派的易学重视卦义的研究，并不是把六十四个卦义看做彼此孤立不相联系的个别之理，而是把每一个卦义看做整体发展系列中的一个有机

的环节。就卦与爻的关系而言，六十四卦为其体，三百八十四爻为其用。但就《易》之整体而言，则是一阴一阳为其体，六十四卦为其用。在易学史上，以明确的语言表述此种体用关系是到北宋才出现的，但是《易传》中的义理派的易学却是潜在地蕴含着这种体用思想的。如果根本没有这种体用思想，则六十四卦的卦义就无所统帅，而"一阴一阳之谓道"这个命题也就失去着落了。与此相反，象数派易学的整体观是用卦象的排列组合构筑而成的。震、离、兑、坎何以能代表东、南、西、北四方和春、夏、秋、冬四时，其根据不在卦义而在于卦象。实际上，卦象也不能成为根据，无非是宗教巫术的一种牵强附会。在这个整体观中，是无法找到本体论的哲学思维来的。

我们曾经指出，王弼解释《老子》和《周易》选择了不同的着重点。由于《老子》原文偏于说无，所以他着重于由体以及用；《周易》原文所谈的是六十四卦的卦义，属于有的范畴，王弼则着重于由用以求体。在《周易注》中，王弼对六十四卦的卦义的分析，始终是贯穿着这种由用以求体的思想线索。人们常说王弼所求之体是一种抽象的思辨的本体，实则不然。由六十四卦的卦义所构成之体乃是《周易》哲学中的那个包括自然和社会在内的生生不已的整体，也可以说是充满着活泼生机的自然和社会本身。如果王弼只有《老子注》而无《周易注》，他的哲学系统是不完整的。正是由于这两部著作形成了一种有无互补的关系，才充分地反映了他那个时代的社会历史内容，显示了他的哲学系统的丰满性。王弼无论是解释《老子》或解释《周易》，都是立足于本体论哲学思维的整体观。《周易略例》之所以对象数派易学进行猛烈抨击，是因为如果不破除那种低层次的粗陋的整体观，便无从树立新的整体观，展开他的贵无论的玄学体系。

第七章　李觏的《易论》

《宋元学案》将李觏列于《高平学案》，王梓材案语云："安定（胡瑗）、泰山（孙复）、徂徕（石介），盱江（李觏）皆客文正（范仲淹）门。先生与徂徕辈行较后，以为文正门人可也。"范仲淹不仅是宋仁宗时期推行庆历新政的领袖人物，也是宋初儒学复兴运动的积极的倡导者，其为学"泛通六经，尤长于《易》"。此四人游于范仲淹门下，都把弘扬易学看做是配合新政、复兴儒学的一个重要组成部分，胡瑗著有《周易口义》十二卷，孙复作《易说》六十四篇，石介作《徂徕易解》五卷，李觏作《易论》十三篇及《删定易图序论》六篇。由于他们的这种共识，在宋代掀起了一个持久不衰的研究《周易》的高潮。因此，为了能深入了解李觏易学的思想实质及其所反映的时代风貌，有必要联系他们的共识作一番宏观的考查。

就学术思路而言，李觏与胡瑗、孙复、石介三人并不相同。李觏之学以实用为主，重视经世，强调事功，与稍后于他的王安石的思想相合之处颇多，在宋代学术中开创了一条经世之学的倾向。而胡瑗、孙复、石介则被后世的理学家尊称为"宋初三先生"，奉为理学前驱。他们强调继承儒家的道统，排斥佛老，以仁义礼乐为学，重视教育，是宋代学术中心性之学的开创者。虽然如此，李觏的经世之学与三先生的心性之学却殊途同归于《周易》而达成了共识。这是因为，他们根据各自的探索经验，认识到经世致用与心性修养不可割裂，治己治人，内外一体，而在儒家的经典中，唯有《周易》完备地体现了这种"明体达用"的精神，可以把这两种不同的倾向有机地结合起来而不致陷入一偏。

"明体达用"是胡瑗讲学的主旨。其所谓体，是指"仁义礼乐，历世不可变者"；其所谓用，是指"举而措之天下，能润泽斯民，归于皇极者"。前者重心性修养，偏于内圣，后者重经世致用，偏于外王。胡瑗在苏湖教学，立"经义""治事"两斋，"经义"斋学习六经，着重于明体；"治事"斋则一人各治一事，着重于达用。既能明体，又能达用，这是政教之本，也是儒家的内圣外王之学所追求的最高目标。胡瑗在六经中特别推崇《周易》，是以他的这种对儒学的总体认识为基础的。

孙复以为，"尽孔子之心者《大易》，尽孔子之用者《春秋》，是二大经，圣人之极笔也，治世之大法也。"（《宋元学案·泰山学案》）看来孙复是以《周易》为体，《春秋》为用。孙复对这两部经典的看法与汉代的司马迁极为类似。汉武帝时期，由于董仲舒的提倡，《春秋公羊》学成为显学，人们都推崇《春秋》。司马迁受这种风气的影响，也十分推崇《春秋》。他在《史记·太史公自序》中曾说，"《春秋》者，礼义之大宗也"，"故有国者不可以不知《春秋》"，"为人臣者不可以不知《春秋》"。但是，当司马迁把《春秋》和《周易》这两部经典作了一番认真仔细的比较之后，终于承认，《周易》的哲学思维水平要高于《春秋》，应该受到特别的推崇。在《史记·司马相如传》中，司马迁指出："《春秋》推见至隐，《易》本隐之以显。"这就是说，《春秋》是通过一些具体的历史事例来表明其中所隐含的微言大义，《周易》则是根据抽象普遍的哲学原理来揭示具体实际的运作所遵循的规律。前者由用以见体，后者由体以及用。司马迁的这个看法，也是以《周易》为体，《春秋》为用。孙复通过自己的长期探索，得出了与司马迁相同的结论，故作《易说》与《春秋尊王发微》二书，其用意是使之相辅相成，以阐明儒学的明体达用的基本精神。

石介师事孙复，也认为"孔子之《易》《春秋》，自圣人来未有也"。为了进一步探索二者的体用关系，石介发展了孙复的思想，对《周易》的性质和功能作了明确的界说。他说："夫《易》之作，救乱而作也，圣人不得已也。""作《易》非以为巧，救乱也。文王、夫子非以炫辞，明《易》也。《易》不作，天下至今乱不止。"（《徂徕石先生文集》卷七《辨易》）这就是认为，《周易》是一部拨乱反正之书，不仅尽孔子之心，而且尽孔子之用。在庆历新政推行拨乱反正的改革时期，石介深刻地认识到谋略思想的重要性。他指出：

> 天下有大忧危，国家有大灾患，圣贤发至诚，运至智，定至谋，以抉安之。圣贤之诚，诚矣；圣贤之智，明矣；圣贤之谋，果矣。如机之发，如著之占，如节之合，作于此而应于彼，言于近而验于远，不差毫厘。噫，圣贤之谋必行，则自古无丧身，无败家，无亡国，无倾天下。丧身、败家、亡国、倾天下，由圣贤之谋不用也。（同上卷八《贵谋》）

所谓圣贤之诚是指圣贤救乱的用心，圣贤之智谋是指圣贤为救乱而采用的策略方法，前者明体，后者达用。既然《周易》的性质和功能在于拨乱反正，那么儒学的明体达用的基本精神也就完备地体现在这部经典之中了。

李觏的学术思想主要是依据《周礼》和《周易》，但是他通过一番比较研究，认为《周易》所蕴含的哲理要比其他的经典更为深刻。他在《上苏祠部书》中明确表述了这个看法。他说："《易》者，三圣之所以教人，因时动静，而终之以德义，五经特是为深矣。"（《李觏集》卷二十七）"终之以德义"是明体，"因时动静"是达用。李觏之所以特别推崇《周易》，也和石介一样，是因为他认识到《周易》是一部明体达用之书。

在《易论》中，李觏称《周易》之体为常道。这个常道，"炳如秋阳，坦如大逵。君得之以为君，臣得之以为臣。万事之理，犹辐之于轮，靡不在其中矣"。但是，"救弊之术，莫大乎通变"（《易论第一》），如果只知其常而不知通变，就叫做有体而无用，胶柱而鼓瑟。他说："常者，道之纪也。道不以权，弗能济矣。是故权者，反常者也。事变矣，势异矣，而一本于常，犹胶柱而鼓瑟也。"（《易论第八》）因此，李觏认为他作《易论》的目的，在于一方面明其常道，另一方面"急乎天下国家之用"，致力于阐明《周易》

的明体达用之学，以适应庆历年间改革事业的需要。

仁宗庆历年间，宋代社会内忧外患频仍，危机四伏，弊端丛生，这种情况在士大夫群体中激起了一股强烈的忧患意识，迫切要求改革。范仲淹上书说："臣闻历代之政，久皆有弊，弊而不救，祸乱必生。……我国家革五代之乱，富有四海，垂八十年矣，纲纪制度日削日浸。官壅于下，民困于外，夷狄骄盛，寇盗横炽，不可不更张以救之。"（《答手诏条陈十事》，《范文正公集》卷上）胡瑗、孙复、石介、李觏同游范仲淹门下，积极支持庆历新政，虽然学术思路有所不同，但却以这种忧患意识作为共同的思想基础，对《周易》的明体达用之学达成了共识。在《易论》的结尾，李觏曾十分感慨地指出："噫！作《易》者既有忧患矣，读《易》者其无忧患乎？苟安而不忘危，存而不忘亡，治而不忘乱，以忧患之心，思忧患之故，通其变，使民不倦，神而化之，使民宜之，则自天祐之，吉无不利矣。"这段言论典型地表述了他们当时研究《周易》的共同的心态。

所谓"以忧患之心，思忧患之故"，是说以一种浓郁的人文情怀，关注社会人事的矛盾冲突、混乱失序的现实困境，焦虑不安，忧心如焚，力求通过客观冷静的研究找到摆脱困境的出路，拨乱反正，重建正常的秩序。既然李觏等人是抱着这种心态来研究《周易》，所以自觉地继承发展了以王弼为代表的义理派的易学传统，而与当时兴起的图书象数之学形成了鲜明的对照。

就《易传》的思想体系而言，象数与义理、形式与内容，本来是相互依存、不可割裂的。其义理内容是一种广大悉备、统贯天人的整体之学。这种整体之学分而言之，有天道之阴阳，地道之柔刚，人道之仁义，称之为三才之道，合而言之，则天地人三才之道有一个一以贯之的思想线索，称之为性命之理，也叫做《易》道。因而研究它的义理内容，言天必及于人，言人必上溯于天，天与人的关系也是相互依存、不可割裂的。但是，汉代以后，由于各种复杂具体的历史动因，易学演变分化为象数与义理两大流派。象数派着重于构筑天道运行的图式，义理派则着重于探讨人道的拨乱反正之方。唐人李鼎祚在《周易集解序》中准确地指出了这两派易学的区别所在。他说："自卜商入室，亲授微言，传注百家，绵历千古，虽竟有穿凿，犹未测渊深。唯王（弼）、郑（玄）相沿，颇行于代。郑则多参天象，王乃全释人事。"孔颖达据王弼注作《周易正义》，奉义理派的易学为官学，李鼎祚则站在象数派的立场作《周易集解》，"刊辅嗣之野文，补康成之逸象"。这两派互相攻驳，一直延续到宋代。所以李觏一方面援辅嗣之注作《易论》，继承发展义理派的易学传统，另一方面又作《删定易图序论》，来反驳刘牧的图书象数之学。

刘牧曾从学于孙复，亦奉范仲淹为师，与李觏实有同门之谊。但是他的易学受于范谔昌，谔昌本于许坚，坚本于种放，由象数派的系统一脉相传而来，与义理派的易学大异其趣，这就不能不引起李觏的反驳。李觏的反驳主要集中于两点。一是认为刘牧合牵象数所构筑的天象图式，是"穿凿以从傀异，考之破碎，鲜可信用"，"诖误学子，坏隳世教"。二是认为刘牧的这种象数派的易学倾向，"释人事而责天道"，"言称运命"，"谓存亡得丧，一出自然"，违反了《易》所教导的"吉凶由人"的本旨。

李觏对刘牧的这种批评虽有一定的道理，但也失之于偏颇，有欠公允。其实，刘牧的象数之学仍是依据《易传》的传统发展而来，并非只讲象数，不讲义理，只讲天道，不讲人道，只是在处理二者的关系时，其着重点与义理派的易学有所不同而已。就《易传》的义理内容而言，它的天人整体之学是先秦时期儒道互补的产物，完美地体现了自然主义与人文主义的有机的结合。如果细加剖析，它的天道观主要是渊源于道家的自然无为的思想，强调无思无为，"寂然不动，感而遂通"，"鼓万物而不与圣人同忧"，是一个客观外在的无心自然的运行过程。它的人道观则主要是渊源于儒家的人文主义的思想，强调"开物成务"，"通天下之志"，"定天下之业"，发挥自强不息的进取精神去拨乱反正，经世济民。道家的自然主义的天道观，蔽于天而不知人，儒家的人文主义的人道观，蔽于人而不知天，都带有一定的片面性。《易传》取二家之所长而去其所短，把这两种不同的倾向结合在一起，这就是一个完备的天人之学了。但是，在后来的发展中，不免时有所偏，象数派"多参天象"，偏于自然主义，义理派"全释人事"，偏于人文主义。虽然如此，无论是象数派的易学还是义理派的易学，都是依据于《易传》所奠定的传统，这就保持了一种必要的张力，不致因狭隘

的门户之见的相互攻驳而破坏天人之学的整体结构，而迫使这两派各自向对方寻求互补。比如刘牧在《易数钩隐图》中一方面站在象数派的立场，把天道描述为一个无为而自然的运行过程，另一方面又极力表明，他所着重研究的五行生成的河洛之学，目的是为五常之性提供一个宇宙论的理论基础。他说：

> 天地养万物，以静为心，不为而物自为，不生而物自生，寂然不动，此乾坤之心也。……圣人之无心，与天地一者也，以物为之心也，何已心之往哉！（《复见天地之心第六》）
> 然则三才之道，上中下之位，三才之用，舍五行则斯须无以济矣。至于人之生也，外济五行之利，内具五行之性。五行者，木火土金水也。木性仁，火性礼，土性信，金性义，水性智。是故圆首方足，最灵于天地之间者，蕴是性也。人虽至愚，其于外也，日知由五行之用，其于内也，或蒙其性而不循五常之教者，可不哀哉！（《人禀五行第三十三》）

李觏也是如此，他一方面站在义理派的立场，批评刘牧的易学"释人事而责天道"，另一方面又极力从自然主义的天道观方面寻求人事所取法的依据。比如他在《删定易图序论》中指出："大哉乎乾之四德也，而先儒解诂未能显阐，是使天道不大明，君子无所法。"李觏认为，乾之四德，元始、亨通、利宜、贞干，完整地表述了天道的自然运行的过程，人事的各种措施操作必须取法于这种自然的天道，行此四德，才能平治天下，康国济民。他解释说：

> 始者，其气也。通者，其形也。宜者，其命也。干者，其性也。走者得之以胎，飞者得之以卵，百谷草木得之以勾萌，此其始也。胎者不殰，卵者不殈，勾者以伸，萌者以出，此其通也。人有衣食，兽有山野，虫豸有陆，鳞介有水，此其宜也。坚者可破而不可软，炎者可灭而不可冷，流者不可使之止，植者不可使之行，此其干也。乾而

不元，则物无以始，故女不孕也。元而不亨，则物无以通，故孕不育也。亨而不利，则物失其宜，故当视而盲，当听而聋也。利而不贞，则物不能干，故不孝不忠，为逆为恶也。

唯君子为能法乾之德，而天下治矣。制夫田以饱之，任妇功以煖之，轻税敛以富之，恤刑罚以生之，此其元也。冠以成之，昏以亲之，讲学以材之，摈接以交之，此其亨也。四民有业，百官有职，能者居上，否者在下，此其利也。用善不复疑，去恶不复悔，令一出而不反，事一行而不改，此其贞也。（《论五》）

由于象数派和义理派都受到天人之学的理论逻辑的支配，各自向对方寻求互补，所以在宋代易学中，这两派逐渐形成了一股合流的趋势。刘牧以后，周敦颐、邵雍依据象数之学编织了一个宇宙图式，立人极，明王道，为理学的建立作出了重要的贡献。两宋之际，朱震宗主程颐《易传》，把义理派的重人事的易学观点尽数纳入象数派的系统之中。朱熹则站在义理派的立场，吸收总结了象数派的研究成果，构筑了一个完备的易学体系。但是，就宋代易学的整体来看，象数派的易学始终未能占据主流地位，而只是作为一种必要的补充，为义理派的易学提供天道观方面的根据。这种情况并不是表明义理派的易学比象数派优越，或者象数派在与义理派互争雄长的斗争中归于失败，而必须联系到宋代的具体的历史条件和时代需要作全面的了解，看做是一种时代的选择。

宋代易学的发展是和儒学复兴运动紧密联系在一起的。这种儒学复兴运动的主要目的，一方面在于排斥佛老，承接道统，站在理论的高度来论证儒家的仁义礼乐的文化理想，建立一个取代佛老特别是佛教的新儒家哲学，另一方面在于力图从这种哲学中引申出一套经世之学和心性之学，以配合当时的改革事业，培养一批以天下为己任的人才。胡瑗对此作了很好的概括，称之为明体达用之学。因而"明体达用"四个字可以看做是儒学复兴运动的纲领。当时具有不同倾向的思想家围绕着明体达用进行探索，不约而同地都选择了《周易》作为主要的经典依据，易学的繁荣就是由于这种具体的历史动因而促成的。既然明体达用成为当时人们所追求的共同目标，所以人们也就很自然地把是否做到明体达用树立为评判各派学术得失利弊的共同标准了。就易学而言，由于象数派"多参天象"，在明体方面可以作出贡献，但在达用方面就未免显得欠缺，义理派"全释人事"，可以"急乎天下国家之用"，但对大化流行的道体则研究得不够充分，因而这两派必须互补，走合流的道路。但是，所谓时代的选择，主要是一种功能性的选择。尽管从哲学思辨的角度看来，体不离用，用不离体，明体多于达用固然不好，达用多于明体也不值得赞许，二者难分轩轾，但是通观历史，每一个时代对学术思想的选择，并不是着眼于其哲学思辨程度的高低，而是着眼于其满足时代需要的功能的大小的，这在社会发生急剧变革的时期尤其是如此。庆历年间，李觏适应范仲淹所推行的改革事业的时代需要，"急乎天下国家之用"，自觉地继承义理派的易学传统。刘牧虽也出于范仲淹门下，其学术思想却与庆历新政无甚关连，而"疲心于无用之说"，"合牵象数"，"穿凿以从傀异"，去编织天象图式。看来李觏对刘牧的批评，不仅是个人的私见，而且也代表了包括欧阳修在内的大多数站在时代前列思考的人们的共识。正是由于这个原因，所以象数派在宋代易学中被视为"易外别传"，而李觏所承接的胡瑗、孙复、石介等人的义理派的易学则上升为主流的地位。

胡瑗所倡导的明体达用之学，其理论的发展趋向，必然是向着"体用一源，显微无间"的目标逐渐逼近。事实上，宋代的易学一直到程颐在他的《易传序》中明确地提出了这个命题，才算臻人成熟之境，终于形成了一个充分体现自己的时代特色的易学体系。李觏的易学处于初创阶段，理论上尚未构成系统，但是他本着明体达用的精神进行探索，致力于二者的联结，提出了不少有价值的创见，在宋代易学史上，发挥了承上启下的桥梁作用，值得认真研究。

李觏的《易论》作于前，《删定易图序论》作于后，《易论》多明人事，《删定易图序论》则从刘牧的象数之学中受到启发，着重于援引天道来证明人事，总的都贯穿了一种明体达用的精神。在《易论第十三》中，李觏指出：

天地万物存乎《说卦》矣，姑以人事明之。八卦之道在人靡不有之也，但贤者得其正，不肖者处其偏矣。夫刚而不暴，乾之正也；顺而不邪，坤之正也；动而不妄，震之正也；卑而不辱，巽之正也；险而不可犯，坎之正也；明而不可欺，离之正也；静而不可诱以利，艮之正也；和而不可挠以怒，兑之正也。若刚而不容于物，乾之偏也；顺而不守其道，坤之偏也；动而为躁，震之偏也；卑而为佞，巽之偏也；险而为贼害，坎之偏也；明而为苛细，离之偏也；止而不及其时，艮之偏也；悦而不由于礼，兑之偏也。是故，贤者以功，不肖者以过；贤者以福，不肖者以祸。由所用之道，名同而实异也。然贤者之道也，或其数不备，或所施者狭。夫能具八者之用，充之乎天地之间者，其唯圣人乎！……故知八卦之道大矣！有高焉，必乘其上；有深焉，必载其底；有劳焉，必环其外。幽无不贯，微无不彻，惟所用之何如耳！

这段言论是从体用关系来解释八卦之道，认为八卦之道有体有用。就八卦之道备天下之象、统贯天地人物而言，这是体。所谓"八卦之道在人靡不有之也"，是说包括圣贤不肖，人人皆有此体。体必发而为用，但由于贤者得此体之正，不肖者得此体之偏，圣人得此体之全，禀受不同，故所用亦异。贤者用此体之正，故得功得福，不肖者用此体之偏，故得过得祸，唯有圣人得此体之全，故能具八者之用，使之充乎天地之间。从李觏对八卦之道的正与偏的具体描述来看，实际上就是心性之学的君子小人之辨。他对圣人的看法，也具有后来的理学家所津津乐道的"全体大用"的雏形。但是，李觏的经世之学的思想特色仍然是表现得很鲜明的。他追求的是"急乎天下国家之用"，认为圣人把这种八卦之道"用之于国，则迩人安。用之于军，则远人服。鼓之舞之，无物不得其宜"，主要是着眼于富国强兵，经世济民。

六十四卦是由八卦重叠而来，每一卦都代表一种时或事。既然如此，六十四卦就代表了六十四种不同的时或事，究竟如何使之统一起来呢？李觏在《易论第十一》中讨论了这个问题，他说：

时虽异矣，事虽殊矣，然事以时变者，其迹也。统而论之者，其心也。迹或万殊，而心或一揆也。若夫汤汤洪水，禹以是时而浚川；黎民阻饥，稷以是时而播种；百姓不亲，契以是时而敷五教；蛮夷猾夏，皋陶以是时而明五刑。其迹殊，其所以为心一也。统而论之，谓之有功可也。……苟不求其心之所归，而专视其迹，则散漫简策，百纽千结，岂中材之所了耶？

李觏的这个看法，与后来程颐、朱熹反复阐述的"一本万殊""理一分殊"的思想十分接近。时与事是迹，迹或万殊，其所以迹则归于一心。这个心也就是石介所说的圣人救乱之心，可以称之为一本。圣人本着这种救乱之心，适时应变，建立了各种不同的功业，就其功业而言，则为万殊，至于求其心之所归，则为一本。由于圣人救乱之心具备了八卦的全体大用，所以也是用以教人的常道。这个常道，以一统万，万事之理，犹辐之于轮，靡不在其中，故能把六十四种不同的时或事统一为一个易学的整体。

李觏的这个看法只是着眼于人事，尚未达到如同程颐、朱熹那种本体论的哲学高度。但是，他在与刘牧的争论中也转向于天道，着眼于用阴阳二气的消长变化来论证八卦之道，力图进行哲学上的升华，把他的重人事的易学思想建立在天道观的基础之上。在《删定易图序论》中，李觏说：

> 圣人既按《河图》有八方，将以八卦位焉。《洛书》有五行，将以八卦象焉。于是观阴阳而设奇偶二画，观天地人而设上中下三位。纯阳为乾，取至健也；纯阴为坤，取至顺也。一阳处二阴之下，刚不能屈于柔，以动出而为震；一阴处二阳之下，柔不能犯于刚，以入伏而为巽；一阳处二阴之中，上下皆弱，罔克相济，以险难而为坎；一阴处二阳之中，上下皆强，足以自托，以丽著而为离；一阳处二阴之上，刚以驭下，则止故为艮；一阴处二阳之上，柔以抚下，则悦故为兑也。西北盛阴用事，而阳气尽矣，非至健莫能与之争，故乾位焉。争胜则阳气起，故坎以一阳而位乎北。坎者，险也。一阳而犯众阴，诚不为易而为险也。艮者，止也。物芽地中将出而止也，待春之谓也。自此动出乎震，絜齐乎巽。离者，明也。万物皆盛长，得明而相见也。

坤厚以养成之，成而悦，故取诸兑也；画八卦分八方之义，如斯而已也。（《论二》）

《说卦》曾说："昔者圣人之作《易》也，将以顺性命之理，是以立天之道曰阴与阳，立地之道曰柔与刚，立人之道曰仁与义。"这就是说，"性命之理"是《周易》哲学的最高的范畴，统贯天地人三才之道，也是《周易》之体。因而判断各派易学哲学思辨水平的高低，社会功能的大小，关键是看它是否把握了这个性命之理，是否围绕着性命之理作出适合于时代需要的发挥。李觏在《易论》中只是着眼于人事，认为"天地万物存乎《说卦》矣，姑以人事明之"。但是，他在《删定易图序论》中，显然是受到了刘牧的启发，把他的重人事的易学思想提到性命之理的哲学高度进行了论证。他说：

> 命者天之所以使民为善也，性者人之所以明于善也。观其善则见人之性，见其性则知天之命。……然则本乎天谓之命，在乎人谓之性，非圣人则命不行，非教化则性不成。是以制民之法，足民之用，而命行矣；导民以学，节民以礼，而性成矣。则是圣人为天之所为也。（《论六》）

李觏批评刘牧"谓存亡得丧，一出自然"，这种自然主义的倾向确是刘牧的易学的特点。刘牧在《易数钩隐图》中把三才之道、性命之理归结为五行生成之理，认为这是一个无心的自然的运行过程。他说：

> 天一、地二、天三、地四，此四象生数也，至于天五，则居中而主乎变化，不知何物也，强名曰中和之气，不知所以然而然也。交接乎天地之气，成就乎五行之质，弥纶错综，无所不周，三才之道既备，退藏于密，寂然无事，兹所谓阴阳不测之谓神者也。（《天五第三》）

由于"五行之质各禀一阴一阳之气"，"阴进则阳减，阳复则阴剥，昼复则夜往，夜至则昼复"，其消长变化，无思无为，所以天地之心，其本质为无心，是"将求之而不可得"的。刘牧的论述着重发挥了《易传》的"鼓万物而不与圣人同忧"的思想，强调"圣人之无心与天地一者也"。李觏则着重发挥了《易传》的人文主义的思想，强调圣人之心是一种忧患之心，救乱之心，经世济民之心。在《删定易图序论》中，李觏一方面批评了刘牧忽视人为的自然主义的倾向，同时也吸取了其中的合理的内核，认为圣人之心就是"为天之所为"。这是一种天生人成的思想，体现了自然主义与人文主义的有机的结合。李觏通过与刘牧的争论而得出了这个认识，这就使得他的重人事的易学思想在性命之理和天道观方面找到了依据。

但是，李觏与刘牧的争论，目的并不是为了寻求互补，而是站在义理派的立场，来维护自己在《易论》中所发挥的重人事的易学思想。照李觏看来，易学研究应该适应时代的需要，"急乎天下国家之用"，"庶乎人事修而王道明"，他之所以批评刘牧，并非出于历史上沿袭下来的学派门户之见，而是因为刘牧的这种河洛图书之学脱离了时代的需要，穿凿附会，标新立异，引导人们"疲心于无用之说"，"诖误学子，坏隳世教"。他说："先代诸儒，各自为家，好同恶异，有甚寇雠，吾岂斯人之徒哉？忧伤后学不得已焉耳。"这就是表明，他与刘牧的争论，主要不在于象数派与义理派的学理孰优孰劣之争，而是关于易学研究是否应该适应时代需要的根本方向问题之争。

在仁宗庆历年间，当时突出的时代需要就是配合新政探索出一种行之有效的改革理论和指导思想。胡瑗、孙复、石介、李觏都是庆历新政的积极的支持者，他们围绕着当时的时代课题进行探索，对《周易》达成了共识，因而他们的易学实质上就是为庆历新政所提供的改革理论和指导思想。所谓改革，目的在于拨乱反正，变无序为有序，化冲突为和谐。为了达到这个目的，必须一方面对客观形势进行全面的清醒的了解，另一方面调整主体的行为，采取适当的对策。王弼的义理派的易学以卦为时，以爻为人，卦指客观形势，爻指主体行为，通过卦与爻的关系来研究客观形势与主体行为的关系。李觏的《易论》，"援辅嗣之注以解义"，继承了王弼的易学，所以他的改革理论也是以卦与爻的关系为主轴而展开的。

王弼在《周易略例》中指出："夫卦者，时也。爻者，适时之变者也。""卦以存时，爻以示变。"时也叫做时义，时用，是由一卦六爻中阴阳两种势力的消长变化所构成的一种关系之网，作为一种时运或时机代表事物某一个特定的发展阶段和存在状态，也就是从总体上支配卦中六爻的具体的客观形势。爻是服从于卦的，必须根据这种客观形势来调整自己的行为，采取适时之变的对策。行为的后果并不决定于行为的本身，顺时而动，必获吉利，逆时而动，将导致灾难，关键在于是否认清形势，适时应变。因而义理派的着眼于人事的易学十分重视卦时的研究。李靓继承了这个传统，也把卦时列为自己研究的重点。他说："时乎时，智者弗能违矣。先时而动者，妄也；后时而不进者，怠也。妄者过之媒，怠者功之贼也。"（《易论第六》）"先时而动"是冒进，"后时而不进"是保守，冒进将作出错误的决策，为"过之媒"，保守则错失良机，为"功之贼"，为了使自己的决策达到"动而无悔"的上乘之境，必须对时进行研究，这种时是智者所不能违反的。

朱熹在谈到"理一分殊"时曾说："理不患其不一，所难者分殊耳！"《周易》六十四卦，代表了六十四种时或事，时既不一，事亦不同，李靓以圣人救乱之心使之统一为一个整体，这固然是一种理论的升华，在哲学层次上有很高的价值，但是为了"急乎天下国家之用"，最大的难点不在于理一而在于分殊，即对六十四种时或事作出细致周详的比较分析，使人们有一个透彻的了解，能根据具体的情况采取具体的对策，否则必将流入空谈而不切实际。王弼在《周易略例》中指出："故名其卦，则吉凶从其类；存其时，则动静应其用。"王弼解释六十四卦，以时作为基本范畴，为这种比较分析提供了一个范例。但是，对于所谓天下国家之用，在不同的时代有着不同的理解，王弼是结合曹魏正始年间的时代需要来理解的，时过境迁，时代变化，他的理解必然不会完全适用于后世。因此，尽管义理派的易学都十分重视时的研究，但是对时的比较分析，各个时代都有自己的特点，体现了不同的时代风貌。比如唐代经历了魏晋南北朝数百年的动乱而统一，人们对治乱循环转化的规律有着深刻的感受，孔颖达据王弼注作《周易正义》，就以这种感受为背景对六十四卦之时重新进行了分类，而不同于王弼。他在《豫卦·正义》中指出：

然时运虽多，大体不出四种者，一者治时，颐养之世是也；二者乱时，大过之世是也；三者离散之时，解缓之世是也；四者改易之时，革变之世是也。故举此四卦之时为叹，余皆可知。

北宋初年，虽然胡瑗、孙复、石介、李觏等人继承了王弼的义理派的易学传统，但是也力图超越王弼的时代局限，创立自己的新解。比如孙复指出："专守王弼、韩康伯之说而求于《大易》，吾未见其能尽于《大易》也。"（《宋元学案·泰山学案》）李觏在《上苏祠部书》中也说："古今解者，唯王辅嗣尤得其旨，然亦未免缺误。况此经变动无常，学者不能知所准的。觏常撮其爻卦，各有部分，仍辨辅嗣之失，因欲作《易论》十篇。"（《李觏集》卷二十七）在宋代的义理派的易学中，这种一方面继承王弼同时又力图超越王弼的做法，直到程颐的《伊川易传》才算暂时告一段落，李觏的《易论》对卦时的研究作为一个承上启下的环节，起了重要的铺垫作用。

首先，李觏结合庆历年间改革事业的需要，把六十四卦之时分为三类。一是"因时立事，事不局于一时，可为百代常行之法者，如仁、义、忠、信之例是也"。二是"以一世为一时者，否、泰之类是也，天下之人共得之也"。三是"以一事为一时者，讼、师之类是也，当事之人独得之也"。李觏认为，"借如今之世，泰之时也，天下所共矣。而所遇之事，人各不同"。因此，李觏对于第二类"以一世为一时者"，没有过多关注，而只着重研究第一类和第三类。第一类为明体，第三类为达用，达用是处理各种分殊之事，相比之下，第三类更是研究的重点。李觏列举了十六个卦具体论述了以一事为一时的情况。他说：

　　若其悾侗之质，求师辨惑，蒙之时也；立身向道，非礼勿行，履之时也；居其德义，以待施惠，井之时也；自远之近，观鉴朝美，观之时也；量能受任，各当其分，鼎之时也；夙夜在公，干君之事，蛊之时也；用其刚正，辨物之事，讼之时也；断其刑罚，无有不当，噬嗑之时也；出军遣将，以讨不庭，师之时也；险难在前，按兵观衅，需之时也；民有困穷，从而养之，颐之时也；事有所失，知而改之，复之时也；礼有过差，议而定之，节之时也；逸乐之情，约之以正，豫之时也；文饰之盛，反之于素，贲之时也；人有鲜慢，示之以威，震之时也。夫此之类，皆以一事为一时，而诸卦之时，君之所遇者多，以事无不统也。臣之所遇者寡，以事有分职也。(《易论第十一》)

关于对庆历年间时局的估计，李觏与石介并不相同。李觏的估计是乐观的，认为当时正处于泰时。所谓泰时，就是"君臣合好，君子在位，小人在野之世"。石介的估计则不如此乐观，认为当时是一种解难之时。他在《上范经略书》中指出：

夫天生时，圣人乘时，君子治时。《易》之家人后有睽，睽后有蹇，蹇后有解。家人之道，穷必乖，故睽，睽故难生，不可以终难，故受之以解，解以解其难也。然则天下无事[1]，国家无不有难，在治之矣。……圣朝八十年，始有贼昊之患，国家与贼为家人，今与我始乖，故树孽境上，则正合大易之时也。治此时也，实属于阁下。(《徂徕石先生文集》卷十七)

在《救说》《责臣》二文中，石介把当时看做是栋桡之世，救乱之时。他说：

《易·大过》上六："灭顶，凶，无咎。"以救衰拯溺也。大厦将颠，一木柱之，或得不颠。顾颠而不支，坐而俟其颠，斯亦为不智者矣。道将大坏，天下国家将大乱而不救，坐而俟其坏乱，斯亦不仁者矣。
大过上六，君子矣，心在救时，至于灭顶凶而无悔。且当栋桡之世，居无位之地，而过涉以扶衰拯溺，可谓君子矣。(同上卷八)

石介认为，"道大坏，由一人存之；天下国家大乱，由一人扶之"。他

---

① 疑此句当作"然则天下无不有事"。

之所以对时局作出如此的估计，目的在于继承儒家的道统，在士大夫群体中激起一种以天下为己任的担当精神和使命感，着眼于心性修养，反对当时一些人们受佛老的影响，"全身苟生""弃道而忘天下国家"的风气，因而把重点放在"责臣"上。至于李觏对时局的估计，则是着眼于经世致用，重点放在"责君"上。李觏指出，"诸卦之时，君之所遇者多，以事无不统也。臣之所遇者寡，以事有分职也。"这是认为，为了达到经世致用的目的，关键在于掌握最高权力的君主的决策，尽管当时的时局从总的看来是处于泰卦时，但是"泰之极，则城复于隍"，前途也未可乐观，所以君主必须以警惕畏惧之心对待自己所遇之每一种时与事，切不可掉以轻心，导致败亡。

由此可以看出，虽然李觏与石介的易学都贯穿了明体达用的精神，但却表现出两种不同的倾向。由于李觏强调经世，认识到君主的明暗对于政治势力中君子与小人的消长以及经世事业的成败具有决定性的作用，所以他对卦时的研究也从这个角度进行了比较分析。他说：

> 或人请问：乾、坤何时也？
>
> 曰：乾者，圣人进取天位，非承平之时也。故初则潜，二则见，三则乾乾，四则或跃，五则飞，上则亢也。坤者，圣人防闲臣下，非大通之时也。故初则履霜，上则龙战，三则含章而不敢为首，四则括囊而后无咎，五则黄裳而后元吉。唯二居于下卦，履其中正，乃可任其自然也。
>
> 又问：大过之时，则务在救危，遁、明夷之时，则贵乎避难，何其不同也？
>
> 曰：大过之时，本末虽弱，而未见君之昏乱，臣之谗邪。是国家之难，何世无之？君子之义，不得不救也。遁则小人得志，明夷则暗主在上，忠良之士，徒见害而已，无足可为也。君子之智，不得不避也。
>
> 然则剥与明夷孰为大祸？
>
> 曰：小人虽盛，制之在君，故贯鱼以宫人宠，则无不利，是祸之小也。主之暗，则未如之何，故南狩得其大首，是祸之大也。
>
> 又问：屯也，蹇也，困也，名相近也，请言其别。

曰：屯者，动乎险中，可为之世也，然而足以有功矣！塞者，见险而止，不可为之世也，然而足以无过矣！困者，刚见掩于柔，君子为小人所蔽，穷厄委顿者也。人之所患，莫斯之甚也。

比也，同人也，随也，义相类也，请言其异。

曰：比者，刚得尊位，上下应之，天下之人皆亲其君也。同人者，柔履中正，而应乎乾，同志相合，物各有党也。随者，刚来下柔，动而之悦，谓能下于人，动则人悦，莫不从其所为也。上之所务，莫斯之大也。（《易论第十二》）

李觏对卦时的这种比较分析，实际上是在为当时的庆历新政进行可行性的研究。照李觏看来，有利的形势以比、同人、随三卦之时为代表，而随之时最为有利。困之时，"君子为小人所蔽"，属于不利的形势。如果小人虽盛，君主并不十分昏乱，能对之有所制约，虽然有祸，为祸尚小，这以剥之时为代表。最不利的形势是明夷之时，因为"暗主在上，忠良之士，徒见害而已，无足可为也"。至于庆历年间所遇之泰时，既是有利的形势，也有不利的因素，总的情况与以上各卦之时不相同。就有利的一面而言，是"君臣合好，君子在位，小人在野之世"，其不利的一面，则是"物既大通，多失其节，故不具利正之德"。因此，泰之时，"祸福倚伏，诚可畏也"。这就是说庆历新政所面临的形势虽然有利，但其发展的前景，有可能成功，也有可能失败。为了保持当时的有利形势，使改革事业不致陷入失败，李觏本着《周易》的推天道以明人事的精神，站在哲学的高度提出了一种指导思想。他说："天道之变，日星循环，占之而不舛者，以知其数也。人事之动，情伪交错，应之而不谬者，以知其势也。持之以正，用之以中，百禄之来，弗可辞也已。"（《易论第十》）所谓"知其势"是指对客观形势和具体处境的了解，"持之以正，用之以中"，是指对道德规范和行为准则的遵循。这两条是领导新政的君主和大臣所必须具备的品格，于是李觏通过爻的变化对为君之道与为臣之道着重进行了研究。

在《周易》的象数结构中，一卦六爻，五为君位，第五爻的功能在于显示君主在此特定处境下的行为和对环境系统的控制作用。王弼的《周易注》曾以第五爻为据，广泛地讨论了君主的智能结构、职责范围、谋略思想、行为准则等诸多方面，但是这种讨论是分散在六十四卦中随文解义进行的，并没有把它们集中概括为一种"为君之道"。李觏继承发展了王弼的易学，根据庆历年间的时代需要，在《易论》中把"为君之道"列为专题着重研究，这在易学论著中实属罕见。

君主贵为天子，富有四海，如何正确使用自己所掌握的权力和财富是一个重要问题。李觏提出了两个必须遵循的行为准则。他说：

> 夫用贵莫若恭，用富莫若俭。恭则众归焉，俭则财阜焉。恭俭者，先王之所以保四海也。损六五曰："或益之十朋之龟，弗克违，元吉。"龟可决疑，喻明智也。以柔居尊，而为损道，明智之士，皆乐为用矣。非徒人助，天且福之。故《象》曰："六五元吉，自上祐也。"恭之得众也如此。贲六五曰："贲于丘园，束帛戋戋，吝，终吉。"丘园谓质素之地也。处得尊位，为饰之主，而每事质素与丘园相似，则费财物束帛乃戋戋众多也，俭之足用也如此。

恭是谦逊有礼，君主使用权力，必须恭以待人，遵循这个准则。这是因为，权力并不等于智能，君主虽然掌握了最大的权力，并不意味着他掌握了最大的智能，所以应该"以柔居尊，而为损道"，争取明智之士的辅助，礼贤下士，招揽人才，来建立一个集思广益的完整的智能结构。俭是节省，君主使用财富，不可奢侈浪费，而应奉行节省。李觏认为，"用贵莫若恭，用富莫若俭"，这是"先王之所以保四海"的两条成功的历史经验。

关于利益的分配，李觏认为，君主应以"溥爱无私"之德广泛地施惠于民，实行惠民政策，不可偏私狭隘，只施惠于自己周围少数的几个亲信。他说：

> 夫上之利民，以财则不足也，百姓安堵而不败其业，利之大者也。益九五曰："有孚惠心，勿问，元吉，有孚惠我德。"谓因民所利而利之，惠而不费，则不须疑问，必获大吉，而物亦以信惠归于我也。夫溥爱

无私，君之德也。反是则非益之谓也。屯九五曰："屯其膏，小贞吉，大贞凶。"膏，谓恩惠也。处屯难之时，居尊位之上，不能博施群小，而系应在二，所惠偏狭，于有司之贞则吉，于大人之贞则凶也。

李觏以同人卦九五、困卦九五、夬卦九五为例，认为君主应该遵循"执刚莫如体柔，责人莫如自修"的常道，奉行一种宽舒徐缓的政策，不可滥用权力，行使威刑，采取高压手段。如果政策出现偏差或遇到阻力，要引咎自责，过而能改。但是，在当时推行新政进行改革的时期，则应作适当的变通。这是因为，人民有一种旧的习惯势力，"可与乐成，难与虑始"，对于政府所颁布的新的法令，不能立即服从接受，必须采用强制性的纪律制裁手段来维护法令的权威。只有在改革成功、变道已成之后，人民才会改变原来的消极观望态度，心悦诚服地拥护新的法令。李觏指出：

> 夫救弊之术，莫大乎通变。然民可与乐成，难与虑始，非断而行之，不足以有为矣。巽初六曰："进退，利武人之贞。"谓处令之初，未能服令，故进退也，则宜用武威以整齐之，乃能成命也。革上六曰："君子豹变，小人革面。"谓居变之终，变道已成，则小人变面以顺上也。（《易论第一》）

在《易论第二》中，李觏专门研究了君主如何任官的问题。由于君主与臣下处于权力结构的两端，结成一种相互依存的关系，臣下固然受君主的权力所支配，君主也因臣下的道德才能素质的影响，而使自己的权力，或者得到加强，或者受到削弱，因而选官用人、委任大臣是君主的首要职责，关系到政治的祸福，国家的治乱，必须慎之又慎。李觏认为，在君主亲自掌握权力管理国家的情况下，"宜得贤才，不可悦信小人，虽未能不加以宠，亦当处之散地，无俾乘势以消君子"。有人问："人君有不自为国而委之大臣，可乎？"李觏回答说："历观众卦，此类颇多，率由阴居尊位，未得刚正，在上而废其聪明，委政于下也。得其人则民受其赐，非其人则职为乱阶。"李觏列举了几种不同的情况作了具体分析。他说：

蒙六五曰："童蒙吉。"谓委于二也。夫蒙之时，阴昧而阳明，五以阴质，居于尊位，不敢以其蒙昧自任，而委之阳刚，付物以能，故获吉也。

师六五曰："田有禽，利执言无咎，长子帅师，弟子舆尸，贞凶。"谓柔非军帅，阴非刚武，故不躬行，必以授也。授不得主，众犹不从，故长子则可，弟子则凶。盖九二得中，可以任也。自阃以外，将军制之，用兵之法，亦其宜矣。

临六五曰："知临，大君之宜，吉。"夫临，刚浸而长，君子道盛之时也。因而纳之，委以其事，则不劳而成功矣。任得君子，庸非智乎！

恒六五曰："恒其德，贞妇人吉，夫子凶。"谓居得尊位，不能制断，而系应于二，专从其唱，以此为常，则妇人之吉，非夫子之道也。以言人君在位，苟不能独断，而牵于臣下，权时则可矣，以之为常，则非君之道也。

关于为臣之道，李觏认为，臣下应该"事君尽礼，致恭存位"，"进明退顺，不失其正"，"君唱臣和"，"以谦为本"。在尚未得到君主信用委任的情况下，必须审时度势，见机而作，如居否之时，动则入邪，不可苟进；居升之时，二与五为应，往必见任；损之初九，"刚以奉柔，当自酌损其刚，乃得合志"；九二"复损己以益柔，则剥道成焉，故不可遄往而利贞"。如果已经得到君主的信用，委任以大臣之位，则应如同涣之六四那样，"内掌机密，外宣化命"，辅助君主，建立大功，不可专擅自恃，侵犯君权，时刻不忘自己所负的重任。随之九四居于臣地而竟然超越职权，使人民前来随己，威望凌驾于君主之上，违背了通常的为臣之道，但是由于九四以阳刚之体而居于兑悦之初，其政策行动得到人民的衷心拥护，说明他志在济物，功绩显著，并没有什么过错。蹇之六二，处于险难之时，作为一个忠臣，"义不忘君"，"志救王室"，也是没有过错的。他说：

涣六四曰："涣其群，元吉。涣有丘，匪夷所思。"谓与五合志，内掌机密，外宣化命，能为群物散其险害，然处上体之下，不可自专，犹有丘墟未平之虑，虽已得大功，所思不可忘也。

随九四曰："随有获，贞凶，有孚在道，以明，何咎。"谓居于臣地，以擅其民，失于臣道，违正者也。体刚居悦，而得民心，能干其事，而成其功者也。虽违常义，志在济物，著信在道，以明其功，何咎之有哉！

蹇六二曰："王臣蹇蹇，匪躬之故。"谓居位应五，不以五在难中，私身远害，执心不回，志救王室者也。故《象》曰："王臣蹇蹇，终无尤也。"（《易论第三》）

李觏关于为臣之道的这些论述，针对性是很强的，实际上是援引易理表达了他对当时领导新政的大臣范仲淹等人的热切的期望。这与石介的易学思想有着惊人的类似。石介在《上范经略书》中，也援引蹇之六二，希望范仲淹值此蹇难之时，能切实地负起领导的责任，拨乱反正，匡救王室。他说：

蹇之《彖》曰："利见大人，贞吉。"《彖》曰："蹇，难也，险在前也。见险而能止，智矣哉。""利见大人，往有功也，当位贞吉，以正邦也。"其说谓非大人不能济蹇，非智者不能止险，不当位与当位失正，无以正邦。故六二："王臣蹇蹇，匪躬之故。"二与五应，二居臣位，五居君位，不以五在难中，私身远害，而蹇蹇以进，志扶王室。故九五"大蹇朋来"解之。解亦曰："有攸往，夙吉。"言有难而往，以速为吉也。……

介又观兵兴以来，人多辞劳就逸，惮险苟安，独阁下不爱其身，不顾其家，不惜其禄位，极诚尽节，以必得贼昊而后归为心。此得"王臣蹇蹇"之节，"有攸往夙吉"之善。天下以征西之任归于阁下，又阁下实有取元昊之才，而复能尽忠臣之节，区区元昊，有不平乎！（《徂徕石先生文集》卷十七）

可以看出，虽然石介和李觏都对范仲淹寄予厚望，但是石介的重点在于"责臣"，而李觏的重点在于"责君"。石介认为，只要范仲淹能负起领导的责任，尽忠臣之节，就能挽救时局，取得成功。李觏却从为君之道的角度作了全面的考虑，要求君主必须对大臣有足够的信任。事实上，范仲淹所推行的庆历新政不到一年即被取消，他的十条改革方案变为一纸空文，关键并不在于范仲淹缺乏应有的才德，而在于君主缺乏对大臣的信任。在宋代的君主集权的政治体制中，如何建立一种同心同德、相亲相辅的君臣关系，始终没有得到妥善解决。因此，李觏根据《周易》的基本原理，认为"独阴孰始，独阳孰生，万事云为，未有不因人以成"，只有合理地处理君臣关系，使之按照刚柔相济、阴阳协调的原则结成一种和谐统一的政治共同体，改革事业才能取得成功。他在为君之道中特别举了几个卦时作了具体的提示。如蒙之时，阴昧而阳明，君主必须求师辩惑，仰赖九二阳刚之臣的辅助；师为出军遣将以讨不庭之时，君主必须完全信任由自己所委任的军帅；临之时，君子道盛，君主则应以豁达大度的宽广胸怀，委贤任能，不劳而成功。李觏所举的这几个卦时，都是针对宋代政治生活中的弊端，有所指而发的。

李觏通过这些讨论得出结论，认为君主如何处理君臣关系、委任大臣，作出决策，直接关系到政治的成败祸福，必须慎之又慎。有人问："然则不慎而失之者，尚可及乎？"李觏回答说："亦在人之明与昧也。明者则辩之于早，过而能改，故可及也；昧者则以智饰非，至于贯盈，虽悔无及矣。""亦有势犹可救，而弗用谋言，遂及败覆者，兹又不明之甚也。""噫！过而不能知，是不智也；知而不能改，是不勇也。持疑犹豫，目以无害，古之亡国败家，未尝不以此也。"（《易论第九》）因此，李觏的《易论》对为君之道进行了重点研究，要求君主抱着"以忧患之心，思忧患之故"的精神去读《周易》，从中汲取管理国家、保持权力的政治智慧，谆谆告诫统治者在决策活动中应该自始至终警惕危惧，减少失误，苦口婆心地指出："昔大禹之训曰：'予临兆民，懔乎若朽索之驭六马。'夫能保万世无疆之休，其唯知惧者乎。"（《易论第十二》）

第八章　欧阳修的《易童子问》

　　易学是经学的一个组成部分，不能脱离经学而独立，因而其发展的总的线索是与经学的演变相一致的。皮锡瑞在《经学历史》中，引王应麟、陆游等人的言论为证，认为经学自汉至宋初未尝大变，至庆历始一大变，进入"变古时代"。所谓"变古"，实质上是一场推陈出新、去伪存真的经学复兴运动，不仅改变恪守汉唐注疏古义的风气，而且改变不敢怀疑圣人经典的风气，凭借自由的思考去大胆地议论五经的真伪，目的在于承接道统，创建一种适应于宋代的时代需要的新经学。欧阳修的《易童子问》开"变古"风气之先，是这个时期的代表作，在易学史和经学史上都产生了极为深远的影响。

　　变古时代的学风呈现一种多元化的倾向，百家争鸣，人各异说。比如欧阳修、苏轼毁《周礼》，李觏、王安石却奉《周礼》为主要经典；李觏、司马光疑《孟子》，欧阳修、王安石却极力推崇《孟子》。即如对《周易》的看法而言，"欧公语《易》，以谓《文言》《大系》皆非孔子所作，乃当时易师为之耳。韩魏公（韩琦）心知其非，然未尝与辩，但对欧公终身不言《易》。""欧阳公以《河图》、《洛书》为怪妄。东坡云：'著于《易》，见于《论语》，不可诬也。'南丰（曾巩）云：'以非所习见，则果于以为不然，是以天地万物之变为可尽于耳目之所及，亦可谓过矣。'苏、曾皆欧阳公门人,而议论不苟同如此。"(见《宋元学案·卢陵学案》附录)至于对《周易》的诠释,或偏于天道,或偏于人事,或重象数,或重义理,思路互不相同,风格迥然相异,尚未形成一种统一的格式。其所以如此,是因为庆历之际是经学史上新旧交替的一个重大的转折关头,每个从事经学研究的人都面临着一个大破大立的任务,究竟应该破什么,立什么,如何辨别真伪,如何决断是非,这一切都处于探索和创造的过程之中,并没有达成某种共识。在这种情况下,人们根据自己的理性以及对现实和历史的不同的感受去通经学古,锐意求新,以解决大破大立的任务,其所发明的经旨,所开拓的思路,也就自然会不尽相同,在学风上也就自然会呈现出一种开放而自由的多元化的倾向。

探索与创造,大破与大立,这个过程是进行得十分艰苦的。欧阳修的《读书》诗以两军对战为喻生动地描述了这个过程:"正经首唐虞,伪说起秦汉,篇章与句读,解诂及笺传,是非自相攻,去取在勇断,初如两军交,乘胜方酣战,当其旗鼓催,不觉人马汗。至哉天下乐,终日在几案。"(《居士集》卷九)这是欧阳修个人读书时的心态,实际上,庆历之际一批具有创新精神的经学家几乎都是抱着这种心态来读书的。当时仍沿用唐代颁行的《九经正义》取士,著为定论,凡不本《正义》者,谓之异端,但是其中伪说滋漫,是非淆乱,而且混杂了大量的怪奇诡僻的谶纬之文,学者展卷阅读,有如两军对战,进行一场理性的搏斗,真伪的较量,此时此际,唯有挺立主体意识,高扬理性精神,明辨是非,勇于决断,披荆斩棘,乘胜追击,才能超越汉唐注疏而复归于先秦正经,创立新解,否则,如果丧失了主体意识和理性精神,被各种伪说和怪异之言所惑乱,以讹传讹,谬种流传,那么在这场战斗中就落于失败的一方。因而几案之乐不在战斗的进行之中,而在战斗的结束之后。当战斗正在进行时,紧张激烈,艰苦备尝,人困马乏,大汗淋漓。经历了这个过程结束了战斗,完成了大破大立的任务,这才会踌躇满志,体会到一种胜利的喜悦。从他们的这种读书的心态来看,庆历之际的经学家都可以称为理性思维的英雄。严格说来,欧阳修等人并不单纯是专门从事学术研究如同汉唐经师的那种经学家,而主要是具有远见卓识的思想家和政治家。他们站在时代的前列,对当时紧迫的时代需要有着真切的感受，对复兴儒学重建价值理想有着坚定的信念，每人都提出了一套拨乱反正挽救时局的政治主张。唯其如此，所以他们的研究比一般的经学家所站的角度更高，期望值更大，从而普遍地激发出一种"去取在勇断"的英雄气概和锐意求新的创造精神，推动了经学的变古之风。尽管他们所发表的各种具体的论点显得零碎片断，不成系统，而且众说纷纭，可商榷之处不少，但就总体而言，都是结合时代课题的高层次的思考，蕴含着丰富的社会历史内容，反映了时代的精神风貌。因此，我们今天研究欧阳修的易学思想，应该联系到这个宏观的时代背景去深入地把握他的用心所在。

欧阳修的易学著作除《易童子问》外，尚有《易或问》《明用》《张令注周易序》《传易图序》《送王陶序》（一作《刚说》）、《系辞说》多种。概括说来，其中表现了一种义理派的易学倾向，反对卜筮，反对河洛图书之学，也反对以心性说《易》，认为《系辞》《文言》《说卦》《序卦》《杂卦》皆非孔子所作，强调《易》止于人事而与天道无关。

欧阳修和李觏一样，极力推崇王弼，明确申言他的易学乃是直接继承王弼而来。在《张令注周易序》中，欧阳修指出：

> 《易》之为书，无所不备，故为其说者，亦无所不之。盖滞者执于象数以为用，通者流于变化而无穷，语精微者务极于幽深，喜夸诞者不胜其广大，苟非其正，则失而皆入于贼。若其推天地之理，以明人事之始终，而不失其正，则王氏超然远出于前人。惜乎不幸短命，而不得卒其业也。（《居士外集》卷十四）

在《传易图序》中，他指出：

> 《易》之传注，比他经为尤多，然止于王弼，其后虽有述者，不必皆其授受，但其传之而已。（《居士外集》卷十五）

在《易或问》中，他指出：

呜呼！文王无孔子，《易》其沦于卜筮乎！《易》无王弼，其沦于异端之说乎！因孔子而求文王之用心，因弼而求孔子之意，因予言而求弼之得失，可也。（《居士集》卷十八）

欧阳修是一位史学家，他的这个看法是对易学的演变进行了一番全面的研究后而得出来的，有着大量的史实依据，并非出于个人的主观偏好。照欧阳修看来，易学的演变是人文理性与卜筮占术两种不同的思想倾向相互斗争消长的过程，在历史的长河中经历了三次大的起伏。第一次起伏发生于文王之时。《易》本源于卜筮，"六十四卦，自古用焉；夏商之世，筮占之说，略见于书"。这是史有明证的。"文王遭纣之乱，有忧天下之心，有虑万世之志，而无所发，以谓卦爻起于奇偶之数，阴阳变易，交错而成文，有君子小人进退动静刚柔之象，而治乱盛衰得失吉凶之理具焉，因假取以寓其言，而名之曰《易》。"这是说，文王根据人文理性对远古相传而来的卜筮占术进行了创造性的转化，假取象数以明义理。因此，"《易》者，文王之作也。其书则经也，其文则圣人之言也，其事则天地万物君臣父子夫妇人伦之大端也"。《易》的作者并非伏羲而是文王，《易》的精髓并非大衍之数而是其中所寄寓的人文理性。但是，由于文王沿用了大衍之数的古之占法，变更了古之占辞而作六爻之文，"更其辞而不改其法"，后世或"专其辞于筮占"，或"遗其辞而执其占法"，以致"文王之志没而不见"，《易》又沦为卜筮。

第二次起伏发生于孔子之时。"孔子出于周末，惧文王之志不见于后世，而《易》专为筮占用也，乃作《彖》《象》，发明卦义，必称圣人君子王后以当其事，而常以四方万国天地万物之大以为言，盖明非止于卜筮也。所以推原本意而矫世失，然后文王之志大明，而《易》始列乎六经矣。《易》之沦于卜筮，非止今世也，微孔子，则文王之志没而不见矣。"孔子维护了文王作《易》之本意，对其中所寄寓的人文理性作了进一步的发展，强调圣人君子的价值理想，着眼于宇宙人生的高层次的思考，于是《易》又免于沦为卜筮而上升到儒家六经的崇高地位。（见《易或问》）

第三次起伏发生于秦汉以后。自孔子殁，周益衰，王道丧而学废，接乎战国，百家之异端起，十翼之说，不知起于何人。其中《系辞》《文言》皆非圣人之作，《说卦》《杂卦》乃筮人之占书。据说秦人焚书，以《易》为卜筮之书，幸免于火，实际上，孔子之古经已亡，《易》亦不得为完书。汉代易学传授，分为三家。有田何之易，焦赣之易，费直之易。凡学有章句者，皆祖之田氏。凡学阴阳占察者，皆祖之焦氏。凡以《彖》《象》《文言》等参入卦中者，皆祖之费氏。田焦之学，废于汉末，费氏独兴。今行世者，惟有王弼《易》，其源出于费氏。比较起来，在易学的众多的传注之中，王弼的易学不失其正，超然远出于前人，但仍然辨析不精，有得有失，善矣而未尽。因此，欧阳修认为，当易学发展到宋代庆历之际，应该根据王弼的易学，追本溯源，考订真伪，如实地体会文王、孔子作《易》之用心，发扬其中所蕴含的人文理性精神。（见《易或问》《传易图序》）

在《易童子问》中，欧阳修列举了大量的例证，说明《系辞》《文言》等篇之文"繁衍丛脞""自相乖戾"，皆非圣人之作。就其"繁衍丛脞"而言，虽于易义无甚大害，但是重复杂乱，显然是后人杂取众讲师之言，择之不精，拼凑编纂而成，如果认为是圣人之作，实为大谬。至于其"自相乖戾"之处，则由于"害经而惑世"，诖误学者，为患甚大，不可以不辨。欧阳修指出，关于元亨利贞，《文言》既说是乾之四德，又说"乾元者，始而亨者也，利贞者，性情也"。这就并非四德。这两个说法是互相矛盾的。实际上，元亨利贞乃古之占辞，"自尧舜已来，用卜筮尔"。孔子在《彖传》中作了人文理性的解释，"不道其初"，并未说成是四德。据《左传·襄公九年》记载，四德说出自鲁穆姜，为孔子未生之前之说。由此可见，《文言》非孔子所作。关于八卦的起源，《系辞》一方面认为八卦出自河图洛书，而图书乃神马负之自河而出以授予伏羲的，这就是说，八卦非人之所为，乃天之所降；另一方面又说八卦是伏羲仰观俯察，近取诸身，远取诸物，由自己创作出来的，这就与前说相矛盾，认为八卦乃人之所为，而与河图无关。《说卦》又提出了另一个说法，"昔者圣人之作易也，幽赞于神明而生蓍"，认为八卦出于蓍。这三个说法自相乖戾，无法相通，不能相容，决不可妄信为圣人之言。虽然如此，欧阳修并不否定《系辞》等篇存在的价值，只是强调把它们看作是讲师解经的"大传"，其中既有口耳相传的圣人之言，也有由讲师妄加的非圣人之言，需要进行一番理性的研究，考订真伪，明辨是非，不能盲目轻信，牵强附会，曲为之说。

欧阳修对《系辞》等篇的研究，依据三条原则，一是"质于夫子平生之语"，二是"以常人之情而推圣人"，三是"推之天下之至理"，总的是贯穿了一种理性精神。既然他的研究是从严谨的理性出发，所以由大胆的怀疑而达于高度的确信，"勇于敢为而决于不疑"，"敢取其是而舍其非"。在《易或问》中，欧阳修明确地表述了他的研究的结论：

> 或问曰：今之所谓《系辞》者，果非圣人之书乎？曰：是讲师之传，谓之"大传"，其源盖出于孔子而相传于易师也。其来也远，其传也多，其间转失而增加者，不足怪也。故有圣人之言焉，有非圣人之言焉。其曰"《易》之兴也，其于中古乎。作《易》者其有忧患乎，其文王与纣之事欤，殷之末世、周之盛德欤"。若此者，圣人之言也。由之，可以见《易》者也。"河出图，洛出书。圣人幽赞神明而生蓍。两仪生四象"。若此者，非圣人之言，凡学之不通者，惑此者也。知此，然后知《易》矣。（《居士外集》卷十）

欧阳修认为，当时流行的图书象数之学摭取"非圣人之言"作为立论的依据，实际上是建立在"自相乖戾"之说的基础之上，因而根本站不住脚。可以确信为"圣人之言"的，是其中阐明文王于殷周之际怀着忧患意识而作《易》的一段言论，因为这是历史事实，也是文王作《易》的本意。学者如果由这段言论去深刻体会文王作《易》的忧患意识，就可以正确地把握《易》的核心思想及其用心所在。欧阳修的易学强调忧患意识，这与李觏的易学是完全相通的。李觏在《易论》中指出："噫！作《易》者既有忧患矣，读《易》者其无忧患乎？"忧患意识是一种浓郁的人文情怀，关注社会人事的治乱得失。李觏本着这种易学倾向批评刘牧的图书象数之学"释人事而责天道"，其所编织的天象图式是"穿凿以从傀异，考之破碎，鲜可信用"。欧阳修则进一步指出，图书象数之学乃"曲学之士牵合附会以苟通其说，而遂其一家之学"，"误惑学者，其为患岂小哉"，必须严厉制止。

欧阳修不仅反对图书象数之学,也反对以心性说《易》的倾向。他在《答李诩第二书》中指出:"修患世之学者多言性,故常为说曰,夫性,非学者之所急,而圣人之所罕言也。《易》六十四卦,不言性,其言者,动静得失吉凶之常理也。《春秋》二百四十二年,不言性,其言者,善恶是非之实录也。《诗》三百五篇,不言性,其言者,政教兴衰之美刺也。《书》五十九篇,不言性,其言者,尧舜三代之治乱也。《礼》、《乐》之书虽不完,而杂出于诸儒之记,然其大要,治国修身之法也。六经之所载,皆人事之切于世者,是以言之甚详,至于性也,百不一二言之。"欧阳修认为,心性之说是"无用之空言",君子应该把自己的精力用于修身治人,不必去追究性之善恶。因为如果性善,身不可以不修,人不可以不治,如果性恶,仍然是身不可以不修,人不可以不治。不修其身,虽君子而为小人,能修其身,虽小人而为君子。治道备,人斯为善;治道失,人斯为恶。所以做一个君子,应"以修身治人为急,而不穷性以为言"。(见《居士集》卷四十七)

欧阳修的易学突出地表现了一种重人事而轻天道的倾向,他反复申说,《易》的主旨在于急人事之用,而与天道无关。比如他说:"圣人急于人事者也,天人之际罕言焉。"(《易童子问》)"《易》之为说,一本于天乎?其兼于人事乎?曰:止于人事而已矣,天不与也。"(《易或问》)欧阳修并不否认客观上存在着一种"天地之常理",也不反对对天道进行高层次的哲学研究,只是强调这种研究必须落实于人事。比如他说:"物无不变,变无不通,此天理之自然也。""阴阳反复,天地之常理也。圣人于阳尽变通之道,于阴则有所戒焉。"(《明用》)"物极则反,数穷则变,天道之常也。""剥尽则复,否极则泰,消必有息,盈必有虚,天道也。是以君子尚之。""圣人者,尚消息盈虚而知进退存亡者也。""困亨者,困极而后亨,物之常理也,所谓易穷则变,变则通也。困而不失其所亨者,在困而亨也,惟君子能之。"(《易童子问》)

欧阳修的这种易学倾向既是对植根于易学传统中的"推天道以明人事"精神的一种合理的继承,也是对庆历之际紧迫的时代课题的一种积极的回应。欧阳修与范仲淹同为庆历新政的领袖人物。他于庆历二年写成的《本论》三篇,对当时的时代课题提出了自己的纲领性的看法。《本论》上篇着眼于政治上的拨乱反正，认为宋代立国八十年，就客观条件而言，本可以造成一个与历史上的盛世相媲美的局面，但是现实的情况却是陷入了深重的危机，"财不足用于上而下已弊，兵不足威于外而敢骄于内，制度不可为万世法而日益丛杂，一切苟且，不异五代之时。此甚可叹也"。究其原因，主要是由于没有取法于三代，"不推本末，不知先后"，在决策思想上犯了根本性的错误。（《居士外集》卷九）《本论》中、下两篇着眼于思想上的拨乱反正，认为佛法为中国患千余岁，受患之本并不在于佛法本身的蛊惑作用，而在于"王道不明而仁义废"，造成价值的失落，精神的空虚，使得佛法得以乘虚而入。因此，唯有礼义才是胜佛之本，应该大力复兴儒学，推行三代的礼义之教，使之深入人心，充于天下，"其所以胜之之道，非有甚高难行之说也，患乎忽而不为尔"（《居士集》卷十七）。欧阳修根据这种对时代课题的热切的关怀从事经学研究，力图把握圣人的用心所在，找到一种拨乱反正以摆脱现实困境的救世良方，所以很自然地急于人事之用，自觉地继承儒学中的功利主义的思想倾向。他在《诗解统序》中指出："《易》《书》《礼》《乐》《春秋》，道所存也，《诗》关此五者，而明圣人之用焉。习其道，不知其用之与夺，犹不辨其物之曲直而欲制其方圆，是果于其成乎？"在《王国风解》中指出："六经之法，所以法不法，正不正。由不法与不正，然后圣人者出，而六经之书作焉。"（《居士外集》卷十）在《问进士策》中指出："儒者之于礼乐，不徒诵其文，必能通其用；不独学于古，必可施于今。"（《居士集》卷四十八）

欧阳修在经学研究中，一直是强调经世致用，他之所以特别推崇《周易》，把《周易》置于群经之首的地位，就是由于他通过全面的考察比较，认为唯有《周易》最能切合人事之用。他在《送王陶序》中明确指出："六经皆载圣人之道，而《易》尤明圣人之用。吉凶得失动静进退，《易》之事也。其所以为之用者，刚与柔也。"刚为阳为德为君子，柔为阴为险为小人。就《周易》的卦爻结构所显示的"君子小人进退动静刚柔之象"而言，是一种客观自然的"天命之理"，但就君子如何发挥主观能动性，加强人事的努力，用刚以克柔而言，则是一种"人事之势"。圣人在《周易》中反复教导君子善用其刚，"有渐而不失其时，又不独任，必以正以礼以悦以和而济之，则功可成。此君子动以进而用事之方也"。因此，圣人在《周易》中所阐明的天人之理，其用心所在是强调人能胜天。尽管世之君子少而小人多，但是只要君子"力学好刚以蓄其志"，弘扬主体意识和理性精神，善用其刚，就能改变君子与小人的势力的对比，达到拨乱反正以摆脱现实困境的目的。在《送张唐民归青州序》中，欧阳修表述了他对天人关系问题的总的看法："呜呼！人事修，则天下之人，皆可使为善士，废则天所赋予其贤亦困于时。夫天非不好善，其不胜于人力者，其势之然欤！此所谓天人之理，在于《周易》否、泰消长之卦。能通其说，则自古贤圣穷达而祸福，皆可知而不足怪。"（《居士集》卷四十二）

欧阳修所说的"天命之理"，指的是客观形势，"人事之势"指的是主体行为。王弼的《周易注》对二者的关系作了详尽的讨论，认为"卦以存时，爻以示变"，对卦义的研究是为了认清形势，对爻义的研究是为了进行决策，认识与行为紧密结合，完全着眼于人事。欧阳修的易学也是完全着眼于人事，所以自然与王弼相通，极力推崇王弼的易学。但是由于庆历之际的时代课题与正始年间有很大的不同，所以欧阳修认为王弼的易学有得有失，"善矣而未尽"，需要根据新的历史条件作出进一步的发展。在《易或问》中，欧阳修指出：

> 或问曰：王弼所用卦爻象象，其说善乎？曰：善矣而未尽也。夫卦者，时也。时有治乱，卦有善恶。然以象象而求卦义，则虽恶卦，圣人君子无不可为之时，至其爻辞，则艰厉悔吝凶咎，虽善卦，亦尝不免，是一卦之体而异用也。卦象象辞常易而明，爻辞常怪而隐，是一卦之言而异体也。知此，然后知《易》矣。夫卦者，时也。爻者，各居其一位者也。圣人君子，道大而智周，故时无不可为。凡卦及象象，统言一卦之义，为中人以上而设也。爻之为位有得失，而居之者逆顺六位，君子小人之杂居也。君子之失位，小人之得位，皆凶也。居其位而顺其理者吉，逆其理者亦凶也。六爻所以言得失逆顺而告人以吉凶也，爻辞兼以中人以下而设也。是以论卦多言吉，考爻多凶者，由此也。卦象象辞，大义也，大义简而要，故其辞易而明。爻辞，占辞

也。占有刚柔进退之理，逆顺失得吉凶之象，而变动之，不可常者也，必究人物之状以为言，所以告人之详也。（《居士外集》卷十）

欧阳修认为，王弼易学的未尽之处在于没有辨别卦与爻的不同。卦为中人以上而设，为圣人君子所用，爻则为君子小人之杂居，兼以中人以下而设。由于圣人君子道大而智周，尽管客观形势不利，也能采取正确的行动，趋吉避凶，转祸为福，所以论卦多言吉。至于考爻之所以多凶，是因为君子小人杂居六爻之位，刚柔相推，变动无常，君子之失位固然是凶，小人之得位也同样是凶，尽管客观形势有利，也常以艰厉悔吝凶咎等辞使人知所戒惧警惕。照欧阳修看来，"一卦之体而异用""一卦之言而异体"，卦与爻的体用皆不相同，只有仔细辨别出这种不同，才能把握君子小人进退消长之理，理解圣人作《易》所明之大用。

欧阳修对王弼易学的发展，主要表现在站在复兴儒学的立场，强调君子小人之辨，力图发扬儒家君子的刚健有为的精神，以推动庆历新政的改革事业。关于君子小人之辨，在当时的政治生活中，成了一个十分突出的问题。庆历之际，以范仲淹、欧阳修为首的一批改革家屡次为小人所诬，目之曰朋党，受到贬黜。欧阳修作《朋党论》，列举了大量的历史事例，为"朋党"正名。他指出："朋党之说，自古有之，惟幸人君辨其君子小人而已。"君子与君子以同道为朋，这是"真朋"，小人与小人以同利为朋，这是"伪朋"。如果君主用人能退小人之伪朋，用君子之真朋，则天下治。反之，如果像汉献帝、唐昭宗那样，用小人之伪朋，禁绝诛戮君子之真朋，则乱亡其国。因此，君子小人之辨直接关系到国家的兴亡治乱，不可掉以轻心，等闲视之。（《居士集》卷十七）由于君子与小人之间的势力的消长属于人事，所以欧阳修对《周易》的解释，也就紧密结合这个时代课题，表现出一种重人事而轻天道的倾向。

在《易或问》中，欧阳修以泰、否二卦为例，说明《易》之为说止于人事而与天道无关；以谦卦为例，说明天地鬼神之道与人道无异，实际上是从人道推测出来的，仍然是着眼于修人事。他论证说：

泰之象曰：君子道长，小人道消。否之象曰：小人道长，君子道消。夫君子进，小人不得不退。小人进，君子不得不退。其势然也。君子盛而小人衰，天下治于泰矣。小人盛而君子衰，天下乱于否矣。否、泰，君子小人进退之间尔，天何与焉！

　　问者曰：君子小人所以进退者，其不本于天乎？曰：不也。上下交而其志同，故君子进以道。上下不交而其志不通，则小人进以巧。此人事也，天何与焉！

　　欧阳修并不否认谦卦所说的天地鬼神之道，但却认为，天地鬼神之心不可知，以人之情而推其迹，会而通之，则天地神人无以异。欧阳修由此而提出了他对易学的总的看法：

　　使其不与于人乎，修吾人事而已。使其有与于人乎，与人之情无以异也，亦修吾人事而已。夫专人事，则天地鬼神之道废；参焉，则人事惑。使人事修，则不废天地鬼神之道者，谦之象详矣。治乱在人而天不与者，否、泰之象详矣。推是而之焉，《易》之道尽矣。（《居士外集》卷十）

　　《易童子问》是欧阳修的易学代表作，分为三卷，人们大多熟知他在下卷中大胆否定《系辞》等篇为孔子所作的言论，但是最能体现他的易学特色和用心所在的思想，则集中于上、中两卷。在这两卷中，欧阳修解释了四十个卦的卦义而未涉及爻义。因为照他看来，卦义是为中人以上的圣人君子而设，爻义兼以中人以下而设，也包括小人。在他所生活的那个时代，为了进行政治和思想上的拨乱反正，首要的任务是要在士大夫群体中树立圣人君子的人格理想，培养一种以天下为己任的担待精神，所以应该先从大处着眼，去体会卦义中的修己治人之道，而不必去关注那些"尽万物之理而为之万事之占"的爻义。欧阳修认为，"凡欲为君子者，学圣人之言，欲为占者，学大衍之数，惟所择之焉耳"。爻辞即占辞，其辞怪而隐，卦象象辞为圣人之言，其辞易而明。欧阳修对《周易》的解释，略去爻义

而专讲卦义，其用心所在就是学圣人之言，做一个儒家的君子。比如他对豫卦卦义的解释：

> 童子问曰："雷出地奋，豫。先王以作乐崇德，殷荐之上帝，以配祖考。"何谓也？曰：于此见圣人之用心矣。圣人忧以天下，乐以天下。其乐也，荐之上帝祖考而已，其身不与焉。众人之豫，豫其身耳。圣人以天下为心者也；是故以天下之忧为己忧，以天下之乐为己乐。

欧阳修从豫卦的象辞中见出圣人之用心，体会到一种"忧以天下，乐以天下"的人文情怀，这与范仲淹求古仁人之心所体会到的"先天下之忧而忧，后天下之乐而乐"，是完全相通的。

在对损、益二卦的解释中，欧阳修强调君子一身而系天下之利害，应该具有强烈的使命感，自觉地迁善改过，提高自己的道德修养和认识能力。他说：

> 童子又曰：损之象曰"君子以惩忿窒欲"，益之象曰"君子以见善则迁，有过则改"，何谓也？曰：呜呼！君子者，天下系焉，其一身之损益，天下之利害也。君子之自损，忿欲尔；自益者，迁善而改过尔。然而肆其忿欲者，岂止一身之损哉，天下有被其害矣。迁善而改过者，岂止一己之益哉，天下有蒙其利者矣。
>
> 童子曰：君子亦有过乎？曰：汤、孔子，圣人也，皆有过矣。君子与众人同者，不免乎有过也，其异乎众人者，过而能改也。汤、孔子不免有过，则《易》之所谓损益者，岂止一身之损益哉！

关于道德修养，欧阳修依据象象所发明的卦义，以中正之道作为根本的价值取向。比如他指出："呜呼！事无不利于正，未有不正而利者。圣人于卦，随事以为言。故于坤，则利牝马之正。于同人，则利君子正。于明夷，则利艰正。于家人，则利女正。""凡居蹇难者，以顺而后免于患，然顺过乎柔，则入于邪，必顺而不失其正。"

童子问曰：节之辞曰，"苦节不可贞"者，自节过苦而不得其正欤？物被其节而不堪其苦欤？曰：君子之所以节于己者，为其爱于物也。故其象曰，"节以制度，不伤财，不害民"者，是也。节者，物之所利者，何不堪之有乎！夫所谓苦节者，节而太过，行于己不可久，虽久而不可施于人。故曰不可正也。

童子问曰：小过之象曰，"君子以行过乎恭，丧过乎哀，用过乎俭"者，何谓也？曰：是三者，施于行己，虽有过焉，无害也。若施于治人者，必合乎大中，不可以小过也。盖仁过乎爱，患之所生也。刑过乎威，乱之所起也。推是可以知之矣。

关于认识能力，欧阳修强调应掌握消息盈虚物极则反的自然之理，顺时而动，善于根据客观形势的变化调整自己的行为，正确处理君子与小人之间的关系。比如他对屯、剥二卦之时的解释，认为屯之世，动乎险中，众人宜勿往，而为君子动以经纶之时，至于剥卦为阴剥阳，小人道长，君子道消，则为君子止而不往之时。因此，君子应崇尚天道，顺其时而止，亦有时而进。他解释艮卦说："艮者，君子止而不为之时也。时不可为矣，则止而待其可为而为者也。"复为一阳初生之卦，其卦义为动，然而象辞却说，先王以至日闭关，商旅不行，后不省方，说的是静。欧阳修解释说："至日者，阴阳初复之际也，其来甚微。圣人安静以顺其微，至其盛，然后有所为也。不亦宜哉！"如何处理君子与小人的关系，是欧阳修关注的重点，他在解释夬卦时，表述了自己的基本原则：

童子问曰："夬，不利即戎。"何谓也？曰：谓其已甚也。去小人者不可尽。盖君子者，养小人者也。小人之道长，斯害矣，不可以不去也。小人之道已衰，君子之利及乎天下矣，则必使小人受其赐而知君子之可尊也。故不可使小人而害君子，必以君子而养小人。夬，刚决柔之卦也。五阳而一阴，决之虽易，而圣人不欲其尽决也，故其象曰"所尚乃穷"也。小人盛则决之，衰则养之，使知君子之为利，故其象曰"君子以施禄及下"。小人已衰，君子已盛，物极而必反，不

可以不惧，故其象又曰"居德则忌"。

　　总起来说，欧阳修在《易童子问》中，通过对卦义的解释，联系时代需要阐发了他对圣人之用心的理解，呼唤一种主体意识和理性精神。他曾明确指出，孔子作《彖》《象》，发明卦义，"必称圣人君子王后以当其事，而常以四方万国天地万物之大以为言，盖明非止于卜筮也"（《易或问》）。这既是他对圣人之用心的理解，也是他自己从事易学研究的根本的出发点。欧阳修的学术成就是多方面的，在当时的士大夫群体中享有极高的声誉，是一位转移风气的人物。苏轼在《居士集序》中高度评价了他的学术思想及其所产生的巨大影响："其学推韩愈、孟子以达于孔氏，著礼乐仁义之实以合于大道，其言简而明，信而通，引物连类，折之于至理，以服人心，故天下翕然师尊之。自欧阳子之存，世之不悦者，哗而攻之，能折困其身而不能屈其言。士无贤不肖，不谋而同曰，欧阳子，今之韩愈也。宋兴七十余年，民不知兵，富而教之。至天圣景祐，极矣，而斯文终有愧于古，士亦因陋守旧，论卑而气弱。自欧阳子出，天下争自濯磨，以通经学古为高，以救时行道为贤，以犯颜纳说为忠，长育成就，至嘉祐末，号称多士，欧阳子之功为多。"欧阳修的易学是他的学术思想的重要组成部分，在激励士风继承道统上所产生的影响不可低估，同样应给予高度的评价。

第九章　司马光的《温公易说》

　　司马光以史学名家，但也潜心研究易学。他的史学成就集中体现于"网罗宏富，体大思精"的《资治通鉴》之中，为世人所瞩目，在易学方面，则显得不大相称，只留下了一部撰次未成的《易说》，其释本卦，或三四爻，或一二爻，且有全无说者，惟《系辞》差完备，而《说卦》以下，仅得二条。虽然如此，就学术思想而言，他的史学和易学却是彼此互通，结为一体，相得益彰，不可分割的。如果说他的史学研究主要着眼于"通古今之变"，易学研究则主要着眼于"究天人之际"。"究天人"是为了使自己能站在哲学的高度从整体上去更好地"通古今"，"通古今"是为了具体地考见"国家之兴衰"，"生民之休戚"，切实地把握天人之学的思想精髓和价值理想。司马光的这种学术思想是自觉地继承司马迁所开创的史学传统发展而来的。

　　司马迁在《报任少卿书》中曾说他作《史记》的目的在于"究天人之际，通古今之变，成一家之言"。这是他秉承父志，从深厚的家学渊源和史官文化传统中提炼而成的千古名言。司马迁之父司马谈为太史令，"学天官于唐都，受《易》于杨何，习道论于黄子"，是汉代易学的重要传人，毕生致力于易学和史学的结合。司马迁受家学的熏陶，在"通古今"方面推崇《春秋》，在"究天人"方面则推崇《周易》。他认为，"《易》著天地阴阳四时五行，故长于变"，其特点为"本隐之以显"，即根据抽象普遍的哲学原理来揭示具体实际的运作所遵循的规律。《春秋》记述鲁隐公元年以来二百四十二年之间的人与事，上明三王之道，下辨人事之纪，故长于治人，其特点为"推见至隐"，即通过一些具体的历史事例来表明其中所隐含的微言大义。因此，司马迁所建构的一家之言，主要是易学和史学相结合的产物。司马光奉司马迁为典范，他穷十九年之力修成的《资治通鉴》"体大思精"，也建构了一家之言，是一个完整的体系，可以与司马迁的《史记》相媲美，人称史部千秋两司马。在这个体系中，"鉴前世之兴衰，考当今之得失，嘉善矜恶，取是舍非"，一方面是"推见至隐"，同时也"本隐之以显"，有虚有实，有隐有显，贯穿了一条历史与逻辑、事实与价值相统一的思想线索，与司马迁的体系同样是易学和史学相结合的产物。从这个角度来看，如果不了解司马光的易学，便无从了解他的史学，反过来说也一样，如果不了解他的史学，便无从了解他的易学。

司马光研究易学兼及于扬雄的《太玄》，曾作《太玄注》，并仿效《太玄》作《潜虚》。他认为，《玄》为赞《易》之作，是学《易》的阶梯，"愿先从事于《玄》以渐而进于《易》"。张敦实在《潜虚发微论》中指出："以温公平生著述论之，其考前古兴衰之迹，作为《通鉴》，自《潜虚》视之，则笔学也。留心《太玄》三十年，既集诸说而为注，又作《潜虚》之书，自《通鉴》视之，则心学也。今世于笔力之所及者，家传人诵，至于心思之所及，则见者不传，传者不习。道极于微妙，而不见于日用之间，亦何贵乎道哉！"（见《宋元学案·涑水学案》）《潜虚》为拟《太玄》而作，《四库全书总目》列入"术数类"，称之为"易外别传"，其《易说》，则列入"经部易类"，属于易学正宗。据此而论，在司马光的著述中，《易说》的地位应高于《潜虚》。《易说》为"心学"，《通鉴》为"笔学"，"心学"着眼于明体，"笔学"着眼于达用，用不离体，体不离用，会而通之，则司马光所建构的体系，与胡瑗、李觏等人一样，也是一种明体达用之学。

司马光在《资治通鉴》中，常引易义发论，作为明是非、别善恶的立论依据。如论周始命韩、赵、魏为诸侯云："文王序《易》以乾、坤为首。孔子系之曰：天尊地卑，乾坤定矣。卑高以陈，贵贱位矣。言君臣之位犹天地之不可易也。……今晋大夫暴蔑其君，剖分晋国，天子既不能讨，又宠秩之，使列于诸侯，是区区之名分复不能守而并弃之也。先王之礼，于斯尽矣。"（《周纪》一）论孟尝君养士云："君子之养士，以为民也。《易》曰：圣人养贤，以及万民。……今孟尝君之养士也，不恤智愚，不择臧否，盗其君之禄以立私党，张虚誉，上以侮其君，下以蠹其民，是奸人之雄也，乌足尚哉！"（《周纪》二）评李广治军之术云："《易》曰：师出以律，否臧凶。言治众而不用法，无不凶也。李广之将，使人人自便。以广之材，如此焉可也，然不可以为法。"（《汉纪》九）赞士孙瑞不伐功而能保身云："《易》称，劳谦，君子有终吉。士孙瑞有功不伐，以保其身，可不谓之智乎！"（《汉纪》五十二）赞沈劲云："沈劲可谓能子矣！耻父之恶，致死以涤之，变凶逆之族为忠义之门。《易》曰：干父之蛊，用誉。其是之谓乎！"（《晋纪》二十三）评肃宗姑息方镇云："夫民生有欲，无主则乱，是故圣人制礼以治之。自天子、诸侯至于卿、大夫、士、庶人，尊卑有分，大小有伦，若纲条之相维，臂指之相使，是以民服事其上，而下无觊觎。其在《周易》'上天下泽，履。《象》曰：君子以辨上下，定民志'。此之谓也。"（《唐纪》三十六）

在《易说》中，司马光也常引史事以证易义。如释蒙卦六五"童蒙吉"云："童蒙者何以吉也？得人而信使之也。昔齐桓公、卫灵公之行，犬彘之所不为也，然而大则霸诸侯，小则有一国，其故何哉？有管仲、仲叔圉、祝鲍、王孙贾为之辅也。二君者，天下之不肖君也，得贤人而信使之，犹且安其身而收其功，况明哲之君用忠良之臣者乎！"释同人卦象辞"惟君子为能通天下之志"云："何谓君子乐与人同？请借鲁事以言之。夫季孟异室而皆出于桓，鲁卫异国而皆出于姬，姬姜异姓而皆为中国，夷夏异俗而皆列于会，此君子之乐与人同也。是以近者悦，远者来。同人之利，岂不大哉！何谓小人乐与人异？小人曰：季孟异室也，吾何与哉！又曰：彼此异民也，吾何与哉！又曰：尔汝异身也，吾何与哉！此乐与人异也。是以民有灾而君弗恤，父有疾而子弗忧，兄有祸而弟弗救也。异之为害，岂不大哉！"释蛊卦初六"干父之蛊"云："子者所以承父之事而成之，臣者所以成君之事而终之。天下之事，大矣多矣，自非圣人，不能无过，故子能盖父之愆，臣能掩君之恶，然后为干蛊也。以秦始、汉武之奢汰骄暴，相远也无几耳。

165

始皇得胡亥以为子，李斯以为臣，不旋踵而亡矣，天下后世之言恶者必归焉。武帝得昭帝以为子，霍光以为臣，而国家义宁，后世称之为明君。隋唐之祖亦然。故必有贤子，然后考得无咎也。"释明夷卦上六之象云："上六之象，其言失则何？国家之所以立者，法也，故为工者，规矩绳墨不可去也，为国者，礼乐法度不可失也。度差而机失，纲纪而网紊，纪散而丝乱，法坏则国家从之。呜呼，为人君者，可不慎哉！鲁有庆父之难，齐桓公使仲孙湫视之。曰：鲁可取乎？对曰：不可，犹秉周礼。周礼所以本也。然则法之于国，岂不重哉！"释姤卦九四象辞"无鱼之凶，远民也"云："鲁昭公将去季氏。宋乐祁讥之曰：政在季氏三世矣，鲁君丧政四公矣，无民而能逞其志者，未之可也。国君以是镇抚其民，鲁君失民矣，靖以待命犹可，动必忧。已而昭公伐季氏，果不胜而出死于外。"

《四库全书总目》论易学的演变提出"两派六宗"之说，以南宋的李光、杨万里为"参证史事"宗的开创者，实际上，此宗的真正的开创者应为北宋的史学大师司马光，而且司马光的易学独树一帜，主张"义出于数"，并不能简单地归结为义理派。在《易说》总论中，司马光开宗明义，提纲挈领，阐述了他的易学的四个基本观点：

第一，"或曰：易者圣人之所作乎？曰：易者先天而生，后天而终，细无不该，大无不容，远无不臻，广无不充，惟圣人能索而知之，逆而推之，使民识其所来，而知其所归。夫易者，自然之道也。子以为伏羲出而后易乃生乎？"

第二，"或曰：敢问易者天事欤？抑人事欤？曰：易者道也，道者万物所由之途也，孰为天？孰为人？故易者，阴阳之变也，五行之化也，出于天，施于人，被于物，莫不有阴阳五行之道焉。……凡宇宙之间皆易也，乌在其专于天？专于人？"

第三，"或曰：易道其有亡乎？天地可敝则易可亡。孔子曰：乾坤毁则无以见易，易不可见，则乾坤或几乎息矣。是故人虽甚愚，而易未尝亡也。推而上之，邃古之前而易已生，抑而下之，亿世之后而易无穷。是故易之书或可亡也，若其道则未尝一日而去物之左右也。"

第四，"圣人之作易也，为数乎？为义乎？曰：皆为之。二者孰急？曰：

义急，数亦急。何为乎数急？曰：义出于数也。义何为出于数？曰：礼乐刑德，阴阳也。仁义礼智信，五行也。义不出于数乎！故君子知义而不知数，虽善无所统之。夫水无源则竭，木无本则蹶，是以圣人抉其本源以示人，使人识其所来，则益固矣。"

除此以外，他在《答韩秉国书》中，明确表示不赞同王弼的易学。他说："夫万物之有，诚皆出于无，然既有则不可以无治之矣。常病辅嗣好以老庄解易，恐非易之本指，未足以为据也。辅嗣以雷动风行运变万化为非天之心，然则为此者果谁耶？夫雷风日月山泽，此天地所以生成万物者也，若皆寂然至无，则万物何所资仰耶？天地之有云雷风雨，犹人之有喜怒哀乐，必不能无，亦不可无也。"（《温国文正公文集》卷六十三）

司马光强调易道的客观性和普遍性，站在哲学的高度进行探讨，力图为李觏、欧阳修所主张的急于人事之用的易学确立一个坚实的理论基础，这个思想是十分卓越的。就其强调客观性而言，司马光认为，易虽为圣人所作，但非圣人所生，易是存在于天地之间而为万物所遵循的客观规律，是一种自然之道，圣人所作之易只不过是对此客观之易的一种主观上的认识和理解而已。就其强调普遍性而言，司马光认为，易道广大，囊括天人，无所不包，宇宙之间，万事万物，莫不受此易道的支配，不可强行割裂，分而为二，使之拘于一曲，或专于天事，或专于人事。正因为如此，所以易道与天地为终始，"易之书或可亡，若其道则未尝一日而去物之左右"。在北宋中期的易学中，象数派与义理派的发展有如两峰对峙，双水分流。象数派以刘牧的河洛图书之学为代表，其学受于范谔昌，谔昌本于许坚，坚本于种放，偏于编织天象图式而不大涉及人事。义理派以李觏、欧阳修为代表，偏于人事之用而反对言天道，明确申言继承王弼的易学。司马光则是天道与人事并重，不赞同王弼以老庄解易，并且主张义急数亦急，而义出于数，开创了一条象数与义理两派合流的趋势。由此可以窥见司马光的易学的特点之所在。

司马光对天人关系问题的看法，在一定程度上继承了荀子的"天生人成"的思想。《荀子·礼论篇》有云："天地合而万物生，阴阳接而变化起，性伪合而天下治。天能生物，不能辨物也；地能载人，不能治人也。宇中

万物生人之属，待圣人然后分也。"这种思想虽然强调发挥人的主观能动性，但却界限分明地区别了天与人、自然与社会的不同的性质和作用范围。司马光也是如此，他在释泰卦时指出：

> 象曰：后以财成天地之道，辅相天地之宜。何也？夫万物，生之者天也，成之者地也，天地能生成之而不能治也。君者所以治人而成天地之功也，非后则天地何以得通乎！《太玄》曰：天之所贵曰生，物之所尊曰人，人之大伦曰治，治之所因曰辟。崇天普地，分群偶物，使不失其统者，莫若乎辟。天辟乎上，地辟乎下，君辟乎中。此之谓也。

释蛊卦时指出：

> 天以阴阳终始万物，君子以仁义修身，以德刑治国，各有其事也。

释蒙卦时指出：

> 夫锻砺者工也，犀利者金也，植艺者圃也，坚实者木也，则工虽巧不能持土以为兵，圃虽良不能植谷而生梓也。故才者天也，不教则弃。教者人也，不才则悖。故人者受才于天，而受教于师。师者决其滞，发其蔽，抑其过，引其不及，以养进其天才而已。

在《迂书》中，司马光也表述了同样的思想：

> 天之所不能为而人能之者，人也。人之所不能为而天能之者，天也。稼穑，人也。丰歉，天也。
> 天力之所不及者，人也，故有耕耘敛藏。人力之所不及者，天也，故有水旱螟蝗。(《文集》卷七十四)

但是，荀子的这种"天生人成"的思想毕竟不同于易道，因为这种思想着眼于从分的角度去把握天人关系而不见其合，把天与人、自然与社会分割为两个互不相干的领域，易道则是从分中见其合，从合中见其分，贯彻了一条推天道以明人事的思路，把天人关系看成是一个受"一阴一阳之谓道"所支配的统一的整体。就荀子所谓的"天生"而言，属于自然主义的范畴，其所谓的"人成"属于人文主义的范畴，前者源于道家，后者本于儒家。荀子一方面援引道家的自然主义作为自己的宇宙论的哲学依据，另一方面在社会人文领域又排斥这种自然主义，强调"明于天人之分"，"唯圣人为不求知天"。这就使得荀子的天人之学陷入了矛盾，在天中看不见人，在人中看不见天，不得不提出"礼有三本"之说，认为"天地者生之本也，先祖者类之本也，君师者治之本也"（《礼论》）。照《易传》看来，天地人三才之道皆本于"一阴一阳之谓道"，实为一本而决不能强行分割为三本。这是一个天人合一、自然主义与人文主义相结合的一元论的体系。因此，虽然司马光在一些具体的论述中沿袭了荀子的思想，但是他对天人关系的总的看法仍然是本于《易传》而不同于荀子。为了避免荀子所陷入的那种矛盾，司马光强调易道的客观性和普遍性，并且极力从"本源"和"本体"两个方面进行论证，把天与人、自然与社会归于一元。

司马光认为，太极是宇宙的本源，太极即一，一为数之母，阴阳五行天地万物皆由此一而来，故"义出于数"。他释"易有太极"说：

> 易有太极，极者中也，至也，一也。凡物之未分，混而为一者，皆为太极。
>
> 太极者何？阴阳混一，化之本原也。
>
> 太极者一也，物之合也，数之元也，引而伸之，触类而长之，则算不能胜也，书不能尽也，口不能宣也，心不能穷也。掊而聚之归诸一，析而散之万有一千五百二十，未始有极也。
>
> 易有太极，一之谓也。一者数之母也，数者一之子也。母为之主，子为之用。

司马光进一步论证，太极分而为阴阳，"阴阳者易之本体，万物之所聚"。他释"是生两仪"说:"两仪,仪,匹也,分而为二,相为匹敌。四象,阴阳复分老少而为匹,相为匹敌。""两仪者何? 阴阳判也。四象者何,老少分也。七九八六,卦之端也。八卦既形,吉凶全也。万物皆备,大业成也。"释"乾坤其易之门"说:

> 易之门,易由此出。乾坤合德而刚柔有体,交错而成众卦,然其刚柔各自为体,撰故也。乾阳物,坤阴物。凡万物之阳者皆为乾,阴者皆为坤。乾坤相杂而成六子,六子者非他也,乾坤之杂也。……夫乾不专于天也,坤不专于地也。凡事物之健者皆乾也,顺者皆坤也,动者皆震也,入者皆巽也,陷者皆坎也,丽者皆离也,止者皆艮也,说者皆兑也。夫八卦者,事之津,物之衢也,所以贯三极而体万物也。

由此看来,宇宙以太极为本源,以阴阳为本体,"天下之理,不能出乾坤之外"。就其形而上者而言,"无形之中,自然有此至理,在天为阴阳,在人为仁义"。就其形而下者而言,"有形可考,在天为品物,在地为礼法"。天文地理,皆不能离阴阳五行,以其所见揆所不见,则知幽明之理一也。"因而"易道始于天地,终于人事",既非专于天,亦非专于人,而是作为一种至极之道,统贯天人,形成了一个一元论的完整的体系。司马光首先通过这番论证,为自己确立了一个一元论的哲学依据,然后以此为前提发挥荀子的"天生人成"的思想,这就化解了荀子的矛盾,从而使自己得以保持理论上的一贯。他释"天地设位,圣人成能"说:"天地能示人法象而不能教也,能生成万物而不能治也,圣人教而治之,以成天地之能。"释"继之者善也"说:"易指吉凶以示人,人当从善以去恶,就吉而避凶,乃能继成其道。"这是因为,尽管天与人同受易道的支配,同以易之阴阳为本体,但是人具有主观能动性,其智力有明暗之分,道德有善恶之别,由此而产生的行为则有邪有正,有得有失,只有遵循易道行事,调整自己的行为,使之正确合理,少犯错误,才能做成一番事业。司马光的这种思想,实际上已经不同于荀子所说的"天生人成",而主要是根据《易传》所说的"苟非其人,道不虚行"进行阐发的。

由于司马光着眼于天人之合，一方面援引天道来论证人道，另一方面又按照人道来塑造天道，因而在他的天道观中蕴含着人文的价值思想，在他的人道观中蕴含着自然法则的客观依据，天人不二，相互渗透，而归本于易道的一元。这既是他的易学思想的基本线索，也是他从事社会历史研究的指导思想。他释坤卦六三"含章可贞"说：

> 阳非阴则不成，阴非阳则不生，阴阳之道，表里相承。……六三者，于律为应钟，于历为建亥之月。百谷敛藏，万物备成，阴功小终。体执乎柔而志存乎刚，故曰含章。柔不泥于下，刚不疑乎上，故曰可贞。王者尊之极也，为臣之荣，从王役也。不敢专成，下之职也。承事之终，臣之力也。物以阳生，得阴而成。令由君出，得臣而行。故阳而不阴，则万物伤矣。君而不臣，则百职旷矣。阴阳同功，君臣同体，天之经也，人之纪也。

释屯卦象辞说：

> 屯者何？草木之始生也，贯地而出，屯然其难也。象曰君子以经纶。经纶者何？犹云纲纪也。屯者结之不解者也。结而不解则乱，乱而不缉则穷。是以君子设纲布纪，以缉其乱，解其结，然后物得其分，事得其序，治屯之道也。

司马光以易道为"天之经"，"人之纪"，适用于天人整体，是支配自然与社会的普遍规律。这个易道由两个基本原则所构成，一个是阴阳之分，一个是阴阳之合。就阴阳之分而言，阳为尊，阴为卑，其地位有贵贱之分，阳主创始，阴主作成，其职能有主导与从属之别，自然界的天地万物，社会领域的君臣上下，皆应依此原则结成一个井然有序的等级系列，合乎此原则的为正，违反此原则的为邪，正是正常的秩序，邪是秩序的混乱破坏。司马光十分重视这种秩序，称之为纲纪、典礼、法度，认为"合其法度则吉，违之则凶"。但是另一方面，他也十分重视阴阳之合，因为"阴阳之间，必有中和"，只有表里相承，结为一体，才能产生济物之功，如果违反这个原则，"阳而不阴则万物伤"，"君而不臣则百职旷"，整个世界就会归于毁灭了。这两个原则相互为用，缺一不可，由此而构成易道的本质。君子根据对易道本质的认识理解，在屯难之世，设纲布纪，治理天下，就可以拨乱反正，变无序为有序，使事物复归于中和。在《答李大卿孝基书》中，司马光进一步发挥了这个思想。他说：

> 光闻一阴一阳之谓道，然变而通之，未始不由乎中和也。阴阳之道，在天为寒燠雨旸，在国为礼乐赏刑，在心为刚柔缓急，在身为饥饱寒热，此皆天人之所以存，日用而不可免者也。然稍过其分，未尝不为灾。是故过寒则为春霜夏雹，过燠则为秋华冬雷，过雨则为霖潦，过旸则为旱暵，礼胜则离，乐胜则流，赏僭则人骄溢，刑滥则人乖叛，太刚则暴，太柔则懦，太缓则泥，太急则轻，饥甚则气虚竭，饱甚则气留滞，寒甚则气沉濡，热甚则气浮躁，此皆执一而不变者也。善为之者，损其有余，益其不足，抑其太过，举其不及，大要归诸中和而已矣。故阴阳者，弓矢也，中和者，质的也，弓矢不可偏废，而质的不可远离。《中庸》曰：中也者，天下之大本也，和者，天下之达道也。致中和，天地位焉，万物育焉。由是言之，中和岂可须臾离哉！（《温国文正公文集》卷六十一）

司马光把阴阳比做弓矢，这就是把客观的易道转化为主观的手段和方法，把中和比做质的，这就是把事物之本然的状态转化为应然的价值准则和理想目标。宇宙论、方法论、价值论三者的统一，这就是一个完整的明体达用之学了。在《易说》中，司马光常以中正范畴表述他的价值理想，因为中则不过，着眼于阴阳之合，正则不邪，着眼于阴阳之分，能够最好地体现易道的本质。如释需卦九五云：

> 九五以中正而受尊位，天之所佑，人之所助也。然则福禄既充矣，而又何需焉？曰：中正者，所以待天下之治也。《书》曰：允执其中。

172

又曰：以万民惟正之供。夫中正者，足以尽天下之治也，舍乎中正而能享天之福禄者，寡矣！

释离卦象辞云：

离，丽也，丽者不可以不正也。夫明者常失于察，察之甚者，或入于邪。是以圣人重明以丽乎正，乃能化成天下。柔者失于弱而不立，故柔丽乎中正，然后乃亨。夫太明则察，太昧则蔽，二以明德而用中正，是以获元吉也。

释遁卦九五云：

中正，德之嘉也。君子邦有道则见，邦无道则隐，可以进而进，可以退而退，不失其时，以中正为心者也。故曰嘉遁，贞吉。

释艮卦六五云：

凡刚柔当位，正之象也。孔子赞乾之九二龙德而正中，艮之六五曰以中正，何也？曰艮六五，文之误也，当云以正中也。正中者，正得其中，非既正又中也。然则二爻其为不正乎？曰：非谓其然也。中正者，道之贯也，相须而行，相辅而行者也。

释易有太极云：

阴阳相违，非太极则不成，刚柔相戾，非中正则不行。故天下之德诚众矣，而萃于刚柔，天下之道诚多矣，而会于中正。刚柔者德之府，中正者道之津。是故有刚而无中正，则暴以亡。有柔而无中正，则邪以消。呜呼！中正之于人也，其厚矣哉！刚者抑之，柔者掖之，不虑而成，不思而得，不卜而中，不筮而吉，天下同归而殊途，一致而百虑，非中正而何！《书》曰：沉潜刚克，高明柔克。以中正也。孔子曰：中庸之为德也，其至矣乎！又曰：《诗》三百，一言以蔽之，曰思无邪。易之卦六十有四，其爻三百八十有四，得之则吉，失之则凶者，其惟中正乎！

司马光通过易学研究"究天人之际"，建构了一个宇宙论、方法论、价值论三位一体的体系，称之为道，然后以这个道作为指导思想"通古今之变"，从事社会历史的研究。照司马光看来，道不仅囊括天人，而且贯通古今。他在《迂书·辨庸》中指出："古之天地有以异于今乎？古之万物有以异于今乎？古之性情有以异于今乎？天地不易也，日月无变也，万物自若也，性情如故也，道何为而独变哉！……呜呼？孝慈仁义忠信礼乐，自生民以来谈之至今矣，安得不庸哉！如余者惧不能庸而已矣，庸何病也。"（《文集》卷七十四）在《答齐州司法张秘校正彦书》中指出："自有天地以来，君子小人相与并生于世，各居其半，一消一息，一否一泰，纷然杂糅，固非一日。非君子之道多于古而鲜于今，古则可为而今不可为也；小人之道鲜于古而多于今，古不可为而今则可为也。顾人之取舍何如尔，奚古今之异而有易有难哉！"（《文集》卷六十）可以看出，司马光的这种"天不变道亦不变"的思想，主要是强调以孝慈仁义忠信礼乐为内容的文化价值理想古今无变，至于历代政治因君子之道与小人之道的消息盈虚，却是有治有乱，有否有泰，循环往复，经常在变化的。变化的是现象，不变的是本体。这个本体作为一种应然的价值准则和理想目标从总体上支配着历史的进程。当历史的实际的运作受此本体的支配，其主导的方面为君子道长，小人道消，则呈现太平盛世的局面。反之，如果背逆错缪，与本体相违，小人道长，君子道消，则为衰世乱世。因此，"治乱之原，古今同体，载在方册"，观今宜鉴古，鉴古可知今，人类的历史并非是一个不以人的意志为转移的自然史的过程，而是一个围绕着价值本体的自由选择的过程，善可为法，恶可为戒。司马光作《资治通鉴》，就是根据这个指导思想，仿效《春秋》那样"推见至隐"，总结历代治乱兴衰之迹，嘉善矜恶，取是舍非，使后世的君主"鉴于往事，有资于治道"。其所谓的治道，实际上就是易道，是易道所蕴含的价值理想在社会历史领域中的具体的运作表现。

把易道看做是一种治道，这个观点不仅是司马光的史学思想的核心，也是他的政治思想的根本的出发点。司马光是北宋政坛的代表人物，一直处于政治漩涡的中心。元丰八年，神宗病死，哲宗即位，司马光时年六十七岁，上《进修心治国之要劄子状》，再次系统地陈述了他毕生服膺坚持的政治主张。他说：

> 昔仁宗皇帝擢臣知谏院，臣初上殿，即言人君之德三，曰仁，曰明，曰武；致治之道三，曰任官，曰信赏，曰必罚。英宗皇帝时，臣曾进《历年图》，其后序言人君之道一，其德有三，其志亦犹所以事仁宗也。大行皇帝（神宗）新即位，擢臣为御史中丞，臣初上殿，言人君修心治国之要，其志亦犹所以事英宗也。今上天降灾，大行皇帝奄弃天下，皇帝陛下（哲宗）新承大统，太皇太后（高太后）同听万机，不知臣愚，猥蒙访落，臣且愧且惧，无以塞责，谨复以人君修心治国之要为献，其志亦犹所以事大行皇帝也。所以然者，臣历观古今之行事，竭尽平生之思虑，质诸圣贤之格言，治乱安危存亡之道，举在于是，不可移易，是以区区首为累朝言之，不知臣者以臣为进迂阔陈熟之语，知臣者以臣为识天下之本源也。夫治乱安危存亡之本源，皆在人君之心。仁、明、武，所出于内者也。用人、赏功、罚罪，所施于外者也。出于内者虽有厚有薄，有多有寡，禀之自天然，好学则知所宜从，力行则光美日新矣。施于外者，施之当则保其治，保其安，保其存，不当则至于乱，至于危，至于亡，行之由己者也。（《文集》卷四十六）

司马光以仁、明、武为君主必须具备的三种品德。他在作御史中丞时给神宗所上的章奏中指出："三者兼备则国治强，阙一焉则衰，阙二焉则危，三者无一焉则亡，自生民以来，未之或改也。"司马光认为，这是他"平生力学所得，至精至要，尽在于是"。他的这种政治主张既有历代治乱兴亡之迹的史实的确证，又有易道中和的哲学理论的依据。在《易说》中，他释师卦象辞说：

师，贞，丈人吉，无咎。何也？曰：难之也。夫治众，天下之大事也，非圣人则不能。夫众之所服者武也，所从者智也，所亲者仁也，三者不备而能用其众，未之有也。然或得之小，或得之大，或用之邪，或用之正，邪正小大之道，其得失吉凶，相去远矣。彼小人者，以矫矫为武，瞯瞯为智，煦煦为仁，众人亦有悦而从之者，所谓小也。圣人者，以正人为武，安人为智，利人为仁，天下皆悦而从之，所谓大也。夫小人之得众也，以为上则暴，以为下则乱，故谓之邪。圣人之得众也，所以禁暴而止乱也，故谓之正。夫众，非小人之所用也，小人用之以为不正，咎孰大焉！

　　治众而不以刚，则慢而不振；用刚而不获中，则暴而无亲；上无应于君，下无应于民，则身危而功不成；所施不在于顺，则众怒而民不从。四者非所以吉而无咎也。吉而无咎，则惟刚中而应，行险而顺者乎！

　　司马光站在易道的高度，对仁、明、武三德作了进一步的界定，认为必须符合中正的原则。因为此三德用之邪者为小人，用之正者为圣人。刚虽为阳德，君子所尚，但用刚而不获中，则暴而无亲，不可以治众。因而治乱安危存亡之本源，在于掌握最高决策权的君主是否以中正为心。正者着眼于阴阳之分，重礼制，尚名分，强调尊卑贵贱的等级秩序不可紊乱。中者着眼于阴阳之合，强调刚柔并济，阴阳协调，以造就一种"上下交相爱而天下和"的政治局面。这两个原则虽相反而实相成。如果知合而不知分，则民不肃，知分而不知合，则民不亲。不肃则慢，不亲则乖，慢与乖乃乱亡之道。只有使之形成一种有机的结合，分中有合，合中有分，才能举措得宜，事无不当，大行于天下。司马光历仕仁宗、英宗、神宗、哲宗四朝，一生写了大量的奏章，发表了不少的政见，就其指导思想而言，都是围绕着中正这两个原则而展开的。比如他在《谨习疏》中，着眼于阴阳之分，引用履卦卦义，说明应严守君臣上下之分以明礼之纲纪（《文集》卷二二）。在《乞开言路劄子》中，着眼于阴阳之合，引用易义发挥君臣共治的思想。他说："臣闻《周易》天地交则为泰，不交则为否。君父，天也，臣民，地也。是故君降心以访问，臣竭诚以献替，则庶政修治，邦家义安。君恶逆耳之言，臣营便身之计，则下情壅蔽，众心离叛。自生民以来，未有不由斯道者也。"（《文集》卷四十六）

司马光的易学既与他的史学贯通，也是他的政治思想的主轴，三者互相发明，密切联系国家之兴衰，生民之休戚，而归本于皇极之道，有体有用，富有特色。《四库全书总目》评其《易说》指出："于古今事物之情状，无不贯彻疏通，推阐深至。……大都不袭先儒旧说，而有得之言，要如布帛菽粟之切于日用。"这种评价可谓要言不烦，平实允当。

第十章　苏轼的《东坡易传》

一、苏轼易学的特色

苏轼骨子里是个儒家，但是出入于佛老数十年，倡三教合一之论，特别是喜好庄子，早在青年时代，"读《庄子》叹曰：吾昔有见，口未能言，今见是书，得吾心矣"（《宋史·苏轼传》）。因而他的哲学思想似乎显得杂而不纯。朱熹作《杂学辩》，以苏轼的《东坡易传》为首，正是据此而言的。《四库全书总目》为苏轼作了辩解，认为"然朱子所驳，不过一十九条，其中辨文义者四条，又一条谓苏说无病，然有未尽其说者，则朱子所不取者，仅十四条，未足以为是书病"。"今观其书，如解乾卦象传性命之理诸条，诚不免杳冥恍惚，沦于异学，至其他推阐理势，言简意明，往往足以达难显之情，而深得曲譬之旨，盖大体近于王弼。而弼之说惟畅玄风，轼之说多切人事，其文辞博辨，足资启发，又乌可一概屏斥耶！"

北宋时期，苏轼的易学独树一帜，陆游称"自汉以来，未见此奇特"，代表了一种与周敦颐、程颐的性命之学以及李觏、欧阳修的经世之学迥然不同的学风，把重点放在"推阐理势""发明爱恶相攻、情伪相感之义"上面。这是一种自然主义的易学倾向，但是由于其"多切人事"，在文化价值理想上仍然是本于儒家。这和王弼的致力于自然与名教相结合的易学，确实是大体相近的。王弼以老解易，哲学理论依据道家所明之自然，价值取向依据儒家所贵之名教，儒道兼综，具有复杂的性格。李觏、欧阳修崇王弼，取其贵名教的一面，发展为一种儒家的经世之学。苏轼解易多次引用王弼之言，则取其明自然的一面，在哲学理论上更多地倾向于道家，故其论性命之理"诚不免杳冥恍惚"，被严守儒家门户之见的理学家讥为"杂学"。北宋年间，对王弼以老解易表示微辞的始自司马光。司马光不满于王弼把天地之心归结为"寂然至无"的说法，企图发扬儒家的刚健有为的精神，建立一个以雷动风行、生生不已之有为基础的哲学理论，来取代王弼的易学。张载继承了司马光的未竟之业，从根本上否定了以有无言易的玄学思路，明确断言："《大易》不言有无，言有无，诸子之陋也。"（《正蒙·大易篇》）但是，《易传》的思想体系本来是会通道家的自然主义与儒家的人文主义而后形成的，如果不推阐天道阴阳之自然的理势，则人道之仁义的最高哲学依据就失去了着落。所以张载一方面站在维护儒家道统的立场排斥佛道，另一方面又把易所谓"绷缊"、庄生所谓"生物以息相吹""野马"说成是一回事，认为"不如野马、绷缊，不足谓之太和"（《太和篇》）。张载所陷入的矛盾和朱熹几乎是同样的。朱熹一方面因苏轼的易学染上了道家色彩而讥为"杂学"，另一方面"又尝谓其于物理上亦有看得着处"，对他所阐明的自然之理势表示肯定。由此看来，对苏轼的易学作一个公允的评价，真是未易言也。

中国的士人自汉以来，无论是在哲学思考还是在为人处世方面，始终是在儒道二者之间徘徊不定，或内儒外道，或内道外儒，有时道家的宇宙意识占了上风，有时儒家的人文情怀居于主流，先秦时期以孔孟老庄为代表的那种儒道分明的界限越来越模糊，以致我们很难称某一个人为纯儒或纯道，往往是儒中有道，道中有儒，实际上都是在走着一条与玄学相近的儒道会通的路子。只是由于各人的性格气质不同，生活经验和时代感受不同，特别是由于各人对学术的追求有着不同的倾向，有的坦然承认这个事实，有的则讳莫如深。苏轼作为一个儒家，坦然承认自己对庄子有着偏爱。他在《庄子祠堂记》中明确表述了对庄子的看法：

余以为庄子盖助孔子者，要不可以为法耳。……故庄子之言，皆实予而文不予，阳挤而阴助之，其正言盖无几，至于诋訾孔子，未尝不微言其意。其论天下道术，自墨翟、禽滑厘、彭蒙、慎到、田骈、关尹、老聃之徒，以至于其身，皆以为一家，而孔子不与，其尊之也至矣。(《苏东坡全集》卷三十二)

庄子对孔子既然是"阳挤而阴助"，则自然与儒相通，并不形成对立，至于二者的关系，孔子为尊，庄子为辅，主从的地位也不容颠倒。这和郭象对庄子的看法基本上是一致的。魏晋时期，正始玄学主要推崇老子，故王弼以老解易。竹林以后，逐渐转而重视庄子。郭象注庄，称庄子为"不经而为百家之冠"，即虽然够不上圣人的资格，但可以成为百家的首领。郭象本着这条儒道会通的思路，一方面在价值取向上把庄子的思想归结为一种"内圣外王之道"，使之合于儒家的人文情怀，另一方面在哲学理论上则把庄子的思想归结为一种"上知造物无物，下知有物之自造"的"独化"，使之合于道家的宇宙意识。所谓独化，其要点是"自为而相因"，每个具体的事物虽然都按照自己特有的性分而自为，但并不是彼此孤立，互不相涉，而是自然而然结成一种协同的关系，在玄冥之境中得到统一。因而在社会领域，"至仁极乎无亲，孝慈终于兼忘，礼乐复乎己能，忠信发乎天光"，所有这些儒家的伦理规范都是人们率性而行的产物，是人们质朴本性的自然流露。根据这种理解，人们偏爱庄子，不仅无害于作为一个儒家，而且可以"弘其鄙，解其悬"，去掉自己给自己带上的精神枷锁，活得潇洒，活得自在，旷达任性，做一个无往而不逍遥的乐天派。就性格气质而言，苏轼是更多地契合于庄子而不是老子，他的那种自由的心态，开放的胸怀，以及超凡脱俗的人生态度，受惠于庄子者实多。但是苏轼心目中的庄子并非先秦时期的那个"诋訾孔子"的庄子，而是经过郭象重新解释的儒道会通的庄子。正是由于苏轼坦然承认这个不争的事实，所以才做不成如理学家所自封的那种纯儒，而被讥为"杂学"。

拿苏轼的易学来与王弼相比较，二者的主要差别并非如四库馆臣所言，"弼之说惟畅玄风，轼之说多切人事"。唐人李鼎祚曾以王弼的易学与郑玄相比较，认为"郑则多参天象，王乃全释人事"。王弼的义理派的易学之所以不同于郑玄的象数派的易学，关键就在于"全释人事"。宋代义理派的易学家，如李觏、欧阳修等人，都继承了王弼的"全释人事"的传统，苏轼当然也不会例外。追本溯源，苏轼易学多切人事的特点实际上是本于王弼的。但是苏轼与王弼毕竟有所不同。从他们二人所依据的哲学理论来看，这种不同主要表现为王弼是以老解易，而苏轼则是以郭象之庄解易。在《东坡易传》中，我们可以随处找到受郭象思想影响的痕迹。比如他释《系辞》首章云：

> 天地之间，或贵或贱，未有位之者也，卑高陈而贵贱自位矣。或刚或柔，未有断之者也，动静常而刚柔自断矣。或吉或凶，未有生之者也，类聚群分而吉凶自生矣。或变或化，未有见之者也，形象成而变化自见矣。是故刚柔相摩，八卦相荡，雷霆风雨，日月寒暑，更用迭作于其间，杂然施之而未尝有择也，忽然成之而未尝有意也，及其用息而功显，体分而名立，则得乾道者自成男，得坤道者自成女。夫男者岂乾以其刚强之德为之，女者岂坤以其柔顺之道造之哉？我有是道，物各得之，如是而已矣。圣人者亦然，有恻隐之心，而未尝以为仁也；有分别之心，而未尝以为义也。所遇而为之，是心著于物也。人则从后而观之，其恻隐之心成仁，分别之心成义。(《东坡易传》卷七)

苏轼强调"贵贱自位"，"刚柔自断"，"吉凶自生"，"变化自见"，"我有是道，物各得之"，这明显是发挥了郭象的独化论的思想。郭象注庄，曾反复强调万物独化，突然自生。关于儒家的仁义，郭象认为，"自是人之情性"，并非有意而为之。比如他说：

> 道无能也，此言得之于道，乃所以明其自得耳。自得耳，道不能使之得也。我之未得，又不能为得也。然则凡得之者，外不资于道，内不由于己，掘然自得而独化也。(《大宗师》注)
> 故造物者无主而物各自造。物各自造而无所待焉，此天地之正也。

（《齐物论》注）

欻然自生，非有本。欻然自死，非有根。死生出入，皆欻然自尔，无所由，故无所见其形。（《庚桑楚》注）

夫人之一体非有亲也，而首自在上，足自处下，府藏居内，皮毛在外。外内上下，尊卑贵贱，于其体中各任其极，而未有亲爱于其间也。（《天运》注）

夫仁义自是人之情性，但当任之耳。恐仁义非人情而忧之者，真可谓多忧也。

夫与物无伤者，非为仁也，而仁迹行焉；令万理皆当者，非为义也，而义功见焉。故当而无伤者，非仁义之招也。（《骈拇》注）

苏轼的学术成就是多方面的。他一生写了大量的诗词散文，在文学史上享有盛名。同时他也是一位卓越的政治家，发表了不少具有远见卓识的政论，在北宋的政治风云中，曾两次因坚持自己的政见而被迫害，一次是四十余岁时谪居黄州，一次是六十余岁的晚年谪居海南儋州。除此以外，他还是一位功底深厚的经学家，写了《易传》《书传》《论语说》三部著名的经学著作。就其诗文所表现的特征而言，人们多以旷达二字来形容，以为倾向于道家，至于其政治上的信念，却是无可否认地表现为一种执著，始终不渝地坚持儒家的理想。从表面的形迹来看，旷达与执著，两者是相互矛盾的，苏轼本人也确实是有时旷达，有时执著，发表了不少相互矛盾的言论。但是，苏轼认为，所有这些矛盾在所以迹上是统一的，都是他自己同一的性情受不同境遇的激发随物赋形，有触于中而见于外，自然而然流露出来的，因而表面形迹的矛盾并不影响内在人格的完整。他把自己的文章比做源头活水，在《文说》一文中指出：

吾文如万斛泉源，不择地而出。在平地滔滔汩汩，虽一日千里无难。及其与山石曲折，随物赋形，而不可知也。所可知者，常行于所当行，常止于不可不止，如是而已矣。其他虽吾亦不能知也。（《经进东坡文集事略》卷五十七）

文如其人，文章如水，为人亦如水，水象征着苏轼的丰满而完整的人格的内在精神。他的这个看法实际上是本于易学思想而来的，有着坚实的哲学依据，如果不了解他的易学，便无从了解他的文学，也难以了解他的为人。在《东坡易传》中，他把水提升为一个重要的哲学范畴，赋予了极为丰富的哲学含义。比如他注《系辞》"一阴一阳之谓道"说：

> 阴阳一交而生物，其始为水。水者有无之际也，始离于无而入于有矣。老子识之，故其言曰"上善若水"，又曰"水几于道"。圣人之德，虽可以名言，而不囿于一物，若水之无常形。此善之上者，几于道矣。（《东坡易传》卷七）

他注释坎卦象辞说：

> 万物皆有常形，惟水不然，因物以为形而已。世以有常形者为信，而以无常形者为不信，然而方者可斫以为圆，曲者可矫以为直，常形之不可恃以为信也如此。今夫水虽无常形，而因物以为形者，可以前定也，是故工取平焉，君子取法焉。惟无常形，是以遇物而无伤。惟莫之伤也，故行险而不失其信。由此观之，天下之信，未有若水者也。
>
> 所遇有难易，然而未尝不志于行者，是水之心也。物之窒我者有尽，而是心无已，则终必胜之，故水之所以至柔而能胜物者，惟不以力争而以心通也。不以力争，故柔外。以心通，故刚中。（《东坡易传》卷三）

柔外是灵活性，名曰旷达，刚中是原则性，名曰执着，刚中而柔外，执着与旷达的统一，这就是水所象征的圣人之德。苏轼一生坎坷，数度遭贬，面对着严酷的现实和政治上的迫害，虽然有时不免寄情于山水，或陶醉于声色，出入佛老，以抒发排遣胸中的愤懑，旷达的表现多于执著，但始终是以刚中而柔外的圣人之德自勉，力图在执著与旷达之间进行整合，做到行险而不失其信，保持自己的人格的完整。苏轼通过易学研究总结了自己的生活经验和时代感受，表述了自己的理想追求，并且提炼为一种哲学。这种哲学既有鲜明的个性特色，也有普遍的意义，不仅表现了苏轼本人性格的全貌，而且是一面历史的镜子，典型地反映了中国士人如何徘徊于儒道之间的复杂的心态。

二、自然之理与人事之功

所谓旷达，是以一种宇宙意识和超然态度观照人生，顺应自然之理，不为外物所蔽，其要点在于无心。所谓执著，是以一种忧患意识和人文情怀关心民生疾苦，急乎天下国家之用，力求发扬人事之功，拨乱反正，其要点在于有意。旷达与执著，无心与有意，自然之理与人事之功，这一系列的矛盾在哲学上就表现为天道与人道的矛盾，自然与名教的矛盾，或者自然主义与人文主义的矛盾。中国的士人普遍地感受到这种矛盾，甚至连先秦的孔孟老庄也概莫能外。比如儒家的孔孟一方面固然是偏重于人文精神，强调人事之功，知其不可为而为之，但另一方面也在很大程度上流露出一种自然主义的倾向。孔子曾对"逝者如斯夫"的道体以及"曾点浴沂"的旷达气象表示仰慕赞叹，孟子曾以莫为而自然之理诠释天命，认为"莫之为而为者天也，莫之致而至者命也"，这就与其居于主流地位的人文主义形成了某种矛盾。道家的老庄固然是偏重于宇宙意识，强调自然无为，"不以心捐道，不以人助天"，但也表现了一种人文主义的倾向。比如老子激烈抨击暴政，追求一种"以百姓心为心"的政治理想，庄子讲了一个"空谷足音"的故事，说明对祖国故乡以及人间世的热爱是人所难以摆脱的执著的情结，这种浓郁的人文情怀与其貌似冷静的自然主义是相矛盾的。这种矛盾似乎构成了对立的两极，启示人们用排斥的方法去化解，或者只要天道而不要人道，用自然主义去排斥人文主义，或者反过来，只要人道而不要天道，用人文主义去排斥自然主义。一般说来，西方的哲学用的就是这种排斥的方法，虽然没有化解矛盾，却促使自然主义与人文主义两个领域都取得了强劲的发展势头，从而演变为一种两峰对峙、双水分流的格局，形成了一种以外在的紧张关系为特色的文化模式。中国的哲学与西方不同，拒绝采用这种排斥的方法，而普遍遵循一种天人合一的思路，力求把天道与人道、自然主义与人文主义有机地结合起来，使之圆融无间，相得益彰。这是因为，在中国的历史条件下，人们感到，无论是单有天道而无人道的自然主义，或是单有人道而无天道的人文主义，都不能作为一种安身立命之道，去化解理智与情感的内在矛盾，使焦虑的心灵得到安息，而只能徘徊动摇于两者之间，探索一种整合的方法。就理论的层次而言，早在先秦时期，《周易》的儒道互补的体系就已经为这种整合创造了一个成功的范例，其所谓的《易》道，"探赜索隐"，"开物成务"，不仅能阐明自然之理，而且能成就人事之功，完美地体现了中国哲学的精神。正是由于这个原因，所以汉代以后各家各派的哲学家都把天人合一的《易》道奉为理想的哲学境界，进行不懈的追求。但是，天人合一是以天人之分为前提的，尽管在人们的心目中普遍地树立了一个天人合一的理想，而在现实的生活中却无时无处不呈现出两者之间的矛盾。这种矛盾植根于人性的本质，伴随着中国历史的整个的进程，构成了中国士人的最真切的感受。由于各人所处的时代不同，个性气质不同，生活经验不同，对矛盾的感受不相同，所以对《周易》的天人合一哲学的理解和诠释也不相同，有的"说以老庄"，侧重于道家的自然主义，有的"阐明儒理"，侧重于儒家的人文主义。虽然如此，这两种不同的倾向并没有像西方哲学那样外在化为相互排斥的关系，而是形成一种内在的紧张，一种必要的张力，贯穿于每个哲学家的运思过程之中。因为中国哲学始终是以天人合一作为自己所追求的理想，这种理想促使每个哲学家在运思时言天必及于人，言人必上溯于天，不仅从来没有谁想去破坏两者的张力结构，而且执意寻求互补，企图通过建构一个会通整合的体系来克服植根于人性本质以及历史进程中的理想与现实、自由与必然的背离。只是这种会通整合不免时有所偏，有的偏于天道，较多地强调自然之理，有的偏于人道，较多地强调人事之功。从这个角度来看，易学史上分化演变而成的"两派六宗"都有历史上的合理性，根本不存在意识形态的纯正与驳杂的问题，实际上都是结合具体的历史背景对《周易》的天人合一哲学所作的不同的理解和诠释，既有异中之同，也有同中之异。所谓异中之同，是说尽管各家各派在处理天人关系时有着不同的侧重点，但他们共同的用心所在都是在追求天人合一的理想，表现了中国哲学的精神。所谓同中之异，是说他们所建构的体系都是时代的产物，反映了不同的时代内容，总结了不同的历史感受和生活经验，并且由此而形成了不同的理论特色。因此，我们今天研究易学史上的各家各派，应该有一个全面的观点，历史的眼光，着眼于异中求同，同中求异，力求用一种双向的思维方法来把握他们的理论特色，摆正他们的历史地位。

就宋代的易学而论，呈现出一片空前繁荣的景象，学派林立，思路开阔，意见分歧，相互攻驳，有的重人事而轻天道，如李觏、欧阳修；有的重天道而轻人事，如刘牧；有的则是天道与人道并重，如司马光。但他们的易学都是围绕着天人关系这根主轴而展开的，并没有破坏两者之间的张力结构。苏轼的易学也是一个天人合一的体系，不过带有鲜明的特色，表现为一种自然主义的倾向，强调无心而反对有意。从哲学的理论依据来看，这是与他以庄解易的基本思路分不开的。郭象在《庄子注》中，曾反复强调无心二字。所谓无心，就是顺应自然之理，任其自为，率性而动，把天地万物、社会人生看做是一个自我调节的和谐的系统，反对用有意的造作去横加干涉。比如他说：

> 事有必至,理固常通。故任之则事济,事济而身不存者,未之有也,又何用心于其身哉！(《人间世》注)
>
> 夫理有至极, 外内相冥, 未有极游外之致, 而不冥于内者也；未有能冥于内, 而不游于外者也。故圣人常游外以冥内, 无心以顺有。(《大宗师》注)
>
> 夫圣人之心, 极两仪之至会, 穷万物之妙数, 故能体化合变, 无往不可, 旁礴万物, 无物不然。世以乱故求我, 我无心也。我苟无心, 亦何为不应世哉？(《逍遥游》注)
>
> 夫无心而任乎自化者, 应为帝王也。(《应帝王》注)

苏轼在《东坡易传》中发挥了郭象的这个思想，并且站在本体论的高度作了新的论证。比如他注《系辞》"乾以易知，坤以简能"说：

上而为阳，其渐必虚，下而为阴，其渐必实。至虚极于无，至实极于有。无为大始，有为成物。夫大始岂复有作哉？故乾特知之而已，作者坤也。乾无心于知之，故易。坤无心于作之，故简。易故无所不知，简故无所不能。

易简者，一之谓也。凡有心者，虽欲一不可得也。不一则无信矣。夫无信者，岂不难知难从哉！乾坤惟无心故一，一故有信，信故物知之也易，而从之也不难。

夫无心而一，一而信，则物莫不得尽其天理，以生以死。故生者不德，死者不怨，无怨无德，则圣人者岂不备位于其中哉！吾一有心于其间，则物有侥幸夭枉不尽其理者矣。侥幸者德之，夭枉者怨之，德怨交至，则吾任重矣，虽欲备位可得乎！

他注“天生神物，圣人则之”说：

天生神物，圣人则之。则之者，则其无心而知吉凶也。（《东坡易传》卷七）

他注“天地设位，圣人成能”说：

言易简者，取诸物而足也。万物自生自成，故天地设位而已。圣人无能，因天下之已能而遂成之，故人为我谋之明，鬼为我谋之幽，百姓之愚，可使与知焉。（《东坡易传》卷八）

苏轼的这种以乾坤之心为无心的思想，与刘牧的易学也是很相近的。刘牧在《易数钩隐图》中曾说：

天地养万物，以静为心，不为而物自为，不生而物自生，寂然不动，此乾坤之心也。……圣人之无心，与天地一者也，以物为之心也，何已心之往哉。（《复见天地之心第六》）

但是刘牧的易学曾受到李觏的严厉的批评。李觏认为,这种强调无心的易学,"言称运命,矫举经籍,以缘饰邪说,谓存亡得丧,一出自然,其听之者亦已荒矣"。李觏为了急乎天下国家之用,强调有意,于是矫枉过正,提出了一种重人事而轻天道的易学。欧阳修也是如此,他在《易童子问》中指出,"圣人急于人事者也,天人之际罕言焉"。看来这两种倾向都带有很大的片面性,重天道而轻人事的倾向固然不好,重人事而轻天道的倾向也不值得赞许,应该按照《周易》的天人合一哲学的内在的逻辑,把二者有机地结合起来。司马光的易学为这种结合作了有益的探索。司马光把《易》道看做是一种"自然之道",这种"自然之道"作为一种至极之道,"始于天地,终于人事",既非专于天,亦非专于人,本身就是一个天人合一的完整的体系,因而不可割裂为二,必须天道与人道并重。这个看法避免了以上的两种片面性,在理论上显然要高出一筹。苏轼是刘牧、李觏、欧阳修、司马光等人的晚辈,在建构自己的易学体系时,当然要认真研究他们的各种观点,了解易学的进展情况,否则就会重蹈覆辙,难以超越前人。因此,虽然苏轼的强调无心的易学有近于刘牧,却在吸收总结了李觏、欧阳修的易学的基础上,扬弃了刘牧的那种重天道而轻人事的片面性,而在更大的程度上与司马光的那种自然之道的易学相近。

如果细加比较,苏轼的易学与司马光也有很大的不同。因为司马光所谓的天道与人道并重,其理论依据本于荀子的"天生人成"的思想,偏于儒家。苏轼所谓的顺应自然之理而又不废人事之功,其理论依据则本于郭象所诠释之庄子,偏于道家。比如司马光注《系辞》"天地设位,圣人成能"说:"天地能示人法象而不能教也,能生成万物而不能治也。圣人教而治之,以成天地之能。"这个思想强调的重点不是"天生",而是"人成"。为了发扬人事之功,关键不在于无心,而在于有意,即执着恪守名教规范,严格遵循伦理准则。司马光把他的哲学著作题为《迂书》,自称"迂夫",典型地表现了他的执着的性格。苏轼在注《系辞》的这句话时,着眼点与司马光恰恰相反,强调"圣人无能,因天下之已能而遂成之"。由于圣人无能,故无心。唯其无心,故能顺应自然之理,因天下之已能,用天下之所知。苏轼的这个思想也就是郭象所说的,"治之由乎不治,为之出乎无为",虽然不废人事之功,成就一番事业,仍然是心闲体舒,不失其为旷达。在注《系辞》"精义入神"时,苏轼把这个思想表述得更加显豁。他说:

> 精义者,穷理也。入神者,尽性以至于命也。穷理尽性以至于命,岂徒然哉?将以致用也。譬之于水,知其所以浮,知其所以沉,尽水之变,而皆有以应之,精义者也。知其所以浮沉而与之为一,不知其为水,入神也。与水为一,不知其为水,未有不善游者也,而况以操舟乎?此之谓致用也。故善游者之操舟也,其心闲,其体舒。是何故?则用利而身安也。事至于身安,则物莫吾测而德崇矣。(《东坡易传》卷八)

由此可以看出,虽然司马光和苏轼都把《易》道归结为一种自然之道,都在追求天人合一的理想,但是司马光主要是立足于儒家的人文主义,苏轼则主要是立足于道家的自然主义,理论特色各有不同。司马光受荀子思想的影响很深,荀子曾批评道家"蔽于天而不知人",司马光也反对王弼以老庄解易的倾向。因此,司马光的易学着重于阐发论证儒家的一套名教规范和伦理准则,而对自然之道的本身却很少关注,并没有展开全面系统的研究。苏轼与司马光不同,他偏爱庄子,受郭象思想的影响很深,以庄解易,在哲学理论上认同于道家,极力想把儒家的人文情怀提到宇宙意识的高度,为旷达与执着找到一个适当的结合点,因而对自然之道的本身倾注了极大的热情,从宇宙论和本体论方面展开了全面系统的研究。通过这种研究,苏轼提出了一个自然主义的易道观,表现了鲜明的理论特色,在宋代易学史上,卓然成家,独树一帜,其地位不可忽视。

苏轼首先从宇宙论方面对太极、道、阴阳、易、乾坤这几个重要的易学概念作了诠释。苏轼认为,"太极者,有物之先也",也就是道。道是宇宙的本原,万物产生以前的存在状态,不可名状,难以言说。"圣人知道之难言也,故借阴阳以言之。"但是阴阳究为何物,也难以言说。因为阴阳并非有形有象之物,而是无形无象之气。物是由阴阳相交而后产生的。当阴阳之未交,廓然无一物,而不可谓之无有,以此比喻道,最为切近。阴阳一交而生物，其始为水。水离于无而入于有，是宇宙最先产生之物。自从产生水之后，于是相因而有，生生不已，这就是易。因而易的本质就是宇宙万物生生不已的自然运行的过程。就易与道这两个概念相比较而言，当物未生之时，易存乎其中而人莫见，故谓之道，而不谓之易。当物已生之后，道行乎其间而人不知，故谓之易，而不谓之道。乾坤是圣人为了使人们更好地把握易的本质而设立的。易之首，至乾而始有成象，至坤而始有可见之法。就这个意义而言，乾坤为生生之祖，易的精髓蕴藏于乾坤之中。故乾坤毁，则易不可见矣。苏轼用雄辩的文体气势磅礴地表述了他的这种宇宙生成论的思想。他说：

> 阴阳果何物哉？虽有娄、旷之聪明，未有得其仿佛者也。阴阳交然后生物，物生然后有象，象立而阴阳隐矣。凡可见者皆物也，非阴阳也，然谓阴阳为无有，可乎？虽至愚知其不然也，物何自生哉？是故指生物而谓之阴阳，与不见阴阳之仿佛而谓之无有者，皆惑也。圣人知道之难言也，故借阴阳以言之，曰"一阴一阳之谓道"。一阴一阳者，阴阳未交而物未生之谓也。喻道之似，莫密于此者矣。阴阳一交而生物，其始为水。水者有无之际也，始离子无而入于有矣。老子识之，故其言曰，"上善若水"。又曰"水几于道"。圣人之德，虽可以名言，而不囿于一物，若水之无常形。此善之上者，几于道矣，而非道也。若夫水之未生，阴阳之未交，廓然无一物，而不可谓之无有，此真道之似也。阴阳交而生物，道与物接而生善，物生而阴阳隐，善立而道不见矣。
>
> 相因而有，谓之生生。夫苟不生，则无得无丧，无吉无凶。方是之时，易存乎其中而人莫见，故谓之道，而不谓之易。有生有物，物转相生，而吉凶得丧之变备矣。方是之时，道行乎其间而人不知，故谓之易，而不谓之道。圣人之作易也，不有所设，则无以交于事物之域，而尽得丧吉凶之变。是以因天下之至刚而设以为乾，因天下之至柔而设以为坤。乾坤交，而得丧吉凶之变，纷然始起矣。故曰成象之谓乾，效法之谓坤。效，见也。言易之道，至乾而始有成象，至坤而始有可

见之法耳。

> 太极者，有物之先也。夫有物必有上下，有上下必有四方，有四方必有四方之间。四方之间立，而八卦成矣。此必然之势，无使之然者。（《东坡易传》卷七）

苏轼的这种宇宙生成论显然是本于道家的有生于无的思想。其所谓无，并非绝对虚无，而是内在地蕴含着有。这个有亦即无形无象的阴阳之气。只是这种阴阳之气处于宇宙的原初状态，尚未交接而生物，故虽廓然无一物，而不可谓之无有。阴阳交接而生物，物转相生，生生不已，是一个由无入有、由隐到显的过程。这个过程是自然而然的，莫或使之，无主宰，无目的，也没有启示什么先验的道德准则，但却有一种神妙的自然之理在起着支配的作用。苏轼注《系辞》"鼓之舞之以尽神"说："孰鼓之欤？孰舞之欤？莫适为之，则谓之神。"注《说卦》"神也者，妙万物而为言者也"说："是万物之盛衰于四时之间者也，皆其自然，莫或使之。而谓之帝者，万物之中有妙于物者焉，此其神也。"易的本质是立足于生生之有的，是对自然之理的一种研究和阐发。由于此生生之有显现为一种德业，故易的本质也就蕴含于德业之中，除此以外，无别有易。通过这一番论证，苏轼对他的易道观作了总结性的表述："天地位则德业成，而易在其中矣，以明无别有易也。"

既然宇宙的生成是一个自然的过程，其中贯穿着一种自然之理，那么这种自然之理的具体内容又是什么呢？苏轼明确指出，这主要是支配万物变化的"出于一而两于所在"的对立统一的规律。他围绕着这个思想作了一系列的论述：

> 天地一物也，阴阳一气也，或为象，或为形，所在之不同，故在云者明其一也。象者，形之精华发于上者也，形者，象之体质留于下者也，人见其上下，直以为两矣，岂知其未尝不一邪？由是观之，世之所谓变化者，未尝不出于一而两于所在也。自两以往，有不可胜计者矣。故在天成象，在地成形，变化之始也。

夫刚柔相推而变化生，变化生而吉凶之理无定。不知变化而一之，以为无定而两之，此二者皆过也。天下之理未尝不一，而一不可执，知其未尝不一而莫之执，则几矣。

同是户也，阖则谓之坤，辟者谓之乾，阖辟之间而二物出焉。故变者两之，通者一之。不能一，则往者穷于伸，来者穷于屈矣。（《东坡易传》卷七）

易将明乎一，未有不用变化晦明寒暑往来屈信者也。此皆二也，而以明一者，惟通二为一，然后其一可必。

阖辟以生变化，易之所自出也。

阴阳，二物也，其合也，未尝不杂，其分也，乾道成男，坤道成女，未尝杂也。故曰阴阳合德而刚柔有体。阴阳合德，故杂；刚柔有体，故不越。

刚而无心者，其德易，其形确然。柔而无心者，其德简，其形隤然。论此者，明八卦皆以德发于中，而形著于外也。故爻效其德，而象像其形，非独乾坤也。（《东坡易传》卷八）

关于"出于一而两于所在"的思想，在宋代易学中曾受到普遍的关注，各家均有所论述。比如张载所说的"一物两体"，程颐所说的"万物莫不有对"，朱熹所说的流行与对待，陆九渊所说的三极之道，都是论述这个思想的著名的命题。这个思想固然是对《周易》的太极阴阳之理的一种发挥，但与老子的"道生一，一生二，二生三，三生万物"的思想也有着很深的渊源关系。理学家出于排斥佛老的心态，故意隐瞒这种关系，苏轼则坦然承认，直接依据道家哲学来研究万物生成变化的内在原因。苏轼认为，这种内在原因就是"出于一而两于所在"。这是一种自然之理，其本质在于无心，不仅阴阳合德之一为无心，两于所在之乾坤刚柔亦归结为无心。人与天地同受此无心的自然之理的支配，但人常不能与天地相似，是因为人为有意所蔽。如果人能解其有意之蔽，无心而循万物之理，则与天地相似，无往而不自得，达到天人合一的境界。他说：

天地与人一理也，而人常不能与天地相似者，物有以蔽之也。变化乱之，祸福劫之，所不可知者惑之。变化莫大于幽明，祸福莫烈于死生，所不可知者莫深于鬼神。知此三者，则其他莫能蔽之矣。夫苟无蔽，则人固与天地相似也。

以神行智，则心不为事物之所尘垢，使物自运而己不与。斯所以为洗心退藏于密也。

庄子曰：贼莫大于德有心而心有眼。夫能洗心退藏，则心虽用武，而未尝杀，况施德乎？不然，则虽施德，有杀人者矣，况用武乎？（《东坡易传》卷七）

循万物之理，无往而不自得，谓之顺。（《东坡易传》卷九）

《庄子·列御寇》有云：“贼莫大乎德有心而心有睫，及其有睫也而内视，内视而败矣。”郭象注云：“有心于为德，非真德也。夫真德者，忽然自得而不知所以得也。率心为德，犹之可耳，役心于眉睫之间，则伪已甚矣。乃欲探射幽隐，以深为事，则心与事俱败矣。……若中无自好之情，则恣万物之所是，所是各不失，则天下皆思奉之矣。”苏轼以庄解易，引用庄子此语来诠释《系辞》“洗心退藏于密”“神武而不杀”之言，强调无心而反对有意。这种诠释并没有违背《系辞》的本义。因为《系辞》曾明确指出，易道的本质无思无为，寂然不动，感而遂通，是一种无心的自然之理。人们为了认识此自然之理，也应该无思无为，涤除思虑，退藏到密静之处，做到无心而任自然。若能如此，则吉凶与民同患，事无不济，功无不成，虽有神武而不用杀伐。《系辞》的这个思想实际上是本于道家，与庄子完全相通。苏轼以庄解易，从正反两方面作了进一步的阐发，这种无思无为的自然之理是表现得更加显豁了。

苏轼接着依据此自然之理来研究人性论的问题，把人性的本质归结为一种无善无恶的自然本性和生理本能，这就与以社会本性作为人性本质的理学家的观点形成了对立。周敦颐认为，人为万物之灵，禀太极之理，具五行之性。太极之理为纯粹至善，故人之性亦本来是善。此人性之本然，即所谓诚。诚者五常之本，百行之源。诚源于乾之四德，元亨诚之通，利

贞诚之复。故《易》为性命之源。苏轼反对这种人性本善的说法，对性命之理作了自然主义的诠释。他说：

> 善者道之继，而指以为道则不可。……学道而自其继者始，则道不全。昔者孟子以善为性，以为至矣，读《易》而后知其非也。孟子之于性，盖见其继者而已。夫善，性之效也。孟子不及见性，而见夫性之效，因以所见者为性。性之于善，犹火之能熟物也。吾未尝见火，而指天下之熟物以为火，可乎？夫熟物则火之效也。敢问性与道之辨。曰，难言也，可言其似。道之似则声也，性之似则闻也。有声而后有闻耶？有闻而后有声耶？是二者，果一乎？果二乎？孔子曰：人能宏道，非道宏人。又曰：神而明之，存乎其人。性者，其所以为人者也，非是无以成道矣。（《东坡易传》卷七）

苏轼认为，善为道之继，而非道之本身。因为道是阴阳未交而物未生之宇宙原初状态，通过一种自然的生成，阴阳交而生物，道与物接而生善，物生而阴阳隐，善立而道不见，故道大而善小，道无形而善可见。继是继承、继城，继之则善，不继则不善。孟子只就其可见之继者而言性善，殊不知性也与道一样，无形可见，其所表现为有形之善者，并非性之本身。孟子的这个说法，根本错误在于没有把握性之真正的本源，不能得道之大全。性是来源于道的，道先而性后，道之与性，有如声之与闻的关系，必先有声而后有闻。但是，性是人之所以为人的本质所在，具有主观能动性，唯有人才能自觉地对道有所继承，若无性则无以成道。从这个角度来看，性与道是一非二，此一即天人合一之一，性是天与人联结贯通的纽带，是使道得以继续不断而落实于社会人生的依据。因此，苏轼得出结论说："性所以成道而存存也，尧舜不能加，桀纣不能亡，此真存也。存是则道义所从出也。"这就是说，道无善恶，性亦无善恶，道不可见，性亦不可见，但性能继成此道而表现为可见之善，这是人人固有而为尧舜桀纣所不能损益的自然的本性，若能保存此自然的本性，使之存而又存，继续不断，则道义从此而出。通过这一番诠释，苏轼论证了人的自然本性先于社会本性，只有这种无善无恶的自然本性才是真正的性命之源，道义之善是在这种自然本性的基础上发展而成的。

在《扬雄论》一文中，苏轼明确指出，这种自然本性就是人的饮食男女的生理本能，无论是圣人还是小人，都以这种生理本能作为自己的人性的本质。他说：

> 人生而莫不有饥寒之患，牝牡之欲。今告乎人曰，饥而食，渴而饮，男女之欲，不出于人之性，可乎？是天下知其不可也。圣人无是无由以为圣，而小人无是无由以为恶。圣人以其喜怒哀惧爱恶欲七者御之而之乎善，小人以是七者御之而之乎恶。由此观之，则夫善恶者，性之所能之而非性之所能有也，且夫言性者，安以其善恶为哉！（《经进东坡文集事略》卷八）

《周易·说卦》说，"昔者圣人之作易也，将以顺性命之理"，"和顺于道德而理于义，穷理尽性以至于命"。这是《周易》的核心思想，但是各家的诠释却有不同的角度，意见分歧极大。理学家着重于从"人之所以异于禽兽者几希"的社会本性的角度来诠释性命之理，苏轼则着重于从人的自然本性的角度来诠释，把性命之理归结为一种自然之理。虽然如此，由于人性的本质既有不同于动物的社会性的一面，也有同于动物的自然性的一面，这两者既有矛盾，但也内在地统一在一起而不可割裂，所以凡是强调社会本性的哲学家都不否认人尚有自然本性的一面，凡是强调自然本性的哲学家也都不否认人尚有社会本性的一面，问题的关键在于如何处理两者之间的关系，究竟是以社会本性去统率自然本性，还是以自然本性去统率社会本性。这种植根于人性本质的内在矛盾及其统一的问题在哲学上就升华为一个天人关系的问题。关于天与人的关系，也是既有矛盾的一面，也有统一的一面。由于人的社会本性与自然本性无时无处不存在着矛盾，有时甚至表现为尖锐的对立，是人们必须接受而无所逃于天地之间的活生生的现实，但是人们无法在这种现实中安身立命，而必须进行不懈的追求，希望找到一种有效的途径来克服矛盾，把二者结合起来，所以天人合一也就自然而然成为中国哲学的共同的理想，代表了中国哲学的根本精神。从先秦的孔孟老庄开始，各家各派的哲学都是以这个问题的内在矛盾及其统一为主轴而展开的。就宋代哲学而论，理学家着眼于以社会本性去统率自然本性，主张"克己复礼"，即克制人的自然的情欲使之服从社会名教的规范。按照这个思路，理学家对性命之理的诠释，把人性区分为义理之性与气质之性，前者指社会本性，后者指自然本性。这二者在现实生活中是矛盾的，但是理学家致力于追求二者的统一，统一的途径就是所谓"变化气质"，即把人的自然本性改造成为义理之性安顿的处所。如果改造成功，则成圣成贤，天人合一，达到一种无往而不自得的理想的自由的精神境界。但是，为了达到这种理想，必须执着恪守名教规范，严格遵循伦理准则，以变化气质为前提。所以一般说来，理学家的性格大多表现为一种过于执着、刻板，甚至不近人情，也就是庄子所批评的儒者"明于礼义而陋于知人心"。苏轼是一个情感极为丰富的才子型的性格，始终保持着一颗天真的童心，一个敏锐纯洁的性灵，林语堂的《苏东坡传》称之为"一个不可救药的乐天派"，他的这种性格天生是与理学家的那种执着方枘圆凿，格格不入的。因此，他对性命之理的诠释，虽然也是在追求天人合一的理想，但却是与理学家的执着迥然不同的旷达的理想，一种率性而任自然的理想，一种如同庄子所说的那种"猖狂妄行而蹈其大方"的理想。所谓蹈其大方，是说为人处世合乎儒家的风范，这显然是对人文价值的一种执着。但是这种执着是建立在人的自然本性的基础之上，用不着去作一番克己复礼、变化气质的刻苦的心性修养，只要猖狂妄行，任其自然，就能蹈其大方。苏轼在释《说卦》的这一段话时，淋漓尽致地阐发了这个思想。他说：

> 道者其所行也，德者其行而有成者也，理者道德之所以然，而义者所以然之说也。君子欲行道德，而不知其所以然之说，则役于其名而为之尔。夫苟役于其名而不安其实，则小大相害，前后相陵，而道德不和顺矣。譬如以机发木偶，手举而足发，口动而鼻随也。此岂若人之自用其身，动者自动，止者自止，曷尝调之而后和，理之而后顺哉！是以君子贵性与命也。欲至于性命，必自其所以然者溯而上之。夫所

以食者，为饥也，所以饮者，为渴也，岂自外入哉！人之于饮食，不待学而能者，其所以然者明也。盍徐而察之。饥渴之所从出，岂不有未尝饥渴者存乎，于是性可得而见也。有性者，有见者，孰能一是二者，则至于命矣。(《东坡易传》卷九)

苏轼释乾卦象辞，也对性命之理作了阐发。他说：

> 古之君子，患性之难见也，故以可见者言性。夫以可见者言性，皆性之似也。君子日修其善，以消其不善，不善者日消，有不可得而消者焉。小人日修其不善，以消其善，善者日消，亦有不可得而消者焉。夫不可得而消者，尧舜不能加焉，桀纣不能亡焉，是岂非性也哉！君子之至于是，用是为道，则去圣不远矣。虽然，有至是者，有用是者，则其为道常二，犹器之用于手，不如手之自用，莫知其所以然而然也。性至于是，则谓之命。命，令也。君之令曰命，天之令曰命，性之至者亦曰命。性之至者非命也，无以名之，而寄之命也。死生祸福，莫非命者，虽有圣智，莫知其所以然而然。君子之于道，至于一而不二，如手之自用，则亦莫知其所以然而然矣。此所以寄之命也。情者，性之动也。溯而上，至于命，沿而下，至于情，无非性者。性之与情，非有善恶之别也，方其散而有为，则谓之情耳。命之与性，非有天人之辨也，至其一而无我，则谓之命耳。(《东坡易传》卷一)

朱熹的《杂学辩》评论说："苏氏此言，最近于理。夫谓'不善日消，而有不可得而消者'，则疑若谓夫本然之至善矣。谓'善日消，而有不可得而消者'，则疑若谓夫良心之萌蘖矣。以是为性之所在，则似矣。"但是朱熹对这个断语又不敢确信，因为他认为，苏氏初不知性之所自来，善之所从立，其意似在"谓人与犬羊之性无以异"，把人性归结为与动物相同的自然本性。朱熹的这个看法表述得曲折委婉，十分微妙，既指出了苏轼与理学家的根本分歧之点，也把握到这两种不同的倾向都在极力寻求互补的共同的愿望。苏轼并不反对道德理义是人所必须遵循的行为规范，但却强调履行这些行为规范应该出于至诚而不容有伪，如同手之自用，饥而食，渴而饮，莫知其所以然而然。换句话说，苏轼主张道德的"自律"而反对道德的"他律"。为了建立这种自律的道德，他反复论证，道德理义本于人性之自然，与人的自然本性一而不二，是不待学而能者的良知良能。他的这个思想与郭象所说的名教即自然、"夫仁义自是人之情性，但当任之耳"，是息息相通的，也与孟子所说的良知良能有很大的相似之处。朱熹根据这种相似之处，认为苏轼所说的尧舜不能加、桀纣不能亡的人之本性，疑若谓夫本然之至善、良心之萌蘖，是颇有见地，也是符合实际的。由此可以看出，苏轼受天人合一哲学的内在逻辑的驱使，不得不向以人的社会本性作为人性本质的倾向寻求互补，否则势必将天人割裂为二，不能自圆其说。理学家也同样主张道德的自律，因而他们普遍地服膺孟子的性善说而反对荀子的性恶说。孟子论证人性本善，主要论据即人所固有的良知良能，而所谓良知良能实际上指的就是与生俱来的生理本能。孟子常以这种生理本能来论证道德的自律，有时甚至直接把人性的本质归结为这种生理本能。比如他说："故理义之悦我心，犹刍豢之悦我口。"（《孟子·告子上》）"口之于味也，目之于色也，耳之于声也，鼻之于臭也，四肢之于安佚也，性也。"（《孟子·尽心下》）理学家沿袭孟子的思路，虽然认为人的社会本性高于自然本性，应以社会本性规定人性的本质，但都被迫向自然主义的倾向寻求互补，否则就难以证成其说，根本不可能建立一种自律的道德。比如张载说："形而后有气质之性，善反之，则天地之性存焉。"（《正蒙·诚明篇》）二程说："生之谓性，性即气，气即性，生之谓也。"（《遗书》卷一）这就是认为，人的社会本性（天地之性）即寓于自然本性（气质之性）之中，以自然本性为基础，若从理论上推到极处，则生之谓性，此与生俱来的自然本性即为人性的本质。就苏轼与理学家诠释性命之理所表现的不同倾向而言，他们形成了对立，各自独立成家。但就他们被迫各自向对方寻求互补而言，似乎取消了双方的对立，从而也否定了他们自身，而百川归海，融汇到中国哲学中的天人合一这个共同的大主题中来。

在中国哲学中，天人合一始终是一个理想，至于人们所面对的现实却一直是令人心烦意乱的天与人的矛盾。理想是现实的彼岸，理想之所以为理想，就在于它不等于现实。这也就意味着，虽然各家各派的哲学都在追求天人合一的理想，但是由于现实的矛盾是如此的深刻，如此的内在，如此的难以克服，所以他们所建构的体系无一例外都是以偏概全，得其仿佛，谁都免不了陷入理论上的失误，常常是捉襟而见肘，顾此而失彼。从另一方面来看，哲学家们往往对此缺乏自觉，而表现为一种理论上的确信，自以为独得天人之秘，因而自是而相非，以己之所是而非彼之所非。这就在哲学史上形成了各种对立的学派，入者主之，出者奴之，相互攻驳，彼此排斥。虽然如此，如果我们今天抱着一种超越的态度而以道观之，则哲学史上所有这些学派的对立，意见的分歧，都是殊途而同归，一致而百虑，为解决天人合一这道难题提供了有益的思路，作出了可贵的贡献。从这个角度来看，我们对理学家与苏轼的分歧就能产生一种同情的了解，既能见出其所得，又能见出其所失。理学家之所得在于把名教规范、伦理准则提到天道性命的高度进行了哲学的论证，给人们启示了一条克己复礼、成圣成贤之路。其所失则在于过分地强调了人的社会本性而压抑了人的自然本性。苏轼之得失与理学家恰恰相反，他希望达到一种猖狂妄行而蹈其大方的境界，试图把名教建立在自然的基础之上，但在现实生活中这二者总是难以结合得恰到好处，因而在理论上对天人关系问题的处理，也总是左右摇摆。苏轼因理学家之所失而提出责难，认为他们忽视人的自然本性而论性命之理，将使道德不合顺，理义不自然，譬如以机发木偶，手举而足发，口动而鼻随，大小相害，前后相陵。这种意见的分歧虽相反而实相成。后来理学家接受了来自自然主义方面的批评，发展出陆王心学一派，生动地表现了二者的互补。苏轼在哲学上作为一个自然主义的代表，信奉"不以心捐道，不以人助天"的庄子的思想，主张无心而顺应自然之理，但在处理天人关系问题时，也本着儒家的那种浓郁的人文情怀，发表了许多人能胜天、志能胜气的思想，体现了一种以天下为己任的担待精神。这种自相矛盾的情况说明苏轼已经觉察到自己理论上的偏失，正在进行纠正，向强调人事之功的人文主义那里寻求互补。

按照苏轼本来的思路，自然之理与人事之功并不存在矛盾，只要做到无心而顺应，便可自然而然成就一番德业。他认为，"夫德业之名，圣人之

所不能免也。其所以异于人者，特以其无心尔"（《东坡易传》卷七）。因此，他在处理天人关系时，基本上是本着道家的"不以心捐道，不以人助天"的无为思想，对以天或天命所代表的客观自然之理表示极度的尊重。比如他释复卦彖辞说：

> 凡物之将亡而复者，非天地之所予者不能也。故阳之消也，五存而不足，及其长也，甫一而有余，此岂人力也哉！传曰：天之所坏，不可支也，其所支，亦不可坏也。违天不祥，必有大咎。

释无妄卦彖辞说：

> 无妄者，天下相从于正也。正者我也，天下从之者天也。圣人能必正，不能使天下必从，故以无妄为天命也。

释大畜卦彖辞说：

> 乾之健，艮之止，其德天也，犹金之能割，火之能热也。物之相服者，必以其天。鱼不畏网而畏鹈鹕，畏其天也。（《东坡易传》卷三）

但是，如果这种客观自然之理在现实生活中作为一种盲目的外在的必然性而与人的价值理想相背离，阻碍德业的实现，遇到这种情况，又将作何选择呢？苏轼认为，在这种情况下，应该反其道而行之，不以命废志，坚持人文价值理想，发扬人定胜天的主宰精神。这也就是说，应该放弃无心而坚持有意。他释姤卦九五"有陨自天"说：

> 姤者阴长之卦，而九五以至阳而胜之，故曰含章。凡阴中之阳为章。阴长而消阳，天之命也，有以胜之，人之志也。君子不以命废志。故九五之志坚，则必有自天而陨者，言人之至者，天不能胜也。（《东坡易传》卷五）

他在释《系辞》"精气为物，游魂为变"时，就气与志、魄与魂、鬼与神的关系来区分众人与圣贤不同之所在，对志作了更多的强调，认为圣贤之所以异于众人，关键在于志胜气，即以人的社会本性去统率自然本性。他说：

> 众人之志，不出于饮食男女之间与凡养生之资。其资厚者其气强，其资约者其气微，故气胜志而为魄。圣贤则不然，以志一气，清明在躬，志气如神，虽禄之以天下，穷至于匹夫，无所损益也。故志胜气而为魂。众人之死为鬼，而圣贤为神，非有二知也，志之所在者异也。（《东坡易传》卷七）

苏轼的这个思想显然与他的自然主义的哲学相矛盾。他本来是追求一种无心的旷达而反对有意的执着，希望达到一种"猖狂妄行而蹈其大方"的自由的境界，以人的自然本性去统率社会本性，现在却又否定了这个说法，认为无心的旷达是"气胜志"的众人，而有意的执着才是"志胜气"的圣贤。这种理论上的自相矛盾，其深刻的根源不在理论本身而在于现实，如果现实的矛盾不能克服，则理论也决不能圆通，苏轼如此，理学家也同样如此。中国的士人对这种现实的矛盾有着真切的感受，因而他们的心态始终是在旷达与执着、无心与有意之间徘徊不定，困惑莫解，虽然历代的哲学家经过苦心的探索业已作出了各种各样的解，但由于都不能有效地克服现实的矛盾，只能看做是一种无解之解。就苏轼本人而言，早在童年时期，即慕东汉党人范滂之为人，慨然有澄清天下之志。这个志也就是"急乎天下国家之用"之志，建功立业、安邦定国之志，是一种儒家的人文情怀。中国的士人莫不抱有此志，但是当他们登入仕途、踏上人生之路时，却在盲目外在的客观必然性的驱使下，颠沛流离，历尽坎坷，郁郁不得志。他们普遍地把这种遭遇归结为一种时命，有的则称之为天命。这是一种使志向理想无法实现的不可抗拒的阻力，理论上虽说来自于天命，实际上却是来自于现实的人间。中国的士人面对这种不以人的意志为转移的客观必然性，无论作出何种选择，都会使自己陷入进退两难的尴尬的处境。苏轼骨子里是个儒家，虽然他根据自己的生活经验和历史感受，选择了认同天命的道家思想，追求无心的旷达，并且写了大量脍炙人口的表现旷达的诗文，在文学史上占有不朽的地位，但是他的心态却由于始终无法摆脱儒家的情结，从来都没有得到安宁，而所谓的旷达实际上只是一种寄沉痛于悠闲，其中蕴藏着深沉的忧患意识。因此，苏轼通过一番艰苦的上下求索，走了一段否定之否定的曲折道路，又回到原来的起点，选择了儒家的有意的执着精神，看似矛盾，其实是完全可以理解的。他在释乾卦九三之德时，表述了与童年时期相同的那种以天下为己任的志向，但是由于以易理的高层次的哲学思考为依托，而且饱含着自己的丰富的人生体验，这种志向是表述得更为坚挺，更为沉毅，更富有担待精神了。他说：

> 九三非龙德欤？曰，否！进乎龙矣。此上下之际，祸福之交，成败之决也，徒曰龙者，不足以尽之，故曰君子。夫初之所以能潜，二之所以能见，四之所以能跃，五之所以能飞，皆有待于三焉。甚矣三之难处也，使三不能处此，则乾丧其所以为乾矣。天下莫大之福，不测之祸，皆萃于我而求决焉，其济不济，间不容发，是以终日乾乾，至于夕而犹惕然，虽危而无咎也。（《东坡易传》卷一）

这种担待精神是与范仲淹所说的"先天下之忧而忧，后天下之乐而乐"以及欧阳修所说的"以天下之忧为己忧，以天下之乐为己乐"完全一致的，而与刘牧的那种"言称运命"，"谓存亡得丧，一出自然"的无心思想却有很大的不同。

三、卦爻结构与义理内涵

义理派的易学重视卦爻结构中之义理内涵，但并不否定象数本身。王弼在《周易略例》中曾说："尽意莫若象，尽象莫若言。""意以象尽，象以言著。"如果完全扫落象数，所谓义理内涵也就空无依傍，失去着落了。因而义理派的易学对卦爻结构的形式体例和哲学功能都作了细致的研究，力求把卦爻结构处理成表现义理内涵的一种合适的工具，做到形式与内容的统一。只是由于各人对义理内涵有不同的看法，所建构的易学体系有不同的倾向，所以他们对卦爻结构的处理也不尽相同，甚至出现严重的分歧。比如苏轼与欧阳修同属义理派，作为欧阳修的门生，他对欧阳修的道德文章和学术地位一直是推崇备至，但是在易学思想上却不能苟同，对欧阳修否定河图洛书的说法表示强烈的不满，并且直言不讳地提出反对的意见。他说：

> 天垂象，见吉凶，圣人象之。象之者，象其不言而以象告也。河图洛书，其详不可得而闻矣，然著于《易》，见于《论语》，不可诬也，而今学者或疑焉。山川之出图书，有时而然也。魏晋之间，张掖出石图，文字粲然，时无圣人，莫识其义尔。河图洛书，岂足怪哉！且此四者，圣人之所取象以作易也。当是之时，有其象而无其辞，示人以其意而已。故曰易有四象，所以示也。圣人以后世为不足以知也，故系辞以告之，定吉凶以断之。圣人之忧世也深矣。（《东坡易传》卷七）

欧阳修的易学着眼于经世致用，重人事而轻天道，而当时兴起的河洛图书之学则是着眼于编织天象图式，重天道而轻人事，与他的主旨恰恰相反。欧阳修为了维护自己的易学，不能不否定河图洛书，指斥其说为怪妄。苏轼的易学虽不废人事之功，关注的重点却是推阐天道自然之理势，与欧阳修并不相同。因而苏轼必须依据河图洛书、天地之数、八卦之象这些成说来建立一个宇宙论的体系，如果附合欧阳修的意见去一味地否定，便无从证成自己的易学。苏轼一贯重视象数的研究。关于易数，他曾发表了不少独到的见解，但直至晚年，仍以不懂数学为憾，认为未能把握易数之妙理。关于易象，他指出，"圣人非不欲正言也，以为有不可胜言者，惟象为能尽之"，"易有圣人之道四焉，以制器者尚其象。故凡此皆象也。以义求之则不合，以象求之则获"。苏轼的这个看法是从他的自然主义的易道观合乎逻辑地推演而来的。在他看来，道是物之未生的宇宙原初状态，未始有名。易是立足于生生之有的。此生生之有充满了吉凶得丧之变，蕴含着一种自然之理，也就是意。为了表示此不可见之意，必须赋之以名，取诸物以寓其意，进而断之以辞。因此，他认为，"夫道之大全也，未始有名，而易实开之，赋之以名。以名为不足，而取诸物以寓其意；以物为不足而正言之；以言为不足而断之以辞；则备矣"（《东坡易传》卷八）。这就是说，易是一个生成的过程，经历了无名、有名、立象、断辞四个层次历然的发展阶段而逐渐完备。其中无名之道是第一性的，有名之易由意（自然之理）、象（卦爻象）、辞（卦爻辞）三者所组成。由于象生于意，言生于象，所以在此三者的关系中，意居于主导地位。但是从另一方面看，意以象著，不能离象以求意，所以应该十分重视象的作用。这就是苏轼为什么不赞成欧阳修否定河图洛书之说的根本原因。

苏轼对卦爻结构的看法，大体上本于王弼。王弼作为义理派易学的创始人，对卦爻结构的形式体例及哲学功能作了经典性的表述。在《周易略例》中，王弼指出，一卦六爻，结成一个整体，其中必有一个中心主旨。这是因为，"物无妄然，必由其理。统之有宗，会之有元，故繁而不乱，众而不惑"。这个中心主旨总揽全局，对六爻起着支配作用，称之为卦义，也叫时义，简称为时，所以说"卦者时也"。由卦象所显示之时是相对稳定的，而卦中之六爻则上下变动，处于不断迁徙流转的过程之中，所以说"爻者适时之变者也"。虽然如此，这种变化仍有规律可寻，只要能"识其情"，"明其趣"，就可以"睽而知其类"，"异而知其通"。苏轼继承了王弼的这个思想作了进一步的发挥。他说：

> 古之论卦者以定，论爻者以变。（《东坡易传》卷一）
>
> 卦有成体，小大不可易，而爻无常辞，随其所适之险易。故曰象者言乎象，爻者言乎变。夫爻亦未尝无小大，而独以险易言者，明不在乎爻而在乎所适也。
>
> 阴阳各有所统御谓之齐。夫卦岂可以爻别而观之，彼小大有所齐矣，得其所齐，则六爻之义，未有不贯者。吾论六十四卦，皆先求其所齐之端。得其端，则其余脉分理解无不顺者，盖未尝凿而通也。
>
> 物错之际难言也，圣人有以见之，拟诸其形容，象其物宜，而画

以为卦。刚柔相交，上下相错，而六爻进退屈信于其间，其进退屈信不可必，其顺之则吉、逆之则凶者可必也。可必者，其会通之处也，见其会通之处，则典礼可行矣。故卦者至错也，爻者至变也。至错之中有循理焉，不可恶也。至变之中有常守焉，不可乱也。（《东坡易传》卷七）

在王弼的易学中，时是一个极为重要的范畴，时必有用，称为时用，六十四卦象征六十四种不同的时用。王弼根据这个思想，以卦为时，以爻为人，对客观形势与主体行为进行了十分详尽的研究，提出了一套系统的适时之用的政治谋略主张，以适应曹魏正始年间的时代需要。因此，王弼的易学渗透着一种忧患意识和人文情怀，切乎人事之用，实质上是一种通过玄学的形式表现出来的经世之学。李觏、欧阳修之所以赞赏王弼的易学，主要不是着眼于其玄学的形式，而是着眼于其经世之学的内容。苏轼的易学也以切合人事为特点，所以也和王弼一样，渗透着一种忧患意识和人文情怀，强调适时之用。他说：

卦所以有内外、爻所以有出入者，为之立敌而造忧患之端，使知惧也。有敌而后惧，惧而后用法，此物之情也。忧患之来，苟不明其故，则人有苟免之志，而怠于避祸矣。故易明忧患，又明其所以致之之故。（《东坡易传》卷八）

生生之极，则易成矣。成则唯人之所用。以数用之谓之占，以道用之谓之事。夫岂惟是，将天下莫不用之。用极而不倦者，其唯神乎！

至精至变者，以数用之也。极深研几者，以道用之也。止于精与变也，则数有时而差。止于几与深也，则道有时而穷。使数不差、道不穷者，其唯神乎！（《东坡易传》卷七）

卦未有非时者也，时未有无义，亦未有无用者也。苟当其时，有义有用，焉往而不为大！故曰时义，又曰时用，又直曰时者，皆适遇其及之而已。（《东坡易传》卷二）

但是，苏轼解《易》，却又不取王弼以卦为时、以爻为人之义，而另有主张，提出了卦以言其性、爻以言其情的新说。他注乾卦象辞"保合太和，乃利贞"说：

> 贞，正也。方其变化各之，于情无所不至，反而循之，各直其性以至于命，此所以为贞也。

> 其于《易》也，卦以言其性，爻以言其情。情以为利，性以为贞，其言也互见之，故人莫之明也。《易》曰：大哉乾乎，刚健中正，纯粹精也。夫刚健中正纯粹而精者，此乾之大全也，卦也。及其散而有为、分裂四出而各有得焉，则爻也。故曰六爻发挥，旁通情也。以爻为情，则卦之为性也明矣。乾道变化，各正性命，保合太和，乃利贞。以各正性命为贞，则情之为利也亦明矣。又曰利贞者，性情也。言其变而之乎情，反而直其性也。至于此，则无为而物自安矣。(《东坡易传》卷一）

苏轼解《易》的这种思路与王弼之不同，大体上类似于庄学与老学之不同。老子之学关注的重点在于社会群体的政治操作，人称君人南面之术，属于经世之学的范畴。庄子之学则把关注的重点转移到个体的安身立命之道上来，追求一种逍遥自得、旷达任性的精神境界，可以称之为心性之学或性命之学。《庄子·在宥》："故君子不得已而临莅天下，莫若无为。无为也而后安其性命之情。"郭象注说："无为者，非拱默之谓也，直各任其自为，则性命安矣。"庄子并不反对儒家所提倡的聪明仁义礼乐圣智，但却认为，"天下将安其性命之情，之八者，存可也，亡可也。天下将不安其性命之情，之八者，乃始脔卷狯囊而乱天下也"。所谓性命之情，指的是人皆有之的自然本性。庄子反复强调安其性命之情，力图把道家的社会理想和经世之学建立在这种自然主义的人性论的基础之上，是对老学的一种深化。苏轼偏爱庄子，其性格气质与庄子颇多契合，所以选择了庄子的思路，把安其性命之情的问题列为解《易》的重点，而不去走王弼的那种以老解《易》的路子。　其实，苏轼选择以庄解《易》的思路，并非完全出于个人的偏爱，而是受众多的社会历史动因的影响，在宏观的意义上反映了宋代思想由经世之学向心性之学的转变。心性之学偏于内圣，经世之学偏于外王，二者本无泾渭分明的界限，都是传统的内圣外王之学的两个不可缺少的组成部分，外王必以内圣为基础，内圣也必通向外王，因而所谓经世之学与心性之学只是就其主导倾向强为之名而已。但是，由于历史条件的变化，时代需要的不同，这种统一的内圣外王之学常常在某一个时期内热衷于社会群体的外部事务，呈现为经世之学的倾向，而在另一个时期内由外界退回到内心，关注个人的人格修养，呈现为心性之学的倾向。从思想史的角度来看，这种主导倾向的转变构成为时代思潮的特点，规定了时代精神的风貌，并且从总体上影响思想家个人思路的选择，其宏观的意义不可低估。就北宋的思想发展而言，前期主要是受庆历新政与熙宁变法的影响，以经世之学为主流。这是两次涉及面极广的社会改革运动，许多站在时代前列的思想家都被卷入进来，包括范仲淹、李觏、欧阳修、王安石、司马光等人。他们忧国忧民，匡时济世，急乎天下国家之用，致力于发展拨乱反正的外王之学。其时虽有理学前驱胡瑗、孙复、石介倡导心性修养，但是他们所谓的明体达用，其主旨乃是使心性修养从属于经世之用，并不影响经世之学的主流地位。庆历新政与熙宁变法不幸都失败了，这种失败的经验是极为惨痛的，许多人饱受贬谪流放之苦，由政治舞台退回到书斋，他们一方面冷静地总结导致改革失败的内在原因，同时又热切地探索个人如何在时代的苦难中安身立命以保持自己人格的完整。以这种改革的失败为契机，于是北宋的思想发展到后期，心性之学逐渐上升到主流地位。苏轼之所以选择以庄解《易》的思路，在更大的程度上是与思想史的这种总的发展趋势相适应的。

内圣外王这个词是由《庄子·天下》首次提出，用来泛指各家学说的共同的主旨，儒道两家的学说也包括其中，并不例外，因而儒家有自己的经世之学与心性之学，道家也同样有自己的经世之学与心性之学。先秦时期，由老学发展为庄学，表明道家学说的主导倾向由经世之学向心性之学的转变，儒家方面，由孔学发展为孟学，也意味着同样的转变。只是庄子的心性之学与孟子大不相同，庄子把人的自然本性置于首位，强调社会本性应服从于自然本性，孟子则恰恰相反，把人的社会本性置于首位，强调自然本性应服从于社会本性。一个偏重于自然主义，一个偏重于人文主义。孔与老同时，孟与庄同时，儒道两家学说的转变也同时，由此而形成两种不同的心性之学各执一端，既互相矛盾，又彼此融合，纠缠扭结，难舍难分，对后来的心性之学的影响至深且巨。孟、庄以后，中国的心性之学基本上分为这两大派，而且只要出现宗主孟子一派的心性之学，必有宗主庄子一派的心性之学与之对立，反之亦然。这确乎是中国思想史上的一个饶有趣味的现象。宋代思想史也重复了这个现象。虽然由于理学家的努力，使宗主孟子一派的心性之学发展为主流，但在其兴起之初，即受到两方面的反对。一方面来自欧阳修。欧阳修认为，心性之学是无用之空言，君子应该把自己的精力用于修己治人，不必去追究性之善恶。这是站在经世之学的角度来反对心性之学的。另一方面来自苏轼。苏轼认为，"儒者之患，患在于论性"。但是苏轼却宗主庄子，特别是宗主郭象所诠释之庄子，提出了一套以人的自然本性为基础的心性之学，与理学家形成了对立。这种对立同时也是一种互补，既补充了理学家的不足，也扩展了对人性本质的全面理解。就这个意义而言，在宋代思想史中，苏轼的心性之学与理学家的心性之学共同构成一种必要的张力，二者的地位应该是平起平坐，不分轩轾。如果忽视苏轼的这种立足于自然主义的心性之学，就会把本来是五彩斑斓、复杂多元的宋代思想弄得贫乏苍白，变成理学家的一统天下了。

苏轼的以卦为性、以爻为情的新说是在乾卦注中开宗明义提出来的。照苏轼看来，刚健中正纯粹而精，此乾之大全。乾元之德不可见，取龙之象以明之。龙得其正是为贞，这就是乾卦之性。性是相对稳定的，故古之论卦者以定。性散而有为，则谓之情。性之与情，非有善恶之别，二者的关系，一而不二，就其有共相与殊相、综合与分析、常与变、静与动、隐与显而言，故或谓之性，或谓之情。情为性之动，有动则必交于事物之域，与外界环境相接触，而尽得丧吉凶之变。爻者效天下之动，分卦之材，裂卦之体，而适险易之变，故以爻为情。所谓"利贞者性情也"，是说以各正性命为贞，而以情为利。由于物势之不齐，加上主体的认识与行为有种种的不同，情之是否合于利是不可必的，但是，顺自然之理则吉，逆自然之理则凶，这一点却是可必的。因此，苏轼认为，动者我也，而吉凶自外应之。行为的后果是吉是凶，关键决定于主体自身。如果方其变化各之，于情无所不至，而皆合于利，反而循之，各直其性以至于命，而皆合于贞，这就是无出无入，无内无外，周流六位，无往不适，达到了圣人的保合太和的最高境界了。乾之象对以卦为性、以爻为情作了明确的阐述。乾之大全以龙为象，乾之六爻乃其散而有为、分裂四出而各有得者，故六爻皆为龙德。但是，六爻各有不同的时位，各有不同的处境，所适不同，生活的环境不同，因而其所表现于外的飞潜见跃的行为方式也互不相同。苏轼根据这个观点对乾之六爻作了具体分析。他释"初九潜龙勿用"云：

乾之所以取于龙者，以其能飞能潜也。飞者其正也，不得其正而能潜，非天下之至健，其孰能之！

释"九二见龙在田"云：

飞者龙之正行也，天者龙之正处也。见龙在田，明其可安而非正也。

释"九三君子终日乾乾"云：

九三非龙德欤？曰，否，进乎龙矣。此上下之际，祸福之交，成败之决也。徒曰龙者，不足以尽之，故曰君子。

释"九四或跃在渊"云：

下之上，上之下，其为重刚而不中，上不在天、下不在田者，均也。而至于九四独跃而不惕者，何哉？曰：九四既进而不可复反者也，退则入于祸，故教之跃，其所以异于五者，犹有疑而已。三与四皆祸福杂，故有以处之，然后无咎。

释"九五飞龙在天"云：

> 今之飞者，昔之潜者也，而谁非大人欤？曰见大人者，皆将有求也，惟其处安居正，而后可以求得。九二者龙之安，九五者龙之正也。

释"上九亢龙有悔"云：

> 夫处此者，岂无无悔之道哉！故言有者，皆非必然者也。

通过这种具体分析，可以窥见苏轼解《易》的基本思路。卦以言其性，爻以言其情，这对六十四卦是普遍适用的。但在乾卦，则表现为"时乘六龙以御天"，飞潜与见跃，各适其时以用其刚健之德，情与性合，性与道合，如手之自用，莫知其所以然而然，而至于命。达到这个境界，保合太和，则无为而物自安。乾以龙为象，飞者龙之正行，天者龙之正处，唯有九五始得其正，其他各爻皆不得其正。但其他各爻在其具体的处境中选择了合理的行为方式，当潜则潜，当跃则跃，即令处于亢龙有悔的不利的时位，亦有无悔之道，并非必然有悔，故皆有所得，而安其性命之情。由此看来，苏轼所强调的是一种能在不同的处境下如水之随物赋形的自由的选择，主张不拘守一定之规，只要循理无私，诚而无伪，各直其性以至于命，便自然合理。因而苏轼的心性之学与理学家之不同，在于理学家着眼于对行为规范的执着，而苏轼则着眼于率性而行的旷达。

旷达与执着，是相对而言的，貌似对立，实则互通。理学家虽着眼于执着，其所追求的最高理想则是希望达到如同孔子所说的那种"从心所欲，不逾矩"的旷达。苏轼虽着眼于旷达，若不执着于顺应自然之理而恣意妄为，蔽于物欲，则必将事与愿违，自取其咎，使旷达化为乌有。因此，苏轼并不否定心性修养，仍然表现为一种执着。他在乾卦注中指出：

> 夫天岂以刚故能健哉？以不息故健也。流水不腐，用器不蠹。故君子庄敬日强，安肆日媮。强则日长，媮则日消。

尧舜之所不能加，桀纣之所不能亡，是谓诚。凡可以闲而去者，无非邪也，邪者尽去，则其不可去者自存矣，是谓闲邪存其诚。不然，则言行之信谨，盖未足以化也。（《东坡易传》卷一）

这是一种对自然之理的执着。苏轼希望通过这种执着，去蒙解蔽，恢复人的自然本性，做一个真正的性情中人，而反对理学家所主张的那种拘守礼法、谨小慎微的执着。

为了在旷达与执着之间找到一个最佳的结合点，首先应该对天人关系的高层次的哲学问题有一个正确的认识。虽然天地与人本为一理，但是人为物欲所蔽，常不能与天地相似，因而必须自强不息，从事闲邪存其诚的心性修养，去其所蔽，才能回复到与天地相似的本来面目。苏轼认为，《周易》的卦爻结构所表现的义理内涵就是天与人的关系问题。贲卦☲离下艮上，象曰："贲，亨。柔来而文刚，故亨。分刚上而文柔，故小利有攸往，天文也。文明以止，人文也。"苏轼解释说：

刚不得柔以济之，则不能亨。柔不附刚，则不能有所往。故柔之文刚，刚者所以亨也。刚之文柔，小者所以利往也。乾之为离，坤之为艮，阴阳之势数也。文明以止，离、艮之德也。势数推之天，其德以为人。（《东坡易传》卷三）

贲卦刚柔相济，交错而成文饰之美，就阴阳之势数而言，亨通和谐，但这只是天文而非人文。由天文转化而为人文，使之化成天下，必须发挥人的主观能动性，以离、艮之德去辅相裁成，做到文明以止。如果废人事之功，推之天而纯任自然，则天文与人文终必分裂为二，人也就不能与天地相似了。因此，虽然泰否剥复的变化从总体上看由阴阳之势数所决定，但是人可以通过人事的努力，精义以致用，使这种自然的变化符合于人文的价值理想。在泰卦注中，苏轼对这个思想作了进一步的表述。他说：

物至于泰，极矣，不可以有加矣。故因天地之道而材成之，即天

地之宜而辅相之，以左右民，使不入于否而已。否未有不自其已甚者
始，故左右之，使不失其中，则泰可以常有也。（《东坡易传》卷二）

但是，在实际的生活中，泰却往往不能常有而变为否，天文也往往不
能转化为人文，大好的形势往往被人的错误的行为所破坏而产生悔吝，这
种理想与现实、应然与实然、价值与事实的背离，原因何在呢？苏轼与理
学家不同，认为原因主要不是一个道德问题，而是一个认识问题，一个胸
襟、视野究竟是宽广还是偏狭的问题。他指出：

悔吝者，生于不宏通者也。天下孰为真远？自其近者观之，则远
矣。孰为真近？自其远者观之，则近矣。远近相资以为别也，因其别也，
而各挟其有以自异，则或害之矣。或害之者，悔吝之所从出也。

顺其所爱，则谓之吉，犯其所恶，则谓之凶。夫我之所爱，彼有
所甚恶，则我之所谓吉者，彼或以为凶矣。

在我为吉，则是天下未尝有凶。在彼为凶，则是天下未尝有吉。
然而吉凶如此其纷纷者，是生于爱恶之相攻也。（《东坡易传》卷八）

苏轼的这个思想实际是本于庄子的齐物之论。庄子认为，以差观之，
因其所大而大之，则万物莫不大，因其所小而小之，则万物莫不小，远近、
爱恶、吉凶种种的差别都是相对的，人们不能认识在差别之外尚有无差别
者在，见己而不见彼，于是美恶之辨战于中，去取之择交乎前，与物相刃
相靡，眩乱反复，驰骋追逐，终身役役，以致造成了人生莫大的悲哀。如
果换一个角度而以道观之，由游于物之内而游于物之外，则种种的差别都
将不复存在而道通为一，超然物外，无往而不乐。这就是宏通，也就是旷达。
苏轼亲身经历了庆历、熙宁年间风云变幻的政治冲突，把自己的时代感受
和人生经验提炼升华为一个哲学上的心性问题，并且根据卦以言其性、爻
以言其情的基本思路来解《易》，其主要目的就在于探索怎样才能做到如同
庄子所说的那种以道观之，超然物外而达于宏通。宏通是一种理想，一种
价值取向，不宏通则是人每日每时生活于其中的活生生的现实，一种由现

实所带来而又很难摆脱的苦涩的感受。苏轼认为，可以用《周易》的原理在理想与现实之间架设一道桥梁，使人由不宏通而达于宏通。因此，苏轼从事两方面的研究，一方面给人们树立一个正面的宏通的理想，另一方面，又密切地联系现实，针对着实际生活中的种种不宏通的具体情况，给人们启示一种如何超脱的宏通之道。在乾卦注中，苏轼着重于树立正面的理想，阐述他解《易》的基本思路。乾之六爻，时乘六龙以御天，皆能变而之乎情，反而直其性，飞潜见跃，各正性命，保合太和，无为而物自安。这是宏通的最高境界。但是，苏轼认为，只有圣人才能达到这个境界，凡人是难以企及的，他们在现实生活中常常是见己而不见彼，为种种的不宏通所困扰，只能向着这个境界进行不懈的追求，"明其忧患之故，而蹈其典常，可以寡过"，由不宏通而达到一种相对的宏通。根据这个看法，在其他各卦中，苏轼结合人所面临的各种具体的处境，着重于研究如何选择适当的行为方式而不丧失其真性情的问题。通过这种研究，苏轼以其敏感的心灵，丰富的人生经验以及富有特色的哲学思考，提出了一种与理学家大异其趣的儒道互补的心性之学，为易学作出了不朽的贡献。

咸、恒两卦是人们在好的处境下由于认识片面、胸襟偏狭而导致行为失误的例证。苏轼对这两卦十分重视，作出详尽的研究。在恒卦注中，他指出：

> 艮、兑合而后为咸，震、巽合而后为恒，故卦莫吉于咸、恒者，以其合也。及离而观之，见己而不见彼，则其所以为咸、恒者亡矣，故咸、恒无完爻，其美者不过悔亡。

恒卦☳巽下震上，巽为风、为柔、为顺，震为雷、为刚、为动。彖曰："恒，久也。刚上而柔下，雷风相与，巽而动，刚柔相应，恒。恒，亨，无咎，利贞，久于其道也。"苏轼解释说：

> 所以为恒者，贞也，而贞者施于既亨无咎之后者也。上下未交，润泽未渥，而骤用其贞，此危道也。故将为恒，其始必有以深通之，

其终必有以大正之。方其通物也，则上下之分有相错者矣。以错致亨，亨则悦，悦故无我咎者，无咎而后贞，贞则可恒。故恒非一日之故也，惟久于其道而无意于速成者能之。(《东坡易传》卷四)

因此，恒久之道并非一个静态的结构，而是一个动态的过程，不能执一而不变，在尚未达到既亨无咎的情况下拘守某种行为规范而骤用其贞，必须以能变为恒。就恒卦的卦爻结构而言，恒之始，阳宜下阴以求亨，及其终，阴宜下阳以明贞。这是因为，惟有如此，才能刚柔相应，上下相错，以错致亨，由亨而贞。但是，恒之六爻由于不宏通之故，方其散而有为，见己而不见彼，不能反而直其性，行为方式都有失误。比如九四不下初六以求亨，初六以九四不见下，不亨而用贞，故求深自藏以远之，结果使九四虽田而无获，自身则有浚恒之凶，双方都受到损害。上六不下九三以明贞，不安其分而奋于上，欲求有功而非其时，结果导致振恒之凶。这种情况表明，情虽为性之动，但往往为物所蔽，不能各直其性以至于命。恒卦合而观之固然吉利，但是恒无完爻，原因在于认识的片面，胸襟的偏狭，六爻各行其是而破坏了恒之大全。

咸卦的情况也是如此。咸卦䷞艮下兑上，艮为少男、为刚、为止，兑为少女、为柔、为悦。象曰："咸，感也。柔上而刚下，二气感应以相与，止而说，男下女，是以亨，利贞，取女吉也。""观其所感，而天地万物之情可见矣。"苏轼认为，这是就咸之大全合而观之而言的，"情者其诚然也，云从龙，风从虎，无故而相从者，岂容有伪哉"！天地万物之情交相感应，发于至诚之性而不容有伪，是一个无心而自然的运行过程，但是就咸之六爻别而观之，则为有意所蔽，见己而不见彼，不顾咸之大全而各行其是，这就产生了不凶则吝的不利的后果。咸卦以人体的各个部位由下而上的感应设喻。初六咸其拇，即感于足拇指。六二咸其腓，即感于小腿肚。九三咸其股，即感于大腿。九四为心之所在。九五咸其晦，即感于背脊。上六咸其辅颊舌，即感于口舌。此六个部位本应配合默契，自然协调，进入到无差别的境界，实际的情况却并非如此。苏轼援引庄子的思想进行分析，认为原因在于六体分裂四出而各有为，未能做到遗心而存神。他说：

咸者以神交。夫神者将遗其心，而况于身乎！身忘而后神存，心不遗则身不忘，身不忘则神忘。故神与身，非两存也，必有一忘。足不忘屦，则屦之为累也，甚于桎梏。腰不忘带，则带之为虐也，甚于缧绁。人之所以终日蹑屦束带而不知厌者，以其忘之也。道之可名言者，皆非其至，而咸之可分别者，皆其粗也。是故在卦者，咸之全也，而在爻者，咸之粗也。爻配一体，自拇而上至于口，当其处者有其德，德有优劣而吉凶生焉。合而用之，则拇履腓行，心虑口言，六职并举，而我不知，此其为卦。离而观之，则拇能履而不能捉，口能言而不能听，此其为爻也。方其为卦也，见其咸而不见其所以咸，犹其为人也，见其人而不见其体也。六体各见，非全人也。见其所以咸，非全德也。是故六爻未有不相应者，而皆病焉，不凶则吝，其善者免于悔而已。（《东坡易传》卷四）

《庄子·达生》："工倕旋而盖规矩，指与物化而不以心稽，故其灵台一而不桎。忘足，屦之适也；忘腰，带之适也；知忘是非，心之适也；不内变，不外从，事会之适也。始乎适而未尝不适者，忘适之适也。"所谓忘适之适就是一种无往而不乐的真正的旷达，这是庄子的心性之学所追求的最高境界。但是，这种旷达是以执着于无心而顺应自然之理为前提的。就像工倕那样，经过多年的操练，用志不分，乃凝于神，达到了指与物化的上乘之境，技艺纯熟而与道契合无间，所以用手指画圆而不必用心思去计量，便自然合乎规矩。苏轼毕生都在追求这种忘适之适的境界，无论是为人、作文乃至艺术实践，都是如此。比如他在《书晁补之所藏与可画竹》的一首名诗中说："与可画竹时，见竹不见人。岂独不见人，嗒然遗其身。其身与竹化，无穷出清新，庄周世无有，谁知此疑神。"（《苏东坡全集·前集》卷十六）

心性之学与经世之学本无泾渭分明的界限，内圣必通向外王。虽然苏轼的以卦为性、以爻为情的解《易》思路着重于心性之学的研究，但对如何通向外王以建功立业的问题也十分关注。他曾指出："夫德业之名，圣人之所不能免也，其所以异于人者，特以其无心尔。"无心故无能。"圣人无能，因天下之已能而遂成之。故人为我谋之明，鬼为我谋之幽，百姓之愚，

可使与知焉。"这种以庄子的心性之学为理论基础的经世之学，强调无心、无能，主张发挥万物自生自成的自组织的功能，借助事物本身刚柔相推的调控作用，使其发展变化自然而然符合于人文的价值理想，苏轼称之为"圣贤之高致妙用"。这是一种极为高明的谋略思想，类似于黑格尔所说的"理性的狡计"，蕴含了深刻的哲理。在大有卦和履卦注中，苏轼集中阐述了这个思想。

大有卦☲乾下离上，履卦☱兑下乾上，两卦的卦爻结构皆为一阴处群阳之间。大有之六五附于上九，而群阳归之。履之六三附于九五，而收"履虎尾，不咥人"之功。大有上九："自天祐之，吉，无不利。"苏轼解释说：

> 曰祐，曰吉，曰无不利，其为福也多矣，而终不言其所以致福之由，而《象》又因其成文无所复说，此岂真无说也哉？盖其所以致福者远矣。夫两刚不能相用，而独阴不可以用阳，故必居至寡之地，以阴附阳，而后众予之，履之六三、大有之六五是也。六三附于九五，六五附于上九，而群阳归之。二阴既因群阳而有功，九五、上九又得以坐受二阴之成绩，故履有不疚之光，而大有有自天之佑，此皆圣贤之高致妙用也。故孔子曰：天之所助者顺也，人之所助者信也，履信思乎顺，又以尚贤也，是以自天佑之，吉无不利。信也，顺也，尚贤也，此三者，皆六五之德也。易而无备，六五之顺也；厥孚交如，六五之信也；群阳归之，六五之尚贤也；上九特履之尔！我之所履者，能顺且信，又以尚贤，则天人之助，将安归哉？故曰：圣人无功，神人无名，而大有上九不见致福之由也。（《东坡易传》卷二）

履卦卦辞："履虎尾，不咥人，亨。"象曰："履，柔履刚也。说而应乎乾，是以履虎尾，不咥人，亨。刚中正，履帝位而不疚，光明也。"苏轼解释说：

> 履之所以为履者，以三能履二也，有是物者不能自用，而无者为之用也。乾有九二，乾不能用，而使六三用之。九二者，虎也，虎何为用于六三而莫之咥，以六三之应乎乾也。故曰说而应乎乾，是以履

虎尾，不咥人，亨。应乎乾者犹可以用二，而乾亲用之不可，何哉？曰：乾，刚也，九二亦刚也，两刚不能相下，则有争，有争则乾病矣，故乾不亲用，而授之以六三。六三以不挍之柔，而居至寡之地，故九二乐为之用也。九二为三用，而三为五用，是何以异于五之亲用二哉！五未尝病，而有用二之功，故曰履帝位而不疚，光明也。夫三与五合，则三不见咥，而五不病。五与三离，则五至于危，而三见咥。卦统而论之，故言其合之吉。爻别而观之，故见其离之凶。此所以不同也。（《东坡易传》卷一）

统而论之，履卦六爻的配置是一种优化的组合，构成了一个相互影响、密切配合、协同发展的统一的整体，从而发挥出了整体的自组织的功能。履卦以虎为象，九二为虎，成卦之体，在于六三。六三以柔履刚，履虎尾而不见咥，是因为六三居总体之上，兑为和悦而应乾刚，虽履其危而无害，故得亨通。因此，履卦的优势，关键在于九二之虎乐为六三所用，六三之无能假手九二之能以成其能。但是，就组合的结构层次而言，九五为帝位，居于最高层次，整个组织系统所追求的最高目标应该是使九五"履帝位而不疚"，只有当九二之虎为九五所用，才能达到这个目标。九五为刚，九二亦为刚，两刚不能相下，必有所争，如果九五不明此理而亲用九二，将会事与愿违，造成对自己的损害，必须采取一种迂回的战略，施行一种理性的狡计，假手于六三以用之。六三既以不挍之柔，而居至寡之地，使九二乐为之用，但是从整体上看，如果六三不附于九五，悦而应乎乾，则虎见六三而不见乾，这就不但不能有用二之功，反而会葬身虎腹。因此，六三必须以阴附阳而为九五所用，决不能去乾以自用，九五之所以可能假手于六三以用九二，是一个自然之理。这样说来，九二为三用，而三为五用，九五虽不亲用九二，却凭借着整体结构中的环环相扣、层层制约的自组织功能，以无心、无能而坐享其成，从而维护了系统的和谐稳定，达到了"履帝位而不疚"的组织目标。

苏轼认为，这是"圣贤之高致妙用"，虽致福而不见其所以致福之由。实际上，这也就是道家所说的无为而无不为。但是，为了把这种谋略思想用于经世，必须去蒙解蔽，培养一个旷达、宏通的胸怀，做到无心而顺应自然之理。否则，如果不顾全局，脱离整体而自用，就会对整体造成危害，而自身也导致凶咎。履卦六爻，别而观之，有的适应整体的需要采取了正确的行为，有的行为失当，后果各不相同，苏轼对此作了具体的分析。初九，"素履往，无咎"。他解释说：

> 履六爻皆上履下也，所履不同，故所以履之者亦异。初九独无所履，则其所以为履之道者，行其素所愿而已。君子之道，所以多变而不同者，以物至之不齐也，如不与物遇，则君子行愿而已矣。

九二，"履道坦坦，幽人贞吉"。他解释说：

> 九二之用大矣，不见于二，而见于三。三之所以能视者，假吾目也；所以能履者，附吾足也。有目不自以为明，有足不自以为行者，使六三得坦途而安履之，岂非才全德厚、隐约而不愠者欤！故曰幽人贞吉。

六三，"眇能视，跛能履，履虎尾，咥人，凶。武人为于大君"。他解释说：

> 眇者之视，跛者之履，岂其自能哉？必将有待于人而后能。故言跛眇者，以明六三之无能而待于二也。二，虎也，所以为吾用而不吾咥者，凡以为乾也。六三不知其眇而自有其明，不量其跛而自与其行，以虎为畏己，而去乾以自用，虎见六三而不见乾焉，斯咥之矣。九二有之而不居，故为幽人。六三无之而自矜，故为武人。武人见人之畏己，而不知人之畏其君，是以有为君之志也。

九四，"履虎尾。愬愬，终吉"。他解释说：

> 愬愬，惧也。九二之刚，用于六三，故三虽阴而九二之虎在焉，

则三亦虎矣。虽然，非诚虎也。三为乾用，而二辅之，四履其上，可无惧乎？及其去乾以自用，而九二叛之，则向之所以为虎者亡矣，故始惧终吉。以九四之终吉，知六三之衰也。六三之衰，则九四之志得行矣。

九五，"夬履，贞厉"。他解释说：

九二之刚，不可以刚胜也，惟六三为能用之。九五不付之于三，而自以其刚决物，以此为履，危道也。夫三与五之相离也，岂独三之祸哉！虽五亦不能无危，其所以犹得为正者，以其位君也。

上九，"视履考祥，其旋元吉"。他解释说：

三与五，其始合而成功，其后离而为凶，至于上九，历见之矣。故视其所履，考其祸福之祥，知二者之不可一日相离也，而复其旧，则元吉旋复也。（《东坡易传》卷一）

苏轼对履卦六爻散而有为的行为方式作了具体的考查，赞美初九、九二，谴责六三、九五。初九之所以值得赞美，是因为能在独无所履的情况下行其素愿，保持了人格的完整，既是一种旷达，也是一种执着。九二对于维护整体的和谐稳定起了关键性的作用，是个有功之臣，但却有功而不居，甘为人梯，其才全德厚、隐约而不惴的品德更是值得赞美。至于六三，眇而又跛，既不能视，又不能行，仅仅因为暂时处于有利的时位，上有乾之相应，下有九二之鼎力相助，得到了整体力量的支持，故眇能视，跛能履，履虎尾而不见咥。但是六三对此毫无认识，愚而好自用，贱而好自专，贪天之功以为己有，终于众叛亲离，为虎所咥，自取其咎。九五居于帝位，是最高的决策者，承担着维护整体的重大责任，在履卦之时，本应认清形势，无心顺应，假手六三之柔以用九二之刚，作出正确的战略决策，但却刚愎自用，以刚决物，把整个组织系统引入危道，从而也使自己的帝位岌岌可危。苏轼认为，六三、九五行为的失误固然要受到谴责，但不是一个道德问题，而是一个认识问题。他曾指出："爻者言乎变。夫爻亦未尝无小大，而独以险易言者，明不在乎爻而在乎所适也。同是人也，而贤于此，愚于彼，所适之不同也如此。"所适就是人所遭遇的具体的处境。处境是不断变换的，同是一个人，在此处境下采取了适当的对策而为贤，换了一个处境采取了不适当的对策而为愚，因而贤愚并非一成不变，错误是可以通过人的主观努力使之转化为正确的。履卦上九就是致力于这种转化的典型的例证。上九处于履卦之终，亲身经历了由三与五的错误行为所导致的凶灾，怀着沉痛的心情总结失败的教训，终于认识到三与五不可一日相离的自然之理，于是调整自己的行为，由错误转化为正确，从而获得了元吉。

由此可以看出，苏轼解《易》所展示的义理内涵虽以心性之学为重点，但也与经世之学相通。苏轼并不是如同庄子的那种隐士类型的人物，他一直生活于政治旋涡的中心，始终未能忘怀政治。他就像履之上九那样，对历次改革运动的失败以及波谲云诡、此起彼伏的党争进行冷静的反思，企图找到一个可以见出成效的拨乱反正之道。因此，在他的易学中，心性之学与经世之学是融为一体的，内圣必通向外王，蕴含着极为丰富的内容。值得注意的是，他的这些思想都是通过六十四卦的卦爻结构形式表现出来的，如果不了解他对卦爻结构的独特的看法，也就很难了解他的思想。

苏轼反复强调卦与爻之不同，卦以言其性，爻以言其情。性者卦之大全，统而论之，得其所齐，则六爻之义，未有不贯者。情者性之动，卦散而为爻，别而观之，随其所适之险易，而爻无完辞。这么说来，通过卦爻结构以明易理，究竟是由卦而爻，还是由爻而卦呢？苏轼认为，由于易为逆数，应该重视对爻的研究，由爻而卦，据其末而反求其本。他在《说卦传》中指出：

> 断竹为篪，窍而吹之，唱和往来之变，清浊缓急之节，师旷不能尽也。反而求之，有五音十二律而已。五音十二律之初，有哗然者而已。哗然者之初，有寂然者而已。古之作乐者，其必立于寂然者之中乎！

是以自性命而言之，则以顺为往，以逆为来。故日数往者顺，知来者逆。六十四卦、三百八十四爻，皆据其末而反求其本者也，故易逆数也。（《东坡易传》卷九）

所谓寂然者即性，性不可见，而只能见夫性之效，即表现于外的可以看得见的行为，也就是情。情交于事物之域而尽得丧吉凶之变，由此而构成现实生活林林总总复杂纷纭的图景。爻以言其情，对爻的研究也就是对现实生活本身的研究，对人的行为方式的研究。人的行为方式有的正确，有的错误，有的宏通，有的不宏通，决定于其所发之情能否反而直其性以至于命，故必逆而上之，由爻而卦，据其末而反求其本，以把握人所本有的性命之理。苏轼根据这个解《易》的思路，成功地把卦爻结构改造成表现其易学思想的合适的工具，充分地显示了义理派易学的特色。

四、苏轼的文化价值理想

苏轼的文化价值理想本于易学的普遍原理，追求天与人的整体和谐。这是由易学传统世代相承长期凝聚而成的理想，并且由易学传统朝外横向辐射，成为中华民族精神生活各个领域的理想。历代的易学家莫不有此理想，许多并非易学家的思想家、政治家、史学家乃至文学家，也都自觉或不自觉地抱有这种理想。因而苏轼的文化价值理想带有很大的共性，与绝大多数人相通，也与当时的一些与他的政治见解、学术观点完全相左的人如王安石、程颐、司马光等人相通。但是，苏轼也有自己的鲜明的个性。他把自己的独一无二的生活经验以及对时代的特殊的感受纳入此理想之中，使之充实丰满，有血有肉，成为自己毕生真诚追求的一个对象，一个永不衰竭的精神原动力。他的这个鲜明的个性已为陆游所敏锐地感觉到了，称之为"自汉以来，未见此奇特"。这种共性与个性的统一，就是理学家所常说的"理一分殊""万殊一理"。理学家的文化价值理想也是共性与个性的统一，与苏轼同样，既有异中之同，又有同中之异，个性也是颇为鲜明的。但是，在如何处理共性与个性的关系问题上，苏轼与理学家的关注之点却有着十分微妙而且意味深长的分歧。一般说来，理学家把共性置于个性之上，认为共性先于个性，同比异重要，因而他们的思路是由理一而分殊，然后使分殊从属于理一。苏轼则持相反的看法，认为抽象之共性不可见，可见者皆为具体的个性，强调异比同更重要，主张据其末而反求其本，由分殊而理一。他在《东坡易传》中曾反复阐述这种尊重个性、尊重差异的思想。比如他在睽卦注中指出："同而异，晏平仲所谓和也。"和就是和谐，春秋时的晏婴早就提出了和谐的理想。和必包含同与异两个对立的方面，而以异为前提。排斥异的同是简单的等同，并不是和。睽卦☲兑下离上，兑为少女，离为中女，兑为泽，离为火。象曰："睽，火动而上，泽动而下，二女同居，其志不同行。说而丽乎明，柔进而上行，得中而应乎刚，是以小事吉。"苏轼解释说：

> 有同而后有睽，同而非其情，睽之所由生也。说之丽明，柔之应刚，可谓同矣，然而不可大事者，以二女之志不同也。人苟惟同之知，若是必睽。人苟知睽之足以有为，若是必同。是以自其同者言之，则二女同居而志不同，故其吉也小。自其睽而同者言之，则天地睽而其事同，故其用也大。

初九，"悔亡。丧马，勿逐自复；见恶人，无咎"。苏轼解释说：

> 睽之不相应者，惟九与四也。初欲适四，而四拒之，悔也。四之拒我，逸马也，恶人也。四往无所适，无归之马也。马逸而无归，其势自复，马复则悔亡矣。人惟好同而恶异，是以为睽。故美者未必婉，恶者未必狠，从我而来者未必忠，拒我而逸者未必贰。以其难致而舍之，则从我者皆吾疾也，是相率而入于咎尔，故见恶人所以辟咎也。

上九，"睽孤，见豕负涂，载鬼一车，先张之弧，后说之弧。匪寇婚媾，往遇雨则吉"。苏轼解释说：

上九之所见者，六三也。污非其配，负涂之豕也，载非其人，载鬼之车也，是以张弧而待之。既而察之曰，是其所居者不得已，非与寇为媾者也，是以说弧而纳之，阴阳和而雨也。天下所以睽而不合者，以我求之详也。夫苟求之详，则孰为不可疑者？今六三之罪，犹且释之，群疑之亡也，不亦宜哉！（《东坡易传》卷四）

睽是乖违，即事物的两个对立的方面相反而不相成，产生了对抗性的冲突。苏轼认为，睽是由于人们好同而恶异，片面地追求排斥异的同而引起的。同与异是相对而言的，有同必有异，异必生于同。"方本异也，而以类故聚，此同之生于异也。物群则其势不得不分，此异之生于同也。"（《东坡易传》卷七）至于比较二者的轻重本末，则是"物之不齐，物之情也"，个性的差异是事物的根本，异比同更重要。因此，如果人们只知简单的等同，不顾事物的根本，追求无个性的共性，必然引起乖违，造成天下睽而不合、动乱冲突的恶果。反之，如果尊重个性，尊重差异，知睽之足以有为，不好同而恶异，则由此而达到的同，谓之诚同，其用也大。这是一个认识的过程，也是一种行为方式的自由的选择，吉凶得丧由此而生焉。睽之初九、上九开始是选择了好同而恶异，是以为睽，后来通过切身的体验，改变了行为方式，选择了由睽而合，于是把冲突转化为和谐，无咎而吉。初九捐弃前嫌，主动接纳与己对立的恶人，避免了矛盾的激化。上九消除了因猜疑而产生的敌意，认识到六三并非与寇仇为媾，从而阴阳和畅而得吉。初九之无咎，上九之得吉，是在"交于事物之域，而尽得丧吉凶之变"，以自我的实际的感受为基础，进行不懈的追求而后得到的。就其无咎而吉而言，是趋近于共同的理想，但此理想却带有鲜明的个性特色，或者说就是个性的本身。人莫不有性，性必发而为情，当情为物所蔽而处于不理想的状态，就会反而直其性，自觉地去追求情与性合、性与道合的理想。每个人都有自己的理想，人千差万别，理想也是千差万别的，所谓共同的理想实即寓于此千差万别之中，只有当每个人都实现了自己的理想，这才由分殊而达于理一。因而理想并非外在的强加，而是植根于每个人的内在的本性，是人所固有的一种精神原动力。苏轼根据这个思想进行了广泛的探讨，

在政治上反对专制而主张宽容，在文化上反对一元而主张多元，总的精神是企图扭转当时流行的以共性压抑个性的做法，反对好同而恶异，主张存异以求同，倡导一种尊重个性、尊重差异的自由的风尚。

苏轼以易理为据，对和谐的理想作了哲学的论证。他在乾卦注中指出："阴阳和而物生曰嘉。"嘉之会为亨。《文言》曰："嘉会足以合礼，利物足以和义。"苏轼解释说："礼非亨则偏滞而不合，义非利则惨洌而不和。"这是认为，阴阳和则嘉美荟萃，万物亨通，礼若不以万物亨通为基础，则偏滞而不合；物得其宜，各有其情，情以为利，义若不利于此物之情，则惨洌而不和。苏轼的这个解释乃秉承其父苏洵的旧说，代表了蜀学的一贯的思想，朱熹特别不满蜀学对"利物足以和义"的解释，但自己也感到极大的困惑。朱熹曾说：

> "利物足以和义"，此数句最难看。
>
> 伊川说"利物足以和义"，觉见他说得糊涂。如何唤做和合于义？
>
> 苏氏（老苏）说"利者义之和"，却说义惨杀而不和，不可徒义，须着些利则和。如此，则义是一物，利又是一物；义是苦物，恐人嫌，须着些利令甜，此不知义之言也。义中自有利，使人而皆义，则不遗其亲，不后其君，自无不利，非和而何？（《朱子语类》卷六十八）

义是社会群体的行为规范，带有共性，利是个体所追求的功利目的，带有个性，理学与蜀学都希望把二者结合起来，使之达于和谐的理想，但是处理的方法思路却很不一样。朱熹把群体的共性置于首位，认为义中自有利，利自义中来，个体应从属于群体。蜀学则把个体的功利置于首位，认为个体与群体常常发生矛盾，不合乎利之义是个苦物，只有当义能满足个体的功利的需要，由苦物变为甜物，社会才能和合。照苏轼看来，所谓和合，乃天地万物之情，也就是每个作为个体的人所本有之情。情者诚而无伪，诚者纯属自然而不矫揉造作，发自内心而乐之，好善如好色，恶恶如恶臭。礼义虽是一种外在的行为规范，自本而观之，则皆出于人情，本于刚柔相济、阴阳协调之和合。因而人之履行礼义是一种发自内心而乐之的自然的追求，通过此种追求满足了个体的和合的需要，同时也使社会群体的人际关系达于和合。如果过分地强调群体的共性而不尊重个体自身对和合的需要，把礼义当做神圣的教条强制人去履行，使之由自律变为他律，那么这种礼义就会偏滞而不合，惨冽而不和，异化为一种压迫人的手段，而非人情之所乐。

苏轼曾依据郭象解庄所阐发之独化的思想，反复强调万物自生自成，皆其自然，莫或使之。由于万物自生自成必以阴阳和合为前提，所以阴与阳必然是互相追求，阴必从阳，阳必从阴，犹如云从龙，风从虎，无故而相从，是一种为阴阳之本性所驱使向对方寻求互补的自然的需要，否则，自我将无以实现其生成。他注中孚之九二"鸣鹤在阴，其子和之"云："鸣鹤而子和者天也，未有能使之者也。"注谦之六二"鸣谦，贞吉"云："雄鸣则雌应，故易以阴阳唱和，寄之于鸣。……鸣以言其和于三，贞以见其出于性也。"关于贞，他在《系辞》注中解释说："贞，正也，一也。老子曰：王侯得一以为天下贞。夫贞之于天下也，岂求胜之哉！故胜者贞之衰也，有胜必有负，而吉凶生矣。"谦之六二为阴，贞于其性，而求和于九三之阳，故能阴阳唱和，使六二与九三共达于和合。习坎之六爻则相反，不贞于其性而求争胜。苏轼注习坎之初六云："六爻皆以险为心者也。夫苟以险为心，则大者不能容，小者不能忠，无适而非寇也。"以险为心的后果是彼此猜忌，互为寇仇，不仅破坏了整体的和谐，自身也受到了伤害。因此，和谐的理想能否实现，决定于行为主体在所适之境遇中究竟是以险为心而争胜还是贞于其性以求和。这是行为主体的一种自由的选择，隘且陋者选择前者而为小人，见远知大者选择后者而为君子。他注升之六四云："今六四下为三之所升，而上不为五之所纳，此人情必争之际也，然且不争，而虚邑以待之，非仁人其孰能为此！"因此，苏轼虽然反对冲突而提倡和谐，但却不赞成用强制的手段来平息冲突，即令小人主动地挑起冲突，发动暴乱，君子也应该居之以至静，以一种广大的胸怀宽容之，不与小人争胜，而使冲突消灭于无形。他注既济之六二"妇丧其茀，勿逐，七日得"云：

安乐之世，人不思乱，而小人开之。开之有端，必始于争。争则动，动则无所不至。君子居之以至静，授之以广大，虽有好乱乐祸之人，欲开其端，而人莫之予，盖未尝不旋踵而败也。既济爻爻皆有应。六二、六四居二阳之间，在可疑之地，寇之所谋。而六二居中，九五之配也，或者欲间之，故窃其茀。茀者妇之蔽也。妇丧其茀，其夫必怒而求之。求未必得，而妇先见疑，近其妇者先见诘，怨怒并生，而忧患之至，不可以胜防矣。故凡窃吾茀者，利在于吾之逐之也，吾恬而不逐，上下晏然，非盗者各安其位，而盗者败矣。故曰勿逐，七日得。（《东坡易传》卷六）

他在泰卦注中指出：

阳始于复而至于泰，泰而后为大壮，大壮而后为夬。泰之世，不若大壮与夬之世，小人愈衰而君子愈盛也。然而圣人独安夫泰者，以为世之小人不可胜尽，必欲迫而逐之，使之穷而无归，其势必至于争，争则胜负之势未有决焉，故独安夫泰，使君子居中常制其命，而小人在外不为无措，然后君子之患无由而起。此泰之所以为最安也。（《东坡易传》卷二）

苏轼认为，关于君子小人之辨，并非界限分明，一成不变。比如人之所以为盗，根本原因在于衣食不足。如果衣食不足，不能保证农夫市人不变为盗。反之，如果衣食既足，盗也可以重新变为农夫市人。同是一个人，在不同的境遇下，贤于此者为君子，愚于彼者为小人。一个人之所以有不正之行，必有其不得已的原因。基于这种认识，苏轼反复强调，应该用一种宽容的精神来处理社会的各种人际关系，把异己者的存在看做是天然合理的，不可好同恶异，求全责备，强迫天下之人都来随从自己。他在随卦注中指出：

大时不齐，故随之世容有不随者也。责天下以人人随已而咎其贞者，此天下所以不悦也。（《东坡易传》卷二）

在无妄卦注中指出：

> 善为天下者，不求其必然，求其必然，乃至于尽丧。无妄者，驱人而内之正也。君子之于正，亦全其大而已矣。全其大有道，不必乎其小，而其大斯全矣。……无妄之世而有疾焉，是大正之世而未免乎小不正也。天下之有小不正，是养其大正也，乌可药哉？以无妄为药，是以至正而毒天下，天下其谁安之？故曰无妄之药，不可试也。（《东坡易传》卷三）

在鼎卦注中指出：

> 圣人之于人也，责其身不问其所从，论其今不考其素。苟骍且角，犁牛之子可也。鼎虽以出否为利，而择之太详，求之太备，天下无完人。（《东坡易传》卷五）

就理想的层面而言，苏轼追求一种诚同的境界。所谓诚同，就是社会的各个成员本于自己的性情，真而无伪，循理无私，根据对阴阳和合之易理的实际的体会，相互信赖，团结合作，不依赖外在的强制手段而以内在的诚心求同为基础所共同创造的一种社会整体的和谐。但是，就现实的层面而言，苏轼清醒地看到，有聚必有党，有党必有争，社会群体中的相互斗争、彼此倾轧是一个不可避免的现象。这种理想与现实的背离使得他焦虑不安，忧心如焚，毕生都在苦苦地探索一种解脱之道，企图在二者之间找到一个行之有效的结合点。由于他对理想的追求表现得真诚而执着，所以人们往往称之为浪漫的理想主义者。另一方面，由于他历经坎坷，备受折磨，对充满于现实生活中的斗争倾轧有着切身的感受，所以又表现为一个清醒的现实主义者。从深层的心态来看，苏轼的易学实际上就是以理想与现实、和谐与斗争的关系为主题而展开的。也许他并没有真正找到二者之间的结合点，但是他在探索过程中所迸发的那些思想的闪光、人格的魅力、追求的意向以及理论的困惑至今仍然熠熠生辉，启发后人去作进一步的探索。我们且以他对萃卦与噬嗑卦的解释为例，说明他对现实层面的剖析。萃卦䷬坤下兑上，萃者聚也，即社会成员由个体聚集而为群体。苏轼解释说：

> 易曰：方以类聚，物以群分。有聚必有党，有党必有争，故萃者争之大也。盍取其爻而观之，五能萃二，四能萃初；近四而无应，则四能萃三；近五而无应，则五能萃上；此岂非其交争之际也哉！（《东坡易传》卷五）

五与二相聚而成党，四与初相聚而成党，三与四相聚而成党，上与五相聚而成党，四党之间的关系，犬牙相错，纵横捭阖，各欲以其不正争非其有，因而是一个利益交争的领域。初六之所应者为九四。六三始以无应而萃于四，终以四之有应，咨嗟而去之，始信而终叛，是一种苟合之聚，故六三之象曰萃如嗟如。萃有四阴，而九四分其二，非其位而有聚物之权，为九五之所忌，非大吉则有咎。九五以位为心，不能容忍九四之夺权，存位以忌四，其志不光，仅得无咎。上六近五而无应，被迫与五相聚，而又不安其位，因而自怨自艾，嗟叹哭泣。由此看来，当人们聚集为群体之时，并不呈现为一种理想的和谐，而是一幅令人心烦意乱的相互争夺、彼此伤害的景象。

噬嗑卦䷔震下离上，象征颐中有物，梗塞不通，必相噬而后合。苏轼解释说：

> 噬嗑之时，噬非其类而居其间者也，阳欲噬阴以合乎阳，阴欲噬阳以合乎阴。
> 居噬嗑之时，六爻未有不以噬为事者也。自二与五，反复相噬，犹能戒以相存也。惟初与上，内噬三阴，而莫或噬之，贪得而不戒，故始于小过，终于大咎。
> 九四居二阴之间，六五居二阳之间，皆处争地而致交噬者也。夫不能以德相怀，而以相噬为志者，惟常有敌以致其噬，则可以少安。

苟敌亡矣，噬将无所施，不几于自噬乎？由此观之，无德而相噬者，以有敌为福矣。九四噬干肺得金矢，六五噬干肉得黄金。九四之难噬，是六三、六五之得也。六五之难噬，是九四、上九之得也。得之为言，犹曰赖此以存云尔，利艰贞吉，贞厉无咎，皆未可以安居而享福也。(《东坡易传》卷三)

在一个社会群体中，由于个性之不同，差异之存在，人与人之间的矛盾冲突是一个普遍的现象。至于如何解决这种矛盾冲突，使之达于整合，则有两种不同的价值取向，一种是"以德相怀"，另一种是"以相噬为志"。以德相怀者，尊重个性，尊重差异，胸襟广大，态度宽容，追求一种真而无伪的诚同。苏轼认为，通过这种方式来整合，可以安居而享福，而不依赖有敌而后存。以相噬为志者则不然，否定个性，否定差异，把所有"非其类而居其间"的异己分子都当做敌人，采用残酷斗争、无情打击的方式予以消灭。由于"阳欲噬阴以合乎阳，阴欲噬阳以合乎阴"，阴阳各自以对方为敌而力量又不足以消灭对方，这就维持了一种力量的均势，形成了一种以相互之间的敌意为基础的平衡依存关系，自身的存在必须依赖于敌人的存在。如果把敌人统统消灭了，再也找不到一个可以残酷斗争、无情打击的对象，就会破坏这种平衡依存关系而"自噬"，即自己残杀自己，自己与自己为敌。因此，为了使社会不致于灭绝，以相噬为志者也不得不违反初衷去肯定个性，肯定差异，依赖于敌人的存在而维持自身的存在。通过这种方式也可以使社会达于整合，但是由此而整合的社会充满了敌意，成为一个进行你死我活的激烈斗争的战场，"未可以安居而享福"，不是人们可以怡然自得生活于其中的舒适和美的家园。就阴阳二者之间的关系而言，除了有彼此斗争的一面以外，还有相辅相成的一面。"阴阳和而物生曰嘉"。为了使社会达于整合，为什么人们不抛弃那种以相噬为志的做法，转而采用以德为怀的方式，来谋划一种和谐的、自由的、舒畅的社会发展的前景，使得社会领域的各种人际关系能够像天地万物那样调适畅达、嘉美荟萃呢？这就是苏轼剖析噬嗑卦时所欲解答的一个根本问题。

就理想的层面而言，苏轼认为，社会成员由个体聚集而为群体，应以

有所不同为同，从我者纳之，不从者付之，根据各人的自由选择，本于至情不期而聚，达到一种诚同的境界。同人卦䷌离下乾上，象曰："同人于野，亨。利涉大川，乾行也。"苏轼解释说：

> 野者无求之地也。立于无求之地，则凡从我者，皆诚同也。彼非诚同，而能从我于野哉？同人而不得其诚同，可谓同人乎？故天与人同，物之能同于天者盖寡矣。天非求同于物，非求不同于物也。立乎上，而天下之能同者自至焉，其不能者不至也。至者非我援之，不至者非我拒之，不拒不援，是以得其诚同，而可以涉川也。故曰"同人于野，亨。利涉大川，乾行也。"苟不得其诚同，与之居安则合，与之涉川则溃矣。涉川而不溃者，诚同也。(《东坡易传》卷二)

苏轼认为，同人之六二与九五是诚同的范例。六二欲同于九五，九五亦欲同于六二，开始因九三、九四以武力相阻隔而未能如愿，号眺哭泣，后来由于二人同心，忠贞不渝，终于克服了障碍而结为一体，破涕为笑。其所以如此，是因为"阴阳不同而为同人"，"君子出处语默不同而为同人"，六二为阴，九五为阳，合之则两美，离之则两伤，必然是互相追求，其心诚同，虽有坚强之物，也不能阻隔。这种诚同本于阴阳双方的内在的本性，既尊重了各自不同的个性，又形成了协调并济的互补的结构，所以是一种理想的境界。

苏轼站在这种理想的高度来观察政治问题，提出了一系列光辉的思想。关于君臣关系，苏轼认为，君为阳，臣为阴，只有当阴阳之势保持一种均衡状态，才能协调并济，相辅相成。如果君主骄侈，蔑视臣下，刚愎自用，专制独裁，造成阳盛而阴衰的局面，就会破坏政治上的均衡和谐而产生祸乱。他在大过卦注中指出：

> 过之为言，偏盛而不均之谓也。故大过者，君骄而无臣之世也。易之所贵者，贵乎阳之能御阴，不贵乎阳之凌阴而蔑之也。人徒知阴之过乎阳之为祸也，岂知夫阳之过乎阴之不为福也哉！立阴以养阳

也，立臣以卫君也。阴衰则阳失其养，臣弱则君弃其卫，故曰大过，大者过也。（《东坡易传》卷三）

关于君民关系，苏轼认为，君主应该视民如己，惠之以心，"乘天下之至顺而行于人之所悦"，"为无穷之教，保无疆之民"。在涣散之世，民无常主，此时应以仁德宽厚广系天下之心，听任民众的选择，赢得民众的信赖，而不可动用武力去争夺民众。涣卦☴坎下巽上，象征社会由治而乱，进入涣散之世。苏轼解释说：

> 世之方治也，如大川安流而就下，及其乱也，溃溢四出而不可止。水非乐为此，盖必有逆其性者。泛溢而不已，逆之者必衰，其性必复，水将自择其所安而归焉。古之善治者，未尝与民争，而听其自择，然后从而导之。涣之为言，天下流离涣散而不安其居。此宜经营四方之不暇，而其象曰王假有庙，其象曰先王以享于帝立庙，何也？曰：犯难而争民者，民之所疾也，处危而不偷者，众之所恃也，先王居涣散之中，安然不争，而自为长久之计，宗庙既立，享帝之位定，而天下之心始有所系矣。（《东坡易传》卷六）

儒家曾说，得民心者得天下，失民心者失天下。道家曾说，圣人无常心，以百姓之心为心。这都属于民本思想的范畴。苏轼继承了这种思想，进一步提出，"古之善治者，未尝与民争，而听其自择"。自择即由民众自己来选择。这就超出了民本思想而接近于民主思想了。

屯卦☳震下坎上，坤交于乾而成坎，乾交于坤而成震，刚柔始交而难生，象征屯难之世，社会处于无序状态，利于建立诸侯，经纶天下。苏轼对六爻的关系作了详尽的分析：

> 初九以贵下贱，有君之德而无其位，故盘桓居贞，以待其自至。惟其无位，故有从者，有不从者。夫不从者，彼各有所为贞也。初九不争以成其贞，故利建侯，以明不专利而争民也。民不从吾，而从吾

所建，犹从吾耳。

势可以得民从而君之者，初九是也。因其有民，从而建之，使牧其民者，九五是也。苟不可得而强求焉，非徒不得而已，后必有患。六三非阳也，而居于阳，无其德而有求民之心，将以求上六之阴，譬犹无虞而以即鹿，鹿不可得，而徒有入林之劳。

屯无正主，惟下之者为得民。九五居上而专于应，则其泽施于二而已。夫大者患不广博，小者患不贞一。故专于应，为二则吉，为五则凶。（《东坡易传》卷一）

王弼在《周易注》中解释此卦时，从民本思想出发，强调屯难之世，阴求于阳，弱者不能自济，必依于强，人民迫切需要一个君主来领导他们。就作为强者的君主方面而言，"安民在正"，"弘正在谦"，"以贵下贱"，"应民所求"，这都是一些必须具备的品德。如果不具备这些品德，也就不能大得民心。苏轼解释此卦的着眼点与王弼不同，强调人民"各有所为贞"，贞一于其本身固有的性命之情，具有独立自主的意识，是一个可以进行自由选择的主体，因而在屯难之世，尽管初九以贵下贱，有君之德，人民仍然本于自己的主体意识，有从者，也有不从者。在这种情况下，作为强者的君主唯一正确的做法应该是，尊重人民的主体意识，听任人民的自由的选择，"盘桓居贞，以待其自至"，决不可凭借手中所掌握的武力权势强迫人民来服从自己。当年郭象曾依据庄子的思想区分了两种不同的政治，一种是"无心而付之天下"，这是合乎民心的理想的政治，另一种是"有心而使天下从己"，这是为人民所厌恶的专制独裁的政治。苏轼以庄解《易》，根据自己一贯坚持的尊重个性、尊重差异的主张，把这种民本思想转化为一种民主思想，认为实现"无心而付之天下"的政治理想，关键在于承认人民是政治的主体，应该"听其自择"，"待其自至"，由人民自己来选择君主。

苏轼在文化上反对一元而主张多元，也是从这种尊重个性、尊重差异的思想自然引申而来的。他在《答张文潜书》中指出：

文字之衰，未有如今日者也！其源实出于王氏（王安石）。王氏之文，未必不善也，而患在于好使人同己。自孔子不能使人同，颜渊之仁，子路之勇，不能以相移。而王氏欲以其学同天下。地之美者，同于生物，不同于所生。惟荒瘠斥卤之地，弥望皆黄茅白苇，此则王氏之同也。（《经进东坡文集事略》卷四十五）

朱熹站在理学家的立场评论苏轼的这个思想指出：

　　东坡云："荆公之学，未尝不善，只是不合要人同己。"此皆说得未是。若荆公之学是，使人人同己，俱入于是，何不可之有？今却说"未尝不善，而不合要人同"，成何说话！若使弥望者黍稷，都无稂莠，亦何不可？只为荆公之学自有未是处耳。（《朱子语类》卷一百三十）

　　朱熹的这个看法也自有其易学理论的依据，但在处理同与异的关系上表现出另一种思路，与苏轼迥然不同。朱熹着眼于理一，苏轼着眼于分殊。朱熹解释睽卦，认为"皆言始异终同之理"。"在人则出处语默虽不同，而同归于理；讲论文字为说不同，而同于求合义理；立朝论事所见不同，而同于忠君。""盖其趋则同，而所以为同则异"。"理一分殊，是理之自然如此，这处又就人事之异上说。盖君子有同处，有异处，如所谓周而不比，群而不党，是也。"（见《朱子语类》卷七十二）朱熹并不反对异，但强调理之同者比异重要。苏轼却持相反的看法，认为异比同重要，"人苟惟同之知，若是必睽。人苟知睽之足以有为，若是必同"。苏轼并不反对同，但强调只有尊重个性、尊重差异，才能达到一种诚同。由于他们两人的易学思路互不相同，所以对文化问题的看法也不一样。朱熹希望文化归于一元，"若荆公之学是，使人人同己，俱入于是，何不可之有？"若荆公之学自有未是处，则应另立一止于至善之学取而代之，使人人同己而归于一元。因此，宋代的理学从周敦颐开始，一直是朝着建立一个止于至善之学的目标而努力。苏轼对这种一元化的目标丝毫不感兴趣，而只是追求文化上的多元，反对当时流行的好同而恶异的学风。他在《与杨元素书》中曾说："昔之君子，惟荆（王安石）是师。今之君子，惟温（司马光）是随。所随不同，其为

随一也。老弟与温,相知至深,始终无间,然多不随耳。"(《东坡续集》卷六)
在宋代的中央集权君主专制的体制下,苏轼由于始终坚持自己的独立的个性,自由的思想,不苟同,不盲从,虽然吃够了苦头,受尽了折磨,但仍然至死不悔,引以自豪。他的这种文化价值理想也是依据于易理的,代表了宋代易学的另一种发展方向,后来赢得了与理学家性格不相同的另一种类型的知识分子的喜爱,成为他们的安身立命之道。

第十一章　周敦颐的易学

　　周敦颐作为理学的开山人物,他的著作《太极图说》和《通书》都是对《周易》的解释。在《太极图说》中,周敦颐依据阴阳哲学的原理,立足于儒家的文化价值理想,提出了一个与佛教相抗衡的宇宙生成论。在《通书》中,周敦颐结合《中庸》论诚的思想,把《周易》推崇为"性命之源",为理学建立道德本体论、重新解释四书奠定了一个以易学为依据的理论基础。

　　朱熹编订周敦颐的著作,为了突出《太极图说》的地位,把它置于《通书》之前。朱熹认为:"盖先生之学之奥,其可以象告者,莫备于太极之一图。若《通书》之言,盖皆所以发明其蕴,而《诚》《动静》《理性命》等章为尤著。……然诸本皆附于《通书》之后,而读者遂误以为《书》之卒章,使先生立象之微旨,暗而不明,骤而语夫《通书》者,亦不知其纲领之在是也。"(见《周敦颐集》卷二)后来黄百家编订《濂溪学案》,又根据黄宗羲、黄宗炎的说法,改变了朱熹所排的次序。黄百家在案语中指出:"《性理》首《太极图说》,兹首《通书》者,以《太极图说》后儒有尊之者,亦有议之者,不若《通书》之纯粹无疵也。"(见《宋元学案》卷十一)这两种看法,着眼点不同,各有所见。就《太极图说》来源于道教的传授系统、混杂了老氏的虚无之旨而言,诚然比不上《通书》那样完全站在儒家的立场,纯粹无疵。但是,周敦颐的《太极图说》借助于易象所建构的一套宇宙论也确实是《通书》的纲领所在，无论是就周敦颐本人的思想体系还是就理学运动的理论发展而言，都应该是《太极图说》在前而《通书》在后。

《太极图说》由图和说两部分构成，图是以易象对易理的图解，说是以文字对易理的解说。后世学者围绕着图和说产生了一系列的争论。比如朱震认为，此图之传，自陈抟、种放、穆修而来，朱熹则认为乃周敦颐之所自作。陆象山认为，《太极图说》以"无极"加于"太极"之上，"无极"二字"出于《老子》知其雄章，吾圣人之书所无有也"，所谓"无极而太极"正是老氏有生于无之学，而非儒学正宗。朱熹则曲意辩解，极力维护，证明周子是个纯儒，认为老氏之言有无，以有无为二，周子之言有无，以有无为一，无极二字乃是周子灼见道体之言，得千圣以来不传之秘。

朱陆之争是理学史上的一大公案，这场争论涉及到两个不同性质的问题，其一是义理问题，即如何理解《太极图说》的哲学意义，评价其在理学史上的地位，其二是考据问题，即此图之传是否来自道教，其说是否混杂有佛老二氏的思想成分。前者可以见仁见智，依据各人的哲学主张作出不同的理解和评价，后者则只是一个单纯的澄清史实的问题，弄清这个问题，有助于确定理学在开创时期与佛老二氏的关系，无论作出什么回答，都不影响对义理的理解和评价。但是，在当时的历史条件下，朱陆二人都以继承儒家的道统自命，视佛老为异己，双方都力图站稳儒家的立场，与佛老划清界限，于是关于《太极图说》的考据压倒了义理的研究，攻之者见其有，辩之者言其无，把一场学术上的是非之争转化为一场以考据来检验意识形态的是否纯洁之争。

后来黄宗羲评价这场争论指出："朱陆往复，几近万言，亦可谓无余蕴矣。然所争只在字义先后之间，究竟无以大相异也。"所谓"无以大相异"，是说朱陆二人维护道统的儒家立场并无差别，"然所争只在字义先后之间"，则是对这场争论停留于文字考据的范围表示不满。为了推进对《太极图说》的理解，转换人们的思路，黄宗羲提出了一个至关重要的义理问题，企图引发人们去重新研究。黄宗羲认为，朱子解"无极而太极"，是以理先气后之说解周子，未得周子之意，而周子所说"无极之真，二五之精，妙合而凝"三语，正明理气不可相离，故加"妙合"以形容之，犹《中庸》

言"体物而不可遗"也（见《宋元学案》卷十二）。但是，到了清代，考据之学大盛，人们对义理问题不感兴趣，黄宗羲的努力失败了。如果说自南宋以迄于明末，这场争论在宋学内部是朱陆两大学派的门户之争，发展到清代，就成了汉学与宋学之争了。黄宗炎作《太极图辨》，毛奇龄作《太极图说遗议》，朱彝尊作《太极图授受考》，他们花了很大的气力，找了不少的证据，有的证明其本于陈抟刻在华山石壁上的《无极图》，有的证明其本于《道藏》的《真元品》和宗密《禅源诠集》的《十重图》，由此作出结论，《太极图说》虽出自周子濂溪，为赵宋儒门之首，而实本之二氏之所传，不可为训。这是企图以贬低《太极图说》作为攻击宋学的突破口，把义理问题完全归结为一个考据问题，以是否混杂有异己思想成分的考据奉为评价义理的唯一标准。

平心而论，这场争论延续了数百年之久长期不能解决，根本原因在于当时的人们生活在特定的历史处境之中，无法摆脱意识形态和门户之见的束缚。我们今天回顾这场争论，完全有可能抱一种超越的态度，不再去重复古人的那种朱陆之争和汉宋之争，以义理归义理，以考据归考据，把这两个不同性质的问题分开来进行研究。即令我们通过新的考据推翻了清儒所列举的证据，证明了《太极图说》乃周敦颐所自作，也用不着像古人那样作出贬低或者推崇的结论，更不必以此来否认理学本身即是三教合流思潮的产物这个宏观的历史事实。

其实，就周敦颐本人的心态而言，他从来没有以排斥佛老的纯儒自居，而是胸中洒落，气象恢宏，虽然广泛地涉猎佛老的典籍，与高僧道人结为契友，仍不失其儒家的本色。他曾作《读英真君丹诀》诗，我们可以从中窥见他的易学与道教有着很深的渊源。其诗云："始观丹诀信希夷，盖得阴阳造化机。子自母生能致主，精神合处更知微。"《道藏·洞真部·玉诀类》载有《阴真君还丹歌注》，署名希夷陈抟注。周敦颐所读之《英真君丹诀》，盖即此书。此外，他对佛教也有着同情的了解。他的《按部至潮州题大颠堂壁》诗云："退之自谓如夫子，《原道》深排佛老非。不识大颠何似者，数书珍重更留衣。"他曾以《周易》与《法华经》相比较，认为"一部《法华经》，只消一个艮字可了"。其妻兄蒲宗孟在《周敦颐墓碣铭》中描述他的为人说："生平襟怀飘洒，有高趣，常以仙翁隐者自许。尤乐佳山水，遇适意处，终日徜徉其间。""乘兴结客，与高僧道人，跨松萝，蹑云岭，放肆于山巅水涯，弹琴吟诗，经月不返。及其以病还家，犹篮舆而往，登览忘倦。语其友曰：今日出处无累，正可与公等为逍遥社，但愧以病来耳。"虽然如此，周敦颐骨子里仍然是一个儒家。他的《任所寄乡关故旧》诗云："老子生来骨性寒，宦情不改旧儒酸。"《按部至春州》诗云："按部广东经数郡，若言岚瘴更无春。度山烟锁埋清昼，为国天终护吉人。万里诏音颁降下，一方恩惠尽均匀。丈夫才略逢时展，仓廪皆无亟富民。"

周敦颐作为一个儒家，始终怀有儒家所共有的那种追求建功立业、经世济民的情结。他在临终前给妻兄蒲宗孟的信中曾说："上方兴起数百年，无有难能之事，将图太平天下，微才小智苟有所长者，莫不皆获自尽。吾独不能补助万分一，又不得窃须臾之生，以见尧舜礼乐之盛，今死矣，命也。"这是一种外向型的追求，如果这种追求不受阻碍，周敦颐就会像李觏、欧阳修、王安石等人那样，投身于当时喧闹沸腾的庆历新政、熙宁变法的政治风云之中，去从事经世之学的研究。但是，由于时命不济，长期困顿于州县小吏的职位，游离于政治的边缘，"丈夫才略逢时展"的夙愿未能实现，于是周敦颐被迫寄情于山水，出入于佛老，从外界退回到内心，追求个人的安身立命之道，侧重于心性之学的研究。孟子曾说："古之人得志，泽加于民，不得志，修身见于世。穷则独善其身，达则兼善天下。"（《孟子·尽心上》）单从理论的角度来看，独善其身的心性修养，兼善天下的经世事业，内向与外向，是一体的两面，不可割裂，称之为内圣外王之道。中国的士人主观上毕生都在追求这种统一的内圣外王之道。但就实际的表现而言，具体到某一个人的身上，却是在时命的拨弄下，处境不同，遭遇有异，很难把二者结合为一个整体，常常是畸轻畸重，或偏于内圣，或偏于外王，由此而在中国学术上形成了心性与经世两种不同的倾向。周敦颐既然因自己的处境遭遇而在学术倾向上偏于内圣，那么他对易学的理解以及所关注的问题也就与当时的那些偏于外王的人迥然不同。

周敦颐在《通书》中指出："大哉《易》也，性命之源乎！"这是他对易学的基本理解。这个理解本于《说卦》："昔者圣人之作《易》也，将以顺性命之理，是以立天之道曰阴与阳，立地之道曰柔与刚，立人之道曰仁与义。"根据这个理解，周敦颐以天道性命为主题，致力于阐发《周易》的内圣之学，追求成圣成贤，寻孔颜乐处，以达到天人合一的精神境界。但是，《周易》的思想是一个完整的体系，除了内圣之学以外，还有外王之学的内容，强调忧患意识，开物成务，拨乱反正，建功立业。欧阳修据此认为，易学本质上是一种外王之学，心性乃无用之空言，反对以心性说《易》。他在《答李诩第二书》中指出："修患世之学者多言性，故常为说曰，夫性，非学者之所急，而圣人之所罕言也。《易》六十四卦，不言性；其言者，动静得失吉凶之常理也。"（《居士集》卷四十七）在《易童子问》中指出："圣人急于人事者也，天人之际罕言焉。"这就是反对以天道性命为主题，反对去追求天人合一的精神境界，而把有关政教兴衰、国家治乱的人事之理作为主要的研究对象。李觏也是着眼于天下国家之用，关注社会政治的现实困境，把《周易》看做是一部忧患之书。他在《易论》中指出："作《易》者既有忧患矣，读《易》者其无忧患乎！"李觏读《易》的用心，在于"以忧患之心，思忧患之故"，从《周易》中寻求一种拨乱反正之道，来匡救时弊，而无暇顾及偏于内圣的心性修养。由此可以看出，周敦颐对易学的理解有见于内圣而无见于外王，李觏、欧阳修则相反，有见于外王而无见于内圣，虽然他们都以易学的原理作为自己的依据，但却是各执一端，从而表现出不同的思路，形成了不同的理论特色。

　　周敦颐留下了三首读《易》诗，生动地描述了他研究易学所获得的那种独特的心灵感受和审美情趣。其《暮春即事》诗云："双双瓦雀行书案，点点杨花入砚池。闲坐小窗读《周易》，不知春去几多时。"其《读易象》诗云："书房兀坐万机休，日暖风和草色幽，谁道二千年远事，而今只在眼前头。"其《题门扉》诗云："有风还自掩，无事昼常关。开阖从方便，乾坤在此间。"这是一种宁静闲适、超然物外、怡然自得的心灵感受，一种默契道妙、完全消解了主客对立而臻于无差别境界的审美情趣。表面上看来，这种感受和情趣类似于道家所说的"与物为春"，佛家所说的"触处皆真"，但是由于这是通过对易学原理的深刻研究以及无欲主静的修养方法，涵泳体察，贯通了天道与性命之间的关系，把《周易》所说的"寂然不动，感而遂通"落实于个人生命的层次而后获得的，是理学家所常说的那种孔颜乐处，圣贤气象，在价值取向上与佛道有着根本性的不同。另一方面，就其表现形式的宁静闲适而言，虽与关注现实困境的李觏、欧阳修所怀有的那种强烈的忧患意识形成鲜明的反差，但是由于二者都是立足于儒家的文化价值理想，恪守儒家的中正仁义的名教规范，其迹不同，其所以迹却是相通的。

实际上，理学家所着意探寻的孔颜乐处的问题，当时热衷于外王事业的人也十分关心。比如范仲淹就曾劝导张载说："儒者自有名教可乐，何事于兵？"这是因为，外王应以内圣为基础，内圣可以更好地通向外王，宋代的新儒学运动必须把二者有机地结合起来，建构一种统一的内圣外王之道，才能继承孔孟的道统，回应佛道二教的挑战。但是，名教中的可乐之处究竟何在，作为一个儒者，究竟怎样才能在名教中安身立命，依据儒家的文化价值理想来塑造自己的人格，并且培养成与佛道二教形似而神不同的那种心灵感受和审美情趣，这个问题自魏晋、隋唐以迄于宋初，无论在理论上或实践上都没有得到妥善的解决。

魏晋时期，玄学盛行，由于时代的艰苦，人们在名教中找不到乐地，往往是"越名教而任自然"。乐广针对着当时弥漫于朝野上下的虚无放诞之风，提出了与范仲淹同样的问题，他说："名教内自有乐地，何必乃尔！"到了唐代，三教鼎立，互争雄长，尽管儒家在经世外王之学方面占有绝对优势，但对心性修养的内圣之学却缺乏研究而处于劣势。所谓"儒门淡？白，收拾不住"，人们在名教中找不到乐地，一当涉及有关个人的安身立命的问题，往往改换门庭，跑到佛道二教那里去寻找精神的寄托。当时流行着一种似是而非的分工论，认为以儒治世，以道治身，以佛治心。这就是说，儒家只能限制在经世外王的领域活动，而有关个人身心的内圣领域，则应由佛道二教来占领。这个问题直至宋初，依然存在。

庆历年间，范仲淹一方面积极推行新政改革，同时也大力倡导儒学的革新。在他的周围团结了具有两种不同学术倾向的人物，既有以李觏、欧阳修为代表的外王之学，也有以胡瑗、孙复、石介三先生为代表的内圣之学。这两种不同的学术倾向有如鸟之两翼，车之双轮，共同构成当时兴起的新儒学运动的一体的两面，各人的学术倾向虽有不同，却是相辅相成，互相补充的。只是由于当时人们太忙碌于现实，不得不侧重经世外王之学的探讨，而无暇转向内心，回复到自身，所以范仲淹寄希望于年轻的张载，劝导他由外王而转向内圣，胡瑗主讲太学，也以"颜子所好何学论"为题试诸生，在青年士人中倡导寻孔颜乐处的研究。从这个角度来看，周敦颐虽因个人处境遭遇的穷厄困顿被迫从兼善天下退回到独善其身，潜心于心性修养的内圣之学，但是他的研究成果承上启下，不仅在理论和实践上弥补了自魏晋以来儒学发展长期存在的缺陷，而且适应了宋代新儒学运动的总体需要，开拓了一个以天道性命为主题的理学思潮，具有重大的思想史的意义。

周敦颐的天道性命的内圣之学由《太极图说》和《通书》两部著作构成一个完整的体系。朱熹认为，《太极图说》是整个体系的纲领，这个纲领是根据易学而来，"明《易》中大概纲领意思而已"。"《通书》一部，皆是解《太极说》"。"周子留下《太极图》，若无《通书》，却教人如何晓得？故《太极图》得《通书》而始明。"就图与说的关系而言，朱熹认为，"太极之旨，周子立象于前，为说于后，互相发明"。这就是说，周敦颐最先是根据《周易》的阴阳哲学的原理绘出了一个易象图，然后以简洁的文字解说，互相发明，由此而建立了一个哲学纲领。所谓纲领，指的是天道性命之学的基本的理论框架和由太极以立人极的哲学基础，这只是一个大概的意思。《通书》则进一步在这个大概的意思中充实了具体的内容，把纲领展开为一个完整的体系。因此，朱熹坚决主张应该把《太极图说》列于《通书》之前，认为若不如此排列，将"使先生立象之微旨，暗而不明，骤而语夫《通书》者，亦不知其纲领之在是也"。朱熹的这个看法着眼于周子思想形成的历史顺序，强调第一步是立象，第二步是为说，第三步才是作《通书》，主张应按照这个发生学的顺序来把握他的思想体系的内在的逻辑结构。后来《濂溪学案》改变朱熹的排列次序，把《通书》列于《太极图说》之前，主要理由只有一条，即有人怀疑《太极图说》源于道教的传授系统，在意识形态上比不上《通书》那样纯粹无疵。实际上，这个理由只反映了一种狭隘的门户之见，并不能推翻朱熹的看法。如果朱熹当年能够摆脱意识形态的考虑，不去故意否认周敦颐出入佛老的事实，联系到唐宋以来儒学发展的总的历史线索，公开标榜理学的本质在于以儒为主，三教合流，也许不至于在考据上陷入被动，给后人的攻击留下口实。

关于《太极图说》是否直接源于陈抟的《无极图》或《道藏》的《真元品》，这个问题是可以通过旁征博引的考据愈辩愈明的。但是，仅就周敦颐本人现有的著作而论，他的思想体系的形成曾经借助于佛道二教，确是一个不争的事实。其《读英真君丹诀》诗所说"始观丹诀信希夷，盖得阴阳造化机"，表明他是通过研读道教的内丹典籍，开始领悟到《周易》的阴阳哲学的原理。其《读易象》诗表明他对易象的重视。姑不论这个易象是他自立或是本于他人所立，总之是一个象征"阴阳造化机"的宇宙生成论的图式，而"阴阳造化机"则是得力于道教的启发。其《题大颠壁》诗表明他不同意韩愈排佛的思想，主张应对佛教有同情的了解。在《养心亭说》一文中，他公然批评孟子的"养心莫善于寡欲"的说法，认为"予谓养心不止于寡焉而存耳，盖寡焉以至于无"。无即无欲，这是佛教的心性修养的方法。仔细玩味周敦颐的言论，其宇宙论的思想主要是汲取了道教的营养，其心性论的思想主要是汲取了佛教的营养。至于其对待佛道二教的态度，则表现得十分微妙，似乎是倾向于与道教结成联盟来共同回应佛教的挑战。他所说的"一部《法华经》，只消一个艮字可了"，就是表明他是企图用儒道所共同崇奉的《周易》来取代佛教。

佛教是一种外来的宗教，从南北朝到隋唐时期，迅速扩大了势力。它以自己特有的一套精致的思辨哲学和超凡成佛的心性修养方法征服了玄学，不仅向儒学提出了严重的挑战，也成了道教的一个劲敌。中国传统的天人之学以及自然主义与人文主义相结合的文化价值理想面临着一场危机，儒学的正统地位也岌岌可危了。当时佛教对儒道二教的攻击之势是咄咄逼人的，特别是针对着儒道二教的理论基础即宇宙论和心性论进行攻击，认为过于浅薄，是一种根本不能与佛教相抗衡的"执迷"之说。比如唐代华严宗大师宗密在《原人论》中指出，"儒道二教说人畜等类，皆是虚无大道生成养育，谓道法自然，生于元气，元气生天地，天地生万物"，这种宇宙论只相当于小乘佛教所说的空劫阶段，"不知空界已前早经千千万万遍成住坏空，终而复始。故知佛教法中小乘浅浅之教，已超外典深深之说"。①至于在心性论方面，宗密认为，由于儒道二教不知"迷悟同一真心"，"心外的无别法，元气亦从心之所变"，把"内四大"与"外四大"执为实有，不能"直显真源"，揭示心性的本质，所以在理论上存在着一系列的破绽，难以自圆其说。最后宗密把问题提到究竟何为"本源"的哲学高度批评儒道二教说："二教惟权，佛兼权实。策万行，惩恶劝善，同归于治，则三教皆可遵行；推万法，穷理尽性，至于本源，则佛教方为决了。""哀哉寡学，异执纷然！寄语道流，欲成佛者，必须洞察粗细本末，方能弃末归本，返照心源。"这意思是说，既然儒道二教以元气为本源的思想如此浅薄，比不上佛教以本觉真心为本源的思想，就应该用佛教来取代儒道二教，用外来的宗教来取代中国的传统文化。

这种思想斗争的形势是极为严峻的。就儒家来说，如果不突破汉唐经学注疏的藩篱，在宇宙论和心性论方面有所建树，从天道性命的哲学高度为当时的人们提供一种足以取代佛教的新型的世界观，就无法保住儒学的正统地位，而中国的传统文化也将由此而沦丧。唐代中期，韩愈、李翱企图以《大学》《中庸》为依据来回应佛教的挑战，揭开了新儒学运动的序幕。韩愈认为，《大学》讲正心诚意，也和佛教所谓的治心一样，重视个人的身心修养，但是《大学》的目的是齐家治国平天下，佛教的目的则是抛弃伦

---

① 宗密在自注中引用了小乘佛教的宇宙起源论来比附儒道二家。小乘佛教认为，世界的发生、发展和毁坏的过程可分为成、住、坏、空四个阶段，空劫（毁坏）过后，又一成劫（发生），循环不已，相续不断。由空劫过渡到成劫（即世界生成），首先是由大地最低层的空轮（空界）发起一股大风，这股风坚实不动，其厚无比，虽金刚也不能穿透，停留在空轮之上，叫做风轮。这时候，有一种金色的金藏云降下车轴似的雨柱，被风轮阻住，形成水轮。水轮上面凝结了一层金膜，叫做金轮。雨柱仍然不停地下着，风却从下往上吹。清水被风吹上升次第形成色界梵王诸天和欲界色摩诸天，清浊之间形成须弥山和四周环绕的七座金山，滓浊的沉淀则形成大地。物质世界生成以后，居住在二禅天享福已尽的天人降到大地上来，吃了大地上的地饼（地皮）和林藤，变成了人。宗密认为："空界劫中，是道教指云虚无之道。然道体寂照灵通，不是虚无。老氏或迷之，或权设，务绝人欲，故指空界为道。空界中大风，即彼混沌一气，故彼云，道生一也。金藏云者，气形之始，即太极也。雨不下流，阴气凝也。阴阳相合，方能生成矣。梵王界乃至须弥者，彼之天也。滓浊者地，即一生二矣。二禅福尽下生，即人也，即二生三，三才备矣。地饼以下，乃至种种，即三生万物。此当三皇已前，穴居野处，未有火化等。""道教只知今此世界未成时，一度空劫，云虚无混沌一气等，名为元始。"

理纲常，去追求个人的清静寂灭之道。韩愈的这个看法只在价值层面上维护了儒家的理想，但由于未涉及天道性命问题，在理论层面上却显得贫乏无力。李翱继韩愈之后，特别表彰《中庸》，认为《中庸》正是儒家的一部"性命之书"，为了继承道统，应该采用"以心通"的方法来发挥其中的性命之道，建立一套带有儒家特色的身心修养的学问。但是李翱的这个工作并没有做成功。朱熹在《中庸集解序》中批评说："至唐李翱始知尊信其书，为之论说。然其所谓灭情以复性者，又杂乎佛老而言之，则亦异于曾子、子思、孟子之所传矣。"（《朱文公文集》卷七十五）应当承认，韩愈、李翱在众多的儒家典籍中特别挑选出《大学》《中庸》来回应佛教的挑战，确实是一种远见卓识。但是，问题的关键在于，必须适应当时思想斗争的形势，对这两部书中所蕴含的儒家的价值理想和性命之道作出新的解释，提到本源的高度进行新的论证。如果没有一种理论的升华，哲学的突破，像周敦颐那样，把《中庸》之诚解释为太极之理，那么儒学的理论基础在佛教的挑战面前仍然是相形见绌，不能摆脱自己的困境。究竟在高层次的哲学理论方面应该依据哪一部典籍才能为新儒学建立一套可以与佛教相抗衡的天道性命之学呢？这个问题经过几代人的紧张的探索，反复的比较，一直到宋代，才最终选择了《周易》这部典籍，认识到可以用《周易》来取代佛教。唐宋时期的这种思想史的现象，内涵丰富，经历曲折，深入其中，兴味无穷，确实是值得人们去认真研究的。

宋代的易学呈现出一片空前繁荣的景象，当时具有各种不同学术倾向的人都殊途同归于《周易》，把《周易》作为自己主要的研究对象。但是，就其对《周易》的基本理解而言，有的言天而不及人（如刘牧），有的言人而不及天（如李觏、欧阳修），有的偏于儒家的人文主义而言天人（如司马光），有的则偏于道家的自然主义而言天人（如苏轼），唯独周敦颐才第一次拈出了天道性命的主题，援道入儒，以儒解道，把《周易》理解为"性命之源"，针对着佛教在宇宙论和心性论方面的挑战作出了积极的回应。正是由于这个原因，所以周敦颐能够成功地为宋代的新儒学奠定一个较为坚实的理论基础，尽管他的《太极图说》曾受到后人的种种非议，但是他作为理学思潮开创者的地位却是不可动摇的。

就宇宙论与心性论二者的关系而言，宇宙论是心性论的本源依据，心性论是宇宙论的终极关怀，这也就是中国传统思想所常说的天人关系，天与人不可割裂为二，必须合而为一，只有沟通了二者的关系，才能建立一套完整的天道性命之学。当年宗密在《原人论》中攻击儒道二教，重点是放在宇宙论方面。宗密认为，儒道二教都以太极元气作为宇宙的本源，照佛教看来，是根本不能成立的。佛教以本觉真心即如来藏作为宇宙的本源。此如来藏之不生灭真心与生灭妄想和合，非一非异，名为阿赖耶识。此识有觉不觉二义。依不觉故，转成能见之识及所见境界之相。境从微至著，展转变起，乃至天地。这个变化的过程即儒道二教所说"始自太易，五重运转乃至太极，太极生两仪"。"彼说自然大道，如此说真性，其实但是一念能变见分。""彼云元气，如此一念初动，其实但是境界之相。"因此，儒道二教所持的这种太极元气说不能穷理尽性，至于本源，是一种必须破斥的"迷执"。从思想史的角度来看，太极元气说确是汉唐时期儒道二教所共同持有的宇宙论的思想，体现了中国传统思想的特色，宗密对儒道不加区别合并起来进行攻击，在很大程度上反映了中印两种异质文化之间的冲突。此说本于汉代的易学。《汉书·律历志》有云，"太极元气，函三为一"。《周易钩命诀》将宇宙的起源分为太易、太初、太始、太素、太极五个阶段，宗密所谓的"五重运转"即指此说。孔颖达撰《周易正义》释"易有太极"云，"太极谓天地未分之前元气混而为一，即是太初，太一也。故老子云，道生一，即此太极是也。又谓混元既分即有天地，故曰太极生两仪，即老子云一生二也"。这种太极元气说属于纯粹的自然主义的范畴，道教以自然为性命，可以依据此说顺理成章地发展为一套炼精化气、炼气化神的心性论，称之为"自然大道"或"阴阳造化机"。因而道教一向重视对《周易》的研究，特别是对《周易参同契》的研究，在道教的典籍中，这种本于易学的宇宙论的思想要比儒教更为丰富完整。与道教相比，由于儒教的文化价值理想属于人文主义的范畴，如何把太极元气说落实于心性论的层次，用来论证仁义礼乐的名教规范，转化为自己的终极关怀，则显得十分困难，往往是顾此失彼，左支右绌，把天人割裂为二，不能合二为一。这是儒学进一步发展所亟待解决的一道难题。在这种情况下，为了回应佛教的挑战，儒教必须一方面汲取道教的研究成果，与道教结成哲学上的联盟，来共同维护这种本于易学的宇宙论的思想，另一方面，儒教还必须立足于自己的文化价值理想对这种自然主义的宇宙论进行一番改造重构的工作，依据太极以立人极，作为发展心性论的理论基础，否则就不能与道教相区别。周敦颐的《太极图说》正是遵循了这个思路，同时从两方面着手，致力于为儒学建立一个自然主义与人文主义相结合的宇宙论的框架结构。它的理论意义只有联系到当时的三教合流思潮进行宏观的考查，才能有一个较为准确的把握。

《太极图说》是理学的经典文献，只有二百多字，全文如下：

> 无极而太极。太极动而生阳，动极而静，静而生阴。静极复动。一动一静，互为其根；分阴分阳，两仪立焉。阳变阴合，而生水、火、木、金、土。五气顺布，四时行焉。五行，一阴阳也；阴阳，一太极也；太极，本无极也。五行之生也，各一其性。无极之真，二五之精，妙合而凝。"乾道成男，坤道成女"，二气交感，化生万物。万物生生，而变化无穷焉。惟人也，得其秀而最灵。形既生矣，神发知矣，五性感动，而善恶分，万事出矣。圣人定之以中正仁义（圣人之道，仁义中正而已矣），而主静（无欲故静），立人极焉。故"圣人与天地合其德，日月合其明，四时合其序，鬼神合其吉凶"。君子修之吉，小人悖之凶。故曰："立天之道曰阴与阳，立地之道曰柔与刚，立人之道曰仁与义。"又曰："原始反终，故知死生之说。"大哉《易》也，斯其至矣。

此说由两段意思构成，第一段言太极，第二段言人极，最后以"大哉《易》也"作结，说明这两段意思都是本于《周易》而来。在言太极部分中，周敦颐大体上是依据汉唐时期儒道二教所共同持有的太极元气说编织了一个自然生成的宇宙论的图式，并没有增加更多的新意，只是作了一番综合总结的工作，整理得层次分明、井然有序而已。其首句"无极而太极"含有歧义，成为后人争论的焦点。陆象山从生成论的角度来理解，认为以无极二字加于太极之上，正是老氏有生于无之旨。朱熹则从本体论的角度来理解，认为"无极而太极"说的是无此形状而有此道理，无极是就有中说无，太极是就无中说有，有无合一之谓道，非太极之外复有无极。朱陆二人的理解各有所据，很难判定谁是谁非。如果能考证出此句原作"自无极而为太极"，则陆象山的根据似乎更为充足，但是其中确实蕴含着本体论的思想，也不能完全据此而推翻朱熹的看法。实际上，这个命题的歧义一方面以浓缩的形式反映了中国传统思想关于本源问题的探讨一直是生成论与本体论纠缠扭结含混不清的历史情况，另一方面也反映了理学开创时期力图由生成论向本体论转化过程中的困惑和矛盾，由于这一转化过程尚未完成，所以它的含义也不确定。朱陆二人以偏概全，只知其一，不知其二，把本身是含有歧义的复杂的命题简单化，虽各有所据，却不免失之于片面。

　　在中国思想史上，关于本源问题的探讨都是通过对《周易》和《老子》的诠释发挥而进行的。《周易》说："易有太极，是生两仪，两仪生四象，四象生八卦。"《老子》说："天下万物生于有，有生于无。""道生一，一生二，二生三，三生万物。"这几段言论，表面上看是在讲生成论，其实也讲了本体论，本体论的思想蕴含在生成论之中，尚未完全独立分化出来。后人常常用《易》《老》互训的方法，或以《易》解《老》，或以《老》解《易》，有的着重阐发其中的生成论的思想，有的则把本体论突出为首位，由此而形成为一种常规。比如汉代的京房在其《易传》中曾说："且《易》者，包备有无。""从无入有，见灾于星辰也。从有入无，见象于阴阳也。""六爻上下，天地阴阳，运转有无之象，配乎人事。"郑玄注《易纬》之文云："太易，无也，太极，有也。太易从无入有，圣人知太易，有理有形，故曰太易。""生与性，天道精，还复归本体，亦是从无入有。""夫惟虚无也，故能感天下之动。"可以看出，汉代的象数派易学早已运用老子的有无范畴来阐发易义，虽然着重讲"有生于无"的宇宙生成，但也讲了"还复归本体"的问题。魏晋时期的义理派的易学把"有生于无"的命题转化为"以无为本"，着重讲本体论，把太极归结为无，认为"太极者，无称之称，不可得而名，取有之所极，况之太极者也"。虽然如此，这种本体论仍然与"有生于无"的生成论纠缠扭结在一起，比如韩康伯在《系辞注》又认为，"夫有必始于无，故太极生两仪也"。孔颖达在《周易正义》中将太极释为"元气混而为一"，同时又称之为"太一虚无"，认为"言此其一不用者，是易之太极之虚无也。无形即无数也。凡有皆从无而来，故易从太一为始也"。这种纠缠扭结的情况在道教的著作中也表现得十分突出。比如成玄英在《老子义疏》中释"天下之物生于有，有生于无"说："有，应道也，所谓元一之气也。元一妙本，所谓冥寂之地也。言天地万物皆从应道有法而生，即此应道，从妙本而起，元乎妙本，即至无也。"元一妙本指元一之气的根本，即道的本体，这个本体是无。有是应道，即道的作用，用由体而起。成玄英认为，有生于无就是由体起用的意思。据此而论，则元气乃"无中之有，有中之无"，既有生成的功能，也有本体论的意义。

从这个角度来看，周敦颐的"无极而太极"实际上是对自先秦以迄于汉唐儒道两家关于本源问题研究成果的一种提炼和总结，既是一个生成论的命题，也是一个本体论的命题。陆象山因其以《老》解《易》，混杂了老氏"有生于无"之旨，而斥之为非儒学正宗，固然有失于偏颇；朱熹则因强调其本体论的意义而否认其与"有生于无"的关系，也不符合事实。就周敦颐本人的意思而言，他十分重视自然的生意。"周茂叔窗前草不除。问之，云：与自家意思一般。""观天地生物气象。"这些常为后人称道的言行，表明他对生意的重视，意识到生成应该是本体的一个本质属性，讲本体不能脱离生成。这也是继承了儒道两家对宇宙的传统看法而来，与佛教有着根本性的不同。佛教把宇宙看做是由生灭妄想所变之境，本身是虚幻不实，称之为假有，人们不应执迷于此假有，而应返照心源，复归于涅槃静寂。中国的传统思想则从来不曾怀疑宇宙的客观存在，一向把宇宙看做是一个生生不已大化流行的整体，肯定其为实有。《周易》所说的"生生之谓易"，"天地之大德曰生"，对这种以生意为特征的宇宙观作了经典性的表述。既然宇宙充满着生意，是一个带着诗意的感性光辉对人的全身心发出微笑的客观存在，那么它一方面是天地万物生成的本源，另一方面又是天地万物所不得不由、不得不依、不得不归的本体，因而在中国的宇宙论中，讲生成不能脱离本体，讲本体不能脱离生成，自是题中应有之义。但是，生成与本体毕竟是两个性质不相同的问题，生成问题是一个具体的实证科学的问题，而本体问题则是一个抽象的思辨哲学的问题，如果把这两个问题混在一起来讲，必然产生歧义，引起许多理论上的困难。比如老子所说的"有生于无"，作为一种科学的假说或天才的猜测，应该承认是无可厚非，现代的宇宙学至今仍以有生于无的大爆破理论来解答宇宙起源的问题，假说是否成立，有待于实证经验的检验。至于拿这个命题来作为哲学本体论的理论基础，在逻辑上则很难站住脚。因此，王弼的玄学不大讲"有生于无"，而着重讲"以无为本"。但是，无究竟是什么，也很难说。王弼的本意是指无形无名的本体，裴颜的《崇有论》却把无理解为非存在，认为存在不能从非存在产生，对王弼大肆攻击。周敦颐的"无极而太极"的命题受到陆象山的攻击，与当年玄学所经历的情形是十分类似的。周敦颐以后，张载明确申言，"大易不言有无，言有无，诸子之陋也"。张载从根本上否定了以有无言易的玄学思路，直接以太和缊缊之气作为宇宙的本体。到了程颐提出了"体用一源"的命题，这才确定了以体用言易的理学思路，从而避免了歧义，建立了一个较为纯粹的本体论的结构。按照这条思路，生成是本体所固有的功能，即体起用，用不离体，自然的生意本身即是大化流行的道体，人们用不着像以往那样搜集具体的实证材料去描述生成的过程，而可以直接通过自己的生命体验去与道体相契合。由此可以看出，理学的这条思路高于玄学。周敦颐是从玄学向理学转化的关键人物，他的"无极而太极"的命题同时蕴含着生成论与本体论两层含义，说明这个转化的过程尚未完成，但是他由"观天地生物气象"以契入道体的用心所在，以及淡化"有生于无"的色彩，把生成作为一种本质属性纳入本体论结构中来的努力，也说明他确实是为后来的理学开拓了一条崭新的思路。

《太极图说》以"无极而太极"开篇，下边接着说："太极动而生阳，动极而静，静而生阴。静极复动。一动一静，互为其根；分阴分阳，两仪立焉。"这是依据汉唐易说对《周易》"易有太极，是生两仪"之文的具体的诠释。《易纬乾凿度》曾说："夫有形生于无形，乾坤安从生？"从生成论的角度来看，人们必然要从有形的天地追问到宇宙的最原始的状态，而归结为无形的混沌。《易纬》提出了"五重运转"之说来回答这个问题。周敦颐用"无极"这个范畴概括了太易、太初、太始、太素四个阶段，认为太极是由无极自然演化而来。太极是淳和未分之气，由于一动一静的相互作用而分阴分阳，这就产生了两仪。一动一静是太极的内在的机制，是分阴分阳的最基本的原动力。阴阳既分，于是"阳变阴合，而生水、火、木、金、土。五气顺布，四时行焉"。阴阳是气，五行也是气，万物化生都是由于阴阳五行的交感配合，称之为"二五之精，妙合而凝"，整个宇宙完全是一种气化的过程，由此而大化流行，生生不已，变化无穷。周敦颐接着依据郑玄所说的"还复归本体"的思想逆而上推，指出，"五行，一阴阳也；阴阳，一太极也；太极，本无极也"。朱熹也是着眼于其中的本体论的思想诠释说："盖五行异质，四时异气，而皆不能外乎阴阳；阴阳异位，动静异时，而皆不能离乎太极。至于所以为太极者，又初无声臭之可言，是性之本体然也。"这种诠释应该说是符合周敦颐的原意的。由此可以看出，周敦颐在言太极部分中，一方面按照顺而下推的思路描述了宇宙生成的具体的过程，另一方面又按照逆而上推的思路指出宇宙的本体即寓于此生成的过程之中。把这两条思路结合起来，意思是说，离开生成，别无本体，本体即是大化流行的本身，必然发而为用，不外乎生成。就这种宇宙论的思想实质而言，基本上是本于汉唐以来儒道两家所共同持有之太极元气说，也与宋代刘牧、司马光、苏轼言天道的思想相吻合，属于纯粹的自然主义的范畴。

在言人极部分中，周敦颐说："惟人也，得其秀而最灵。形既生矣，神发知矣，五性感动，而善恶分，万事出矣。圣人定之以中正仁义，而主静，立人极焉。"这一段言论也贯穿了两条思路。第一条思路是把人和宇宙联系起来，说明人和万物一样是由自然的气化过程而生，是宇宙的一个有机组成部分，强调人的自然本性。第二条思路是突出人与万物的区别，说明人独得阴阳五行之秀而为万物之灵，具有与万物不相同的五常之性以及为善为恶的道德选择，强调人的社会本性。这种社会本性是人之所以异于禽兽的本质所在，于是圣人依据此人性的本质，定之以中正仁义而主静，建立了人极。顺而下推，由太极以至于人极，莫非阴阳五行的气化，逆而上推，人极本于太极，性即天道，中正仁义无适而非太极之全体。周敦颐把这两条思路结合起来，从而沟通了天人关系，建立了一个与儒家的文化价值理想相符合的宇宙论的理论框架，一方面与佛教相抗衡，另一方面也与道教相区别。下边周敦颐接着论述心性修养的必要与可能以及所要达到的目标。周敦颐认为，修养的目标既不是成佛，也不是成仙，而是成圣。因为圣人的行为不假修为而自然合乎仁义中正之道，体现了太极之全体而无所亏欠，为人们树立了一个最高的天人合一的人格典范，如果撇开仁义中正之道而像佛道二教那样去追求成佛成仙，这就违反了太极之理，而不能与天地合其德。由于常人达不到圣人的这个境界，所以必须进行心性修养，修之为君子，悖之则为小人。至于修养的方法，关键在于无欲而主静。如果从寡欲做起，寡之又寡，以至于无，就可以把自己逐渐提升到圣人的境界，因此，圣人是人人可学的。

最后周敦颐引《说卦》之文"立天之道曰阴与阳，立地之道曰柔与刚，立人之道曰仁与义"证成此说，说明《太极图说》的核心思想是以《周易》的经典性的表述为依据的。事实上也确是如此，并没有超出《周易》的原意。因为《周易》所说的天地人三才之道始终贯彻了一条天人合一的思路，一方面由天道之阴阳顺而下推以及于人道之仁义，另一方面又由人道之仁义逆而上推以及于天道之阴阳，说明自然的天道本身即蕴含着人文价值的理想，而人文价值的理想也必以自然的天道作为自己的本源。按照这条思路，如果言天而不及人，偏于自然主义，称之为蔽于天而不知人；如果言人而不知天，偏于人文主义，则称之为蔽于人而不知天。但是，《周易》的这条思路在汉唐易学中却没有得到很好的落实，其太极元气说只是着重发展了天道自然的思想，而没有与人道之仁义相结合，由太极以立人极。宋代易学的情况也是如此，常常是各有所偏，把天人割裂为两截。从这个角度来看，后人赞颂周敦颐"生乎千有余载之后，超然独得乎大《易》之传"（张栻语），并非溢美之辞。

《通书》原名《易通》，共分四十章，论述了多方面的问题，就其理论特色而言，在于具体落实由太极以立人极的思路，把天道性命之学展开为一个完整的体系。《动静第十六》说："水阴根阳，火阳根阴。五行阴阳，阴阳太极。四时运行，万物终始。混兮辟兮，其无穷兮。"《理性命第二十二》说："二气五行，化生万物。五殊二实，二本则一。是万为一，一实万分。万一各正，小大有定。"这两段言论是对《太极图说》的解说，但却扬弃了无极的概念，不再讲有生于无的生成论，而致力于把太极树立为宇宙的本体。所谓"二本则一"，此一即指太极。太极化生万物，万物又复归于太极，周敦颐用本体论的语言把太极与万物的这种关系表述为"是万为一，一实万分"。一是本体，万是现象，"一实万分"是从本体到现象，"是万为一"是从现象到本体。理学以太极为本体，而不像玄学那样，以无为本体，这个基本思路首先是由周敦颐确立下来的。王弼把"有生于无"的命题转化为"以无为本"，企图建立一个本体论的哲学体系。但是，从逻辑上看，究竟"无"是什么，这个问题本身就是一个明显的悖论，是根本无法正面回答的。如果说出它是什么，它就不再是"无"而变成"有"了，如果不说出它是什么，又很难把它确定为整个哲学体系的理论基石。周敦颐大概意识到玄学的这种逻辑困境，所以在《通书》中不讲无极而专讲太极。照周敦颐看来，太极作为宇宙的本体，内在地具有生成的功能，这种生成的功能也就是道教经典《英真君丹诀》所说的"阴阳造化机"，因而"混兮辟兮，其无穷兮"，生生不已，大化流行，当下即呈现为一个化生万物的动态的过程，同时这个过程也呈现为一个富有生意的实在，过程与实在的统一，故万即一，一即万，万是由一自然生成的殊相，一是万之性命的生成的本源，这就是所谓"万一各正，小大有定"。后来理学家所常说的一些本体论的命题，诸如"一本万殊""理一分殊""体用一源""全体大用"，实际上都是依据周敦颐的这种表述提炼而成的。

如果周敦颐的太极本体仅仅停留于此而不与人极相沟通，仍然属于纯粹的自然主义的范畴，蔽于天而不知人，与道家道教划不开界限。最能表现出周敦颐的理学思想特色的，是《通书》中论诚的两章。他说：

> 诚者，圣人之本。"大哉乾元，万物资始"，诚之源也。"乾道变化，各正性命"，诚斯立焉。纯粹至善者也。故曰："一阴一阳之谓道，继之者善也，成之者性也。"元、亨，诚之通；利、贞，诚之复。大哉《易》也，性命之源乎。（《诚上第一》）

> 圣，诚而已矣。诚，五常之本，百行之源也。静无而动有。至正而明达也。五常百行，非诚，非也，邪暗，塞也。故诚则无事矣。至易而行难。果而确，无难焉。故曰："一日克己复礼，天下归仁焉。"（《诚

下第二》》

可以看出，这两章的基本思路在于采用《易》《庸》互训的方法，论证诚为天道的本质属性，力图沟通天道与性命之间的关系，为儒家的道德本体论确立一个天道自然的哲学基础。诚这个范畴是根据人们的道德实践抽象概括出来的，指的是道德实践中的高度自觉的心理状态，也泛指"诚于中，发形于外"的真实无妄的道德品质。《中庸》把诚提升到天人关系的哲学高度进行论证，指出："诚者，天之道也。诚之者，人之道也。"但是，这种论证过于简单，并没有具体回答何以天道具有伦理的属性而以诚为本质的问题，不能令人信服，特别是不能使道家信服。道家认为，"天地不仁"，天道自然无为，根本不具有伦理的属性，因而儒家以诚作为天道本质的说法，也就缺乏客观确实性的根据。这是儒家建立道德本体论所面临的一道理论难题，自汉唐以来，一直未能解决。李翱作《复性书》，试图沿袭《中庸》的思路来解决这道难题，结果归于失败。因为《中庸》所谓的天，并不是指称客观的自然之天，而仅仅是人性本质的外化，虽然提出了"诚者天之道也"的命题，实际上不过是根据人道的价值理想来塑造天道，反过来又用这个被塑造了的天道作为人道的价值理想的根据，这种循环论证的方法，在逻辑上很难成立。苏轼作《东坡易传》，沿袭道家的思路，认为天道自然，无善无恶，人性源于天道，故人性的本质亦为无善无恶的自然本性和生理本能。按照这种说法，则把人降低为与禽兽相等同的地位，不能解释人的道德价值的源泉，当然也无法为儒家建立一个道德本体论。周敦颐在此两章所贯彻的思路既不同于李翱，也不同于苏轼，而是忠实地继承了《周易》原有的那种儒道互补的思路，一方面把天道看做是由一阴一阳所支配的客观外在的自然运行的过程，另一方面又把天道看做是与人性的本质有着内在的联结，"继之者善也"，人之善性源于天道之纯粹至善，这就成功地解决了这道难题，论证了诚也是自然天道的一个本质属性。

《周易》以"一阴一阳之谓道"为"性命之理"，这个性命之理是统天、地、人而言的，天地人物，莫不有阴阳，莫不受此性命之理的支配，人作为其中的一个组成部分，是隶属于宇宙之全体的。宇宙是一个生生不已、大化流行的实在，就其生成的全过程而言，表现为元、亨、利、贞四德，元者万物之始，亨者万物之长，利者万物之遂，贞者万物之成。就其内部的机制而言，则以乾健为统率，以坤顺为从属，动而生阳，静而生阴，协调并济，共同构成天人整体的和谐。周敦颐称此和谐而洋溢着蓬勃生机的宇宙为"纯粹至善"，也就是诚。诚者，至实而无妄，自然而无为，是性命之理的最基本的表德，囊括天人，通贯物我，既是宇宙自然秩序之本然，也是人性本质之当然。但是，诚毕竟是一个伦理的范畴，主要用于表述人性的本质，尽管人性的本质源于天道之纯粹至善，为了沟通天人关系，关键却在于一个继字，继之则善，不继则不善。所谓"继之者善也"，是就本源的意义而言的，人若不继承天道之阴阳，就没有本源意义的善。"成之者性也"，是就主体性的原则而言的，人若不主动实现此本源意义的善，就不可能凝成而为性。因此，元、亨为诚之通，利、贞为诚之复，通者善之继也，复者性之成也，乾之四德也具有伦理的价值属性，表现了人性本质生成的全过程。

就本源的意义而言，人无有不善，这是普遍的人性，对于任何人都是适用的。但是就实际的表现而言，则有不同的程度之差。把人性实现得完满无缺的最高典范是圣人，其所以如此，是因为圣人以诚为本，能够全此实理，达到了天人合一的境界，圣即诚，诚即圣，"诚者，圣人之本"，"圣，诚而已矣"。因此，诚作为道德的本体，是五常之本，百行之源，五常百行，社会中的一切道德规范和道德行为，如果不以诚为本而为邪暗所塞，那就是根本错误。周敦颐通过这一番论证，为理学的天道性命之学奠定了一个坚实的理论基础。以后的理学家言性命必上溯天道，言天道必落实于性命，而以诚这个范畴作为沟通天道与性命的中心环节。

朱熹释诚，认为"诚即所谓太极也"，这可能超出了周敦颐的原意。周敦颐只是说诚以乾元为本源，依赖乾道之变化而始成立，故诚并非太极本身，而是太极的一种本质属性。太极属于宇宙论的范畴，诚则是一个心性论的范畴。就诚作为"五常之本，百行之源"而言，其着重点是人极而非太极。在周敦颐的体系中，太极是宇宙的本体，诚是心性的本体，道德的本体。人极本于太极，心性本于天道，虽然分属于两个领域，合而言之，仍然是一个一元论的体系。既然诚是心性和道德的本体，必然有体有用，展现为一个本体论的结构，而落实于心性修养层面，也必然包含有本体与方法的内容。周敦颐在《通书》以下几章围绕着这些问题展开了论述。他说：

> 诚，无为；几，善恶。德，爱曰仁，宜曰义，理曰礼，通曰智，守曰信。性焉、安焉之谓圣。复焉、执焉之谓贤。发微不可见。充周不可穷之谓神。(《诚几德第三》)
>
> 寂然不动者，诚也；感而遂通者，神也；动而未形、有无之间者，几也。诚精故明，神应故妙，几微故幽。诚、神、几，曰圣人。(《圣第四》)
>
> 动而正，曰道。用而和，曰德。匪仁，匪义，匪礼，匪智，匪信，悉邪矣。邪动，辱也；甚焉，害也。故君子慎动。(《慎动第五》)
>
> 性者，刚柔、善恶，中而已矣。
>
> 刚善，为义，为直，为断，为严毅，为干固；恶，为猛，为隘，为强梁。柔善，为慈，为顺，为巽；恶，为懦弱，为无断，为邪佞。
>
> 惟中也者，和也，中节也，天下之达道也，圣人之事也。故圣人立教，俾人自易其恶，自至其中而止矣。(《师第七》)
>
> 无思，本也；思通，用也。几动于彼，诚动于此。无思而无不通，为圣人。不思，则不能通微；不睿，则不能无不通。是则无不通，生于通微，通微，生于思。故思者，圣功之本，而吉凶之几也。(《思第九》)

可以看出，周敦颐在这几章所阐发的思想，虽然都是本于《周易》，但却偏重于内在的心性，而没有顾及外在于心性的客观自然之理。这也是理学诠释《周易》的理论特色，表现了理学家的基本思路。《系辞》曾说："《易》，无思也，无为也，寂然不动，感而遂通天下之故，非天下之至神，其孰能与于此。"周敦颐本此说以明心性之体无思无为，其发而为用，则见几通微，无所不通，神妙万物，充周而不可穷。几是《周易》的一个重要的概念，指客观事物外界环境中的阴阳变化的苗头，吉凶祸福的先兆。《系辞》曾说："夫《易》，圣人之所以极深而研几也。唯深也，故能通天下之志；唯几也，故能成天下之务。"这是认为，极深的目的在于教人深刻地掌握阴阳变化的客观规律，研几的目的在于帮助人们通权达变，去建功立业，成就天下的事务。所谓极深研几，主要是用于外王层面的经世致用，而不是用于内圣层面的心性修养。周敦颐则把对几的理解由外王引向内圣，从心性论的角度来诠释，认为几是心性变化的苗头，善恶之分的先兆。就心性之体而言，无思无为，本然而未发，源于纯粹至善之天道，其本质为善，名之曰诚。当其感于物而动，一念初动，动而未形，介于已发未发之间，则有善有恶，名之曰几。所以说，"诚，无为；几，善恶"。诚必发而为几，诚为静，几为动，动而正为善，动而邪为恶，因而善恶之分即正邪之分。所谓正邪，是以仁、义、礼、智、信这五种伦理规范作为判断标准的。符合规范的为正，违反规范的为邪。这五种伦理规范虽是客观外在的，其实源于内在的五常之性，统称为德。德的本质是"用而和"。和就是阴阳刚柔两种性质配合得恰到好处，和谐统一，无过无不及，这也就是中。朱熹认为，周敦颐以和为中，与《中庸》不合。因为《中庸》说："喜怒哀乐之未发，谓之中。发而皆中节，谓之和。"周敦颐则专就已发而言，把中理解为"发而皆中节"的意思。这种理解是本于《周易》的。《周易》认为，刚不必善，柔不必恶，刚若不与柔相配合，则为猛，为隘，为强梁，柔若不与刚相配合，则为懦弱，为无断，为邪佞，只有刚柔并济，协调配合，才能无过无不及，而形成一种中和之美。因而中既是判断善恶正邪的标准，也是道德实践所追求的最高目标。周敦颐认为，圣人与天地合其德，诚无不立，几无不明，德无不备，感而遂通，而自然合乎仁义中正之道，故"诚、神、几，曰圣人"。圣人之所以能够如此，关键在于圣人以无思为本，以思通为用，"几动于彼，诚动于此"。因此，人们应该学习圣人的榜样，以思为圣功之本，在一念初动、善恶未著之际，见几通微，戒惧谨慎，恪守中道，执著保持。这就是学习做圣人的心性修养的下手工夫。

周敦颐接着提出了心性修养三个不同等级的追求目标："圣希天，贤希圣，士希贤。"（《志学第十》）圣人追求与天同体，以天道之诚为本，做到静虚动直，明通公溥，这是心性修养的最高目标。实际上，圣人独得于天，本全于己，先天的禀赋最完美，不必通过心性修养，率性而行，便能达到这个目标，其所以仍说"圣希天"，只是强调圣人的道德行为有着宇宙论的本源依据，以天为法。贤人的禀赋不及圣人，必须学知利行，自明而诚，以圣为法，追求达到圣人的境界。至于一般的士人，则必须困知勉行，"志伊尹之所志，学颜子之所学"，追求达到贤人的境界。虽然圣人、贤人、士人追求的目标不同，所能达到的境界有异，但是共同的主旨都是为了完满地实现自己的道德本性，做一个真正的人。这是一种道德价值的追求，如果把道德价值追求到手，则富贵尊荣，常泰无不足，得到一种很大的快乐。《师友上第二十四》说："天地间，至尊者道，至贵者德而已矣。至难得者人，人而至难得者，道德有于身而已矣。"《富贵第三十三》说："君子以道充为贵，身安为富，故常泰无不足。而铢视轩冕，尘视金玉，其重无加焉尔。"《颜子第二十三》说："夫富贵，人所爱也。颜子不爱不求，而乐乎贫者，独何心哉？天地间有至贵至富可爱可求，而异乎彼者，见其大，而忘其小焉耳。见其大则心泰，心泰则无不足。无不足则富贵贫贱处之一也。"所谓"心泰"，就是一种宁静闲适、超然物外、怡然自得的精神境界，也就是后来理学家所着意探寻的"孔颜乐处"。这种精神境界是通过道德价值的追求而后达到的，虽然立足于人极，但却"廓之配天地"，而与太极相通，既有浓郁的人文情怀，也有深沉的宇宙意识，与佛道二教的那种蔑弃伦理纲常、脱离名教的修养方法和修养目标有着根本性的不同。

周敦颐按照这条思路，一方面由太极以立人极，以诚作为道德本体，从理论上回答了人在宇宙中的地位以及人之所以为人的本质问题，另一方面又落实于心性修养层面，从实践上回答了"名教中自有乐地""儒者自有名教可乐"的问题，其探索的重点偏于心性内圣之学。虽然如此，周敦颐在《通书》中也论述了许多有关经世外王的问题，不仅只是表达了儒家的道德理想，而且也力求由内圣通向外王，表达了儒家的政治理想和社会理想。比如周敦颐认为，儒家的政治理想是追求"顺化"。所谓顺化，就是顺应天道以阴阳生成万物的自然和谐的规律，以仁育万物，以义正万民，做到政善民安，大顺大化而不见其迹。儒家的社会理想是追求制礼作乐。"礼，理也；乐，和也。"礼的本质是理顺各种人际关系，使之有条不紊，井然有序。乐的本质是使各种不同身份地位的人相亲相爱，和睦融洽。礼着眼于阴阳之分，有分始能有序，乐着眼于阴阳之合，有合始能上下和亲而不相怨，把社会凝聚成一个整体。儒家的道德理想所追求的"纯心"，是从属于外王事业，实现这种政治理想和社会理想的一种必要的手段。因为"心纯则贤才辅，贤才辅则天下治"。周敦颐依据《周易》的阴阳哲学的原理，把作为整体性的儒家文化价值理想归结为"太和"。《乾·象》说："乾道变化，各正性命，保合太和，乃利贞。首出庶物，万国咸宁。"太和即天人整体的最高的和谐，既指宇宙自然的和谐，也指社会人际关系的和谐。周敦颐认为，这种太和就是儒家所追求的最高的价值理想。《乐上第十七》说："古者圣王制礼法，修教化，三纲正，九畴叙，百姓太和，万物咸若。"这是就社会人际关系的和谐而言的。《乐中第十八》说："故圣人作乐，以宣畅其和心，达于天地，天地之气，感而太和焉。天地和，则万物顺。"这是就宇宙自然的和谐而言的。周敦颐把太和树立为儒家的整体性的价值理想，对后来的理学家产生了深远的影响。张载的《正蒙》以太和开篇，并且认为太和即是太极，这个思想是直接受到周敦颐的启发而后形成的。由此看来，周敦颐的思想尽管有所偏重，仍然是一种天人整体之学，一种内圣外王之道，应该置于儒学的大传统中进行全面的把握，而不能仅仅以道德理想主义或心性内圣之学这些片面的词语来概括。

第十二章　邵雍的易学

一、先天之学与后天之学

邵雍的《皇极经世书》，其理论特色表现为"尊先天之学，通画前之《易》"，突破了《周易》原来的框架结构，依据他所发明的先天象数重新编织了一套井然有序层次分明的易学体系。朱熹对邵雍的易学体系极为推崇，他在《答袁机仲书》中指出："据邵氏说，先天者伏羲所画之《易》也，后天者文王所演之《易》也。伏羲之《易》，初无文字，只有一图以寓其象数，而天地万物之理、阴阳始终之变具焉。文王之《易》即今之《周易》，而孔子所为作传者是也。孔子既因文王之《易》以作传，则其所论固当专以文王之《易》为主，然不推本伏羲作《易》画卦之所由，则学者必将误认文王所演之《易》便为伏羲始画之《易》，只从中半说起，不识向上根原矣。"这种伏羲所画之《易》，"是皆自然而生，潏涌而出，不假智力，不犯手势，而天地之文，万事之理，莫不毕具，乃不谓之画前之《易》，谓之何哉"？"其曰画前之《易》，乃谓未画之前，已有此理，而特假手于聪明神武之人以发其秘，非谓画前已有此图，画后方有八卦也。此是《易》中第一义也。若不识此而欲言《易》，何异举无纲之网，挈无领之裘，直是无着力处。"（《朱子大全》卷三十八）

邵雍的先天之学探索的重点是《易》之道，而不是《易》之书。邵雍认为，《易》之道先于《易》之书而有，是为画前之《易》。这种画前之《易》是宇宙生成的本源，存在于天地之间而为万物所遵循的客观规律，是一种自然之道。文王所作之《易》即今之《周易》，则是对此自然之道的一种主观上的认识和理解，加上了人为的因素，是一种适合于人的实用目的编织而成的符号系统，而非自然之道本身，故为后天之学。后天之学是由先天之学而来，先天是第一性的，后天是第二性的，先天明其体，后天明其用，先天之学为心法，后天之学则是心法所显现的外在的形迹，因而易学应以这种先天之学作为主要的研究对象。

可以看出，邵雍的这个思想与汉唐以来通行的注疏之学有着明显的不同。因为注疏之学以《周易》的文本即《易》之书作为主要的研究对象，虽然也对客观存在的《易》之道有所发明，但是由于受到经传文字的束缚，特别是受到业已定型化的文王八卦次序和八卦方位的束缚，往往是局限于解说现成之形迹，曲意牵合，于难通之处强求其通，而不能由迹以明心，由用以见体，把易学研究推进到一个更高的哲学的层次。邵雍认识到注疏之学的这种缺陷，在易学史上第一次提出了先天之学与后天之学、伏羲之《易》与文王之《易》这些全新的概念，目的在于把《易》之道与《易》之书明确地区分开来，扭转易学研究的方向，激发人们的哲学兴趣，去进一步探索伏羲平地著此一画所依据的自然之道本身的问题。朱熹正是因此而对邵雍的易学作了高度的评价，认为邵雍所探索的先天之学、画前之《易》是易学的基本纲领，《易》中的第一义，如果不推本伏羲作《易》画卦之所由，只从文王之《易》即今之《周易》说起，是不识向上根原，无着力之处，在哲学上便会落入下乘，而不能为易学确立一个坚实的理论基础。

其实，关于画前之《易》的问题，早在先秦时期《周易》成书之时就已经作为一个易学的基本问题提出来了。《系辞》说："古者包牺氏之王天下也，仰则观象于天，俯则观法于地，观鸟兽之文与地之宜，近取诸身，远取诸物，于是始作八卦，以通神明之德，以类万物之情。"《说卦》也说："观变于阴阳而立卦，发挥于刚柔而生爻。"这是关于画前之《易》的经典性的表述，说明八卦是伏羲观察了天地、鸟兽、人物等自然和社会现象而后画出来的，它是对客观外界的一种摹拟、象征和反映，存在于客观外界的阴阳刚柔的自然之道是第一义，卦爻结构乃是依此第一义而始成立，属于第二义。在易学史上，一些超越了注疏水平而卓然成家的易学家，都普遍地关注画前之《易》的问题，追求向上根原的第一义，他们的研究对象是完全一致的。但是，由于时代思潮的不同，历史条件的差异，他们的学术思路和研究成果却是个性鲜明，各具特色，比如有的侧重于象数，有的侧重于义理，有的说得法密，有的说得理透。虽然如此，所有这些支流别派都融汇同归于《易》之道的滚滚长河之中，加深扩大了对阴阳哲学的理解，充实丰富了易学思想的宝库。这就在易学史上形成了一种一致而百虑、殊途而同归的局面，既有同中之异，也有异中之同，因而如何恰如其分地处理这种同与异的关系，就成了易学史研究中的最大的难点所在。

　　就宋代的易学而言，人们不满于汉唐注疏而转向于对画前之《易》的研究是一种时代的风尚，如果我们不拘泥于名词概念而着眼于精神实质，可以看出，当时许多易学家都站在哲学的高度提出了与邵雍相类似的先天之学的思想。比如司马光在《温公易说》中指出，《易》虽为圣人所作，但非圣人所生。"《易》者先天而生，后天而终。""夫《易》者，自然之道也。子以为伏羲出而后《易》乃生乎？""推而上之，邃古之前而《易》已生，抑而下之，亿世之后而《易》无穷。是故《易》之书或可亡也，若其道则未尝一日而去物之左右也。"这就是强调《易》之道与天地相终始的客观实在性，先于《易》之书而存在，易学应以此画前之《易》作为主要的研究对象。苏轼在《东坡易传》中指出："相因而有，谓之生生。夫苟不生，则无得无丧，无吉无凶。方是之时，《易》存乎其中而人莫见，故谓之道，而不谓之《易》。有生有物，物转相生，而吉凶得丧之变备矣。方是之时，道行乎其间而人不知，故谓之《易》，而不谓之道。"因而《易》的本质就是宇宙万物生生不已的自然运行的过程，这也就是所谓画前之《易》。苏轼依据对此画前之《易》的研究，阐发了一套系统的易学思想，认为，"天地位则德业成，而《易》在其中矣，以明无别有《易》也"。至于乾坤之类的卦象，则是圣人为了使人们便于理解而人为地设立的，并非此画前之《易》

的本身。周敦颐在《通书·精蕴章》中指出："圣人之精，画卦以示；圣人之蕴，因卦以发。卦不画，圣人之精，不可得而见。微卦，圣人之蕴，殆不可悉得而闻。《易》何止五经之源，其天地鬼神之奥乎！"朱熹认为，所谓精蕴，即"画前之《易》，至约之理也。伏羲画卦，专以明此而已"。这就是说，周敦颐的易学思想，也是对画前之《易》的一种研究和阐发。张载在《横渠易说》中指出："《系辞》言《易》，大概是语《易书》制作之意，其言《易》无体之类，则是《天易》也。""《易》，造化也。圣人之意莫先乎要识造化，既识造化，然后其理可穷。"所谓《天易》，即先天之学，造化即画前之《易》。张载认为，这是《易》的本质所在，如果不识造化，不明《天易》，便无从理解《易书》制作之意。程颐在《伊川易传》中指出："《易》之有卦，《易》之已形者也；卦之有爻，卦之已见者也。已形已见者可以言知，未形未见者不可以名求。则所谓《易》者，果何如哉？""至微者理也，至著者象也。体用一源，显微无间。"所谓未形未见而至微之理，是为形而上，也就是画前之《易》；所谓已形已见而显著之象，是为形而下，也就是邵雍所说的文王之《易》。程颐认为，人们应该把这两种不同的《易》区别开来，由用以见体，由显而知微，向上追求形而上之理，以画前之《易》作为主要的研究对象。

从以上的这些言论看来，邵雍的"尊先天之学，通画前之《易》"的易学体系，虽然因其一系列独创的思路和复杂的推演，在宋代易学中显得风格奇特，与众不同，但是就其所研究的对象以及所继承的易学传统而言，却是与他的许多同时代人息息相通的。在《观物外篇》中，邵雍曾反复申言他对《易》之道的基本理解。他说：

> 《易》者，一阴一阳之谓也。
> 一阴一阳之谓道，道无声无形，不可得而见者也，故假道路之道为名。人之有行，必由于道。一阴一阳，天地之道也。物由是而生，由是而成也。
> 生而成，成而生，《易》之道也。
> 道为太极。

太极，道之极也。

邵雍的这种理解表现了他的易学的共性，与其他的易学家相比较，可以说是毫无二致，完全相同。但是，由于象数与义理的殊途，各人所选择的学术思路彼此不同，由此而建立的太极整体观很不一样，这就表现了易学的个性。邵雍属于象数派，特别是注重奇偶之数的变化的有序性，企图通过一套数学推演的方法来把握《易》道的本质，所以他在《观物外篇》中又反复申言这种独特的思路。他指出：

> 《易》之数，穷天地终始。
>
> 乾坤起自奇偶，奇偶生自太极。
>
> 太极，一也，不动生二，二则神也。神生数，数生象，象生器。
>
> 太极不动，性也。发则神，神则数，数则象，象则器，器则变，复归于神也。

程颐与邵雍私交甚笃，过往密切，但在学术思路上属于义理派，认为"有理而后有象，有象而后有数。《易》因象以明理，由象而知数。得其义，则象数在其中矣。必欲穷象之隐微，尽数之毫忽，乃寻流逐末，术家之所尚，非儒者之所务也"（《河南程氏文集》卷九《答张闳中书》），因而公开表示对邵雍的数学不感兴趣以维护自己的个性，曾说："颐与尧夫同里巷居三十余年，世间事无所不问，惟未尝一字及数。"

邵雍的学术思路与司马光有很多的相似之处。司马光也把太极归结为数，认为太极即一，为数之元也，揯而聚之归诸一，析而散之万有一千五百二十，而未始有极，天地万物皆由此一而来，故"义出于数"。但是，司马光对数的有序性缺乏研究，而且主张"义急数亦急"，其所建立的易学体系，义理的成分大于象数的成分。

周敦颐与邵雍同属象数派，但是一个立足于《易》之象，一个立足于《易》之数，他们的易学体系仍有格局规模之不同，大小详略之差异。朱熹在《答黄直卿书》中，对《先天》《太极》二图作了细致的比较。他指出：

"《先天》乃伏羲本图，非康节所自作，虽无言语，而所该甚广，凡今《易》中一字一义，无不自其中流出者。《太极》却是濂溪自作，发明《易》中大概纲领意思而已。故论其格局，则《太极》不如《先天》之大而详，论其义理，则《先天》不如《太极》之精而约。盖合下规模不同，而《太极》终在《先天》范围之内，又不若彼之自然，不假思虑安排也。若以数言之，则《先天》之数，自一而二，自二而四，自四而八，以为八卦。《太极》之数，亦自一而二（刚柔），自二而四（刚善、刚恶、柔善、柔恶），遂加其一（中），以为五行，而遂下及于万物。盖物理本同，而象数亦无二致，但推得有大小详略耳。"（《朱子大全》卷四十六）

朱熹对历代各家易学均有所批评，唯独对邵雍的易学少有微辞。他曾说："熹看康节《易》，看别人《易》不得。他说那太极生两仪，两仪生四象，又都无甚玄妙，只是从来更无人识。""康节之学，得于《先天》，盖是专心致志，看得这物事熟了，自然前知。"（《朱文公易说》卷十九）朱熹撰《周易本义》，取《伏羲八卦次序图》《伏羲八卦方位图》《伏羲六十四卦次序图》《伏羲六十四卦方位图》载于卷首，指出，"右伏羲四图，其说皆出邵氏。盖邵氏得之李之才挺之，挺之得自穆修伯长，伯长得之华山希夷先生陈抟图南者，所谓先天之学也"。这四个图式是邵雍易学的基本的理论框架和特色所在，前人已作了大量的研究，析论甚详，我们则着眼于异中求同，侧重于从《易》道精神的角度来揭示其中所蕴含的带普遍性的哲学意义。

在《观物外篇》中，邵雍表述了他的先天之学的核心思想。他说：

"天地定位"一节，明伏羲八卦也。八卦者，明交相错，而成六十四卦也。"数往者顺。"若顺天而行，是左旋也，皆已生之卦也，故云"数往"也。"知来者逆。"若逆天而行，是右行也，皆未生之卦也，故曰"知来"也。夫《易》之数，由逆而成矣。此一节直解图意，若逆知四时之谓也。

太极既分，两仪立矣，阳上交于阴，阴下交于阳，四象生矣。阳交于阴，阴交于阳，而生天之四象。刚交于柔，柔交于刚，而生地之四象。于是八卦成矣。八卦相错，然后万物生焉。是故一分为二，二分为四，四分为八，八分为十六，十六分为三十二，三十二分为六十四。故曰"分阴分阳，迭用柔刚，故《易》六位而成章也"。十分为百，百分为千，千分为万，犹根之有干，干之有枝，枝之有叶，愈大则愈少，愈细则愈繁。合之斯为一，衍之斯为万。

无极之前，阴含阳也。有象之后，阳分阴也。阴为阳之母，阳为阴之父。故母孕长男而为复，父生长女而为姤。是以阳起于复，而阴起于姤也。

一变而二，二变而四，三变而八卦成矣。四变而十六，五变而三十二，六变而六十四卦备矣。复至乾，凡百有十二阳。姤至坤，凡百有十二阴。姤至坤，凡八十阳。复至乾，凡八十阴。乾三十六，坤十二，离兑巽二十八，坎艮震二十。夫《易》，根于乾坤，而生于复姤。盖刚交柔而为复，柔交刚而为姤，自兹而无穷矣。

先天之学，心法也，故图皆自中起，万化万事生乎心也。图虽无文，吾终日言，而未尝离乎是，盖天地万物之理尽在其中矣。

邵雍明确指出，先天之学即心法，《先天图》是对心法的图解，他的整个易学体系都是围绕着心法这个核心思想而展开的。邵雍所谓的心，指的是太极，也就是天地之心。他曾说："心为太极。""天地之心者，生万物之本也。"因而先天之学就是对太极的研究，对天地之心的研究。

天地之心的说法是本于《周易·复·象》："反复其道，七日来复，天行也。利有攸往，刚长也。复，其见天地之心乎。"天地本无心，但是其中自有一种客观的自在之理，是为阴阳之消息，天运之本然。各家各派的易学莫不重视对此自在之理的研究，从事"为天地立心"的工作，把自在转化为自为。比如义理派的王弼认为，"天地以本为心者也"。"寂然至无是其本矣。故动息地中，乃天地之心见也"。程颐认为，"一阳复于下，乃天地生物之心也。先儒皆以静为见天地之心，盖不知动之端乃天地之心也"。邵雍不同意义理派的这些空泛笼统的看法，而追求一种先天象数的精确性，特别赞赏扬雄的思路，认为"扬雄作《太玄》，可谓见天地之心者也"。朱熹指出："康节之学似扬子云。《太玄》拟《易》，方、州、部、家，皆三数推之。玄为之首,一以生三为三之方,三生九为九州,九生二十七为二十七部,九九乘之,斯为八十一家。首之以八十一,所以准六十四卦;赞之以七百二十有九,所以准三百八十四爻,无非以三数推之。康节之数,则是加倍之法。"(《朱子语类》卷一百)就邵雍与扬雄皆以数而见天地之心的思路而言,二人的易学是相似的,但是扬雄以三为基数进行推演,由此而建立的体系与《易》全不相干,只是一种拟《易》之作;邵雍则以四为基数,用加倍之法推演,不仅合理地解释了八卦变化之由以及六十四卦生成之序,而且建立了一个完全符合于《易》道精神的太极整体观。照邵雍看来,"《易》之数,穷天地终始",此数即"自然之数","天地分太极之数",而"天下之数出于理",此理即"天地万物之理","生而成,成而生"的变易之理,理寓于数,数的奇偶变化的有序性乃是此理的表现形式,故称为"理数"。邵雍不同意程颐把他的易学简单归结为术数的说法,强调自己研究的是理数而不是术数,认为"违乎理,则入于术。世人以数而入于术,故不入于理也"。这种理数是天地万物的本然的秩序,支配天地万物变化的内在的规律,就其与外在的有形可见的象器相对而言,也叫做"内象内数""先天象数",统称之为"心法"。所谓"万化万事生乎心",此心指的是"天心",即天地之心。心与迹相对,迹是"指定一物而不变者"的"外象外数",心是"自然而然不得而更者"的"内象内数"。邵雍根据这种看法,提出了自己的认识把握天地之心的基本思路,认为"乾坤起自奇偶,奇偶生自太极","天之象数,可得而推",只要懂得了奇偶变化的有序性,就可以通过数的推演而把握此内象内数,窥见天地之心。

邵雍首先按照这条思路解释了八卦生成的次序。《系辞》曾说:"《易》有太极,是生两仪。两仪生四象,四象生八卦。"邵雍认为,这种生成的次序表现为一种数的推演,即"一分为二,二分为四,四分为八"。太极为一,"一者数之始而非数","非数而数以之成",因为数的本质在于奇偶,有了奇偶,才有数的变化,阳为奇,阴为偶,而太极乃阴阳浑而未分之一,虽为奇偶之数的本源而本身并非奇偶。"奇偶生自太极",奇偶之数的有序性是在太极分为两仪的过程中呈现出来的,故一分为二之二,指的并不是一与一相加而成的自然数,而是指具有对立性质的一阴一阳。所谓二分为四,也不是指加一倍法的简单的数的推演，而是指阴与阳的四种不同的组合，即阳中阳（太阳）、阳中阴（少阴）、阴中阳（少阳）、阴中阴（太阴）。在太阳之上再加一阳，即是☰，故乾一；再加一阴，即是☱，故兑二。在少阴之上再加一阳，即是☲，故离三；再加一阴，即是☳，故震四。在少阳之上再加一阳，即是☴，故巽五；再加一阴，即是☵，故坎六。在太阴之上再加一阳，即是☶，故艮七；再加一阴，即是☷，故坤八。因而所谓四分为八，指的是阴与阳相交而成的八种组合形态，看来是一种数的自然的推演，实质上是表现了一阴一阳相互交错的内在的规律。《周易本义》所载之《伏羲八卦次序图》（即小横图）是邵雍此说的图解。

若将小横图从中间拆开拼成圆图，则成为《伏羲八卦方位图》。邵雍认为，《说卦》中的"天地定位"一节，是对此图的一种文字的解释。此图乾南、坤北、离东、坎西、震东北、兑东南、巽西南、艮西北，自震至乾为顺，自巽至坤为逆，八卦的排列既有确定的方位，也有左右旋转的运行方向。邵雍指出：

> 乾坤定上下之位，离坎列左右之门，天地之所阖辟，日月之所出入。是以春夏秋冬，晦朔弦望，昼夜长短，行度盈缩，莫不由乎此矣。

这是说，方位图是一个宇宙的模型。乾为天，坤为地，乾上坤下，以定天尊地卑之位。离为日，坎为月，日东月西，而列左右之门。天地阖辟于定位之中，日月出入于列门之间，由此而生出四时、晦朔、昼夜的种种变化，究其变化之所由，无非是阴阳之消长。此图之左方，震为乾阳下交于坤阴，阳少而阴尚多。兑与离，则阳浸多矣。右方之巽为坤阴上交于乾阳，阴少而阳尚多。坎与艮则阴浸多矣。左方为天，右方为地。震兑为在天之阴，巽艮为在地之阳。震一阳在下而二阴在上，兑二阳在下而一阴在上，合之则三阳皆下而三阴皆上，阴上而阳下，以此见地天交泰之义。巽一阴在下而二阳在上，艮二阴在下而一阳在上，合之则三阴皆下而三阳皆上，阳上而阴下，以此见天地尊卑之位。天地尊卑之位是就阴阳之分而言，地天交泰之义是就阴阳之合而言。若无阴阳之合，则无从协调并济以发挥生物之功；若无阴阳之分，则无从形成一个上下尊卑井然有序的整体。因而阴阳之分与阴阳之合就构成了宇宙内部的一种必要的张力，有分必有合，有合必有分，分中有合，合中有分，这就是《说卦》所说的"分阴分阳，迭用柔刚，故《易》六位而成章"的内在的含义，同时也是《伏羲八卦方位图》所表示的宇宙的结构及其运行的基本原理。

邵雍接着按照这条思路解释了六十四卦生成的次序。这是一种自然的生成，由太极而生成六十四卦，经历了六个阶段，即一变而二，二变而四，三变而成八卦，四变而十六，五变而三十二，六变而成六十四卦。表面上看来，这是加一倍法的简单的数的推演，实质上是一个阴与阳的不断的分化和组合的过程，邵雍把这个过程描述为"合之斯为一，衍之斯为万"。六十四卦，阴阳各三十二，皆本一阴一阳之分。其阴柔阳刚，相间迭用，消长盈虚，合而成章，故能象数森齐，统乎一中。《伏羲六十四卦次序图》（即先天大横图）是对这个过程的图解。若将大横图对剖，规而圆之，即成《伏羲六十四卦方位图》（即先天大圆图）。朱熹对这几个图式推崇备至，认为"伏羲画卦皆是自然，不曾用些子心思智虑"。"自太极生两仪，只管画去，到得后来，更画不迭。正如磨面相似，四下都恁地自然撒出来。""看他当时画卦之意，妙不可言。""《易》是互相博易之义，观《先天图》便可见。东边一画阴，便对西边一画阳。盖东一边本皆是阳，西一边本皆是阴。东边阴画，皆是自西边来；西边阳画，都是自东边来。姤在西，是东边五画阳过；复在东，是西边五画阴过，互相博易而成。《易》之变虽多般，然此是第一变。"（《朱子语类》卷六十五）

就此图式的结构及其运行原理而言，邵雍指出："阳起于复，而阴起于姤。""夫《易》根于乾坤，而生于复姤。盖刚交柔而为复，柔交刚而为姤，自兹而无穷矣。"复☷☳与坤☷☷相接，由坤变化而来。坤为纯阴，阴为阳之母，故母孕长男而为复，复坤之间，称为"无极"，"天根"以生。姤☴☰与乾☰☰相接，由乾变化而来。乾为纯阳，阳为阴之父，故父生长女而为姤。姤乾之间，"月窟"以伏。自复至乾为阳长，在东边运行。复卦一阳初生，隔十六卦而为临☷☱，为二阳之卦。又隔八卦而为泰☷☰，为三阳之卦。又隔四卦而为大壮☳☰，为四阳之卦。又隔一卦而为夬☱☰，为五阳之卦。夬卦接乾☰☰，为纯阳之卦。

乾卦接姤。自姤至坤为阴长而阳消，在西边运行。姤卦一阴初生，隔十六卦而为遁䷠，为二阴之卦。又隔八卦而为否䷋，为三阴之卦。又隔四卦而为观䷓，为四阴之卦。又隔一卦而为剥䷖，为五阴之卦。剥卦接坤䷁，为纯阴之卦。坤又接复，如此周而复始，循环无端，卦气左旋，而一岁十二月之卦（即十二辟卦）皆有其序。这是一种不假安排的自然之序，阴阳相克，此消彼长，由此而形成的结构，东西交易，左右对称。东边复至乾三十二卦，凡百有十二阳爻，八十阴爻；西边姤至坤三十二卦，凡百有十二阴爻，八十阳爻。从方图所排列的八宫卦来看，乾一中的八个卦共四十八爻，其阴阳爻的分配，阳爻共三十六，阴爻共十二，而坤八中的八个卦的分配的情况则与乾一相反，阴爻共三十六，阳爻共十二。邵雍指出，这是由于乾宫中有四分之一的阳为阴所克，而入于坤宫之中，坤宫之中的十二阳爻即由乾宫而来。离、兑、巽中的八个卦，其阳爻各为二十八，阴爻各为二十。坎、艮、震中的八个卦，其阳爻各二十，阴爻各二十八。这也是由于阴阳之相克而形成的。这种对称性的结构及其循环无端的运行原理皆本于太极，万物万化皆从这里流出，而太极居于此图式之中，"故图皆自中起"。邵雍认为，伏羲当初只画有此图，并无文字说明，"图虽无文，吾终日言，而未尝离乎是。盖天地万物之理尽在其中矣"。这就是说，天下所有的义理完全蕴含在《先天图》的象数结构之中，他的先天之学只是对《先天图》的一种解说，对其中的义理的一种阐发，因而他虽终日言而未尝离乎此图，其所研究的对象却是天地万物之理，一阴一阳的盈虚消息之理，也就是心法。

后天之学与先天之学不同，称为文王八卦，有两个图式，即《文王八卦次序图》《文王八卦方位图》。邵雍认为，先天之学明体，后天之学入用，先天之学为心，后天之学为迹。由于体不离用，用不离体，心为迹之微，迹为心之显，所以尽管先天之学为《易》之第一义，先于后天而有，为后天所效法，但是二者密不可分，共同组成为一个易学的整体，如果忽视后天之学的研究，就会形成一种有体而无用、有心而无迹的割裂现象。因此，在《观物外篇》中，邵雍又着重研究了"后天象数""后天《周易》理数"的问题，论述了先天与后天之间的关系，把后天之学作为一个重要的组成部分纳入自己的易学体系之中。他说：

起震终艮一节，明文王八卦也。至哉文王之作《易》也，其得天地之用乎！故乾坤交而为泰，坎离交而为既济也。乾生于子，坤生于午，坎终于寅，离终于申，以应天之时也。置乾于西北，退坤于西南，长子用事，而长女代母，坎离得位，而兑艮为偶，以应地之方也。王者之法，其尽于是矣。

　　《易》者，一阴一阳之谓也。震兑，始交者也，故当朝夕之位。坎离，交之极者也，故当子午之位。巽艮虽不交，而阴阳犹杂也，故当用中之偏。乾坤，纯阴纯阳也，故当不用之位也。

　　兑离巽，得阳之多者也，艮坎震，得阴之多者也，是以为天地之用。乾极阳，坤极阴，是以不用也。乾坤纵而六子横，《易》之本也。震兑横而六卦纵，《易》之用也。

　　先天之学，心也。后天之学，迹也。出入有无死生者，道也。

　　乾坤，天地之本，坎离，天地之用。是以《易》始于乾坤，中于坎离，终于既未济，而否泰为上经之中，咸恒当下经之首，皆言乎用也。

　　坤统三女于西南，乾统三男于西北。上经起于三，下经终于四，皆交泰之义也。乾用九，坤用六，大衍用四十九，而潜龙勿用也。大哉用乎！吾于此见圣人之心矣。

　　精义入神，以致用也。不精义则不能入神，不能入神，则不能致用。

　　尧之前，先天也。尧之后，后天也。后天乃效法耳。

　　邵雍关于文王八卦次序与文王八卦方位的说法皆本于《说卦》。《说卦》以乾坤为父母，依次生出三男三女，震为长男，坎为中男，艮为少男，巽为长女，离为中女，兑为少女。邵雍据此乾坤合而生六子之说，定为文王八卦次序。《说卦》"帝出乎震"一节，以震为东方，巽为东南，离为正南，坤为西南，兑为正西，乾为西北，坎为正北，艮为东北，邵雍据此说定为文王八卦方位。朱熹认为，"文王八卦，不可晓处多。如离南坎北，离坎却不应在南北，且做水火居南北。兑也不属金。如今只是见他底惯了，一似合当恁地相似"。"帝出乎震，万物发生，便是他主宰，从这里出。齐乎巽，晓不得。离中虚明，可以为南方之卦。坤安在西南，不成西北方无地！西方肃杀之地，如何云万物之所说？乾西北，也不可晓，如何阴阳只来这里相薄？"（《朱子语类》卷七十七）但是邵雍对此许多不可晓之处一一作了解释，这种解释很难说是切合《说卦》之文的本义，只能看做是依据先天之学的思路来解释后天，试图把后天之学纳入他的易学体系之中的一种理论上的努力。

邵雍认为，"《易》者，一阴一阳之谓也"。这是《易》之道的本质所在，先天之学与后天之学都是对此一阴一阳之道的阐发。但是，一阴一阳之道有对待，有流行，对待为体，流行为用，对待着眼于阴阳之静态的相对性质而言其定位，流行则是着眼于其动态的相互转化而言其变易，必先有对待而后始有流行。对待是流行的内在的动因，于不易而函变易之体，故为先天之学；流行是对待的外在的表现形式，于变易而致不易之用，故为后天之学。由于对待与流行之不同，故易学分为先天与后天以判明其先后体用之关系，伏羲八卦的排列依据的是对待的交易的原则，文王八卦则是依据流行的变易的原则排列而成。虽然如此，由于体中有用，用中有体，对待必发而为流行，流行之中必含有对待，二者实际上是统一为一体而不可强行分割的，故先天与后天必须合而观之，一方面从先天的角度以明后天所本之体，另一方面从后天的角度以明先天所致之用，如此循环往复，体用相互，始能全面把握易道的本质。

邵雍首先解释先天象数与后天象数所依据的是两个不同的原则。他说："乾坤纵而六子横，《易》之本也。""乾生于子，坤生于午，坎终于寅，离终于申，以应天之时也。"这是就《伏羲八卦方位图》的排列而言的。这种排列，乾南坤北，离东坎西，称之为四正。邵雍认为，"四正者，乾坤坎离也，观其象无反复之变，所以为正也"。正就是阴阳未交，两两相对，反复无变，其中所体现的是对待的原则，这是《易》之本。对待也有交易之义。所谓交易，即阴阳之盈虚消长，阳中有阴，阴中有阳，阳来交易阴，阴来交易阳，虽然也有阴阳之升降运行，但由此而形成的对称性的结构，仍然是两边各相对。以乾坤为例，乾生于位北之子中，在东边运行而尽于午中，定位于南，坤生于位南之午中，在西边运行而尽于子中，定位于北。坎本位西，要其所以终则于寅，离本位东，要其所以终则于申，虽为水火之相交，仍呈东西对待之势。其他艮兑震巽四卦分居四隅，虽有山泽之通气，雷风之相薄，也是两两相对。至于文王八卦的排列则与此不同，其中所体现的是流行的原则，流行即是变易，惟交乃变，变易是由交易而来。但是，对待中之交易是一阴一阳的对称性的交换，流行中之交易则是一阴一阳的转化性的推移，阴变为阳，阳变为阴。邵雍指出："震兑横而六卦纵，《易》之用也。"此种排列，以坎离震兑为四正卦，震东兑西，东西为横，离南坎北，南北为纵。其所以如此，是因为震兑为阴阳之始交，故当朝夕之位，坎离为交之极者也，故当子午之位。置乾于西北，退坤于西南，是因为乾坤乃六子之父母，纯阴纯阳，故当不用之位。兑离巽三女本为乾体，索诸坤而各得一阴。艮坎震三男本为坤体，索诸乾而各得一阳。三男三女乃乾坤之六子，为乾坤之变易而成，是以为天地之用。乾坤既生六子，则长子用事，而长女代母，乾退于西北而统三男，坤退于西南而统三女。邵雍认为，今本《周易》六十四卦的卦序都是按照文王八卦的流行的原则而排列的，总的精神是强调一个用字。他指出："乾坤坎离为上篇之用，兑艮震巽为下篇之用。""是以《易》始于乾坤，中于坎离，终于既、未济，而否泰为上经之中，咸恒当下经之首，皆言乎用也。""大哉用乎！吾于此见圣人之心矣。"

关于先天与后天的提法，最早见于《周易·乾·文言》："先天而天弗违，后天而奉天时。"邵雍据此而提出了先天之学与后天之学的概念，以先天明体，后天明用，认为先天者先天象而有，藏而未显，无形可见，此为画前之《易》，天地之心，天象由此而出，万化由此而生，以一阴一阳之对待而为天地之本，本者兼有本源与本体二义，故为后天所效法。后天者后于天象，乃吾人生活于其中的有形可见大化流行生生不已的现象界，其所显现的为一阴一阳之变易，相互转化，彼此推移，就其与天地之心相对而言，称之为迹，就其与本体相对而言，称之为用，此用亦兼有二义，一为由本体所发出的法象自然之用，一为由圣人所效法的人事之用。因此，邵雍在从象数的角度确立了先天与后天的关系之后，又从义理的角度发挥阐明，进一步展开他的体系。

在《观物外篇》中，邵雍指出：

《易》无体也，曰"既有典常"，则是有体也，恐遂以为有体，故曰"不可为典要"，变也。六虚者，六位也，虚以待变动之事也。

　　神者，《易》之主也，所以无方。《易》者，神之用也，所以无体。神无方而《易》无体，滞于一方则不能变化，非神也。有定体则不能变通，非《易》也。《易》虽有体，体者象也，假象以见体，而本无体也。显诸仁者，天地生物之功，则人可得而见也。所以造万物则人不得而见，是藏诸用也。

　　或问显诸仁，藏诸用。曰，若日月之照临，四时之成岁，是显仁也。其度数之然，而不知其所以然，是藏用也。无思无为者，神妙致一之地也。所谓一以贯之，圣人以此洗心，退藏于密。

　　这是邵雍对《系辞》"神无方而《易》无体""显诸仁，藏诸用"之文的理解。邵雍认为，就《易》之变动不居而言，谓之无体，就《易》之既有典常而言，又可谓之有体，体不可见，假象以见体，此为刚柔有体之体，乃已成之象数，不可为典要，故虽有体而本无体。神者《易》之主，《易》的根本精神在于神。《系辞》云："阴阳不测之谓神。""知变化之道者，其知神之所为乎。"神即变化之道。道有体用。体是支配变化的不变的规律，用是变化本身所显示的形迹。先天明体，后天明用，神则体用相互，统先天与后天而一以贯之。因而对于《易》之是否有体的问题，不能执一而论，滞而不通，必须由用以见体，由体以及用，着眼于先天与后天之间的辩证关系，来全面地把握神妙致一的变化之道。这也就是说，先天之体内在地藏有后天之用，后天之用乃先天之体的外在的显现。显诸仁，即用中有体。藏诸用，即体中有用。故先天与后天彼此相函，是同一个变化之道的两个不同的方面，依据体与用、常与变、微与显、本质与现象的诸多辩证关系紧密地结合在一起而不可分离。

　　邵雍通过这一番论证，把神提升为一个最高范畴而置于先天与后天之上，认为神是贯穿在先天与后天之中的根本精神，而易学研究的目的在于"精义入神以致用"，因为不精义则不能入神，不能入神则不能致用。

　　邵雍进一步指出，今本《周易》中之后天理数，除了体现体用关系之外，

也体现了天人关系。他说：

> 自乾坤至坎离，以天道也。自咸恒至既济未济，以人事也。《易》之首于乾坤，中于坎离，终于水火之交不交，皆至理也。
>
> 元亨利贞，变易不常，天道之变也。吉凶悔吝，变易不定，人道之应也。元亨利贞之德，各包吉凶悔吝之事，虽行乎德，若违乎时，亦或凶矣。天变而人效之，故元亨利贞，《易》之变也，人行而天应之，故吉凶悔吝，《易》之应也。
>
> 复次剥，明治生于乱乎！姤次夬，明乱生于治乎！时哉时哉！未有剥而不复，未有夬而不姤者。防乎其防，邦家之长，子孙其昌，是以圣人贵未然之防。是谓《易》之大纲。
>
> 自然而然者，天也。惟圣人能索之效法者，人也。若时行时止，虽人也，亦天也。人谋，人也。鬼谋，天也。天人同谋而皆可，则事成而吉也。（《观物外篇》）

邵雍认为，《周易》之上经言天道，下经言人事。天道表现为元亨利贞四德：元为春，春者时之始；亨为夏，夏者时之盛；利为秋，秋者时之成；贞为冬，冬者时之末。此乃由先天对待之体所显现出来的自然而然的流行，变易不常，若日月之照临，四时之成岁。天变而人效之，天道有变，人道有应，天与人合，是为变中之应，人与天合，是为应中之变，此即"后天而奉天时"之义，奉天时则吉，若违乎时，则导致凶的后果，故元亨利贞之德，各包吉凶悔吝之事。天时之变，治生于乱，乱生于治，此皆自然而然，无假于人者，但圣人能索乎天之象数，效法于天，奉天时而行，防患于未然，以成人事之功。天时不可违，顺之则吉，违之则凶，故君子从天不从人。若不违乎时，时行则行，时止则止，人事的应变之方符合于天道运行的客观规律，则是天人合一，虽人而亦天。因此，邵雍认为，"学不际天人，不足以谓之学"。这种天人之学作为经世之道贯穿于今本《周易》的后天易学之中，是谓《易》之大纲。

由此看来，虽然邵雍易学的理论特色表现为"尊先天之学，通画前之

《易》",但其理论的旨归却是落实于后天的天人之学。他曾说:"尧之前,先天也。尧之后,后天也。"尧之前的先天是宇宙的自然史,尧之后的后天则是人类的文明史。人类的文明史从属于自然史,故先有先天而后始有后天,欲明后天必先明先天,但是,对后天的人文关怀毕竟是邵雍的用心所在,所以他的研究也就由自然史而落实于文明史,强调人事之用,把古今成败治乱之变作为易学的旨归。程明道称许邵雍之学为"内圣外王之道"。尹和靖认为,"康节本是经世之学,今人但知其明《易》数,知未来事,却小了他学问"。这种理解是十分透辟的。

二、先天之学的宇宙图式

邵雍通过对先天之学的研究,默契道妙,由此而窥见天地之心,认识把握了宇宙精神。此宇宙精神即一阴一阳之道,也就是作为实体的太极流转运行生成万物所遵循的基本原理,称之为"心法"。"心法"是一套表现为象数形式的逻辑公理体系,是世界的有序之源。照邵雍看来,只要懂得了"心法",就可以合乎逻辑地推导演绎出一个井然有序的宇宙图式,从而完整地把握世界。英国哲学家怀特海曾说:"建立哲学的正确方法是构成一套思想的框架,然后坚定不移地探求用那套框架来解释经验。""哲学的重要性就在于它坚持不懈地努力把这种框架揭示出来,这样一来,我们才可能批评它,改进它。"邵雍正是用了这种方法,首先依据易学的原理编织了一套思想的框架,然后把当时人们所积累的关于天象与人事、宇宙的自然史与人类的文明史的全部经验尽数纳入其中。后世对他的这个思想的框架作出了种种的评论,有的是严厉的批评,有的则是高度的赞扬。比如黄宗羲指出:

> 《皇极》包罗甚富,百家之学无不可资以为用,而其要领在推数之无穷。
>
> 康节之为此书,其意总括古今之历学尽归于《易》,奈《易》之于历本不相通,硬相牵合,所以其说愈烦,其法愈巧,终成一部鹘突

历书而不可用也。(《易学象数论》)

黄宗炎指出:

> 陈、邵先天方位,变乱无稽,徒取对待。《横图》乾一、兑二、离三、震四、巽五、坎六、艮七、坤八,奇偶叠加,有何义理?有何次序?又屈而圆之,矫揉造作,卦义无取,时令不合。又交股而方之,装凑安排,全昧大道。帝王之修齐治平安在?圣贤之知天知人安在?庸众之趋吉避凶安在?反谓文、周、孔子所不能窥,亦是老者曰"孔子,吾师之弟子"之意耳!(《易学辨惑》)

与这种严厉的批评截然相反,朱熹的弟子蔡元定则作了高度的赞扬。他指出:

> 康节之学,虽作用不同,而其实则伏羲所画之卦也,明道所谓加一倍法也。其书以日月星辰、水火土石,尽天地之体用。以暑寒昼夜、风雨露雷,尽天地之变化。以性情形体、走飞草木,尽万物之感应。以元会运世、年月日时,尽天地之终始。以皇帝王霸《易》《书》《诗》《春秋》,尽圣贤之事业。自秦汉以来,一人而已耳。(见《皇极经世绪言》)

平心而论,这种批评和赞扬都有道理。就邵雍所编织的框架本身而言,在很大程度上确实是一种为了思维的方便而生搬硬套削足适履强加在事物之上的形式结构,荒唐无稽,经不起实证的推敲。但是,另一方面,其中也确实蕴含着一种真正的哲学,贯穿着一种把天地人三才统而思之的太极整体观,充分表现了邵雍力图建构体系以解释人类全部经验的宏伟的气魄胆识和探索精神,誉之为秦汉以来一人而已的"天挺人豪",诚不为过。我们今天来研究邵雍的这个框架,不是为了从中寻求某种精确的宇宙知识,既用不着批评,也用不着赞扬,而应该立足于深入的同情的理解,理解他的观察世界的基本思路，理解他的建构体系的用心所在。只有通过这种理解，我们才能较为准确地把握框架中的哲学意义，摆正它在易学史上的地位。

邵雍的基本思路即黄宗羲所说的"其要领在推数之无穷"，也就是程明道所谓"加一倍法"。邵雍认为，宇宙的生成是一个阴与阳不断的分化和组合的过程，表现为数的自然的推演，按照"一分为二,二分为四,四分为八,八分为十六,十六分为三十二,三十二分为六十四"的程序逐次展开直至无穷。其中"四"是个基数，占有特别重要的地位。四即四象，是阴与阳的进一步的分化和组合，就八卦生成的次序而言，指太阳、太阴、少阳、少阴，就宇宙生成的次序而言，则指阴阳刚柔。《观物内篇》说：

> 物之大者无若天地，然而亦有所尽也。天之大，阴阳尽之矣。地之大，刚柔尽之矣。阴阳尽而四时成焉，刚柔尽而四维成焉。夫四时四维者，天地至大之谓也。
>
> 天生于动者也，地生于静者也，一动一静交而天地之道尽之矣。动之始则阳生焉，动之极则阴生焉，一阴一阳交而天之用尽之矣。静之始则柔生焉，静之极则刚生焉，一刚一柔交而地之用尽之矣。动之大者谓之太阳，动之小者谓之少阳，静之大者谓之太阴，静之小者谓之少阴。太阳为日，太阴为月，少阳为星，少阴为辰，日月星辰交而天之体尽之矣。太柔为水，太刚为火，少柔为土，少刚为石，水火土石交而地之体尽之矣。
>
> 日为暑，月为寒，星为昼，辰为夜，暑寒昼夜交而天之变尽之矣。水为雨，火为风，土为露，石为雷，雨风露雷交而地之化尽之矣。
>
> 暑变物之性，寒变物之情，昼变物之形，夜变物之体，性情形体交而动植之感尽之矣。雨化物之走，风化物之飞，露化物之草，雷化物之木，走飞草木交而动植之应尽之矣。

《周易·说卦》有云："立天之道曰阴与阳，立地之道曰柔与刚。"邵雍据此而以阴阳刚柔为由两仪所生之四象。两仪为太极所生，太极为一，主乎动静，介于一动一静之间，动而生天，静而生地，是为两仪。动之始生阳，动之极生阴，静之始生柔，静之极生刚，阴阳刚柔为两仪之动静所生，是为四象。四象进一步分化组合而成太阳、太阴、少阳、少阴、少刚、少柔、太刚、太柔，是为八卦。太阳为日，太阴为月，少阳为星，少阴为辰，日月星辰称做天之四象。太柔为水，太刚为火，少柔为土，少刚为石，水火土石称做地之四象。因而所谓八卦实际上是由天之四象与地之四象叠加而成。天之四象分属于乾、兑、离、震，地之四象分属于坤、艮、坎、巽。天之四象与地之四象有体有用，因其阴阳刚柔的组合所形成的结构与功能的相同，存在着一一对应的关系。太阳在天而为日，太刚在地而为火，阳燧取于日而得火，火与日本乎一体。太阴在天而为月，太柔在地而为水，方诸取于月而得水，水与月本乎一体。少阳在天而为星，少刚在地而为石，星陨而为石，石与星本乎一体。少阴在天而为辰，少柔在地而为土，辰与土亦本乎一体。日月星辰、水火土石，谓之天地之体。一阴一阳、一刚一柔，谓之天地之用。此二者结成一种"天地相依，体用相附"的关系，所以邵雍认为，可以阴阳刚柔之四象穷尽天地之道。象有本象，有变象。若错综而用之，则天亦有柔刚，地亦有阴阳。日为阳，月为阴，星为刚，辰为柔，此为天中有地。水为阴，火为阳，土为柔，石为刚，此为地中有天。先天八卦，乾为日，兑为月，离为星，震为辰，巽为石，坎为土，艮为火，坤为水，这是就本象而言的。又以乾为日，兑为星，离为月，震为辰，巽为石，坎为火，艮为土，坤为水，这是就变象而言的。因此，不可拘泥于已成定型之体来看四象，关键在于灵活地把握阴阳刚柔之间的各种错综复杂的组合关系。

天地之体既立，复因体起用而生变化。天之体为日月星辰，发而为暑寒昼夜之变。地之体为水火土石，发而为雨风露雷之化。天地之体的这些无机的自然的变化，构成了有机的走飞草木（即动物与植物）的息息相关的生存环境，必然要影响它们的性情形体，产生种种以类相从的感应。宋人张行成的《皇极经世索隐》对此作了详尽的描述，他指出：

　　　　性属阳气，当暑则发舒。情属阴血，遇寒则凝聚。昼动作则形开，夜安肆则体纵。雨润湿，故走者趋下。风飘扬，故飞者腾上。木质刚，故春雷震而生。草质柔，故秋露滋而茂。寒暑，天之阴阳。性情，用之阴阳。昼夜，天之柔刚。形体，用之柔刚。雨风，地之阴阳。走飞，体之阴阳。露雷，地之柔刚。草木，体之柔刚。变化不同，各从其类也。

按照这种描述，天之暑寒昼夜与物之性情形体以类相从，地之雨风露雷与物之走飞草木以类相从，此十六者皆由天地之相互感应而生，归结起来，则分属于阴阳刚柔之四象。以"四"为基数进行推演，编织宇宙图式，这是邵雍易学的最主要的特色。朱熹曾经反复指出："康节其初想只是看得'太极生两仪，两仪生四象'。心只管在那上面转，久之理透，想得一举眼便成四片。其法，四之外又有四焉。""康节以四起数，叠叠推去，自《易》以后，无人做得一物如此整齐，包括得尽。想他每见一物，便成四片了。""它分天地间物事皆是四，如日月星辰，水火土石，雨风露雷，皆是相配。""问：'康节云雨化物之走，风化物之飞，露化物之草，雷化物之木。此说是否？'曰：'想且是以大小推排匹配去。'"（《朱子语类》卷一百）就易学的基本原理而言，四象本于两仪，两仪本于太极，太极为混成一体淳和未分之气，是宇宙的本源，当其判而为阴阳两仪，这才有了天地万物的生成。因而其他的易学家大多着重发挥一分为二之理，看天下物皆成两片，只是一阴一阳。邵雍的易学并不与此基本原理相悖，也强调一阴一阳是《易》道的核心，但却认为，光用阴阳两片，不足以进一步说明事物的错综复杂的分化和组合的状态，也不能对事物的不同的结构和功能作出精确的分析，所以为了建构一个充实丰满的宇宙图式，把天地万物统统分成阴阳刚柔四大类，并且以此为基础来一层一层地展开它们之间的相互关系。在《观物内篇》中，邵雍阐发了他的这条基本思路。他说：

　　日月星辰者，变乎暑寒昼夜者也。水火土石者，化乎雨风露雷者也。暑寒昼夜者，变乎性情形体者也。雨风露雷者，化乎走飞草木者也。暑变飞走草木之性，寒变飞走草木之情，昼变飞走草木之形，夜变飞走草木之体。雨化性情形体之走，风化性情形体之飞，露化性情形体之草，雷化性情形体之木。

性情形体者，本乎天者也。走飞草木者，本乎地者也。本乎天者，分阴分阳之谓也。本乎地者，分刚分柔之谓也。夫分阴分阳、分柔分刚者，天地万物之谓也。

邵雍依据这条思路，杜撰了一系列花样翻新的词语对事物进行分类。比如他说：

有日日之物者也，有日月之物者也，有日星之物者也，有日辰之物者也。有月日之物者也，有月月之物者也，有月星之物者也，有月辰之物者也。有星日之物者也，有星月之物者也，有星星之物者也，有星辰之物者也。有辰日之物者也，有辰月之物者也，有辰星之物者也，有辰辰之物者也。

日日物者，飞飞也。日月物者，飞走也。日星物者，飞木也。日辰物者，飞草也。月日物者，走飞也。月月物者，走走也。月星物者，走木也。月辰物者，走草也。星日物者，木飞也。星月物者，木走也。星星物者，木木也。星辰物者，木草也。辰日物者，草飞也。辰月物者，草走也。辰星物者，草木也。辰辰物者，草草也。(《观物内篇》)

这些杜撰的词语，有的可以解释，有的则不知其所确指。比如飞飞是指生有羽翼而无蹄角，飞而不走之类。飞走是指羽者飞而兼走的鸡鹜之类。走走是指生有蹄角而无羽翼，走而不飞之类。走飞是指足者走而兼腾的龙马之类。木木是指有枝干而不能细为根荄，木而非草之类。木草是指木之枝干纤弱者，荼蘼郁李之类。草草是指生有根荄而不能大为枝干，草而非木之类。草木是指草之枝干强巨者，芦荻甘草之类。至于所谓走草、走木、飞草、飞木、草走、草飞、木走、木飞，据明人黄畿注说，是指走之毛深似草，骨修似木；飞之羽弱似草，翼劲似木；草之蔓延似走，草之浮寄似飞；木之根逸似走，木之根枭似飞。这些词语混淆了动植物的界限，并无确指的对象，根本不可能用来标志事物的类别，完全是邵雍为了贯彻自己的思路而生搬硬套编造出来的，所以也不必去着意深考，强为之解。

就邵雍的思路而言，整个的宇宙都是以四象为基础所组成的，天之四象为阳中阳、阳中阴、阴中阴、阴中阳，地之四象为刚中刚、刚中柔、柔中柔、柔中刚，因而天地虽大，万物虽众，品类繁多，千姿百态，其组成的要素不外乎阴阳刚柔之四象，其生成的机制以及演化的程序，不外乎阴阳刚柔之交感。邵雍的这个思想实际上就是现代系统论所谓的"对应性"和"同型性"，"不同领域一般认识原理的相似性"。照邵雍看来，宇宙是一个大的系统，分为各种不同的层次，不同的领域，但是因其组成要素的同型和对应，呈现出惊人的相似性。《周易》的八八六十四卦作为一种象征性的符号，一种井然有序的概念系统，可以完美地表述真实的宇宙系统中所呈现出来的这种相似性。比如暑寒昼夜、性情形体与天之四象日月星辰相对应，皆可表述为乾兑离震。雨风露雷、走飞草木与地之四象水火土石相对应，皆可表述为坤艮坎巽。它们之间的错综交织的相互关系，则可表述为八卦之相重。比如走属坤，感暑而变为性之走，表述为乾上坤下之否。感寒而变为情之走，表述为兑上坤下之萃。感昼而变为形之走，表述为离上坤下之晋。感夜而变为体之走，表述为震上坤下之豫。飞属艮，感暑而变为性之飞，表述为乾上艮下之遁。感寒而变为情之飞，表述为兑上艮下之咸。感昼而变为形之飞，表述为离上艮下之旅。感夜而变为体之飞，表述为震上艮下之小过。按照这种逻辑的程序层层推演，于是以阴阳刚柔之四象为基础的六十四卦的象数符号就和天地万物的变化形成了同型与对应，概念的系统和真实的系统彼此相似。在《大易吟》中，邵雍强调指出，他的先天易学的宇宙图式就是以"四象相交"为基础而建立起来的。他说：

> 天地定位，否泰反类。山泽通气，损咸见义。雷风相薄，恒益起意。水火相射，既济未济。四象相交，成十六事。八卦相荡，为六十四。(《伊川击壤集》卷十七)

邵雍曾说："夫四时四维者，天地至大之谓也。"四时是指时间的绵延，四维是指空间的广袤，天以阴阳而主四时，地以刚柔而主四维，天依于地，地附于天，因而整个的宇宙是一个时间与空间相互交织、彼此依附的统一的结构，空间的横向的铺陈本身就蕴含着时间的纵向的扩展。《观物外篇》说：

> 万物各有太极、两仪、四象、八卦之次，亦有古今之象。
>
> 《易》之数，穷天地终始。或曰：天地亦有始终乎？曰：既有消长，岂无始终。天地虽大，是亦形器，乃二物也。

邵雍以元会运世、岁月日辰来计算宇宙的时间，以穷天地之终始。元会运世与天之四象相对应，岁月日辰与地之四象相对应，也同样分阴分阳，分柔分刚，可以用八卦的符号系统来表述。邵雍规定了一套具体的算法，一元为十二会，一会为三十运，一运为十二世，一世为三十年。就一元之数而言，共有十二会（1×12 =12），三百六十运（1×12×30=360），四千三百二十世（1×12×30×12 =4320），十二万九千六百年（1×12×30×12×30 =129600）。所谓一元之数，即以元与元会运世次第相交所累积之数。这只是宇宙时间的初始阶段。接下来再以会与元会运世次第相交，得会之元十二，会之会一百四十四，会之运四千三百二十，会之世五万一千八百四十，共一百五十五万五千二百年。其算式为 1×12×30×12×30×12 =1555200。然后再以运与元会运世次第相交，以世与元会运世次第相交，直至世之世，可得一千八百六十六万二千四百世，共五亿五千九百八十七万二千年。其算式为 1×12×30×12×30×12×30×12=559872000。元会运世之次第相交既已完毕，接着再以岁月日辰与元会运世次第相交。如此终始循环，直至无穷。邵伯温解释说："一元在大化之中，犹一年也。自元之元至辰之元，自元之辰至辰之辰，而后数穷矣。""《皇极经世》但著一元之数，使人引而伸之，可至于终而复始也。"

邵雍依据这种具体的算法，就一元之数编织了一个宇宙年表。从实证的自然科学的角度来看，这个宇宙年表可以说是毫无意义，完全是一种胡编乱造，根本站不住脚，但是其中却蕴含着一种哲学的宇宙观，开拓了人们的视野，扩展了人们的时间观念，特别是启发人们把宇宙的自然史与人类的文明史联系起来作为一个绵延而不可分割的整体去统而思之，具有极为深刻的哲学意义。

此一元之数即宇宙自天地开辟以来所经历的第一个周期的年数，共十二万九千六百年。一元分为十二会。每会有三十运，三百六十世，一万零八百年。元会运世与天之四象相配，日主乾为元，月主兑为会，星主离为运，辰主震为世，分属太阳、太阴、少阳、少阴。乾日离星，阳之太少，按甲一至癸十之阳干的顺序计算。兑月震辰，阴之太少，按子一至亥十二之阴支的顺序计算。在这个宇宙年表中，乾日表示元，至甲一而止。其十二会以兑月子一至兑月亥十二表示，正好与十二消息卦相配。第一会为月子，与复卦☷☳相配。第二会为月丑，与临卦☷☱相配。第三会为月寅，与泰卦☷☰相配。第四会为月卯，与大壮卦☳☰相配。第五会为月辰，与夬卦相配。第六会为月巳，与乾卦☰相配。第七会为月午，与姤卦☰☴相配。第八会为月未，与遁卦☰☶相配。第九会为月申，与否卦☰☷相配。第十会为月酉，与观卦☴☷相配。第十一会为月戌，与剥卦☶☷相配。第十二会为月亥，与坤卦☷☷相配。其三百六十运、四千三百二十世，则分别以星辰表示，按阳干与阴支之周而复始的循环，层层累计。用这种方法，宇宙演化的每一个具体的时间，都可以编排到由四象、八卦和干支所结成的符号系统之中，并且可以遵循特定的数学程序精确地计算出来。

值得注意的是，邵雍在这个宇宙年表中，主要不是关注时间的数学计算，而是着重发挥宇宙演化的阴阳消长之理。他提出了三个时间坐标，叫做"天开于子，地辟于丑，人生于寅"。子即一元中的第一会，此时复卦用事，一阳初生，轻清之气腾上而成天之四象，为天体之形成期，历时一万零八百年。丑即一元中的第二会，此时临卦用事，二阳升长，水火土石成形而共为地，为大地之形成期，亦历时一万零八百年，合前为二万一千六百年。寅即一元中的第三会，此时泰卦用事，三阳开泰，天地交而万物通，为人类之形成期，亦历时一万零八百年，合前为三万二千四百年。这就是说，天地人三才的形成以子会、丑会、寅会为三个确定的时间坐标，经历了三万多年的漫长的过程，而支配这个过程的是阳气之渐长，也就是阴阳消长之理。照邵雍看来，宇宙演化到了寅会，产生了人类，这就由宇宙的自然史向着人类的文明史缓慢地过渡，历经第四会即以四阳升长之大壮卦所表示的卯会与第五会即以五阳升长之夬卦所表示的辰会，以每会一万零八百年计，共二万一千六百年，然后发展到第六会，即以纯阳之乾卦所表示的巳会，而臻于极盛。邵雍把唐尧作为人类文明臻于极盛的一个确定的时间坐标，在宇宙年表之月巳会中，指明"唐尧始星之癸一百八十，辰二千一百五十七"。这就是说，人类文明发展到唐尧盛世，其确定的时间为一元中之第六会、第一百八十运、第二千一百五十七世、第六万四千八百年。就十二消息卦所显示的阴阳消长之理而言，由复至乾为阳长阴消，事物的发展呈上升的趋势，由姤至坤为阴长阳消，则呈下降的趋势。故自尧以后，进入第七会，即姤卦用事之午会，一阴初生，人类的文明开始逐渐下降。此会有三十运，以每运十二世、每世三十年计，则一运为三百六十年，十运为三千六百年，中国有文字记载的历史，包括夏、殷、周、秦、两汉、三国、两晋、南北朝、隋、唐、五代、北宋，均在此会十运三千六百年之中。再过二十运七千二百年，午会之数完毕，接着轮次进入遁卦用事的未会（第八会）、否卦用事的申会（第九会）、观卦用事的酉会（第十会），到了剥卦用事的戌会即第十一会，五阴剥一阳，文明降至极限，人类与万物濒临灭绝，称之为"闭物"，其确定的时间据阴阳消长之理可推算为"星之戌三百一十五"，即宇宙年表中之第三百一十五运、第三千七百八十世、第一十一万三千四百年。再往下就是坤卦用事的亥会（第十二会），坤为阴之极盛，阴极则阳生，元之元的循环的终结即为下一轮循环的开始。由此看来，邵雍在这个宇宙年表中所发挥的支配宇宙演化的阴阳消长之理，与支配一年十二月运转的阴阳消长之理具有"对应性"和"同型性"，呈现出惊人的相似性。

邵雍曾说："尧之前，先天也。尧之后，后天也。后天乃效法耳。""先天之学，心也。后天之学，迹也。"尧之前为阳长阴消阶段，乾道主之，尧之后为阴长阳消阶段，坤道主之。《周易·系辞》有云："成象之谓乾，效法之谓坤。"在邵雍的宇宙年表中，"人生于寅"是一个确定的时间坐标，标志着人类文明史的开端，以后历经卯会、辰会以至于巳会，三皇五帝在此阶段，观象制器，人文化成，每事皆先天而造之，先天而天弗违，当尧之时，纯阳用事，乾道大成，故以尧之前为先天。尧之后进入午会，阴长阳消，至亥而成坤，凡阴所为，皆效阳而法之，而成兴废治乱之迹，此为后天而奉天时，故为后天。邵雍根据这种阴阳消长之理，再以尧作为一个确定的时间坐标，把人类文明史区分为先天与后天两个不同的阶段。从他的宇宙年表的编排来看，尧之前的六万多年完全是一种象数的形式的推演，并无实际的内容，自尧之后到北宋神宗熙宁的三千多年，则按照编年史的体例，详细地记载了这一段时期所发生的各种重大的历史事件，以考察其兴废治乱之迹。由此可以窥见他的用心所在，主要不是关注宇宙的自然史，而是人类的文明史，特别是属于后天的强调人事之用的文明史。邵雍在他的两首诗中，明确地表述了他的这种用心，指出他的经世一元的重点在于人文的关怀。其《皇极经世一元吟》云：

> 天地如盖轸，覆载何高极。日月如磨蚁，往来无休息。上下之岁年，其数难窥测。且以一元言，其理尚可识。一十有二万，九千余六百。中间三千年，迄今之陈迹。治乱与废兴，著见于方策。
> 吾能一贯之，皆如身所历。（《伊川击壤集》卷十三）

其《安乐窝中一部书》云：

> 安乐窝中一部书，号云皇极意何如。春秋礼乐能遗则，父子君臣可废乎。浩浩羲轩开辟后，巍巍尧舜协和初。炎炎汤武干戈外，汹汹桓文弓剑余。日月星辰高照耀，皇王帝伯大铺舒。几千百主出规制，数亿万年成楷模。治久便忧强跋扈，患深仍念恶驱除。才堪命世有时有，智可济时无世无。既往尽归闲指点，未来须俟别支梧。不知造化谁为主，生得许多奇丈夫。（同上卷九）

根据这种表述，可以认为，邵雍的宇宙年表，尧之前的一段着重于究天人之际，尧之后的一段则着重于通古今之变，这种学术思路与司马光是完全一致的。就其尧之后的历史编年而言，鉴前世之兴衰，考政治之得

失，以明长治久安内圣外王之道，实与司马光的《资治通鉴》异曲而同工。只是比较起来，邵雍本于他的先天易学建立了一套解释历史事件的思想框架，用的是"本隐之以显"的方法，即根据抽象普遍的哲学原理来揭示具体实际的运作所遵循的规律，而司马光的《资治通鉴》则是通过一些具体的历史事例来表明其中所隐含的微言大义，用的是"推见至隐"的方法。

人类的文明史以人为主体，只有当宇宙演化到了寅会，产生了人类，才能提出究天人之际、通古今之变之类的哲学问题。因此，为了研究人类的文明史，首先必须确定人在宇宙中的地位，指明人之所以不同于万物的本质。在《观物内篇》中，邵雍论证了两个基本论点，即人灵于物，圣灵于人。他说：

> 夫人也者，暑寒昼夜无不变，雨风露雷无不化，性情形体无不感，走飞草木无不应。所以目善万物之色，耳善万物之声，鼻善万物之气，口善万物之味。灵于万物，不亦宜乎！
>
> 人之所以能灵于万物者，谓目能收万物之色，耳能收万物之声，鼻能收万物之气，口能收万物之味。声色气味者，万物之体也。目耳鼻口者，万人之用也。体无定用，惟变是用。用无定体，惟化是体。体用交而人物之道于是乎备矣。
>
> 然则人亦物也，圣亦人也。……人也者，物之至者也。圣也者，人之至者也。人之至者，谓其能以一心观万心，一身观万身，一世观万世者焉。其能以心代天意，口代天言，手代天工，身代天事者焉。其能以上识天时，下尽地理，中尽物情，通照人事者焉。其能以弥纶天地，出入造化，进退古今，表里人物者焉。

如何论证人灵于物、圣灵于人，是宋代理学的主题。拿邵雍来与周敦颐相比较，周敦颐的论证主要着眼于道德，邵雍则主要着眼于智慧。周敦颐认为，在宇宙的演化中，人独得阴阳五行之秀而为万物之灵，具有与万物不相同的五常之性以及为善为恶的道德选择。这种道德属性就是人性的本质。圣人之所以高于常人，是因为圣人以诚为本，纯粹至善，完美无缺地体现了这种道德属性。邵雍与周敦颐不同，强调的是人的接受宇宙信息的能力。照邵雍看来，人虽为宇宙中之一物，但是人对天地之四象无不感应，人之目耳鼻口能够全面地接受万物之声色气味，其智慧比万物要高出兆亿倍，故为万物之灵。至于圣人的智慧，则是无所不知，无所不晓，能以一身之渺同天地之大，而不违不过，比常人要高出兆亿倍，故为人之至灵。

邵雍所说的圣人，指的是孔子。邵雍认为，孔子的智慧能尽三才之道，既知天时之消长否泰，又能以经法天，有所因革损益，善于处理体用权变之间的关系，经世济民，故可以为万世之法。就其与历史上的皇帝王伯所成就的事业来比较，五伯成就的是一世之事业，三王成就的是十世之事业，五帝成就的是百世之事业，三皇成就的是千世之事业，而孔子所成就的乃是由万世以至无穷的不世的事业。因此，孔子所立之经，既揭示了以往的历史发展所遵循的规律，也为未来的发展确立了永恒的万世不易的准则。在《观物内篇》中，邵雍指出：

> 孔子赞《易》，自羲轩而下；序《书》，自尧舜而下；删《诗》，自文武而下；修《春秋》，自桓文而下。自羲轩而下，祖三皇也。自尧舜而下，宗五帝也。自文武而下，子三王也。自桓文而下，孙五伯也。祖三皇，尚贤也。宗五帝，亦尚贤也。三皇尚贤以道，五帝尚贤以德。子三王，尚亲也。孙五伯，亦尚亲也。三王尚亲以功，五伯尚亲以力。呜呼！时之既往，亿千万年。时之未来，亦亿千万年。仲尼中间生而为人，何祖宗之寡，而子孙之多耶？所以重赞尧舜，至禹曰，禹吾无间然矣。

邵雍的这个思想，也就是蔡元定所概括的，“以皇帝王霸，《易》《书》、《诗》《春秋》，尽圣贤之事业”。“事业”是这个思想中的一个关键词，本于《周易·系辞》“举而错之天下之民谓之事业”，指的是人运用自己的灵于万物的智慧、围绕着人本身的目的去进行经营制作所取得的物质和精神的文明成就。在宇宙的自然史中，由于缺乏人的主观能动性的参与，根本谈不上有什么事业，只有在产生了人类以后，才有事业可言。因此，所谓事业就是人类的文明史区别于宇宙的自然史的本质所在，也是邵雍的历史哲学所探索的重点。

照邵雍看来，孔子以前的人类的历史经历了三皇、五帝、三王、五伯四个阶段，这是既往之陈迹，已成之定体，但是其中体现了四种不同的政治原则，即道德功力，并且表示了一种由祖而宗、由宗而子、由子而孙的逐次下降的发展趋势。孔子为此而感到忧虑，立足于历史，着眼于未来，立了四部经典，由迹以明心，鉴往而察来，一方面阐明皇帝王伯演变的客观规律，另一方面又重赞尧舜，高扬了一种强调人事之用的文化价值理想。因此，孔子所立的四部经典，贯天人，通古今，与昊天同为一道，总的精神是以经法天，推天道以明人事，教导后世的人们本着这种文化价值理想，去因时制宜，做成一番事业。

邵雍认为，昊天非异于万物，圣人非异于万民，昊天之尽物与圣人之尽民，皆有四府。昊天以春夏秋冬四时为生长收藏万物之府，圣人则以《易》《书》《诗》《春秋》四经为生长收藏万民之府。昊天以时授人，圣人以经法天，时者天之经，经者圣之时，因而天人不二，同为一道，观春则知《易》之所存，观夏则知《书》之所存，观秋则知《诗》之所存，观冬则知《春秋》之所存。此昊天之四府与圣人之四府既因其皆同于生长收藏而一一对应，同时又按照元会运世次第相交的程序，一府而备四，四四一十六，四象错综，体用相依，由此而组成了一种层次分明的网络结构，体现了天道之否泰与圣道之损益的深刻的哲理。以《易》与《易》《书》《诗》《春秋》次第相交，则有生生、生长、生收、生藏。接着以《书》次第相交，则有长生、长长、长收、长藏。以《诗》次第相交，则有收生、收长、收收、收藏。以《春秋》次第相交，则有藏生、藏长、藏收、藏藏。生生者修意，生长者修言，生收者修象，生藏者修数。修意为三皇，修言为五帝，修象为三王，修数为五伯。长生者修仁，长长者修礼，长收者修义，长藏者修智。修仁为有虞，修礼为夏禹，修义为商汤，修智为周发。收生者修性，收长者修情，收收者修形，收藏者修体。修性为文王，修情为武王，修形为周公，修体为召公。藏生者修圣，藏长者修贤，藏收者修才，藏藏者修术。修圣为秦穆，修贤为晋文，修才为齐桓，修术为楚庄。因此，圣人四府因其与昊天四府相交之不同而有不同之体用。皇帝王伯为《易》之体，意言象数为《易》之用。虞夏商周为《书》之体，仁义礼智为《书》之用。文武周召为《诗》之体，性情形体为《诗》之用。秦晋齐楚为《春秋》之体，圣贤才术为《春秋》之用。用为心，体为迹，有是心则有是迹，关键在于运用人的智慧，权衡时之升降，而明其所修。

在《观物内篇》中，邵雍着眼于人事之用，对此十六种人之所修作了进一步的探讨，从中提炼出了道德功力、化教劝率八种体用相依的政治运作方式。他说：

> 夫意也者，尽物之性也；言也者，尽物之情也；象也者，尽物之形也；数也者，尽物之体也。
>
> 仁也者，尽人之圣也；礼也者，尽人之贤也；义也者，尽人之才也；智也者，尽人之术也。
>
> 尽物之性者谓之道，尽物之情者谓之德，尽物之形者谓之功，尽物之体者谓之力。
>
> 尽人之圣者谓之化，尽人之贤者谓之教，尽人之才者谓之劝，尽人之术者谓之率。
>
> 道德功力存乎体者也，化教劝率存乎用者也。体用之间有变存焉者，圣人之业也。夫变也者，昊天生万物之谓也。权也者，圣人生万民之谓也。非生物生民，乌得谓之权变乎！

邵雍曾说："体无定用，惟变是用。用无定体，惟化是体。"这是邵雍关于体用关系的基本思想。就此八种政治运作方式而言，道德功力同为体，化教劝率同为用，体用相依，虽分亦合，但在适应天时的变化而进行具体运作的过程中，则必须本着生物生民之心，选择不同的重点，采取不同的对策，一方面自体以致用，另一方面又自用以成体。从这个角度来看，历史上的三皇、五帝、三王、五伯这四个发展阶段，其动力因素不能简单地归结为天道的自发的流转，除了天道的否泰消长以外，人的自觉的参与，趋时经世的权变，也是极为重要而决不可忽视的。因此，邵雍对皇帝王伯的研究，着重点不在天道，而在人道，目的是为了通过此四种已成定体的历史之陈迹来揭示"天与人相为表里"的四种政治原则，以便后人有所遵循，去承继圣人的未竟之业。

邵雍认为，以道德功力为化者谓之皇，即以道为化而兼德与功力，着眼于尽人之圣。这是一种最高级的政治，其特点为尚自然。老子所说的"我无为而民自化"，指的就是这种政治。以道德功力为教者谓之帝，即以德为教而兼道与功力，着眼于尽人之贤。这是第二等的政治，其特点为尚让，先人后己，能知天下之天下非己之天下。《周易·系辞》所说的"黄帝尧舜垂衣裳而天下治"，指的就是这种政治。以道德功力为劝者谓之王，即以功为劝而兼道德与力，着眼于尽人之才。这是第三等的政治，其特点为尚政，政就是以正正不正，除害以利民。《周易》革卦所说的"汤武革命"，指的就是这种政治。以道德功力为率者谓之伯，即以力为率而兼道德与功，着眼于尽人之术。这是第四等的政治，其特点为尚争，借虚名以争实利。《周易》履卦所说的"武人为于大君"，指的就是这种政治。此四种政治与圣人所立之四经相配，以化教劝率为道者谓之《易》，以化教劝率为德者谓之《书》，以化教劝率为功者谓之《诗》，以化教劝率为力者谓之《春秋》。就其与昊天之四时相配而言，三皇之世如春，五帝之世如夏，三王之世如秋，五伯之世如冬。天道之生物，虽亿千万年，无出乎春夏秋冬，生长收藏。人道之生民，虽亿千万年，无出乎皇帝王伯、化教劝率。时有消长，事有因革，非圣人无以尽之。由此说来，圣人之四府，《易》《书》《诗》《春秋》，穷尽了天人之道，其中所阐明的政治原则也就成为经常不易之体，而开不世之事业于无穷。

邵雍通过这一番论证，把皇帝王伯确立为解释历史事件的思想框架，评价历代政治得失的标准。他说：

> 七国，冬之余冽也。汉，王而不足。晋，伯而有余。三国，伯之雄者也。十六国，伯之丛者也。南五代，伯之借乘者也。北五代，伯之传舍者也。隋，晋之子也。唐，汉之弟也。隋季诸郡之伯，江汉之余波也。唐季诸镇之伯，日月之余光也。后五代之伯，日未出之星也。

（《观物内篇》）

这是认为，自孔子以后直到宋代兴起的一段历史，是在王与伯之间反复交错而呈现出一种有升有降的曲线图形，并不是一代不如一代的逐渐衰退。七国的政治下降到伯的极限，汉代虽比王而不足，却也上升到近于王。晋代的政治属于伯的类型，但是其中有王的因素，伯而有余，比伯要高出一个层次。隋为晋之子，与晋同类而稍差。唐为汉之弟，属于近于王的类型，与隋相比，则是一种上升的趋势。其他各代，或为伯之雄，或为伯之丛，或为伯之借乘，或为伯之传舍，均可归结为伯的类型。至于唐末五代之伯，有如日未出之星，大宋兴起，则是旭日东升，晨星胥没，呈现出一种比汉唐盛世更为强劲的发展势头。在《观物外篇》中，邵雍把这个思想概括为一个简明的公式：

> 所谓皇帝王伯者，非独三皇、五帝、三王、五伯而已。但用无为则皇也，用恩信则帝也，用公正则王也，用知力则伯也。

张行成《皇极经世观物外篇衍义》对这个思想作了具体的解释："凡用无为者皆皇，如高惠之世是也。用恩信者皆帝，如孝文之世是也。用公正者皆王，如孝宣之世是也。用智力者皆伯，如孝武之世是也。孝宣，伯之王，孝武，王之伯也。"

由此看来，皇帝王伯在人类历史中的流转与春夏秋冬在宇宙自然中的流转有着很大的不同，因为皇帝王伯作为四种类型的政治原则，关键在于人的自觉的选择。邵雍反复强调治乱由人而不由天的思想，认为天下将治，则人必尚行，天下将乱，则人必尚言。尚行则笃实之风行，尚言则诡谲之风行。天下将治，则人必尚义，天下将乱，则人必尚利。尚义则谦让之风行，尚利则攘夺之风行。邪正之由系乎上之所好，上好德则民用正，上好佞则民用邪。根据这个看法，邵雍对历史发展的前景作出了乐观的估计，并且满怀激情地呼唤某个命世之人出来继承孔子之道来建功立业，按照春夏秋冬自然流转的反方向，发挥人的主观能动性，自极乱至于极治，经过三变

以实现人类最理想的皇道政治。他说：

> 仲尼曰："善人为邦百年，亦可以胜残去杀。"诚哉是言也。自极
> 乱至于极治，必三变矣。三皇之法无杀，五伯之法无生。伯一变至于
> 王矣，王一变至于帝矣，帝一变至于皇矣。其生也，非百年而何！
>
> 苟有命世之人，继世而兴焉，则虽民如夷狄，三变而帝道可举矣。
> 惜乎时无百年之世，世无百年之人。比其有代，则贤之与不肖，何止
> 于相半也。时之难，不其然乎！人之难，不其然乎！（《观物内篇》）

　　总起来说，邵雍依据先天之学所编织而成的宇宙图式，包括自然哲学
和历史哲学两个组成部分，其中贯穿着一种把天地人三才统而思之的太极
整体观。由此宇宙图式所衍生的宇宙年表，则包括宇宙的自然史和人类的
文明史两个组成部分。这两个组成部分既有联系，也有差别，分中有合，
合中有分。就其基本的思想框架而言，不外乎四象之相交，体用之相依，
以四起数，层层推演，但是，他在运用这个思想框架观察宇宙自然时着重
于天文，观察人类历史时则着重于人文。《周易·贲·彖》有云："观乎天
文以察时变，观乎人文以化成天下。"黄宗炎只看到了邵雍的自然哲学，
对这个思想框架严厉批评说："帝王之修齐治平安在？圣贤之知天知人安
在？"实际上，关于社会的治乱兴衰，圣人匡时济世的大经大法，正是邵
雍所着意探寻的，他所建构的易学体系，既有深沉的宇宙意识，也有浓郁
的人文情怀，不可只知其一，不知其二。

三、物理之学与性命之学

邵雍的易学源于道教的传授系统。《宋元学案·百源学案》记载：

> 图数之学，由陈图南传、种明逸放、穆伯长修、李挺之之才递传
> 于先生。
>
> 先生居百源，挺之知先生事父孝谨，励志精勤，一日，叩门劳苦

之曰："好学笃志何如？"先生曰："简策之外，未有适也。"挺之曰："君非迹简策者，其如物理之学何！"他日，又曰："不有性命之学乎！"先生再拜，愿受业。

《宋史·道学传》记载：

> 北海李之才摄共城令，闻雍好学，尝造其庐，谓曰："子亦闻物理性命之学乎？"雍对曰："幸受教。"乃事之才，受《河图》《洛书》、伏羲八卦六十四卦图象。之才之传，远有端绪，而雍探赜索隐，妙悟神契，洞彻蕴奥，汪洋浩博，多其所自得者。及其学益老，德益邵，玩心高明，以观夫天地之运化，阴阳之消长，远而古今事变，微而走飞草木之性情，深造曲畅，庶几所谓不惑，而非依做象类、亿则屡中者。遂衍伏羲先天之旨，著书十余万言行于世。

简策之学即章句训诂记问应对之学，物理性命之学即义理之学，也就是哲学。邵雍是李之才的受业弟子，先受其物理之学，接着又受其性命之学，通过李之才的传授引导，由简策之学转而从事哲学的研究。这对邵雍的人生道路和学术思想产生了极大的影响，他所建构的体系推衍伏羲先天之旨，带有厚重的道家色调，是和这种传授系统密切相关的。但是，邵雍以继承孔子的道统自命，认为"予非知仲尼者，学为仲尼者也"，推崇《易》《书》《诗》《春秋》圣人之四经，在他所建构的体系中，有很多独创性的心得体会，就其思想的性质而言，皆本于儒家的名教理想。正是由于这个原因，所以邵雍与周敦颐、张载、二程同列为北宋理学的代表人物，称为北宋五子。从这种情况来看，邵雍的学术走的是一条援道入儒、儒道兼综的道路。这和魏晋玄学的思路是相当接近的。《晋书·阮瞻传》记载："瞻见司徒王戎，戎问曰：'圣人贵名教，老庄明自然，其旨同异？'瞻曰：'将无同？'"将无者，然而未遽然之辞，理智上不敢遽然言其同，情感上不愿遽然言其异，依违于同异二者之间，模棱两可，含糊其辞，不作独断论的判定。这是魏晋玄学的一大公案，也是玄学家始终未能妥善解答的一道难

题，因为言其同者有异在，言其异者有同在，有时因着眼于明自然而偏向于道家，有时又因着眼于贵名教而偏向于儒家。邵雍既然由于自己的学术师承关系以及对名教理想的认同，走上了儒道兼综的道路，他就不能避开玄学所碰到的这道难题，而必须去探索出一种如何化异为同、会通整合的办法。在《伊川击壤集序》中，邵雍表述了自己的心路历程。他说：

> 予自壮岁，业于儒术，谓人世之乐，何尝有万之一二，而谓名教之乐，固有万万焉。况观物之乐，复有万万者焉。虽死生荣辱转战于前，曾未入于胸中，则何异四时风花雪月一过乎眼也；诚为能以物观物而两不相伤者焉。盖其间情累都忘去尔。

所谓观物之乐，是指从事物理之学的研究所得到的一种精神境界，名教之乐，是指从事性命之学的研究所得到的一种精神境界。就乐的层次而言，观物之乐要高于名教之乐，邵雍之所以由儒而人道，去从事物理之学的研究，目的在于把名教之乐提升到以物观物、情累都忘的境界，以便更好地安身立命。由此看来，邵雍对李之才所传授的道教思想一开始就采取了区别对待的态度，只接受了其中着眼于明自然的物理之学，至于在性命之学方面，则是站在儒家的立场，坚持他所固有的名教理想。因此，如何把这种源于道家的物理之学和本于儒家的性命之学统一起来，建构一个逻辑上不发生矛盾的完整的体系，就成了邵雍的哲学探索的重点所在。

邵雍在物理之学上推崇道家，在性命之学上推崇儒家，这种有所区别、有所选择的倾向性表现得非常鲜明。《观物外篇》说：

> 老子知《易》之体者也，五千言大抵明物理。
>
> 庄子与惠子游于濠梁之上，庄子曰："鲦鱼出游从容，是鱼乐也。"此尽己之性，能尽物之性也。非鱼则然，天下之物皆然。若庄子者，可谓善通物矣。
>
> 庄周雄辩，数千年一人而已。如庖丁解牛曰："踌躇四顾。"孔子观吕梁之水曰："蹈水之道无私。"皆至理之言也。

《春秋》循自然之理而不立私意，故为尽性之书也。

人言《春秋》非性命之书，非也。

颜子不迁怒，不二过。迁怒二过，皆情也，非性也。不至于性命，不足谓之好学。

孟子著书，未尝及《易》，其间《易》道存焉，但人见之者鲜耳。

人能用《易》，是为知《易》。如孟子可谓善用《易》者也。

邵雍企图通过《易》之体用关系把道家的物理之学与儒家的性命之学统一起来，以老子为得《易》之体，以孟子为得《易》之用，合二者而用之。朱熹批评这种做法是"体用自分作两截"，"二程谓其粹而不杂，以今观之，亦不可谓不杂"，"康节之学似老子"（《朱子语类》卷一百）。实际上，朱熹的这个批评是出于学派门户之见，带有意识形态的偏狭性，近似于邵雍所指斥的那种"以我观物"的心态。而邵雍则是"以物观物"，气度恢宏，不存畛域，立足于宇宙一元的太极整体观，力图摆正儒道两家的地位，而使之统一于《易》道。这种理论探索自有其哲学上的深厚的依据，持之有故，言之成理，并不是像朱熹所批评的那种把体用分作两截。

照邵雍看来，易学有先天与后天之分，先天之学明体，后天之学入用。就一般性的哲学原理的层次而言，体用相依，体不离用，用不离体，体者言其对待，用者言其流行，此二者不可分作两截，故先天与后天彼此相函，体与用合为一体，是同一个变化之道的两个不同的方面。但是，从宇宙演化的具体的历史过程来看，先天与后天以唐尧时期作为确定的分界线，唐尧以前为先天，唐尧以后为后天。其所以如此区分，关键在于唐尧以前的历史主要是宇宙的自然史，缺乏人的因素、社会的因素和主体性因素的参与，即无人事之用，而唐尧以后的历史则主要是人类的文明史，在这个时期，如何发挥人事之用来创造人类的业绩占了主导的地位。根据这种区分，所以邵雍认为儒道两家的学术思想，研究的对象互不相同，研究的成果各有所长，以老子为得《易》之体，以孟子为得《易》之用。道家的物理之学着重于研究宇宙的自然史，可称之为"天学"，对先天之体有独到的体会。儒家的性命之学着重于研究人类的文明史，可称之为"人学"，对后天之用阐发得特别详尽。^①由于天人之学分中有合，合中有分，自其合者而观之，则天人互为表里，道家的"天学"与儒家的"人学"会通整合而形成一种互补性的结构，统摄于《易》之体用而归于一元，尽管老子与孟子学派门户不同，分属道儒两家，仍然是体用相依，并未分作两截。邵雍的这一番论证，不仅在逻辑上经得起推敲，能够自圆其说，而且深刻地揭示了《易》道的本质，妥善地摆正了儒道两家在易学中的地位。

所谓《易》道，合而言之，即通贯天地人三才的太极一元之道，分而言之，则有天道之阴阳，地道之柔刚，人道之仁义。阴阳柔刚，谓之四象，四象相交，乃生万物。《周易·序卦》说："有天地，然后万物生焉，盈天地之间者唯万物。"天地万物是一种自然的生成，没有人文的因素，支配此自然生成的规律叫做天地万物之理，简称为物理，专门研究物理的学问叫做物理之学，也就是今天所说的自然科学。人是在有了万物以后才产生的。《序卦》接着指出："有万物然后有男女，有男女然后有夫妇，有夫妇然后有父子，有父子然后有君臣，有君臣然后有上下，有上下然后礼义有所错。"自从产生了人，就有了由各种人际关系所组成的社会。人道之仁义就是为了调整稳定社会秩序而人为地设立的，并非自然的生成。专门研究人性的学问叫做性命之学，也就是今天所说的人文科学。由此看来，分而言之的《易》道，包括了自然科学和人文科学两个不同的组成部分。邵雍称自然科学为天学，人文科学为人学，并且以有无人文因素的参与作为区分先天与后天的标准，是和《周易》原典的精神相符合的。由于宇宙自然与人类社会的发生学的本源皆本于太极，同归于太极一元之道，虽然发展的阶段有所不同，却是相互联结，不可分割的。那么，人与宇宙的相互联结之点究竟何在呢？《周易·系辞》指出："一阴一阳之谓道，继之者善也，成之者性也。""成性存存，道义之门。"天人之间的沟通，关键在一个继字，继之则善，不继则不善。就天道之阴阳而言，无所谓善与不善，物之性乘大化之偶然，也无所谓善与不善，唯有人能自觉地继承天道之阴阳，使之

---

① 其《先天吟》云："若问先天一字无，后天方要着功夫。拔山盖世称才力，到此分毫强得乎！"《天人吟》云："天学修心，人学修身。身安心乐，乃见天人。"（见《伊川击壤集》卷十七、十八）

继续不断，所以才叫做善。继之而后必有所成。"成之者性也"，进一步突出了主体性的原则。如果人不继承天道之阴阳，就没有本源意义的善，如果人不发挥主观能动性去实现此本源意义的善，就不可能凝成而为性。因此，必须存其所存，存乎人者，因而存之，使本源意义的善不致于丧失而变为自己的本性，这就是进入道义的门户，完成德业的根本。邵雍所说的"若问先天一字无，后天方要着功夫"，也是和《周易》的这个思想相符合的。但是，先秦时期，儒道两家处理天人关系都没有找到一个可靠的联结点而各有所蔽，道家蔽于天而不知人，儒家恰恰相反，蔽于人而不知天。老子曾说："道生一，一生二，二生三，三生万物。万物负阴而抱阳，冲气以为和。"这是对天地万物之理的一种深刻的研究，属于自然科学的范畴。但是，老子不重视人文科学的研究，贬斥人道之仁义，认为"大道废，有仁义"。"失道而后德，失德而后仁，失仁而后义，失义而后礼。夫礼者，忠信之薄，而乱之首也"。因而老子的思想，有天学而无人学。孟子对人道之仁义推崇备至，认为仁义乃是人性的本质，但却不重视自然科学的研究，有人学而无天学。虽然孟子也曾说："诚者，天之道也。思诚者，人之道也。"并且主张由尽心以知性、由知性以知天的途径来沟通天人，但是，其所谓天乃是人的主观的投影，人性本质的外化，并不是指称完全排除了人文因素的客观外在的天地万物之理。因此，儒道两家的思想各有所长，也各有所短。《周易》会通整合了这两家的思想，取其所长而去其所短，把自然科学与人文科学有机地联结起来，构成一个通贯天地人三才之道的完整的体系，这就把中国哲学推进到一个新的发展阶段。邵雍在物理之学上推崇道家，在性命之学上推崇儒家，以老子为得《易》之体，以孟子为得《易》之用，超越了学派门户之见，从儒道互补的角度来沟通天人，他的这个做法也是和《周易》的精神相符合的。

　　邵雍首先立足于太极一元的整体观，着眼于人与天地万物既相互联系又相互区别的两个方面，对"穷理尽性以至于命"的易学命题进行义理的分疏，企图通过这种分疏来为自己的道体论确立一个坚实的哲学基础。他说：

《易》曰:"穷理尽性以至于命。"所以谓之理者,物之理也。所以谓之性者,天之性也。所以谓之命者,处理性者也。所以能处理性者,非道而何?

天下之物,莫不有理焉,莫不有性焉,莫不有命焉。所以谓之理者,穷之而后可知也。所以谓之性者,尽之而后可知也。所以谓之命者,至之而后可知也。此三者,天下之真知也。

天地人物则异矣,其于道一也。

夫分阴分阳、分柔分刚者,天地万物之谓也。备天地万物者,人之谓也。(《观物内篇》)

天使我有是之谓命,命之在我之谓性,性之在物之谓理。理穷而复知性,性尽而后知命,命知而后知至。

万物受性于天,而各为其性也。在人则为人之性,在禽兽则为禽兽之性,在草木则为草木之性。

人之类备乎万物之性。

惟人兼乎万物,而为万物之灵。如禽兽之声,以类而各能其一。无所不能者,人也。

人配天地谓之人,唯仁者真可以谓之人矣。(《观物外篇》)

邵雍认为,人与天地万物就其相互联系的一面而言,皆可称之为物。因为以天地观万物,则万物为万物,以道观天地,则天地亦为万物,人虽为物之至者,亦为万物中之一物。天下之物,莫不有理,莫不有性,莫不有命,故《易》以此"性命之理"作为贯通天地人三才之道的基本纲领,以"穷理尽性以至于命"作为易学研究的最高目标。《乾·彖》有云:"乾道变化,各正性命。"邵雍据此而强调指出:"不知乾,无以知性命之理。"理即物之理,性即天之性,命则处乎理性之赋受偏全,此三者无非阴阳刚柔变化感应之道,而同归于太极之一元。是故理不可不穷,穷之而理无不贯。性不可不尽,尽之而性无不全。命不可不知,知命而至于根极之处,则与造化一般,而复归于本体。此三者乃天下之真知,只有知此三者,才能窥见天地之心,全面地把握《易》道的本质。因此,道是一个最高的范畴,道统理性命三者而为一，所谓性命之理，天地万物之理，自然之理，物理，至理，天理，都是对同一个太极之道的不同的表述。邵雍曾说：“《易》之为书，将以顺性命之理者，循自然也。”这是认为，整个宇宙，包括天地人物在内，是一个自然而然的大系统，为自然之理所支配，天由道而生，地由道而成，物由道而形，人由道而行，天地人物则异矣，其于道一也。邵雍由此而建立了一个天人不二、万物一理的一元论的宇宙观，这个宇宙观也就是今天所说的大自然观，或一般系统论。根据这个宇宙观，物理之学就成为一个普适性的概念，可以涵摄性命之学以及其他各种各样的学问，所有对天地人物的一切研究，可以统统称之为“观物”。先天之学与后天之学、先天之学的宇宙图式以及宇宙的自然史与人类的文明史的演变规律，都是通过观物以穷万物之理而后所获得的一种理性的认识，故邵雍把自己的哲学著作《皇极经世书》也命名为《观物篇》。

但是，就人与天地万物相互区别的一面而言，人虽为万物中之一物，却是有意识，有智慧，有灵性，能兼乎万物，配乎天地，而为万物之灵。照邵雍看来，宇宙的演化是一个由低级到高级的发展过程，各种各样的物类依其演化程度的高低以及感应能力的大小而有层次之分，等级之别。《观物内篇》说：

> 有一物之物，有十物之物，有百物之物，有千物之物，有万物之物，有亿物之物，有兆物之物。为兆物之物，岂非人乎？
>
> 有一人之人，有十人之人，有百人之人，有千人之人，有万人之人，有亿人之人，有兆人之人。为兆人之人，岂非圣乎？

这就是说，人就是天地万物中的出类拔萃者，而圣人则是人类中的出类拔萃者，在“盈天地之间者唯万物”的宇宙大系统中，可分为三个子系统，即物类、人类、圣人。在《观物外篇》中，邵雍曾说：“自然而然者，天也。唯圣人能索之效法者，人也。”圣人与人同属一类，因而大而别之，只有两个子系统，即物类与人类，或天与人。在物类中又可分为若干个子系统，日月星辰、水火土石属于无机物，走飞草木属于有机物，草木为植物，走飞为动物。就整体而言，物类与人类的本质区别在于物类纯属自然而然而无人为，而人类则能以自己的灵性人为地效法自然，在演化的程度上比物类要高出兆亿倍。因此，虽然万物受性于天而各有其性，但是，人之性却不同于禽兽草木之性。"性之在物之谓理"，禽兽草木之性属于在物者，只可谓之物理。"天使我有是之谓命，命之在我之谓性"，"我"是一个主体性的概念，是人对自己所特有的主体性的自我意识，物类无我，人类有我，因而从狭义的角度来说，性命专属于在人者。邵雍曾反复强调人与物之不同。比如他说："在人则乾道成男，坤道成女。在物则乾道成阳，坤道成阴。""生生长类，天地成功。别生分类，圣人成能。"（《观物外篇》）由于宇宙的大系统大别而为两类，所以邵雍也把自己的易学划分为物理之学与性命之学两大门类，物理之学以物类作为研究的对象，称之为天学，性命之学以人类作为研究的对象，称之为人学，天学与人学虽分而亦合，统称之为天人之学。

在易学史上，关于天学与人学的同异分合的关系问题，一直是各派易学探索的重点，但是由于象数与义理的殊途，儒道两家学术思路的互异，这个问题始终未能得到妥善的解决，往往是各有所蔽，偏而不全。就宋代易学而论，刘牧的图书象数之学言天而不及人，李觏、欧阳修的经世义理之学言人而不及天，司马光偏于儒家的名教理想而言天人，苏轼则偏于道家的天道自然而言天人。周敦颐作为理学的开山人物，走的是一条象数与义理合流、儒道两家互补的路子，他以天道性命为主题，致力于沟通天人关系，但是，他所言的太极，目的只在于为儒家之人极确立一个宇宙论的根据，并未拈出物理之学的概念，对自然科学本身展开具体的研究。比较起来，邵雍对这个问题的处理在很大程度上纠正了以往的一些偏向，超越了前人，在易学史上作出了突出的贡献。邵雍明确地把易学区分为先天与后天，先天之学着重于研究天道之自然，属于科学易，后天之学着重于研究人道之名教，属于人文易，这种学科分类的思想直至今天尚为人们所遵循，是非常卓越的。就此二者的关系而言，先天明体，后天入用，后天从属于先天，因而研究的途径应该是推天道以明人事，先研究物理之学，后研究性命之学，由自然科学入手而过渡到人文科学，至于研究的目的，则是为了阐明人性高于物性的本质所在，以便更好地效法天道以发挥人事之用，故应本着人文的关怀而落实于性命之学。照邵雍看来，只有如此，才能建构一个完整的天人之学。他曾说："学不际天人，不足以谓之学。"（《观物外篇》）

邵雍对物理之学倾注了极大的热情，涉及天文、历法、算数、生物、律吕声音之唱和诸多方面，解释了各种各样的自然现象，虽然并不是一种实证的研究，但却是本于易理，蕴含着一系列富有启发性的真知灼见，在中国古代的自然科学史上应该占有一定的地位。比如他说：

> 大衍之数，其算法之原乎！是以算数之起，不过乎方圆曲直也。乘数，生数也；除数，消数也。算法虽多，不出乎此矣。
>
> 圆者，星也。历纪之数，其肇于此乎！方者，土也。画州并地法，其放于此乎！
>
> 月体本黑，受日之光而白。
>
> 日月之相食，数之交也。日望月，则月食。月掩日，则日食。
>
> 历不能无差。今之学历者，但知历法，不知历理。能布算者，洛下闳也。能推步者，甘公、石公也。洛下闳但知历法。扬雄知历法，又知历理。
>
> 海潮者，地之喘息也。所以应月者，从其类也。
>
> 天之象数可得而推，如其神用，则不可得而测也。天可以理尽，不可以形尽。浑天之术，以形尽天，可乎？
>
> 物理之学，或有所不通，不可以强通。强通则有我，有我则失理而入术矣。（《观物外篇》）

邵雍称性命之学为人学，着重于对人的研究。人是宇宙大系统中的一个子系统，不能脱离宇宙而孤立地存在，但是，人又有着自己的本质特征而与天地万物相区别。因此，关于人的研究，主要是探讨人在宇宙中的地位以及人之所以为人的本质问题。这也就是中国哲学史上一直都在探讨的人性论的问题。一般而言，道家往往是站在宇宙的高度来俯瞰人，把宇宙的伟大和人的渺小进行对比。比如庄子曾说："眇乎小哉，所以属于人也。謷乎大哉，独成其天。"（《庄子·德充符》）既然宇宙比人伟大，所以道家认为人之所以为人的本质不在于人为的造作，而在禀受于宇宙的自然本性。儒家与道家相反，强调"人最为天下贵"的伟大，可以与天地并立而为三。人之所以伟大，是因为人具有与禽兽相区别的道德属性（孟子），或者具有能以礼义组合社会群体的能力（荀子），因而人的本质规定不是自然本性，而是人文价值。实际上，人一方面作为宇宙的一个组成部分，另一方面又是万物之灵，既有自然本性，又有人文价值的规定。从这个角度来看，儒道两家的人性论可以说是各有所见，也各有所偏。邵雍的易学是一个儒道兼综的体系，他的人性论的思想力图把道家的自然主义与儒家的人文主义有机地结合起来，从而表现出鲜明的特色。

邵雍首先从物理之学的角度来观察，指出人类的生理结构与物类相比较，存在着既有联系又有区别的两面性。他说：

> 性情形体者，本乎天者也。走飞草木者，本乎地者也。本乎天者，分阴分阳之谓也。本乎地者，分刚分柔之谓也。夫分阴分阳、分柔分刚者，天地万物之谓也。备天地万物者，人之谓也。（《观物内篇》）
>
> 动者体横，植者体纵，人宜横而反纵也。飞者有翅，走者有趾，人两手，翅也，两足，趾也。飞者食木，走者食草，人皆兼之，而又食飞走也。故最贵于万物也。神统于心，气统于肾，形统于首，形气交而神交乎中，三才之道也。
>
> 人之四肢，各有脉也。一脉三部，一部三候，以应天数也。
>
> 天有四时，地有四方，人有四肢。是以指节可以观天，掌文可以察地，天地之理，具乎指掌矣，可不贵之哉！（《观物外篇》）

这是认为，人类与物类的生理结构皆本于阴阳刚柔之四象，但物类分阴分阳，分刚分柔，仅得四象之偏，人类则兼阴阳刚柔而有之，能得四象之全。人类的体形、四肢、饮食是物类演化的一个高级阶段，其两手由飞之翅演化而来，两足由走之趾演化而来，体形直立有如植物之体纵，兼飞走草木而食之，故最为天下贵。特别是，人的四肢是一个宇宙的全息系统，上应天文，下应地理，首上肾下，而心处中，有精神，有心灵，以一身而象全三才之道。因此，人类与物类虽然同是自然的产物，其生理结构不外乎阴阳刚柔之四象，但人类却是宇宙之骄子，是阴阳刚柔最完美的组合，仅就其禀受于宇宙的自然本性而言，也比动植物高出了无数个层次。

再从心理的角度来观察。邵雍认为，人类的感觉器官灵于万物，目能收万物之色，耳能收万物之声，鼻能收万物之气，口能收万物之味。心是感觉器官的主宰，人类之所以能全面地感受到万物之色声气味，关键在于人类有心而物类无心。《观物外篇》说："人居天地之中，心居人之中。"心是整个人体的指挥中心。物类有性情形体，人类之心有意言象数，意尽物之性，言尽物之情，象尽物之形，数尽物之体。性情形体为所知，意言象数为能知，所知为认识的客体，能知为认识的主体，所知被动而能知主动。这就是认为，人类之心具有主动地认识物类的能力，能够穷尽物之性情形体，故为万物之灵。邵雍称先天之学为"心法"，把自己的哲学体系概括为"心学"，企图以此认识之心作为沟通人与宇宙自然的关系的桥梁，这是他的人性论思想不同于其他各家的最大的特色所在。

照邵雍看来，心有三种，一为天地之心，二为人类之心，三为圣人之心。天地之心即太极一元之道，是一种尚未被人们所认识的客观自在之理，为天运之本然，阴阳之消息，属于所知的范畴。人类之心则属于能知的范畴，具有主观能动的灵性，能够认识天地之心，把自在转化为自为。《观物内篇》说："夫一动一静者，天地至妙者欤！夫一动一静之间者，天地人之至妙至妙者欤！"这是认为，天地之心的特点在于"一动一静"，人类之心的特点则在于"一动一静之间"，加上了主体性的因素。天生于动，地生于静，一动一静交，而天地之道尽，万物由此而生，大化由此而出，自然而然，无思无为，鼓万物而不与圣人同忧，这就是天地之心的本质。人类之心则是动而无动，静而无静，动中含静，静中含动，处乎一动一静之间。《庄子·在宥》曾说："人心排下而进上，上下囚杀，淖约柔乎刚强，廉刿雕琢，其热焦火，其寒凝冰，其疾俯仰之间而再抚四海之外；其居也，渊而静；其动也，县而天。偾骄而不可系者，其唯人心乎！"这种主体的能动性就是人类之心的本质，其所以称之为"至妙至妙"，是因为只有凭借着这种主体的能动性，才能发挥人事之用去感应和认识自然而然的天地之心，把人类从物类中分化出来，与天地并立而为三。但是，人类之心也包含了很多的杂质，有情有欲，有情则蔽，蔽则昏，有欲则私，私则"屈天地而徇人欲"，因而免不了常犯错误，产生"心过"。邵雍满怀感慨地指出："无口过易，无心过难。既无心过，何难之学？吁！安得无心过之人，而与之语心哉！是知圣人所以能立于无过之地者，谓其善事于心者也。"（《观物内篇》）圣人是人类中的出类拔萃者，圣人之心集中体现了人类之心的精华而无任何的杂质，至诚湛明，精义入神，能知天地万物之理而一以贯之，因此，只有圣人之心才能全面地认识天地之心，人与宇宙自然的沟通是以圣人之心为中介而后实现的。关于圣人之心的本质，邵雍指出："大哉用乎！吾于此见圣人之心矣。""无思无为者，神妙致一之地也，所谓一以贯之。圣人以此洗心，退藏于密。"（《观物外篇》）所谓无思无为，即先天之体，也就是一动一静的"天地之至妙"，圣人心无一思之起，亦无一为之感，一而不分，退藏于密，则与先天之体合而为一，由此发而为后天之用，随乎天地，因时之否泰而进行人为的因革损益，时行则行，时止则止，这就是处乎一动一静之间的"天地人之至妙至妙"了。《观物内篇》说："人皆知仲尼之为仲尼，不知仲尼之所以为仲尼。不欲知仲尼之所以为仲尼则已，如其必欲知仲尼之所以为仲尼，则舍天地将奚之焉？"这就是认为，圣人之心实与天地同妙，应该从天道自然无为的角度来领会圣人之心。但是，圣人之心又是一个主体性的因素，以后天之用为主，能开不世之事业于无穷，所以是人的自然本性与价值理想的完美的统一，是人性的最高的典范。

在《伊川击壤集序》中，邵雍对自己的性命之学作了一个总体性的表述。他说：

> 性者，道之形体也，性伤则道亦从之矣。心者，性之郛郭也，心伤则性亦从之矣。身者，心之区宇也，身伤则心亦从之矣。物者，身之舟车也，物伤则身亦从之矣。

朱熹对这几个命题颇为赞赏，认为"此语虽说得粗，毕竟大概好"，曾与他的学生反复讨论（见《朱子语类》卷一百）。道即天地万物自然之道，无所不在，在物谓之理，具于人谓之性。就外延而言，道大而性小，性从属于道；就内涵而言，则道小而性大，因为人之性除了同于自然的物之理以外，还包含着极为丰富的人文价值的规定。道是泛言，性是就自家身上说，欲知此道之实有者，当求之吾性分之内，故称性为道之形体。性之本质为善，具于心中，心为性之郭郭，心大而性小，心包括性，性不能该尽此心，因为心统性情，有正有邪，善恶相混，故心伤则性亦从之。身者心之区宇，心是身的主宰，身是心的寓所，此二者相互依存，不可脱离，如果身体受到伤害，也势必要伤害心灵。身体的生存必须仰赖外物的滋养，故物为身之舟车，如果缺乏外物的滋养，身体的生存也就失去了保障。这几个命题环环相扣，层次分明，把性命之学放置在整个宇宙的大系统中进行宏观的考察，既突出了人性高于物性的人文主义的价值，同时又强调这种人文价值的本源在于自然之道，人性的完美的实现必须与作为物质范畴的身体、外物结成和谐的统一。

根据这种表述，邵雍接着提出了自己的认识论的基本原则。他说：

> 是知以道观性，以性观心，以心观身，以身观物，治则治矣，然犹未离乎害者也。不若以道观道，以性观性，以心观心，以身观身，以物观物，则虽欲相伤，其可得乎！若然，则以家观家，以国观国，以天下观天下，亦从而可知矣。（《伊川击壤集序》）

朱熹对邵雍的这个思想作了详细的讨论，赞成邵雍所反对的原则，而反对邵雍所赞成的原则，认为"以道观道"而下，皆付之自然，其说出于老子，若使孔孟言之，必不肯如此说，教导他的学生且说"以道观性"前四句。他解释说：

> 以道观性者，道是自然底道理，性则有刚柔善恶参差不齐处，是道不能以该尽此性也。性有仁义礼智之善，心却千思万虑，出入无时，

是性不能以该尽此心也。心欲如此，而身却不能如此，是心有不能检其身处。以一身而观物，亦有不能尽其情状变态处，此则未离乎害之意也。且以一事言之，若好人之所好，恶人之所恶，是"以物观物"之意；若以己之好恶律人，则是"以身观物"者也。

又问：如此，则康节"以道观道"等说，果为无病否？

曰：谓之无病不可，谓之有病亦不可。若使孔孟言之，必不肯如此说。渠自是一样意思。如"以天下观天下"，其说出于老子。

又问：如此，则"以道观性，以性观心，以心观身"三句，义理有可通者，但"以身观物"一句为不可通耳。

曰：若论"万物皆备于我"，则"以身观物"，亦何不可之有？（《朱子语类》卷一百）

从朱熹的这种解释，可以看出他与邵雍观点上的分歧，分歧的关键在于朱熹主要是着眼于道德的修养，而邵雍则主要是着眼于理性的认识。照朱熹看来，道虽是自然的道理，却也是道德的本体，价值的源泉，为了进行道德修养，必须把道与性连起来说，一方面要以道观性，否则就不知其所本，另一方面要就己之性上来体认，否则就渺茫无据，如何知得这道。他举例说，"天叙有典"，典是天底，自我验之，方知得"五典五惇"；"天秩有礼"，礼是天底，自我验之，方知得"五礼有庸"。根据这个看法，朱熹批评邵雍的"以道观道"的思想不仅"似老子"，而且"近似释氏"，"与张子房之学相近"，"有个自私自利底意思"，同于杨朱之为我。因为邵雍所说的道只是指自然的道理，为阴阳之消息，天运之本然，是宇宙的本体，而非道德的本体，若以道观道，则与老子"天地不仁，以万物为刍狗"的自然主义的思想近似，一切皆付之自然，亡者自亡，存者自存，自家都不犯手，性与心身都不相管摄，这就无异于否定了人文价值，取消了道德的修养。朱熹认为，邵雍之为人神闲气定，极会处置事，但只是以"术"，而与圣人之知天命以理有差，方众人纷挐扰扰时，他自在背处，只是自要寻个宽间快活处，人皆害他不得。朱熹的这个批评看来过于尖刻，但是颇有见地，涉及如何处理道德修养与理性认识的关系问题，揭示了邵雍的学术思想的基本倾向，并不完全是对邵雍的误解。

　　实际上，邵雍虽然强调理性认识，却没有取消道德修养，反过来说，朱熹虽然强调道德修养，也没有忽视理性认识，只是在处理二者的关系时，他们的思路和倾向存在着分歧。从哲学史的角度来看，这种分歧由来已久，归根结底，是由儒道两家在处理天人关系问题上所表现的不同的思路和倾向派生而来的，具有十分深刻的哲学意义。一般而言，道家把天道自然置于首位，主张人事的运作应当效法天道，追求一种按照天道本来的面目去理解而不掺杂人为私虑的客观知识，儒家则相反，把人的道德价值置于首位，按照人道的主观理想来塑造天道，主张尽人事即可知天命，企图援引这个被塑造了的天道来作为人道的价值的源泉，道德的本体。道家和儒家的这两种不同的思想倾向相当于西方哲学史上所说的追求"客观性"的哲学和追求"协同性"的哲学（见罗蒂《哲学和自然之镜》）。前者可称为科学主义，后者可称为人文主义。用罗蒂的话来说，追求客观性，使协同性以客观性为根据的人，可称为实在论者。追求协同性，把客观性归结为协同性的人，可称为实用主义者。在西方哲学史上，这两种哲学既有分歧，也有合流。不过就其合流的一面而言，其不同的倾向仍然清晰可辨。比如罗蒂是以协同性为主导倾向而与客观性合流，波普尔则是以客观性为主导倾向而与协同性合流。这两种倾向相互之间不断地展开批评，追求客观性的人批评对方蔽于人而不知天，追求协同性的人则批评对方蔽于天而不知人。这种批评都是很有道理的，因为过分地强调人文必然会对事物的客观理解造成损害，而过分地强调科学也必然会使道德的权威受到削弱。但也正是由于这种批评，科学主义和人文主义才能彼此促进，形成一种良性的互动，如同车之两轮，鸟之双翼，共同推进哲学思想不断地向前发展。由此看来，如何处理二者的关系，是一个普遍的哲学问题，不仅长期困扰着中国的哲人，也是西方哲人苦心孤诣探索的焦点，其所表现出的不同的思路和倾向，植根于人类认识的深层的内在矛盾，所谓一致而百虑，殊途而同归，都有着合理性的依据，也是可以作出同情的理解的。

　　就邵雍的哲学而论，他并没有否定名教之乐，只是把名教之乐置于第二位，使之从属于观物之乐。照邵雍看来，名教之乐着眼于道德的修养，强调人文的价值，"治则治矣，然犹未离乎害者也"，可以管束人的身心，做一个道德人，但不能使人免除情累之害，做一个宇宙人。观物之乐则是把人提升到宇宙意识的高度，可以做到"两不相伤"，"情累都忘"，既不损害对事物的客观的理解，也能完整地维护人所应有的名教之乐。这是因为，以物观物的本质在于以物喜物，以物悲物，人之悲喜发而中节，合乎物理，完全是一种自然的感应，而无丝毫的情累之私。因此，为了维护名教之乐，使人能够更好地安身立命，不可目光短浅，局限在名教的本身上做文章，而必须从事高层次的哲学研究，以物观物，对天地万物自然之理有一个透彻的理解，去追求观物之乐。邵雍写了一系列以《观物吟》命名的诗篇，略举数例，以窥见他所谓的观物所包含的具体内容。他说：

日月星辰天之明，耳目口鼻人之灵。皇王帝伯由之生，天意不远人之情。飞走草木类既别，士农工商品自成。安得岁丰时长平，乐与万物同其荣。(《伊川击壤集》卷十)

时有代谢，物有枯荣，人有衰盛，事有废兴。(卷十四)

地以静而方，天以动而圆。既正方圆体，还明聊静权。静久必成润，动极遂成然。润则水体具，然则火用全。水体以器受，火用以薪传。体在天地后，用起天地先。(卷十四)

耳目聪明男子身，洪钧赋与不为贫。因探月窟方知物，未蹑天根岂识人。乾遇巽时观月窟，地逢雷处看天根。天根月窟闲来往，三十六宫都是春。(卷十六)

一气才分，两仪已备。圆者为天，方者为地。变化生成，动植类起。人在其间，最灵最贵。(卷十七)

画工状物，经月经年。轩鉴照物，立写于前。鉴之为明，犹或未精。工出人手，平与不平。天下之平，莫若于水，止能照表，不能照里。表里洞照，其唯圣人。察言观行，罔或不真。尽物之性，去己之情。(卷十七)

物理窥开后，人情照破时，能将一个字，善解百年迷。

物理窥开后，人情照破时，情中明事体，理外见天机。

物理窥开后，人情照破时，敢言天下事，到手又何难。（卷十九）

由此可以看出，邵雍所观之物，包括天时地理人事诸多方面，也就是由天地人所构成的整个的世界。观是一种客观的理性认识活动，不是指人的道德修养。观这个概念本于《周易》。《观·彖》："观天之神道而四时不忒。"《贲·彖》："观乎天文以察时变，观乎人文以化成天下。"《系辞》："古者包牺氏之王天下也，仰则观象于天，俯则观法于地，观鸟兽之文，与地之宜，近取诸身，远取诸物，于是始作八卦，以通神明之德，以类万物之情。"邵雍据此而提出了观物的思想，以观物作为认识世界的基本方法。他把观物比喻为以鉴照物，能知之鉴与所知之物是一种反映与被反映的关系。但是，鉴之工制，精粗不一，有平与不平，常使所照之物的真相受到歪曲。天下之平，莫若于水，清明止静，肖物唯一，但是，水仅能照表而不能照里，只反映了物之表象而未深入其本质，唯有圣人之观物，才能表里洞照，全面地认识事物的本来面目。圣人之所以能够如此，关键在于以物观物，尽物之性，去己之情。在《观物内篇》中，邵雍进一步阐述这个看法：

夫鉴之所以能为明者，谓其不隐万物之形也。虽然，鉴之能不隐万物之形，未若水之能一万物之形也。虽然，水之能一万物之形，又未若圣人能一万物之情也。圣人之所以能一万物之情者，谓其能反观也。所以谓之反观者，不以我观物也。不以我观物者，以物观物之谓也。既能以物观物，又安有于其间哉！

邵雍的道体论着重于客体的研究，他把包括天地人在内的整个的世界综合而成为一个宇宙的大系统，致力于探索其中的变化生成的普遍规律，而归结为自然而然客观自在的天地之心。他所谓的观物则是着重于主体的研究。物是认识的客体，观是认识的主体，必先有所观之物，然后才有能观之心。照邵雍看来，此能观之心是人类区别于物类的本质所在，物类只有自然的感应而无能观之心。"变化生成，动植类起，人在其间，最灵最贵。"人类是宇宙演化过程中的高级阶段，在宇宙年表一元之数的寅会才产生，即所谓"人生于寅",具体说来,人类是在天地开辟以后的三万二千四百年才产生的。在人类产生以前,最先是一个无生命的物理世界,只存在着日月星辰、水火土石之类的无机物。经过了若干万年以后,产生了飞走草木之类的有机物,世界上开始有了生命,但是,动植物的生命是无意识的,蒙昧不觉,尚未从自然界中分化出来,自从产生了最灵最贵的人类,有了主体性的意识,这个世界才起了质的变化,变成为一个包括天地人三才在内的完整的世界,以能观之心观所观之物的认识活动才能够进行。因此,主客分立既是认识活动的历史的前提,也是逻辑的前提,没有这种分立,就谈不上观物。但是,主客分立的最后的归宿应该是主客合一,否则,就会形成错误的认识,歪曲事物的真相。邵雍认为,如何做到主客合一从而形成正确的认识,反映事物的真相,决定的因素在主体而不在客体。以铜镜为喻,精致的铜镜使物无隐形,凸凹不平的铜镜则使物发生变形。按照这个看法,所以邵雍的观物的思想,重点是研究如何纠正主体所常犯的错误,使之如其所观,做到主客合一。他指出:

> 夫所以谓之观物者,非观之以目而观之以心也,非观之以心而观之以理也。(《观物内篇》)
> 以物观物,性也。以我观物,情也。性公而明,情偏而暗。
> 心为太极。人心当如止水则定,定则静,静则明。
> 先天学主乎诚,至诚可以通神明,不诚则不可以得道。
> 至理之学,非至诚不至。诚者,主性之具,无端无方者也。
> 任我则情,情则蔽,蔽则昏矣。因物则性,性则神,神则明矣。
> 为学养心,患在不由直道。去利欲,由直道,任至诚,则无所不通。天地之道直而已,当以直求之。若用智数由径以求之,是屈天地而徇人欲也,不亦难乎!
> 知之为知之,不知为不知,圣人之性也。苟不知而强知,非情而何?失性而情,则众人矣。(《观物外篇》)

照邵雍看来,人之观物有三种不同的观法,一是观之以目,二是观之以心，三是观之以理。以目观物是指用自己的感觉器官去观物，此种观法可见物之形，只能得到一些表面的感性认识。以心观物即以我观物，是指用自己主观的好恶之情去观物，此种观法可见物之情，但却受到主观的蒙蔽，昏而不明，只能得到一些片面的认识。以理观物即以物观物，是指顺应物之自然本性、尊重物之本来面目去观物，此种观法避免了偏而暗的主观成见，公而且明，可见物之性，使主体与客体合而为一。由于能观之心包括性与情，任我则情，因物则性，因而在认识活动中，失性而情，以我观物，是产生错误的根本原因，如果能够去利欲，由直道，以至诚为至性之具，使人心如同止水那样澄彻虚涵，毋意毋必毋固毋我，这就可以得到正确的认识而不犯错误。从这个角度来看，关于心性的修养是必须要讲的，由至诚以通至理也是必须要强调的，但是，邵雍所谓的"养心""至诚"，主要是着重于理性的认识，而不是道德的修养。他的目的在于窥开物理，照破人情，把人文的价值理想建立在对天地万物自然之理的客观的认识基础之上。邵雍的这个思想把认识论的问题提到如此重要的地位，不仅在理学中显得独树一帜，在整个中国哲学史上也是极为罕见的。

四、宇宙意识与人文情怀

邵雍曾说："学不至于乐，不可谓之学。""若得天理真乐，何书不可读？何坚不可破？何理不可精？"（《观物外篇》）他把自己的寓所命名为"安乐窝"，自号"安乐先生"，认为自己毕生所从事的学术研究就在于追求这种天理真乐。乐是一种美感的体验，精神的享受，一种由"穷理尽性以至于命"所达到的主客合一的心理境界。中国的文化提倡"为己之学"，把学道、修道、得道、行道看做是同一件事，以追求这种自家受用的乐的境界作为普遍的价值取向，但是，由于各家各派所遵循的路径不同，其所达到的境界的内涵也有很大的差异。王国维在《人间词话》中从美学的角度把境界区分为"有我之境"与"无我之境"。"有我之境，以我观物，故物皆著我之色彩。无我之境，以物观物，故不知何者为我，何者为物。"一般说来，道家对乐的追求，倾向于以物观物的"无我之境"，儒家则反之，倾向于以我观物的"有我之境"。所谓无我之境并非完全无我,彻底排除人的主观,只是使主观消融于客观之中,符合于对象之自然,如同庄子所说的"畸于人而侔于天","乃入于寥天一"。所谓有我之境也并非完全无物,彻底排除客观的对象,只是使客观消融于主观之中,符合于人所创造的价值理想,如同孟子所说的"万物皆备于我矣,反身而诚,乐莫大焉"。无我之境的乐,重在求真,是一种通过理性的认识所获得的美感体验。有我之境的乐,重在求善,是一种通过道德的修养所获得的美感体验。此二者虽然同是精神的享受,心理的境界,属于美感的范畴,但其哲学的内涵却不相同,一为求真的理智之美,一为求善的伦理之美。用邵雍的话来说,求真的理智之美可称为"观物之乐",求善的伦理之美可称为"名教之乐"。在北宋五子中,除了邵雍以外,其他四人都把追求名教之乐置于首位。比如周敦颐首先提出了"寻孔颜乐处,所乐何事"的问题,二程受学于周敦颐,也把这个问题作为探索的重点。张载少喜谈兵,范仲淹教导他"儒者自有名教可乐,何事于兵"?于是扭转了学术的方向,着重于追求名教之乐。唯独邵雍与众不同,持有异议,明确断言名教之乐比不上观物之乐,主张把观物之乐置于首位来统率名教之乐。他的这种做法在理学家中颇有微辞。朱熹对他的批评是具有代表性的。朱熹指出:

> 康节之学,其骨髓在《皇极经世》,其花草便是诗。直卿云:"其诗多说闲静乐底意思,太煞把做事了。"曰:"这个未说圣人,只颜子之乐亦不恁地。看他诗,篇篇只管说乐,次第乐得来厌了。圣人得底如吃饭相似,只饱而已。他却如吃酒。"又曰:"他都是有个自私自利底意思,所以明道有'要之不可以治天下国家'之说。"
>
> 邵尧夫六十岁,作《首尾吟》百三十余篇,至六七年间终。渠诗玩侮一世,只是一个"四时行焉,百物生焉"之意。(《朱子语类》卷一百)
>
> 老子窥见天下之事,却讨便宜置身于安闲之地,云清静自治。……邵康节亦有些小似他。(同上卷六十)
>
> 问:"'柳下惠不恭',是待人不恭否?"曰:"是他玩世,不把人

做人看，如'袒裼裸裎于我侧'，是已，邵尧夫正是这意思，如《皇极经世》书成，封做一卷，题云'文字上呈尧夫'。"（同上卷五十三）

朱熹的这种批评实际上是本于二程。二程指出：

> 尧夫之学，先从理上推意言象数，言天下之理，须出于四者，推到理处，曰："我得此大者，则万事由我，无有不定。"然未必有术，要之亦难以治天下国家。其为人则直是无礼不恭，惟是侮玩，虽天理亦为之侮玩。

> 尧夫诗"雪月风花未品题"，佗便把这些事，便与尧舜三代一般。此等语，自孟子后，无人曾敢如此言来，直是无端。又如言"文字上呈尧夫"，皆不恭之甚。"须信画前元有《易》，自从删后更无《诗》"，这个意思，古元未有人道来。（《河南程氏遗书》卷二上）

邵雍在理学中的地位是到了南宋时期通过朱熹的大力表彰而后才确立下来的。在《六先生画像赞》中，朱熹赞康节先生云："天挺人豪，英迈盖世。驾风鞭霆，历览无际。手探月窟，足蹑天根。闲中今古，醉里乾坤。"（《朱子大全》卷八十五）但是，朱熹又因不满于邵雍之学带有厚重的道家色调，与老子相似，无礼不恭，玩侮一世，而不列入《伊洛渊源录》，以示其学自成一家，不合于伊洛之正统。这种赞扬和贬抑的分寸是很值得玩味的。

朱熹赞扬邵雍穷阴阳造化之妙，可见他并不否定邵雍的观物之乐，只是批评邵雍过分地沉溺于其中，以至放荡无忌，失去检束，冲击了名教的礼法。就朱熹本人的价值取向而言，他是把名教之乐置于首位，企图由遵循礼法仁义的规范入手，然后逐渐提升到从容中道的境界，使之合乎自然。其《书画象自警》云："从容乎礼法之场，沉潜乎仁义之府，是予盖将有意焉而力莫能与也。佩先师之格言，奉前烈之余矩，惟暗然而日修，或庶几乎斯语。"（《朱子大全》卷八十五）由于礼法仁义源于天道，为了使之合乎天道之自然，达到孔子的那种"从心所欲不逾矩"的境界，也必须从事观物之乐的研究，以求得对阴阳造化之妙能有一个客观的理解，但是，在处理名教之乐与观物之乐、道德修养与理性认识的关系时，主从地位是不容颠倒的。照朱熹看来，邵雍恰恰是在这个根本问题上颠倒了主从地位。

理学家很讲究圣贤气象。所谓圣贤气象，指的是一种人格美，这是由人的为人为学以及言谈举止待人接物所表现出的一种总体性的特征，有如自然界之气象，可以被人们具体地感受到，并且也因其所达到的美的境界之不同，而有层次高下之分。比如说："仲尼，元气也。颜子，春生也。孟子并秋杀尽见。""仲尼，天地也。颜子，和风庆云也。孟子，泰山岩岩之气象也。""仲尼无迹，颜子微有迹，孟子其迹著。"在理学家中，占主导地位的价值取向是名教之乐，着重于人文的关怀，因而人格美的本质就在于恪守仁义中正礼法名教的规范，但是，判定其层次高下的标准，却是依据合乎自然的程度，是否具有与天地同妙的那种深沉的宇宙意识，做到浑然无迹。如果光有宇宙意识而无人文关怀，摒弃礼法名教，这就是佛老异端之所为，与儒家的圣贤全不相干。反之，如果光有人文关怀而不把自己的精神境界提到宇宙意识的高度，那就是心量偏狭，气象鄙陋，也谈不上成圣成贤。理学家对这个标准是掌握得十分严格的，并且据此纵论千古人物，作了各种各样不同的评价。比如二程和朱熹对司马光的评价是忠厚笃实，对邵雍的评价是坦夷放旷，这就是认为，他们二人虽然具有儒者的风范，其为人为学卓然自信，无所污染，但是司马光的人格美的特征表现为中庸有余而高明不足，而邵雍则表现为高明有余而中庸不足。理学以天道性命为主题，具体落实到人格的塑造和心性的修养上来，就是要正确地处理名教之乐与观物之乐之间的关系，使之结合得恰到好处，无过无不及，完全符合"极高明而道中庸"的标准，做到既有浓郁的人文情怀，又有深沉的宇宙意识。理学家所提出的这个标准陈义甚高，除了他们心目中的孔子，没有一个人能够达到。即以二程为例，也是明显地偏离了这个标准的。大程有似于邵雍而偏于高明，小程则有似于司马光而偏于中庸。《河南程氏外书》卷十一记载："邵尧夫家以墓志属明道，许之，太中（二程之父）、伊川不欲，因步月于庭。明道曰：'颢已得尧夫墓志矣。尧夫之学，可谓安且成。'太中乃许。"正是由于大程与邵雍之学息息相通，所以他对邵雍所追求的观物之乐赞赏备至，并作诗多首与邵雍相唱和，与小程、朱熹的那种意存贬抑的表现迥然不同。其《和尧夫首尾吟》云：

> 先生非是爱吟诗，为要形容自乐时。醉里乾坤都寓物，闲来风月更输谁。死生有命人何与，消长随时我不悲。直到希夷无事处，先生非是爱吟诗。

其《和邵尧夫打乖吟二首》云：

> 打乖非是要安身，道大方能混世尘。陋巷一生颜氏乐，清风千古伯夷贫。客求墨妙多携卷，天为诗豪剩借春。尽把笑谈亲俗子，德容犹足畏乡人。
>
> 圣贤事业本经纶，肯为巢由继后尘？三币未回伊尹志，万钟难换子舆贫。且因经世藏千古，已占西轩度十春。时止时行皆有命，先生不是打乖人。

在脍炙人口的名篇《秋日偶成》中，程颢表述了与邵雍完全相同的以观物之乐来统率名教之乐的心态。其诗云：

> 闲来无事不从容，睡觉东窗日已红。万物静观皆自得，四时佳兴与人同。道通天地有形外，思入风云变态中。富贵不淫贫贱乐，男儿到此是豪雄。(《河南程氏文集》卷三)

由此看来，理学家对乐的追求，表现了两种不同的思路，其所达到的境界也具有两种不同的内涵，尽管他们全都致力于有机地结合，却总是免不了或有所偏，有的偏于求真的宇宙意识，有的则偏于求善的人文情怀。究竟何以会产生这种现象，二程曾提出了一种解释，认为这是由于各人的天资不同，与后天的学问无关。《河南程氏遗书》卷二上记二先生语："君实之能忠孝诚实，只是天资，学则元不知学。尧夫之坦夷，无思虑纷扰之患，亦只是天资自美尔，皆非学之功也。"这种解释过于简单，其实后天的学问也是很重要的，涉及中国哲学史上长期存在的儒道两家的种种同异分合的复杂关系，偏于道者倾向于以物观物，偏于儒者则倾向于以我观物。易学的本质在于儒道互补。《周易·系辞》有云："乐天知命，故不忧。安土敦乎仁，故能爱。"看来这是一种最全面而无弊病的安身立命之道，但在处理二者的关系时，仍然免不了要选择不同的思路，有的是由乐天知命的宇宙意识而落实到仁爱之心的人文情怀，有的则是立足于仁爱之心的人文情怀而后使之提升到乐天知命的宇宙意识的高度。也许人类的哲学思维永远也无法把二者结合得恰到好处，做到两全其美，但是，如果我们现代人能够超越古人的那种学派门户之见，用《周易》所倡导的"一致而百虑、殊途而同归"的宽容的心态来看待理学中的这两种倾向，应当承认，此二者并无高下优劣之分，都对提高人的精神境界、塑造人格之美提供了有益的启示，切不可厚此而薄彼，用一种倾向去反对另一种倾向。朱熹是理学的集大成者，识见高超，也表现了这种宽容的心态，虽然对邵雍有一些批评，同时也承认他的人格之美难以企及，并且为《近思录》未曾收录他的一些精彩的思想而感到很大的遗憾。比如朱熹指出：

> 问："近日学者有厌拘检，乐舒放，恶精详，喜简便者，皆欲慕邵尧夫之为人。"曰："邵子这道理，岂易及哉！他腹里有这个字，能包括宇宙，终始古今，如何不做得大？放得下？今人却恃个甚后敢如此！"因诵其诗云："'日月星辰高照耀，皇王帝伯大铺舒。'可谓人豪矣！"
>
> 康节煞有好说话，《近思录》不曾取入。近看《文鉴》编康节诗，不知怎生"天向一中分造化，人于心上起经纶"底诗却不编入。（《朱子语类》卷一百）

《周易·系辞》曾说："范围天地之化而不过，曲成万物而不遗。"《中庸》亦有"致广大而尽精微"之语。这是以宇宙大全为对象致力于理性认识所追求的最高目标。朱熹称邵雍之学"能包括宇宙，终始古今"，这也就是最高的赞扬了。邵雍认为，他的先天之学目的在于窥见天地之心，穷尽万物之理，以求得对宇宙大全能有一种全面的客观的理性认识，如果有了这种认识，就得到了"天理真乐"，可以培养身心，修炼性命，把个体的生命提升到与造化一般的境界，无往而不自得。《观物外篇》说：

> 能循天理动者，造化在我也。得天理者，不独润身，亦能润心，至于性命亦润。循理则为常，理之外则为异矣。

所谓"造化在我"，是指以个体之心而能包括宇宙的一种心理状态，也就是宇宙意识。动物谈不上有什么宇宙意识，世人之心止于闻见之狭，也不可能有宇宙意识。张载曾说："大其心则能体天下之物，物有未体，则心为有外。"（《正蒙·大心篇》）大是个动词，是指对个体局限的一种不断的超越，对偏狭心量的一种不断的扩大，只有当超越扩大到了"无外"的极限，能够把整个的宇宙都装进自己的心内，这才上升到宇宙意识的高度。照邵雍看来，他所具有的宇宙意识是通过对先天之学、画前之《易》的研究而后获得的。其《观易吟》云：

> 一物其来有一身，一身还有一乾坤。能知万物备于我，肯把三才别立根。天向一中分体用，人于心上起经纶。天人焉有两般义，道不虚行只在人。（《伊川击壤集》卷十五）

其《宇宙吟》云：

> 宇宙在乎手，万物在乎身。绵绵而若存，用之岂有勤。（《伊川击壤集》卷十六）

其《冬至吟》云：

> 冬至子之半，天心无改移。一阳初起处，万物未生时。玄酒味方淡，大音声正希。此言如不信，更请问庖牺。（《伊川击壤集》卷十八）

这种宇宙意识可以表述为一种先天象数的概念系统，也可以表述为一种抒发性情的心理的感受。前者是哲学，后者是诗。中国的哲人都普遍地具有诗人的气质，在邵雍的身上表现得尤其明显。朱熹曾指出，"康节之学，其骨髓在《皇极经世》，其花草便是诗"。魏了翁也指出："邵子平生之书，其心术之精微在《皇极经世》，其宣寄情意在《击壤集》。"这种哲学与诗的结合以及二者之间的良性的互动，塑造了邵雍的完整的人格。如果只知其哲学而不知其诗，便是不知其为人，如果只知其诗而不知其哲学，便是不知其为学。中国的文化追求为人与为学的统一，从来不把纯粹理性与实践理性割裂为二元，只有合而观之，才能窥见一个完整的人格之美。邵雍在洛阳城中筑安乐窝，在那个政治风云诡谲变幻的时代，过了数十年悠闲自得的隐居生活，他认为平生引以自豪的是做了两件事，一件是写了一部《皇极经世》的哲学书，再一件是编了一部《击壤集》的诗集。其《安乐窝中吟》云：

> 安乐窝中事事无，唯存一卷伏羲书，倦时就枕不必睡，忺后携筇任所趋。准备点茶收露水，提防合药种鱼苏。苟非先圣开蒙吝，几作人间浅丈夫。
>
> 安乐窝中弄旧编，旧编将绝又重联。灯前烛下三千日，水畔花间二十年。有主山河难占籍，无争风月任收权。闲吟闲咏人休问，此个功夫世不传。（《伊川击壤集》卷十）

由于做成了这两件事，所以他拥有了极大的精神财富，可以尽情地去享受。尽管他在物质生活上一贫如洗，难以在有主的山河之中占有一席之地，但是心中却装下了整个的宇宙，自然界的无边的风月可以听任他去自由地品评，活得像个神仙。用希腊哲学家伊壁鸠鲁的话来形容，这就是"像一尊神似地活着"。其《尧夫何所有》云：

> 尧夫何所有，一色得天和。夏住长生洞，冬居安乐窝。莺花供放适，风月助吟哦。窃料人间乐，无如我最多。（《伊川击壤集》卷十三）

在邵雍的精神财富中，除了"包括宇宙"以外，还有着"终始古今"的内容，这就是他在《安乐窝中一部书》中所吟唱的，"日月星辰高照耀，皇王帝伯大铺舒"。如果他的心中仅仅装下了一个无生命的物理世界，一个只有风花雪月而没有人文价值的世界，朱熹是决不会赞扬他为"人豪"的。就邵雍的易学思想体系而言，其太极一元的整体观是由自然哲学与历史哲学两个不可或缺的部分所共同组成，因而物理世界与人文世界都是他所关注的对象，在他的心中必然同时装着这两个世界。但是，从宇宙演化的角度来看，由于经历了"天开于子，地辟于丑，人生于寅"三个不同的阶段，客观上所呈现的事实是先有宇宙的自然史，然后才有人类的文明史，所以邵雍也就遵循这种演化的程序，由对物理世界的研究过渡到对人文世界的研究。照邵雍看来，虽然这两个世界皆本于太极一元之道，但是唐尧以前为先天，唐尧以后为后天，先天明自然之体，后天入人事之用，因而由他心中所同时装着的这两个世界所引发出的心理感受是不相同的，一个是"阒其无人"而与天地同妙的深沉的宇宙意识，一个是与人群的价值理想息息相通的浓郁的人文情怀。邵雍在《为人吟》中曾说："为人须是与人群，不与人群不尽人。大舜与人焉有异，帝尧亲族亦推伦。"（卷十九）这种人文情怀是他投射到历史研究上的一种感情的色调，如果说他的宇宙意识有似于道家，这种人文情怀就有似于儒家了。

邵雍通过对人文世界的研究，培养了一种伟大的历史感，他把自己整个地投入了历史，也把历史整个地纳入了自己的心中。其《皇极经世一元吟》云：

> 且以一元言，其理尚可识。一十有二万，九千余六百。中间三千年，迄今之陈迹。治乱与废兴，著见于方策。吾能一贯之，皆如身所历。（《伊川击壤集》卷十三）

这就是认为，在一元之数的大化流行中，人类的文明史只有短短的三千年，其载入史册的种种的治乱与废兴虽然看来已属过去了的陈迹，但却全部活在他的心中，如同亲身经历一般。这是因为，后之视今，犹今之视昔，古与今并无截然划分的界限，以今观古谓之古，以古自观，则古亦谓之今，历史是由人所创造的，站在人本的立场从活生生的人的角度来看，一切真正的历史都是现代的历史，只要扩大自己的心量，把握"皇王帝伯大铺舒"的一以贯之的历史发展规律，就可以以一心观万心，以一世观万世，使已经死去的历史重新复活，纳入自己的心中。根据这个观点，邵雍批评了那些见事而不见人的历史著录家，称之为"史笔"，而提倡一种立足于人文价值理想恢复历史真相的体裁，称之为"诗史"。其《诗史吟》云：

> 史笔善记事，长于炫其文。文胜则实丧，徒增口云云。诗史善记事，长于造其真。真胜则华去，非如目纷纷。天下非一事，天下非一人。天下非一物，天下非一身。皇王帝伯时，其人长如存。百千万亿年，其事长如新。可以辨庶政，可以齐黎民。可以述祖考，可以训子孙。可以尊万乘，可以严三军。可以进讽谏，可以扬功勋。可以移风俗，可以厚人伦。可以美教化，可以和疏亲。可以正夫妇，可以明君臣。可以赞天地，可以感鬼神。规人何切切，诲人何谆谆。（《伊川击壤集》卷十八）

邵雍的这个思想与司马光是很相似的。司马光作《资治通鉴》，总结历代治乱兴衰之迹，使后世的君主鉴于往事，有资于治道，也是打破古与今的界限，把一切过去的历史都看成是现代史。在《迂书·辨庸》中，司马光指出："古之天地有以异于今乎？古之万物有以异于今乎？古之性情有以异于今乎？天地不易也，日月无变也，万物自若也，性情如故也，道何为而独变哉！"司马光的这种"天不变道亦不变"的思想，主要是强调以孝慈仁义忠信礼乐为内容的文化价值理想古今无变。邵雍也是如此，强调历史并没有死去，"其人长如存"，"其事长如新"，蕴含着一种现代的意义，给后人启示一种人文的价值，这种人文的价值是古今无变的。关于对历史上的治乱兴衰的解释，他们二人也是很相似的。在《观物内篇》中，邵雍指出：

至于三代之世治，未有不治人伦之为道也。三代之世乱，未有不乱人伦之为道也。后世之慕三代之治世者，未有不正人伦者也。后世之慕三代之乱世者，未有不乱人伦者也。自三代而下，汉唐为盛，未有不由治而兴，由乱而亡，况其不盛于汉唐者乎！其兴也，又未始不由君道盛，父道盛，夫道盛，君子之道盛，中国之道盛。其亡也，又未始不由臣道盛，子道盛，妻道盛，小人之道盛，夷狄之道盛。噫！二道对行，何故治世少而乱世多邪？君子少而小人多邪？曰：岂不知阳一而阴二乎！

　　这最后的一句话表现了邵雍在历史的客观规律面前无可奈何的消极情绪，与司马光微有差别。虽然如此，邵雍仍然是本着儒家的人文情怀，强调积极地发挥后天的人事之用，坚持人伦规范，尽最大的可能来实现儒家的名教理想。在《击壤集》中，他反复表述这种心态。其《先天吟》云：

　　先天事业有谁为，为者如何告者谁。若谓先天言可告，君臣父子外何归。眼前伎俩人皆晓，心上功夫世莫知。天地与身皆易地，己身殊不异庖牺。（《伊川击壤集》卷十九）

其《天人吟》云：

　　羲轩尧舜虽难复，汤武桓文尚可循。事既不同时又异，也由天道也由人。（《伊川击壤集》卷十三）

　　所谓儒家的名教理想，并不仅仅是一种局限于个人修养的道德理想，其含义要宽泛得多，包括成己成人、内圣外王诸多方面，实质上是一种社会理想。照儒家看来，人不能脱离人群而孤立地生存，本质上是一种社会的动物，因而个人的休戚穷达是与整个社会血肉相连的，只有当整个社会臻于太平盛世，才有个人的安乐可言。这就是儒家的人文关怀，也是所有儒家的共识。邵雍当然也不会例外。其《太平吟》云：

老者得其养，幼者得其仰，劳者得其饷，死者得其葬。(《伊川击壤集》卷十三)

其《安乐窝铭》云：

安莫安于王政平，乐莫乐于年谷登。王政不平年不登，窝中何由得康宁。(《伊川击壤集》卷十三)

其《民情吟》云：

民情既乐,和气为祥。民情既忧,庆气为殃。祥为雨露,天下丰穰。殃为水旱,天下凶荒。(《伊川击壤集》卷十六)

其《君子饮酒吟》云：

父慈子孝,兄友弟恭。家给人足,时和岁丰。筋骸康健,里闬乐从。君子饮酒,其乐无穷。(《伊川击壤集》卷十六)

由此看来，在邵雍的精神境界中，宇宙意识与人文情怀错综交织，形成一种奇妙的结合，其所塑造的人格之美也具有丰富的内涵，不可执一而论，以偏概全。但是，就其所表现出的个性特征与主导倾向而言，仍然是高明有余而中庸不足，道家的色调要重于儒家的色调，这是与他在为人为学上的自觉的选择分不开的。邵雍之学本来就是源于道教的传授系统，这对他的学术思想影响极大，毕生潜心于先天之学的研究，致力于以先天统率后天，因而他把观物之乐置于名教之乐之上，自是顺理成章。在为人方面，邵雍多次拒绝朝廷的征召，以避免卷入政治斗争的漩涡，选择了隐居不仕的人生道路，这也使得他对道家的老庄情有独钟。他曾作诗多首表明了这种心态。其《谢富丞相招出仕二首》云：

相招多谢不相遗，将谓胸中有所施。若进岂能禁吏责，既闲安用
更名为。愿同巢许称臣日，甘老唐虞比屋时。满眼清贤在朝列，病夫
无以系安危。

欲遂终焉老闲计，未知天意果如何。几重轩冕酬身贵，得似云山
到眼多。好景未尝无兴咏，壮心都已入消磨。鹓鸿自有江湖乐，安用
区区设网罗。（《伊川击壤集》卷二）

其《诏三下答乡人不起之意》云：

生平不作皱眉事，天下应无切齿人。断送落花安用雨，装添旧物
岂须春。幸逢尧舜为真主，且放巢由作外臣。六十病夫宜揣分，监司
无用苦开陈。（《伊川击壤集》卷七）

其《川上观鱼》云：

天气冷涵秋，川长鱼正游。虽知能避网，犹恐误吞钩。已绝登门望，
曾无点额忧。因思濠上乐，旷达是庄周。（《伊川击壤集》卷四）

邵雍仰慕庄子的旷达，所谓旷达，就是站在宇宙意识的高度俯瞰人生，
做到超然物外，同于大通，安时处顺，乐天知命。这个境界是很难达到的。
当年苏轼曾毕生追求这个境界而终不可得，慨叹说，"长恨此身非我有，何
时忘却营营"。现在邵雍不仅达到了这个境界，并且使之内在化为一种人格
之美的本质特征，所以自然而然产生了一种巨大的感召力，赢得了司马光、
富弼之流在政治上受到打击的名公巨卿们的赏识。但是邵雍毕竟不同于庄
子，他是一个儒道兼综的人物，虽旷达而仍有执着的人文情怀，在他的心
中不仅装下了整个的宇宙，也装下了整个的历史，他的先天之学看来是虚
而不实，有如空中楼阁，实质上却是一种内圣外王之道，蕴含着丰富的社
会历史内容。这种复杂的性格就避免不了矛盾，正如熊勿轩《祀典议》所说，
"其志直欲以道经世，而自处盖欲作雍熙泰和以上人物"（见《百源学案》

附录）。这么说来，他既不愿参与实际的政治斗争去从事经世的事业，又不能忘却人文的关怀，遗世而独立，究竟如何来打发那闲静悠长的岁月呢？看来唯一可做的事就是在他的安乐窝中日以继夜地去写他的《皇极经世》，编他的《击壤集》了。他在不断地思考，紧张地探索，他要把自己思考探索的成果转化为哲学和诗的语言，用来填补古人的阙典，塑造自己的人格。其《首尾吟》云：

> 尧夫非是爱吟诗，为见圣贤兴有时。日月星辰尧则了，江河淮济禹平之，皇王帝伯经褒贬，雪月风花未品题。岂谓古人无阙典，尧夫非是爱吟诗。
>
> 尧夫非是爱吟诗，为见兴衰各有时。天地全功须发露，朝廷盛美在施为。便都默默奈何见，若不云云那得知。事在目前人不虑，尧夫非是爱吟诗。

朱熹曾批评邵雍自私自利，有杨朱为我之意。实际上，邵雍所从事的是"经国之大业，不朽之盛事"，他把自己对宇宙的体悟、对人生的感受一一笔之于书，变为一种语言的存在，传之后世，创造了理性思维的英雄业绩，他在哲学上所作的贡献是决不可低估的。

第十三章　张载的易学

一、张载易学的特色

张载的学术思想经历了几次大的转折，而最后归宗于《周易》，正是由于通过对《周易》的潜心研究，创建了一个完整的易学体系，所以才奠定了他在理学中的不可动摇的地位。《宋史·道学传》记载：

> 张载字子厚，长安人。少喜谈兵，至欲结客取洮西之地。年二十一，以书谒范仲淹，一见知其远器，乃警之曰："儒者自有名教可乐，何事于兵。"因劝读《中庸》。载读其书，犹以为未足，又访诸释老，累年究极其说，知无所得，反而求之六经。尝坐虎皮讲《易》京师，听从者甚众。
>
> 其学尊礼贵德，乐天安命。以《易》为宗，以《中庸》为体，以孔孟为法。

张载的易学著作除了早年写成的《横渠易说》以外，还包括晚年写成的《正蒙》。王夫之在《张子正蒙注·序论》中指出，张载的全部的哲学思想都是以《周易》为依据建立起来的，其《正蒙》"揭阴阳之固有，屈伸之

必然"，"上承孔孟之志，下救来兹之失"，皆本于易学的基本原理。他说：

> 张子之学，无非《易》也，即无非《诗》之志，《书》之事，《礼》之节，《乐》之和，《春秋》之大法也，《论》、《孟》之要归也。……而张子言无非《易》，立天立地立人，反经研几，精义存神，以纲维三才，贞生而安死，则往圣之传，非张子其孰与归！

张载青年时期，开始是关心边防军事，以功名自许，追求攘患保民的外王事业，热衷于经世之学的研究。范仲淹一见知其远器，劝他读《中庸》去探索名教之乐，于是张载的学术思想发生了一次根本性的转折，由追求外王事业转向于追求内圣修养，由经世之学转向于心性之学。《中庸》是儒家的经典，其中所说的"天命之谓性，率性之谓道"，是儒家关于心性之学的基本命题，但是张载读了以后，却感到不能满足，又访诸释老，企图改换门庭从佛道二教中去寻找有关心性修养的学问。这是张载的学术思想所发生的第二次的转折。经过多年的研究，究极其说，对佛道二教的心性之学有了全面深入的了解，但是毫无收获，不能解答自己所关心的名教之乐的问题，于是又回到儒家的立场上来，反而求之六经，终于在《周易》中找到了答案。这第三次的转折既是张载的思想探索的最后的归宿，也是他的学术研究的真正的起点。吕大临《横渠先生行状》记载："先生嘉祐二年登进士第。"此时张载三十八岁，在京师开封主讲《周易》，约在此时，表明他的思想已经成熟，形成了一个"以《易》为宗，以《中庸》为体"的理论框架，以后的工作就是去进一步的丰富和完善了。

张载的这种学术经历，曲折坎坷，绕了一个圆圈，有似于黑格尔所说的正、反、合的三阶段。依据儒家的经典来探索名教之乐，这是正题。离开儒家的经典而访诸释老，这是反题。最后又回到儒家的经典，感到"吾道自足，何事旁求"，使探索取得成功，这是合题。其中第二阶段的反题最为重要，如果没有反题，就没有合题，同时也就形成不了理学。北宋五子的理学思想都是经历了这三个阶段而后才形成的，无一例外。程颐在《明道先生行状》中指出："先生为学，自十五六时，闻汝南周茂叔论道，遂厌科举之业,慨然有求道之志。未知其要,泛滥于诸家,出入于老释者几十年,返求诸六经而后得之。"这和张载的经历是完全一样的。

理学家的这种曲折的经历以浓缩的形式反映了儒学自先秦以迄于宋代的历史发展的基本线索,蕴含着理学产生的秘密,我们可以从中提出一系列的问题来追问。第一,就儒家的名教理想而言,早在先秦时期就已经由孔孟勾勒了一个完整的轮廓,并且写成白纸黑字凝结而为经典,为什么理学家认真钻研了这些经典却普遍地感到不能满足,抓不住要领?究竟孔孟儒学存在着哪些缺陷不能满足他们的需要?第二,就意识形态方面而言,既然理学家一开始就认同于儒家的名教理想,明知佛道为异端,为什么他们一定要离经叛道,改换门庭,甘心去接受异端的洗礼?究竟佛道二教有哪些高于孔孟儒学的思想引起他们如此热情的关注?第三,从他们最终所创建的理学体系来看,一方面是纯粹不杂,继承了道统,同于孔孟儒学,另一方面又增添了许多新的内容,"有六经之所未载,圣人之所不言",异于孔孟儒学,那么,同的是什么?异的又是什么?为什么他们只有经过佛道思想多年的熏陶,反而求诸六经,才能恍然大悟,重新找到那业已失之交臂的道统?为什么在找到了道统以后,对佛道二教的态度,周敦颐、邵雍比较宽容,张载、二程则持严厉批判的立场,表现得很不相同?诸如此类的问题饶有兴味,也很难回答,弄清这些问题,有助于准确地把握理学的主题,全面地理解新儒学之"新"究竟新在何处的真正的含义,同时也可以依据他们给孔孟儒学所增添的理一分殊的新内容,来区分各人的个性,确定各人的理论特色。

理学家都是围绕着探索名教之乐这个核心问题而展开他们的学术活动的,这个核心问题贯穿于他们所经历的正、反、合三阶段的全过程。所谓名教,不仅是指儒家的一套以名为教的伦理思想和价值规范,主要是指一种政治伦理的制度,一种由长期的历史发展所形成的以儒学为主流的文化实体,也就是人人必须生活于其中的现实的社会。因而所谓名教之乐,也不仅是指对儒家思想的一种主观上的认同,一种局限于个人心理内省的精神境界,而主要是指对现实社会的认同,对文化实体中奉为人伦日用之常的价值理想的认同,强调把外在的价值理想转化为内在的人格追求,把社会的安乐幸福当做个人的安乐幸福。范仲淹的名言，"先天下之忧而忧，后天下之乐而乐"，对何为名教之乐作了很好的诠释。孔子所说的由"修己以敬"扩展到"修己以安百姓"，孟子所说的"亲亲而仁民，仁民而爱物"，也是对何为名教之乐的一种阐述。从这个界定来看，所谓名教之乐，实质上就是一种统一的内圣外王之道，心性之学与经世之学的有机的结合。如果人们对这一套学问不仅有理智的了解，而且有情感的满足，可以动我的心，怡我的情，养我的性，并且笃实践履，用以立身处事，成己成人，从中得到一种很高的精神享受，这就是名教之乐了。孔子反对那种脱离社会单纯追求个人之乐的隐士，孟子反对那种缺乏担待意识而与社会同流合污的乡原，这是通过反面的例证来为名教之乐定位。因此，所谓名教之乐，也就是儒家所倡导的一种安身立命之道，一种洋溢着人文关怀合理地处理个人与社会、内在与外在关系的积极进取的人生观。人生观是建立在世界观的基础之上的，必须有一整套的哲学思想为依托。孔孟把这种人生观提到天命论的哲学高度来进行论证，发展到《中庸》，就提炼成为三个经典性的命题："天命之谓性，率性之谓道，修道之谓教。"第一个命题讲世界观，第二个命题讲人生观，合起来就是有关内圣心性之学的全部内容。第三个命题是讲由内圣开出外王，由心性修养扩展到经世致用。这三个命题是紧密联系，不可分割的。儒家绝不满足于只讲内圣而不讲外王，始终是强调"博施于民而能济众"的外王事业是儒家所追求的最高理想。《大学》的三纲领，即"明明德""亲民""止于至善"，说的也是这个统一的内圣外王之道。先秦时期，杨墨两家曾向儒家的这种名教理想发起过挑战，杨朱为我，是向儒家的社会伦理挑战，墨翟兼爱，是向儒家的家族伦理挑战，但是，这种挑战的形势并不严峻，对儒学构不成什么威胁。直到汉魏以后，情况才发生了变化。在这个时期，佛道二教兴起，各自提出了一套系统的世界观和人生观征服了人心，于是儒学的地位就变得岌岌可危了。新儒学之所以要增添一些新的内容而有异于孔孟的儒学，就是为了回应佛道二教的挑战，把名教理想提到向上一路，重新作出哲学论证，理有固然，势所必至，不得不如此的。王夫之在《张子正蒙注》的序论中解释说：

特在孟子之世，杨墨虽盈天下，而儒者犹不屑曲吾道以证其邪，故可引而不发以需其自得。而自汉魏以降，儒者无所不淫，苟不抉其跃如之藏，则志之摇摇者，差之黍米而已背之霄壤矣，此《正蒙》之所由不得不异也。

　　照理学家看来，"周公没，圣人之道不行，孟轲死，圣人之学不传"，自孟子以后的一千四百年的历史，学绝道丧，儒学的发展形成了严重的断层现象。王夫之的解释也是据此而立论的。这种看法虽然偏颇，却也道出了一部分历史的真相。就实际的历史情况而言，儒学的发展在此期间并没有中断，仍然是中国文化的主流，支配着人们的外在的生活，包括政治伦理典章制度以及行为规范诸多方面，只是在心性之学与经世之学的贯通协调上处理不当，畸轻畸重，失去平衡，破坏了统一的内圣外王之道，造成了不应有的缺陷。人们为了从事礼法名教社会的建设，太忙碌于现实，关注外在的事功，而无暇转向内心，回复到自身，去从事心性之学的研究，以致在这个领域毫无建树，被佛道二教所占领，取代了儒学的地位，这确是一个不争的事实。

　　儒学的发展偏于外王而忽视内圣，是从汉代开始的。汉代的经学普遍地表现为一种外向型的现实主义的品格，缺乏高层次的理论兴趣，片面地强调通经的目的就是为了致用，所谓"以《禹贡》治河，以《洪范》察变，以《春秋》决狱，以三百五篇当谏书"（皮锡瑞语）。在那个时代，儒学独尊的局面业已确立，幅员辽阔气魄雄浑的统一帝国有如旭日初升，正在大力地召唤经师们去经世致用，建功立业，人们的安身立命之道用不着退回到个人的内心世界中去寻找，而要在外在的现实世界的事功中去寻找，在功名利禄中去寻找。因此，尽管汉代的经学发展形成了一套庞大而严谨的章句之学的体系，却没有给人们提供一种可以作为精神支柱的世界观和人生观，也没有给人们启示一种下学而上达的成圣成贤之方。就这一点来说，蕴含于孔孟儒学中的许多关于塑造理想人格的重要内容确实是早在汉代就已经失传了。如果外在的现实世界是一个稳定的世界，一个可以通过现实的操作来进行调整的世界，儒学的这种缺陷还不至于显露出危机，动摇人们对儒学本身的信念。一当礼法名教社会产生了严重的异化，追求外在事功的道路被堵塞，迫使人们不得不退回到内心世界去寻找精神支柱，这才真正显露出危机，造成如同王夫之所说的那种"儒者无所不淫"的情况。既然儒者在儒学中找不到一个稳妥的安身立命之道，就只好改换门庭，去找异端思想来填补自己精神上的空虚了，这就使得他们的信念动摇，价值失落，人格发生了分裂。生活于安顺之世的经学大师马融就是一个典型的例证。《后汉书·马融传》记载：

> 永初二年，大将军邓骘闻融名，召为舍人，非其好也，遂不应命，客于凉州武都、汉阳界中。会羌虏飚起，边方扰乱，米谷踊贵，自关以西，道殣相望。融既饥困，乃悔而叹息，谓其友人曰："古人有言，左手据天下之图，右手刿其喉，愚夫不为。所以然者，生贵于天下也。今以曲俗咫尺之羞，灭无赀之躯，殆非老庄所谓也。"故往应骘召。

由于汉代经学忽视心性之学的研究，破坏了孔孟儒学中的统一的内圣外王之道，这就为尔后佛道二教的兴起准备了条件，实际上等于是自动地让出一片有关世界观和人生观的广阔的精神空间，以便佛道二教去自由地占领。从魏晋到隋唐这一段历史时期，佛道二教向儒学所发起的挑战，主要不是针对着经世之学，而是集中在心性之学的领域。佛道二教作为一种出世的宗教，本来就无意于从事什么外王事业，而只是关心如何通过心性修养来成佛成仙，如何遗弃社会人伦来追求个人的安乐幸福。因此，在与儒学互争雄长的斗争中，佛道二教并不存有把儒学完全取而代之的那种雄心壮志，只是企图分裂割据，做一方的诸侯，来占领心性之学的领域。历史证明，他们的这种乘虚而入的战略是成功的，后来逐渐形成的三教鼎立，确实就是这样一种分裂割据的局面。儒学在佛道咄咄逼人的攻势面前节节败退，所保留的阵地就只剩下经学了。这种经学大体上仍然沿袭汉代的那种传统模式，虽然可以为外在的社会秩序和行为准则提供经义上的依据，却不能给人们指出一条与佛道相抗衡的精神出路。唐代的儒者普遍地"出入于老释"，视为当然，蔚为风尚，就是由于儒学发展本身的这种缺陷所造成的。值得注意的是，他们并不认为这是对儒学的背叛，而是心悦诚服地承认佛道（主要是佛教）的理论比儒学高明，可以从中得到智慧的启迪，精神的享受，也能帮助他们去更好地读懂儒家的经典。刘禹锡表述他读《中庸》的感受就是一个典型的例证。他说：

> 曩予习《礼》之《中庸》，至"不勉而中，不思而得"，悚然知圣人之德，学以至于无学。然而斯言也，犹示行者以室庐之奥尔，求其径术而布武，未易得也。晚读佛书，见大雄念物之普，级宝山而梯之，高揭慧火，巧镕恶见，广疏便门，旁束邪径，其所证入，如舟沿川，未始念于前而日远矣，夫何勉而思之邪？是余知突奥于《中庸》，启键关于内典，会而归之，犹初心也。（《刘梦得集》卷七《赠别君素上人》）

刘禹锡的这种坦诚的表述具有很大的代表性，值得仔细玩味，是极为珍贵的思想史的资料，我们也可以据此来推想数百年后的北宋五子为什么要"出入于老释"的原因。比较起来，刘禹锡的感受大致相当于张载由正题转入反题时的感受，只是一直停留于反题阶段，乐而忘返，入而不出，未能由反题转入合题。就刘禹锡的"初心"而言，和张载一样，都是认同于儒家的名教理想。张载听从范仲淹的劝告，企图通过研读《中庸》来探索名教之乐，刘禹锡也是企图通过研读《中庸》来探索"圣人之德"。但是，读来读去，却是"以为未足"，"未知其要"，始终没有读懂。其所以如此，据刘禹锡的说法，是因为《中庸》虽然树立了一个"圣人之德"的理想目标，却没有指出一条登堂入室的具体途径，结果这个目标就变得高不可攀，使人望而生畏，产生一种震惊恐惧的"悚然"之感。这种感受是非常真实的，也是一种历史的证据，说明与佛教的那一套系统完备的心性之学相比，不仅汉唐经学存在着严重的缺陷，连孔孟儒学也是相形见绌了。在这种情况下，一些儒者为了满足自己的高层次的精神需要，也为了更好地读懂《中庸》，去体会证悟那种"不勉而中，不思而得"的圣人境界，跑到佛教那里去学习有关心性修养的理论和方法，援佛入儒，弥补儒学本身的缺陷，以实现自己的"初心"，是完全可以理解的。虽然如此，他们仍然是地地道道

的儒家，并没有因此而变成虔诚的佛教徒。刘禹锡曾为自己的这种会通儒佛的做法作了辩解，他接着指出：

> 不知余者，诮予困而后援佛，谓道有二焉。夫悟不因人，在心而已，其证也，犹喑人之享大牢，信知其味而不能形于言以闻于耳也。口耳之间兼寸耳，尚不可使闻，他人之不吾知宜矣。（同上）

刘禹锡自认为他从佛教那里找到了启迪，证悟了圣人境界，读懂了《中庸》。所谓"知突奥于《中庸》，启键关于内典"，突奥是目的，键关是手段，目的是儒家的，手段是佛教的，把这二者会而通之，就可以得到一种证悟，而这种证悟就像哑巴吃太牢一样，只可意会，不可言传。实际上，刘禹锡并没有真正读懂《中庸》，他所谓的会通只是目的与手段的一种简单的拼凑，而不是二者的有机的结合，他所证悟的也不是什么圣人的境界，而只是佛教的那种言语道断的神秘的体验。作为一个儒者，他和东汉时的马融一样，仍然没有找到一个稳妥的安身立命之道，缺乏一个可以作为精神支柱的世界观和人生观，佛教思想只能用来暂时填补一下精神的空虚，却不能帮助他从根本上解决何为名教之乐的问题。就这一点来说，张载的感受要比刘禹锡更具有历史的真实性，也更为坦诚。张载干脆承认，他在反题阶段，"访诸释老，累年究极其说"，结果是毫无所得，只有在转入合题以后，反而求之六经，以《易》为宗去读《中庸》，才能涣然自信，把《中庸》真正读懂。张载由于读不懂《中庸》跑去"访诸释老"，这和刘禹锡一样，目的也是为了寻找启迪，证悟圣人境界，但是探索的结果却和刘禹锡截然相反，刘禹锡自认为已经实现了初心，张载所感受的是一系列的矛盾和冲突。照张载看来，"释氏不知天命，而以心法起灭天地"，"释氏妄意天性，而不知范围天用，反以六根之微因缘天地"，老氏"有生于无"的自然之论，"不识所谓有无混一之常"，把体用割裂为两截，对这些错误的思想是不能像刘禹锡那样采取简单的办法直接拿来与儒学会通的。正是由于他对佛道思想的这种强烈的不满，所以才促使他由反题转入合题，回到儒家的经典，终于在《周易》中找到了问题的答案，也悟出了包括刘禹锡在内的许多前辈学者之所以沉溺于佛老而不能自拔的原因。在《正蒙·太和篇》中，张载指出：

> 不悟一阴一阳范围天地、通乎昼夜、三极大中之矩，遂使儒佛老庄混然一途。语天道性命者，不罔于恍惚梦幻，则定以"有生于无"，为穷高极微之论。入德之途，不知择术而求，多见其蔽于诐而陷于淫矣。

所谓"入德之途"，就是证悟圣人境界的具体的途径。关于这个问题，从孔孟儒学到汉唐经学都没有得到妥善的解决。如果不解决这个问题，虽然人们生活在不以人的意志为转移的名教社会，却找不到名教之乐，有外而无内，有用而无体，人格分裂，价值失落，道统中断，由此而形成了儒学的危机。李翱在《复性书》中十分慨叹地指出："呜呼！性命之书虽存，学者莫能明，是故皆入于庄列老释。不知者谓夫子之徒不足以穷性命之道，信之者皆是也。"这个问题到了张载所生活的北宋中期，依然存在，许多人"不知择术而求"，误以为佛老的心性之学就是儒学的"入德之途"，"多见其蔽于诐而陷于淫矣"。从思想史的角度来看，儒学通过与佛老的比较认识到本身的缺陷，是一种历史的进步；儒者心悦诚服地跑去学习吸收佛老的心性之学以弥补儒学的不足，也是一种无法阻挡的必然的趋势。但是，为了从根本上挽救危机，决不可沉溺于佛老而不能自拔，必须出乎其外，力求超越，以一种批判的眼光来审视，进行有效的扬弃，这也就是说，应该把佛老的话语系统创造性地转化为儒学的话语系统，依据儒学的经典来开出诚明之源，建构一套既符合儒家的名教理想又能与佛老相抗衡的心性之学的思想体系。与刘禹锡同时的韩愈、李翱所倡导的新儒学运动就是适应这种需要，紧紧围绕着这个主题而展开的。这个运动中经唐末五代，发展到北宋中期，历时近三百年，人们作了各种各样的探索，积累了无数的历史经验。据此而论，张载之所以比刘禹锡等人高明，能够出乎其外，依据一阴一阳的易学原理开出了诚明之源，不仅仅是由于他个人的睿智卓识，而主要是由于他生逢其时，后来居上，总结了历史经验，吸取了前人的探索成果。

严格说来，在儒学的统一的内圣外王之道中，属于外王层面的经世之学所研究的对象局限于政治伦理问题以及某些因时制宜的具体的对策，并没有上升到哲学的高度，而属于内圣层面的心性之学把有关世界观和人生观的问题作为主要的研究对象，这才是真正的哲学。因而从纯粹理论的角度来看，内圣是外王的基础，外王是由内圣所开出，如果不从事哲学理论的建构，就不能提高经世外王的水平，从而也就不能对佛老在心性之学方面所提出的挑战作出积极的回应。但是，就儒学的名教理想而言，其基本的价值系统主要是属于外王层面的社会理想，而不仅是属于内圣层面的道德理想，外王是目的，内圣只是手段，如果内圣不能落实于外王，缺乏如同范仲淹所说的那种"先天下之忧而忧，后天下之乐而乐"的担待意识，那么由此而建构的心性之学也就不能与佛老的那种遗弃社会人伦去追求个人成佛成仙的价值系统划清界限。因此，内圣与外王结成一种体用相依的关系，不可割裂，必须合内外之道，以心性之学作为经世之学的理论基础，以经世之学作为心性之学的价值取向，才能承继道统，建构一种既同于孔孟而又异于孔孟的新儒学。在这方面，韩愈和李翱的探索为宋代的新儒学提供了许多有益的历史经验。韩愈的探索，其成功之处在于高举孔孟道统的大旗，在外王层面维护了儒学的名教理想。其不足之处则表现在哲学理论的薄弱，提不出一套新的心性之学来与佛老相抗衡，可以说是离体而言用，只看到了外王，而忽视了内圣。李翱的探索，其思路与韩愈恰恰相反，可以说是离用而言体，只看到了内圣，而忽视了外王。李翱认为，《中庸》是儒学仅存的一部性命之书，应该依据这部著作来开出诚明之源。这个看法对理学家有很大的启发，是他的真知灼见。但是，由于他只是简单地采用"以佛证心"的方法来诠释《中庸》，而没有立足于儒学的名教理想进行创造性的转化，所以他所建构的那一套灭情以复性的理论，实质上不过是佛教的清静寂灭之道的翻版，只能引导人们脱离人伦日用之常，而不能据以开出外王。韩愈和李翱的这两种不同的思路，各有所长，也各有所短，至于如何对此形成清醒的认识，能够取长补短，从事新的建构，则是付出了近三百年的历史代价，直到张载的时代，才逐渐明确起来的。

北宋的新儒学运动继承了韩愈、李翱的业绩，大体上可以区分为前后两个时期。前期主要是受庆历新政与熙宁变法的影响，以经世之学为主流。熙宁以后，理学思潮兴起，心性之学上升到了主流地位。虽然如此，在这两个时期，人们的探索都是致力于二者的结合，只是就其思路的基本走向而言，前期主要是吸取了韩愈之所长而去其所短，着重于由外而及内，由用以明体，企图依据经世外王的需要来规定心性之学的内涵；后期则主要是吸取了李翱之所长而去其所短，着重于由内而及外，立体以达用，企图通过心性之学的理论建构，为经世外王奠定一个坚实的思想基础。范仲淹是北宋新儒学运动前期的领袖，在他的门下，同时团结了具有两种不同学术倾向的人物，一是李觏的经世之学，一是胡瑗、孙复、石介的心性之学，说明他虽然忙于推行新政改革，热衷于经世外王，也十分重视对心性之学的研究。但是，关于心性之学的理论建构的问题，在当时并没有解决。拿胡瑗所提出的"明体达用"的命题来说，其所谓的体，指的只是"仁义礼乐，历世不可变者"，局限于外王层面的价值规范，至于如何把仁义礼乐提到天道性命的高度进行哲学的论证，如何确立儒学之体以与佛老相抗衡，则有待进一步的探索。范仲淹正是有见于此，所以当他出任镇守延州要职急需用人之际，却拒绝了张载参与边防军事的要求，劝他退回到书斋读《中庸》，去从事心性之学的研究。这实际上是把当时儒学发展所面临的尖端课题委托给张载去完成，鼓励他去承上启下，为儒学开拓出一个新的发展局面。由此可以看出，张载的学术活动，从一开始就被范仲淹提到了向上一路，方向明确，凭借深厚，他之所以在哲学史上创造了不朽的业绩，固然是得力于他长期艰苦的探索，但就其精神的原动力而言，主要是由于他早在青年时期就已树立起来的那种伟大的抱负和强烈的使命感，推动他历经坎坷曲折，走完探索的全过程。

　　张载把他一生为学的宗旨概括成四句名言："为天地立心，为生民立命，为往圣继绝学，为万世开太平。"（此据《宋元学案》所载，《张载集》中之《张子语录》作"为天地立志，为生民立道，为去圣继绝学，为万世开太平"。）第一句话"为天地立心"讲世界观，第二句话"为生民立命"讲人生观，合起来就是讲天道性命之学，也就是内圣心性之学，第三句话"为往圣继绝学"是讲继承此内圣心性之学，第四句话"为万世开太平"

是讲由内圣心性开出经世外王。这四句话表现了张载的哲学思路是遵循着由内而及外、立体以达用的顺序层层推进的，必先建立宇宙本体而后始能建立心性本体，只有沟通了天人关系，建立了为人之道，才有可能据以扩展而为外王，就理论的逻辑而言，这是顺理成章，不证自明的。但是，从价值取向的角度来看，张载是把"为万世开太平"的外王理想置于首要地位，遵循着逆而上推的思路，由外而及内，由用以明体，与前面的那条逻辑的思路恰恰相反。因为如果不首先建立对社会安乐忧患的担待意识以及对人类未来命运的终极关怀，便无从建立一个与佛老的价值取向判然有别的为人之道，如果人道不明，价值错位，那么由此而建立的天地之心就必然会流入佛老，或罔于恍惚梦幻，或定以有生于无，体用殊绝，天人二本，这就不是儒家所期望的那种完全符合人文价值理想的天地之心。对张载来说，他实际上是把这两条思路紧密结合起来，不断地循环往复，交错进行的，这也就是所谓合内外之道，一方面顺而下推，以心性之学作为经世之学的思想基础，另一方面逆而上推，以经世之学作为心性之学的价值取向，目的在于为儒学重建一个统一的内圣外王之道。先秦时期，儒学的这种统一的内圣外王之道本来是存在着的，《中庸》的三个命题，"天命之谓性，率性之谓道，修道之谓教"，对此业已作了很好的概括，这也就是孔孟道统之所在。但是，自汉魏以后，由于佛道二教在天道性命的问题上设置了重重障碍，把学者的思想引入歧途，以致一千多年来没有一个人能把《中庸》真正读懂，使得道统失传。面临着这种严峻的形势，张载把《中庸》的三个命题转化成四句话，以一种伟大的抱负和强烈的使命感，给自己确定了一生为学的宗旨。这四句话也就是四项研究的课题。"为天地立心"是对"天命之谓性"的研究，"为生民立命"是对"率性之谓道"的研究，"为万世开太平"是对"修道之谓教"的研究，至于"为往圣继绝学"，则是对道统的研究，对儒学整体精神的综合性的研究。所有这四项研究，都要本着当年孟子辟杨墨的精神，对佛道二教进行严厉的批判，因为批判佛道与重建儒学是同一个问题的两个方面，只有批判佛道，拂拭尘埃，才能使儒学之至理大明于天下。

张载所承担的这四项研究课题，最后都在他所建构的"以《易》为宗，以《中庸》为体"的易学体系中顺利完成了。这也就是说，他的问题是由《中庸》的三个命题引发出来的，至于解决问题的理论和方法，则是依据于易学的基本原理。在《横渠易说》和《正蒙》中，他所阐发的太极、太和的思想，是"为天地立心"；关于天人合一的思想，是"为生民立命"；关于民胞物与的思想，是"为万世开太平"；其所确立的大中至正的一元之道，是"为往圣继绝学"。拿张载的易学来与周敦颐、邵雍相比较，他的问题更加明确，追求的目标更加坚定，批判佛道的意识更加强烈，理论结构也更加紧密，他的易学的特色主要也就表现在这几个方面。

二、为天地立心

张载认为，知人而不知天，求为贤人而不求为圣人，此秦汉以来学者之大蔽。他在《经学理窟》中指出："今之人灭天理而穷人欲，今复反归其天理。古之学者便立天理，孔孟而后，其心不传，如荀扬皆不能知。"《答范巽之书》说："孟子所论知性知天，学至于知天，则物所从出当源源自见，知所从出，则物之当有当无莫不心喻，亦不待语而知。"因此，儒学的重建，道统的承传，首先必须进行哲学的突破，追求向上一路，着重于解决"知天""立天理""为天地立心"的问题。这是张载对当时儒学的困境及其发展前景的根本看法。基于这个看法，张载归宗于《周易》，企图依据易学的基本原理从事宇宙论的建构，来为天地立一个心。但是，由于佛道二教在这个问题上设置了重重的思想障碍，加上儒学本身对这个问题长时期的忽视，存在着一系列理论上的困难，要想得到妥善的解决，并不是很容易的。困难之一来自佛教的挑战。佛教以心法起灭天地，提出了种种似是而非的理论来论证天地虚幻不实，实际上是以空作为天地之心。困难之二来自道教的挑战。道教的宇宙论源于老子，老子提出了"天下万物生于有，有生于无"的理论，实际上是以无作为天地之心。佛道二教的这种异端邪说，甚嚣尘上，蛊惑人心，迫使儒学在宇宙论的领域，节节败退，甘拜下风。这种情形正如范育在《正蒙序》中所指出的："若浮屠老子之书，天下共传，与六经并行。而其徒侈其说，以为大道精微之理，儒家之所不能谈，必取吾书为正。世之儒者亦自许曰，吾之六经未尝语也，孔孟未尝及也，从而信其书，宗其道，天下靡然同风，无敢置疑于其间。"面临着这种严峻的挑战，儒学不能不作出积极的回应，一方面要就何为天地之心立一个正面的说法，同时也要针对着佛氏之空、老氏之无进行有力的批驳，指出其谬误所在，使万世不惑。因此，张载本着这种对重建儒学的总体性的思考来从事易学研究，从一开始就自觉地承担了大破大立的双重任务，预先设定了明确的方向和目的，期望从《周易》中能够找到有关宇宙论的"大道精微之理"来与佛老展开论战，辩一个是非曲直。张载对《周易》的基本理解之所以不同于只关心人事之用的李觏、欧阳修，也不同于主张三教合流的苏轼，是和他的这种预先设定的方向和目的分不开的。

《横渠易说》是张载早期的易学著作，其风格与汉唐注疏完全不同，往往经文数十句中一无所说，末卷更不复全载经文，载其有说者而已，实际上是一部读书笔记，着重于阐发义理而不注意解释经文。在《易说》中，张载特别重视《系辞》。他指出：

> 《系辞》反复惟在明《易》所以为易，撮聚众意以为解，欲晓后人也。
> 不先尽《系辞》，则其观于《易》也，或远或近，或太艰难。不知《系辞》而求《易》，正犹不知礼而考《春秋》也。
> 《系辞》所以论《易》之道，既知《易》之道，则《易》象在其中，故观《易》必由《系辞》。

《系辞》是《周易》的通论，集中论述了易学的基本原理。张载主张读《易》应先从《系辞》入手，说明他研究《周易》的目的和兴趣所在，主要是求得对易学的基本原理能有一个全面的理解，提高自己的哲学思维的水平。为了达到这个目的，他又进一步对《易》之书和《易》之理作了区分，提出了"天易"的概念，他指出：

> 《系辞》言《易》，大概是语《易书》制作之意，其言"易无体"之类，则是天易也。

"天易"的概念，相当于邵雍所说的"先天之学""画前之《易》"，指的是客观的世界，造化的本身，比后天而有的《易》之书更为根本。张载提出这个概念，强调他所从事的不是对《易》之书的研究，而是对"天易"的研究。以《易》之书作为研究对象只能做一个汉唐以来的注疏家，这是张载所鄙而不为的，他的抱负乃是追求向上一路，做一个"为天地立心"的哲学家。按照这种区分，于是张载点明了自己的易学研究的主题，表述了他通过《易》之书对所谓"天易"的基本理解。他接着指出：

> 《易》与天地准，此言《易》之为书也。易行乎其中，造化之谓也。
> 《易》之为书与天地准。易即天道。
> 易，造化也。圣人之意莫先乎要识造化，然后其理可穷。彼惟不识造化，以为幻妄也。不见易则何以知天道？不知天道则何以语性？
> 不见易则不识造化，不识造化则不知性命，既不识造化，则将何谓之性命也？
> 易乃是性与天道，其字日月为易，易之义包天道变化。（《易说·系辞上》）

张载把"天易"理解为"造化"。这种造化，无方无体，变化不测，生生不已，还可以用很多的词语来形容。他解释说：

> 以其兼体，故曰"一阴一阳"，又曰"阴阳不测"，又曰"一阖一辟"，又曰"通乎昼夜"。语其推行故曰"道"，语其不测故曰"神"，语其生生故曰"易"，其实一物，指事而异名尔。（《正蒙·乾称篇》）

根据这种理解，张载在《易说·复卦》中对"天地之心"的外延与内涵作了明确的界定。他说：

> 复言"天地之心"，咸、恒、大壮言"天地之情"。心，内也，其原在内时，则有形见，情则见于事也，故可得而名状。……大抵言"天

地之心"者，天地之大德曰生，则以生物为本者，乃天地之心也。地
雷见天地之心者，天地之心惟是生物，天地之大德曰生也。雷复于地
中，却是生物。《象》曰："终则有始，天行也。"天行何尝有息？正以静，
有何期程？此动是静中之动，静中之动，动而不穷，又有甚首尾起灭？
自有天地以来以迄于今，盖为静而动。天则无心无为，无所主宰，恒
然如此，有何休歇？

这是认为，所谓"天地之心"，其外延是指以天地为匡廓的整个的世界，
其内涵是指这个世界化生万物的功能，功能内在于实体，表现于外则为有
形可见的大化流行的过程，也就是造化的本身。这是一个客观的自然的过
程，无所主宰，恒然如此，不以人的主观意志和思虑忖度为转移。就这一
点来说，天地并不具有如同人那样的心，也可以说天地本无心。但是，就
天地以生物为本而言，阴阳交感，运行不息，也确实有一个生物之心，这
是客观的规律，自然的功能，也就是宇宙之心。如果通过人的认识把宇宙
的这种规律和功能如实地揭示出来，就是为天地立心了。因此，张载反复
强调，应该对何为天地之心有一个正确的理解。他指出：

> 观书当不以文害辞，如云义者出于思虑忖度，《易》言"天地之
> 大义"，则天地固无思虑。"天地之情""天地之心"皆放此。(《易说·恒
> 卦》)
>
> 太虚之气，阴阳一物也，然而有两体，健顺而已。亦不可谓天无意。
> 阳之意健，不尔何以发散和一？阴之性常顺，然而地体重浊，不能随
> 则不能顺，少不顺即有变矣。有变则有象，如乾健坤顺，有此气则有
> 此象可得而言。(《易说·系辞下》)

由此可以看出，张载对天地之心的界定，是以自然主义的哲学思想为
依据的。这种自然主义肯定天地阴阳的实体性的存在，虽然与佛教的那种
"以山河大地为见病"的幻灭思想尖锐对立，却与老子的"天地不仁"的
道家思想划不清界限。先秦时期，荀子曾批评道家"蔽于天而不知人"，秦

汉以来的儒家之蔽则反是，知人而不知天。这就是表明，儒道两家各执一端，从不同的方面割裂了天人关系。道家强调天地不仁，天本无心，对自然主义的天道观作了充分的研究，可谓之知天，但却忽视了人文主义的价值理想，不可谓之知人。儒家一直执着人之所以为人的名教理想，可谓之知人，但却没有认识到天道是一个受一阴一阳的规律所支配的自然运行的过程，不可谓之知天。既然如此，那么张载为儒家去蔽补偏，站在儒家的立场认同了道家的自然主义的天道观，就必须沟通天人，把自然主义与人文主义有机地结合起来，决不能让这种"天地不仁"的思想仅仅作为一种冷冰冰的自然律来敌视儒家所坚持的名教理想。但是，这个问题是不容易解决的。从张载的一些言论来看，他曾经表现出很大的困惑，在理论上常常是显得顾此失彼，左支右绌，找不到一个恰当的结合点。比如他说：

> 老子言"天地不仁，以万物为刍狗"，此是也。"圣人不仁，以百姓为刍狗"，此则异矣。圣人岂有不仁？所患者不仁也。天地则何意于仁？鼓万物而已。圣人则仁尔，此其为能弘道也。
>
> 《系》之为言，或说《易》书，或说天，或说人，卒归一道，盖不异术，故其参错而理则同也。"鼓万物而不与圣人同忧"，则于是分出天人之道。人不可以混天，"鼓万物而不与圣人同忧"，此言天德之至也。
>
> 天惟运动一气，鼓万物而生，无心以恤物。圣人则有忧患，不得似天。（《易说·系辞上》）

这是把天人分为两截，天归天，人归人，天无心，人有心，在天道观方面认同道家的"天地不仁"的思想，在人道观方面坚持儒家的人文价值理想。按照这种说法，天地之心有体而无用，圣人之心有用而无体，不仅天人异道，与《系辞》之所言的天人合一的思想发生直接的抵触，而且在处理体用关系上也是破绽百出，扞格难通。就儒道两家本身的思想系统而言，从来也没有存心去割裂天与人、体与用的关系，始终是在追求一种不二之理，建构一种自圆其说的理论把二者有机地结合起来，只是由于这两家逻辑前提不同，哲学思路不同，价值关怀不同，其所推导出的具体的结论也就大相径庭。拿道家来说，其整个思想系统的逻辑前提是自然主义的天道观，故由"天地不仁"推导出"圣人不仁"的结论自是顺理成章，由此而提出不以人灭天、不以故灭命的自然无为的主张也是题中应有之义。这是一种以人合天的思路，强调人应该放弃自己主观设定的价值理想去服从冷冰冰的自然律的支配。虽然如此，道家言天未尝不及于人，言体必达于用，仍然是一种天人体用之学。儒家以名教理想作为自己的逻辑前提，遵循以天合人的思路，首先肯定圣人之仁，然后由圣人之仁推导出天地之仁，反过来又用天地之仁来论证圣人之仁，使之成为名教理想的宇宙论的本源依据。因而儒家言人必上溯于天，言用必归宗于体，也是一种天人体用之学。张载的问题关键在于割裂了儒道两家本身所固有的那种天人体用的关系，以道家的天道观为体，以儒家的人道观为用，未能进行创造性的转化，形成有机的结合。这是理学开创时期所遇到的一个带普遍性的问题，周敦颐和邵雍二人也曾为此而感到困惑。比如周敦颐的"无极而太极"的命题源于老子的"有生于无"，实际上是以道为体，其所立之"人极"，"定之以仁义中正"，这就是以儒为用了。邵雍表述得更为直率坦诚，以老子为得《易》之体，以孟子为得《易》之用，在物理之学上推崇道家，在性命之学上推崇儒家。就周、邵的学术背景而言，与道教有着很深的渊源关系，他们的这种立论以及对道家的认同，在感情上十分自然，不会有丝毫的为难之处，至于张载的学术背景则与他们不相同。早在青年时期，张载就听从了范仲淹的劝告，执意"以《中庸》为体"。他曾说："某观《中庸》义二十年，每观每有义，已长得一格。六经循环，年欲一观。"这就是表明，从价值取向和理论追求两方面来说，张载都是下定了决心，要以儒为体的。但是现在由于种种原因被迫认同了老子的"天地不仁"的思想，转向于以道为体，从而违反了初衷，这在理论上是不会满足，在感情上也是难以接受的。于是张载不能不回到儒家的那种以天合人的旧的思路上来，立足于名教理想来界定天地之心，致力于把道家的"天地不仁"的命题转化为儒家所期望的"天地之仁"，使得冷冰冰的自然律能够更多地渗透一些人文价值的浓郁的情怀。比如他说：

天无心，心都在人之心。一人私见固不足尽，至于众人之心同一则却是义理，总之则却是天。故曰天曰帝者，皆民之情然也。

大抵天道不可得而见，惟占之于民，人所悦则天必悦之，所恶则天必恶之，只为人心至公也，至众也。民虽至愚无知，惟于私己然后昏而不明，至于事不干碍处则自是公明。大抵众所向者必是理也，理则天道存焉，故欲知天者，占之于人可也。

礼即天地之德也。……天地之礼自然而有，何假于人？天之生物便有尊卑大小之象，人顺之而已，此所以为礼也。学者有专以礼出于人，而不知礼本天之自然。

天本无心，及其生成万物，则须归功于天，曰：此天地之仁也。（《经学理窟》）

张载的这种哲学探索是进行得十分艰苦的，非亲历其境者很难有实际的体会。史称他"终日危坐一室，左右简编，俯而读，仰而思，有得则识之，或中夜起坐，取烛以书。其志道精思，未始须臾息，亦未尝须臾忘也"。在《自道》一文中，张载表述了他在探索过程中的心态。这是一篇感人肺腑的文字，我们可以由此窥见一位伟大的哲学家的风范，他的那种执着的追求和坚韧不拔的精神，从而对他在理论上所感到的困惑能有一个同情的理解。他说：

某学来三十年，自来作文字说义理无限，其有是者皆只是亿则屡中。譬之穿窬之盗，将窃取室中之物而未知物之所藏处，或探知于外人，或隔墙听人之言，终不能自到，说得皆未是实。……比岁方似入至其中，知其中是美是善，不肯复出，天下之议论莫能易此。譬如既凿一穴已有见，又若既至其中却无烛，未能尽室中之有，须索移动方有所见。言移动者，谓逐事要思，譬之昏者观一物必贮目于一，不如明者举目皆见。此某不敢自欺，亦不敢自谦，所言皆实事。

思虑要简省，烦则所存都昏惑，中夜因思虑不寐则惊魇不安。某近来虽终夕不寐，亦能安静，却求不寐，此其验也。

　　家中有孔子真，尝欲置于左右，对而坐又不可，焚香又不可，拜而瞻礼皆不可，无以为容，思之不若卷而藏之，尊其道。(《经学理窟》)

　　在北宋五子中，张载是一个极为重要的中间环节，处于承上启下的地位，实际上是理学的真正的奠基人。理学的主题首先是由周敦颐揭示出来的，他的由太极以立人极的思想，目的在于追求天道与性命的贯通。邵雍对先天之学与后天之学的探索，也是围绕着这个主题而展开的。就这个主题的理论层面而言，天道为本，人道为末，但就其价值层面而言，却是人道为本，天道为末。因而对这个主题的探索，必须进行双向的思维，循环的论证，一方面要依据天道来规定人道，另一方面要依据人道来规定天道。张载曾用简洁的语言表述了这个主题，他说："天道即性也，故思知人者不可不知天，能知天斯能知人矣。"(《易说·说卦》)这就是说，理学的主题要求建构一个天人合一、体用不二的思想系统，在天道中蕴含人道的内容，在人道中蕴含天道的内容，能够同时满足人们理论层面和价值层面的双重需要，知天即可知人，知人即可知天。这既是理学所追求的共同目标，也是判定一个理学系统是否臻于成熟之境的客观标准。拿这个标准来衡量周敦颐和邵雍的理学系统，可以看出其中存在着明显的漏洞，体与用、天与人常常分为两截，并没有合而为一，做到圆融无滞。比如周敦颐的"无极而太极"的命题，其所谓的"无极"，洁净空阔，阒其无人，必须通过一系列的演化阶段才能落实到"人极"，只可作为一种宇宙生成的本源，并不是如同《周易》所说的那种"显诸仁，藏诸用"的道体，因而这个命题有真际而无实际，天人二本，体用殊绝，理论上的漏洞是十分明显的。再比如邵雍的先天之学，也是一种宇宙生成论的图式，而不是一种成熟的本体论的结构。邵雍把宇宙的生成区分为三个井然有序的阶段，其所谓的"天开于子"，有天而无地，"地辟于丑"则是有地而无人，人文的价值理想乃后天所生，非先天而有。这种理论上的漏洞与周敦颐是完全相同的。张载的理学承接周、邵，因而周、邵探索的终点也就是张载探索的起点，他们所遗留下来的理论问题就成为张载思考的中心。如果说周、邵作为理学思潮的开拓者，其所建构的体系属于从生成论到本体论的过渡形态，那么张载的问题就是极力争取建构一个成熟的本体论的体系,朝着天人合一、体用不二的目标迈进。在这种情况下,所以张载的探索不能不感到格外的困难,进行得十分艰苦。但是,张载所创造的业绩下启二程,为二程的进一步的探索奠定了一个本体论的理论基础。程颐晚年所提炼而成的"体用一源,显微无间"的命题,实际上是服从于理学主题的内在要求,对张载思想的一种继承和发展。程颐在《答横渠先生书》中对这种继承和发展的双重关系作了很好的表述。他指出:

> 观吾叔之见,至正而谨严。如"虚无即气则无无"之语,深探远赜,岂后世学者所尝虑及也?(然此语未能无过。)余所论,以大概气象言之,则有苦心极力之象,而无宽裕温厚之气。非明睿所照,而考索至此,故意屡偏而言多室,小出入时有之。(明所照者,如目所睹,纤微尽识之矣。考索至者,如揣料于物,约见仿佛尔,能无差乎?)更愿完养思虑,涵泳义理,他日自当条畅。(《河南程氏文集》卷九)

程颐肯定了张载的"虚无即气则无无"之语,这是张载通过长期的易学研究所提炼而成的一个命题,也是张载的本体论的理论基础。就这个命题的哲学含义而言,与程颐的"体用一源,显微无间"并无实质性的不同,只是由于这个命题独创新意,发前人所未发之覆,目的在于克服周、邵的理论上的困难,所以免不了"有苦心极力之象,而无宽裕温厚之气"。张载本人对这个缺点是有着清醒的认识的,他曾说他所建构的体系,"譬之枯株,根本枝叶,莫不悉备,充荣之者,其在人功而已"。程颐以张载探索的终点作为自己的起点,在考索所至的基础上追求明睿所照,这就是理学发展下一个阶段的任务了。

张载在《正蒙·太和篇》中阐述了这个命题的哲学含义。他指出:

> 知虚空即气,则有无、隐显、神化、性命通一无二,顾聚散、出入、形不形,能推本所从来,则深于《易》者也。
>
> 气之聚散于太虚,犹冰凝释于水,知太虚即气,则无无。故圣人

语性与天道之极，尽于参伍之神变易而已。诸子浅妄，有有无之分，非穷理之学也。

太虚无形，气之本体，其聚其散，变化之客形尔；至静无感，性之渊源，有识有知，物交之客感尔。客感客形与无感无形，惟尽性者一之。

太虚为清，清则无碍，无碍故神；反清为浊，浊则碍，碍则形。

由太虚，有天之名；由气化，有道之名；合虚与气，有性之名；合性与知觉，有心之名。

二程把张载的这个思想概括为"以清虚一大名天道"，"立清虚一大为万物之源"，一方面作了肯定，认为"至正而谨严"，"岂后世学者所尝虑及"，同时又指出"然此语未能无过"，认为提法不够完善，可以进一步商榷。后来朱熹也针对着张载的"清虚一大"的提法进行了批评。这是理学史上的一大公案。近人常常是见异而不见同，过分地强调理学中的不同的思想倾向之间的对立，称张载的哲学为气本论，程朱的哲学为理本论，认为程朱对张载的批评是一场意识形态之争，学派门户之争，争论天地万物究竟是以气为本还是以理为本的问题。其实这是对理学主题的一种误解，也是对中国传统的天人之学的一种误解。理学的主题在于追求天道与性命的贯通，也就是所谓"究天人之际"，着眼于探讨天与人、主与客、自然与社会的相互关系，企图通过这些探讨来找到某些带规律性的东西，用来指导人事，实质上是一种天人之学。这种天人之学在中国的传统思想中源远流长，理学则把天人关系问题转化为一个体用问题，提到哲学的高度来探讨，因而关于怎样才能更好地建构一个体用不二、天人合一的体系就成了各派理学家所关注的共同的主题。就北宋五子而论，可以依据这个共同的主题排出一个逻辑的发展序列，周、邵开创于前，张载继起于后，二程则是对张载的探索成果的进一步的充实完善。到了南宋时期，朱熹作为理学思潮的集大成者，博采众长，不主一家，对各派理学家的思想都有所肯定，有所批评。从这个角度来看，程朱对张载的批评并不是什么理本论与气本论之间的对立面的斗争，而是同一个话语系统内部的善意的商量讨论，目的在于加深对理学主题的理解，表现了一致而百虑、殊途而同归的良好的学风。如果我们不存心去误读他们的批评言论，可以看出事实的真相也确实是如此。比如二程说：

> 子厚以清虚一大名天道，是以器言，非形而上者。(《程氏粹言》卷一)
>
> 立清虚一大为万物之源，恐未安，须兼清浊虚实乃可言神。道体物不遗，不应有方所。(《河南程氏遗书》卷二上)

朱熹批评说：

> 或问："横渠先生清虚一大之说如何？"曰："他是拣那大底说话来该摄那小底，却不知道才是恁说，便偏了，便是形而下者，不是形而上者。须是兼清浊、虚实、一二、小大来看，方见得形而上者行乎其间。
>
> 横渠清虚一大却是偏。他后来又要兼清浊虚实言，然皆是形而下。盖有此理，则清浊虚实皆在其中。
>
> 横渠说气清虚一大，恰似道有有处，有无处。须是清浊、虚实、一二、大小皆行乎其间，乃是道也。其欲大之，乃反小之。
>
> 问："横渠清虚一大，恐入空去否？"曰："也不是入空。他都向一边了。这道理本平正，清也有是理，浊也有是理，虚也有是理，实也有是理，皆此理之所为也。他说成这一边有，那一边无，要将这一边去管那一边。
>
> 清虚一大，形容道体如此。道兼虚实言，虚只说得一边。(《朱子语类》卷九十九)

程朱对张载的批评，其实也就是张载对周、邵的批评。张载曾批评周、邵之学为体用殊绝，天人二本，现在程朱用这个考语来批评张载本人，都批评得非常中肯，并不过分。后来陆象山、王阳明也用这个考语来批评程朱，可见程朱之学也没有达到体用不二、天人合一的标准。事实上，在中国哲学史上，不管是哪一种类型的本体之学都没有达到这个标准。这是因为，所谓本体之学无非是一种捕捉世界之网，而世界是一个无限运动的过程，人们决不可能把世界的整体捕捉到手，至多只能捕捉到某一个片断。虽然如此，人们还是要把那个无法达到的客观标准树立为最高理想，并且朝着最高理想进行无限的追求。这就是所有从事本体之学的哲学家，包括儒释道三教在内，为什么都一致根据这个客观标准来互相指责的原因所在。但是，这只是一个抽象的标准，除此以外，还有一个历史的标准。由于后人的探索是在前人的基础上起步的，因而评价一个哲学家的本体之学，应该联系到具体的历史条件，看他是否相对于前人作出了某种推进，是否为后人提供了某种必须凭借而不可超越的思想成果。拿这个标准来衡量张载的本体之学，可以看出他以清虚一大形容道体的思想是理学史上的一次重大的哲学的突破，不仅彻底消解了周邵之学中所残存的"有生于无"的宇宙生成论的思想，完成了向本体论理论形态的转化，而且为程颐的"体用一源，显微无间"的思想作了重要的铺垫，其哲学意义是不可低估的。

张载在《易说》与《正蒙》中曾反复申言："《大易》不言有无，言有无，诸子之陋也。""故圣人仰观俯察，但云知幽明之故，不云知有无之故。"他的哲学探索，目的在于建构一种本体论的理论形态，把有无、隐显、神化、性命以及清浊、虚实、一二、大小统统整合在一起，就他本人的主观意图而言，是要同时照顾到两边，做到通一无二，并非如同程朱所批评的，只说了形而下而未说形而上，偏于一边，要将这一边去管那一边。但是，张载以清虚一大来形容道体，这种说法也确实有很大的毛病，容易使人们把道体本身误解为有清而无浊，有虚而无实，有一而无二，有大而无小。其实，在张载的心目中，清虚一大只是对道体的形容，并非道体的本身。关于道体的本身，张载是十分明确地用《周易》中的两个重要范畴即"太极"和"太和"来指称的。《正蒙》以"太和"开篇，开宗明义即提出"太和所谓道"的命题，用"太和"来指称道体。他指出：

> 太和所谓道，中涵浮沉、升降、动静、相感之性，是生絪缊、相荡、胜负、屈伸之始。其来也几微易简，其究也广大坚固。起知于易者乾

乎！效法于简者坤乎！散殊而可象为气，清通而不可象为神。不如野
马、细缊，不足谓之太和。语道者知此，谓之知道；学《易》者见此，
谓之见《易》。不如是，虽周公才美，其智不足称也已。

在《易说·说卦》中，他用"太极"来指称道体，规定"性命之理"
的内涵。他说：

> 　　一物而两体者，其太极之谓欤！阴阳天道，象之成也；刚柔地道，
> 法之效也；仁义人道，性之立也；三才两之，莫不有乾坤之道也。《易》
> 一物而合三才，天地人一，阴阳其气，刚柔其形，仁义其性。
> 　　阴阳、刚柔、仁义，所谓性命之理。
> 　　一物两体者，气也。一故神，（两在故不测。）两故化，（推行于一。）
> 此天之所以参也。两不立则一不可见，一不可见则两之用息。两体者，
> 虚实也，动静也，聚散也，清浊也，其究一而已。有两则有一，是太极也。
> 若一则有两，有两亦一在，无两亦一在，然无两则安用一？不以太极，
> 空虚而已，非天参也。

这是张载关于道体思想的一个总纲，其他的一些命题如"知太虚即气
则无无"以及清虚一大之语只不过是对道体的某一个方面的特性的说明。
因此，为了全面地窥见张载所见之道体，不能纠缠于清虚一大这几个形容
词，而应该依据他对太极和太和这两个范畴所作的诠释。

前面说过，张载从事"为天地立心"的工作，在理论层面和价值层
面都曾感到很大的困惑，进行得十分艰苦。这种困惑主要表现在未能确立
一个通一无二的道体把天与人、体与用整合在一起。如果分而言之，天归
天，人归人，天无心，人有心，由此而推导出的结论则是人不可以混天，
天地不仁与圣人之仁毫不相干，在天道中看不见人道，在人道中看不见天
道。这条思路扞格难通，处处抵触，当然为张载所不取。他所追求的是合
而言之，用一个整合性的范畴来合天人，兼体用。其实，《周易》中的"太
极"就是一个最好的整合性的范畴，周敦颐和邵雍就是把这个范畴确立为

道体，用来合天人、兼体用的。但是，照张载看来，他们对太极的诠释仍然不够圆融，存在着天人二本、体用殊绝的理论上的漏洞。《系辞》说："易有太极，是生两仪，两仪生四象，四象生八卦。"太极之名，始见于此，抑仅见于此，就其本意而言，是指宇宙生成的本源。这几个命题说的是宇宙生成的程序。邵雍把太极诠释为一，以一为本源，按照一分为二、二分为四、四分为八的数的推演，提出了一个"天开于子，地辟于丑，人生于寅"的宇宙生成的图式。周敦颐的"无极而太极"的命题，"入老氏有生于无自然之论，不识所谓有无混一之常"，也是把太极诠释为宇宙生成的本源。从哲学上来看，本源与道体的含义是不相同的。道体是指当下呈现的大化流行的本身，囊括天人，即体即用，也就是宇宙的本体，统一的世界。本源则是指产生世界的最初的依据，当世界未产生前，孤悬于世界之上，有体而无用，有虚而无实，当世界既已产生以后，也就完成了自己的使命，成了一个毫无内容的空壳，退居于世界之外了。因此，尽管张载明知太极是一个最好的整合性的范畴，但在"易有太极"条下却没有直接援用来指称道体。这可能是由于他有意避免《系辞》所原有的那条生成论的思路，至于如何把生成论转化为本体论，一时还没有想得十分清楚明白。张载自称他的探索是一个艰苦的过程，并非一蹴而就，"不如明者举目皆见"，而是如同昏者进入暗室一样，必须举着烛光不断地移动，"逐事要思"，"方有所见"。他用太极来指称道体，这个思想是通过对《说卦》的"参天两地而倚数""将以顺性命之理"两个命题的诠释，才最终确立下来的。"性命之理"也是一个整合性的范畴，指的是合天地人为一的三才之道。"参天两地"指的是世界本身内在的逻辑结构，这种逻辑结构表现为天之参与地之两的数理，是世界的本体和运行的机制。张载按照他的思维习惯，"逐事要思"，"方有所见"，在《系辞》的"易有太极"条下对太极无所言说，现在从《说卦》并无太极字样的这两条下受到启发，豁然贯通，悟到了"《易》一物而合三才""一物而两体"说的就是太极的外延与内涵，从而解决了他多年的困惑，可以想见，他思想上必定产生出一种沛然而莫之能御的欣喜之情。哲学家通常都会有这种体验。比如程颢曾说："天地万物之理，无独必有对，皆自然而然，非有安排也。每中夜以思，不知手之舞之，足之蹈之也。"（《遗书》卷十一）张载完成了哲学的突破，终于把太极确立为道体，则表述得比较朴实，只是指出，"此某不敢自欺，亦不敢自谦，所言皆实事"。《易说》是张载早期的著作，到了晚年作《正蒙》时，则发展为用"太和"来指称道体，这可以说是第二次哲学的突破。"太和"一词出于《乾·彖》，张载在《易说》中对此无所言说。就这个词的本义而言，指的是天人整体的最高的和谐，保合此太和，乃能各正性命而利贞，因而既是一个本体论的范畴，同时又渗透着浓郁的价值理想，是一个目的论的范畴。张载独具慧眼，在易学史上第一次把太极归结为太和，用这两个范畴来指称道体，使得他的道体的思想能够同时满足"为天地立心"的理论层面和价值层面的双重需要。王夫之在《张子正蒙注》中对张载的这个思想作了最高的评价。他指出：

> 太和，和之至也。道者，天地人物之通理，即所谓太极也。阴阳异撰，而其絪缊于太虚之中，合同而不相悖害，浑沦无间，和之至矣。未有形器之先，本无不和，既有形器之后，其和不失，故曰太和。（《太和篇注》）
>
> 《大易》之蕴，唯张子所见，深切著明，尽三才之撰以体太极之诚，圣人复起，不能易也。（《大易篇注》）

关于天道的和谐，自然的和谐，道家的老庄曾经作了充分的研究。比如老子说："万物负阴而抱阳，冲气以为和。"（《老子》四十二章）庄子说："至阴肃肃，至阳赫赫。肃肃出乎天，赫赫发乎地，两者交通成和而物生焉。"（《庄子·田子方》）儒家则是致力于研究人道的和谐，社会的和谐，强调"礼之用，和为贵，先王之道斯为美"。由此而在中国哲学史上形成了"天地不仁"与"圣人之仁"两种思想的对立，这也就是自然主义与人文主义的对立。张载根据他对《大易》之蕴的深刻理解，用太极这个范畴来指称天人合一的道体，用太和这个范畴来表述天人整体的和谐，这就消除了二者的对立使之达于统一。因而这两个范畴就成为张载的整个思想系统的理论基石，与其把他的思想归结为气一元论或气化论的哲学，不如说成是"尽三才之撰以体太极之诚"。诚然，"太虚"和"气"也是张载的重要的哲学范畴，在《太和篇》中，他曾反复论证，"太虚即气"，"太虚无形，气之本体"，"气之聚散于太虚，犹冰凝释于水"，阐述了一种气一元论或气化论的哲学。但是，这种哲学完全是本于道家的自然主义，并没有显示儒家的人文主义的特色。"太虚"这个范畴首先是由庄子提出来的，关于气之聚散的思想也是首先由庄子提出用来论证天道的和谐，而未涉及人道的和谐。比如《庄子·知北游》说，"游乎太虚"，"通天下一气耳"，"人之生，气之聚也。聚则为生，散则为死。若死生为徒，吾又何患？故万物一也"。张载并不反对天道的和谐，也十分赞赏庄子所谓"生物以息相吹"和"野马"的说法，认为与《易》所谓"絪缊"的说法相同，"不如野马、絪缊，不足谓之太和"。但是，张载作为一个儒家，主要是关注人道的和谐，如果仅仅重复道家的这种自然主义，停留于论证天道的和谐，那就丧失了儒家的立场，也背离了理学的主题。因此，在张载的思想系统中，诸如"太虚即气"这一类的命题只是对太和道体的某一个方面的特性的说明，并不能孤立地抽取出来代表他的基本思想。张载的着眼点在于论证天人整体的和谐，立足于儒家的名教理想对道家的自然主义进行创造性的转化，他的基本思想是通过一系列天人合一的命题体现出来的。比如他说：

> 天道四时行，百物生，无非至教；圣人之动，无非至德，夫何言哉！
>
> 天体物不遗，犹仁体事无不在也。"礼仪三百，威仪三千"，无一物而非仁也。（《天道篇》）
>
> 天人异用，不足以言诚；天人异知，不足以尽明。所谓诚明者，性与天道不见乎小大之别也。
>
> 性与天道合一存乎诚。
>
> 天所以长久不已之道，乃所谓诚。仁人孝子所以事天诚身，不过不已于仁孝而已。故君子诚之为贵。（《诚明篇》）
>
> 诚则实也，太虚者天之实也。万物取足于太虚，人亦出于太虚，太虚者心之实也。
>
> 虚者，仁之原，忠恕者与仁俱生，礼义者仁之用。

虚则生仁，仁在理以成之。

　　阴阳者，天之气也；（亦可谓道。）刚柔缓速，人之气也；（亦可谓性。）生成覆帱，天之道也；（亦可谓理。）仁义礼智，人之道也；（亦可谓性。）损益盈虚，天之理也；（亦可谓道。）寿夭贵贱，人之理也；（亦可谓命。）天授于人则为命，（亦可谓性。）人受于天则为性；（亦可谓命。）形得之备，（不必尽然。）气得之偏，（不必尽然。）道得之同，理得之异。（亦可互见。）此非学造至约不能区别，故互相发明，贵不碌碌也。（《张子语录》）

　　由此可以看出，这些命题都是紧紧围绕着理学的主题，并不脱离天道而孤立地探索人道，也不脱离人道而孤立地探索天道，而是言天必及于人，言人必上溯于天，把世界的统一性看做是一个自明之理，着重于探索天与人之间的关系。实际上，这些命题也是张载对《中庸》的"天命之谓性"的一种新的诠释和发挥，只是比较起来，思想内容更为丰满，理论基础更为坚实，价值层面也更为凸显。"天命之谓性"作为儒家心性之学的一个基本命题固然十分重要，但是抽象晦涩，含有歧义，自汉魏以来，一直没有确解。佛家依据缘起性空的理论来曲解，道家把"天命"解释为"天地不仁"，把"性"归结为自然之性。这种错误的解释为张载所不取。他指出，"释氏不知天命而以心法起灭天地"，"释氏妄意天性而不知范围天用"（《大心篇》）；"以生为性，既不通昼夜之道，且人与物等，故告子之妄不可不诋"（《诚明篇》）。因此，为了回应佛老的挑战，张载必须进行双向的思维，对"天命之谓性"的含义作出明确的界定，一方面要用"太虚即气"的自然主义的哲学来对治佛家的幻灭思想，另一方面还要立足于儒家的名教理想对道家的"天地不仁"的思想进行转化。值得注意的是，在这些命题中，张载把儒家之仁提到本体论的高度进行论证，以太虚作为仁之原，用仁来界定天。这是张载对理学所作出的最大的理论贡献，代表了他的基本思想。朱熹曾反复讨论了张载的这个思想，作了充分的肯定。他说：

　　横渠谓"天体物而不遗，犹仁体事而无不在"。此数句，是从赤心片片说出来，荀扬岂能到！

　　问："天体物而不遗，犹仁体事而无不在也。以见物物各有天理，事事皆有仁？"曰："然。天体在物上，仁体在事上，犹言天体于物，仁体于事。本是言物以天为体，事以仁为体。缘须著上说，故如此下语。"

　　问："仁体事而无不在。"曰："只是未理会得仁字。若理会得这一字了，则到处都理会得。今未理会得时，只是于他处上下文有些相贯底，便理会得；到别处上下文隔远处，便难理会。今且须记取做个话头，（千万记取此是个话头！）久后自然晓得。或于事上见得，或看读别文义，却自知得。"（《朱子语类》卷九十八）

　　朱熹特别强调"仁"字是个话头。话头这个词来自禅宗。禅宗常以某一句话或某一个字作为话头，认为其中蕴含着佛教思想的全部的精髓，是参悟的最简捷的门径。长期以来，儒学一直缺少一个话头，现在张载拈出了一个"仁"字，这在儒学史上是一件了不起的大事，完全可以用来和佛教相抗衡了。程颢在《识仁篇》中曾说："学者须先识仁。仁者浑然与物同体。"这就是参悟这个话头所得来的体会。就理学的演变而言，达到程颢的这种悟境，是经历了一个过程的。比如周敦颐曾从《周易》的"天地之大德曰生"的命题悟出了自然的生意，邵雍也悟出了"天地之心者，生万物之本也"，但却没有把这种生物之心归结为一个仁字。张载的探索也不是一步到位的，虽然他也悟出了"以生物为本者，乃天地之心也"，但是由于找不到天与人之间的联结点，而被迫认同了老子的"天地不仁"的思想。由此可见，用一个仁字来体现儒学思想的全部的精髓，把天地生物之心理解为"天体物而不遗"的一片仁心，这个历程是进行得多么艰难。拿张载和程颢来相比，程颢的"仁者以天地万物为一体"的体会可以说是"明睿所照"，表现了一种"宽裕温厚之气"，而张载则是"考索至者，如揣料于物，约见仿佛"，"有苦心极力之象"。但是，尽管如此，也不能不承认，这是张载作为一个理性思维的英雄所创造的伟大的业绩，撇开其他方面仅就他为理学拈出一个话头而论，也能确立他在理学史上的不朽的地位。

　　张载的这一系列天人合一的命题都是从他的道体的思想中自然引申出

来的。照张载看来，太极作为道体，其外延是"一物而合三才"，分而言之，有天、地、人三个不同的子系统，合而言之，则归于太极之一元，故道体既可分开来说，也可合起来说，分中有合，合中有分。易学的本质不在于分而在于合，是对道体的一种全面的把握。他指出："天人不须强分，《易》言天道，则与人事一滚论之，若分别则只是薄乎云尔。"（《易说·系辞下》）就道体的内涵而言，则是"一物而两体"。"两体"是指虚实、动静、聚散、清浊等等对立的两个方面，概括说来也就是阴阳之两端。"一物"即太和纲缊，合同之体，也就是阴阳两端对立的统一。纲缊太和，合于一气，而阴阳之体具于其中，故一中有两。其阴阳两端循环不已，虽聚散攻取百途，必推行于一而趋向于太和，故两中有一。一与两为参，此参是表示一中有两，统一中蕴含着对立，两中有一，对立中蕴含着统一。张载认为，此参既为天之性，亦为人之性。他指出：

> 地所以两，分刚柔男女而效之，法也；天所以参，一太极两仪而象之，性也。（《易说·说卦》）
>
> 参天两地，此但天地之质也。……得天地之最灵为人，故人亦参为性，两为体。（《易说·系辞上》）

由于天与人皆以参为性，此参即"一物而两体"之对立的统一，故"天人不须强分"，而合一于太极一元之道体及其本质属性。张载根据这种认识进行哲学的抽象，把参归结为宇宙的本体，指出其中存在着一种体用相依的关系。他说：

> 一物两体，气也。一故神，（两在故不测。）两故化，（推行于一。）此天之所以参也。（《参两篇》）
>
> 神，天德，化，天道。德，其体，道，其用，一于气而已。（《神化篇》）

神者气之神，化者气之化，神为体，化为用，体用相依，归于一气，故神化乃是过程与实在的统一，也就是以气为载体的大化流行的道体本身。张载由此而提出了"太和所谓道"以及"太虚无形,气之本体"的许多命题,并且用了"清虚一大"之语来形容这个道体。但是,张载所说的"太虚"不同于庄子所说的"太虚",他所表述的"一于气"的思想也与庄子的那种"通天下一气耳"的思想有很大的不同。这种不同突出表现为两点。第一,就理论层面而言,庄子关于气的思想不具有张载所表述的"一物两体"的体用相依的哲学含义。第二,就价值层面而言,庄子所谓的"气"完全属于自然主义的范畴,而张载所谓的"气"乃是通天地人三才而言之,带有厚重的人文价值的色调。他指出:

> 《易》一物而三才备,阴阳气也,而谓之天;刚柔质也,而谓之地;仁义德也,而谓之人。(《易说·说卦》)
>
> 推而行之存乎通,所谓合德;确然隤然,所谓有体。乾于天为阳,于地为刚,于人为仁;坤于天则阴,于地则柔,于人则义。(《易说·系辞下》)

在张载的思想系统中,气是一个抽象的普适性的范畴,指的是统摄万有的实在,包括宇宙人生在内,也就是统一的世界及其运行的机制和内在的本性。他指出:

> 所谓气也者,非待其蒸郁凝聚,接于目而后知之,苟健、顺、动止、浩然、湛然之得言,皆可名之象尔。(《神化篇》)
>
> 凡可状,皆有也;凡有,皆象也;凡象,皆气也。气之性本虚而神,则神与性乃气所固有。(《乾称篇》)

象即法象,法象为可状之有,即统摄万有的具体的感性的实在,此象与有皆本于一气。气一物而两体,名之为太极,也可名之为太和,"中涵浮沉、升降、动静相感之性,是生絪缊、相荡、胜负、屈伸之始"。中涵者其体,是生者其用也。体发而为用,阴阳之气,循环迭至,聚散相荡,升降相求,动静相感,由此而展现为一个动态的历程,产生了包括人在内的五光十色林林总总的世界。在这个世界的运动的过程中，由于阴阳和合之气分化为两端，其必然之理势是相互之间的对立和斗争，于是有盈有虚，有消有息，有胜有负，有屈有伸，从而形成了万事万物的种种衰旺死生之成象。但是，这种对立和斗争并不像伊朗的琐罗亚斯德所说的那样，使整个世界形成一种善与恶、光明与黑暗的无休无止不可调和的对立和斗争，以一方消灭另一方作为最终的结局。而是相反相成，协调配合，在一阴一阳相互推移激荡的过程中，使整个世界焕发出蓬勃的生机，最终必然是用而还成其体，趋向于太和。这就是张载所说的"推行于一"。在《太和篇》中，张载把这个思想概括成四句话：

有象斯有对，对必反其为；有反斯有仇，仇必和而解。

照张载看来，就太和未分之本然而言，其所涵阳健阴顺之性本无不和，既分之后，阴阳各成其象，则相为对，有对必相反而相为仇，但其究也，互以相成，无终相敌之理，故必和解而复归于阴阳合德之太和。因而以太和这个范畴来指称道体，其深层的哲学意蕴，既是过程与实在的统一，又是起源与目标的统一。所谓"仇必和而解"，就是宇宙自然的目标，人类社会的目标，也是个人身心修养的目标。张载并不否认现实的世界存在着对立和斗争，但却坚持认为，这只是一种暂时的现象，因为世界是以太和为起源，也是以太和为目标的。这个目标就是阴与阳和，气与神和，乾健与坤顺的两性之异的协调配合。目标表示方向，表示理想，表示价值，内在地蕴含于太和道体之中。据此而论，太和道体既是一个无心而自然的气化运行的过程，也与人的价值理想息息相通。故天之性即人之性，生成覆帱之天道即仁义礼智之人道，"天体物不遗，犹仁体事无不在也"，"天人不须强分"，自然主义与人文主义也消除了对立而紧密地结合在一起，构成了太和道体的本质属性的两个方面。

由此可以看出，张载的这种理学思想与先秦的孔孟相比，有同有异。其所同者在于完美地继承了孔孟的以仁义礼智为内容的人文价值理想，其所异者在于援引了道家的自然主义的天道观来作为这种人文价值理想的宇

宙论的依据。他在《大心篇》中指出：

> 大其心则能体天下之物，物有未体，则心为有外。世人之心，止于闻见之狭。圣人尽性，不以见闻梏其心，其视天下无一物非我。孟子谓尽心则知性知天以此。天大无外，故有外之心不足以合天心。

此处所说的"天心"，即"天地之心"，其大无外，囊括宇宙，通贯天人，也就是太和道体的本身。此太和道体以健顺之性为性，具有自然主义与人文主义的双重规定，称之为"天性"。"天性在人，正犹水性之在冰，凝释虽异，为物一也。""天所性者通极于道，气之昏明不足以蔽之；天所命者通极于性，遇之吉凶不足以戕之。""性者万物之一源，非有我之得私也。"（《诚明篇》）就内涵方面而言，天性即人性，天心即人心，但就外延方面而言，则天性大而人性小，"有外之心不足以合天心"。因而张载主张，人必须由穷理以尽性，观乎天地以见圣人，先扩大自己的心量体认天心，由知天道而后知性命。这种主张是和孟子所谓尽心则知性知天的主张不相同的。

张载通过这一番艰难的探索，终于为天地立了一个心，建构了一个合天人、兼体用的宇宙论的体系。这种宇宙论在儒学史上是一个创造，"有六经之所未载，圣人之所不言"，在理学史上也是一个新的发展阶段。张载的这种探索，目的在于站在重建儒学、继承道统的立场对佛老二氏的挑战作出积极的回应，因而针对性极为强烈，每一个论点的确立都是在与佛老进行论战。范育在《正蒙序》中对张载的这种良苦的用心作了很好的说明。他指出：

> 浮屠以心为法，以空为真，故《正蒙》辟之以天理之大，又曰："知虚空即气，则有无、隐显、神化、性命通一无二。"老子以无为为道，故《正蒙》辟之曰："不有两则无一。"至于谈死生之际，曰"轮转不息，能脱是者则无生灭"，或曰"久生不死"，故《正蒙》辟之曰："太虚不能无气，气不能不聚而为万物，万物不能不散而为太虚。"夫为

是言者，岂得已哉！

这是一场哲学的辩论，世界观的辩论，儒家只有在这场辩论中取得决定性的胜利，才能维护自己的名教理想，进一步展开内圣心性之学。基于这种考虑，所以张载也就把"为天地立心"的工作置于首位，作为他的哲学战略的重要的突破口。

三、为生民立命

在张载的思想系统中，"为天地立心"是关于宇宙论的研究，可称之为天学，"为生民立命"是关于心性论的研究，可称之为人学。这种研究对象的区分，相当于邵雍所说的先天之学与后天之学，物理之学与性命之学，也和周敦颐的由太极以立人极的思路相通。江永《近思录集注》引宋淳祐间叶氏之言曰："天地以生生为心，圣人参赞化育，使万物各正其性命，此为天地立心也，建明义理，扶植纲常，此为生民立道也。"张载的思想以《易》为宗，以《中庸》为体，他的这两项研究实际上是依据易学的基本原理对《中庸》所作的诠释。"为天地立心"是对"天命之谓性"的诠释，天地之心即天命之性，天之赋予人物者谓之命，人与物受之者谓之性。此性统人物而言之，可称之为天性，"为生民立命"是对"率性之谓道"的诠释，此性则专乎人而不兼乎物，可称之为人性。物不可谓无性，而不可谓有道，道者人物之辨，是人之所以异于禽兽的本质所在。此道即《周易》所说的"立人之道曰仁与义"。张载在《易说·说卦》中指出："仁义人道，性之立也。""仁义德也，而谓之人。"因此，张载关于"为生民立命"的研究，目的在于"建明义理，扶植纲常"，建构一个价值哲学的体系，把仁义确立为人性的本质。但是，由于人性是由物性发展而来，物性又是由天地之道发展而来，统天地人物都是一阴一阳之道，追本溯源，人所独有的仁义之性其实就是天地人物所共同具有的一阴一阳，所以张载的这项研究，必须使人性从属于天性，摆正人在宇宙中的地位，把天地之心作为人类价值的本体，由此而推导出一套内圣心性之学。这是张载的一条基本的思路。根据这条思路，他

反复强调，"故思知人者不可不知天，能知天斯能知人矣"。

就张载的终极关怀而言，他是要通过研读《中庸》来探寻名教之乐，把人文价值理想置于首位的。他曾说："道德性命是长在不死之物也，已身则死，此则常在。"（《经学理窟》）所谓道德，照儒家看来，指的就是仁义。韩愈曾在《原道》中指出："仁与义为定名，道与德为虚位。"仁义是道德的确定的内涵，性命的本质规定。张载认为，以仁义为内涵的道德性命是一个完整的价值体系，长在不死，具有普遍性，绝对性，永恒性，超越个人的死生而与天地同在。其所以如此，是因为这个价值体系内在地蕴含于"《易》一物而合三才"的道体之中，本身就是一个本体论的结构。因而从价值层面来说，"思知人者不可不知天"，知人是目的，知天是手段；从理论层面来说，知天是知人的前提，不知天便无以知人。此二者的有机的结合，就形成了一种双向互动的思维模式，一方面由天道见出人道，另一方面由人道见出天道，如此循环往复，目的在于论证"道德性命是长在不死之物"。这种思维模式是与理学的天道性命的主题相适应的。

张载的价值本体论是以宇宙本体论作为理论基础，人性论的思想是由天道观推导而来。天以参为性，人亦以参为性，故性者万物之一源，在天在人，其究一也，是一个具有普遍性、绝对性、永恒性的存在。此参即"一物而两体"之对立的统一，为太和道体所中涵之性，在大化流行的过程中表现为阴阳两端之相感，故天人以参为性，亦即以感为性。他指出：

> 天包载万物于内，所感所性，乾坤、阴阳二端而已。
>
> 无所不感者虚也，感即合也，咸也。以万物本一，故一能合异；以其能合异，故谓之感；若非有异则无合。天性，乾坤、阴阳也，二端故有感，本一故能合。天地生万物，所受虽不同，皆无须臾之不感，所谓性即天道也。
>
> 感者性之神，性者感之体。（在天在人，其究一也。）惟屈伸、动静、终始之能一也，故所以妙万物而谓之神，通万物而谓之道，体万物而谓之性。（《乾称篇》）

张载的这个思想本于易学的基本原理。咸之《彖》曰："观其所感而天地万物之情可见矣。"在《易说·习坎》中，张载指出："坎离者，天地之中二气之正交。然离本阴卦，坎本阳卦，以此见二气其本如此而交性也，非此二物则无易。"天地万物之情见于阴阳二气之交感，这是天性，也就是天地生物之心。感者，因与物相对而始生，二端故有感，若无二端则感无所从生，因而阴阳之对立乃是太和道体内在的动力机制。但是，感的本质在于合异而为同，由对立而趋向于统一，有阴则必顺以感乎阳，有阳则必健以感乎阴，只有如此才能产生功能性的协调，生生不息，变化日新，因而阴阳之统一和谐乃是太和道体内在的价值目标。此二者有机的结合，统一中蕴含着对立，对立中蕴含着统一，合之而为参。光有绝对的统一不能叫做参，光有绝对的对立也不能叫做参，参有着丰富的哲学含义，不是一个静态的逻辑结构，而是一个动态的流行过程，完美地体现了"一物而两体"之间的辩证关系，一故神，两故化，这就是阴阳二端絪缊相感的道体的本性，所以说"感者性之神，性者感之体"。张载认为，《周易》所说的"天地之大义""天地之情""天地之心"，异名同实，指的都是造化，造化就是性命之理，而性命之理的本质就在于阴阳二端之交感。他说：

> 若阴阳之气，则循环迭至，聚散相荡，升降相求，絪缊相揉，盖相兼相制，欲一之而不能，此其所以屈伸无方，运行不息，莫或使之，不曰性命之理，谓之何哉？（《参两篇》）

性命之理是统天地人三才而言的，分而言之，在天曰阴阳，在地曰柔刚，在人曰仁义，合而言之，则为一阴一阳之谓道，亦即阴阳二端之交感。此二端之"相荡""相求""相兼""相制"，展现为一个阴阳交感的动态的过程而成其生化之功，阴必与阳感，阳必与阴感，故不可单就阳而言性命之理，亦不可单就阴而言性命之理，必阴阳二端交感和合而为参始可言性命之理。张载认为，性命之理是道体的本然，也是人性的应然。仁义是性命之理落实于人性层面的具体表现，单有仁不可谓之人性，单有义亦不可谓之人性，人性的本质在于仁与义的交感和合，仁必与义合，义必与仁合，只有当此两者相辅相成，有如刚柔之相济，阴阳之协调，才能构成一个完整的人性，而合于性命之理。就道体之本然而言，一能合异，趋向于太和。就人性之应然而言，则以中正作为理想的目标，至善的标准。在《中正篇》中，张载指出："中正然后贯天下之道，此君子之所以大居正也。盖得正则得所止，得所止则可以弘而至于大。""学者中道而立，则有仁以弘之。无中道而弘，则穷大而失其居，失其居则无地以崇其德，与不及者同。"

中正是易学的基本范畴，一卦六爻，爻有其位，初、三、五为阳位，二、四、上为阴位，凡阳爻居阳位，阴爻居阴位，是为得位，得位为正，象征阴阳各就各位，合乎其所应然的秩序。二为下体之中，五为上体之中，爻居中位，是为得中，象征守持中道，行为不偏，合乎阴阳和合的原理，因此，《易传》把中正确定为一种普遍适用的制度化的行为准则和价值标准。以此来衡量六爻的配置情况，或者不中不正，或者中而不正，或者正而不中，或者既中且正。照张载看来，"中正然后贯天下之道"，是仁与义交感和合所达到的最高境界，也是调节二者使之不偏于一端的操作原理。因为人以参为性，仁与义仅是人性之二端，此二端必须交感和合而为参，达于中正，才能弘扬光大，完美地体现人性的本质。张载的这个思想是和周敦颐完全相通的。周敦颐把仁义中正确立为人极的内涵。所谓人极，指的就是人性的本质，价值的本体。在《通书》中，周敦颐指出："天以阳生万物，以阴成万物。生，仁也；成，义也。"这是认为，人道之仁义源于天道之阴阳，仁为阳，义为阴。由于阴阳必须交感始能生成万物，所以圣人定之以仁义中正而立人极，以中正作为贯通仁义的基本原则。

仁义是儒家公认的最高美德。历代儒家对这两种美德的内涵及其相互关系作了许多探讨。比如孟子说："仁之实，事亲是也。义之实，从兄是也。"《中庸》说："仁者人也，亲亲为大。义者宜也，尊贤为大。"这是把仁归结为爱，把义归结为敬，爱着眼于亲亲，敬着眼于尊尊，亲亲可以起到合同的作用，尊尊可以起到别异的作用，因而奉行这两种美德，就能够合理地处理各种人际关系，把社会凝聚为一个和谐稳定的群体。但是，儒家也清醒地看到，要把这两种美德结合得恰到好处，是十分困难的。因为仁与义、爱与敬、亲亲与尊尊、合同与别异，既对立，又统一，相互之间是一种紧张的张力结构，人们常常受知、愚、贤、不肖的影响，产生过与不及的偏向，而破坏这种张力结构，有的人仁多义少，有的人义多仁少。《礼记·表记》指出："厚于仁者薄于义，亲而不尊；厚于义者薄于仁，尊而不亲。"在一个社会群体中，如果仁多义少，把合同的一面强调得过头，就会上下不分，贵贱不明；反之，如果义多仁少，把别异的一面强调得过头，就会激化矛盾，影响社会秩序的稳定。只有把仁与义有机地结合起来，才能做到"亲而尊"而不流于一偏，这也就是所谓中道。周敦颐作为理学的开山人物，依据易学的基本原理，以仁配阳，以义配阴，认为仁与义的结合有如天道阴阳之交感，应以中正的标准来衡量，这就把儒家关于仁义美德的探讨提升到一个本体论的哲学高度。但是，周敦颐只是提供了一个本体论的思路，没有来得及建构成一个完整的价值哲学的体系。在理学史上，这个工作首先是由张载所完成的。

张载把仁与义之间本来就存在的张力结构看做是一种体用关系。因为仁义之全体具足于性，性者一物而两体，一故神，两故化，合之而为参，故仁义合一，相为体用，合于神化之理，既是道体的本然，也是人性之应然。张载根据这个思想对仁与义的哲学含义作了详尽的阐发。他说：

神不可致思，存焉可也；化不可助长，顺焉可也。存虚明，久至德，顺变化，达时中，仁之至，义之尽也。知微知彰，不舍而继其善，然后可以成人之性矣。

义以反经为本，经正则精；仁以敦化为深，化行则显。义入神，动一静也；仁敦化，静一动也。仁敦化则无体，义入神则无方。（《神化篇》）

性天经然后仁义行，故曰"有父子、君臣、上下，然后礼义有所错"。仁通极其性，故能致养而静以安；义致行其知，故能尽文而动以变。

义，仁之动也，流于义者于仁或伤；仁，体之常也，过于仁者于义或害。（《至当篇》）

不穿窬，义也，谓非其有而取之曰盗，亦义也。恻隐，仁也，如天，亦仁也。故扩而充之，不可胜用。（《有德篇》）

张载的这些论述，就价值规范的层面而言，仍然是本于儒家的成说，以仁为爱，以义为敬，仁者恻隐而爱人，义者合于事物之宜而得其所正，如能扩而充之，则可以用以调整君臣父子上下之间的关系，构成一个价值规范的体系，而为礼义之所本。但是，张载的重点在于从事哲学的论证，致力于把作为价值规范的仁义提升成为与神化之理相合的本体论的结构。张载曾说："神，天德，化，天道。德，其体，道，其用。"德者健顺之体，道者阴阳之用，体者静，用者动，故神与化结成了一种体用相依、动静相含的关系。神化者，天之良能，亦即太和絪缊之道体的本性，其表现在人者，则为人性之仁义，仁义如能合于此神化之理，则爱敬之用扩充而无不行，所以说"性天经然后仁义行"。从神化之理的角度来考察，仁的本质在于存神，义的本质在于顺化，既能存神又能顺化，则仁无不至，义无不尽，而可以成人之性，这也就是所谓尽性。存神者静以安，能使天地生物之仁涵于人心者常存而不失，顺化者动以变，能使感于物而发之知随所宜而不易其方。仁者体之常，义者仁之动，仁为义之体，义为仁之用。就义之顺化反经而皆合于天秩天序自然之则而言，谓之精义，精义可以入神，动而不失其静之理，此为动与静相通，义与仁合一。就仁之寂然不动感而遂通而言，谓之敦化，敦厚以体万物之化，乃尽物性而合天行，随所显而皆仁，此为静与动相通，仁与义合一。据此而论，则仁义作为人性之二端，其一动一静之间，相为体用，合之而为参，就形成为一个表现为张力的本体论的结构。所谓张力，就是离心力与向心力的平衡，统一中有对立，对立中有统一，相互依存，相互渗透，此二者合之则两美，离之则两伤。如果仁多而义少，只能存神而不能顺化，这就是"敦厚而不化，有体而无用"，必然产生"过于仁者于义或害"的片面性。反之，如果义多而仁少，只能顺化而不能存神，这就是"化而自失焉，徇物而丧己"，必然产生"流于义者于仁或伤"的片面性。因此，仁与义必须有机地结合而不流于一偏，才能完美地体现人性的本质。由于这种人性的本质源于天地神化之理，所以张载称之为"天地之性"。

但是，这种人性的本质是以人的有限的血肉之躯为载体的，此血肉之躯亦有其性，叫做"气质之性"，故人性是一个整合性的概念，"合虚与气，有性之名"，是天地之性与气质之性的统一，本质与存在的统一，也是灵魂与肉体的统一。天地之性源于太虚无形之道体，以一种抽象的普遍的义理规定人性的本质，而"义理无形体"，目不可得而见，耳不可得而闻，故为虚为无。气质之性则源于气之散殊合而成质之肉体，有见闻之知，攻取之性，饮食男女之欲，是一种自然的感性的实体的存在，故为实为有。张载认为，天地之性与气质之性的关系是有无虚实的整合，既对立，又统一，也是一种张力结构，不可割裂而为二。他指出：

> 性其总，合两也。
>
> 形而后有气质之性，善反之则天地之性存焉。(《诚明篇》)
>
> 有无虚实通为一物者，性也；不能为一，非尽性也。饮食男女皆性也，是乌可灭？然则有无皆性也，是岂无对？庄老浮屠为此说久矣，果畅真理乎？(《乾称篇》)

照张载看来，天地之性寓于气质之性之中，二者相对为两端，合两而为性，天地之性是无，气质之性是有，无是性，有亦是性，有无皆是性，这就是所谓"有无混一之常"。庄老浮屠不懂得这个真理，提出了一些片面的说法，"语寂灭者往而不反"，以无对之无为性，见无而不见有，"徇生执有者物而不化"，以无对之有为性，见有而不见无，把有无虚实的关系割裂开来，皆不可谓之尽性。实际上，人之所以为人，既是一个有生命的肉体的存在，又具有异于禽兽灵于万物的本质规定。佛教的错误在于片面地强调体真空为性，用本质来反对存在，否定延续人的生命的饮食男女之性。这种对人性的错误的看法，"则以人生为幻妄，以有为为疣赘，以世界为荫浊，遂厌而不有，遗而弗存"，所以张载严厉地批判说："饮食男女皆性也，是乌可灭？"道家的错误与佛教相反，在于片面地强调食色之性，用存在来反对本质，否定人所具有的仁义礼智的道德本性。这种对人性的错误的看法，把人降低为与禽兽相等的水平，从根本上取消了道德行为，所以张载也严厉地批判说："以生为性，既不通昼夜之道，且人与物等，故告子之妄不可不诋。"(《诚明篇》)儒家扬弃了佛道的这些片面的看法，把人性看做是"有无虚实通为一物",也就是存在与本质的统一,肉体与灵魂的统一,天理与人欲的统一,人文价值与自然本性的统一。张载用经典性的语言把这个思想表述为"性其总,合两也"。王夫之在《张子正蒙注》中对张载的这个思想作了很好的诠释,他说:

> 天以其阴阳五行之气生人,理即寓焉而凝之为性。故有声色臭味以厚其生,有仁义礼智以正其德,莫非理之所宜。声色臭味,顺其道则与仁义礼智不相悖害,合两者而互为体也。
>
> 盖性者,生之理也。均是人也,则此与生俱有之理,未尝或异,故仁义礼智之理,下愚所不能灭,而声色臭味之欲,上智所不能废,俱可谓之为性。……理与欲皆自然而非由人为。故告子谓食色为性,亦不可谓为非性,而特不知有天命之良能尔。(卷三)

张载根据这个思想进一步讨论了"德"与"福"的关系。他指出:"至当之谓德,百顺之谓福。德者福之基,福者德之致,无入而非百顺,故君子乐得其道。"(《至当篇》)"居仁由义,自然心和而体正。更要约时,但拂去旧日所为,使动作皆中礼,则气质自然全好。《礼》曰心广体胖,心既弘大则自然舒泰而乐也。"(《经学理窟》)德是有得于天地之性而居仁由义的德性,福是气质自然全好而心和体正的幸福。由于人性是天地之性与气质之性的整合,本质与存在的统一,如果气质之性能以天地之性作为价值的导向和行为的准则,使动作皆中礼,于理为至当,则声色臭味之欲皆得其正,于事为百顺,人的身心的存在就会处于一种舒泰悦乐称心适意的状态,而感到莫大的幸福。所以说"德者福之基,福者德之致",德是福的必要的前提,福是德的自然的结果。由此看来,张载十分重视人的现世的幸福,这种思想与佛教的以饮食男女为妄的禁欲主义有着根本性的不同,另一方面,他也强调德性的必要,与道家的那种以食色为性而无所不为的自然主义有着很大的差别。禁欲主义处理德与福的关系,把幸福归约为德性,认为德性就是幸福,实际上是取消了幸福。自然主义则相反,把德性归约为幸福,认为幸福就是德性,实际上是取消了德性。张载认为,为了破除佛道的这两种片面性，首先必须"立本"。所谓"立本"，就是站在本体论的哲学高度为儒家建立一个全面的看法，明人性之所本。因为不有所立便不能有所破，如果不先立本，人们就不可避免地要受到各种异端邪说的影响而无所执守，产生思想上的混乱。所以张载指出："释氏之说所以陷为小人者，以其待天下万物之性为一，犹告子生之谓性。今之言性者汗漫无所执守，所以临事不精。学者先须立本。"（《张子语录》）

张载所立之本是专就天地之性与气质之性二者的和谐统一而言的，但是，此二者之间的关系除了统一的一面以外，还有着对立的一面。这种对立同样具有本体论的意义，内在于人性的本身，是人之所以陷于道德困境以及必须履行道德义务的最深层的依据。如果说张载对统一关系的研究着眼于人与宇宙的联结来阐明天人合一的理想，表述人性之应然，那么他对对立关系的研究则是着眼于人与宇宙的疏离来揭示天人不合一的现实的存在状况，表述人性之实然。照张载看来，从人所内在具有的天地之性源于太极本然之妙的角度来看，其本质为善，与天地相似，天人合一，但是，一当由本质落实到存在，成为一个血肉之躯的个体的生命而具有气质之性，便有昏明厚薄之殊，饮食男女之欲，以及由狭隘的闻见之知所形成的小我的观念，这就从宇宙的全体中疏离出来，而与天地不相似，天人合一的关系受到了破坏。因而这种对立就是普遍与特殊的对立，全体与个体的对立，也就是本质与存在的对立，理想与现实的对立。人不能没有气质之性，否则人就不是一个有生命的感性的存在，同时人也不能没有天地之性，否则人就同于草木禽兽而不成其所以为人。但是由于两者的对立，所以无论何人都面临着一个如何扬弃这种对立而复归于统一的问题，使自己通过心性修养由特殊上升到普遍、由小我超越为大我，尽心成性，变化气质，做一个真正的人。至于人是否意识到问题的严峻，能够自觉地从事心性修养来实现自己的善性，则是一种道德上的自由的选择。凡是选择使气质之性听命于天地之性、用天理来支配人欲的人，可以成为贤人君子；反之，如果选择使天地之性听命于气质之性、徇人欲而伤天理的人，就成为凡愚小人。张载围绕着这个问题发表了一系列的言论，反复论证履行道德义务的必要以及遏恶扬善成圣成贤的可能，目的在于建明义理，扶植纲常，为

生民立命，激发人的道德的自觉。他指出：

天良能本吾良能，顾为有我所丧尔。（明天人之本无二。）

上达反天理，下达徇人欲者与！

湛一，气之本；攻取，气之欲。口腹于饮食，鼻舌于臭味，皆攻取之性也。知德者属厌而已，不以嗜欲累其心，不以小害大、末丧本焉尔。

性于人无不善，系其善反不善反而已，过天地之化，不善反者也。

人之刚柔、缓急、有才与不才，气之偏也。天本参和不偏，养其气，反之本而不偏，则尽性而天矣。性未成则善恶混，故亹亹而继善者斯为善矣。恶尽去则善因以成，故舍曰善而曰"成之者性也"。

德不胜气，性命于气；德胜其气，性命于德。穷理尽性，则性天德，命天理，气之不可变者，独死生修夭而已。故论死生则曰"有命"，以言其气也；语富贵则曰"在天"，以言其理也。此大德所以必受命，易简理得而成位乎天地之中也。

莫非天也，阳明胜则德性用，阴浊胜则物欲行。领恶而全好者，其必由学乎！（《诚明篇》）

体物体身，道之本也，身而体道，其为人也大矣。道能物身故大，不能物身而累于身，则藐乎其卑矣。

以我视物则我大，以道体物我则道大。故君子之大也大于道，大于我者容不免狂而已。

烛天理如向明，万象无所隐；穷人欲如专顾影间，区区于一物之中尔。（《大心篇》）

天理一贯，则无意、必、固、我之凿。意、必、固、我，一物存焉，非诚也；四者尽去，则直养而无害矣。

意，有思也；必，有待也；固，不化也；我，有方也。四者有一焉，则与天地为不相似。（《中正篇》）

气质犹人言性气，气有刚柔、缓速、清浊之气也，质，才也。气质是一物，若草木之生亦可言气质。惟其能克己则为能变，化却习俗

之气性，制得习俗之气。所以养浩然之气是集义所生者，集义犹言积
善也，义须是常集，勿使有息，故能生浩然道德之气。某旧多使气，
后来殊减，更期一年庶几无之，如太和中容万物，任其自然。(《经学
理窟》)

张载关于天地之性与气质之性的说法是理学史上的一个重大的理论创
造，得到了很多人的赞扬，认为这个说法从根本上解决了长期以来争论不
休的人性善恶的问题。比如朱熹指出："气质之说，起于张、程，极有功于
圣门，有补于后学。前此未曾说到。故张、程之说立，则诸子之说泯矣。"
黄勉斋指出："自孟子言性善，而荀卿言性恶，扬雄言善恶混，韩文公言三
品。及至横渠，分为天地之性，气质之性，然后诸子之说始定。"(见《宋
元学案·横渠学案》)从先秦到宋代，儒家的人性论有种种不同的说法，一
直未能取得共识，这些说法上的分歧都是围绕着人性论中的一个难题而展
开的。这个难题就是，如果把某种特性规定为人的普遍本质，这个普遍本
质表现在具体的人身上，何以有那么大的差异？孟子主张人性善，但难以
解释何以事实上存在着小人，荀子主张人性恶，也难以解释何以事实上存
在着圣人。扬雄、韩愈看到了问题的困难所在，避而不谈人的普遍本质而
只着眼于事实上存在的差异，提出了善恶混说和性三品说。就深层的哲学
意义而言，这个难题可以归结为怎样才能妥善地处理人的普遍本质与个体
的特殊存在之间的关系。孟、荀只看到了本质而忽略了存在，扬、韩只看
到了存在而忽略了本质，理论上都有漏洞，滞而不通。张载的卓越之处，
在于把二者的关系看做是"一物而两体"的既对立又统一的张力结构。天
地之性是万殊之一本，本于天理之一贯，是人的普遍本质，于人无不善，
气质之性则是一本之万殊，表现得千差万别，有善有恶，分为三品，是人
的事实上的存在状况。按照这种处理的办法，孟子所言之性善属于天地之
性的范畴，荀子所言之性恶、扬雄所言之善恶混以及韩愈所言之性三品则
可以统统纳入气质之性的范畴。就二者相统一的一面而言，孟子之说是可
以成立的，就其相对立的一面而言，荀子、扬雄、韩愈之说也不为无见，
因此，张载把人性分为天地之性与气质之性实际上是对前人的人性论思想

的一次综合的总结，给人性善恶的争论划了一个圆满的句号。这也就是表明，儒家关于人性论的本体建构是由张载最后完成的，自张载以后，没有人再重提人性善恶的话头，而集中精力从事工夫层面的探讨。由此看来，理学的另一个重大的主题，即本体与工夫的关系，首先是由张载所提出的。

所谓工夫层面，指的是道德的实践，道德的实践必以道德的本体作为形而上的依据，否则就是无源之水，无本之木。张载通过易学研究，对《系辞》继善成性思想的深入的理解，为这种本体与工夫的关系建立了一个坚实的理论基础。在《易说·系辞》中，张载指出：

> 一阴一阳是道也，能继继体此而不已者，善也。善，犹言能继此者也；其成就之者，则必俟见性，是之谓圣。仁者不已其仁，姑谓之仁；知者不已其知，姑谓之知；是谓致曲，曲能有诚也，诚则有变，必仁知会合乃为圣人也。所谓圣者，于一节上成性也。夷惠所以亦得称圣人，然行在一节而已。"百姓日用而不知"，盖所以用莫非在道。饮食男女皆性也，但己不自察，由旦至暮，凡百举动，莫非感而不之知。今夫心又不求，感又不求，所以醉而生梦而死者众也。
>
> 诚，成也，诚为能成性也，如仁人孝子所以成其身。柳下惠，不息其和也；伯夷，不息其清也；于清和以成其性，故亦得为圣人也。然清和犹是性之一端，不得全正，不若知礼以成性，成性即道义从此出。
>
> 圣人亦必知礼成性，然后道义从此出，譬之天地设位则造化行乎其中。
>
> 百姓日用而不知，溺于流也。

张载认为，一阴一阳是道，此道参和而不偏，体物而不遗，天地人物，莫不有阴阳，莫不受道的支配，人作为其中的一个组成部分，是隶属于宇宙之全体的。天人之间的沟通，关键在一个继字。继是继承、继续，继之则善，不继则不善。就天道之阴阳而言，鼓万物而生，无心以恤物，无所谓善与不善，物之性乘大化之偶然，也无所谓善与不善，唯有人能自觉地继承天道之阴阳，使之继续不断，所以才叫做善。如果人有所不继，这就产生恶了。一阴一阳之道是善的本体，"能继继体此而不已"是善的工夫，本体潜而不现，隐而不显，必须发挥主观能动性使之呈现彰显出来，体之而为性，这就是所谓"成之者性也"。"性未成则善恶混，故亹亹而继善者斯为善矣"。因而人性之善是一个由本质落实到存在的自我实现的过程，如果没有自强不息的工夫以成就之，人就会降低到醉而生梦而死的地步，而丧失其所以为人的本质。这种本体与工夫的联结在于诚，诚者成也。"天所以长久不已之道，乃所谓诚"。这是本体之诚。"性与天道合一存乎诚"，这是由工夫以见本体之诚。诚有是物，则有终有始，做到本质与存在的统一，成为一个真正的人，不诚则无物。这是一条普遍的法则，无论何人都必须遵循，"圣人亦必知礼成性，然后道义从此出"。由于本体之诚是客观外在的太和道体本然之性，乃道之大全，工夫之诚则是人的主观能动性，有时主客能够完全契合，以个体之身全面地体现道之大全，有时仅能部分地契合，体现大全之某一个方面，所以人性的实现也就有着高下等级之分。照张载看来，工夫之诚有两种类型。一个是"自明诚"，即由穷理而尽性，贤人之诚属于这种类型。一个是"自诚明"，即由尽性而穷理，圣人之诚属于这种类型。柳下惠不息其和，伯夷不息其清，他们之所以也够上圣人的资格，是因为他们取性之一端，至诚不息，于一节上成性，尽管不够全面，也应归属于"自诚明"的类型。最全面的圣人必定是仁知会合，仁者存神，知者顺化，既能全面地体现天地生物之心的仁德，又能全面地顺应客观事物发展的当然之则，神化者天之良能，存神而顺化就是主与客的完全契合，这种圣人的境界就比仅得清和之一端的伯夷、柳下惠要高出一个档次了。贤人的禀赋不及圣人，其气质偏于一曲，或偏于仁，或偏于知，但可以由致曲以尽其诚。所谓致曲，是说通过择善而固执之的工夫，于事事上推致其极，使一曲之善成性存存，实有诸己。故仁者不已其仁，可以成为一个仁人，知者不已其知，可以成为一个通达事理的有智慧的人。无论是"自诚明"或"自明诚"，都落实到一个诚字，诚者自成，强调的是人性的自我实现。所谓"百姓日用而不知"，是说道之全体流行于百姓日用之间，无论人们认识与否，客观上始终是起着支配的作用，所以用莫非在道。但是由于人们缺乏道德的自觉，不自省察，不去追求向上一路，而溺于流俗，自甘堕落，结果是醉生梦死，丧失了人的尊严。因此，尽管就本源的意义而言，性于人无不善，但在实际的表现上却是千差万别，区分为圣贤凡愚不同的等级，根本原因不在于本体而在于继善成性的工夫。

工夫是一种道德实践的行为，行为必有一个支配的主体。张载根据这条思路，进一步把心确立为道德的主体，反复强调心为一身之主宰，告诫学者必须存心、立心，提高道德的自觉。比如他说："人须常存此心。""立本以此心，多识前言往行以畜其德，是亦从此而辨，非亦从此而辨矣。以此存心，则无有不善。""若今学者之心出入无时，记得时存，记不得时即休，如此则道义从何而生！""学者有息时，一如木偶人，牵搐则动，舍之则息，一日而万生万死。学者有息时，亦与死无异，是心死也，身虽生，身亦物也。天下之物多矣，学者本以道为生，道息则死也，终是伪物，当以木偶人为譬以自戒。""欲事立须是心立，心不钦则怠惰，事无由立。""求养之道，心只求是而已。盖心弘则是，不弘则不是，心大则百物皆通，心小则百物皆病。悟后心常弘，触理皆在吾术内，睹一物又敲点着此心，临一事又记念着此心，常不为物所牵引去。""天资美不足为功，惟矫恶为善，矫惰为勤，方是为功。人必不能便无是心，须使思虑，但使常游心于义理之间。"（《经学理窟》）

照张载看来，心之所以成为道德的主体，是因为"心统性情"。他指出："心统性情者也。有形则有体，有性则有情。发于性则见于情，发于情则见于色，以类而应也。"（《性理拾遗》）朱熹对"心统性情"的说法极为重视，认为是张载的一个重大的理论贡献，他诠释说："心统性情。二程却无一句似此切。""性情皆因心而后见。心是体，发于外谓之用。""性者，理也。性是体，情是用。性情皆出于心，故心能统之。统，如统兵之统，言有以主之也。""一心之中自有动静，静者性也，动者情也。""统是主宰，如统百万军。心是浑然底物，性是有此理，情是动处。""心是神明之舍，为一身之主宰。性便是许多道理，得之于天而具于心者。发于智识念虑处，皆是情，故曰心统性情也。"（《朱子语类》卷九十八）

张载站在神化之理的哲学高度对心性情三者之间的关系作了论证，他的"心统性情"的思想是根据这种论证推导而来，以神化之理作为理论基础的。他指出：

> 合虚与气，有性之名。合性与知觉，有心之名。
>
> 至静无感，性之渊源，有识有知，物交之客感尔。客感客形与无感无形，惟尽性者一之。
>
> 故爱恶之情同出于太虚，而卒归于物欲，倏而生，忽而成，不容有毫发之间，其神矣夫！
>
> 心所以万殊者，感外物为不一也，天大无外，其为感者絪缊二端而已焉。(《太和篇》)
>
> 徇物丧心，人化物而灭天理者乎！存神过化，忘物累而顺性命者乎！(《神化篇》)
>
> 心能尽性，"人能弘道"也；性不知检其心，"非道弘人"也。《诚明篇》)
>
> 大其心则能体天下之物，物有未体，则心为有外。……天大无外，故有外之心不足以合天心。
>
> 由象识心，徇象丧心。知象者心，存象之心，亦象而已，谓之心可乎？(《大心篇》)
>
> 有无一，内外合，此人心之所自来也。(《乾称篇》)
>
> 孟子之言性情皆一也，亦观其文势如何。情未必为恶，哀乐喜怒发而皆中节谓之和，不中节则为恶。
>
> 万物取足于太虚，人亦出于太虚，太虚者心之实也。(《张子语录》

仔细玩味张载的这些言论，可以看出其中贯穿着一条推天道以明人事的逻辑思路。

首先，张载指出，心性情三者皆源于太虚，合于神化之理。所谓神化之理，即一故神，两故化，一物而两体，合之而为参，也就是有与无的对立的统一。就气之聚散于太虚而言，气之聚为有，气之散为无，合之而为"有无混一之常"的道体。此道体赋予人而为性，"合虚与气，有性之名"，虚是天地之性，气是气质之性，气质之性是有，天地之性是无，故人之性亦为"有无虚实通为一物"的统一体。性者万殊之一本,心者一本之万殊,心除了寓有"至静无感"之性以外,尚有"感外物为不一"的知觉;故性为无,知觉为有,"合性与知觉,有心之名",也是有与无的对立的统一。知觉泛指人的灵明妙用,既有见闻之知,也有爱恶之情,说到底归于物欲,是与人的肉体之身紧密相连的。追本溯源,人出于太虚,心性情三者亦皆出于太虚,而神化之理则是支配此三者的普遍的法则。

第二,就心与性相比较而言,心小而性大。"性者万物之一源,非有我之得私也。"心则为个体之我所私有。性通乎气之外而无所不在,心则局限于个人的形体而行乎气之内。性为天道,心为人道。但是,人能弘道,非道弘人,心能尽性,性不知检其心。这是因为,性为寂然不动之体,心为感而遂通之用,性是客观性的原则,心是主观性的原则,性与天同其无为,不知制其心,心者人能,是人的能动性的主体,能够把客观性的原则转化为人的主观感性的活动,使性之存乎人者成性存存而尽性。

第三,心之所以成为能动性的主体,关键在于情。就性与情的关系而言,虽然二者皆出于心,但性是体,情是用,性者静,情者动,性是未发之天理,情是已发之人欲。当心未与物交之时,至静无感,用藏于体,主观能动性的原则隐而不显,一当与物相交相感,则性发而为情,天理表现为人欲。情未必为恶,喜怒哀乐发而皆中节谓之和,人欲出于太虚,故人欲亦为天理之流行。此即《系辞》所说的"显诸仁,藏诸用"。体与用合,静与动合,有与无合,内与外合,张载称之为"此人心之所自来也"。人不能无性,性必发而为情,如果没有以人欲为主导的爱恶之情的动力机制,那么神化之理与仁义之道也就始终停留在抽象思辨的领域,而不能落实到生命的层次,转化为人的具体的道德行为。张载十分重视爱恶之情在道德实践中的作用。他在《中正篇》中指出,"恶不仁,故不善未尝不知;徒好仁而不恶不仁,则习不察,行不著。是故徒善未必尽义,徒是未必尽仁;好仁而恶不仁,然后尽仁义之道"。

第四,性与情的关系,除了有统一的一面以外,尚有对立的一面。性者至静无感,情者物交之客感,"客感客形与无感无形,唯尽性者一之",这是就其相统一的一面而言的。但是,人本无心,因物为心,心的本质就在于物交之客感，由象以识心，如果不与客观对象之物相交接，则心的灵明知觉也就如同佛教所说的那种琼然无对之孤光而归于寂灭，因而心始终是处于主与客、内与外、我与物的对立之中。由于情为性之已发，常常情随物迁，发而不中节，徇物丧心，人化物而灭天理，以致失去了自主自律的主体。张载认为，心清时常少，乱时常多，性与情相统一之时少，相对立之时多。这是因为，人常常违反神化之理，不能存神过化，以存象之心为心，为外物所累。所谓存象之心，就是有物而无我，有客而无主，有外而无内，张载称之为成心、私心、习俗之心、有外之心，实际上是穷于人欲，为耳目口体所蔽而窒其天理，心之灵明知觉受物的支配而失去其应有的主宰作用，身虽存而心已死，只可谓之为区区之一物而不可谓之为心。

第五，由于心具有主观能动性，一个人究竟是徇物丧心还是存神过化，决定于人的自我选择。张载认为，为了做一个真正的人，必须大其心以合天心，以太虚作为心之实。大是个动词，所谓大其心就是超越自我的局限，扩大自己的心量，克服性与情的对立使之复归于统一。这种自我的超越也就是自我的实现。因为人心本于天心，太虚神化之理即为心之实质，但人常为成心、私心、存象之心所限，割断了天与人的联结，如果自觉地克服这些障碍，居仁由义，存神过化，重新恢复天与人的联结，这就是自我的实现了。因此，从正反两方面来看，心能尽性，性不知检其心，以心作为道德的主体，使之统领性情，合乎中正之道，完全是出于道德的自觉，由自我所树立的。

张载根据这种论证，进一步把心之知觉所得的知识区分为两种，一种是"德性所知"，另一种是"见闻之知"，认为只有德性所知才能超越自我的局限，大其心以体天下之物，实现人之所以为人的道德价值，而见闻之知则为外物所累，使自我陷溺于成心、私心、存象之心的局限，不足以合天心以尽性。他指出：

> 世人之心，止于闻见之狭。圣人尽性，不以见闻梏其心，其视天下无一物非我，孟子谓尽心则知性知天以此。天大无外，故有外之心不足以合天心。见闻之知，乃物交而知，非德性所知；德性所知，不

萌于见闻。(《大心篇》)

　　诚明所知乃天德良知，非闻见小知而已。(《诚明篇》)

　　关于"天德良知"，王夫之诠释说："仁义，天德也。性中固有之而自知之无不善之谓良。"(《张子正蒙注》卷三)仁义之为天德，是就其本于神化之理而言。仁的本质在于存神，义的本质在于顺化，神化之理落实于人性层面，就构成了以仁义为内涵的价值本体。此价值本体内在于人性而具于一心，非物交而知，不萌于见闻，乃天之所赋，无论圣贤凡愚，人皆具有，故为天德良知，也叫做诚明所知，德性所知。这种知识虽然不以具体的感性的事物为对象，但仍然是有一个确定的客观外在的对象的。这个对象就是至大无外之天，包容万象的宇宙之全，也就是天地之道，神化之理，绝对普遍永恒而与天地同在的价值本体。张载认为，这个对象的特点是虚。"与天同原谓之虚"。"虚则生仁"。"虚者仁之原"。"天地之道无非以至虚为实，人须于虚中求出实。圣人虚之至，故择善自精。""天地以虚为德，至善者虚也。""当以心求天之虚"。"虚心然后能尽心"。"诚者，虚中求出实。"(《张子语录》)虚就是至善，至善是一个价值范畴，价值不可以目见，不可以耳闻，无形无体，无声无臭，不是一个耳目感官所能感知的对象，但是，虚中有实，作为一种价值本体由体起用而为仁之原，从而与人相对，是人追求至善探寻人生价值所必须认识的一个客观外在的对象。人若能超越闻见小知的局限，脱去物累，虚心以求天之虚，于虚中求出至善之实，则仁无不至，义无不尽，穷神知化，与天为一。由此而得到的诚明所知、德性所知，既是一种关于至善的价值的知识，也是对大化流行的宇宙规律的一种最全面的把握，用之于实际的操作层面，化而裁之，推而行之，就能够精义时措，保合太和，成己成物，不失其道。至于见闻之知乃物交而知，是一种非常有限的知识，止于闻见之狭。人不可能凭借自己的耳目感官去把握无限的太虚。张载指出："天之明莫大于日，故有目接之，不知其几万里之高也；天之声莫大于雷霆，故有耳属之，莫知其几万里之远也；天之不御莫大于太虚，故必知廓之，莫究其极也。"(《大心篇》)"今盈天地之间者皆物也，如只据己之闻见，所接几何，安能尽天下之物？"(《张子语录》)

照张载看来，德性所知本于天地之性，见闻之知本于气质之性，此二者虽同为人之本性，但前者为阳明之神，后者为阴浊之形，神与宇宙相联结，形则与宇宙相疏离。他曾说："太虚为清，清则无碍，无碍故神；反清为浊，浊则碍，碍则形。"（《太和篇》）人是神与形的统一，既有天地之性，也有气质之性，由天地之性而有德性所知，由气质之性而有见闻之知，这两种思维方式也都内在地具于一心。但是，唯有神才是人的本质所在，形只不过是血肉之躯的有限的个体，区区之一物。神者天之良能，天良能本吾良能，因而德性所知乃是以人之本质与天之本质相沟通，是一种本质的直观，价值的体认，也是人之所以继善成性与天合一的唯一的通道。形而后有气质之性，气质之性局限于一己之身，常于躯壳上起念，通过耳目感官与物相交，这就是见闻之知之所本。在张载的思想系统中，见闻之知是个泛称，不仅仅指感性知识，也包括由思虑所得以及因身发智的理性知识，这种知识建立在"天人异用""天人异知"的基础之上，主客二分，以滞而不通的有形之物为对象，是一种由攻取之性所获得的关于客体的知识，不能合内外之道，通物我之情。张载并不否认见闻之知存在的合理性，但却认为，与德性所知相比较，是一种大小本末的关系。如果摆正了这种关系，对于尽心尽性实现人的本质可以起到启发心思的积极的作用。他指出："耳目虽为性累，然合内外之德，知其为启之之要也。"（《大心篇》）"闻见不足以尽物，然又须要他。耳目不得则是木石，要他便合得内外之道，若不闻不见又何验？"（《张子语录》）反之，如果颠倒了这种关系，以小害大，逐末丧本，以见闻梏其心，这就产生了有我之私，割断了人与宇宙的本然的联结，不能尽心尽性，把人降低为物，而丧失了人的本质。所谓有我之私，指的是意、必、固、我之凿，人之思虑知识、成心、私意、客虑、习俗之心、存象之心、拘管局杀心、有外之心皆由此而来，实际上是贪天功而自谓己知，不见天理之一贯，存形而忘神，徇物而丧心。他指出："成吾身者，天之神也。不知以性成身而自谓因身发智，贪天功为己力，吾不知其知也。民何知哉？因物同异相形，万变相感，耳目内外之合，贪天功而自谓己知尔。"（《大心篇》）

由此可以看出，张载关于德性所知与见闻之知的区分，主要是站在人性论的立场，讨论应通过何种途径继善成性以实现人的本质，而不是像许多研究者所认为的那样，是站在认识论的立场，讨论理性认识与感性认识的关系。张载从来也没有把德性所知归结为理性认识，他所说的见闻之知也不等于感性认识，照张载看来，闻见之狭的感性认识固然不能体天下之物，属于理性认识范畴的思虑知识以及意必固我之凿，也是天人异知，与天地不相似。他指出："不识不知，顺帝之则，有思虑知识，则丧其天矣。"（《诚明篇》）关于德性所知，既不是感性认识也不是理性认识，严格说来，并不是一种认识，而是一种心性修养的境界。他反复强调，"《易》谓穷神知化，乃德盛仁熟之致，非智力能强也"。"穷神知化，与天为一，岂有我所能勉哉？乃德盛而自致尔。""穷神知化，乃养盛自致，非思勉之能强，故崇德而外，君子未或致知也。""圣不可知者，乃天德良能，立心求之，则不可得而知之。"（《神化篇》）但是，这种心性修养的境界也不是纯粹的内省，而是真正的通有无、合内外之道。因为德性所知以神化之理为对象，此对象的特点是虚，是无，是外，人通过自己内心本有的天德良知去把握此对象，以达到穷神知化的境界，则是内与外合，有与无合。这种德性所知也叫诚明所知。诚者天之实理，明者性之良能。性之良能出于天之实理，故交相致，而明诚合一。张载根据这个思想对佛教进行了批判，认为佛教的错误在于"诚而恶明"。他指出："释氏语实际，乃知道者所谓诚也，天德也。其语到实际，则以人生为幻妄，以有为为疣赘，以世界为荫浊，遂厌而不有，遗而弗存。就使得之，乃诚而恶明者也。儒者则因明致诚，因诚致明，故天人合一，致学而可以成圣，得天而未始遗人，《易》所谓不遗、不流、不过者也。彼语虽似是，观其发本要归，与吾儒二本殊归矣。"（《乾称篇》）如果把穷神知化、天人合一归结为纯粹内省的境界，这就犯了"诚而恶明"的错误，划不清儒佛的界限，是张载所极力反对的。张载又根据这个思想对道家进行了批判。他指出："圣不可知谓神，庄生缪妄，又谓有神人焉。"（《神化篇》）这是强调，穷神知化是一个工夫纯熟水到渠成的自然而然的结果，非智力所能强，非立心所能求，道家蔑视作圣之功，否定心性修养的努力，以为只要做到清虚无累就可以成为神人，这也同样犯了贵无而贱有、有内而无外的错误。至于世人之心止于闻见之狭则是犯了相反的错误，有外而无内，崇有而贱无，使人的心智停留于神化之糟粕的现象层面而不能把握运于无形的神化之理。张载由此对诚明所知下了一个经典性的定义："诚明所知乃天德良知"，"所谓诚明者，性与天道不见乎小大之别也"，认为只有通过这个途径才能"以天体身"，"身而体道"，超越小我的局限，做一个大人。

张载的这种讨论也涉及客观知识与人文价值的关系问题，这是一个十分深刻的哲学问题，至今仍有重大的现实意义。张载明确指出，见闻之知乃物交而知，是一种关于物的客观知识，这种知识不可能产生人文价值，如果过分夸大这种知识的作用，或者止于闻见之狭，就会见物而不见人，徇物而丧己。人文价值是建立在人自身的本性的基础之上，诚明所知乃天德良知，虽说天德来自天，实则内在于人，这就是说，只有人本身才是人文价值的泉源。这种人文价值以神化之理落实于人性层面的仁义之道作为确定的内涵，仁义是儒家的最根本的价值观念，张载站在哲学的高度把仁义提升成为价值的本体。为了把握这种价值本体，不能通过以物为对象的客观知识的途径，因为对于客观知识来说，这种价值本体是不可知的。张载认为，"性于人无不善，系其善反不善反而已"。所谓反，就是由物回到人，由外回到内，由客观回到主观，通过诚明所知的途径来发掘人性本身所存在的价值。这是人的价值的自我实现，也是一个自强不息的道德实践的过程，需要高扬主体精神向着这个目标进行不懈的追求。如果实现了人的价值，就叫做尽道。尽道而后能成己成物，"立必俱立，知必周知，爱必兼爱，成不独成"。这就是张载为人们所树立的做人的理想。

四、为往圣继绝学，为万世开太平

张载关于"为天地立心""为生民立命"的研究，目的就在于"为往圣继绝学"，"为万世开太平"。天地之心即宇宙本体，称之为天心，生民之命或生民之道即心性本体，价值本体，称之为人心。天心赋于人心，人心禀于天心，此二者结为一体，天人合一。往古的圣人以此天人合一之理为对象，穷神知化，建构了一套内圣心性之学，并且举而错之天下之民，创作了中国的文化，开出了经世外王的事业，这种内圣与外王的贯通就是圣人之学的内涵。但是，张载认为，这种圣人之学自孟子以后就不幸失传了，而成为千古之绝学。其所以如此，是因为外来的佛教传入中国，征服了人心，使得人人信其书，宗其道，天下靡然同风，把这种错误的思想当做真理。因此，为了继往圣之绝学，必须与佛教进行一场大是大非的辩论。他指出：

> 自其说炽传中国，儒者未容窥圣学门墙，已为引起，沦胥其间，指为大道。乃其俗达之天下，至善恶、知愚、男女、臧获，人人著信，使英才间气，生则溺耳目恬习之事，长则师世儒宗尚之言，遂冥然被驱，因谓圣人可不修而至，大道可不学而知。故未识圣人心，已谓不必求其迹；未见君子志，已谓不必事其文。此人伦所以不察，庶物所以不明，治所以忽，德所以乱，异言满耳，上无礼以防其伪，下无学以稽其蔽。自古诐、淫、邪、遁之词，翕然并兴，一出于佛氏之门者千五百年，自非独立不惧，精一自信，有大过人之才，何以正立其间，与之较是非，计得失！（《乾称篇》）

张载对佛教的批判，主要是着眼于世界观和人生观的哲学思想层面，但是也强调指出，现实生活中的一系列的弊病，诸如政治的败坏，道德的沦丧，世道人心学术文化的堕落，都是由于受了佛教的错误的哲学思想的影响所造成的。因而他对佛教的批判是一种全面的批判，对儒学的思考也是一种全面的思考，虽然重点是放在内圣的领域，但就其根本目的而言，却是为了在现实生活中拨乱反正，落实于外王。张载认为，"释氏不知天命而以心法起灭天地"，"妄意天性而不知范围天用"，其哲学思想的错误，关键就在于"不悟一阴一阳范围天地、通乎昼夜、三极大中之矩"，也就是说，不懂得《周易》的哲学原理。他指出：

> 释氏之言性不识易，识易然后尽性，盖易则有无动静可以兼而不偏举也。（《易说·系辞》）
>
> 释氏元无用，故不取理。彼以有为无，吾儒以参为性，故先穷理

而后尽性。(《易说·说卦》)

万物皆有理，若不知穷理，如梦过一生。释氏便不穷理，皆以为见病所致。……盖不知《易》之穷理也。(《张子语录》)

儒者穷理，故率性可以谓之道。浮图不知穷理而自谓之性，故其说不可推而行。(《中正篇》)

大率知昼夜阴阳则能知性命，能知性命则能知圣人，知鬼神。彼欲直语太虚，不以昼夜、阴阳累其心，则是未始见易，未始见易，则虽欲免阴阳、昼夜之累，末由也已。易且不见，又乌能更语真际！舍真际而谈鬼神，妄也。所谓实际，彼徒能语之而已，未始心解也。(《乾称篇》)

张载根据这种思考，归宗于《易》，运用易学的原理来批判佛教，并且也把易学的原理看做是儒学的精髓。他的哲学著作题名为《正蒙》即本于《周易》。蒙之《彖》曰："蒙以养正，圣功也。"张载诠释说："养其蒙使正者，圣人之功也。"这是他作《正蒙》的用心所在。王夫之对张载的这种用心有极为深刻的体会，他在《张子正蒙注》的序论中反复阐明：

故《正蒙》特揭阴阳之固有，屈伸之必然，以立中道，而至当百顺之大经，皆率此以成，故曰"率性之谓道"。

呜呼！张子之学，上承孔、孟之志，下救来兹之失，如皎日丽天，无幽不烛，圣人复起，未有能易焉者也。……使张子之学晓然大明，以正童蒙之志于始，则浮屠生死之狂惑，不折而自摧。

《周易》者，天道之显也，性之藏也，圣功之牖也，阴阳、动静、幽明、屈伸，诚有之而神行焉，礼乐之精微存焉，鬼神之化裁出焉，仁义之大用兴焉，治乱、吉凶、生死之数准焉，故夫子曰，"弥纶天下之道以崇德而广业"者也。张子之学，无非《易》也，即无非《诗》之志，《书》之事，《礼》之节，《乐》之和，《春秋》之大法也，《论》、《孟》之要归也。

而张子言无非《易》，立天，立地，立人，反经研几，精义存神，以纲维三才，贞生而安死，则往圣之传，非张子其孰与归！呜呼！孟子之功不在禹下，张子之功，又岂非疏浲水之歧流，引万派而归墟，使斯人去昏垫而履平康之坦道哉！

　　王夫之把张载的全部的哲学思想都归结为易学，认为张载所继承的易学传统，"上承孔、孟之志，下救来兹之失"，不仅有力地批判了佛教的错误，而且可以崇德广业，由内圣开出外王。这种看法是极为深刻，也是合乎实际的。

　　在宋代易学中，关于内圣与外王相贯通的问题，一直未能得到妥善的解决，常常是畸轻畸重，顾此失彼，而流于一偏。比如李觏、欧阳修的易学，重外王而轻内圣，苏轼的易学，重内圣而轻外王，司马光的易学，外王有余而内圣不足，周敦颐、邵雍虽致力于二者的结合，却是内圣有余而外王不足。从哲学的角度来看，产生这些偏向的原因，主要是由于未能妥善地处理体用关系问题所造成的。所谓体用关系，也就是天人关系。一般说来，在中国哲学中，每个哲学家在主观上都是把体用不二、天人合一奉为毕生追求的最高理想，但是，为了把这种主观的理想转化为客观的现实，建构一种经得起推敲的圆融无滞的体系，需要克服一系列理论上的困难，并不是简单地说说就能够实现的。照张载看来，前人之所以陷入体用殊绝、天人二本的困境，原因在于割裂了有无关系，"不识所谓有无混一之常"。据此而论，凡是重无而轻有者，必然是有体而无用，言天而不及人，置内圣于首位而忽视了外王。反之，重有而轻无者，则是有用而无体，言人而不及天，置外王于首位而忽视了内圣。张载通过自己对《周易》长期深入的研究，取得了哲学的突破，明确断言，"《大易》不言有无，言有无，诸子之陋也"。这是认为，《大易》并没有割裂有与无的关系，而是立足于有无混一之常，阐明无中有有，有中有无的体用不二之学。无为体，有为用，存神以明体，顺化以达用，明体者崇德，达用者广业，如果按照这条理路来把握易学的原理，就可以避免诸子之陋，建构一个完整而无片面性的内圣外王之道。张载把他的为学宗旨归结为四句话，就是对这条理路的全面的落实。"为天地立心""为生民立命"是着眼于内圣，存神以明体，"为万世开太平"是着眼于外王，顺化以达用，至于"为往圣继绝学"则是根据他对易学原理和儒家道统的基本理解，为内圣外王之道奠定一个坚实的理论基础。只有把这四句话结合起来看而不是仅仅取其一端，才能对张载的哲学思想有所契入，正确地估价他在哲学史上所作出的贡献。

照张载看来，所谓圣人之学实质上就是对太和道体的体认，对易学原理的理解，"语道者知此，谓之知道，学《易》者见此，谓之见《易》，不如是，虽周公才美，其智不足称也已"。如果背离了这个基本规定，不知太和所谓道，或者割裂了有无关系而言《易》，就不足以称之为圣人之学。太和道体即宇宙本体，其中涵有一物而两体的神化之理，对此道体的体认谓之穷神知化,故圣人之学也可定义为德盛仁熟、穷神知化之学。在《神化篇》中，张载指出：

> 气有阴阳，推行有渐为化，合一不测为神。其在人也，智义利用，则神化之事备矣。德盛者穷神则智不足道，知化则义不足云。天之化也运诸气，人之化也顺夫时，非气非时，则化之名何有？化之实何施？《中庸》曰"至诚为能化"，孟子曰"大而化之"，皆以其德合阴阳，与天地同流而无不通也。

张载强调"天之化也运诸气"，"人之化也顺夫时"，这是两个极为重要的命题，是张载区分宇宙的自然史与人类的文明史的关键所在。就宇宙本然状态的神化之理而言，"神天德，化天道，德其体，道其用，一于气而已"。虽然体用不二，体必发而为用，用必复归于体，却是一个以气为载体的无心而自然的运行过程，鼓万物而不与圣人同忧，缺乏人的主观能动性的参与，也不可能自发地产生出人类的文明。圣人之学的体用关系则与此不同，以穷神知化为体，以智义利用、时措之宜为用，突出了人的主体地位，不以天能为能而以人谋为能。虽然人谋之所经画亦莫非天理，自然与人谋合为一体，但是，此体乃是一个精神的产品，认识的结晶，与客观外在自然无心的宇宙本体不同，完全是属人的。圣人本于自己所固有的天德良知，通过穷理尽性的主观努力，做到主与客合，内与外合，人与天合，依据对神化之理的全面的把握，提炼成一种德盛仁熟、穷神知化的圣人之学，是为明体。体必发而为用，此用乃人事之用而非自然之用，属于人文化成的范畴，是以人之主观作用于客观，按照人的认识意愿和价值理想来经营谋划，制礼作乐，经世济民，化成天下，从事人类文明的创造。张载称这个过程为"人之化"以与"天之化"相区别。天之化受气的运行规律的支配，"天惟运动一气，鼓万物而生，无心以恤物"，由此而展现为宇宙的自然史。人之化则必顺夫时，时是指时势、时运、运数，也就是由诸多的历史条件和时间因素所构成的具体的境遇和客观的形势，顺时则吉，逆时则凶。张载十分强调时对人文化成的支配作用。他指出："圣人之于天下，法则无不善也。然古者治世多而后世不治，何也？人徒见文字所记，自唐虞以来论其治乱，殊不知唐虞以上几治几乱，须归之运数，有大运数，有小运数，故孟子曰，天之生民久矣，一治一乱。"（《易说·系辞》）"博施济众，修己安百姓，尧舜病诸。是知人能有愿有欲，不能穷其愿欲。"（《作者篇》）这就是说，圣人之学由体发而为人事之用，是一个理想逐步落实于现实的过程，体为常，用为变，虽然圣人之法无不善，以博施济众为理想，但却为历史的运数所限，仍然是有治有乱，即令是尧舜也不能穷其愿欲，完全实现博施济众的理想。从这个角度来看，圣人之学并不是一种静态的逻辑结构，有体而无用，有常而无变，而是一种趋时应变以顺夫时的历史的存在，其所关注的问题主要不是理性的认识而是行为的实践，也就是通过由体起用的行为实践来克服主观与客观、理想与现实、自由与必然之间的矛盾，把内圣转化为外王。由于人之化必顺夫时，所以圣人之学在历史上的表现也就因时代之不同而有不同的历史形态，有创作者，也有继述者，与人类文明的创造活动结为一体，同步发展。

在《作者篇》中，张载指出："作者七人，伏羲、神农、黄帝、尧、舜、禹、汤，制法兴王之道，非有述于人者也。"这是对《论语·宪问》"作者七人矣"之文的诠释。此七人本无确指，不可知其谁何，历代注家多以为指隐逸辟世之人，有谓指长沮、桀溺、荷蓧丈人、石门晨门、荷蒉、仪封人、楚狂接舆，有谓指伯夷、叔齐、虞仲、夷逸、朱张、柳下惠、少连。张载不取注家之言，独树新解，用以证成自己对圣人之学的看法，认为这是孔子所指出的七位制法兴王的圣人，作者仅此七人，其他的圣人如武王、周公，也包括孔子，只能算做是继述者而非创作者。他进一步阐发说：

> "作者七人"，伏羲也，神农也，黄帝也，尧也，舜也，禹也，汤也。所谓作者，上世未有作而作之者也。伏羲始服牛乘马者也，神农始教民稼穑者也，黄帝始正名百物者也，尧始推位者也，舜始封禅者也，尧以德，禹以功，故别数之。汤始革命者也。若谓武王为作，则已是述汤事也，若以伊尹为作，则当数周公，恐不肯以人臣谓之作。若孔子自数为作，则自古以来实未有如孔子者，然孔子已是言"述而不作"也。（《张子语录》）

张载的这个看法实际上是为儒家编排了一个新的道统。关于儒家的道统说并非由韩愈首先发明，早在先秦即已提出。比如《中庸》说："仲尼祖述尧舜，宪章文武。"孟子说："规矩，方圆之至也；圣人，人伦之至也。欲为君尽君道，欲为臣尽臣道，二者皆法尧舜而已矣。"（《孟子·离娄上》）这是着眼于价值规范层面把尧舜看做是儒家道统的开山祖。韩愈根据这些说法编排了一个传授系统，"尧以是传之舜，舜以是传之禹，禹以是传之汤，汤以是传之文武周公，文武周公传之孔子，孔子传之孟轲。"（《原道》）到了宋代，石介着眼于礼乐制度的创作层面，加上伏羲、神农、黄帝三人，提出了十一个圣人的传授系统。他在《复古制》中指出："夫礼乐、刑政、制度，难备也久矣。始伏羲氏历于神农、黄帝、尧、舜、禹、汤、文、武、周公、孔子十有一圣人，然后大备矣。……信可以万世常行而不易也。"（《徂徕石先生文集》卷六）拿张载的道统说与前人的成说相比较，其理论特色突出地表现为两点。第一是站在神化之理的哲学高度，把儒家的道统看做是人的本质的全面的外化，同时包括物质生产的运作、礼乐制度的设立、价值规范的建构三个层面。第二是着眼于历史的发展，把道统与人类文明的演进联系起来，看做是由简易朴略逐渐走向丰富完备，有创作者，也有继述者，到了孔子，才发展到最高阶段，集道统之大成。

张载的道统说是以《系辞》的制器尚象的思想为依据的。张载认为，"尚象则法必致用"，致用必先知神之所为，神即变化之道，圣人"能通其变而措于民"，"因其变而裁制之以教天下"，因而所谓制器尚象就是一个明体以达用、由内圣发而为外王的动态的历史过程。象即八卦的卦象，这是伏羲仰观俯察，"取之于糟粕"所首先创作出来的。糟粕是指太虚之气聚而为形器的天地法象，"凡天地法象，皆神化之糟粕尔"，这是外在于人的客观自然的无意识的存在。伏羲画出八卦对客观外界进行摹拟、象征和反映，"以通神明之德，以类万物之情"，把无意识的存在转化为人的自觉的认识，而知神之所为，所以伏羲也就成为人类历史上的第一个圣人，是圣人之学的最早的创作者。这种圣人之学以神明之德为内涵。张载认为，"神明之德，通于万殊；万物之情，类于形器。"这就是说，神明之德由理一而通于万殊，由形上之道而达于形下之器，本身就是一个体用不二的逻辑结构。但是，此神明之德由体发而为用则必顺乎时，这就进入人文化成的领域，与人类文明创造的实践活动紧密联系起来。人类的文明创造包括物质文明、制度文明、精神文明三个层面。人类必须首先从事物质文明的建设以解决自身的生存问题，才能进一步去从事制度文明与精神文明的建设，因而神明之德虽为理一，其通于万殊者则因时之不同而有不同的形态，由此而展现为一部薪火相续、层次历然的文明演进史。《系辞》所提出的五位制器尚象的圣人，就是按照这个历史演进的程序创造了人类的文明。伏羲氏作结绳而为网罟，以佃以渔，创造了畜牧业。神农氏斫木为耜，揉木为耒，耒耨之利以教天下，创造了农业，接着又日中为市，致天下之民，聚天下之货，交易而退，各得其所，创造了商业。黄帝、尧、舜在此物质文明的基础上神而化之，使民宜之，垂衣裳而天下治，进一步创造了制度文明与精神文明。张载的作者七人之说以及他对儒家道统的理解就是以《系辞》的这一段言论为依据的。他诠释说：

> 柔附于物，饮血茹毛之教，古所先有（一作无有）。
> 天施地生而损上益下，故播种次之。聚而通货、交相有无次之。
> 鸿荒之世，食足而用未备，尧舜而下，通其变而教之也。神而化之，使民不知所以然，运之无形以通其变，不顿革之，欲民宜之也。大抵

立法须是过人者乃能之，若常人安能立法！凡变法须是通，通其变使民不倦，岂有圣人变法而不通也？

　　君逸臣劳。上古无君臣尊卑劳逸之别，故制以礼，垂衣裳而天下治，必是前世未得如此，其文章礼乐简易朴略，至尧则焕乎其有文章。然传上世者，止是伏牺神农。此仲尼道古也，犹据闻见而言，以上则不可得而知。所传上世者未必有自，从来如此而已。安知其间故尝有礼文，一时磨灭尔，又安知上世无不如三代之文章者乎！然而如《周礼》则不过矣，可谓周尽。今言治世，且指尧舜而言，可得传者也。历代文章，自夫子而损益之，见其礼而知其政，闻其乐而知其德，不可加损矣。（《易说·系辞》）

　　张载认为，伏羲，神农之世为鸿荒之世，首先推行饮血茹毛之教，接着创造了农业和商业，此时食足而用未备，虽然也有文章礼乐，但是简易朴略，至尧、舜才逐渐完备。他曾说："观《虞书》礼大乐备，然则礼乐之盛直自虞以来。古者虽有崩坏之时，然不直至于泯绝天下，或得之于此因，或得之于彼因，互相见也。"（《张子语录》）自尧舜而下以至于三代，发展而为《周礼》，就周尽完备到无以复加的地步。孔子总结了历代的文章礼乐，全面地继承了《周礼》，所以成为道统的集大成者。但是，孔子并非圣人之学的创作者，而只是一个继述者。在《三十篇》中，张载依据孔子本人的自述，阐明了孔子知礼成性、进德修业的几个阶段性的进展：

　　三十器于礼，非强立之谓也。四十精义致用，时措而不疑。五十穷理尽性，至天之命；然不可自谓之至，故曰知。六十尽人物之性，声入心通。七十与天同德，不思不勉，从容中道。

　　常人之学，日益而不自知也。仲尼学行习察异于他人，故自十五至于七十，化而裁之，其进德之盛者与！

　　仲尼生于周，从周礼，故公旦法坏，梦寐不忘为东周之意，使其继周而王，则其损益可知矣。

张载强调指出：“圣人亦必知礼成性，然后道义从此出，譬之天地设位则造化行乎其中。”“成性须是知礼，存存则是长存，知礼亦如天地设位。”“时措之宜便是礼，礼即时措时中见之事业者。”“举尽利之道而错诸天下之民以行其典礼，《易》之事业也。”（《易说·系辞》）这是把圣人之学归结为礼学，礼学又本于易学，是《易》的时中之义见之于事业者。孔子作为圣人，也必须遵循“知礼成性”的程序，通过自十五至于七十的不懈的努力，才臻于德盛仁熟之境。就其思想的核心而言，乃是对《周礼》的继承。如果孔子能继周而王，就可以为万世开太平，但是孔子由于时之不遇，有天德而无天位，生活于东周礼坏乐崩之际，只能在洙泗之间修仁义，兴教化，以《周礼》为核心，从事为往圣继绝学的工作，以复兴作者七人所奠定的道统。根据这种思考，张载于是由易学的研究转入礼学的研究，对《周礼》极为推崇，认为“《周礼》是的当之书”，“学得《周礼》，他日有为却做得些实事，……若许试其所学，则《周礼》田中之制皆可举行，使民相趋如骨肉，上之人保之如赤子，谋人如己，谋众如家，则民自信”（《经学理窟》）。张载在横渠教学，创立关中学派，就是学习孔子的榜样，继承孔子之绝学，目的在于扭转当时“朝廷以道学政术为二事”的偏向，立足于道统，用学术来干预政治，为万世开太平。他曾作诗表述了这种执著的心态。其《圣心》诗云：“圣心难用浅心求，圣学须专礼法修。千五百年无孔子，尽因通变老优游。”其《送苏修撰赴阙》诗云：“秦弊于今未息肩，高肖从此法相沿。生无定业田疆坏，赤子存亡任自然。道大宁容小不同，颛愚何敢与机通。井疆师律三王事，请议成功器业中。”（《文集佚存》）因此，张载关于为万世开太平的思想，就集中体现在他的礼学研究之中。

　　张载的礼学实际上也就是易学。他根据易学的神化之理对礼的本质作了一系列的论证。他指出：

　　　　天体物不遗，犹仁体事无不在也。“礼仪三百，威仪三千”，无一物而非仁也。（《天道篇》）
　　　　知神而后能飨帝飨亲，见易而后能知神。是故不闻性与天道而能制礼作乐者末矣。（《神化篇》）

生有先后，所以为天序；小大、高下相并而相形焉，是谓天秩。天之生物也有序,物之既形也有秩。知序然后经正,知秩然后礼行。(《动物篇》)

礼器则藏诸身，用无不利。礼运云者，语其达也；礼器云者，语其成也。达与成，体与用之道，合体与用，大人之事备矣。礼器不泥于小者，则无非礼之礼，非义之义，盖大者器，则出入小者莫非时中也。子夏谓"大德不踰闲，小德出入可也"，斯之谓尔。

礼器则大矣，修性而非小成者与！运则化矣，达顺而乐亦至焉尔。

知崇，天也，形而上也，通昼夜之道而知，其知崇矣。知及之而不以礼性之，非己有也。故知礼成性而道义出,如天地设位而易行。(《至当篇》)

庸言庸行，盖天下经德达道，大人之德施于是溥矣，天下之文明于是著矣。然非穷变化之神以时措之宜，则或陷于非礼之礼，非义之义。(《大易篇》)

礼所以持性,盖本出于性,持性,反本也。凡未成性,须礼以持之,能守礼已不畔道矣。

礼即天地之德也。

礼非止著见于外，亦有无体之礼。盖礼之原在心，礼者圣人之成法也，除了礼天下更无道矣。

时措之宜便是礼,礼即时措时中见之事业者。……时中之义甚大,须是精义入神以致用，始得观其会通以行其典礼，此则真义理也；行其典礼而不达会通，则有非时中者矣。礼亦有不须变者，如天序天秩，如何可变！礼不必皆出于人，至如无人，天地之礼自然而有，何假于人？天之生物便有尊卑大小之象，人顺之而已，此所以为礼也。学者有专以礼出于人，而不知礼本天之自然，告子专以义为外，而不知所以行义由内也，皆非也，当合内外之道。(《经学理窟》)

在儒学史上，把儒家所服膺之礼提到天道性命的哲学高度进行系统的论证，从而为礼学奠定了一个坚实的理论基础，应以张载为第一人。仔细玩味张载的这些言论，我们可以从中看出几个思想要点。

第一，张载认为，"礼本天之自然"，"礼即天地之德"。这是他的整个礼学思想的总纲。所谓天之自然、天地之德即天地生物之心，也就是作为宇宙本体的太和道体的本性。张载以太和这个词来指称宇宙本体，主要是强调其整体性的和谐状态，但是这种和谐有尊卑大小之象，是一种有秩序的和谐。生有先后谓之天序，高下相形谓之天秩，此皆自然而有，不假于人。如果没有这种自然的秩序，宇宙就是一片混乱无序的状态，而无法形成整体性的和谐，因而和谐是以秩序为前提的。和谐者言其亲合，重在合同，乃万殊之一本。秩序者言其等差，重在别异，乃一本之万殊。"天体物不遗，犹仁体事无不在也"，此乃万殊之一本，表现为天地之仁，是一种有秩序的和谐。"礼仪三百，威仪三千，无一物而非仁也"，此乃一本之万殊，表现为天地之礼，是一种有和谐的秩序。因此，天地之礼自然而有，是宇宙的天秩天序，先于人而与天地同在，名之曰无人之礼，无体之礼，而成为人类的制度之礼以及行为规范之礼的本源。

第二，张载认为，"礼所以持性，盖本出于性"。这是由天以及人，由外以及内，强调礼不仅本天之自然，而且本出于性，内在于人性的本质，是人性本质的外化。张载曾说，"仁义人道，性之立也"。人性的本质是仁与义的对立的统一。义以反经为本，经正则精，而合乎时措之宜，时措之宜便是礼，因而礼与义合，是人性本质的一个不可缺少的组成部分。就其表现为礼仪三百、威仪三千的规范而言，礼是外在的，但就其"本出于性""礼之原在心"而言，礼又是内在的，故礼既属天，又属人，既内在，又外在，其实质乃是通贯天人、内外合一之道。学者有专以礼出于人，而不知礼本天之自然，告子专以义为外，而不知所以行义由内。这些看法之所以错误，就是由于割裂了天人、内外的关系，不懂得礼的实质，所以张载强调指出，"是故不闻性与天道而能制礼作乐者末矣"。

第三，张载认为，礼由礼运和礼器两个层面所构成，礼运是形上之道，礼器是形下之器，道为体，器为用，体者运于无形而语其达，用者凝聚为形器而语其成，体无不成，用无不达，故礼乃是一个体用相依的结构，也就是有无虚实之合一，道器达成之合一。但是，体为一本，用为万殊，一本之理通达大顺，原于天秩天序自然之则，其发而为万殊之用，则有礼仪三百、威仪三千之分，有大器，有小器，有大德，有小德，所以在行为实践的过程中，用礼来修持心性，宰制万物，必须以体为统率，以用为从属，正确处理礼运与礼器之间的体用本末关系，否则，如果泥于器之小节，拘于庸言庸行之小德，而不能穷变化之神，合时措之宜，就会陷于非礼之礼，非义之义。

第四，张载根据这种体与用的区分，着眼于明体，对礼下了一个哲学的定义，认为"时措之宜便是礼，礼即时措时中见之事业者"。这个定义把儒家的礼学研究推进到一个新的阶段，理学家关于礼即天理的思想就是以这个定义作为理论基础的。先秦时期，孔子重视礼的内容实质，而反对追求形式，曾说："礼云礼云，玉帛云乎哉？乐云乐云，钟鼓云乎哉？"（《论语·阳货》）《礼记》发展了孔子的思想，把礼区分为"礼义"与"礼数"。所谓"礼数"，指的是礼仪条文。所谓"礼义"，指的是附着于礼仪条文上的象征性的功能，也就是为巩固社会秩序服务的行为规范和价值准则。《礼运》说："故礼也者，义之实也。协诸义而协，则礼虽先王未之有，可以义起也。"《郊特牲》说："礼之所尊，尊其义也。失其义，陈其数，祝史之事也。故其数可陈也，其义难知也。"张载把这种区分提到哲学的高度来考察，认为内容与形式之分，礼义与礼数之分，归根结底，就是体与用之分。就礼之体而言，礼即运于无形而无所不通的时措之宜，时措之宜也叫做时中之义或时义，而时义就是天理的本质所在。在《诚明篇》中，张载指出："天理者时义而已。君子教人，举天理以示之而已，其行己也，述天理而时措之也。""所谓天理也者，能悦诸心，能通天下之志之理也。能使天下悦且通，则天下必归焉；不归焉者，所乘所遇之不同，如仲尼与继世之君也。"由此看来，礼就是圣人之成法，合乎天理，通乎人心，而为万事之本，用于人文化成的领域，则事无不顺，功无不成，使得社会人际关系中的各种秩序能够像自然界的天秩天序那样调适畅达，各得其所，人人悦服，天下归往，这就是由内圣开出外王，保合太和，为万世开太平了。

司马光是张载的好友，交谊深厚，相知甚笃，他在《论谥书》中指出："窃惟子厚平生用心，欲率今世之人，复三代之礼者也，汉魏以下盖不足法。"

（见《张载集》附录）这种概括是符合张载的思想实际的。史称神宗召见，问治道，对曰："为政不法三代者，终苟道也。"他曾根据这个思想拟订了一些具体的施政方案，主张恢复三代的井田、封建、肉刑之制以及宗子之法。张载认为，在这些施政方案中，体现了儒家关于社会均平的外王理想，"周道止是均平"，虽然是复古，用心所在却是针对现实政治的弊端进行拨乱反正，着眼于未来的。在《答范巽之书》中，他说：

> 朝廷以道学政术为二事，此正古之可忧者。巽之谓孔孟可作，将推其所得而施诸天下邪？将以其所不为而强施之于天下欤？大都君相以父母天下为王道，不能推父母之心于百姓，谓之王道可乎？所谓父母之心，非徒见于言，必须视四海之民如己之子。设使四海之内皆为己之子，则讲治之术，必不为秦汉之少恩，必不为五伯之假名。巽之为朝廷言，人不足与适，政不足与间，能使吾君爱天下之人如赤子，则治德必日新，人之进者必良士，帝王之道不必改途而成，学与政不殊心而得矣。（《文集佚存》）

张载所说的"道学"，指的是礼学，也就是三代之礼，特别是《周礼》。《周礼》有体有用，有运于无形的形上之道，有凝而成形的形下之器。就其形下之器而言，可为后世取法的主要就是井田、封建、肉刑之制以及宗子之法，就其形上之道而言，则是合乎天理、通乎人心的时措之宜，具体说来，就是视民如子的父母之心，也就是均平。张载认为，体为统率，用为从属。体必发而为用，停留于口头上的无用之体，不能推父母之心于百姓，不可谓之王道。但是，用必以体为本，"周道止是均平"，关于社会均平的外王理想毕竟是帝王之道的本质所在，如果朝廷的君相懂得这个道理，就不会以道学政术为二事，把体用割裂为两截了。孟子曾说："人不足与适也，政不足间也，唯大人为能格君心之非。君仁莫不仁，君义莫不义，君正莫不正，一正君而国定矣。"（《孟子·离娄上》）张载希望范巽之为朝廷进言，能够做一个真正的大人，以道学格君心之非，纠正君主的不正确的思想，扭转现实政治的偏向，把学与政、体与用有机地结合起来。至于张载本人，他对道学的研究，对外王理想的阐发，始终是密切地联系现实的政治，致力于由体以及用，表现了"一种难忘是本朝"的执着的心态和兼善天下的浓郁的情怀。比如他在《策问》中指出：

> 问：三代道失而民散，民散浸淫而盗不胜诛矣。鲁之衰也，季康子患盗，孔子谓"苟子之不欲，虽赏之不窃"。夫制产厚生，昭节俭，贱货财，使人安其分，宜若可为也。今欲使举世之民，厚赏焉不窃如夫子之言，其亦有道乎？
>
> 问：今欲举三王教胄之法，使英才知劝而志行修，阜四方养士之财，使寒暖有归而衣食足，取充之计，讲擢之方，近于古而适于今，必有中制。众君子强学待问，固将裨益盛明，助朝廷政治，著于篇，观厥谋之得失。(《文集佚存》)

张载用"均平"这个词来概括周道的实质。所谓均平，并不是绝对平均主义，也不同于墨子的爱无差等的兼爱，而是根据历代儒家所一贯服膺的三代礼乐所提炼而成的一种文化价值理想，是亲亲与尊尊的完美的统一，合同与别异的有机的结合，用易学的术语来表述，则是精义时措，各正性命，保合太和，健利且贞，既有阴阳之分，又有阴阳之合，是一种本于天秩天序的社会整体的和谐。先秦时期，孔子提倡"仁者爱人"，"泛爱众"，"博施于民"，孟子提倡"亲亲而仁民，仁民而爱物"，"老吾老以及人之老，幼吾幼以及人之幼"，"人人亲其亲，长其长，而天下平"。这是把整个社会看做一个休戚与共血肉相连的宗法共同体，以亲亲之爱来促进社会的和谐融洽，以尊敬长辈来建立社会的稳定秩序。后来《礼记》把孔孟的这种思想提炼为两个基本原则，一个是合同，一个是别异，合同即亲亲之爱，别异即尊尊之敬，这两个原则相辅而行，结为一体，就是礼乐制度的文化内涵。《乐记》说："乐者为同，礼者为异。同则相亲，异则相敬。乐胜则流，礼胜则离。合情饰貌者，礼乐之事也。礼义立，则贵贱等矣。乐文同，则上下和矣。"张载对这两个原则之间的关系作了系统的研究，并且进一步提炼为关于社会均平的外王理想。他指出：

"敬，礼之舆也"，不敬则礼不行。

"恭敬撙节退让以明礼"，仁之至也，爱道之极也。

礼，直斯清，挠斯昏，和斯利，乐斯安。（《至当篇》）

"节礼乐"，不使流离相胜，能进反以为文也。（《有德篇》）

"亲亲尊尊"，又曰"亲亲尊贤"，义虽各施，然而亲均则尊其尊，尊均则亲其亲为可矣。若亲均尊均，则齿不可以不先，此施于有亲者不疑。若尊贤之等，则于亲尊之杀必有权而后行。急亲贤为尧舜之道，然则亲之贤者先得之于疏之贤者为必然。"克明俊德"于九族而九族睦，章俊德于百姓而万邦协，黎民雍，皋陶亦以惇序九族、庶明励翼为迩可远之道，则九族勉敬之人固先明之，然后远者可次序而及。《大学》谓"克明俊德"为自明其德，不若孔氏之注。（《乐器篇》）

"礼反其所自生，乐乐其所自成"。礼别异不忘本，而后能推本为之节文；乐统同，乐吾分而已。礼天生自有分别，人须推原其自然，故言"反其所自生"；乐则得其所乐即是乐也，更何所待！是"乐其所自成"。（《经学理窟》）

张载认为，礼的本质是敬，合乎事物本然之宜，乐的本质是爱，合乎天地一体之仁，因而在一个社会群体中，其组织原则就是爱与敬的结合。爱就是亲亲，敬就是尊尊，此二者的结合是一种动态的平衡，相互制约，也相互渗透。对人恭敬退让以明礼，这就是爱人了，而爱人也必须尊重礼天生自有之分别。故亲亲与尊尊应随时保持一种均平的状态，亲均则尊其尊，尊均则亲其亲，在礼乐的运作上不断地权衡轻重，进行调节，不使流离相胜，破坏了均平。因为"乐胜则流，礼胜则离"。如果合同的一面强调得过头，就会上下不分，等差不明，不能建立正常的秩序，产生亲而不尊的偏向。反之，如果别异的一面强调得过头，就会离心离德，激化矛盾，影响社会群体的团结，产生尊而不亲的偏向。《礼记·表记》对这两种偏向曾经作了详细的讨论，认为"母，亲而不尊；父，尊而不亲。水之于民也，亲而不尊；火，尊而不亲。土之于民也，亲而不尊；天，尊而不亲"。就三代之礼而言，《表记》认为，夏道亲而不尊，殷人尊而不亲，周人亲而不尊，

"虞夏之道，寡怨于民。殷周之道，不胜其弊"。这是说，三代之礼有的把合同的一面强调得过头，有的则把别异的一面强调得过头，相比之下，还是夏代朴实。最好的不是三代之礼，而是虞帝之礼。《表记》指出："后世虽有作者，虞帝弗可及也已矣。君天下，生无私，死不厚其子，子民如父母，有憯怛之爱，有忠利之教，亲而尊，安而敬，威而爱，富而有礼，惠而能散。"张载根据这个说法也对虞舜时期的礼乐推崇备至，认为"观《虞书》礼大乐备，然则礼乐之盛直自虞以来"（《张子语录》）。这主要是着眼于虞帝之礼把合同与别异、亲亲与尊尊结合得恰到好处，合乎时措之宜，没有任何的偏差。张载进一步强调指出，亲亲尊尊不仅是社会组织原则，而且是政治组织原则。"若亲均尊均，则齿不可以不先"，按年龄的大小排列先后。

"若尊贤之等，则于亲尊之杀必有权而后行"，在任用贤才方面，如果贤均则以亲疏尊卑为等。张载认为，《尚书·尧典》所说的"克明俊德"，就是把亲亲尊贤的原则用于经世外王，由近及远，由亲而疏，首先任用九族之俊德而使九族和睦，然后任用百姓之俊德而使万邦协和，从而造就了一种天下均平的良好的政治局面。孔颖达对"克明俊德"的注释着眼于经世外王，是符合原意的。孔颖达《正义》说："言尧之为君也，能尊明俊德之士，使之助己施化，以此贤臣之化，先令亲其九族之亲。九族蒙化，已亲睦矣，又使之和协显明于百官之族姓。百姓蒙化，皆有礼仪，昭然而明显矣，又使之合会调和天下之万国。其万国之众人于是变化从上，是以风俗大和。能使九族敦睦，百姓显明，万邦和睦，是安天下之当安者也。"张载认为，《大学》引用《尧典》"克明俊德"之语，仅仅局限于从内圣的层面来理解，诠释为人君自明其德，实际上，"克明俊德"说的是尊明俊德之士，从事经世外王的事业，所以《大学》的诠释"不若孔氏之注愈"。由此看来，张载的礼学研究阐发了一种统一的内圣外王之道，而最后归结为亲亲与尊尊相结合的关于社会均平的外王理想。这种外王理想也就是张载的终极关怀，他所追求的为万世开太平，就是以这种外王理想作为核心内容的。

范育在《正蒙序》中指出："惟夫子之为此书也，有六经之所未载，圣人之所不言。"这是说，张载创造了一套新的话语系统来诠释孔孟的思想，依据传统而又不囿于传统，妥善地解决了继承与创新的关系，把孔孟的思想推进到一个新的发展阶段,是接着孔孟讲而不是照着孔孟讲的。实际上,张载的一套新的话语系统也是来源于六经中之《周易》,本于易学的原理,他的卓越之处在于运用易学的原理来诠释儒家的价值理想,把历代儒家所服膺的价值理想提升到天道性命的哲学高度来论证,使之渗透着一种深沉的宇宙意识,而形成为一种本体论的结构。以《正蒙》一书的基本思想线索而论,首先以太和开篇,着眼于宇宙整体的和谐,论述天道之化,神化之理,接着由天以及人,论述诚明之德、中正之道以及道统之传,而最后归结为保合太和。在《大易篇》中,张载指出:"惟君子为能与时消息,顺性命、躬天德而诚行之也。精义时措,故能保合太和,健利且贞,孟子所谓始终条理,集大成于圣智者欤!"保合是个动词,属于人文化成的范畴。乾之《彖》曰:"乾道变化,各正性命,保合太和,乃利贞。首出庶物,万国咸宁。"因而保合太和这个命题可以用来作为儒家的内圣外王之道的哲学表述。张载认为,圣人根据对太和道体的体认,对宇宙和谐规律的理解,穷神知化,精义时措,由内圣发而为外王,来谋划一种和谐的、自由的、舒畅的社会发展的前景,使得社会领域的君臣、父子、夫妇的人际关系能够像天地万物那样调适畅达,各得其所,这就是保合太和。在《西铭》中,张载对这个思想作了精辟的阐发。这是理学史上的一篇经典文献,受到各派理学家的交口称誉,可以看做是张载的哲学思想的系统的总结。《西铭》说:

　　乾称父,坤称母,予兹藐焉,乃混然中处。故天地之塞,吾其体;天地之帅,吾其性。民吾同胞,物吾与也。

　　大君者,吾父母宗子;其大臣,宗子之家相也。尊高年,所以长其长;慈孤弱,所以幼吾幼。圣其合德,贤其秀也。凡天下疲癃残疾惸独鳏寡,皆吾兄弟之颠连而无告者也。

　　于时保之,子之翼也;乐且不忧,纯乎孝者也。违曰悖德,害仁曰贼;济恶者不才,其践形,唯肖者也。知化则善述其事,穷神则善继其志。不愧屋漏为无忝,存心养性为匪懈。

　　恶旨酒,崇伯子之顾养;育英才,颖封人之锡类。不弛劳而底豫,舜其功也；无所逃而待烹，申生其恭也。体其受而归全者，参乎！勇于从而顺令者，伯奇也。

富贵福泽，将厚吾之生也；贫贱忧戚，庸玉女于成也。存，吾顺事；没，吾宁也。

《西铭》全文只有二百五十三个字，但却是以他的整个哲学思想为依托的，是他的体大思精的哲学体系的具体而微的缩影。文章可分为五段。第一段讲人与宇宙的联结以及人在宇宙中的地位，概括了他在宇宙论和人性论方面的研究成果，由此而提出了民胞物与、天人一体的哲学理想。第二段讲社会理想。这是由天人一体的哲学理想自然推导而来，把社会看做是按照亲亲与尊尊的原则组建而成的一体化的结构，一方面是骨肉相连，休戚与共，同时又合于天秩天序之则，有条而不紊。第三段讲道德理想，这也是由第一段推导而来。道德植根于人性，人性本于天性，故仁孝之理具有本体论的超越的意义。人之所以恪守道德规范，既是一种不违天命的绝对的义务，也是一种自我实现的内在的要求。第四段列举了六个具体的事例，说明仁孝之理塑造了理想的人格，落实为道德的生命，以证成道德理想之实而不虚。第五段以乐天知命、尽伦尽职的人生理想作为全文的结尾。

关于《西铭》的总体思想，程伊川认为是"明理一而分殊"。当时他的学生杨龟山致书伊川，疑《西铭》言体而不及用，恐其流于兼爱。他在《答杨时论西铭书》中指出：

《西铭》之为书，推理以存义，扩前圣所未发，与孟子性善养气之论同功，（二者亦前圣所未发。）岂墨氏之比哉？《西铭》明理一而分殊，墨氏则二本而无分。（老幼及人，理一也。爱无差等，本二也。）分殊之蔽，私胜而失仁；无分之罪，兼爱而无义。分立而推理一，以止私胜之流，仁之方也。无别而迷兼爱，至于无父之极，义之贼也。子比而同之，过矣。且谓言体而不及用。彼欲使人推而行之，本为用也，反谓不及，不亦异乎？（《河南程氏文集》卷九）

张载并没有明确提出理一分殊的命题，但却反复论述了这个思想。这个思想首先是由周敦颐提出来的，他在《通书·理性命章》中指出：“二气五行，化生万物，五殊二实，二本则一。是万为一，一实万分。万一各正，小大有定。”后来的理学家几乎无一例外都以理一分殊作为自己思想的主轴。只是由于各人对所谓理一的哲学诠释不相同，所以才分出了各种派别，产生了许多争论。就张载本人的思想而言，他曾说，“游气纷扰，合而成质者，生人物之万殊；其阴阳两端循环不已者，立天地之大义。”（《太和篇》）“阴阳之气，散则万殊，人莫知其一也；合则混然，人不见其殊也。”（《乾称篇》）这是论述宇宙本体的理一分殊。“礼仪三百，威仪三千，无一物而非仁也。”（《天道篇》》这是论述价值本体的理一分殊。“仁道有本，近譬诸身，推以及人，乃其方也。”（《至当篇》）这是论述为仁之方的理一分殊。在《西铭》中，总体上也是贯穿了这个思想线索，程伊川概括为理一分殊的命题，是符合张载的原意的。

杨时之所以疑《西铭》言体而不及用，恐其流于兼爱，关键在于他没有读懂《西铭》首段的思想，误解了“乾称父，坤称母”的哲学涵义。张载此说本于《周易·说卦》：“乾，天也，故称乎父；坤，地也，故称乎母。”这是一个象征性的说法，用意在于表明天地为万物之本，并非实指天为父，地为母，更不是说人除了自己生身的父母以外，还有一个天地的父母。张载曾专门对此作了解释，他说：“《订顽》之作，只为学者而言，是所以订顽。天地更分甚父母？只欲学者心于天道，若语道则不须如是言。”（《张子语录》）这个问题之所以重要，是因为涉及儒墨的根本区别。先秦时期，孟子与墨者夷之进行了一场辩论。夷之以为“爱无差等，施由亲始”，主张把兼爱他人之心推来爱己之亲。孟子指出这个说法的错误所在，“且天之生物也，使之一本，而夷子二本故也”（见《孟子·滕文公上》）。所谓二本，是说把他人之亲看得与己之亲同样重要，施行无差等之爱，二爱并立，如同一木有两根，牵彼树根，强合此树根。其实人只是一父母所生，如木只有一根，人之有爱，本由亲立，由亲亲而仁民，由仁民而爱物，虽然也都是爱，但却有亲疏厚薄先后本末的等级之差，这便叫做一本。张载反复强调，“礼别异不忘本”，亲亲之爱必须尊重礼天生自有之分别，否则就是忘本。"夷子谓爱无差等，非也；谓施由亲始，则施爱固由亲始矣。孟子之说，辟其无差等也，无差等即夷子之二本也。"（《张子语录》）为了使初学者"心于天道"，能够从宇宙论的高度来领会此一本之理，所以引用了《说卦》的象征性的说法。但是，杨时恰恰在这个重要之点上误解了张载，以为张载把乾坤看做自家父母，同于夷之二本之说，流于墨者之兼爱。程颐针对杨时之疑，拈出理一分殊之旨，可谓拨云雾而见青天。

朱熹认为，《西铭》之义，"紧要血脉尽在'天地之塞吾其体，天地之帅吾其性'两句上。上面'乾称父'，至'混然中处'是头，下面'民吾同胞，物吾与也'，便是个项。下面便撒开说，说许多。'大君者吾父母宗子'云云，尽是从'民吾同胞物吾与也'说来"（《朱子语类》卷九十八）。就此文之头而言，其思想实质本于道家的自然主义。道家往往是站在宇宙的高度来俯瞰人，把宇宙的伟大和人的渺小进行对比。比如庄子曾说："眇乎小哉，所以属于人也！謷乎大哉，独成其天！"（《庄子·德充符》）张载也是进行这种对比，认为"予兹藐焉，乃混然中处"，人作为一个渺小的个体，是隶属于宇宙之全体的。但是，张载又本于儒家的人文主义，强调人独得阴阳五行之秀而为万物之灵，最为天下贵，与天地并立而为三，由此而摆正了人在宇宙中的地位。所谓"天地之塞吾其体"，是说吾之体即天地之气，"天地之帅吾其性"，是说吾之性即天地之理。朱熹认为，"吾其体"，"吾其性"，有我去承当之意。这就是说，人应该对自己与宇宙的亲密的联结有一个明确的认识，自觉地承担作为一个宇宙成员的责任和义务，把所有的人民都看做是我的同胞，把所有的物类都看做是我的友伴。由此看来，张载对宇宙的看法不同于道家的以天地为不仁的纯粹的自然主义，而是理解为"天体物不遗，犹仁体事无不在也"，天地之心即化生人物的一片仁爱之心。此仁爱之心与我血脉贯通，我应自觉地承担，按照亲亲而仁民，仁民而爱物的程序推而扩之，这种有差等之爱是与墨家的兼爱不相同的。因此，张载在《西铭》首段所提出的关于天人一体、民胞物与的哲学理想，是把包括天地人物在内的整个宇宙看做是一个和谐而有序、理一而分殊的结构，下面关于社会理想与道德理想的论述，就是以这个根本看法作为理论依据的。

程颐释杨时之疑，着重于阐明社会道德层面的理一分殊，并且结合孟子对杨墨的批判，指出割裂理一分殊的关系所产生的两种偏向，"分殊之蔽，私胜而失仁，无分之罪，兼爱而无义"。杨朱为我，片面地强调分殊，提倡利己主义，使人自私自利而失去了仁爱之心，社会将由此而离心离德，无法凝聚为一个和谐的整体。墨子兼爱，片面地强调理一，提倡利他主义，这种主张否定人际关系中的亲疏厚薄之分而不合乎事物之所宜，社会将由此而上下不分，贵贱不明，无法建立稳定的秩序。儒家与杨墨的不同，关键在于"推理以存义"，是理一与分殊的结合，仁与义的统一，既不以利己排斥利他，也不以利他排斥利己，而是合理地处理我与他人的关系，在两者之间得其中道，既利己，又利他。比如老吾老，幼吾幼，这看来是利己，但是，老吾老以及人之老，幼吾幼以及人之幼，这便是利他了，此二者本来是结为一体，相互蕴含，利己就是利他，利他就是利己，不可强行割裂，人为地使之对立。因此，应该在分殊中见出理一，在理一中见出分殊，知其理一，所以为仁，知其分殊，所以为义。分立而推理一，以止私胜之流，这是为仁之方。如果只见理一而不见分殊，无别而迷兼爱，以致视父如路人，这就是义之贼。由于仁与义是人性的本质所在，杨墨的这种失仁而贼义的主张，从根本上看是违反人性的。儒家以天下为一家，以中国为一人，把社会组织看做是人性本质的全面的外化，老者视吾之亲，幼者视吾之子，鳏寡孤独者视吾无告之兄弟，这就是由人性本质自然流出的亲亲之仁，但是，爱之中自然便有许多等差，尊长、敬贤、爱亲、慈子，各有所宜，有如人之一身，耳目鼻口，肢体脉络，森然有成列而不乱，这种尊重差别的尊尊之义也是内在于人性本质的。因此，一个理想的社会就是一个均平的社会，理一而分殊，亲亲而尊尊，合乎人性的本质，仁与义处于动态的平衡而不流于一偏，人人相亲相爱，和谐融洽，而又秩序井然，层次分明。程颐认为，张载的这个思想，"扩前圣所未发，与孟子性善养气之论同功"。把张载提到与孟子同等的地位，这种赞扬可以说是到了绝顶了。他还针对着杨时的疑惑，严厉批评说："且谓言体而不及用。彼欲使人推而行之，本为用也，反谓不及，不亦异乎？"这是强调张载的根本用心在于由内圣发而为外王，使人推而行之，为万世开太平。

第十四章　程颐的《伊川易传》

一、体用一源显微无间

程氏兄弟的易学与周敦颐有很深的渊源关系。二程弟子杨时记程颐之言曰："子谓门弟子曰：昔吾受《易》于周子，使吾求仲尼、颜子之所乐。要哉此言，二三子志之！"（《程氏粹言》卷一）这说明周敦颐是二程易学的启蒙老师。但是后来二程主义理而不主象数，从来不曾提及周敦颐的《太极图说》，在易学思想上走了一条完全不同的路子。二程与邵雍私交甚笃，过往密切，也因为易学思想的取向不同，公开表示对邵雍的数学不感兴趣。程颐曾说："某与尧夫同里巷居三十年余，世间事无所不论，惟未尝一字及数耳。"（《程氏外书》卷十二）程颢指出："尧夫之学，先从理上推意言象数，言天下之理，须出于四者，推到理处，曰：我得此大者，则万事由我，无有不定。然未必有术。要之亦难以治天下国家。"（《程氏遗书》卷二上）二程与张载的易学虽同属义理派，但彼此对义理的诠释仍然有很大的差异。《外书》卷十二记尹和靖之言曰："横渠昔在京师，坐虎皮，说《周易》，听从甚众。一夕，二程先生至，论《易》。次日，横渠撤去虎皮，曰：吾平日为诸公说者，皆乱道。有二程近到，深明《易》道，吾所弗及，汝辈可师之。横渠乃归陕西。"张载在汴京主讲《周易》约在仁宗嘉祐二年，时年三十八岁，二程则只有二十五六岁。此条所记虽为溢美之辞，带有浓厚的门户偏见，但也说明，二程的易学思想早在青年时期即已成熟，并且卓然成家，能与张载相颉颃。照二程看来，张载的易学立清虚一大为万物之源，以阴阳之气说《易》，是乃以器言，而非形而上之道，至于二程则是自家体贴出了天理二字，认为"尽天理，斯谓之《易》"，着眼于从形而上的层面阐发《易》中所蕴含的天理。实际上，张载并非不重视形而上之道，对天理二字也作了明确的界定。他曾说："天理者，时义而已。君子教人，举天理以示之而已，其行己也，述天理而时措之也。""所谓天理也者，能悦诸心，能通天下之志之理也。"（《正蒙·诚明篇》）时义即时中之义，是《易》道的精髓，名之为天理。天理源于太虚本体。张载认为，知虚空即气，则有无、隐显、神化、性命通一无二。他企图根据这个思想纠正前人说《易》所陷入的天人二本、体用殊绝的错误，把形而上与形而下贯通起来。但是二程却指出，张载的这个思想过于强调了清虚一大，割裂了有无虚实清浊的关系，仍然陷入了二本之论。比如明道批评说："气外无神，神外无气。或者谓清者神，则浊者非神乎？""若如或者别立一天，谓人不可以包天，则有方矣，是二本也。"（《遗书》卷十一）伊川批评说："又语及太虚，曰：亦无太虚。遂指虚曰：皆是理，安得谓之虚？天下无实于理者。"（《遗书》卷三）从这些材料可以看出，北宋五子的易学，各具特色，互不相同。但是，就他们的价值取向以及所探索的主题而言，却是完全一致的。《宋史·道学传》正是根据这种一致性，将他们归为一类，相提并论，高度评价了他们在道学思潮中所作的贡献。道学也叫做理学，异名而同实，指的就是以北宋五子为代表的具有共同的主题和价值取向的儒学思潮。这个思潮兴起于熙宁、元祐年间，是紧紧承接庆历年间由范仲淹所倡导的儒学复兴运动的进一步的深化和发展。早在庆历年间，胡瑗就提出了"明体达用"的口号作为复兴儒学的基本纲领。其所谓体，是指"仁义礼乐，历世不可变者"；其所谓用，是指"举而措之天下，能润泽斯民，归于皇极者"。当时李觏、欧阳修与北宋三先生等人虽然学术思想并不相同，却在这一点上达成了共识，不约而同地归宗于《周易》，围绕着"明体达用"进行探索，致力于为儒学重建一个统一的内圣外王之道。到了熙宁年间，北宋五子把这种探索提到天道性命的哲学高度，从事宇宙本体和价值本体的建构来为儒家的名教理想作论证，虽然话题有了转换，加重了形而上的思辨色彩，但却始终没有离开明体达用这根主轴。比如周敦颐的由太极以立人极以及"是万为一，一实万分"的思想，就是一种明体达用之学。邵雍认为，先天之学明体，后天之学入用，先天之体内在地藏有后天之用，后天之用乃是先天之体的外在的显现，此二者结成一种体用相依的关系，不可分离。他的思想也是围绕着明体达用这根主轴而展开的。张载的穷神知化之学，以穷神为明体，以知化为达用，针对前人体用殊绝的理论上的漏洞，力求使之形成有机的结合，做到通一无二。程氏兄弟的年辈晚于周、邵、张三人，后来居上，提出了以理说《易》的思想，把体与用的关系归结为理与事、微与显的关系，认为"圣人凡一言便全体用"，圣人的用心所在就是明体达用。由此看来，北宋自庆历以来长达半个多世纪的儒学复兴运动，一直是以明体达用作为一条基本的思想线索贯穿于始终，虽然各人对体用的诠释不相同，学术思想有差异，但是他们研究的对象是共同的，追求的目标是相通的，这就是《系辞》所说的"天下同归而殊途，一致而百虑"。

在易学史上，把体用提升成为一对重要的哲学范畴用来解说《周易》，是从王弼开始的。就《周易》的本文而言，虽然找不到体用对举的字眼，实际上是蕴含着极为丰富的体用思想的。比如"形而上者谓之道，形而下者谓之器"，这是以道器关系而言体用；"寂然不动，感而遂通"，这是以动静关系而言体用；"显诸仁，藏诸用"，这是以显微关系而言体用；"天下之动，贞夫一者也"，这是以一多关系而言体用；合而言之谓之性命之理，分而言之则有天道之阴阳，地道之柔刚，人道之仁义，这是以分合关系而言体用；《彖传》反复强调时用，以卦为时，以爻为用，这是以卦爻结构而言体用。诸如此类的例子，还可以举出很多。但是，在汉代的象数派的易学中，这些体用思想却没有受到应有的重视，微而不显，隐而不彰，淹埋在一系列外在的象数形式的推演之中，直到王弼才开始第一次的发掘。王弼易学的特点是易老会通，儒道兼综，以有无关系而言体用。他首先是通过对《老子》的诠释提炼出了以无为体的命题，在《老子注》三十八章中，他指出："万物虽贵，以无为用，不能舍无以为体也。舍无以为体，则失其为大矣。"在诠释《周易》的大衍义时,他又指出:"夫无不可以无明,必因于有,故常于有物之极,而必明其所由之宗也。""必有之用极,而无之功显。"王弼认为,老子讲无,孔子言有,经常讲无的老子比不上言必及有的孔子。他根据这条思路,把《周易》的六十四卦、三百八十四爻看做是一个体用结构,着眼于因有而明无,由用以见体,全释人事之用,而最后归结为"寂然至无是其本矣"。从哲学理论的角度来看,王弼的这种体用思想并没有达到即体即用、体用一源的思辨高度。他的玄学把客观世界划分为两个层次,一个是无形的本体,一个是有形的现象。尽管王弼作了极大的努力,采取有无互训的方法,证明二者是一种体用关系,并非对立而是统一的,但实际上有与无仍然分为两橛,只做到了外部的形式的联结,而没有达到内部有机联结的水平。当他在《老子注》中强调以无为体时,无高踞于有之上,与有判然有别,给人留下有体而无用的印象。当他在《周易注》中强调以有为用时,有的哲学意义又提到极为重要的地位,与无截然不同,给人留下有用而无体的印象。其所以如此,是因为《大易》不言有无,王弼以有无言体用的思想是以《老》解《易》,而没有依据《周易》的本文就道器、寂感、显微、一多、分合的种种关系而言体用。虽然如此,王弼毕竟是提出了一种有效的思维模式,依据《周易》的本文全释人事之用,阐明了名教社会的运行机制和结构功能,表述了名教本于自然的文化价值理想。体用范畴在往后的佛学中被广泛地运用。僧肇在《不真空论》中依据佛教的中观思想批评王弼的本无论是一种"好无之谈"。在《般若无知论》中,僧肇指出,"用即寂,寂即用。用寂体一,同出而异名,更无无用之寂而主于用也"。禅宗认为,定是慧体,慧是定用,定慧体一不二。华严宗认为,理是体,事是用,体用相即。佛学的这种探索把体用关系推进到了即体即用、体用一源的思辨高度,具有深刻的哲学意义。但是,就价值取向的层面而言,佛学的体用思想既不同于玄学,也不同于儒学。《程氏遗书》卷十八记伊川之言曰:"问:'某尝读《华严经》,第一真空绝相观,第二事理无碍观,第三事事无碍观,譬如镜灯之类,包含万象,无有穷尽。此理如何?'曰:'只为释氏要周遮,一言以蔽之,不过曰万理归于一理也。'又问:'未知所以破佗处。'曰:'亦未得道他不是。百家诸子个个谈仁谈义,只为他归宿处不是，只是个自私。'"所谓"归宿处"，指的就是价值取向。儒学的价值取向与佛学根本对立，却与玄学息息相通。玄学的主题是自然与名教的关系，王弼把这种关系转化为哲学上的体用关系，企图通过二者的联结来论证一种入世的文化价值理想，使得名教社会的各种人际关系能够像宇宙自然那样调适畅达，各得其所。佛学的主题则是真谛与俗谛的关系，他们对体用关系的探索，目的在于论证世界的虚幻不实，否定社会人伦，追求个人的明心见性。因此，尽管就思辨的水平而言，佛学的体用思想要高于玄学，但是，宋代的儒学复兴运动却是着眼价值取向的对立而排斥佛学的思辨，普遍地继承了王弼的体用思想，沿袭王弼的思路继续进行探索。

孔颖达依据王弼的《周易注》所作的《周易正义》，是宋代士人的必读之书，因而王弼以体用解《易》的思路对宋代包括义理派和象数派在内的易学都起了极为深远的影响。胡瑗以"明体达用"作为复兴儒学的基本纲领，实际上是继承王弼而来的。但是，由于历史条件的变化，时代课题的不同，人们必须对王弼的体用思想进行一番创造性的转化，有所选择，有所扬弃，才能满足新的理论追求和价值取向，适应新的时代需要。大体上说，宋代易学中的体用思想的发展以熙宁为界可以划分为两个阶段。自庆历以至熙宁年间，为了适应当时社会政治改革的经世外王的需要，着重于"达用"。自熙宁以至元祐年间，内圣心性之学上升到主流地位，则是着重于"明体"。虽然就每一个易学家主观上的认同而言，体不离用，用不离体，从未有人把明体达用分为两橛，但是客观实际上的表现，各人探索的重点仍然是清晰可辨的。比如李觏的易学，重点就是"急乎天下国家之用"，"庶乎人事修而王道明"。他继承了王弼的全释人事的思路，批评了刘牧"释人事而责天道"的河洛图书之学，经世外王的倾向是表现得十分鲜明的。欧阳修也是从"明人事之始终"的角度推崇王弼的易学，他反复申说，"圣人急于人事者也，天人之际罕言焉"，"六经皆载圣人之道，而《易》尤明圣人之用"，强调易学研究的重点在于"达用"。由于北宋庆历之际的时代课题与曹魏正始年间有很大的不同，所以李觏和欧阳修都共同认为，王弼的易学"未免缺误"，"善矣而未尽"，需要在"达用"方面依据新的历史条件作出进一步的发展。在"明体"方面，司马光首先明确表示不赞同王弼的易学，他在《答韩秉国书》中指出，"夫万物之有，诚皆出于无，然既有则不可以无治之矣。常病辅嗣好以老庄解《易》，恐非《易》之本指，未足以为据也。辅嗣以雷动风行运变万化为非天之心，然则为此者果谁耶？夫雷风日月山泽，此天地所以生成万物者也，若皆寂然至无，则万物何所资仰耶？天地之有云雷风雨，犹人之有喜怒哀乐，必不能无，亦不可无也。"（《温国文正公文集》卷六十三）司马光对王弼的批评并不是很彻底的，从"夫万物之有诚皆出于无"这句话来看，说明他虽然肯定了现象之有，却没有否定本体之无，仍然保留了王弼的那条以有无言体用的思路。周敦颐是宋代易学从"达用"转到"明体"方面来的关键人物，他以《易》为性命之源，企图依据易学的原理为儒学建立一个宇宙本体和价值本体。但是，一当涉及本体问题，立刻就显露出了王弼的影响。陆象山针对他的"无极而太极"的命题，指出这是以《老》解《易》，混杂了老氏"有生于无"之旨。这说明周敦颐也是沿袭了王弼的以有无言体用的思路。邵雍以老子为得《易》之体，以孟子为得《易》之用，认为"无极之前，阴含阳也，有象之后，阳分阴也"，和周敦颐同样，也是以《老》解《易》，混杂了老氏"有生于无"之旨。理学思潮发展到张载的阶段，本体论的思想才臻入成熟之境，摆脱了王弼的那条玄学的思路，不再以有无言体用。张载明确指出，"《大易》不言有无，言有无，诸子之陋也"。这既是对王弼的批评，也是对周、邵二人的批评。因为以有无言体用，容易产生歧义，划不清"以无为体"的本体论与"有生于无"的生成论的思想界限，陷入体用殊绝、天人二本的误区。在《正蒙·神化篇》中，张载指出，"神天德，化天道，德其体，道其用，一于气而已"。这是以清虚一大的神化之理而言体用。虽然如此，张载仍然致力于"有无混一之常"的探索，企图把有无虚实有机地结合起来，说明他所提出的这条理学的思路只是对王弼的一种超越，而不是根本的否定。二程对王弼易学的态度也是着眼于超越，一方面批评说，"王弼注《易》，元不见道，但却以老庄之意解说而已"（《遗书》卷一）；另一方面也作了适当的肯定，认为，"《易》有百余家，难为遍观，如素未读，不晓文义，且须看王弼、胡先生、荆公三家。"（《遗书》卷十九）由此看来，宋代儒学围绕着体用问题所进行的探索，无论在"明体"或者"达用"方面，都是对王弼的玄学思路的一种继承和超越，从而形成了一条贯穿于始终的基本的思想线索，把熙宁以前的经世外王之学与熙宁以后的内圣心性之学紧密地联系在一起。如果说熙宁以前的探索，重点放在"达用"方面，虽然强化了儒家的道德规范，凸显了儒家的名教理想，表现了儒家的"以忧患之心，思忧患之故"的人文情怀，但是在"明体"方面却有所忽视，理论的水平不高，给人留下有用而无体的印象；那么熙宁以后的探索，重点放在"明体"方面，着眼于宇宙本体和价值本体的建构，虽然提高了理论的水平，却在"达用"方面有所忽视，"要之亦难以治天下国家"，给人留下有体而无用的印象。就体用关系的内在逻辑而言，一方面要由用以见体，另一方面要由体以及用，这是一种双向互动的思维模式，既互相促进，又彼此制约，务求做到体不离用，用不离体。因而体用思想在宋代儒学中的发展，也就必然遵循这种逻辑，朝着"体用一源，显微无间"的目标进行不懈的追求。程颐在《易传序》中所提出的这个命题，系统地总结了包括玄学和儒学在内的长期探索的成果，对这个目标作了完美的表述。

程颐的《伊川易传》写成于晚年编管涪州时期。朱熹在《伊川先生年谱》中说："绍圣间，以党论放归田里。四年十一月，送涪州编管。……元符二年正月（1099 年，程颐 67 岁），《易传》成而序之。……崇宁五年（1106年，程颐 74 岁），复宣义郎，致仕。时《易传》成书已久，学者莫得传授。先生曰：'自量精力未衰，尚觊有少进耳。'其后寝疾，始以授尹焞、张绎。大观元年（1107 年）九月庚午，卒于家，年七十有五。"他的弟子尹焞说："先生践履尽《易》，其作《传》只是因而写成，熟读玩味，即可见矣。"又云："先生平生用意，惟在《易传》，求先生之学者，观此足矣。《语录》之类，出于学者所记，所见有浅深，故所记有工拙，盖未能无失也。"（见《遗书》附录）这是认为，程颐的理学思想和人格践履集中体现在《易传》之中，他的理学就是他的易学，他的易学就是他的为人，研究程颐的学术，应该依据他平生用意所在的《易传》，而不能依据学生所记的《语录》。这说的是实情，在程颐亲自撰写的著作中，唯有这部《易传》体大思精，系统完备，可以称得上是他的代表作，其他则只是一些零碎片断的奏疏、杂著和未及成书的经解。程颐十分重视这部著作。他曾说:"某于《易传》,杀曾下工夫。如学者见问,尽有可商量,书则未欲出之也。"(《外书》卷五)"某于《易传》,今却已自成书,但逐旋修改,期以七十,其书可出。韩退之称聪明不及于前时,道德日负于初心,然某于《易传》,后来所改者无几,不知如何?故且更期之以十年之功,看如何。"(《遗书》卷十七)程颐于嘉祐二年(1057年)与张载论《易》,时年25岁,易学思想已经成熟,卓然成家,推想《易传》的写作酝酿始于此时。以后随写随改,直到元符二年(1099年)才终于定稿成书,经过了四十三年的漫长岁月。书成以后,又过了七年,才出以示人,这时程颐已经是74岁的高龄了。从仁宗嘉祐到徽宗崇宁年间,北宋的政局动荡不安,喧闹沸腾,党争蜂起,相互倾轧,是一个充满忧患的时代。程颐作为洛党的领袖,处于政治斗争漩涡的中心,升降沉浮,对时代的困境以及理想与现实的背离有着切身的感受。他在此时长期潜心于《易传》的写作,与其说是对抽象的思辨哲学的一种冷静的思考,毋宁说是对合理的社会存在的一种热情的追求,企图依据易学的原理探索出一种内圣外王之道,把儒家的名教理想落实于实际的生活。尹焞所说的"先生践履尽《易》",用意在于强调指出,这部著作凝结了程颐一生从事政治实践和道德实践所积累的经验,蕴含着丰富的社会历史内容,不能简单地看做是一般性的解《易》之作。《外书》卷十二还记有两条尹焞之语:

　　和靖(即尹焞)尝以《易传序》请问曰:"'至微者理也,至著者象也,体用一源,显微无间',莫太泄露天机否?"伊川曰:"如此分明说破,犹自人不解悟。"

　　伊川自涪陵归,《易传》已成,未尝示人。门弟子请益,有及《易》书者,方命小奴取书箧以出,身自发之,以示门弟子,非所请不敢多阅。一日出《易传序》示门弟子,先生(指尹焞)受之归,伏读数日后,见伊川。伊川问所见。先生曰:"某固欲有所问,然不敢发。"伊川曰:"何事也?"先生曰:"'至微者理也,至著者象也。体用一源,显微无间',似太露天机也。"伊川叹美曰:"近日学者何尝及此?某亦不得已而言焉耳。"

尹焞怀疑"体用一源，显微无间"的提法过于突兀，似乎泄露了"天机"，可能是觉得这个提法与华严宗的体用相即、事理无碍之说类似，露出了偷袭佛教思想的马脚。如果单从抽象的思辨哲学的角度来看，尹焞的怀疑是有道理的。但是，儒学的体用观与佛学的根本区别，关键不在于纯粹的思辨，而在于价值取向与实质性的内涵。因为儒学所谓的体，是指"仁义礼乐，历世不可变者"，是为儒家的名教理想作论证的宇宙本体和价值本体，完全不同于佛学的那种淘空了一切社会历史内容的真空绝相之体。儒学所谓的用，乃是急乎天下国家之用，经世外王之用，洋溢着一种淑世的精神，也和佛学的那种否定社会人伦而又被迫承认事相宛然的俗谛之用完全不同。从这个角度来看，虽然儒佛皆言体用，彼此之间的根本区别并未混淆。所以程颐对尹焞的怀疑不加责怪，反而叹美赞扬，并且强调指出，这是不得已而言之，故意泄露出儒学的"天机"，即令如此分明说破，犹自人不解悟。这就是明确地认为，他的易学思想的核心和总纲可以用"体用一源，显微无间"八个字来概括，只要懂得了这个命题的真正的含义，也就解悟了儒学的"天机"。

程颐比其兄程颢仅少一岁，就二人的为人气象与为学风格而言，确实有许多差异，比如明道一团和气，伊川直是谨严，明道语宏大，伊川语亲切，但是，就他们的易学思想的核心和总纲而言，大体上却是共同的。关于这种共同性，程颐本人在晚年曾对他的弟子张绎作了明确的表示。他说："我昔状明道先生之行，我之道盖与明道同。异时欲知我者，求之于此文可也。"（《遗书》附录）近人对二程思想的研究，往往过分强调其异而不见其同，有的认为明道之学以心为本，伊川则是以理为本；有的认为明道所明之道体即存有即活动，伊川则是只存有而不活动，兄弟二人的差异主要不在于为人气象与为学风格，而是带有学派属性根本分歧的倾向。《庄子·德充符》有言："自其异者视之，肝胆楚越也；自其同者视之，万物皆一也。"实际上，这些看法仅仅反映了研究者在尔后学派业已分化的情况下所形成的某种门户之见，因其所异而异之，并不符合二程当年共同创建洛学体系的历史真实。在《明道先生行状》中，程颐引明道之言曰："昔之惑人也，乘其迷暗；今之人人也，因其高明。自谓之穷神知化，而不足以开物成务。言为无不周遍，实则外于伦理；穷深极微，而不可以入于尧舜之道。天下之学，非浅陋固滞，则必入于此。"（《文集》卷十一）这是认为，当时学术的偏向有体而无用，虽极高明而不能道中庸。"穷神知化"是张载的思想核心。这一段话含蓄地批评了张载，也连带批评了周、邵之学，表述了他们兄弟二人的共识。根据这种共识，二程确定了他们共同的为学宗旨，致力于明体达用的探索，追求理与事的有机结合，创建一个以理为体以事为用的思想体系。程颐接着指出："先生进将觉斯人，退将明之书，不幸早世，皆未及也。"这是说，明道的思想核心和学说总纲虽已形成，但是由于逝世过早，壮志未酬，来不及写成著作，创建完整的体系。程颐在明道死后多活了二十多年，通过长期的探索，把明体达用提炼为"体用一源"，把理事结合概括为"显微无间"，写成了洋洋十五万言的《易传》，终于创建成一个完整的体系。这说明程颐尽管与明道之学有某些细节上的差异，但就总体而言，却是贯彻了与明道共同的为学宗旨，完成了明道的未竟之业。全祖望在《伊川学案序录》中指出："大程子早卒，向微小程子，则洛学之统且中衰矣！蕺山先生尝曰：'小程子大而未化，然发明有过于其兄者。'信哉！"黄百家在《明道学案》的案语中对二程的共同之处也作了很好的表述。他指出："先生所上神宗《陈治法十事》，观其文彩，似乎不足，案其时势，悉中肯綮，无一语非本此中至诚之流露也。此真明体达用之言。"又指出："先生自道'天理二字，是我自家体贴出来'，而伊川亦云'性即理也'，又云'人只有个天理，却不能存得，更做甚人'，两先生之言，如出一口。此其为学之宗主，所以克嗣续洙泗而迥异乎异氏之灭绝天理者也。"

在中国哲学中，天理二字最先是由道家的庄子体贴出来。《庄子·养生主》讲庖丁解牛的诀窍在于"依乎天理。"《天运》说："夫至乐者，先应之以人事，顺之以天理。"《刻意》说："去知与故，循天之理。"儒家方面，最先提出天理二字始于《礼记·乐记》："人化物也者，灭天理而穷人欲者也。"到了宋代，理学大师把理或天理逐渐提升成为重要的哲学范畴。比如周敦颐在《通书·理性命章》指出："厥彰厥微，匪灵弗莹。"朱熹解释说："彰言道之显，微言道之隐。匪灵弗莹，言彰与微须灵乃能了然照见，无滞碍也。此二句是言理。""厥彰厥微，只是说理有大小精粗。如人事中自有难晓的道理，如君仁臣忠，父慈子孝，此理甚显然，若阴阳性命，鬼神往来，则不亦微乎。"邵雍把天理看做是造化自然之机枢。他在《观物外篇》中指出："能循天理动者，造化在我也。得天理者，不独润身，亦能润心。不独润心，至于性命亦润。循理则为常，理之外则为异矣。""若得天理真乐，何书不可读？何坚不可破？何理不可精？"在张载的思想中，对天理二字更加重视，作了详尽的论述。比如他说："上达反天理，下达徇人欲者与！"（《正蒙·诚明篇》）"烛天理如向明，万象无所隐。"（《大心篇》）"天理一贯，则无意必固我之凿。"（《中正篇》）"万事只一天理。""天子建国，诸侯建宗，亦天理也。""今之人灭天理而穷人欲，今复反归其天理。古之学者便立天理，孔孟而后，其心不传。""只为天理常在，身与物均见，则自不私。"（《经学理窟》）由此看来，明道所谓"天理二字是我自家体贴出来"，这句话的确切含义指的不是孤明先发，在历史上第一次发明出天理二字，而是指依据前人的探索成果，最先体贴出这两个字的深刻的哲学意义，把天理确立为宇宙本体和价值本体的最高范畴。程颐关于天理的言论与明道"如出一口"，说明他们兄弟二人的哲学思想并无分歧，都是以天理作为最高范畴，共同致力于依据这个范畴来建构体系。张载当年与二程论《易》，赞赏二程深明《易》道，大概就是赞赏二程提出了一条超越了前人专以理言《易》的新思路。二程不像周敦颐和邵雍那样以有无言《易》，也不像张载那样以清虚一大言《易》，而是以理言《易》，这就是他们兄弟二人易学思想最大的共同点。

就北宋五子的思想而言，其所以被后世通称为"理学"，是因为他们都讲理或天理，这个范畴在他们的思想中占有十分突出的地位，形成了共同的特色，既不同于魏晋玄学，也不同于汉唐经学。但是，为了用这个范畴来表述宇宙本体和价值本体，使之成为天道性命的最高依据，却是经过一番艰苦的探索，直到二程才最后确定下来的。《遗书》是由朱熹编定的二程语录，分为三部分，卷一至卷十标为"二先生语"，大多未确指是何人所说，卷十一至卷十四标为"明道先生语"，卷十五至卷二十五标为"伊川先生语"。我们按照这种分类从中摘引出程氏兄弟关于理或天理的一些言论，以便进行对照比较，辨别其异同。这个工作虽然过于琐碎，但还是值得一

做的。其中标为"二先生语"的有如下几条：

"忠信所以进德"，"终日乾乾"，君子当终日对越在天也。盖上天之载，无声无臭，其体则谓之易，其理则谓之道，其用则谓之神，其命于人则谓之性，率性则谓之道，修道则谓之教。……形而上为道，形而下为器，须著如此说。器亦道，道亦器，但得道在，不系今与后，己与人。(《遗书》卷一)

"生生之谓易"，是天之所以为道也。天只是以生为道，继此生理者，即是善也。善便有一个元底意思，"元者善之长"，万物皆有春意，便是"继之者善也"。"成之者性也"，成却待他万物自成其性须得。

万物皆只是一个天理，己何与焉？至如言"天讨有罪，五刑五用哉！天命有德，五服五章哉"！此都只是天理自然当如此。人几时与？与则便是私意。

天理云者，这一个道理，更有甚穷已？不为尧存，不为桀亡。人得之者，故大行不加，穷居不损。这上头来，更怎生说得存亡加减？是他元无少欠，百理具备。

易是个甚？易又不只是这一部书，是易之道也。不要将易又是一个事，即事尽天理，便是易也。

命之曰易，便有理。若安排定，则更有甚理？天地阴阳之变，便如二扇磨，升降盈亏刚柔，初未尝停息，阳常盈，阴常亏，故便不齐。譬如磨既行，齿都不齐，既不齐，便生出万变。故物之不齐，物之情也。

所以谓万物一体者，皆有此理，只为从那里来。"生生之谓易"，生则一时生，皆完此理。人则能推，物则气昏，推不得，不可道他物不与有也。

"寂然不动，感而遂通"者，天理具备，元无欠少，不为尧存，不为桀亡。父子君臣，常理不易，何曾动来？因不动，故言"寂然"，虽不动，感便通，感非自外也。(《遗书》卷二上)

理与心一，而人不能会之为一。

万物无一物失所，便是天理时中。(《遗书》卷五)

其中标为"明道先生语"的有如下几条：

"形而上者谓之道，形而下者谓之器"。若如或者以清虚一大为天道，则乃以器言而非道也。

《系辞》曰："形而上者谓之道，形而下者谓之器。"又曰："立天之道曰阴与阳，立地之道曰柔与刚，立人之道曰仁与义。"又曰："一阴一阳之谓道。"阴阳亦形而下者也，而曰道者，惟此语截得上下最分明，元来只此是道，要在人默而识之也。

天地万物之理，无独必有对，皆自然而然，非有安排也。每中夜以思，不知手之舞之，足之蹈之也。

以己及物，仁也。推己及物，恕也。忠恕一以贯之。忠者天理，恕者人道。忠者无妄，恕者所以行乎忠也。忠者体，恕者用，大本达道也。此与"违道不远"异者，动以天尔。（《遗书》卷十一）

《中庸》始言一理，中散为万事，末复合为一理。（《遗书》卷十四）

其中标为"伊川先生语"的有如下几条：

视听言动，非理不为，即是礼，礼即是理也。不是天理，便是私欲。人虽有意于为善，亦是非礼。无人欲即皆天理。

冲漠无朕，万象森然已具，未应不是先，已应不是后。如百尺之木，自根本至枝叶，皆是一贯，不可道上面一段事，无形无兆，却待人旋安排引入来，教入途辙。既是途辙，却只是一个途辙。

"道二，仁与不仁而已"，自然理如此。道无无对，有阴则有阳，有善则有恶，有是则有非，无一亦无三。故《易》曰"三人行则损一人，一人行则得其友"，只是二也。

"一阴一阳之谓道"，此理固深，说则无可说。所以阴阳者道，既曰气，则便是二。言开阖，已是感，既二则便有感。所以开阖者道，开阖便是阴阳。老氏言虚而生气，非也。阴阳开阖，本无先后，不可道今日有阴，明日有阳。如人有形影，盖形影一时，不可言今日有形，明日有影，有便齐有。

"寂然不动，感而遂通"，此已言人分上事，若论道，则万物皆具，更不说感与未感。

离了阴阳更无道，所以阴阳者是道也。阴阳，气也。气是形而下者，道是形而上者。形而上者则是密也。

屈伸往来只是理，不必将既屈之气，复为方伸之气。生生之理，自然不息。如《复》言七日来复，其间元不断续，阳已复生，物极必返，其理须如此。有生便有死，有始便有终。（《遗书》卷十五）

棣问："福善祸淫如何？"曰："此自然之理，善则有福，淫则有祸。"又问："天道如何？"曰："只是理，理便是天道也。"（《遗书》卷二十二上）

"天下雷行，物与无妄"，先天后天皆合于天理者也，人欲则伪矣。（《遗书》卷二十四）

以上这些语录都是学生听讲或当场记录或事后追忆的课堂笔记，所见有浅深，所记有工拙，不同于二程本人字斟句酌亲自撰写的著作，我们今天依据这些失真的文本来研究二程的天理思想，应该有一个全面的观点，历史的眼光，联系到理学的共同的主题，着重于从总体上把握他们兄弟二人志同道合创建洛学体系的根本用意。推想起来，《遗书》中标为"二先生语"的部分，可能是由于学生事后追忆时分不清究为何人所说，也许是认为代表了二程的共同思想，用不着区分。仔细对照比较标为明道语和伊川语的部分，可以明显地看出"两先生之言，如出一口"，都是在致力于把天理确立为最高的哲学范畴，阐发其题中应有之义，如果勉强要找出有什么不同，只能指出某些属于"工夫"层面上的差异，在"本体"层面上则是完全一致的。

照二程看来，关于"本体"层面上的问题，在当时的理学思潮中并没有得到妥善的解决，滞而不通，拘而不化，需要作出进一步的探索。比如伊川所说"先天后天皆合于天理者也"，就是直接针对邵雍所提出的批评。

邵雍以先天明体，后天入用，由先天到后天，经历了三万二千多年的演化过程，叫做天开于子，地辟于丑，人生于寅，如此言体用，则体用殊绝，其所谓的体，也就不是当下呈现之体了。此外，邵雍以先天为心，后天为迹，心即宇宙之心，天地万物之理，迹即理之显而为事者，由于在先天与后天之间横隔了一个演化过程，则心与迹判然有别，理与事分而为二，而不能使之达于无间。因此，尽管邵雍主观上一直是在追求体用相依，心迹不二，实际上却没有达到这个目标，其所建构的体系，破绽甚多，无法自圆其说。伊川认为，解决这个问题的关键在于使先天后天皆合于天理，天理有体有用，不仅是"体用相依"，而且是"体用一源"，既为一源，则心之微与迹之显也就达于无间了。至于伊川所说"冲漠无朕，万象森然已具，未应不是先，已应不是后"。"皆是一贯，不可道上面一段事，无形无兆，却待人旋安排引入来，教入途辙"。这既是对邵雍的批评，也是对周敦颐的批评。周敦颐与邵雍同样，并没有解决本体的一贯性的问题。他以太极为本体，但在太极之先，加上了一个无形无兆的无极，在太极之后，又塞进了一个"无极之真，二五之精，妙合而凝"的演化阶段，然后才由圣人定之以中正仁义，教入途辙，立人极焉。伊川认为，就本体而言，未应不是先，已应不是后，如果强分先后，就好像把一棵生机盎然的树木拦腰斩为两段，上面一段无形无兆，下面一段是由人所安排的中正仁义的途辙，既是途辙，却只是一个途辙，而不是价值本体了。关于张载的本体论的思想，理论上也有很大的漏洞。明道所说"若如或者以清虚一大为天道，则乃以器言而非道也"，就是直接针对张载所提出的批评。张载与周、邵二人不同，不讲宇宙演化，不分先天后天，直接就太虚无形之气而论本体，彻底消解了周邵之学中所残存的"有生于无"的宇宙生成论的思想，建构了一个比较纯粹的本体论的理论形态。但是明道认为，这种说法也不完善，难以成立，因为清虚一大说的只是形而下之器，而非形而上之道，道体物而不遗，不应有方所，以太虚为本体，容易使人产生误解，以为本体有虚而无实，有清而无浊，把体用、显微分为两橛。以上这些批评，虽出自不同之口，却是代表了二程的共同看法。在当时的理学思潮中，究竟如何使体用归于一源，显微达于无间，尽管周、邵、张三人围绕着这个问题发表了许多真知灼见，但就总体而言，确实没有得到妥善的解决。因此，二程联系理学的主题，适应体用之学的内在的逻辑要求，批判总结了前人的成果，继续从事"本体"层面的探索，着重于解决以何为体的问题。这是当时理学发展的一个至关重要的问题，如果始终不能把理或天理确立为宇宙本体和价值本体，就根本谈不上有什么理学，至于在"工夫"层面上究竟如何摆置理与心的关系，更是无从谈起了。二程作为北宋五子的殿军，洛学的创建者，在理学史上占有不朽的地位，关键在于他们独具只眼，从历史上沿袭下来的众多的哲学范畴中，特别体贴出了天理二字的哲学意蕴，解决了周、邵、张三人未能妥善解决的以何为体的问题，从而为理学之所以为理学奠定了一块牢固的理论基石。伊川所说"我之道盖与明道同"，指的就是他们兄弟二人共同致力于对天理二字的体贴，在"本体"层面上的看法完全一致。

二程主要是通过易学研究来体贴天理的。《遗书》中"二先生语"说："易是个甚？易又不只是这一部书，是易之道也。不要将易又是一个事，即事尽天理，便是易也。""命之曰易，便有理。若安排定，则更有甚理？"这是把天理归结为易理，认为易理就是天理。这种易理凝结了中国哲学的根本精神，不是孤悬于世界之上的抽象思辨的逻辑本体，不是殊相中的共相，因而不能用西方哲学的思路来比附，把易理看做是一个洁净空阔的理世界，有真际而无实际，只存有而不活动。照二程看来，《周易》所说"生生之谓易"对易理作了经典性的表述，所谓易理指的就是"生生之理"，简称为"生理"，这是他们的共识，也是他们界定天理的最基本的依据。比如他们指出："天只是以生为道，继此生理者，即是善也。""生生之理，自然不息。"实际上，理学思潮的代表人物都是以易学的原理为依据，把宇宙看做是一个生生不已大化流行的整体，十分重视自然的生意。比如周敦颐"观天地生物气象"。邵雍认为，"天地之心者，生万物之本也"。张载指出："天地之大德曰生，则以生物为本者，乃天地之心也。"这也是中国哲学中的一个传统的看法，自先秦以来，历代的哲学家普遍持有这种以生意为特征的宇宙观。比如老子说："道生一，一生二，二生三，三生万物。"孔子说："天何言哉，四时行焉，百物生焉。"这种宇宙观从不离开生成去讲本体，也不离开本体专讲生成，往往划不清生成论与本体论在哲学理论上的界限，把二者混为一谈。因而在中国哲学中，生成论与本体论的思想也往往是彼此蕴含，难舍难分的。比如老子所说的"道"，既是生成的本源，也是宇宙的本体，孔子所说的"天"，既是宇宙的本体，也是生成的本源。《周易》综合总结了儒道两家的思想，提出了"天地之大德曰生"的命题，把生成看做是天地的本质属性，此属性内在地蕴含于天地之中，称为"藏诸用"，其功用显发化生万物，则是"显诸仁"。从哲学的角度来看，《周易》的这个思想，是把本体与生成的关系说成为体与用的关系。生成必以天地为体，天地必发为生成之用。宋代理学继承了《周易》的这个思想，从事多方面的探索，力图把生成作为一种本质属性纳入本体论的结构中来。比如邵雍在《观物外篇》中指出："显诸仁者，天地生物之功，则人可得而见也。所以造万物则人不得而见，是藏诸用也。""或问显诸仁，藏诸用。曰：若日月之照临，四时之成岁，是显仁也。其度数之然，而不知其所以然，是藏用也。"张载在《太和篇》中指出："太和所谓道，中涵浮沉、升降、动静、相感之性，是生絪缊、相荡、胜负、屈伸之始。""中涵"者言其体，"是生"者言其用，合而言之，太和道体就是一个体用结构，即存有即活动，是过程与实在的统一。二程的理学既然也是依据《周易》的思想发展而来，就不可能背离这个大的传统，其所谓的天理，也就必然体现了中国哲学的总体精神，而不能说成是从个别中抽象出来的一般，殊相中的共相，或者排斥了自然的生意，只存有而不活动的思辨之理。

　　二程指出："盖上天之载，无声无臭，其体则谓之易，其理则谓之道，其用则谓之神。"这是认为，"上天"是人们所面对的宇宙，也是哲学研究的对象。宇宙有体，有理，有用，分别称之为易、道、神，故易为宇宙之体，道为宇宙之理，神为宇宙之用，这三个哲学范畴都是对宇宙的统一性的表述。但是，比较起来，唯有用理或天理来表述，最为贴切。所以二程接着指出："所以谓万物一体者，皆有此理。""万物皆只是一个天理。"这个理不是孤悬之理，而是以易为体的。易即宇宙的自然造化，可谓之道，亦可谓之神，因而易也就是理，具体说来，称之为生生之理。此生生之理是支配宇宙大化流行的内在的机制和基本的原动力，所以二程着重去体贴此生生之理的哲学意蕴，经过了一番殚思竭虑的探索，他们终于取得了哲学的突破，恍然大悟，卓然自信，并且产生了一种沛然而莫之能御的欣喜之情。比如明道说："天地万物之理，无独必有对，皆自然而然，非有安排也。每中夜以思，不知手之舞之，足之蹈之也。"伊川也指出："道二，仁与不仁而已，自然理如此，道无无对，有阴则有阳，有善则有恶，有是则有非，无一亦无三。"表面上看来，二程的这种体贴并无多少新意，只不过是复述了《周易》的"一阴一阳之谓道"的思想。但是，二程是结合自己丰富的实践经验来体贴的，实有诸己，理与心一，乃说自家事的"有德之言"，而非考索所至的"造道之言"。理者无形，藏于事中，即事言理，此理固深，离事言理，则无甚可说。所以伊川指出："'一阴一阳之谓道'，此理固深，说则无可说。"明道也指出："一阴一阳之谓道。阴阳亦形而下者也，而曰道者，惟此语截得上下最分明，元来只此是道，要在人默而识之也。"这是他们讲究实学的经验之谈。所谓"默而识之"，就是体当自家的实事去涵泳义理，一方面自至理便推之于事，由体以及用，另一方面通过人伦日用下学而上达，由用以明体。为了把这种明体达用之学提到哲学的高度来认识，二程进一步讨论了道与器的关系。道为无形之理，是为形而上，器为有形之气，是为形而下，此二者的关系不即不离，既有联系，也有差别。自其不即者而言之，气是形而下者，道是形而上者，道不是阴阳，而是阴阳之"所以"，密而不显，不可以目见，不可以耳闻，是潜藏于阴阳之中支配阴阴二气激荡推移变化感应的规律，《周易》所说"一阴一阳之谓道"，以一个道字"截得上下最分明"，明确指出在道与器之间存在着一个上下分明的界限。但是，自其不离者而言之，道与器又是相互联系结为一体的，"离了阴阳更无道"，"器亦道，道亦器"，"冲漠无朕，万象森然已具"，"如百尺之木，自根本至枝叶，皆是一贯"，"彻上彻下，不过如此"，道不在阴阳之外，即在阴阳之中，道之外无物，物之外无道。因此，二程对道器关系的看法并没有什么不同，都是在强调应该从二者的联系中见出其差别，从二者的差别中见出其联系。这种关系也就是所谓"体用一源，显微无间"，虽为一源而有体有用，虽为无间而有显有微。从哲学的角度来说，关键是要把那个支配事物运动变化的"所以"体贴出来。"所以阴阳者是道也。"这句话是伊川说的。其实明道也十分重视对"所以"的研究。《遗书》

卷十一记明道之语说：“冬寒夏暑，阴阳也，所以运动变化者，神也。”“所以”就是理或天理，也叫做“密”。明道说：“易毕竟是甚？又指而言曰：‘圣人以此洗心，退藏于密’，圣人示人之意至此深且明矣，终无人理会。易也，此也，密也，是甚物？人能至此深思，当自得之。”（《遗书》卷十二）伊川说：“安有识得易后，不知退藏于密？（密是甚？）退藏于密，密是用之源，圣人之妙处。”（《遗书》卷十五）“密”即形上精微之理，也就是易道的精髓，此理与事相通，易知易从，而为用之源，盖举体而遗用则非体，徇微而废显则非微，因而易学研究应该着重去理会“密是甚物”的问题，把它当做头等大事来抓。如果因事明理，摄用归体，把握了易道的精髓，也就知道如何退藏于密，从而达到寂然不动、感而遂通的境界，无往而不自得。这就是二程以理言《易》的基本思路。

二程所谓的理，其主要特征是“儒理”，而非老庄的自然之理。《四库全书总目·易类》论及义理派易学的演变时指出：“王弼尽黜象数，说以老庄，一变而胡瑗、程子，始阐明儒理。”实际上，宋代的易学作为当时儒学复兴运动的重要组成部分，无论是义理派或象数派，全都致力于阐明儒理，这是一种普遍的价值取向。但是，熙宁以前，人们对儒理的阐明，多半着重于价值规范层面，熙宁以后，理学思潮兴起，才开始把儒理提到哲学的高度，从事价值本体的建构。理学以天道性命为主题，天道乃宇宙运行之本然，性命是社会人伦之应然，应然出于本然，天道为性命之源，因而为了建构价值本体，首先必须研究天道，解决关于宇宙本体的问题，否则，所谓应然的价值就成了无源之水，无本之木，缺乏一个超越的形上的依据，而不可能确立为本体。就理学主题内在的逻辑要求而言，天人合一，宇宙本体与价值本体应该是一而不二，但是由于种种原因，实际的表现却往往是二而不一，未能使二者形成有机的统一。比如周敦颐和邵雍的象数之学，与道教有很深的渊源关系，虽然在价值取向上着重于阐明儒理，但是他们所建构的宇宙本体却是本于老庄的自然之理，这就形成了二本之论，而不是一个成熟的一元论的理论形态。张载在《正蒙·太和篇》中指出：“若谓虚能生气，则虚无穷，气有限，体用殊绝，入老氏有生于无自然之论。”这就是直接针对周敦颐“太极本无极”的思想所提出的批评。邵雍的思想体系由物理之学与性命之学两部分所组成，其物理之学着重于建构宇宙本体，其性命之学着重于建构价值本体，但在物理之学上推崇道家，在性命之学上推崇儒家，朱熹批评"康节之学似老子"，也未尝没有一定的道理。张载的"太虚无形，气之本体"的思想，与庄子也有千丝万缕的联系。《庄子·知北游》曾说："游乎太虚。""通天下一气耳。"尽管张载对庄子的这种自然主义的宇宙观进行了创造性的转化，但是他以清虚一大言天道的思想，却引起二程的强烈的不满。其实二程本人关于宇宙本体的思想，也是间接地受益于老庄的自然主义。比如他们反复强调"天理云者，不为尧存，不为桀亡"，这是本于荀子所说的"天行有常，不为尧存，不为桀亡"（《荀子·天论》）。荀子的宇宙观与孔孟不同，其所谓的天不是义理之天，而是自然之天，按照自然之理运行，不以人的意志为转移，这种看法明显地是接受了老庄道法自然思想的影响。二程以荀子的天论为据，也把天理看做是一种自然之理，但却进一步指出，"父子君臣，常理不易"，"礼即是理"，福善祸淫即自然之理，认为天道中蕴含着人道的内容，自然之理即是人文价值之所本，应然的价值源于宇宙运行之本然，此二者结为一体，都是一个天理，元无欠少，百理具备。由此看来，二程把天理确立为最高范畴，使之通贯天人，统摄宇宙本体和价值本体，这就消解了二本之论，从而为儒家的名教理想提供了一个超越的形上的依据，完成了理学体系的一元论的理论建构。平心而论，这种一元论的理学体系是北宋五子共同的追求目标，周、邵、张三人围绕着这个目标奋力追求，积累了许多有价值的探索成果，尤以张载的贡献为最大，二程无非是特别体贴出了天理二字的哲学意蕴，对他们三人的探索成果进行了一次综合总结。比如张载把儒理的核心概括为礼，又把礼归结为理。认为"礼本天之自然"，"礼即天地之德"，"天地之礼自然而有"，是宇宙的天秩天序，先于人而与天地同在，而成为人类的制度之礼以及行为规范之礼的本源。张载的这种思想，包括他的用语遣辞，是被二程完全接受下来了。二程对张载的《西铭》赞扬备至，认为"明理一而分殊"，"仁孝之理备于此"，正是着眼于张载站在哲学的高度阐明了儒理，把儒理提升为价值本体，使分殊的仁孝之理归于一元之理。这种一元之理作为理学思潮共同的追求目标，体现了儒学的总体精神，其实质性的内涵就决不是脱离社会人伦日用的抽象思辨的逻辑结构，而是天道与性命的贯通，宇宙本体与价值本体的合一，这也就是中国传统思想中所常说的天人关系。北宋五子对天道的研究，普遍吸取了道家的自然主义的思想，对人道的研究，却是始终立足于阐明儒理，虽然有时不免在理论上陷入二本之论的误区，最后终于通过天理的范畴合而为一，因而从价值取向和终极关怀的角度来看，这种儒理也就成为天理范畴的主要特征和实质性的内涵。

儒理既然已经提升到价值本体的高度，当然有体有用，有显有微。二程围绕着这个问题发表了许多共同的看法。比如他们说：

> 仲尼言仁，未尝兼义，独于《易》曰："立人之道曰仁与义。"而孟子言仁必以义配。盖仁者体也，义者用也，知义之为用而不外焉者，可与语道矣。世之所论于义者多外之，不然则混而无别，非知仁义之说者也。（《遗书》卷四）

> 咸恒，体用也。体用无先后。

> 忠者天理，恕者人道。忠者无妄，恕者所以行乎忠也。忠者体，恕者用，大本达道也。

> "和顺于道德而理于义"者，体用也。

> 理义，体用也。（《遗书》卷十一）

> "配义与道"，即是体用。道是体，义是用，配者合也。（《遗书》卷十五）

> 忠恕只是体用，须要理会得。……恕字甚大，然恕不可独用，须得忠以为体。不忠，何以能恕？（《遗书》卷十八）

> 忠者，无妄之谓也。忠，天道也。恕，人事也。忠为体，恕为用。"忠恕违道不远"，非一以贯之之忠恕也。

> "人心惟危，道心惟微"。心，道之所在，微，道之体也。心与道，浑然一也。对放其良心者言之，则谓之道心，放其良心则危矣。"惟精惟一"，所以行道也。（《遗书》卷二十一下）

> 诚为统体，敬为用。敬则内自直。诚合内外之道，则万物流形，

故义以方外。(《外书》卷二)

明道曰:"维天之命,於穆不已,不其忠乎! 天地变化草木蕃,不其恕乎!"

伊川曰:"维天之命,於穆不已,忠也。乾道变化,各正性命,恕也。"圣人,凡一言便全体用。(《外书》卷七)

先生尝问于伊川:"如何是道?"伊川曰:"行处是。"

先生曰:"有人问明道先生:'如何是道?'明道先生曰:'于君臣父子兄弟朋友夫妇上求。'"(《外书》卷十二)

二程以体用、显微的关系释儒理,把仁义、忠恕、诚敬这些儒家所服膺的应然的价值看做是本于自然的天道,认为儒理就是天理,天理就是易理,这个思想就是他们以理言《易》的基本的理论框架和哲学纲领。伊川在明道死后的研究工作,主要就是通过《易传》的写作,把这个纲领展开为一个完整的体系,对天理的实质性的内涵作出具体的阐明,因而《伊川易传》也就成为理学思潮的一部经典之作。

二、天地之序与天地之和

程颐的"体用一源,显微无间"的命题也可以表述为"理一而分殊"。他在《答杨时论西铭书》中指出:"《西铭》明理一而分殊,墨氏则二本而无分。(老幼及人,理一也。爱无差等,本二也。)"(《文集》卷九)这是侧重于从价值本体的角度来阐明这个命题的含意。在《易传》中,他又进一步从宇宙本体的角度来阐明。他指出:"天下之志万殊,理则一也。君子明理,故能通天下之志。圣人视亿兆之心犹一心者,通于理而已。"(《同人卦传》)"天下之理一也,途虽殊而其归则同,虑虽百而其致则一。虽物有万殊,事有万变,统之以一,则无能违也。"(《咸卦传》)"散之在理,则有万殊,统之在道,则无二致。"(《易序》)照程颐看来,老幼及人之理一本于天道自然之理一,价值本体与宇宙本体一而不二,此理一内在地蕴含着分殊,虽分殊而必会归于理一,理一说的是一个"和"字,分殊说的是一个"序"字，因而"理一而分殊"就是和谐与秩序的完美的统一。就价值本体的含意而言，理一着眼于合同，凸显亲亲之仁，概括了乐的文化精神，分殊着眼于别异，凸显尊尊之义，概括了礼的文化精神，因而"理一而分殊"这个命题，其实质性的内涵就是儒家依据三代礼乐制度所提炼而成的一种文化价值理想。这种文化价值理想也就是儒理的核心所在，为历代的儒家所一贯地服膺。《礼记·乐记》说："乐者为同，礼者为异。同则相亲，异则相敬。乐胜则流，礼胜则离。合情饰貌者，礼乐之事也。礼义立，则贵贱等矣。乐文同，则上下和矣。""乐统同，礼辨异，礼乐之说，管乎人情矣。"这是认为，合同与别异这两个方面应该互相制约，相辅而行。因为"乐胜则流，礼胜则离"。如果合同的一面强调得过头，就会上下不分，贵贱不明；反之，如果别异的一面强调得过头，就会离心离德，影响社会群体的凝聚。程颐继承了《礼记》的这个思想，作了透辟的发挥。他说：

> 礼胜则离，故"礼之用和为贵，先王之道斯为美，小大由之"。乐胜则流，故"有所不行，知和而和，不以礼节之，亦不可行"。礼以和为贵，故先王之道以此为美，而小大由之。然却有所不行者，以"知和而和，不以礼节之"，故亦不可行也。(《遗书》卷十九)

礼者别异，但以和为贵，这是由分殊而推理一，通过建立上下尊卑的等级秩序以达成整体性的和谐。乐者合同，但不能知和而和，而应以别异之礼来进行有效的调节，这是由理一而散为分殊，强调整体性的和谐必须建立在等级秩序的基础之上。在《答杨时论西铭书》中，程颐从正反两方面讨论了二者之间的关系。他说：

> 分殊之蔽，私胜而失仁；无分之罪，兼爱而无义。分立而推理一，以止私胜之流，仁之方也。无别而迷兼爱，至于无父之极，义之贼也。

先秦时期，孟子辟杨墨，认为"杨氏为我，是无君也；墨氏兼爱，是无父也"。程颐指出："大凡儒者学道，差之毫厘，谬以千里。杨朱本是学义，墨子本是学仁，但所学者稍偏，故其流遂至于无父无君，孟子欲正其本，故推至此。"（《遗书》卷十八）这是说，杨墨的错误偏向，关键在于割裂了理一与分殊之间的关系。杨朱为我，片面地强调分殊而不顾理一，使人自私自利而失去了仁爱之心，社会将无法凝聚为一个和谐的整体。墨子兼爱，片面地强调理一而不顾分殊，这种主张否定人际关系中本来就有的亲疏厚薄之分而不合乎事物之所宜，社会将无法建立稳定的秩序。儒家的文化价值理想本于三代的礼乐制度，与杨墨不同，主张在分殊中见出理一，在理一中见出分殊，知其理一，所以为仁，知其分殊，所以为义。分立而推理一，以止私胜之流，这是为仁之方。如果只见理一而不见分殊，无别而迷兼爱，以致视父如路人，这就是义之贼。按照这种"理一而分殊"的主张，就可以组建成一种合乎理想的名教社会，既能区分上下贵贱的等级，使之具有高度的秩序性，又能融洽无间，上下和同，洋溢着一种亲密团结的和谐精神。程颐进一步指出，礼只是一个序，乐只是一个和，此序乃天地之序，和乃天地之和，儒家的文化价值理想之所以成为一个本体论的结构，是因为秩序与和谐源于天地之本然，可以通过宇宙本体得到超越的形上的证明。他与学生曾反复讨论了这个问题：

"礼云礼云，玉帛云乎哉？乐云乐云，钟鼓云乎哉？""此固有礼乐，不在玉帛钟鼓。先儒解者，多引'安上治民莫善于礼，移风易俗莫善于乐'。此固是礼乐之大用也，然推本而言，礼只是一个序，乐只是一个和。只此两字，含蓄多少义理。"又问："礼莫是天地之序，乐莫是天地之和？"曰："固是。天下无一物无礼乐。且置两只椅子，才不正便是无序，无序便乖，乖便不和。"又问："如此，则礼乐却只是一事。"曰："不然。如天地阴阳，其势高下甚相背，然必相须而为用也。有阴便有阳，有阳便有阴。有一便有二，才有一二，便有一二之间，便是三，已往更无穷。老子亦曰：'三生万物。'此是生生之谓易，理自然如此。'维天之命，於穆不已'，自是理自相续不已，非是人为之。如使可为，虽使百万般安排，也须有息时。只为无为，故不息。《中庸》言：'不见而彰，不动而变，无为而成，天地之道可一言而尽也。'

使释氏千章万句，说得许大无限说话，亦不能逃此三句。只为圣人说得要，故包含无尽。释氏空周遮说尔，只是许多。"

问："穷神知化，由通于礼乐，何也？"曰："此句须自家体认。人往往见礼坏乐崩，便谓礼乐亡，然不知礼乐未尝亡也。如国家一日存时，尚有一日之礼乐，盖由有上下尊卑之分也。除是礼乐亡尽，然后国家始亡。虽盗贼至所为不道者，然亦有礼乐。盖必有总属，必相听顺，乃能为盗，不然则叛乱无统，不能一日相聚而为盗也。礼乐无处无之，学者要须识得。"问："明则有礼乐，幽则有鬼神，何也？"曰："鬼神只是一个造化。'天尊地卑，乾坤定矣，鼓之以雷霆，润之以风雨'，是也。"（《遗书》卷十八）

程颐认为，先儒对礼乐的理解，大多着眼于"安上治民莫善于礼，移风易俗莫善于乐"，这种理解只涉及礼乐之用，而未深入到礼乐之体。推本而言，礼只是一个序，乐只是一个和，只此两字，概括了人类社会群体组织的根本原理，国家一日存在，就有一日之礼乐，即令是盗贼，也必须依据礼乐才能组织成为一个群体，否则，既无秩序，也不和谐，就不能相聚而为盗，因而礼乐无处无之，也不会消亡，是具有普遍性、绝对性、永恒性的价值本体。再往更深一层追究，此序与和两字也是宇宙自然化生万物的根本原理，礼即天地之序，乐即天地之和，因而天下无一物无礼乐，人类社会的礼乐是本于天地之礼乐而来的。天地不能无序，无序便乖，乖便不和。"天尊地卑，乾坤定矣"。这就是天地之序。"鼓之以雷霆，润之以风雨"。这就是天地之和。此序与和非是一事，而是一种两两相对的张力结构，必相须而为用。和谐必以秩序为前提，秩序必以和谐为依归，天地阴阳只有遵循这种相互制约、彼此促进的原理运行，才能生生不息，相续不已，而成其生化之功。从这个角度来看。礼乐的根本原理即阴阳之变易，生生之谓易，也就是易理。这种易理既是人类社会应然的价值本体，也是天地万物本然的宇宙本体。易理作为一种本体，当然有体有用，有显有微，有寂有感，《中庸》的三句话，"不见而彰"言其显微，"不动而变"言其寂感，"无为而成"言其体用，这三句话穷尽了天地之道，包含了儒学的全部思想，其实质性的内涵就是天地之序与天地之和，也就是礼乐二字。因此，程颐从事《易传》的写作，目的在于阐明以礼乐为核心的宇宙本体与价值本体的内涵，继往圣之绝学，示后世以开物成务之道，这与张载所说的"为天地立心，为生民立命，为往圣继绝学，为万世开太平"的易学研究的宗旨是完全一致的。他在《易传序》中指出：

> 易，变易也，随时变易以从道也。其为书也，广大悉备，将以顺性命之理，通幽明之故，尽事物之情，而示开物成务之道也。圣人之忧患后世，可谓至矣。去古虽远，遗经尚存。然而前儒失意以传言，后学诵言而忘味，自秦以下，盖无传矣。予生千载之后，悼斯文之湮晦，将俾后人沿流而求源，此《传》所以作也。

程颐关于解释《周易》的方法论的思想，大体上本于王弼，但是作了许多的修正发展，使之适应自己的理学思想的总体需要。王弼在《周易略例》中指出："物无妄然，必由其理。"这个"理"不是贵无论玄学的最高范畴，而只是贯穿在每一个卦中的"时义"，属于本体论哲学的较低的层次。六十四卦有六十四个不同的时义，也就是有六十四个分殊之理。此分殊之理是一卦六爻的中心主旨，约以存博，简以济众，统之有宗，会之有元，对六爻的变化起着支配的作用。彖辞统论一卦之体。卦以存时，爻以示变，时有否泰，故用有行藏。存其时，则动静应其用，举时以观其动静，则一体之变，由斯见矣。因而卦爻结构乃是一种体与用的关系。王弼的这个思想是被程颐完全继承下来了。程颐在《易序》中也指出："卦者阴阳之物也，爻者阴阳之动也。卦虽不同，所同者奇偶，爻虽不同，所同者九六。是以六十四卦为其体，三百八十四爻互为其用。"关于义理与象数的关系，王弼指出："言生于象"，"象生于意"，"意以象著"，"象以言著"，在"言"（卦爻辞）、"象"（卦爻象）、"意"（意义）三者的关系中，意义是第一性的。"言"是说明"象"的工具，"象"是说明"意"的工具，"意"虽然居于首位，但不能离开"象"而悬空存在，所以应该"寻言以观象"，"寻象以观意"，只是在"得意"以后，应该"忘象"，以摆脱感性的束缚。王弼的这种思想是与庄子直接相通的。庄子曾说："吾安得夫忘言之人而与之言哉！"忘言并非不言，但惟有忘言，才能使理解臻入上乘，而不致误把糟粕当做精华。程颐在《答张闳中书》中指出："有理而后有象，有象而后有数。《易》因象以明理，由象而知数。得其义，则象数在其中矣。必欲穷象之隐微，尽数之毫忽，乃寻流逐末，术家之所尚，非儒者之所务也。管辂、郭璞之徒是也。理无形也，故因象以明理。理既见乎辞矣，则可由辞以观象。故曰：得其义，则象数在其中矣。"（《文集》卷九）程颐的这种思想与王弼也是直接相通的。虽然如此，程颐对王弼的易学仍然表示了强烈的不满，认为"王弼注《易》，元不见道，但却以老庄之意解说而已"。这说明程颐的理学与王弼的玄学的分歧主要是在本体论的层面，涉及对道体的根本理解问题。就王弼的贵无论的玄学而言，其基本命题是"以无为本"，最高范畴是"无"而不是"理"，因而从本体论的角度来看，六十四卦的分殊之理尽管有体有用，运化万变，但都是"以有为心"，属于现象之有的范畴，最后必然复归于寂然至无的本体。比如王弼在《周易注》中对复卦解释说："复者，反本之谓也。天地以本为心者也。凡动息则静，静非对动者也；语息则默，默非对语者也。然则天地虽大，富有万物，雷动风行，运化万变，寂然至无是其本矣。故动息地中，乃天地之心见也。若其以有为心，则异类未获具存矣。"程颐针对王弼的这个思想批评说："一阳复于下，乃天地生物之心也。先儒皆以静为见天地之心，盖不知动之端乃天地之心也。非知道者，孰能识之？"（《复卦传》）"人说复其见天地之心，皆以谓至静能见天地之心，非也。复之卦下面一画，便是动也，安得谓之静？自古儒者皆言静见天地之心，唯某言动而见天地之心。"（《遗书》卷十八）《老子》十六章曾说："致虚极，守静笃。万物并作，吾以观其复。夫物芸芸，各归其根。归根曰静，静曰复命。"这个思想就是王弼注《易》之所本。程颐反对玄学的这种本体论的思想，强调指出，宇宙是一个大化流行、生生相续的过程，其本质特征是动而不是静，动是绝对的，静是相对的，因而支配此过程的内在的本体应该是变易之道，生生之理，而不能把本体归结为寂然至无。这种变易之道，生生之理，也叫做天地之道。在《易说·系辞》中，程颐指出："圣人作《易》，以准则天地之道。《易》之义，天地之道也。""《易》之义，与天地之道相似，故无差违，相似，谓同也。""道者，一阴一阳也。动静无端，阴阳无始。非知道者，孰能识之？"天地之道是一种本体论的结构，体用一源，显微无间，理一而分殊。自其分殊者言之，"有物必有则，一物须有一理"，"是以六十四卦为其体，三百八十四爻互为其用"，自其理一者言之，则"万理归于一理"，"天地之间，万物之理，无有不同"。理者无形，假象以显义，故"《易》之为书，卦爻象象之义备，而天地万物之情见"。"六十四卦，三百八十四爻，皆所以顺性命之理，尽变化之道也。"但是，圣人作《易》的用心在于通过有形的卦爻来阐明无形之理，教导人们"随时变易以从道"，如果不懂得圣人的这种用心，"以一时而索卦，则拘于无变，非《易》也；以一事而明爻，则室而不通，非《易》也；知所谓卦爻象象之义，而不知有卦爻象象之用，亦非《易》也"。因此，程颐进一步指出："虽然，《易》之有卦，《易》之已形者也；卦之有爻，卦之已见者也。已形已见者可以言知，未形未见者不可以名求。则所谓《易》者，果何如哉？此学者所当知也。"(《易序》)所谓"未形未见者"是指无形之理，变易之道。程颐认为，易学研究不能停留在形而下的层面，专门在象数上做文章，而应该把自己的思维水平提升到形而上的哲学高度，去着重领会那神妙无方、变化无迹的本体。可以看出，程颐的这种方法论的思想继承了王弼，也超越了王弼，代表了义理派易学的一个新的发展阶段。

王弼注《易》，未及《序卦》。韩康伯说："凡《序卦》所明，非《易》之蕴也。"程颐批评说："《序卦》非《易》之蕴，此不合道。"(《遗书》卷六)程颐作《易传》，与王弼不同，特别重视《序卦》，认为"卦之序皆有义理"，六十四卦的排列，前后相承，有时向正面发展，有时向反面转化，具有内在有序的联结，体现了阴阳变易之道，从总体上构成了一个动态的过程，开放的系统。因此，程颐对六十四卦的解释，皆以《序卦》的说法为据，首先阐明每一卦的义理都是总体链条中的一个必然的过渡环节。比如他对乾、坤、屯、蒙、需、讼、师、比、小畜、履、泰十个卦序的解释，他说："天地生万物，屯，物之始生，故继乾坤之后。""屯者物之始生，物始生稚小，蒙昧未发，蒙所以次屯也。""夫物之幼稚，必待养而成。养物之所需者饮食也。……故需为饮食之道，所以次蒙也。""人之所需者饮食，既有所须，争讼所由起也，讼所以次需也。""师之兴，由有争也，所以次讼也。""比，亲辅也。人之类，必相亲辅，然后能安。故既有众，则必有所比，比所以次师也。""物相比附则为聚，聚，畜也。又相亲比，则志相畜，小畜所以次比也。""夫物之聚，则有大小之别，高下之等，美恶之分，是物畜然后有礼，履所以继畜也。""履得其所则舒泰，泰则安矣，泰所以次履也。"泰卦䷊，坤阴在上，乾阳居下，天地交而阴阳和，万物得遂其通泰，这是一个理想的状态，天人达到了整体性的和谐。程颐满怀激情地指出："阴阳和畅，则万物生遂，天地之泰也。以人事言之，大则君上，小则臣下，君推诚以任下，臣尽诚以事君，上下之志通，朝廷之泰也。阳为君子，阴为小人，君子来处于内，小人往处于外，是君子得位，小人在下，天下之泰也。泰之道，吉而且亨也。"但是，这个理想的状态并非一蹴而就，而是循序渐进、逐步积累、自然发展而成，经历了许多过渡环节，有险难之屯，幼稚之蒙，饮食之需，争辩之讼，军旅之师，亲辅之比，聚合之畜，特别是过渡到履卦，建立了辨别上下之分的礼的秩序，然后才能进入通泰的理想状态。南宋年间，郑汝谐在《易翼传》中对程颐的这个思想作了简明的概括，他说："自乾坤十变而至于泰，泰，积累而后成也。天地位而万物生。物之始生者必屯。屯而经纶，犹蒙昧也，必有以发其蒙。物之蒙者，不可遽有为也，需，不遽也。需而未得其欲，争心生焉，于是有讼。平其讼者必以师，然后能比。比，聚也。物聚则必畜。犹曰小畜，何也？是以势畜，非以理畜也。辨上下，定民志，必继之以礼。礼立则泰道始成矣。自有天地以来积而至于尧舜之泰，此理也。自一代之兴起积而至于成康之泰，此理也。汉至于比而畜矣，而礼不足，是以文景为小泰。唐至于比而畜矣，而礼不立，是以太宗虽小泰，一传而遂乱。其间迭为废兴之君，非特不知礼也，或师而未比，或比而未畜，偃然自以天下为己有，不知废坏乱亡已踵其后，此秦魏晋宋齐梁之世望泰道而未之见也。"

就自然的理势而言，物极必反，泰极则否，故泰卦之后必继之以否。由泰而之否，是由通泰转化为否塞，由和谐转化为冲突，由理想的状态转化为不利的形势。这种转化是由阴阳之升降所引起的，程颐称之为"天理之必然"。泰卦九三："无平不陂，无往不复。"程颐解释说："三居泰之中，在诸阳之上，泰之盛也。物理如循环，在下者必升，居上者必降。泰久而必否，故于泰之盛与阳之将进，而为之戒曰：无常安平而不险陂者，谓无常泰也；无常往而不返者，谓阴当复也。平者陂，往者复，则为否矣。""无往不复，言天地之交际也。阳降于下，必复于上；阴升于上，必复于下；屈伸往来之常理也。因天地交际之道，明否泰不常之理，以为戒也。"泰卦上六："城复于隍。"程颐解释说："掘隍土积累以成城，如治道积累以成泰。及泰之终，将反于否，如城土颓圮，复反于隍也。""城复于隍矣，虽其命之，乱不可止也。"否卦䷋坤下乾上，天处上，地处下，天地隔绝，不相交通，与泰卦相反。程颐解释说："夫天地之气不交，则万物无生成之理。上下之义不交，则天下无邦国之道。建邦国所以为治也。上施政以治民，民戴君而从命，上下相交，所以治安也。今上下不交，是天下无邦国之道也。阴柔在内，阳刚在外，君子往居于外，小人来处于内，小人道长，君子道消之时也。"但是，物不可以终否，不利的形势发展到极点，也必然会向反面转化。否卦上九："倾否，先否后喜。"《象》曰："否终则倾，何可长也。"程颐解释说："上九，否之终。物理极而必反，故泰极则否，否极则泰。上九否既极矣，故否道倾覆而变也。先极，否也；后倾，喜也。否倾则泰矣，后喜也。""否终则必倾，岂有长否之理？极而必反，理之常也。然反危为安，易乱为治，必有刚阳之才而后能也。"否卦之后，继之以同人。程颐解释说："夫天地不交则为否，上下相同则为同人，与否义相反，故相次。又世之方否，必与人同力乃能济，同人所以次否也。"与人同者，物必归之，故同人之后，继之以大有。这就是说，自否经二变而至大有，事物的发展又回到了盛大丰有的理想的状态。

程颐认为，《序卦》取其一义之大者，为相继之义，卦之序皆有义理，有相反者，有相生者，爻变则义变。相反是指前后卦的性质起了根本的变化，如泰变为否，剥变为复。相生是指量的渐进的积累，如自乾坤十变而至于泰，自否二变而至于大有。卦变皆由爻变而来，爻之变效天下之动，其实质为乾坤之相交，故卦之变皆自乾坤。乾坤变而为六子，八卦重而为六十四，皆由乾坤之变。在《易说·系辞》中，程颐指出："或曰：'乾坤《易》之门，其义难知，余卦则易知也。'曰：'乾坤，天地也，万物乌有出天地之外者乎？知道者统之有宗则然也，而在卦观之，乾坤之道简易，故其辞平直，余卦随时应变，取舍无常，至为难知也。知乾坤之道者，以为《易》则可也。"这是以乾坤两卦为理一，以其余六十二卦为分殊，认为乾坤易知，余卦难知。程颐的这个思想，就是后世的理学家所经常强调的，"理不患其不一，所难者分殊耳"。关于乾坤之所以易知，程颐解释说：

> 天尊地卑，尊卑之位定，而乾坤之义明矣。高卑既别，贵贱之位分矣。阳动阴静，各有其常，则刚柔判矣。事有理，物有形也。事则有类，形则有群，善恶分而吉凶生矣。象见于天，形成于地，变化之迹见矣。阴阳之交相摩轧，八方之气相推荡，雷霆以动之，风雨以润之，日月运行，寒暑相推，而成造化之功。得乾者成男，得坤者成女。乾当始物，坤当成物。乾坤之道，易简而已。乾始物之道易，坤成物之能简。平易，故人易知；简直，故人易从。易知则可亲就而奉顺，易从则可取法而成功。亲合则可以常久，成事则可以广大。圣贤德业久大，得易简之道也。天下之理，易简而已。(《易说·系辞》)

尊卑之位是说天地之序，阴阳之交是说天地之和。秩序与和谐有机结合而形成一种动态的平衡，故乾有始物之功，坤有成物之能，这就是易知易从的易简之道。此动态的平衡，程颐称之为恒，恒即常道，乃变易之中的不易之理。他在《恒卦传》中指出："天下之理，未有不动而能恒者也。动则终而复始，所以恒而不穷。凡天地所生之物，虽山岳之坚厚，未有能不变者也，故恒非一定之谓也，一定则不能恒矣。唯随时变易，乃常道也。"但是，由于天地所生之物皆处于运动的过程中，所以平衡的状态经常被破坏，产生不中不正的情况。正者阴阳各当其位，合乎秩序的原则，中者刚柔相济，合乎和谐的原则，不中不正就是对这两个原则的违反。这种情况虽在乾坤二卦亦不能免。乾卦用九："见群龙，无首，吉。"程颐解释说："用九者，处乾刚之道，以阳居乾体，纯乎刚者也。刚柔相济为中，而乃以纯刚，是过乎刚也。见群龙，谓观诸阳之义，无为首则吉也。以刚为天下先，凶之道也。""用九，天德也。天德阳刚，复用刚而好先，则过矣。"

在《坤卦传》中，程颐指出："阳大阴小，阴必从阳。阴既盛极，与阳偕矣，是疑于阳也。不相从则必战。卦虽纯阴，恐疑无阳，故称龙，见其与阳战也。于野，进不已而至于外也。盛极而进不已，则战矣。虽盛极，不离阴类也，而与阳争，其伤可知，故称血。阴既盛极，至与阳争，虽阳不能无伤，故其血玄黄。玄黄，天地之色，谓皆伤也。"这就是说，乾坤之相交，如果阳刚与阴柔协调并济，合乎中正之道，则万物生成，反之，如果违反了中正之道而相互斗争，或者阳刚过头，或者阴柔太甚，其结果就是两败俱伤。因此，六十二卦之所以难知，关键在于卦之六爻及上下二体的排列组合无一定之规，随时应变，取舍无常，有失有得，有吉有凶，情况错综复杂，必须把每一个卦置于总体系列中进行全面的考查，依其或相反或相生的前后相继之义作出具体的分析。

乾坤即道，道无所不在，乾坤亦无乎不在。程颐认为，尽管六十二卦至为难知，但是只要掌握了乾坤的易简之道，就可以统之有宗，以简驭繁，得其要领。郑汝谐在《易翼传序》中指出："古今传《易》者多矣，至河南程氏始屏诸家艰深之说，而析之以明白简易之理。一时学者知所师承，如瞽者之明，如聩者之聪，如伥伥于冥途者识其所趋，猗与盛哉！"所谓明白简易之理，其实质性的内涵，无非是一个"序"字与一个"和"字。序者言其对待，和者言其交感。天在上，地在下，两两相对，由此而形成尊卑之序。天地相遇，阴阳和洽，由此而形成交感之和。若无对待，则不能交感。若无交感，则不能化育万物。这是一条普遍的原理，天道如此，人事亦然，宇宙自然与人类社会中的万事万物皆受此原理的支配，概莫能外。程颐以理解《易》，根本目的就是通过对卦序排列和卦爻结构的具体分析来阐明这条原理，使之明白简易，人人能懂。程颐认为，六十四卦的卦爻结构不同，其成卦之义也不相同，应该根据具体情况进行具体分析。他在《贲卦传》中指出：

> 凡卦，有以二体之义及二象而成者，如屯取动乎险中，与云雷讼取上刚下险与天水违行是也。有取一爻者，成卦之由也，柔得位而上下应之，曰小畜；柔得尊位，大中而上下应之，曰大有是也。有取二

体，又取消长之义者，雷在地中复，山附于地剥是也。有取二象兼取二爻交变为义者，风雷益兼取损上益下，山下有泽损兼取损下益上是也。有既以二象成卦，复取爻之义者，夬之刚决柔，姤之柔遇刚是也。有以用成卦者，巽乎水而上水井，木上有火鼎是也，鼎又以卦形为象。有以形为象者，山下有雷颐，颐中有物曰噬嗑是也。此成卦之义也。……卦之变，皆自乾坤，先儒不达，故谓贲本是泰卦，岂有乾坤重而为泰，又由泰而变之理？下离，本乾中爻变而成离；上艮，本坤上爻变而成艮。离在内，故云柔来，艮在上，故云刚上，非自下体而上也。乾坤变而为六子，八卦重而为六十四，皆由乾坤之变也。

　　程颐关于成卦体例的这些思想，大体上本于王弼，但是他又进一步提出了"卦才"之说，对卦义的由来作了更为细致的区分，批评王弼的某些解释过于笼统。比如他在《大有卦传》中指出："凡卦德，有卦名自有其义者，如比吉、谦亨是也；有因其卦义便为训戒者，如师贞丈人吉、同人于野亨是也；有以其卦才而言者，大有元亨是也。"大有卦☰乾下离上，程颐认为，"卦之德，内刚健而外文明。六五之君，应于乾之九二。五之性柔顺而明，能顺应乎二。二，乾之主也，是应乎乾也。顺应乾行，顺乎天时也，故曰应乎天而时行。其德如此，是以元亨也。王弼云：'不大通，何由得大有乎？大有则必元亨矣。'此不识卦义离乾成大有之义。非大有之义便有元亨，由其才故得元亨。大有而不善者，与不能亨者，有矣。"才与德相对，卦德为体，卦才为用。照程颐看来，大有之所以元亨，关键在于卦才之用。卦才由卦德而来，但必由体起用，以六五之君应于乾之九二，居尊执柔，始能为众阳所归，而得元亨。王弼对此不作区分，援引比吉、谦亨之例，仅凭卦名而释大有元亨之义，而忽视了卦才之用，这种解释不足为训。关于程颐所新定的这条体例，后来也有人表示怀疑。比如李光地《周易折中》指出："案卦辞未有不根卦名而系者。……象传又推卦德、卦体以尽其缊，其实皆不出乎卦名之中也。《程传》谓卦名未足以致元亨，由卦才而得元亨者，恐非《易》之通例。"究竟卦才是否为《易》之通例，这个问题可以继续研究。但是，就程颐本人而言，他确实是把卦才作为一个重要概念来具体地考查卦的功能，在《易传》中反复使用。比如蒙卦☶坎下艮上，程颐解释说："蒙有开发之理，亨之义也。卦才时中，乃致亨之道。六五为蒙之主，而九二发蒙者也。""二居蒙之世，有刚明之才，而与六五之君相应，中德又同，当时之任者也。必广其含容，哀矜昏愚，则能发天下之蒙，成治蒙之功。"需卦☵乾下坎上，程颐解释说："以卦才言之，五居君位，为需之主，有刚健中正之德，而诚信充实于中，中实有孚也。有孚则光明而能亨通，得贞正而吉也。以此而需，何所不济？"讼卦☵坎下乾上，程颐解释说："据卦才而言，九二以刚自外来而成讼，则二乃讼之主也。以刚处中，中实之象，故为有孚。处讼之时，虽有孚信，亦必艰阻窒塞而有惕惧，不窒则不成讼矣。"小畜卦☴乾下巽上，程颐解释说："以成卦之义言，则为阴畜阳；以卦才言，则阳为刚中。才如是，故畜虽小而能亨也。"离卦☲离下离上，《彖》曰："重明以丽乎正，乃化成天下。"程颐解释说："以卦才言也。上下皆离，重明也。五二皆处中正，丽乎正也。君臣上下皆有明德，而处中正，可以化天下，成文明之俗也。""或曰：二则中正矣，五以阴居阳，得为正乎？曰：离主于所丽。五，中正之位，六，丽于正位，乃为正也。学者知时义而不失轻重，则可以言《易》矣。"蹇卦☶艮下坎上，《彖》曰："见险而能止，知矣哉。"程颐解释说："以卦才言处蹇之道也。上险而下止，见险而能止也。犯险而进，则有悔咎，故美其能止为知也。方蹇难之时，唯能止为善，故诸爻除五与二外，皆以往为失，来为得也。"姤卦☴巽下乾上，《彖》曰："刚遇中正，天下大行也。"程颐解释说："以卦才言也。五与二皆以阳刚居中与正，以中正相遇也。君得刚中之臣，臣遇中正之君，君臣以刚阳遇中正，其道可以大行于天下矣。"困卦☵坎下兑上，《彖》曰："险以说，困而不失其所亨，其唯君子乎！"程颐解释说："以卦才言处困之道也。下险而上说，为处险而能说，虽在困穷艰险之中，乐天安义，自得其说乐也。时虽困也，处不失义，则其道自亨，困而不失其所亨也。……困而能贞，大人所以吉也，盖其以刚中之道也。五与二是也。非刚中，则遇困而失其正矣。"小过卦☳艮下震上，《彖》曰："柔得中，是以小事吉也。刚失位而不中，是以不可大事也。"程颐解释说："小过之道，于小事有过则吉者，而《彖》以卦才言吉义。柔得中，二五居中也。阴柔得位，能致小事吉耳，不能济大事也。

刚失位而不中，是以不可大事，大事非刚阳之才不能济，三不中，四失位，是以不可大事。小过之时，自不可大事，而卦才又不堪大事，与时合也。"

　　照程颐看来，卦序前后相继之义皆由爻变而来，爻变则卦变，卦变则体变，体变则义变，义变则用变。一卦六爻在特定时限内所形成的组合关系谓之卦体，其总体特征与基本性质谓之卦义，也叫做卦德，六爻在此组合关系中所具有的功能谓之卦用，也叫做卦才。《彖传》曾于豫、遁、姤、旅四卦赞其"时义"之大，于坎、睽、蹇三卦赞其"时用"之大。在程颐的易学体例中，"卦德"的概念相当于"时义"，"卦才"的概念相当于"时用"，二者的含义并不相同，比如小畜卦的卦德是以小畜大，以阴畜阳，其卦才指的是阳为刚中所具有的畜虽小而能亨的功能。蹇卦的卦德为艰难险阻，其卦才则有见险而能止的处蹇之道。困卦的卦德是困穷艰险，其所具有的困而不失其所亨的功能，则在于五二刚中之卦才。卦德有顺有逆，或吉或凶，对人的价值理想漠不关心，是皆天理之必然，非有人力安排，代表事物发展的一种本然的状态。因此，人们必须通过对卦体的结构分析进行冷静客观的研究，作出如实的了解。程颐十分重视这种研究，反复强调，"读《易》须先识卦体"，"看《易》且要知时"（《遗书》卷十九）。但是，天地不宰，圣人有心，天地无心而成化，圣人有心而无为，尽管宇宙按照本身固有的自然规律运行，鼓万物而不与圣人同忧，人作为价值理想的唯一的承担者，之所以从事对自然规律的研究，目的却是为了从变易中找出应变之道，由本然而知其应然，用以指导人事，以财成天地之道，辅相天地之宜。因此，程颐又进一步强调，易学的本质在于揭示开物成务之道，教导人们随时变易以从道。《外书》卷十一记载："郭忠孝议《易传序》曰：'《易》即道也，又何从道？'或以问伊川，伊川曰：'人随时变易为何？为从道也。'"道即天理，既是宇宙本体，又是价值本体，其实质性的内涵，无非是一个序字与一个和字，此序乃天地之序，和乃天地之和。自其理一者言之，天道至神，运行四时，化育万物，无有差忒，完全符合秩序与和谐的原则，其本然的状态即蕴含着应然的价值理想。自其分殊者言之，则在特定的时限内，有顺有逆，或吉或凶，本然与应然，事实与价值，有时能够一致，有时则发生了背离。虽然如此，由于理一与分殊是一个动态的过程，理一必散而为分殊，分殊必复归于理一，六十四卦作为表现理一的分殊形式，无论是为顺为逆，为吉为凶，都是一个天理，都不能逃脱序与和的支配。比如大有是个吉卦，其所以为吉之理，是因为六爻的组合关系有序有和，结构合理，功能协调。困卦阴盛阳衰，刚为柔所掩，是个凶卦，但是九二与九五以刚中之德，同而相应，其组合关系具有一定的合理性，这就是困而能亨、逢凶化吉的依据。从这个角度来看，有卦体必有卦用，有卦德必有卦才，卦体与卦德言其结构性的本然，卦用与卦才言其功能性的应然，体用一源，德才不二，应变之道不在变易之外，即在变易之中，因而为了随时变易以从道，既能开达物理，又能成就事务，必须由体以及用，对卦才进行具体的研究。王弼在《周易略例》中曾说："夫卦者时也，爻者适时之变者也。""故名其卦，则吉凶从其类；存其时，则动静应其用。"王弼虽然把卦爻结构看做是体用关系，但却未能使体用达于一源，仅凭卦名而释其吉凶之义，而忽略了其内在具有的功能之用与转化之理，常常陷入有体而无用的片面性。由此可以看出，程颐提出卦才之说，着眼于应然的价值理想，强调卦爻结构中的功能，是对王弼思想的一种深化和发展。

卦以六爻为成，爻分刚柔，位有阴阳，由初爻以至上爻，在六位上的配置形成了承、乘、比、应的种种组合关系，既有结构性的本然，也有功能性的应然，二者本来是结为一体，密不可分的，但是，就人们研究的态度和目的而言，却有不同的区分。如果说对卦体、卦德的研究是一种客观的研究，那么对卦用、卦才的研究则是一种主观的研究，前者的目的在于求得知识的了解，后者的目的则在于求得价值的满足，判断前者的标准是主观是否符合于客观，判断后者的标准则是客观是否符合于主观。照程颐看来，卦用本于卦体，卦才源于卦德，由结构可知其功能，由本然可知其应然，但是，并不是任何结构皆可生发出应有的功能，如果六爻的组合关系刚柔错缪，阴阳失调，其应有的功能就会化为乌有，只有在形成了某种优化组合的情况下，刚柔相济，阴阳协调，这才能生发出应有的功能。因此，程颐对卦才的研究，主要就是对六爻的组合关系进行价值判断，具体地考查是否符合中与正的标准。程颐认为，在各种各样的组合关系中，只有既中且正才是尽善尽美的。以中与正相比较，中比正更为重要。他指出："大率中重于正，中则正矣，正不必中也。"(《损卦传》)"不失中，则不违于正矣，所以中为贵也。诸卦，二五虽不当位，多以中为美；三四虽当位，或以不中为过，中常重于正也。盖中则不违于正，正不必中也。天下之理，莫善于中，于六二、六五可见。"(《震卦传》)"九五之吉，以处正中也。得正中之道则吉，而其悔亡也。正中，谓不过无不及，正得其中也。"(《巽卦传》)"节以中为贵，得中则正矣，正不能尽中也。"(《节卦传》)正是说阴阳之分，中是说阴阳之合，秩序的原则在于分，和谐的原则在于合，在事物发展的过程中，尽管有时阴阳失位，秩序的原则受到破坏，但是只要守持中道，立足于和谐，就能拨乱反正，使事物朝着有利的方面转化。比如未济卦☲坎下离上，卦之诸爻皆不得位，水火不交，不相济为用，故为未济。程颐解释说："未济之时，有亨之理，而卦才复有致亨之道。""所以能亨者，以柔得中也。五以柔居尊位，居刚而应刚，得柔之中也。刚柔得中，处未济之时，可以亨也"。"虽阴阳不当位，然刚柔皆相应，当未济而有与，若能重慎，则有可济之理。"

中与正是爻之时位所应遵循的价值标准。所谓时位，就是六爻在特定时限内分别所处的地位，初、三、五为阳位，二、四、上为阴位，二为下体之中，五为上体之中，所以二、五又为中位。就六爻变易的本然状态而言，《系辞》指出："《易》之为书也不可远，为道也屡迁。变动不居，周流六虚，上下无常，刚柔相易，不可为典要，唯变所适。"这是说，刚爻与柔爻在六位之中升降往来，循环流转，是一个无心而自然的过程，并无一成不变的模式，也没有遵循某种固定的价值标准。这种时位受客观必然性的支配，代表人必须生活于其中而无法逃避的现实的处境。但是，人不像动物那样仅仅和一个被规定性直接合流在一起，他是一个有意识的存在，总是对现实的处境进行价值判断，对合理性进行不懈的追求。《系辞》把这种意识称做忧患意识，认为"《易》之兴也，其于中古乎？作《易》者，其有忧患乎"？这种忧患意识指的是一种不同于自然主义的人文情怀，强调发挥人的主观能动性，用理想来评价现实，使现实符合于理想。所以《系辞》接着指出，《周易》是圣人的一部垂戒之书，"明于忧患与故"，"其辞危，危者使平，易者使倾"。这是说，《周易》教导人们，当处于顺境时，应该居安思危，防止事物向不利的方面转化；如果遇到困境，也不要陷入无望，而应该积极去谋求解脱之方。《周易》的这个思想，也就是从本然中找出应然，从变易中找出应变之道。为了具体地贯彻这个思想，所以《周易》倡导一种"自强不息""厚德载物"的主体精神，并且立足于人文价值理想，以中正为标准，对三百八十四爻在六十四卦中的时位作出了评价，分别指出了四种情况，有时既中且正，有时不中不正，有时正而不中，有时中而不正。这种评价不见于卦爻之象而见于卦爻之辞，特别是《彖传》与《象传》之辞。因而程颐对辞极为重视，认为他的《易传》主要就是解辞，目的在于由辞以通其意，以阐明其中所蕴含的至微之理。他在《易传序》中指出：

> 吉凶消长之理，进退存亡之道，备于辞。推辞考卦，可以知变，象与占在其中矣。君子居则观其象而玩其辞，动则观其变而玩其占。得于辞，不达其意者有矣，未有不得于辞而能通其意者也。至微者理也，至著者象也。体用一源，显微无间。观会通以行其典礼，则辞无所不备。故善学者，求言必自近。易于近者，非知言者也。予所传者辞也，由辞以得其意，则在乎人焉。

所谓"吉凶消长之理"，是指事物发展的本然状态，"进退存亡之道"，则是指人们应然的行为准则。程颐认为，这两方面的道理，集中完备地体现于彖辞与象辞之中，辞所以明义，其意蕴幽微深长，应该用"玩"的方法去认真阅读。"玩"就是玩味，是指带着一种感情色调，结合自己的切身经验去细细地玩味其中所蕴含的义理。这和一般哲学书的读法不同，不是诉之于抽象思维，不要光着眼于逻辑的推理，而应该把自己所遭遇的具体的处境和整个的人摆进去，在安居无事时是这样，在有所行动时更应该如此。由于生活经验不断丰富，特别是由于具体的处境所引发的问题经常变换，每一次去"玩其辞"，"由辞以得其意"，都能产生一种新的体会，从而提高自己的智慧，不仅可以对事物客体的本然得到如实的了解，而且可以为行为主体的应然确定一个正确的价值导向。这就是程颐所反复强调的"随时变易以从道"。《外书》卷十二记尹和靖之言曰："先生尝问于伊川：

'如何是道？'伊川曰：'行处是。'""昔见伊川问《易》，乾坤二卦斯可矣。伊川曰：'圣人设六十四卦，三百八十四爻，后世尚不能了。乾坤二卦，岂能尽也？'既坐，伊川复曰：'子以为何人分上事？'对曰：'圣人分上事。'曰：'若圣人分上事，则乾坤二卦亦不须，况六十四乎？'"程颐把易道看做人人必须履行的分上之事，认为易道的本质主要不在于知识而在于行为，这个思想是本于《系辞》所说的"苟非其人，道不虚行"，也与孔子所说的"人能弘道，非道弘人"相通。人作为易道的自觉的承担者，在行为的过程中以易道作为自己的价值导向，这种价值的内涵，归结起来，其实就是中正二字。历代的易学家根据《彖传》与《象传》的论述，都把中正视为一种普遍适用的制度化的行为准则和价值标准，程颐则在此共识的基础上作了进一步的哲学论证，把中正提升成为价值本体，此价值本体源于宇宙本体，与天地同在，强调人所从之道即此中正之道。程颐认为，这种中正之道是一种本体论的结构，理一而分殊，乾坤二卦不足以尽之，必须通过六十四卦、三百八十四爻的分殊之理去涵泳体察，并且要落实到行动上。他以象象之辞为据，对每一卦的卦德与卦才进行了具体的研究，详尽地阐明了中与正的功能作用，提出了中重于正以及以中率正的操作原理，其用心所在就是由辞通意，因象明理，凸显易道所蕴含的价值理想，弘扬人的自觉承担的主体精神。

程颐认为，天下之理莫善于中，得中则正，这种价值论的思想，是以他的宇宙论为依据的。他曾说："天地之间，只有一个感与应而已，更有甚事？"（《遗书》卷十五）在《咸卦传》中，他联系天道与人事的诸多方面，反复论述了这种感应之理。他指出："天地万物之本，夫妇人伦之始，所以上经首乾坤，下经首咸继以恒也。天地二物，故二卦分为天地之道。男女交合而成夫妇，故咸与恒皆二体合为夫妇之义。""咸，感也，不曰感者，咸有皆义，男女交相感也。物之相感，莫如男女，而少复甚焉。凡君臣上下，以至万物，皆有相感之道。物之相感，则有亨通之理。君臣能相感，则君臣之道通；上下能相感，则上下之志通；以至父子、夫妇、亲戚、朋友，皆情意相感，则和顺而亨通。事物皆然，故咸有亨之理也。""天地二气交感而化生万物，圣人至诚以感亿兆之心而天下和平。天下之心所以和平，由圣人感之也。观天地交感化生万物之理，与圣人感人心致和平之道，则天地万物之情可见矣。""屈则有信，信则有屈，所谓感应也。故日月相推而明生，寒暑相推而岁成，功用由是而成，故曰屈信相感而利生焉。感，动也，有感必有应。凡有动皆为感，感则必有应，所应复为感，感复有应，所以不已也。"在《归妹卦传》中，程颐指出："一阴一阳之谓道。阴阳交感，男女配合，天地之常理也。归妹，女归于男也，故云天地之大义也。""天地不交，则万物何从而生？女之归男，乃生生相续之道。男女交而后有生息，有生息而后其终不穷。前者有终，而后者有始，相续不穷，是人之终始也。""夫阴阳之配合，男女之交媾，理之常也。"

　　天地男女之交感即阴阳之交感。这种交感是一种互动，阴必动而求阳，阳必动而求阴，独阳不生，孤阴不长，相求则合，相持则睽，唯有阴阳互动，天地交感，才能成其化育之功，生生相续而不穷，这是宇宙动力学的根本原理。泰卦之所以为吉，是因为天地阴阳之气相交，万物得遂其通泰。否卦之所以为凶，是因为天处上，地处下，天地隔绝，不相交通，万物无生成之理。在《姤卦传》中，程颐指出："阴始生于下，与阳相遇，天地相遇也。阴阳不相交遇，则万物不生。天地相遇，则化育庶类，品物咸章，万物章明也。""天地不相遇，则万物不生；君臣不相遇，则政治不兴；圣贤不相遇，则道德不亨；事物不相遇，则功用不成。姤之时与义，皆甚大也。"这种由天地阴阳之交感相遇所形成的互动关系，必归本于和顺。和顺就是阴顺阳，阳顺阴，阴阳两大对立势力协调共济，相辅相成，维持一种必要的张力，从而产生互补性的功能。程颐认为，天地之道，万物之理，其本质在于和顺。他说："刚正而和顺，天之道也。化育之功所以不息者，刚正和顺而已。以此临人，临事，临天下，莫不大亨而得正也。"(《临卦传》)"天地之道，万物之理，唯至顺而已。大人所以先天后天而不违者，亦顺乎理而已。""天地之运，以其顺动，所以日月之度不过差，四时之行不忒忒；圣人以顺动，故经正而民兴于善，刑罚清简而万民服也。"(《豫卦传》)"阴阳始交，则艰屯未能通畅，及其和洽，则成雷雨，满盈于天地之间，生物乃遂，屯有大亨之道也。"(《屯卦传》)"云气蒸而上升于天，必待阴阳和洽，然后成雨。云方上于天，未成雨也，故为须待之义。阴阳之气交感而未成雨泽，犹君子畜其才德而未施于用也。"(《需卦传》)检验阴阳之交感是否通畅和洽达于和顺的标准就是"中"。中者无过无不及。阴阳之始交不及于中，故不能通畅和洽，如果阳刚过头，阴柔太甚，超过了中的尺度，产生了对抗性的局面，其互补性的功能也将化为乌有。比如小过阴强而阳弱，为阴过之卦，大过阳强而阴弱，为阳过之卦，过则必回归于中，阴阳双方都必须以中为尺度自我克制来调整自己的行为，以争取对方的互补。大过卦☱巽下兑上，四阳聚于中而上下弱，故为栋桡之象。程颐据其卦才解释说："阳之大过，比阴则合，故二与五皆有生象。九二当大过之初，得中而居柔，与初密比而相与。初既切比于二，二复无应于上，其相与可知。是刚过之人，而能以中自处，用柔相济者也。过刚则不能有所为，九三是也。得中用柔，则能成大过之功，九二是也。""夫居大过之时，兴大过之功，立大过之事，非刚柔得中，取于人以自辅，则不能也。既过于刚强，则不能与人同常常之功，尚不能独立，况大过之事乎？以圣人之才，虽小事必取于人，当天下之大任，则可知矣。九三以大过之阳，复以刚自居而不得中，刚过之甚者也。以过甚之刚，动则违于中和而拂于众心，安能当大过之任乎？故不胜其任，如栋之桡，倾败其室，是以凶也。"(《大过卦传》)由此看来，中是结合阴阳两大对立势力的一个最佳的尺度，只有中才能和，不中则不和，天地阴阳之交感相遇皆以中为尺度不相悖害而协调并济，谓之中和，故天下之理莫善于和，《易》道贵中和。

　　程颐认为，"不失中，则不违于正矣"，"得中则正矣"。正是一种正常的秩序，事物各得其所宜，止于其所应处之位，阴居阴位，阳居阳位，合乎阴阳尊卑之义，男女长少之序。他指出："天地造化，养育万物，各得其宜者，亦正而已矣。""天地之道，则养育万物，养育万物之道，正而已矣。"(《颐卦传》)这种正常的秩序是由阴阳错杂交感之和谐统一所自然形成，得中则正，正不能尽中，如果没有和谐，也就没有秩序；正只是中的一种表现形式。在《贲卦传》中，程颐着重阐述了这条原理。贲卦☶离下艮上，下体本乾，柔来文其中而为离；上体本坤，刚往文其上而为艮，故为文饰之象。程颐解释说："物之合则必有文，文乃饰也。如人之合聚，则有威仪上下，物之合聚，则有次序行列，合则必有文也。"文是由刚柔相杂所形成的一种井然有序的状态，在天谓之天文，在人谓之人文。"天文谓日月星辰之错列，寒暑阴阳之代变。""人文，人理之伦序。观人文以教化天下，天下成其礼俗，乃圣人用贲之道也。""质必有文，自然之理。理必有对待，生生之本也。有上则有下，有此则有彼，有质则有文，一不独立，二则为文。非知道者，孰能识之？天文，天之理也；人文，人之道也。"文与质相对，文者井然有序之文采，质者刚柔相杂之本质，文是形式，质是内容。关于二者之间的关系，程颐指出："物有饰而后能亨，故曰无本不立，无文不行，有实而加饰，则可以亨矣。文饰之道，可增其光采，故能小利于进也。""贲饰之道，非能增其实也，但加之文采耳。"这是说，形式对内容有一定的促进作用，可以使刚柔相杂之本质完美地表现于外而成其文明之象，但是，形式毕竟是从属于内容，不是事物的根本。贲卦上九："白贲，无咎。"程颐解释说："处贲之极，将有华伪失实之咎，故戒以质素则无咎，饰不可过也。"这是认为，形式与内容尚有矛盾的一面，如果文胜于质，文饰过头，秩序性压倒了和谐性，事物就将失其本真而向反面转化。明道曾说："咸恒，体用也。体用无先后。"（《遗书》卷十一）这是以咸为体，以恒为用，体用虽无先后，但体仍重于用。程颐在《易传》中依据明道的这个思想，进一步讨论了和谐与秩序、交感之情与尊卑之序以及中与正之间的关系。他指出："咸，感也，以说为主；恒，常也，以正为本。"（《咸卦传》）"咸，少男在少女之下，以男下女，是男女交感之义。恒，长男在长女之上，男尊女卑，夫妇居室之常道也。论交感之情，则少为亲切；论尊卑之序，则长当谨正；故兑艮为咸，而震巽为恒也。"（《恒卦传》）阴阳相交为男女交感之义，交感以和谐悦乐为主，以男下女，少男主动地追求少女，就是本于这种和谐悦乐的原则。有了男女之交感，才能结为夫妇，建立男尊女卑的秩序，故咸为体，恒为用，秩序由和谐而生，交感之情是第一性的，尊卑之序是第二性的。恒卦☴巽下震上，刚居上而柔居下，故所恒宜得其正，失正则非可恒之道。但是，由于秩序从属于和谐，正必须符合于中的原则，中重于正，所谓恒久之道，其根本精神在于恒久于中。恒卦九二："悔亡。"程颐解释说："在恒之义，居得其正，则常道也。九，阳爻，居阴位，非常理也。处非其常，本当有悔，而九二以中德而应于五，五复居中，以中而应中，其处与动，皆得中也，是能恒久于中也。能恒久于中，则不失正矣。中重于正，中则正矣，正不必中也。九二以刚中之德而应于中，德之胜也，足以亡其悔矣。人能识重轻之势，则可以言《易》矣。"这是认为，中为体，正为用，中重而正轻，九二以阳居阴，处非其常，但是由于恒久于中，故能不失其正而亡其悔。

中着眼于合同，正着眼于别异，合同是一种亲和性的凝聚力，使单个的个体得以聚集亲辅，结合为一个相互依存的群体，别异是一种分化性的强制力，使群体得以组织成为一个井然有序层次分明的稳定结构，单有合同而无别异则万物失其序，单有别异而无合同则物各独立而不可以自存，此二者紧密相连，不可分割，作为一条普遍性的原理，支配着宇宙自然以及人类社会的方方面面。但是，推本而言，合同比别异更为重要，因为合同是一体化过程的基本的动力源，如果不借助于合同而形成群体，所谓群体的秩序结构也就无从谈起了。因此，程颐在《易传》中，通过对卦义的具体分析，反复强调合同的重要性。比如萃卦的卦义为聚集，他在《萃卦传》中指出："观萃之理，可以见天地万物之情也。天地之化育，万物之生成，凡有者皆聚也。有无动静终始之理，聚散而已。故观其所以聚，则天地万物之情可见矣。"比卦的卦义为亲辅，他在《比卦传》中指出："凡生天地之间矣，未有不相亲比而能自存者也。虽刚强之至，未有能独立者也。比之道，由两志相求。两志不相求，则睽矣。君怀抚其下，下亲辅于上，亲戚朋友乡党皆然，故当上下合志以相从。苟无相求之意，则离而凶矣。"噬嗑卦的卦义为中有梗阻，啮之而后合。他在《噬嗑卦传》中指出："凡天下至于一国一家，至于万事，所以不和合者，皆由有间也，无间则合矣。以至天地之生，万物之成，皆合而后能遂，凡未合者皆有间也。若君臣父子亲戚朋友之间，有离贰怨隙者，盖谗邪间于其间也，除去之则和合矣。故间隔者，天下之大害也。圣人观噬嗑之象，推之于天下万事，皆使去其间隔而合之，则无不和且治矣。"睽卦的卦义为睽乖离异，他在《睽卦传》中指出："推物理之同，以明睽之时用，乃圣人合睽之道也。见同之为同者，世俗之知也。圣人则明物理之本同，所以能同天下而和合万类也。以天地男女万物明之：天高地下，其体睽也，然阳降阴升，相合而成化育之事则同也；男女异质，睽也，而相求之志则通也；生物万殊，睽也，然而得天地之和，禀阴阳之气，则相类也。物虽异而理本同，故天下之大，群生之众，睽散万殊，而圣人为能同之。处睽之时，合睽之用，其事至大，故云大矣哉。"

关于由别异所形成的层次性的秩序结构，也是自然与社会得以正常运转的一个重要方面，程颐称之为"天下之正理"。在《履卦传》中，他指出："夫物之聚，则有大小之别，高下之等，美恶之分。""天而在上，泽而处下，上下之分，尊卑之义，理之当也，礼之本也，常履之道也。""下顺乎上，阴承乎阳，天下之正理也。"这种层次性的秩序结构也叫做"无妄之道"。在《无妄卦传》中，他指出："无妄者至诚也，至诚者天之道也。天之化育万物，生生不穷，各正其性命，乃无妄也。人能合无妄之道，则所谓与天地合其德也。""无妄者，理之正也。更有往，将何之矣？乃入于妄也。往则悖于天理，天道所不祐，可行乎哉？""雷行于天下，阴阳交和，相薄而成声，于是惊蛰藏，振萌芽，发生万物，其所赋与，洪纤高下，各正其性命，无有差忒，物与无妄也。先王观天下雷行发生赋与之象，而以茂对天时，养育万物，使各得其宜，如天与之无妄也。"天道生万物，各正其性命而不妄，由此而形成了一种自然秩序。王者体天之道，养育人民，使各得其宜，由此而形成了一种社会秩序。无论是自然秩序还是社会秩序，其实质性的内涵就是"各正其性命"。人有人的性命，物亦有物的性命，宇宙之大，万有不齐，上至日月星辰，下至昆虫草木，皆有其存在的价值和应有的位置，各行于其所当行，止于其所当止，得其所宜，无有差忒，此之谓各正性命。性命乃天所赋与，因而秩序并非人力所能安排，而是事物本身固有的法则。在《艮卦传》中，程颐指出："夫有物必有则，父止于慈，子止于孝，君止于仁，臣止于敬，万物庶事莫不各有其所，得其所则安，失其所则悖。圣人所以能使天下顺治，非能为物作则也，唯止之各于其所而已。"万事各有其所，得其所则止而安，由此而自然而然形成一种层次性的秩序结构，也称之为节。在《节卦传》中，程颐指出："天地有节故能成四时，无节则失序也。圣人立制度以为节，故能不伤财害民。""泽之容水有限，过则盈溢，是有节，故为节也。君子观节之象，以制立数度。凡物之大小、轻重、高下、文质，皆有数度，所以为节也。"但是，节有"甘节"与"苦节"之分。甘节是一种甘美的制度，和谐的秩序，既适中又合理，在己则安，行天下则悦。苦节则是一种痛苦的制度，违反了中道，片面地强调秩序而破坏了整体的和谐，限制得过于严格，令人无法忍受。所以程颐进一步指出："节贵适中，过则苦矣。节至于苦，岂能常也？不可固守以为常，不可贞也。""节既苦而贞固守之则凶，盖节之道至于穷极矣。"在《乾卦传》中，程颐把这种秩序与和谐的完美的结合称之为"保合太和"。他指出："乾道变化，生育万物，洪纤高下，各以其类，各正性命也。天所赋为命，物所受为性。保合太和乃利贞，保谓常存，合谓常和，保合太和，是以利且贞也。天地之道，常久而不已者，保合太和也。"太和即最高的和谐，中和的极至。在这种太和境界中，一方面是万物各得其性命之正，至诚无妄，体现了天地之序；另一方面是刚柔相济，阴阳协调，体现了天地之和。秩序的原则规定了事物的差异性，和谐的原则规定了事物的统一性。差异与统一、秩序与和谐的完美的结合，谓之太和。此太和境界必须加以保合之功，使之常存、常和，始能常久而不已，变易而不穷。如果说太和这个范畴主要是言宇宙之本然，保合太和则是着重于凸显宇宙之应然。宇宙的运行虽然是无心而成化，不为尧存，不为桀亡，但却以保合太和作为基本的价值导向，使和谐与秩序维持一种动态的平衡，把太和境界确立为自己的理想目标。照程颐看来，天地之道即阴阳变易之理，也称之为天理，其所以生生相续，常久而不已，关键在于保合太和，在秩序中维持和谐，在和谐中维持秩序，因而天地之序与天地之和也就构成了天理的实质性的内涵。这个天理作为最高的价值本体，既是宇宙自然的理想，也是人类社会的理想，礼乐制度的建设，政治伦理的运作，莫不受天理的支配，也莫不以此天理为依归。六十四卦，三百八十四爻，其总的精神就是在动态的过程中表现这种天地之序与天地之和的变奏，教导人们随时变易以从道，做到既中且正，向着理想的目标进行不懈的追求。根据程颐对卦序排列和卦爻结构的具体分析，我们可以看出，他是紧紧围绕着这条基本的思想线索进行的。这条线索是他的易学思想的主旨，理学思想的核心，囊括天人，通贯物我，散之在理，则有万殊，统之在道，则无二致，如果仅仅把它归结为一种道德理想主义，或者纯粹思辨的逻辑结构，那就是以偏概全，只知其一，不知其二了。

三、外王理想与政治运作

　　程颐关于外王的理想本于亲亲与尊贤之义，这和张载的说法是完全一致的。他指出："昔者圣人'立人之道曰仁曰义'。孔子曰：'仁者人也，亲亲为大；义者宜也，尊贤为大。'唯能亲亲，故'老吾老以及人之老，幼吾幼以及人之幼'；唯能尊贤，故'贤者在位，能者在职'。唯仁与义，尽人之道；尽人之道，则谓之圣人。"(《遗书》卷二十五) 由于仁与义是人性的本质，一个理想的社会结构应该是人性本质的完美的实现，故亲亲与尊贤不可畸轻畸重，而必须相辅相成，有机结合，但就落实于政治运作层面而言，则应以尊贤为先。《粹言》卷一记载："或问：'《中庸》九经，先尊贤而后亲亲，何也？'子曰：'道孰先于亲亲？然不能尊贤，则不知亲亲之道。故尧之治，必先克明俊德之人，然后以亲九族。'"根据这个思想，程颐心目中憧憬的是五帝官天下的禅让制，认为传贤不传子乃是合乎至理的至公之法，三王传子不传贤的家天下之制则是在难得贤者的情况下为了抑制王位争夺而不得已采取的一种权宜之计，虽亦天下之公法，但常为守法者一己之私心所扭曲，并不是一种最理想的制度。他指出："大抵五帝官天下，故择一人贤于天下者而授之。三王家天下，遂以与子。论其至理，当得天下最贤者一人，加诸众人之上，则是至公之法。后世既难得人而争夺兴，故以与子。与子虽是私，亦天下之公法，但守法者有私心耳。"(《遗书》卷十八)"五帝公天下，故与贤；三王家天下，故与子。论善之尽，则公而与贤，不易之道也。然贤人难得，而争夺兴焉，故与子以定万世，是亦至公之法也。"(《粹言》卷一) 三王之法，损益文质，在处理亲亲与尊贤的关系上，体现了随时变易以从道的精神，作为一种既成的历史的定制，是后世必须效法的榜样，所以程颐认为："为治而不法三代，苟道也。虞舜不可及已，三代之治，其可复必也。"(《粹言》卷一) 关于虞帝之治之所以只能仰慕而不可企及，程颐作了详细的解释。他指出："或问：'后世有作，虞帝弗可及，何也？'子曰：'譬之于地，肇开而种之，其资毓于物者，如何其茂也！久则渐磨矣。虞舜当未开之时，及其聪明，如此其盛，宜乎后世莫能及也。胡不观之，有天地之盛衰，有一时之盛衰，有一月之盛衰，有一辰之盛衰，一国有几家，一家有几人，其荣枯休戚未有同者，阴阳消长，气之不齐，理之常也。"
（《粹言》卷二）关于这个问题，程颢也作了类似的解释。他说："识变知
化为难。古今风气不同，故器用亦异宜。是以圣人通其变，使民不倦，各
随其时而已矣。后世虽有作者，虞帝为不可及已。盖当是时，风气未开，
而虞帝之德又如此，故后世莫可及也。若三代之治，后世决可复。不以三
代为治者，终苟道也。"（《遗书》卷十一）程氏兄弟的这个思想，是以《礼
记·表记》的成说为依据的。《礼记·表记》指出："夏道尊命，事鬼敬神
而远之，近人而忠焉，先禄而后威，先赏而后罚，亲而不尊。其民之敝，
蠢而愚，乔而野，朴而不文。殷人尊神，率民以事神，先鬼而后礼，先罚
而后赏，尊而不亲。其民之敝，荡而不静，胜而无耻。周人尊礼尚施，事
鬼敬神而远之，近人而忠焉。其赏罚用爵列，亲而不尊。其民之敝，利而
巧，文而不惭，贼而蔽。""后世虽有作者，虞帝弗可及也已矣。君天下，
生无私，死不厚其子，子民如父母，有憯怛之爱，有忠利之教，亲而尊，
安而敬，威而爱，富而有礼，惠而能散。其君子尊仁畏义。耻费轻实，忠
而不犯，义而顺，文而静，宽而有辨。《甫刑》曰：'德威惟威，德明惟明。'
非虞帝其孰能如此乎！"这是认为，虞帝之德，大公无私，不传子而传贤，
仁义并行，迭相主辅，既有憯怛之爱使社会达到高度的和谐，又有忠利之
教使社会维持稳定的秩序，有礼而不烦，相亲而不渎，亲亲与尊尊的原则
结合得恰到好处而不流于一偏，因而是后世难以企及的最高的外王理想。
至于三代之治，则是因时制宜，或质或文，崇质者文不能副，尚文者质不
能充，虽然皆本于亲亲与尊尊的原则，着眼于和谐与秩序的结合，但在实
际的运作上总不免流于一偏。比如夏代过分地强调亲亲，先赏而后罚，先
仁而后义，这就产生亲而不尊、朴而无文的偏向。殷代承夏之敝，矫枉过
正，先罚而后赏，先义而后仁，过分地强调尊尊，这就产生了尊而不亲、
荡而不静的偏向。周代承殷之敝，反其道而行之，尊礼尚施，过分地强调
亲亲，这又和夏代一样，产生了亲而不尊的偏向。依据《表记》的这种论
述，程颐提出了"四三王而立制"的外王理想。《粹言》卷一记载："子曰：
'三代而后，有圣王者作，必四三王而立制矣。'或曰：'夫子云三重既备，
人事尽矣，而可四乎？'子曰：'三王之治以宜乎今之世，则四王之道也。

若夫建亥为正,则事之悖缪者也。'"①程颐认为,三王之法,各是一王之法,后世应结合具体的历史条件有所继承,有所创新,"四三王而立制",不可照搬硬套,墨守成规,但就三王之法的根本精神而言,则是顺理而行的直道,如忠质文之所尚,子丑寅之所建,目的都是为了合理地处理尊尊与亲亲之间的关系。秦强以亥为正,违背了三王之法的根本精神,专用武力来把持天下,这就成了事之悖缪者的苟道了。

程颐立足于这种外王理想,对秦汉以后的政治持一种严厉批判的态度。《外书》卷十一记载:"或问:'贞观之治,不几三代之盛乎?'曰:'《关雎》《麟趾》之意安在?'"据程颐在《经说·诗解》中的解释,所谓《关雎》、《麟趾》之意,其要点是说天下之治,正家为先,天下之家正,则天下治,二南之诗,盖圣人取之以为天下国家之法。用这个标准来衡量唐代的政治,三纲不正,无父子君臣夫妇,其原始于太宗。故其后子弟,皆不可使。玄宗才使肃宗,便篡。肃宗才使永王璘,便反。君不君,臣不臣,故藩镇不宾,权臣跋扈,陵夷有五代之乱。因此,贞观之治既不合尊尊的秩序原则,也破坏了亲亲的和谐精神,虽然表面上看来号为治平,却与理想中的王道相去甚远。关于推行王道必以正家为先、以二南为法的思想,程颐依据易学的原理,提到天地阴阳之大义的高度作了哲学的论证。他指出:"《周南》《召南》如乾坤。"(《遗书》卷六)"家人者,家内之道。父子之亲,夫妇之义,尊卑长幼之序,正伦理,笃恩义,家人之道也。""尊卑内外之道,正合天地阴阳之大义也。""父子兄弟夫妇各得其道,则家道正矣。推一家之道,可以及天下,故家正则天下定矣。"(《家人卦传》)就天地阴阳之大义的角度而言,天上地下,阳尊阴卑,由此而形成自然的秩序,天地相遇,阴阳交感,由此而形成自然的和谐,二南之诗与《家人》之卦所阐明的正家之道,完美地体现了这两个原则,女正位乎内,男正位乎外,由此而形成人伦的秩序,夫爱其内助,妇爱其刑家,君子淑女,交相爱乐,由此而形成人伦

---

① 《遗书》卷三记伊川之语曰:"三王不足四,无四三王之理。如忠质文之所尚,子丑寅之所建,岁三月为一时之理。秦强以亥为正,毕竟不能行。孔子知是理,故其志不欲为一王之法,欲为百王之通法,如语颜渊为邦是也,其法度又一寓之《春秋》。"此条后小注云:"已后别有说。"可知"四三王"之说乃程颐晚年定论。

的和谐，因而宇宙自然与社会人伦皆遵循同样的原则，《周南》《召南》如乾坤，家人之道正合天地阴阳之大义。由于夫妇为人伦之始，有夫妇然后有父子，有父子然后有君臣，有君臣然后有上下，有上下然后礼义有所错，故天下之本在国，国之本在家，治天下之道即治家之道，礼义的本质即秩序与和谐两个原则的完美的结合，推一家之道可以及天下。在《家人卦传》中，程颐进一步指出：“夫王者之道，修身以齐家，家正则天下治矣。自古圣王，未有不以恭己正家为本。故有家之道既至，则不忧劳而天下治矣。”但是，就这两个原则的实际的运用而言，常常发生矛盾的情况，相互抵触，因为建立秩序需用尊严，保持和谐需用恩爱，如果过于尊严则有伤恩爱，过于恩爱则有伤尊严，所以必须随时调节，使之宽猛得中，归于正理，既有尊严法度，也有恩爱融洽。家人卦上九：“有孚，威如，终吉。”程颐解释说：“上，卦之终，家道之成也，故极言治家之本。治家之道，非至诚不能也，故必中有孚信，则能常久，而众人自化为善。不由至诚，己且不能常守也，况欲使众人乎？故治家以有孚为本。治家者，在妻孥情爱之间，慈过则无严，恩胜则掩义，故家之患，常在礼法不足而渎慢生也。长失尊严，少忘恭顺，而家不乱者，未之有也，故必有威严则能终吉。保家之终，在有孚、威如二者而已，故于卦终言之。”所谓有孚即亲亲之义，着眼于和谐，威如即尊尊之义，着眼于秩序。程颐认为，治家之道在于亲亲与尊尊二者的结合，治天下之道无非是把这两个原则推而行之于外。三代的政治，夏近古，人多忠诚，故为忠；忠弊，故殷救之以质；质弊，故周救之以文；虽然时尚不同，风格互异，但却始终是顺理而行，遵循这两个原则。至于秦汉以后的政治，由于无《关雎》《麟趾》之意，这种外王理想也就完全失落了。

　　在今后的岁月中，这种外王理想究竟能否通过实际的政治运作使之实现，变为活生生的现实呢？关于这个问题，程颐有时乐观自信，有时又悲观失望。《外书》卷十一记载了两条语录，充分表现了他的这种矛盾心理。其一条说：“三代之后，有志之士，欲复先王之治而不能者，皆由典法不备。故典法尚存，有人举而行之，无难矣。”其另一条却说：“崇宁初，范致虚言：‘程颐以邪说诐行，惑乱众听，尹焞、张绎为之羽翼。’遂下河南府体究。

学者往别，因言世故，先生曰：'三代之治，不可复也。有贤君作，能致小康，则有之。'"程颐认为，实现外王理想必须具备两个条件，第一是典法，第二是圣王。在典法不备的条件下，有志之士欲复先生之治固然不可能，即令典法已备，如果没有一个以王道为心的圣王来主持其事，也不可能复三代之治，至多只能寄希望于某个时期出现一个贤君，来造就一种小康的政治局面。由此可以看出，程颐关于外王的理想，呈现一种层层降格以求的趋势。就他的最高理想而言，并非是三王之治，而是五帝之治，这是一种典型的贤人政治，以天下为公，不传子而传贤，亲亲与尊尊的原则结合得最为完美。但是考虑到时运的转移，气势的盛衰，以及传子而不传贤的家天下之制已成为历史的既成的事实，所以只能降格以求，以复三王之治为理想。后来经过无数次的努力，在现实面前处处碰壁，认识到三王之治的理想也难以实现，于是又降格以求，把某种相对合理的小康局面当做理想。虽然如此，在程颐的这几种关于外王理想的不同的表述中，却贯穿着一条共同的思想线索。这就是追求建立一种符合礼乐文化规范的社会结构，能使整个社会既有秩序井然的等级之分，又有和谐融洽，团结合作，做到如同孔子所说的"老者安之，朋友信之，少者怀之"，人人各得其所，各遂其性。程颐作为一个儒家，毕生都在从事这种追求，尽管后来不断地降而求其次，但是对理想的执著却从未动摇，反而促使他的探索更加贴近于现实。

就实际的政治运作而言，程颐依据易学阴阳消长之理，认为关键在于奉行一种宽容的政策，合理地处理君子与小人之间的关系。他指出："天地之间皆有对，有阴则有阳，有善则有恶。君子小人之气常停，不可都生君子，但六分君子则治，六分小人则乱，七分君子则大治，七分小人则大乱。如是，则尧舜之世不能无小人。盖尧舜之世，只是以礼乐法度驱而之善，尽其道而已。然言比屋可封者，以其有教，虽欲为恶，不能成其恶。虽尧舜之世，然于其家乖戾之气亦生朱、均，在朝则有四凶，久而不去。"（《遗书》卷十五）"圣贤在上，天下未尝无小人也，能使小人不敢肆其恶而已。夫小人之本心，亦未尝不知圣贤之可说也，故四凶立尧朝，必顺而听命。圣人岂不察其终出于恶哉？亦喜其面革畏罪而已。苟诚信其假善，而不知其包藏，则危道也。是以惟尧舜之盛，于此未尝无戒，戒所当戒也。"（《粹言》

卷二）"事事物物各有其所，得其所则安，失其所则悖。圣人所以能使天下顺治，非能为物作则也，惟止之各于其所而已。止之不得其所，则无可止之理。"（《粹言》卷一）"上下一于敬，则天地自位，万物自育，气无不和，四灵何所不至？此圣人修己以安百姓之道也。"（《粹言》卷二）这是认为，从天地阴阳两两相对的角度来看，矛盾是普遍存在的，虽尧舜之世未尝无小人，虽桀纣之世亦未尝无君子，此二者作为对立的两极相互依存，相互消长，共同生活于社会的统一体中，乃古今之常道，天理之本然。如果君子道长，小人道消，善的积极因素居于支配地位，则能合理地处理二者的关系，使事物各得其所，不相悖害，促进社会的和谐融洽，而收其相反相成之功，此之谓治世。反之，如果小人道长，君子道消，恶的消极因素居于支配地位，就会激化社会的冲突意识，破坏社会的和谐融洽，争夺不已，相互悖害，而成为乱世。因此，自古治乱相承，亦常事。君子多而小人少，则治；小人多而君子少，则乱。尧舜之世，三王之世，小康之世，可以依其君子与小人组成比例之不同而区分为大治、中治与小治，但皆属于治世，符合外王理想。所谓外王理想的政治运作，并不是要造就一种弃绝小人的纯之又纯的君子国，其实质性的内涵在于造就一种崇尚宽容的政治局面，一方面承认小人存在的正当性，同时进行正面的引导驱而之善，使之顺而听命，化消极因素为积极因素，存异以求同。所以程颐指出："古之圣王所以能化奸恶为善良，绥仇敌为臣子者，由弗之绝也。苟无含洪之道，而与己异者一皆弃绝之，不几于弃天下以仇君子乎？故圣人无弃物，王者重绝人。"（《粹言》卷一）在《易传》中，程颐论述合睽之道时，进一步发挥了这个思想。他指出："物虽异而理本同，故天下之大，群生之众，睽散万殊，而圣人为能同之。……当睽之时，虽同德者相与，然小人乖异者至众，若弃绝之，不几尽天下以仇君子乎？如此则失含弘之义，致凶咎之道也，又安能化不善而使之合乎？故必见恶人则无咎也。古之圣王所以能化奸凶为善良，革仇敌为臣民者，由弗绝也。"（《睽卦传》）

　　程颐的这种崇尚宽容、存异求同的政治主张，虽说是本于易理，其实也是对北宋自庆历以来持续不断的激烈党争的深刻总结和沉痛反省。庆历年间，范仲淹倡导改革，因朋党之议而归于失败。熙宁年间，王安石推行新法，贬黜旧党。元祐更化，旧党尽废新法，贬黜新党。绍圣绍述，恢复新法，再黜旧党。在这场长达半个多世纪的以不可调和的冲突意识为主导的激烈的党争中，朝廷所有的政治精英都受到了沉重的打击，两败俱伤，没有一个胜利者，由此而产生的后果就是使任何合理的政治运作都无法进行，社会的危机愈演愈烈，一步一步把国家推向灭亡的边缘。后世史家论及这一段历史，多称北宋之亡，亡于党争，这种看法是符合实际的。程氏兄弟属于新法的反对派，是洛党的领袖，他们与王安石由政见不同发展为相互敌对，是经历了一个过程的。《外书》卷十二记载："荆公置条例司，用程伯淳为属。一日盛暑，荆公与伯淳对语。公子雱因首跣足，携妇人冠以出，问荆公曰：'所言何事？'荆公曰：'新法数为人沮，与程君议。'雱箕踞以坐，大言曰：'枭韩琦、富弼之首于市，则新法行矣。'荆公遽曰：'儿误矣。'伯淳正色曰：'方与参政论国事，子弟不可预，姑退。'雱不乐去。伯淳自此与荆公不合。""伯淳先生尝曰：熙宁初，王介甫行新法，并用君子小人。君子正直不合，介甫以为俗学，不通世务，斥去。小人苟容谄佞，介甫以为有才，知变通，适用之。君子如司马君实不拜副枢以去，范尧夫辞修注得罪，张天祺以御史面折介甫被责。介甫性很愎，众人以为不可，则执之愈坚。君子既去，所用小人争为刻薄，故害天下益深。使众君子未与之敌，俟其势久自缓，委曲平章，尚有听从之理，则小人无隙可乘，其害不至如此之甚也。"就当时的具体形势而言，新党与旧党两方面都采取了激化矛盾的错误做法。当新党推行变法之初，人们狃于故习，持有异议，一时难以承受，本是情理之常，此时如能循序渐进，耐心说服，争取旧党人士的共识与支持，并非完全不可能，但是王安石刚愎自用，一意孤行，排斥异己，听不得半点不同的意见，这就不能不激起更大的反弹，人为地树立更多的阻力。旧党方面，论其初衷，也不是顽固保守，一味地反对改革，只是由于过分强调君子与小人的对立，加上不以大局为重，抓住某些枝节问题对新法进行攻击，拒绝与之合作，这也是促成新旧两党水火不容的重要原因。后来程颐回忆这一段经历，痛切地感到自己应该承担一半错误的责任。他说："新政之改，亦是吾党争之有太过，成就今日之事，涂炭天下，亦须两分其罪可也。"（《遗书》卷二上）

宋代的党争起自庆历，熙宁以后，围绕着王安石的变法，分为新旧两党，旧党又分为洛党、蜀党、朔党，当时谓之朋党。这些朋党不同于近代工业社会由于利益的多元化而出现的政党，没有严密的组织，没有确定的政纲和党章，甚至没有合法的地位，只不过是从官僚政治体制中分化出来的一群持不同政见者的暂时性的聚合。他们之间的斗争孰胜孰负，不是取决于民众的选举，而是取决于集权君主的裁判，君主以为是则胜，以为非则负。一般说来，集权君主大多奉行法家的专制主义思想，服膺韩非的"明君贵独道之容"的哲学，并不希望臣下结成朋党削弱自己的权力，往往采取各种措施来禁绝朋党，在政治斗争中，许多人迎合君主的这种心理，只要称政敌为朋党，即可置之于死地，因而朋党成了一个不祥的罪名。照儒家看来，自三代以来所实行的家天下的君主集权制是不能不接受的，但是在政治的运作上却不赞同法家的专制主义思想。儒家主张"为君难，为臣不易"，强调君臣应该共同以国家的整体利益为重，兢兢业业，协同配合，励精图治，君主不可垄断权力，专制独裁，而应该委贤任能，信任臣下，臣下也不可以权谋私，侵犯君权，而应该尽力辅助，志匡王室。这是一种君臣共治的思想，也可称之为贤人政治的主张。由于儒家一直坚持这种主张，所以常常与集权君主的专制主义思想发生矛盾，而使合理的政治运作陷入混乱。《宋史纪事本末》卷二十九记载："（庆历）四年夏，帝与执政论及朋党事，范仲淹对曰：方以类聚，物以群分。自古以来，邪正在朝，各为一党，在主上鉴辩之耳。诚使君子相朋为善，其于国家何害？不可禁也。"庆历五年，杜衍、范仲淹、富弼罢。右正言钱明逸希章得象等意，遂论仲淹、弼更张纲纪，纷扰国经，凡所推荐，多挟朋党。陈执中复潜衍庇二人。帝不悦，遂并黜之。欧阳修上疏曰："杜衍、范仲淹、韩琦、富弼，天下皆知其有可用之贤，而不闻其有可罢之罪。自古小人谗害，其识不远，欲广陷良善则指为朋党，欲动摇大臣则诬以专权。盖去一善人而众善人尚在，则未为小人之利；欲尽去之，则善人少过，唯指为朋党，则可尽逐。自古大臣被主知，蒙信任，则难以他事动摇，唯有专权是上之所恶，方可倾之。夫正士在朝，群邪所忌，谋臣不用，敌国之福也。窃为陛下惜之。"但是，仁宗并没有被欧阳修、范仲淹说服，仍然害怕朋党，听信谗言，把一批真正以国家整体利益为重的大臣尽数贬黜，以致刚刚推行的庆历新政半途而废，归于失败。至于熙宁变法之所以失败，原因固然是由于新旧两党因相互冲突而不能达成共识，但是关键却在于作为集权君主的神宗领导无方，决策失误，前后动摇，缺乏一个正确的政治运作的理念。当时君子与小人之辩闹得沸沸扬扬，新党攻击旧党为小人，旧党反唇相讥，攻击新党为小人。究竟何谓君子，何谓小人，如何处理君子与小人的关系，对这些政治生活中的根本问题，神宗本人并无明确的认识，只是凭着权力意志或者主观的好恶来决断。熙宁三年，程颢上《辞京西提刑奏状》，其文后附有小注交代了程颢被贬的原委："上谓王安石曰：'人情如此纷纷，奈何？'安石曰：'陈襄、程颢专党吕公著，都无助陛下为治之实。今当邪说纷纷之时，乃用襄知制诰，颢提点刑狱，人称其平正。此辈小人，若附公著，得行其志，则天下之利皆归之。既不得志，又不失陛下奖用，何为肯退听而不为善？'乃以为金书镇宁军节度判官事。"（《文集》卷一）这条材料说明程颢是以小人的罪名被贬的，而神宗认定程颢等人为小人，骨子里是怀着与仁宗同样的猜疑心理，害怕他们会结成朋党，而使自己的大权旁落。后来神宗对王安石的态度由信任转而为厌恶，两次拜相，又两次罢免他的相职，也是出于这种猜疑心理。神宗死后，高太后执政，尽废新法，实行更化。高太后病逝，哲宗亲政，又恢复新法，绍述先帝。国家的大政方针依君主个人意志为转移而反复无常，左右摇摆，新旧两党的君子小人之辩也随之而大起大落。元祐年间，在高太后的支持下，旧党由昔日的小人变成君子受到任用，新党由昔日的君子变成小人受到贬黜。绍圣年间，在哲宗的支持下，斗争形势发生了根本的扭转，旧党统统由君子变成小人，新党又统统由小人变成君子。政治生活陷入严重的混乱状态，没有方向，没有章法，本应是结为一体的官僚政治体制四分五裂，不仅新旧两党势不两立，进行生死搏斗，旧党内部也是各为党比，互相攻讦，把一场严肃的政见之争扭曲为一场无原则的权力之争。当时虽然有人提，出"调停"之说，认为"君子指小人为奸，则小人指君子为党"，劝告掌握最高权力的君主奉行"文景之世网漏吞舟"的宽容政策，择中立之士而用之以平息党争，但是高太宗和哲宗为了巩固自己的权力，仍然是采取支持一派、打击一派的做法，唯恐除恶不尽。表面上看来，新旧两党之争恶性发展，以致造成"涂炭天下"的后果，是因为斗争的双方片面地强调冲突，而不知以含洪之道进行整合，存异以求同，应该"两分其罪"，双方都要承担错误的责任，但是，追本溯源，从更深的层次来看，祸根是在于集权君主以天下为一己之私的专制主义的思想。关于这个问题，程颐虽未明说，却是通过他的切身经历有所察觉，并且在《易传》中以委婉的方式陈述了他的看法。程颐曾任"崇政殿说书"，承担把年幼的哲宗培养成一个圣君的要职，为此他满怀希望，兴奋不已，在《再辞免表》中充分表达了这种心情。他说："得以讲学侍人主，苟能致人主得尧、舜、禹、汤、文、武之道，则天下享唐、虞、夏、商、周之治。儒者逢时，孰过于此？"（《文集》卷六）但是，哲宗根本无意于做什么圣君，只想做一个为所欲为的专制帝王。绍圣初年，哲宗刚一亲政，就在权力意志的支配下，以党论的罪名把他的老师放归田里，接着又送往涪州编管。程颐苦口婆心的教导彻底失败，希望是完全落空了。徽宗即位，程颐重新燃起了一线希望，试图有所作为，但是很快又陷入失望。因为徽宗是一个十足的昏君庸主，尽管耽于淫乐，从不考虑民生的疾苦，国家的安危，却对禁绝朋党十分热心。他听信蔡京的谗言，立元祐党人碑，共开列三百零九人，悉称奸党，其中包括所有的旧党，也包括许多新党人士，为这场长期的党争安排了一个玉石俱焚的下场，也为北宋王朝的国运划上了一个休止符。这是一场时代的悲剧，生活在这个时代，无论是新党或是旧党，是君子或是小人，每个人都逃不脱悲剧的命运。程颐亲眼目睹了这场悲剧的结局，不能不感慨系之，发出了"三代之治不可复也"的哀叹。作为一个儒家，三代之治的外王理想毕竟是程颐终生追求的目标，既无法放弃，也不可动摇，但是面对着如此严酷的现实，君主不以王道为心，恣意妄为，臣僚互为朋党，纷争不已，理想与现实产生了尖锐的矛盾，因而究竟怎样才能克服这种矛盾，把权力结构纳入正轨来恢复三代之治，成了程颐苦苦探索的一个问题。这个问题从实质上来说，就是在肯定家天下的君主集权制的前提下，权力结构究竟应该遵循什么样的准则合理地运作，才能造就一种合乎亲亲与尊贤之义的政治局面。在《易传》中，程颐立足于易学的基本原理，联系北宋党争的时代背景和现实的困境，围绕着这个问题进行了广泛的探索，由此而建构了一个充实丰满而具有批判精神的经世外王之学，表现了强烈的忧患意识和人文情怀。

在北宋五子中，程颐与实际的政治牵连最深，长期置身于斗争漩涡的中心，饱受贬黜流放之苦，积累了丰富的政治实践经验，他的一生经历了仁宗、英宗、神宗、哲宗、徽宗五朝，对现实生活中的集权君主的种种错误行为有着清醒的认识和切身的感受，在《易传》中，他通过易学的爻位说把这种认识和感受转化为一种理论的批判，作了深刻的揭露。从爻位说的角度来看，一卦六爻就是一个权力结构的象征，五为君位，在权力结构中居于支配地位，其位至尊，其他各爻都应服从第五爻的权力，不可侵犯，但是，位必须与德相配，判定权力是否正当合理的标准在德而不在位，如果位与德产生了分裂，有君位而无君德，那么这种权力的正当合理性就成了问题，应该依据理想的君德标准来进行衡量，按照其所犯错误的大小，或者予以严厉的谴责，或者委婉地劝戒。程颐运用这种爻位说，对六十四卦中居于君位的第五爻的行为作了全面的考察，具体地揭露了许多有君位而无君德的情况。这种揭露实际上就是对现实的批判。为了对他的批判精神能有一个切实的了解，下面我们列举一些例证：

屯卦九五："屯其膏，小贞吉，大贞凶。"程颐解释说："五居尊得正，而当屯时，若有刚明之贤为之辅，则能济屯矣。以其无臣也，故屯其膏。人君之尊，虽屯难之世，于其名位，非有损也。唯其施为有所不行，德泽有所不下，是屯其膏，人君之屯也。既膏有所不下，是威权不在己也。威权去己，而欲骤正之，求凶之道，鲁昭公、高贵乡公之事是也。故小贞则吉也。小贞谓渐正之也。若盘庚、周宣修德用贤，复先王之政，诸侯复朝，盖以道驯致，为之不暴也。又非恬然不为，若唐之僖、昭也，不为则常屯，以至于亡矣。"

履卦九五："夬履，贞厉。"程颐解释说："夬，刚决也。五以阳刚乾体，居至尊之位，任其刚决而行者也。如此，则虽得正，犹危厉也。古之圣人，居天下之尊，明足以照，刚足以决，势足以专，然而未尝不尽天下之议，虽刍荛之微必取，乃其所以为圣也，履帝位而光明者也。若自任刚明，决行不顾，虽使得正，亦危道也，可固守乎？有刚明之才，苟专自任，犹为危道，况刚明不足者乎？”

同人卦九五：“同人，先号咷而后笑。”程颐解释说：“九五君位，而爻不取人君同人之义者，盖五专以私暱应于二，而失其中正之德。人君当与天下大同，而独私一人，非君道也。又先隔则号咷，后遇则笑，是私暱之情，非大同之体也。二之在下，尚以同于宗为吝，况人君乎？”

豫卦六五：“贞疾，恒不死。”程颐解释说：“六五以阴柔居君位，当豫之时，沉溺于豫，不能自立者也。权之所主，众之所归，皆在于四。四之阳刚得众，非耽惑柔弱之君所能制也，乃柔弱不能自立之君，受制于专权之臣也，居得君位贞也，受制于下有疾苦也。六居尊位，权虽失而位未亡也，故云贞疾恒不死，言贞而有疾，常疾而不死，如汉、魏末世之君也。人君致危亡之道非一，而以豫为多。”

复卦上六《象》曰：“迷复之凶，反君道也。”程颐解释说：“复则合道，既迷于复，与道相反也，其凶可知。以其国君凶，谓其反君道也。人君居上而治众，当从天下之善，乃迷于复，反君之道也。非止人君，凡人迷于复者，皆反道而凶也。”

坎卦九五《象》曰：“坎不盈，中未大也。”程颐解释说：“九五刚中之才，而得尊位，当济天下之险难，而坎尚不盈，乃未能平乎险难，是其刚中之道未光大也。险难之时，非君臣协力，其能济乎？五之道未大，以无臣也。人君之道，不能济天下之险难，则为未大，不称其位也。”

咸卦九五：“咸其脢，无悔。”程颐解释说：“九居尊位，当以至诚感天下，而应二比上。若系二而说上，则偏私浅狭，非人君之道，岂能感天下乎？脢，背肉也，与心相背而所不见也。言能背其私心，感非其所见而说者，则得人君感天下之正，而无悔也。”

晋卦六五：“悔亡，失得勿恤。”程颐解释说：“六五，大明之主，不患其不能明照，患其用明之过，至于察察，失委任之道，故戒以失得勿恤也。夫私意偏任不察则有蔽，尽天下之公，岂当复用私察也？”

在一卦六爻所象征的权力结构中，二为臣位，‘四近五，故为大臣之位。大畜卦六四：“童牛之牿，元吉。”程颐解释说：“大臣之任，上畜止人君之邪心，下畜止天下之恶人。人之恶，止于初则易，既盛而后禁，则扞格而难胜。故上之恶既甚，则虽圣人救之，不能免违拂；下之恶既甚，则虽圣人治之，不能免刑戮。莫若止之于初，如童牛而加牯，则元吉也。"程颐发挥了孟子的"唯大人为能格君心之非"的思想，认为大臣之任在于"畜止人君之邪心"，对君权进行限制，防止君主滥用权力。程颐清醒地看到，在君主集权的体制下，君主个人的意志关系着国家的治乱安危，如果这种意志不受任何监督而逞其邪恶之心，国家的根基就会随之而动摇，因此，他把格君心之非看做是大臣的最主要的职责。大臣当此重任，必须与德相配，否则，以阴邪小人而居高位，不仅不能畜止人君之邪心，反而以柔邪顺从，蛊惑其心，助桀为虐，这就是严重的失职，应该予以谴责。明夷卦六四："入于左腹，获明夷之心，于出门庭。"程颐解释说："六四以阴居阴，而在阴柔之体，处近君之位，是阴邪小人居高位，以柔邪顺于君者也。六五，明夷之君位，伤明之主也，四以柔邪顺从之，以固其交。夫小人之事君，未有由显明以道合者也，必以隐僻之道，自结于上。右当用，故为明显之所；左不当用，故为隐僻之所。人之手足，皆以右为用。世谓僻所为僻左，是左者隐僻之所也。四由隐僻之道，深入其君，故云入于左腹。入腹谓其交深也。其交之深，故得其心。凡奸邪之见信于其君，皆由夺其心也。不夺其心，能无悟乎？于出门庭：既信之于心，而后行之于外也。邪臣之事暗君，必先蛊其心，而后能行于外。"

此外，大臣当天下之任，上为君主之所倚，下为万民之所望，如果不胜其任而败坏了国家的大事，尽管其本身并非阴邪小人，也是严重的失职，应该予以谴责。鼎卦九四："鼎折足，覆公𫗧，其形渥，凶。"程颐解释说："四，大臣之位，任天下之事者也。天下之事，岂一人所能独任？必当求天下之贤智，与之协力。得其人，则天下之治，可不劳而致也；用非其人，则败国家之事，贻天下之患。四下应于初，初，阴柔小人，不可用者也，而四用之，其不胜任而败事，犹鼎之折足也。鼎折足，则倾覆公上之𫗧，𫗧，鼎实也。居大臣之位，当天下之任，而所用非人，至于覆败，乃不胜其任，可羞愧之甚也。其形渥，谓赧汗也，其凶可知。《系辞》曰：'德薄而位尊，知小而谋大，力小而任重，鲜不及矣。'言不胜其任也。蔽于所私，德薄知小也。"

程颐从爻位说的角度对君王与大臣所进行的这些批判，都可以在当时的政治生活中找到现实的原型，但也不是一种简单的影射，而是一种理论的超越，企图通过这些批判来弘扬正面的理想。照程颐看来，无论是君主或大臣，都必须遵循中正之道，这是一种普遍适用的制度化的行为准则和价值标准，违反了中正之道必然会犯错误，只有严格遵循才能使权力结构正当合理，发挥君臣共治的功能。他指出：“五与二皆以阳刚居中与正，以中正相遇也。君得刚中之臣，臣遇中正之君，君臣以刚阳遇中正，其道可以大行于天下矣。”（《姤卦传》）“五以刚阳中正居尊位，二复以中正应之，是以中正之道益天下，天下受其福庆也。”（《益卦传》）“五居君位，处中得正，尽比道之善者也。人君比天下之道，当显明其比道而已。如诚意以待物，恕己以及人，发政施仁，使天下蒙其惠泽，是人君亲比天下之道也。如是，天下孰不亲比于上？若乃暴其小仁，违道干誉，欲以求下之比，其道亦狭矣，其能得天下之比乎？”（《比卦传》）“五居君位之尊，由中正之道，能使天下信之，如拘挛之固，乃称其位，人君之道当如是也。”（《中孚卦传》）正是说君以阳刚而居尊位，臣以阴柔而居卑位，君臣各当其位，当位为正，合乎阳尊阴卑的秩序原则。中是说君臣同心，团结合作，合乎刚柔相济、阴阳协调的和谐原则。秩序原则即尊尊之义，和谐原则即亲亲之义，尊尊与亲亲之义即外王理想的基本精神之所在，因而中正之道也就是尊尊与亲亲在政治运作层面上的具体的应用，而为治道之所本。权力结构必须建立在中正之道的基础上，其正当合理性不在于权力本身的大小，而在于是否符合中正之道的客观准则。

就权力结构的功能性的原理而言，程颐认为，中比正更为重要。他在《震卦传》中指出：“六五虽以阴居阳，不当位为不正，然以柔居刚，又得中，乃有中德者也。不失中，则不违于正矣，所以中为贵也。”临卦六五象曰：“大君之宜，行中之谓也。”程颐解释说：“君臣道合，盖以气类相求。五有中德，故能倚任刚中之贤，得大君之宜，成知临之功，盖由行其中德也。”关于这个道理，程颐结合历史事例从爻位说的角度进行了论证。在《蹇卦传》中，他指出：“自古圣王济天下之蹇，未有不由贤圣之臣为之助者，汤、武得伊、吕是也。中常之君，得刚明之臣而能济大难者则有矣，刘禅之孔明，唐肃宗之郭子仪，德宗之李晟是也。虽贤明之君，苟无其臣，则不能济于难也。故凡六居五、九居二者，则多由助而有功，蒙、泰之类是也；九居五、六居二，则其功多不足，屯、否之类是也。盖臣贤于君，则辅君以君所不能；臣不及君，则赞助之而已，故不能成大功也。"程颐的这个思想，实际上是强调在政治运作层面上，相权比君权更为重要，认为君主不可视权力为一己所私有，而应该倚任刚中之贤的大臣，"与之共天位，使之食天禄"，奉行贤人政治的主张，从而使权力结构得以发挥出最大的功能。由于宋代加强君主集权，君权与相权的矛盾十分突出，这种矛盾表现在君主用人的问题上，往往是任之不专，信之不笃，怀疑猜忌，采取种种措施来削弱相权，所以程颐特别赞赏六五与九二的那种权力的分配关系。蒙卦六五："童蒙吉。"程颐解释说："五以柔顺居君位，下应于二，以柔中之德，任刚明之才，足以治天下之蒙，故吉也。童，取未发而资于人也。为人君者，苟能至诚任贤以成其功，何异出于己也？"泰卦六五："帝乙归妹，以祉，元吉。"程颐解释说："六五以阴柔居君位，下应于九二刚明之贤。五能倚任其贤臣而顺从之，如帝乙之归妹然，降其尊而顺从于阳，则以之受祉，且元吉也。元吉，大吉而尽善者也，谓成治泰之功也。"

由此可以看出，程颐的这种贤人政治的主张是与法家的专制主义思想有着本质区别的。法家片面地强调尊君卑臣的秩序原则，完全排斥君臣同心的和谐之义，认为权力结构的正当合理性在位而不在德，君主掌握支配臣下的绝对权力，君臣之间不是以中正之道作为共同价值准则的道义的结合，而是一种权力的结合，因而利害相反，矛盾对立，"上下一日百战"（《韩非子·扬权》），围绕着权力相互进行不可调和的斗争。为了巩固君主的集权，不使大权旁落，法家主张用法、术、势来对付臣下，来造就一种"明君无为于上，群臣竦惧乎下"的政治局面。其所谓法，是指体现君主个人意志的国家法令，术是指驾驭臣下的权术，势是指君主所掌握的权势，三者交相为用，就可以把整个国家和官僚系统置于君主一人的统治之下。法家的这种专制主义的思想是以他们的一整套历史观、社会观和人性论作为理论基础的。韩非曾说："上古竞于道德，中世逐于智谋，当今争于气力。"（《韩非子·五蠹》）这是认为，人类社会的历史就是一部冲突和斗争的历史。胜利者夺取了权力而居于统治地位，失败者丧失了权力而居于服从地位，因而社会就按照这种权力的统治与服从的关系而结成为一个共同体。由于人性的本质在于好利恶害的自为之心，所以统治者采取严刑峻法的高压手段来进行威慑，使广大的臣民知所畏惧，懂得服从权力必有利、反抗权力必有害的道理，是符合人性的本质的。程颐并不否认人类社会群体实际上存在着冲突和斗争，但却坚持认为，这种冲突和斗争是不合理的，不符合"立人之道曰仁与义"的人性本质，必须奉行贤人政治的主张，以中正之道来调整，使之归于和谐。因此，程颐针对着法家的专制主义的思想以及当时政治生活中的种种混乱现象，为贤人政治的主张进行了理论上的论证，提出了一个权力结构应以人心悦服为本而不应以统治与服从为本的政治理念。

程颐认为，人类社会是建立在相互亲辅的基础之上，而不是像法家所说的那样以"上下一日百战"的冲突和斗争为基础。由于个人不能独立生存，必须组合而为群体，这种组合的过程就是各自出于内在的需要本于诚信而"两志相求"，阴求阳，阳求阴，于是自然而然形成了君民与君臣之间的权力结构。从这个角度来看，权力结构本身并不是目的，它只是维护社会群体生活的一个工具，如果破坏了相互亲辅的基础，整个社会将离心离德，权力结构也会随之而崩溃。在《比卦传》中，程颐集中阐述了这个思想。比卦䷇坤下坎上，水在地上，又众爻皆阴，独五以阳刚居君位，众所亲附，而上亦亲下，故为亲辅之义。程颐解释说："人之类，必相亲辅，然后能安，故既有众，则必有所比。""人之不能自保其安宁，方且来求亲比，得所比则能保其安。当其不宁之时，固宜汲汲以求比。""凡生天地之间者，未有不相亲比而能自存者也。虽刚强之至，未有能独立者也。比之道，由两志相求。两志不相求，则睽矣。君怀抚其下，下亲辅于上，亲戚朋友乡党皆然，故当上下合志以相从。苟无相求之意，则离而凶矣。""人之生，不能保其安宁，方且来求附比。民不能自保，故戴君以求宁；君不能独立，故保民以为安。不宁而来比者，上下相应也。以圣人之公言之，固至诚求天下之比，以安民也。以后王之私言之，不求下民之附，则危亡至矣。""夫物相亲比而无间者，莫如水在地上，所以为比也。先王观比之象，以建万国，亲诸侯。建立万国，所以比民也。亲抚诸侯，所以比天下也。""人相亲比，必有其道，苟非其道，则有悔咎。""相比之道，以诚信为本。中心不信而亲人，人谁与之？"诚信的原则即中正之道，也就是大公无私。比卦九五，处中得正，尽比道之善，称之为"显比"，程颐解释说："圣人以大公无私治天下，于显比见之矣。非惟人君比天下之道如此，大率人之相比莫不然。以臣于君言之，竭其忠诚，致其才力，乃显其比君之道也，用之与否，在君而已，不可阿谀逢迎，求其比己也。在朋友亦然，修身诚意以待之，亲己与否，在人而已，不可巧言令色，曲从苟合，以求人之比己也。于乡党亲戚，于众人，莫不皆然。"

萃卦的卦义为聚集。程颐解释说："天下之聚，必得大人以治之。人聚则乱，物聚则争，事聚则紊，非大人治之，则萃所以致争乱也。""凡物之萃，则有不虞度之事，故众聚则有争，物聚则有夺。大率既聚则多故矣，故观萃象而戒也。"这是认为，在社会群体中，相互争夺、紊乱无序是一个不可避免的现象，但是这个现象是不合理的，必须由大人来治理。因而政治的目的就是止乱息争，化冲突为和谐，变无序为有序，使社会群体生活得以正常地进行，这也就是居于尊位的君主所应尽的职责。君主为了履行职责，应该懂得萃道，使自己具备元、永、贞三德。萃卦九五："萃有位，无咎。匪孚，元永贞，悔亡。"程颐解释说："九五居天下之尊，萃天下之众而君临之，当正其位，修其德。以阳刚居尊位，称其位矣，为有其位矣，得中正之道，无过咎也。如是而有不信而未归者，则当自反以修其元永贞之德，则无思不服，而悔亡矣。元永贞者，君之德，民所归也，故比天下之道与萃天下之道，皆在此三者……元，首也，长也，为君德首出庶物，君长群生，有尊大之义焉，有主统之义焉，而又恒永贞固，则通于神明，光于四海，无思不服矣。"在一个社会群体中，品类繁多，万有不齐，有善亦有恶，程颐认为，政治的根本任务在于"遏恶扬善"。大有卦《象》曰："火在天上，大有，君子以遏恶扬善，顺天休命。"程颐解释说："火高在天上，照见万物之众多，故为大有。大有，繁庶之义。君子观大有之象，以遏绝众恶，扬明善类，以奉顺天休美之命。万物众多，则有善恶之殊。君子享大有之盛，当代天工，治养庶类。治众之道，在遏恶扬善而已。恶惩善劝，所以顺天命而安群生也。"关于善恶之分，主要是一个义与利、公与私的问题。

程颐并不反对利，认为利是众人所同欲，但是强调公正的原则，如果不损害他人，与众同利，从而使天下皆受其福庆，有助于社会的和谐，这就是善；反之，如果违反公正的原则，私欲膨胀，损人利己，激化了社会的冲突意识，彼此仇恨，争夺不已，这就是恶了。在《益卦传》中，程颐指出："利者，众人所同欲也。专欲益己，其害大矣。欲之甚，则昏蔽而忘义理；求之极，则侵夺而致仇怨。""理者天下之至公，利者众人所同欲。苟公其心，不失其正理，则与众同利，无侵于人，人亦欲与之。若切于好利，蔽于自私，求自益以损于人，则人亦与人力争。"根据这个思想，所以程颐认为，"遏恶扬善"的方法，关键在于贯彻公正的原则，"不尚威刑，而修政教"，使广大的人民群众一方面在物质生活上安居乐业，普遍地享有正当的福利，另一方面在精神生活上知廉耻之道，能够自觉地抑制其损害公利的私欲之心。大畜卦六五："豮豕之牙，吉。"程颐解释说："六五居君位，止畜天下之邪恶。夫以亿兆之众，发其邪欲之心，人君欲力以制之，虽密法严刑，不能胜也。……君子发豮豕之义，知天下之恶，不可以力制也，则察其机，持其要，塞绝其本源，故不假刑罚严峻而恶自止也。且如止盗，民有欲心，见利则动，苟不知教而迫于饥寒，虽刑杀日施，其能胜亿兆利欲之心乎？圣人则知所以止之之道，不尚威刑，而修政教，使之有农桑之业，知廉耻之道，虽赏之不窃矣。故止恶之道，在知其本，得其要而已。"

涣卦的卦义为离散，与萃卦的聚集之义相反。程颐解释说："涣，离散也。人之离散，由乎中；人心离，则散矣。治乎散，亦本于中；能收合人心，则散可聚也。""天下离散之时，王者收拾人心，至于有庙，乃是在其中也。在中谓求得其中，摄其心之谓也。……孟子曰：'得其民有道，得其心斯得民矣。'享帝立庙，民心所归从也。归人心之道，无大于此，故云至于有庙，拯涣之道极于此也。"关于建立宗庙通过祖先崇拜的祭祀之礼以整合人心的思想，程颐在《萃卦传》中作了详细的论述。他指出："王者萃聚天下之道，至于有庙，极也。群生至众也，而可一其归仰，人心莫知其乡也，而能致其诚敬；鬼神之不可度也，而能致其来格。天下萃合人心，总摄众志之道非一，其至大莫过于宗庙，故王者萃天下之道，至于有庙，则萃道之至也。祭祀之报，本于人心，圣人制礼以成其德耳。""王者萃人心之道，至于建立宗庙，所以致其孝享之诚也。祭祀，人心之所自尽也，故萃天下之心者，无如孝享。王者萃天下之道，至于有庙，则其极也。"这是认为，在社会群体中，同时存在着离散和聚集两种倾向，为了克服离心离德的倾向使社会凝聚而为一个整体，单纯依靠政治权力的运作是不够的，还必须借助于祖先崇拜的祭祀之礼，为整个社会建立一个共同的精神支持。程颐的这个思想是本于儒家的成说的。曾子曰："慎终追远，民德归厚矣。"（《论语·学而》）《礼记·檀弓》说："有虞氏未施信于民而民信之，夏后氏未施敬于民而民敬之，何施而得斯于民也？对曰：墟墓之间，未施哀于民而民哀；社稷宗庙之中，未施敬于民而民敬。殷人作誓而民始畔，周人作会而民始疑。苟无礼义忠信诚悫之心以莅之，虽固结之，民其不解乎？"儒家一贯主张，在祖先的墟墓和宗庙中奉行祭礼所油然而生的一种对祖先的爱戴和钦敬的思想感情，是维持社会的精神支柱。这种思想感情有着深厚的基础，为统治阶级和被统治阶级所共同具有。如果不借助于这种精神的组织力量作为联结社会的纽带，尽管采用种种作誓会盟的方法来消除人民的猜疑反抗心理，也无法做到同心同德，最后必然会因人心涣散而使社会陷入解体。南宋的陆象山站在心学的立场，把《檀弓》的这个说法提炼为著名的诗句："墟墓兴哀宗庙钦，斯人千古不磨心。"（《鹅湖和教授兄韵》，《陆九渊集》卷二十五）程颐则是站在理学的立场，把建立宗庙以致其孝享之诚概括为理一而分殊。他在《同人卦传》中指出："天下之志万殊，理则一也。君子明理，故能通天下之志。圣人视亿兆之心犹一心者，通于理而已。"从哲学的理论形态来看，程颐的理学与陆象山的心学是不相同的，但是他们极端重视这种崇拜祖先的思想感情，看做是整个社会以及权力结构所赖以存在的文化心理的基础，却是相同的，也与历代儒家一贯的主张完全一致。

照儒家看来，天下之本在国，国之本在家，家是社会组织的细胞，也是三代家天下之制的权力结构的基础，国家政权是家族的延伸和放大，按照家族的模型而组建，因而权力结构是社会制度的一个组成部分，必须服务于家族的内在需要，以巩固家族制度为目的，而不能像法家所主张的那样，把权力结构本身当做目的，使之凌驾于社会之上，与人人生活于其中的家族制度形成严重的对立。儒家认为，家族利益与国家利益不是对立而是统一的，国家政权的巩固依赖于家族制度的巩固，如果家族制度削弱了，破坏了，就会造成整个社会涣散游离的局面，从而动摇国家的根基。为了巩固这种家族制度，所以儒家主张全社会都应该奉行祖先崇拜的祭礼，并且要求居于尊位的君主身体力行，作出榜样，进行倡导，认为这是治国之本。《论语·八佾》记载："或问禘之说。子曰'不知也。知其说者之于天下也，其如示诸斯乎！'指其掌。"《礼记·祭统》说："禘尝之义大矣，治国之本也，不可不知也。明其义者，君也。能其事者，臣也。不明其义，君人不全。不能其事，为臣不全。"禘是王者祭祀祖先的祭礼。儒家认为，其中所蕴含的道理，可以用来治理天下，如果君主不懂得禘尝之祭的重大意义，这是君主的过错，臣下不能辅助君主，是臣下的失职，只有君臣上下共同倡导这种祭礼所蕴含的为全社会所认同的价值原则，才能把国家治理好。其所以如此，是因为这种祭礼致其孝享之诚，完美地体现了尊尊与亲亲的精神，是人性本质的全面的外化，可以直接用来治理国家，整合社会。《礼记·大传》说："上治祖祢，尊尊也；下治子孙，亲亲也；旁治昆弟，合族以食，序以昭穆，别之以礼义，人道竭矣。""是故，人道亲亲也。亲亲故尊祖，尊祖故敬宗，敬宗故收族，收族故宗庙严，宗庙严故重社稷，重社稷故爱百姓，爱百姓故刑罚中，刑罚中故庶民安，庶民安故财用足，财用足故百志成，百志成故礼俗刑，礼俗刑然后乐。"在《易传》中，程颐对儒家的这种思想进行了理论的论证，认为"祭祀之极，本于人心"，"故萃天下之心者，无如孝享"，王者倡导祭礼以整合人心，是符合阴阳二气相感相应而和合的易学原理的。他在《咸卦传》中指出："天地二气交感而化生万物，圣人至诚以感亿兆之心而天下和平。天下之心所以和平，由圣人感之也。"由于家天下的君主集权制是在难得贤者的情况下为了抑制王位争夺而不得已采取的一种权宜之计，虽亦至公之法，但常为守法者一己之私心所扭曲，所以掌握最高权力的君主与臣民相感，存在着一个公私之辨的问题，公是以天下为一家，以中国为一人，奉行整个社会共同的价值标准和行为规范，私是凭着个人的权力意志和主观好恶而为所欲为，不受任何客观准则的约束。因此，程颐进一步指出："夫以思虑之私心感物，所感狭矣。天下之理一也，途虽殊而其归则同，虑虽百而其致则一。虽物有万殊，事有万变，统之以一，则无能违也。故贞其意，则穷天下无不感通焉，故曰天下何思何虑？用其思虑之私心，岂能无所不感也！"以公心感物，谓之大同。大同者，"视亿兆之心犹一心"，"所同者广，无所偏私。""能与天下大同，是天下皆同之也。天下皆同，何险阻之不可济？何艰危之不可亨？"（《同人卦传》）以私心感物，必然会使人君陷入困境。"人君之困，由上下无与也。""人君之困，以天下不来也。"这是说，人君的困境在于失去亲辅，众叛亲离，变成了一个十足的孤家寡人。究竟怎样才能摆脱困境，转困为亨呢？程颐指出："人君在困时，宜念天下之困，求天下之贤，若祭祀然，致其诚敬，则能致天下之贤，济天下之困矣。"（《困卦传》）这是说，在祭祀之礼中所蕴含的价值原则，既是整合社会的精神支柱，也是政治运作的指导方针，居于尊位的君主必须克服自己的邪欲之心，严格遵循，不得违反，否则就会犯错误而不免于危亡。

就政治运作的层面而言，蕴含于祭礼中的指导方针，实际上就是以正家为本的《关雎》《麟趾》之意，这也就是三代之治的外王理想的根本精神所在。关于这个思想，先秦的儒家已经作过许多论述。《礼记·哀公问》说："古之为政，爱人为大。所以治爱人，礼为大。所以治礼，敬为大。……弗爱不亲，弗敬不正。爱与敬，其政之本与！"为政之本的这两个原则都是从家族关系中派生出来的。爱即亲亲，敬即尊尊。把尊尊的原则用于政治层面，就是尊贤。如果只有爱的一面，就会陷入"亲而不尊"的片面性，只有敬的一面，就会陷入"尊而不亲"的片面性，应该把二者结合起来才能全面。但是，这两个方面的作用是不相同的。从目的来说，无论是国家政治还是家族生活，都必须树立君父的独一无二的权威地位，所以应该把敬放在首位。至于维护君父的权威地位的方法，则要反过来，应该把爱放在首位。敬着眼于建立秩序，爱着眼于加强和谐。由于政治的形势千变万化，问题的症结各不相同，所以如何处理此二者的关系，始终是政治运作中的一大难题。程颐在《易传》中，依据易学的变易原理，提出了"随时变易以从道"的思想，反复强调，"知时识势，学《易》之大方也"，"时之盛衰，势之强弱，学《易》者所宜深识也"，为解决这个难题从方法论的角度作了深入的探讨。因此，程颐有时结合具体的形势着重阐明建立秩序的必要，有时又着重阐明和谐是维持秩序的根本。比如蛊卦象征乱时，程颐指出："夫治乱者，苟能使尊卑上下之义正，在下者巽顺，在上者能止齐安定之，事皆止于顺，则何蛊之不治也？"坎卦象征险时，程颐指出："若夫尊卑之辨，贵贱之分，明等威，异物采，凡所以杜绝陵僭，限隔上下者，皆体险之用也。"解卦象征天下之难方解之时，程颐指出："夫天下国家，必纪纲法度废乱，而后祸患生。圣人既解其难而安平无事矣，是无所往也，则当修复治道，正纪纲，明法度，进复先代明王之治。"但是，在更多的情况下，程颐立足于中重于正的易学思想，着重阐明和谐的原则比秩序更为根本，并且针对着集权君主违反这个原则的错误行为提出严厉的警告。比如他说："君万邦，聚大众，非和悦不能使之服从也。"（《豫卦传》）"说而能贞，是以上顺天理，下应人心，说道之至正至善者也。……人君之道，以人心说服为本，故圣人赞其大。"（《兑卦传》）"为上至诚以顺巽于下，下有孚以说从其上，如是，其孚乃能化于邦国也。若人不说从，或违拂事理，岂能化天下乎？"（《中孚卦传》）"孚信者，萃之本也。不独君臣之聚，凡天下之聚，在诚而已。……夫上下之聚，固有不由正道而得者。非理枉道而得君者，自古多矣；非理枉道而得民者，盖亦有焉；如齐之田恒、鲁之季氏是也。然得为大吉乎？得为无咎乎？"（《萃卦传》）"上下之交不以诚，其可以久乎？其可以有为乎？"（《升卦传》）政治运作的这两个指导原则，也就是整个社会政治系统的组织目标，君主行使权力，必须服从这个目标，如果目标没有达到，以致风俗败坏，政治动乱，君主应该反躬自省，引咎自责，不可推卸责任。观卦九五："观我生，君子无咎。"程颐解释说："九五居人君之位，时之治乱，俗之美恶，系乎己而已。观己之生，若天下之俗皆君子矣，则是己之所为政化善也，乃无咎矣；若天下之俗未合君子之道，则是己之所为政治未善，不能免于咎也。我生，出于己者。人君欲观己之施为善否，当观于民，民俗善则政化善也。王弼云：观民以察己之道，是也。"程颐援引王弼的说法，强调君主应该自觉地承担责任，通过民风民俗考察自己的行为是否正当，这就建构了一个民本思想的政治理念，而与法家的那种专制主义的政治思想判然有别。

第十五章　朱熹的易学

一、《周易本义》九图与《易学启蒙》的象数之学

朱熹作《周易本义》，所谓"本义"，是指《易》本卜筮之书。他反复强调："上古民淳，未有如今士人识理义嶙崎，蠢然而已，事事都晓不得。圣人因做《易》，教他占，吉则为，凶则否。""八卦之画，本为占筮。方伏羲画卦时，止有奇偶之画，何尝有许多说话！文王重卦作繇辞，周公作爻辞，亦只是为占筮设。到孔子，方始说从义理去。""今学者讳言《易》本为占筮作，须要说做为义理作。若果为义理作时，何不直述一件文字，如《中庸》《大学》之书，言义理以晓人？须得画八卦则甚？"（《语类》卷六十六）这是朱熹解《易》的一条基本的思想线索，他对易学的一系列独创的看法都是由此而推演出来的。

卜筮是与象数紧密相连的，象数乃作《易》根本，卜筮乃其用处之实。后来朱熹又作《易学启蒙》，对象数与筮法进行了系统的研究。他在《答陆子美》书中指出："近又尝作一小卜筮书，亦以附呈。盖缘近世说《易》者，于象数全然阔略。其不然者，又太拘滞支离，不可究诘。故推本圣人经传中说象数者，只此数条，以意推之，以为是足以上究圣人作《易》之本指，下济生人观变玩占之实用，学《易》者决不可以不知，而凡观象数之过乎

此者，皆可以束之高阁而不必问矣。"（《文集》卷三十六）

　　关于象数与义理的关系，朱熹认为，象数在先，义理是随着人类智力的进展根据对象数不断深入的理解逐渐开发出来的。当初伏羲画卦，"偶然见得一便是阳，二便是阴，从而画放那里。当时人一也不识，二也不识，阴也不识，阳也不识。伏羲便与他剔开这一机，然才有个一二，后来便生出许多象数来。"尽管这种象数蕴含着天地阴阳的自然之理，但是伏羲也自纯朴，不曾理会，"只是据他见得一个道理，恁地便画出几画。他也那里知得叠出来恁地巧"？因而在伏羲画卦的阶段，自然之理寓于自然的象数之中，微而不显，隐而不彰，并没有转化为人们所自觉认识的义理。此时只有卦画，并无文字，称之为上古伏羲之《易》。到了中古时期，"文王观卦体之象而为之彖辞，周公视卦爻之变而为之爻辞"。辞即具有某种确定意义的语言文字，不同于由一奇一偶所组成的卦画，但却是对卦画的一种解释，彖辞是对卦体之象的解释，爻辞是对卦爻之变的解释。有了解释，才有了义理。据此而论，象数是本意，义理是因而发底，不可一例看。所以朱熹强调指出："《通书》言'圣人之精，画卦以示；圣人之蕴，因卦以发'。精是圣人本意，蕴是偏旁带来道理。""文王周公分为六十四卦，添入'乾元亨利贞'，'坤元亨利牝马之贞'，早不是伏羲之意，已是文王周公自说他一般道理了。"但是，文王周公之《易》仍然是为卜筮而作，其言皆依象数，以断吉凶，使人居则观象玩辞，动则观变玩占，不迷于是非得失之途。故自伏羲而文王周公，虽自略而详，所谓占筮之用则一。盖即那占筮之中，而所以处置是事之理，便在那里了。到了近古时期，孔子鉴于当时人们淫于术数，以为《易》止于卜筮而不见圣人设教的义理，于是作十翼之篇，专用义理，发挥经言。比如乾卦的"元亨利贞"，按照文王的解释，"元亨"便是大亨，"利贞"便是利在于正。占得此卦，知其大亨，却守其正以俟之。这就是文王教人卜筮以开物成务之意。孔子恐人只从卜筮的角度来理解，便以义理说出来，于是把"元亨利贞"解作乾之四德，尽是说道理。孔子读《易》，与常人不同。是他胸中洞见阴阳刚柔、吉凶消长、进退存亡之理。其赞《易》，即就胸中写出这道理。这就把一部卜筮之书转化成一部义理之书了。虽然如此，孔子仍然是就卜筮上发出许多道理，欲人晓得所以凶，所以吉，随他那物事说，不敢别生说，其所发明的义理并没有完全脱离象数。只是孔子所说不同于文王所说，文王所说又不同于伏羲所说。因此，朱熹认为，"今人读《易》，当分为三等：伏羲自是伏羲之《易》，文王自是文王之《易》，孔子自是孔子之《易》。读伏羲之《易》，如未有许多《彖》《象》《文言》说话，方见得《易》之本意，只是要作卜筮用"。表面上看来，从文王到孔子对义理的开发是愈来愈丰富完备，但是，就象数乃作《易》之根本而言，这种义理是离本意愈来愈远了。所以朱熹又指出："文王之心，已自不如伏羲宽阔，急要说出来。孔子之心，不如文王之心宽大，又急要说出道理来。所以本义浸失，都不顾元初圣人画卦之意，只认各人自说一副当道理。"（《语类》卷六十六）

孔子以后，易学的发展分化为象数与义理两派。朱熹对两派都提出了批评，认为汉儒象数之学脱离义理而言象数，王弼、程颐的义理之学脱离象数而言义理，二者皆失之一偏。他在《易象说》中指出：

> 《易》之有象，其取之有所从，其推之有所用，非苟为寓言也。然两汉诸儒，必欲究其所从，则既滞泥而不通，王弼以来，直欲推其所用，则又疏略而无据，二者皆失之一偏而不能阙其所疑之过也。且以一端论之，乾之为马，坤之为牛，《说卦》有明文矣。马之为健，牛之为顺，在物有常理矣。至于案文责卦，若屯之有马而无乾，离之有牛而无坤，乾之六龙则或疑于震，坤之牝马则当反为乾，是皆有不可晓者。是以汉儒求之《说卦》而不得，则遂相与创为互体、变卦、五行、纳甲、飞伏之法，参互以求而幸其偶合。其说虽详，然其不可通者，终不可通，其可通者，又皆傅会穿凿，而非有自然之势。唯其一二之适然而无待于巧说者为若可信，然上无所关于义理之本原，下无所资于人事之训戒，则又何必苦心极力以求于此而欲必得之哉！故王弼曰：义苟应健，何必乾乃为马？爻苟合顺，何必坤乃为牛？而程子亦曰：理无形也，故假象以显义。此其所以破先儒胶固支离之失，而开后学玩辞玩占之方，则至矣。然观其意，又似直以《易》之取象无复有所自来，但如《诗》之比兴、孟子之譬喻而已，如此则是《说卦》之作

为无所与于《易》，而近取诸身远取诸物者，亦剩语矣。故疑其说亦若有未尽者。（《文集》卷六十七）

照朱熹看来，虽然象数乃作《易》根本，但是这种象数出于天理之自然而非人为之造作，是一种自然的象数，并不是汉儒附会穿凿所杜撰出的那一套互体、变卦、五行、纳甲、飞伏之法。据此而论，王弼、程颐对汉儒象数之学的批评是很有道理的。但是，他们的义理派的易学也带有很大的片面性，因为他们由扫落汉儒的象数进一步否定象数本身，没有把自然的象数与人为的象数明确区分开来，由此而发挥的义理疏略而无据，也不合于圣人作《易》之本意。因此，朱熹对这两派易学都表示强烈的不满，而致力于建构一种新的易学体系，熔象数义理为一炉，以恢复《易》之本义。为了建构这种易学，朱熹认为，关键在于从事象数的研究，因为义理方面经由王弼发展到程颐的《易传》业已十分完备，用不着人们再作补缀，只是欠缺象数，于本义不相合，需要人们为这种义理重新奠定一个象数学的基础。他指出：“《易传》义理精，字数足，无一毫欠阙。他人着工夫补缀，亦安得如此自然！只是于本义不相合。”“《易传》言理甚备，象数却欠在。”（《语类》卷六十七）朱熹反复强调，易学不可离却象数，若未晓得圣人作《易》本意，先要说道理，纵说得好，亦无情理，与《易》原不相干。因而他所作的《本义》与《启蒙》，只是编出象数大略，着眼于以简治繁，不以繁御简，一方面补足义理派易学的欠缺，另一方面纠正象数派易学的偏失，实际上是超越自秦汉以来所形成的这两派的易学，站在《易》之本义的哲学高度对象数之学所作的研究。

《周易本义》卷首载有九图，包括河图、洛书、伏羲八卦次序图、伏羲八卦方位图、伏羲六十四卦次序图、伏羲六十四卦方位图、文王八卦次序图、文王八卦方位图、卦变图。这九个图就是朱熹所编出的象数大略，虽然同为象数，但却代表了易学发展的四个不同的阶段，其作用与地位也就有所不同，应该区别看待，不可混为一谈。其中河图、洛书代表天地自然之《易》，这是象数的本原，作《易》的根据，称之为画前之《易》，在九图中最为重要。伏羲四图代表伏羲之《易》，这是伏羲有见于法象自然之妙不曾用些子心思智虑所画出，称之为先天之学。此六图皆无文字，只有图书，最宜深玩，可见作《易》本原精微之意。文王八卦的次序与方位两图改变了伏羲卦图之意，就已成之卦推演而别自为说，并附有文字的解释，乃入用之位，后天之学，代表易学发展的第三个阶段，即文王之《易》，也就是今之《周易》。卦变图置于九图之末，代表孔子之《易》。孔子因文王之《易》作象传，以卦变说成卦之由，故作此图以明之。朱熹特别指出，此盖《易》中之一义，非画卦作《易》之本指。根据这九个图的排列，可以看出朱熹对象数之学的研究，主要是关注属于先天之学的天地自然之《易》和伏羲之《易》，因为这是易学的基本纲领，开卷的第一义，如果不推本伏羲作《易》画卦之所由，则学者必将误认文王所演之《易》便为伏羲始画之《易》，以孔子之说为文王之说，只从中半说起，而不识向上根源。

关于《本义》卷首所载之九图是否为朱熹所作，元明两代的学者皆未置疑。到了清代，王懋竑在《朱子年谱考异》卷二中第一次断然指出："《易本义》九图，非朱子之作也，后人之以《启蒙》依仿为之，又杂以己意，而尽失其本指者也。朱子于《易》有《本义》，有《启蒙》，其见于文集语录讲论者甚详，而此九图，未尝有一语及之，九图之不合于《本义》《启蒙》者多矣。"其所持的理由，约有三条。第一，朱子在《本义》中论述画卦之次序并未采用邵雍一分为二的说法，而是以《大传》之文为据。第二，所谓"伏羲四图，其说皆出邵氏。盖邵氏得之李之才挺之，挺之得之穆修伯长，伯长得之华山希夷先生陈抟图南者"，与史实不符。邵子所传止有先天一图。《启蒙》所载之八卦图乃后来所推，六横图为朱子所自作，不能归于邵雍名下，更与陈抟无关。第三，黑白之位非《易》中所有，亦为朱子所不取，今伏羲八卦次序与伏羲六十四卦次序两图皆以黑白之位代奇偶之画，可证其为后人纂入而非朱子所作。王懋竑的这个看法，并非完全从考据学的角度出发，而是站在维护朱子的正统地位的立场，针对着当时汉学对宋学的攻击，极力开脱朱子与邵雍、陈抟的思想渊源关系。实际上，朱熹本人并不隐瞒这种关系，而是坦率地承认他的易学思想源于道教的传授系统，直接来自邵雍、陈抟。他在《答袁机仲书》中指出："以上五条，鄙意倾倒，无复余蕴矣。然此非熹之说，乃康节之说；非康节之说，乃希夷之说；非希夷之说，乃孔子之说。但当日诸儒既失其传，而方外之流，阴相付受，以为丹灶之术，至于希夷、康节，乃反之于《易》，而后其说始得复明。"朱熹认为，邵雍、陈抟由道教的丹灶之术所承传而来的先天之学，解决了他多年的困惑，有如拨云雾而见青天，在他的思想上产生了强烈的震动，感到极大的惊喜，为此他赋诗以表达他的感受说："忽然半夜一声雷，万户千门次第开。若识无心涵有象，许君亲见伏羲来。"（《文集》卷三十八）伏羲之《易》不同于文王之《易》，文王之《易》又不同于孔子之《易》，朱熹的这个思想是接受了邵雍、陈抟的启发而后形成的，这也就是他的易学的"本指"。如果我们超越清人的学派门户之见对朱熹的易学"本指"能有一个全面深入的理解，则可以看出，王懋竑否定九图为朱子之作所持的三条理由，皆不能成立。第一，关于画卦的次序，朱熹认为，先天之学与后天之学所奉行的是两个不同的原则。先天之学是自初未有画时说到六画满处，从太极两仪四象渐次生出，后天之学则是就卦成之后各因一义推说。因而论述今本《周易》后天之学的画卦次序，是以《大传》的三才六位之说为据，至于卷首横图中的先天之学，则必参以邵子之说。先天后天既各自为一义，但彼此自不相妨，不可以后天而否定先天。第二，关于先天之学的思想渊源，朱熹已有明言，即令邵子所传止有先天一图，也可依据其中内在的逻辑理路而自然推出其他几图。这是朱熹的解释学的一条根本的思想。他在与陆象山辩论无极太极的问题时曾经指出："伏羲作《易》，自一画以下，文王演《易》，自乾元以下，皆未尝言太极也，而孔子言之。孔子赞《易》，自太极以下，未尝言无极也，而周子言之。夫先圣后圣岂不同条而共贯哉！若于此有以灼然实见太极之真体，则知不言者不为少，而言之者不为多矣。何至若此之纷纷哉！"（《文集》卷三十六）因而从逻辑理路的角度看，伏羲四图其说皆出邵氏，往上追溯到陈抟，从实际制作的角度看，有三图出自朱熹之手，这两种说法并不矛盾，完全符合朱熹一贯坚持的解释学的思想。第三，关于以黑白之位代奇偶之画，朱熹在《答袁机仲书》中明确指出："然其图亦非古法，但今欲易晓，且为此以寓之耳。"王懋竑虽精于考据，但未举出任何证据而断言说："窃疑袁书此一节，乃后人剿入之，以为九图张本，而非本文。"这就背离了考据学的准则，是一种主观武断的说法，不能使人信服。总之，王懋竑所持的理由，既不合义理，也失之于考据，没有一条可以站得住脚。由于《本义》卷首所载之九图是朱熹精心编出的象数大略，体现了他的易学本指，不能轻率地加以否定，故不嫌词费，详为之辩。

王懋竑《朱子年谱》谓《本义》成于淳熙四年（1177年），《启蒙》成于淳熙十三年（1186年）。《语类》卷六十七记载："先生于《诗传》，自以为无复遗恨，曰：'后世若有扬子云，必好之矣。'而意不甚满于《易本义》。盖先生之意，只欲作卜筮用，而为先儒说道理太多，终是翻这窠臼未尽，故不能不致遗恨云。"朱熹本人也多次指出，《本义》未能成书即为人窃出印行，不是一部成熟的著作。朱熹之所以不满于《本义》，主要是认为其中对《易》本卜筮之书的思想发挥得不够，翻案文章没有做好，不能从根本上扭转当时盛行的以义理解《易》的学风。实际上，朱熹在《本义》中业已通过各种方式发挥了这个思想，极力阐明"圣人所以作《易》教人卜筮而可以开物成务之精意"。首先，朱熹采用了吕祖谦所定的古本《周易》，以经归经，以传归传，对文王之《易》与孔子之《易》作出了区分，这就改变了自王弼以来经传不分、以传释经的传统，在当时是一种大胆的创新。其次，朱熹自作九图载于《本义》卷首，旨在阐明象数之本原，作《易》之本指，这是一反常例，迥出常情，发前人所未发之覆，其易学思想的纲维，大端已具，后之所论，始终没有超越此九图的范围。但是，由于《本义》受到《周易》文本的限制，只能依据文王所推演的后天之学来解释经传的义理，而不能脱离文本对先天之学多作发挥，至于卷首所载之河图洛书及伏羲四图，也因限于体例，只能略示梗概而不能展开详细的论证，这就使得《本义》就总体而言显示出一种体系不完整、论证不精密的缺陷，故不能不致遗恨。基于这种遗恨，所以朱熹作《启蒙》，就把目的设定为补足《本义》的缺陷，追求向上一路，专门研究象数与筮法的先天理据，对九图进行哲学的论证。这两部著作，体例不同，重点有异，但却彼此配合，相互补充，朱熹常常相提并论，并且依据《启蒙》对《本义》作了修改，使之成为定本。比如今本《本义》的《系辞上传》，关于"河图洛书"，注云"详见《启蒙》"；关于"大衍之数"，注云"其可推者，《启蒙》备言之"；关于"画卦揲蓍之序"，注云"详见《序例》《启蒙》"；这些均可见出修改订正的痕迹。
《启蒙》共分四篇，《本图书》是对河图洛书的解说，《原卦画》是对伏羲
四图及文王二图的解说，《考变占》是对卦变图的解说，《明蓍策》则是对
古筮法的研究。四篇所论，不离九图，虽名曰《启蒙》，其根本目的并非仅
为初学者开启易学之门，而在于进一步论证九图所蕴含的哲学意义，系统
地发挥自己的象数之学。与《本义》相比，朱熹对《启蒙》是感到相当满
意的，认为这是一部带总结性的成熟的著作，完全恢复了《易》之本义，
后之学者如果有意于研究象数之学，只以此书为据便已足够，不必他求。
他在《答方宾王书》中指出："熹向来作《启蒙》，正为见人说得支离，因
窃以谓《易》中所说象数，圣人所已言者不过如此。今学《易》者但晓得
此数条，则于《易》略通大体，而象数亦皆有用，此外纷纷皆不须理会矣。"
（《文集》卷五十六）在《答赵提举书》中指出："近又尝编一小书，略论
象数梗概，并以为献。妄窃自谓学《易》而有意于象数之说者，于此不可
不知，外此则不必知也。"（《文集》卷三十八）《语类》卷十四记载："说《大学》
《启蒙》毕，因言：某一生只看得这两件文字透，见得前贤所未到处。若
使天假之年，庶几将许多书逐件看得恁地，煞有工夫。"这说明朱熹是把《启
蒙》看做自己最成功的代表作，在他一生所写的文字中，只有《大学章句》
可以与之相媲美。

　　《启蒙》首先以《本图书》开篇，从历史考据与哲学义理两个方面来
论证河图洛书乃天地自然之《易》，是"气数之自然形于法象见于图书者"。
关于历史考据方面，朱熹引《易大传》及孔安国、刘歆之言，论证伏羲受
河图而画八卦，禹因洛书而陈九畴，乃古人之成说；又引关子明与邵康节
之言，论证以十为河图，以九为洛书，乃历史之定论。这就从文献学的角
度解决了图书之真伪的问题，并且纠正了刘牧以九为河图、以十为洛书的
谬误。此篇的重点在于哲学义理的开发。朱熹认为，《易大传》所说的天地
之数即河图之数，天地之数五十有五，河图之数亦为五十有五。天地之数
五奇五偶，分阴分阳，各以其类而相求，五位相得而各有合。河图之位亦
复如是，一与六共宗而居乎北，二与七为朋而居乎南，三与八同道而居乎
东，四与九为友而居乎西，五与十相守而居乎中，盖其所以为数者，不过

一阴一阳以两其五行而已。从河图的象数结构来看，中间虚五与十者，太极也；奇数二十、偶数二十者，两仪也；以一二三四为六七八九者，四象也；析四方之合以为乾坤离坎、补四隅之空以为兑震巽艮者，八卦也；本身就是伏羲八卦次序与伏羲八卦方位两图的雏形。因而以河图为象数本原，认为伏羲据河图以作《易》，不管在历史上能否查有实据，就哲学义理而言，却是完全可以成立的。至于洛书，则虽夫子之所未言，但与河图互为经纬表里，并不矛盾。比如河图洛书之位与数其所以不同，是因为河图以五生数统五成数而同处其方，自五以前，为方生之数，自五以后，为既成之数，阴生则阳成，阳生则阴成，阴阳二气，相为终始，而未尝相离。洛书以五奇数统四偶数而各居其所，四正之位，奇数居之，四维之位，偶数居之，阴统于阳，地统于天，天地同流，而定分不易。故河图以十为数，盖揭其全以示人而道其常，是为数之体，洛书以九为数，盖主于阳以统阴而肇其变，是为数之用，二者结成了一对体用的关系。虽然多寡不同，但由于皆以五居中，以中为虚，故二者阴阳之数均于二十而无偏。因此，从洛书的象数结构来看，中间所虚之五，则亦太极也；奇偶各居二十，则亦两仪也；一二三四而含九八七六，纵横十五而互为七八九六，则亦四象也；四方之正以为乾坤离坎，四隅之偏以为兑震巽艮，则亦八卦也。与河图相同，也是先天八卦图的雏形。

朱熹通过这种比较，认为河图与洛书可以互通。河图之一六为水，二七为火，三八为木，四九为金，五十为土，即《洪范》之五行。洛书可以为《易》，河图亦可以为《范》。因而就历史考据而言，《易》乃伏羲之所先得乎图而初无所待于书，《范》则大禹之所独得乎书而未必追考于图，但就哲学义理而言，图可以为书，书亦可以为图，其为理则一，并无先后彼此的区别。此理即自然之理，天地之理。有是理，便有是气，有是气，便有是数。河图乃天地之常数，洛书乃天地之变数，二者皆为天地自然之数。河图五十五而虚十，则洛书四十有五之数。虚五，则大衍五十之数。积五与十，则洛书纵横十五之数。以五乘十，以十乘五，则又皆大衍之数。洛书之五，又自含五而得十，而通为大衍之数。积五与十，则得十五，而通为河图之数。此二者横斜曲直，无所不通，乃气数之自然，代表了天地自然之《易》，也就是未有《易》之前的宇宙的本来面貌，伏羲画卦的本原性的依据。

在朱熹的易学思想中，河图洛书占有极为重要的地位，是他的一整套象数之学所赖以建立的理论基石。他曾与人反复辩论，以维护自己的论点。他在答袁枢疑河图洛书是后人伪作时指出："熹窃谓生于今世而读古人之书，所以能别其真伪者，一则以其义理之所当否而知之，二则以其左验之异同而质之，未有舍此两途而能直以臆度悬断之者也。熹于世传河图洛书之旧所以不敢不信者，正以其义理不悖而证验不差尔。""夫以河图洛书为不足信，自欧阳公以来已有此说，然终无奈《顾命》《系辞》《论语》皆有是言，而诸儒所传二图之数，虽有交互，而无乖戾，顺数逆推，纵横曲直，皆有明法，不可得而破除也。至如河图与《易》之天一至地十者合而载天地五十有五之数，则固《易》之所自出也。洛书与《洪范》之初一至次九者合而具九畴之数，则固《洪范》之所自出也。《系辞》虽不言伏羲受河图以作《易》，然所谓仰观俯察，近取远取，安知河图非其中之一事耶！大抵圣人制作所由，初非一端，然其法象之规模，必有最亲切处。如鸿荒之世，天地之间，阴阳之气，虽各有象，然初未尝有数也，至于河图之出，然后五十有五之数，奇偶生成，粲然可见，此其所以深发圣人之独智，又非泛然气象之所可得而拟也。是以仰观俯察，远求近取，至此而后两仪四象八卦之阴阳奇偶可得而言，虽《系辞》所论圣人作《易》之由者非一，而不害其得此而后决也。"（《答袁机仲书》，《文集》卷三十八）朱熹此处所论，仍然是以义理与考据交相发明，而特别着眼于义理。照朱熹看来，关于河图洛书的探讨，实质上是"欲因象数之位置往来以见天地阴阳之造化，吉凶消长之本原"，重点在义理而不在考据。如果不明义理，即令辨得二图真伪端的不差，亦无所用。反之，如果着眼于义理，则《启蒙》所载之二图，"虽未必便是真图，然于象数本原亦当略见意味，有欢喜处，而图之真伪将不辨而自明矣"。在与学生的交谈中，朱熹则是撇开考据而完全站在义理的角度来强调河图洛书的哲学意义。《语类》卷六十五记载："先生谓甘叔怀曰：曾看河图洛书数否？无事时好看。虽未是要切处，然玩此时，且得自家心流转得动。""先生曰：天地只是不会说，倩他圣人出来说。若天地自会说话，想更说得好在。如河图洛书，便是天地画出底。"

《原卦画》是《启蒙》一书的主体，通论伏羲之《易》与文王之《易》，综述先天之学与后天之学。由于先天乃《易》中第一义，后天必本于先天，故此篇所论，伏羲在前，文王在后。关于伏羲画卦之所由，朱熹仍以《本义》之伏羲四图为据，先画横图，后画圆图，横图以明八八六十四卦生成之次序，圆图以明其组成的方位与运行的原理。《系辞》曾说："《易》有太极，是生两仪，两仪生四象，四象生八卦。"朱熹认为，这是孔子发明伏羲画卦自然之形体，孔子而后，千载不传，唯康节、明道二先生知之。邵子指出这种生成的次序是数的推演，即"一分为二，二分为四，四分为八"，程子则进一步概括为"加一倍法"。朱熹吸取了这些说法，把《本义》之二横图扩展为六横图，详加解说，从哲学上论证八卦的生成完全是出于浑然太极的自然的理势，并未掺杂任何人为的思虑。

其释"《易》有太极"云："太极者，象数未形而其理已具之称，形器已具而其理无朕之目。在河图洛书，皆虚中之象也。周子曰无极而太极，邵子曰道为太极，又曰心为太极，此之谓也。"其释"是生两仪"云："太极之判，始生一奇一偶，而为一画者二，是为两仪，其数则阳一而阴二。在河图洛书，则奇偶是也。周子所谓太极动而生阳，动极而静，静而生阴，静极复动，一动一静，互为其根，分阴分阳，两仪立焉，邵子所谓一分为二者，皆谓此也。"

其释"两仪生四象"云："两仪之上，各生一奇一偶，而为二画者四，是谓四象，其位则太阳一，少阴二，少阳三，太阴四，其数则太阳九，少阴八，少阳七，太阴六。以河图言之，则六者，一而得于五者也；七者，二而得于五者也；八者，三而得于五者也；九者，四而得于五者也。以洛书言之，则九者，十分一之余也；八者，十分二之余也；七者，十分三之余也；六者，十分四之余也。周子所谓水火木金，邵子所谓二分为四者，皆谓此也。"

其释"四象生八卦"云："四象之上，各生一奇一偶，而为三画者八，于是三才略具，而有八卦之名矣。其位则乾一、兑二、离三、震四、巽五、坎六、艮七、坤八。在河图，则乾坤离坎分居四实，兑震巽艮分居四虚。在洛书，则乾坤离坎分居四方，兑震巽艮分居四隅。《周礼》所谓经卦皆八，

《大传》所谓八卦成列，邵子所谓四分为八者，皆指此而言也。"

我们可以把《启蒙》与《本义》对"《易》有太极"章的解释作一番比较。《本义》释此章云："一每生二，自然之理也。《易》者，阴阳之变，太极者，其理也。两仪者，始为一画以分阴阳。四象者，次为二画以分太少。八卦者，次为三画而三才之象始备。此数言者，实圣人作《易》自然之次第，有不假丝毫智力而成者。画卦揲蓍，其序皆然。详见《序例》《启蒙》。"

比较这两种解释，虽然《本义》略而《启蒙》详，但是其中所贯穿的基本思想却是完全一致的。《本义》以太极为理，以《易》为阴阳之变，这种界定是从本体论的哲学思想出发，作出形上与形下的区分。所谓"《易》有太极"，是说在阴阳之变中寓有太极之理，太极无形，阴阳有象，无形者谓之形而上，有象者谓之形而下。由无形到有象，始于伏羲当初之一画，才有一，便有二，其所以如此，是本于一每生二的自然之理。故由太极而两仪、四象、八卦，表现为一种生成的系列、自然之次第。这种象数的生成也就是宇宙的生成，其所依据的原理，属于宇宙论的范围。故就本体论而言，则阴阳涵太极，就宇宙论而言，则太极生阴阳，合而观之，无形的太极之理兼有此两层含义，是有形之象数的本体及其生成的本原。这是朱熹易学思想的总纲。但是《本义》只是略加指点，未作详论，如果不参考《启蒙》，是很难窥见其中的既深刻而又丰满的哲学意蕴的。

《启蒙》对太极的界定，首先着眼于本体论的建构。朱熹指出，"太极者，象数未形而其理已具之称，形器已具而其理无朕之目"。这是说，太极是象数之理而本身并不是象数，因为象数是形而下之器，太极乃是形而上之道，二者分属于两个不同的层次。虽然如此，二者也未尝相离。因为太极作为本体是现象的本体，象数作为现象是本体的现象，就有形的象数而言，其中必寓有无形之理，此无形之理也不能脱离有形的象数而孤立存在，故二者不离不弃，相互依存，形成为一种本体论的结构。在易学史上，汉儒以气释太极，王弼以无释太极。朱熹认为，这都不是确解，唯有周敦颐的"无极而太极"说得的当不易，最为精到。所谓"无极而太极"，意思就是无形而有理，当象数之未形而其理已具。太极即理，理为本体，本体即道，道者天地之心，故邵雍所说的"道为太极"，"心为太极"，也是的当不易之论。但是，此无形之理是否仅仅作为一种静态的结构，只存有而不活动，不能展开为一种动态的过程，生成有形的象数呢？朱熹进一步论证说，实际的情况并非如此。因为自两仪之未分，浑然太极，而两仪四象六十四卦之理，已粲然于其中，生成的功能为浑然太极所固有。从河图洛书来看，虚中之象就是一个浑然太极，虚者无形，中五者有理，此理既是一个本体结构，也具有生成的功能。在《本图书》中，朱熹曾作了详细的解释。他指出："河图以生数为主，故其中之所以为五者，亦具五生数之象焉。其下一点，天一之象也；其上一点，地二之象也；其左一点，天三之象也；其右一点，地四之象也；其中一点，天五之象也。洛书以奇数为主，故其中之所以为五者，亦具五奇数之象焉。其下一点，亦天一之象也；其左一点，亦天三之象也；其中一点，亦天五之象也；其右一点，则天七之象也；其上一点，则天九之象也。"河图以五生数统五成数而为数之体，洛书以五奇数统四偶数而为数之用，体是本体，用是功能，体用相依，故其虚中之五内在地蕴含着一种自然的理势，按照一分为二的程序，生成出一套两仪四象以至八八六十四卦的有形的象数。

两仪是由浑然太极一动一静分阴分阳而生出。太极是理，阴阳是气，太极无形而阴阳有形，有气有形便有数，数是气的分界限处，数的本质在于奇偶，故太极分阴分阳也就同时产生一奇一偶。阴阳之象成双，奇偶之数成对，是为两仪。朱熹曾说："大抵《易》只是一个阴阳奇偶而已，此外更有何物？"阴阳奇偶就是象数，象数乃《易》之根本，而象数肇始于两仪，追本溯源，两仪之立则是肇始于太极之一动一静。关于这个思想，朱熹以河图洛书为证，并引周子与邵子之说以相发明，特别是周子的《太极图说》。在河图洛书，其奇偶之数各居二十，阳数奇，阴数偶，就是阴阳奇偶之分。邵子的一分为二是就数上说，周子的分阴分阳是就气上说，由于气便是数，合而言之，是皆气数之自然。此气数之自然，动静两端，循环不已，而其动其静，则必有所以动静之理，是则所谓太极。周子所说"太极动而生阳，动极而静，静而生阴"，这也就是太极之判始生一奇一偶的过程。朱熹认为，"自太极而分两仪，则太极固太极也，两仪固两仪也。自两仪而分四象，则两仪又为太极，而四象又为两仪矣。自是而推之，由四而八，由八而十六，由十六而三十二，由三十二而六十四，以至于百千万亿之无穷，虽其见于摹画者，若有先后而出于人为，然其已定之形，已成之势，则固已具于浑然之中，而不容毫发思虑作为于其间也"。朱熹此处所论，是把整个象数系统的生成统统归结为太极与两仪的关系。自太极而分两仪，这是理生气，理先而气后，气由理而生，本于宇宙论的原理，故二者不可相杂，太极就是太极，两仪就是两仪。及其既生之后，则理复在气之内，太极即在两仪之中，二者结成一种本体论的关系而不可相离，故自两仪而分四象，则两仪又为太极，而四象又为两仪。就宇宙的本来面目而言，盈天地之间莫非太极阴阳之妙，象数作为一种符号系统是对此本然之妙的一种忠实的摹写和反映，相对来说属于后起，始于伏羲当初之一画，故其所依据的原理也必然具有宇宙论与本体论的双重含义，不可只知其一而不知其二。在与学生的交谈中，朱熹对这个思想作了详细的解说。《语类》卷七十五记载：

　　问"《易》有太极，是生两仪，两仪生四象，四象生八卦"。曰："此太极却是为画卦说。当未画卦前，太极只是一个浑沦底道理，里面包含阴阳、刚柔、奇偶，无所不有。及各画一奇一偶，便是生两仪。再于一奇画上加一偶，此是阳中之阴；又于一奇画上加一奇，此是阳中之阳；又于一偶画上加一奇，此是阴中之阳；又于一偶画上加一偶，此是阴中之阴；是谓四象。所谓八卦者，一象上有两卦，每象各添一奇一偶，便是八卦。"

　　周子康节说太极，和阴阳滚说。《易》中便抬起说。周子言"太极动而生阳，静而生阴"。如言太极动是阳，动极而静，静便是阴；动时便是阳之太极，静时便是阴之太极，盖太极即在阴阳里。如"《易》有太极，是生两仪"，则先从实理处说。若论其生则俱生，太极依旧在阴阳里。但言其次序，须有这实理，方有阴阳也。其理则一。虽然，自见在事物而观之，则阴阳函太极；推其本，则太极生阴阳。

　　《易》不过只是一个阴阳奇偶，千变万变，则《易》之体立。若奇偶不交变，奇纯是奇，偶纯是偶，去那里见《易》？《易》不可见，则阴阳奇偶之用，亦何自而辨？

照朱熹看来，象数乃《易》之根本，而阴阳奇偶又是象数之根本，阴阳奇偶始于太极之一动一静，处于不断分化与组合的过程中，如果没有阴阳奇偶的交变，则《易》之体便不复成立。此体是体质之体，形体之体，犹言骨子，非此则实理无所顿放，这也就是说，在阴阳奇偶的象数所构成的《易》之体中，即寓有阴阳奇偶的爻变之理。据此而论，邵子所说的"一分为二，二分为四，四分为八"的画卦的次序，看来是一种数的推演，实质上是阴阳奇偶不断地分化与组合，"虽其见于摹画者若有先后而出于人为，然其已定之形，已成之势，则固已具于浑然之中"。故自两仪生四象，四象生八卦，引而伸之，以至无穷，都可以归结为太极与两仪的关系，以阴阳奇偶之交变作为最根本的动力学的原理。朱熹认为，"伏羲画卦皆是自然"。"自太极生两仪，只管画去，到得后来，更画不迭。正如磨面相似，四下都恁地自然撒出来。""看他当时画卦之意，妙不可言。"（《语类》卷六十五）《启蒙》所列的六横图是对这种自然生成次序的图解。其所以自然，是因为完全符合阴阳奇偶的自然之理，自本而干，自干而枝，其势若有所迫而自不能已，不曾用些子心思智虑。

若将八卦横图与六十四卦横图规而圆之，即成为两个圆图。《启蒙》所列之伏羲八卦图即《本义》之伏羲八卦方位图，其伏羲六十四卦图即《本义》之伏羲六十四卦方位图。关于横图与圆图的关系，朱熹引《说卦》及邵子之文，加按语解释说：

> 以横图观之，有乾一而后有兑二，有兑二而后有离三，有离三而后有震四，有震四而巽五、坎六、艮七、坤八亦以次而生焉，此《易》之所以成也。而圆图之左方，自震之初为冬至，离兑之中为春分，以至于乾之末而交夏至焉，皆进而得其已生之卦，犹自今日而追数昨日也，故曰数往者顺。其右方，自巽之初为夏至，坎艮之中为秋分，以至于坤之末而交冬至焉，皆进而得其未生之卦，犹自今日而逆计来日也，故曰知来者逆。然本《易》之所以成，则其先后始终，如横图及圆图右方之序而已，故曰《易》逆数也。

关于将横图改成圆图以及作图之大指，朱熹在《答叶永卿书》中解释说：

　　先天之说，昨已报商伯矣。来喻亦推得行，然皆未能究其缊。须先将六十四卦作一横图，则震巽复姤正在中间。先自震复而却行以至于乾，乃自巽姤而顺行以至于坤，便成圆图。而春夏秋冬，晦朔弦望，昼夜昏旦，皆有次第。此作图之大指也。又左方百九十二爻本皆阳，右方百九十二爻本皆阴，乃以对望交相博易而成。此图若不从中起以向两端，但从头至尾，则此等类皆不可通矣。试用此意推之，当自见得也。（《文集》卷五十二）

关于圆图的运行机制与结构原理，朱熹在语录中解释说：

　　所问先天图曲折，细详图意，若自乾一横排至坤八，此则全是自然。故《说卦》云："《易》，逆数也。"（皆自已生以得未生之卦。）若如圆图，则须如此，方见阴阳消长次第。（震一阳，离兑二阳，乾三阳。巽一阴，坎艮二阴，坤三阴。）虽似稍涉安排，然亦莫非自然之理。自冬至至夏至为顺，盖与前逆数者相反。（皆自未生而反得已生之卦。）自夏至至冬至为逆，盖与前逆数者同。其左右与今天文家说左右不同，盖从中而分，其初若有左右之势尔。（自北而东为左，自南而西为右。）

　　安卿问："《先天图说》曰：'阳在阴中，阳逆行；阴在阳中，阴逆行。阳在阳中，阴在阴中，皆顺行。'何谓也？"曰："图左一边属阳，右一边属阴。左自震一阳，离兑二阳，乾三阳，为阳在阳中，顺行；右自巽一阴，坎艮二阴，坤三阴，为阴在阴中，顺行。坤无阳，艮坎一阳，巽二阳，为阳在阴中，逆行；乾无阴，兑离一阴，震二阴，为阴在阳中，逆行。"

　　先天图更不可易。自复至乾为阳，自姤至坤为阴。以乾坤定上下之位次，坎离列左右之门为正。以象言之，天居上，地居下，艮为山，故居西北；兑为泽，故居东南；离为日，故居于东；坎为月，故居于西；震为雷，居东北，巽为风，居西南。（《语类》卷六十五）

朱熹认为，横图所表示的是《易》之所以成，自乾一横排至坤八，其生成的次第全是自然，而圆图所表示的则是一个宇宙模型，虽似稍涉安排，然亦莫非自然之理。圆图是根据横图而来，必先有卦的生成而后始能作出圆图。圆图的具体作法是，将横图由中间的震巽复姤四卦为界，分成两半，使震复逆行与乾相接而居左，使巽姤顺行与坤相接而居右，这就自然拼接成为一个圆图。在这个圆图中，自北而东为左，自南而西为右，既有确定的方位，也有左右旋转的运行方向，可以表示一年的春夏秋冬，一月的晦朔弦望，一日的昼夜昏旦，实际上就是一个井然有序的卦气图，如果不作圆图而只是从头至尾看横图，则此等类皆不可通。圆图的方位是按照对待的原则排列的，这就是《说卦》所说的"天地定位，山泽通气，雷风相薄，水火不相射，八卦相错"。天与地相对，故乾南坤北，定上下之位次。水与火相对，故离东坎西，列左右之门。是为四正。兑居东南，艮居西北，这是山泽通气。震居东北，巽居西南，这是雷风相薄。是为四维。对待的方位既定，阴阳之间必互相博易，博易也就是交易，阴交于阳，阳交于阴，阴对换为阳，阳对换为阴，六十四卦圆图阴阳爻左右对称性的结构即以此二者对望交相博易而成。圆图之左方百九十二爻本皆阳，右方百九十二爻本皆阴，由于交相博易，东边一画阴，便对西边一画阳，东边复至乾三十二卦，其百有十二阳爻为其本有，其八十阴爻皆是自西边来，西边姤至坤三十二卦，其百有十二阴爻为其本有，其八十阳爻皆是自东边来。这种交相博易表现了阴阳之升降往来，消息盈虚，同时也是一个流行的过程。《说卦》所说的"数往者顺，知来者逆"，即就左仪右仪有流行之次序而言，自左观之似顺，自右观之似逆，左方是数往，右方是知来。数往是自震之初为冬至以至于乾之末而交夏至，皆进而得其已生之卦；知来是自巽之初为夏至以至于坤之末而交冬至，皆进而得其未生之卦。这个圆图就是传自道教系统的先天图。朱熹对先天图赞赏备至，认为是一个极好的宇宙模型，虽无言语而有自然之象数，对待流行，时空交织，蕴含着盈虚消息之理，可以用来表示天地人三才万事万物的终始变化。他指出：

　　先天图直是精微，不起于康节。希夷以前元有，只是秘而不传。

次第是方士辈所相传授底。

先天图今所写者，是以一岁之运言之。若大而古今十二万九千六百年，亦只是这圈子，小而一日一时，亦只是这圈子。都从复上推起去。

先天图，一日有一个恁地道理，一月有一个恁地道理，以至元会运世，十二万九千六百岁，亦只是这个道理。

问："'先天图，心法也，图皆自中起，万化万事生乎心'，何也？""其中白处者，太极也。三十二阴、三十二阳者，两仪也；十六阴、十六阳者，四象也；八阴、八阳，八卦也。"

问："'图虽无文，终日言之，不离乎是'，何也？"曰："一日有一日之运，一月有一月之运，一岁有一岁之运。大而天地之终始，小而人物之生死，远而古今之世变，皆不外乎此，只是一个盈虚消息之理。本是个小底，变成大底；到那大处，又变成小底。"（《语类》卷六十五）

《说卦》"帝出乎震"章，其卦位的排列，震东兑西，离南坎北，巽居东南，艮居东北，坤居西南，乾居西北。邵子认为，此卦位乃文王所定，所谓后天之学也。朱熹接受了邵子的说法，但在《本义》中却仅指出："所推卦位之说，多未详者。"经过多年的探索，才在《启蒙》中对文王改易伏羲卦图之意提出了自己的解释。他解释说：

盖自乾南坤北而交，则乾北坤南而为泰矣。自离东坎西而交，则离西坎东而为既济矣。乾坤之交者，自其所以成而反其所由生也，故再变则乾退乎西北，坤退乎西南也。坎离之变者，东自上而西，西自下而东也，故乾坤既退，则离得乾位，而坎得坤位也。震用事者发生于东方，巽代母者长养于东南也。

尝考此图而更为之说曰：震东兑西者，阳主进，故以长为先而位乎左，阴主退，故以少为贵而位乎右也。坎北者，进之中也。高南者，退之中也。男北而女南者，互藏其宅也。四者皆当四方之正位，而为用事之卦。然震兑始而坎离终，震兑轻而坎离重也。乾西北、坤西南者，父母既老而退居不用之地也。然母亲而父尊，故坤犹半用，而乾全不用也。艮东北、巽东南者，少男进之后而长女退之先，故亦皆不用也。然男未就傅，女将有行，故巽稍向用而艮全未用也。四者皆居四隅不正之位，然居东者未用，而居西者不复用也，故下文历举六子而不数乾坤。至其水火雷风山泽之相偶，则又用伏羲卦云。

朱熹的这两段解释，前一段主要本于邵子之说，后一段则是自己的发挥。邵子曾说："乾坤纵而六子横，《易》之本也。震兑横而六卦纵，《易》之用也。""至哉文王之作《易》也，其得天地之用乎。"这是把先天与后天的关系看成是一种体用关系，先天为体，后天为用，体因用而立，用由体而发，文王改易伏羲卦图所排列的后天八卦方位，其根本精神在于"得天地之用"。究竟先天如何变而为后天,既然后天的根本精神在于一个"用"字，那么这个"用"字在后天的卦位排列上又是如何具体地落实，朱熹的解释就是围绕着这两个问题而展开的。

关于第一个问题，朱熹认为，由先天变而为后天，是以阴阳之相交作为内在的动力。相交以相对为前提，先天卦位乾南坤北，这是天与地相对，离东坎西，这是火与水相对。有了相对，必有相交，而相交是一个流行的过程，有了相交，必然会产生方位的转移。故乾坤交而为泰，离坎交而为既济。泰卦坤上乾下，南北易位，乃天地之气相交，既济卦坎上离下，东西易位，乃水火之气相交。不相交则无可通之理，通是阴阳不相害而相应的和谐的统一，造化之所以流行而发育的本质所在。唯其求通，故乾北坤南交而为泰，离西坎东交而为既济，这就推动了方位之错处，产生了八卦相错的情况。但这只是第一变。就乾坤之交而言,由于乾生于子，坤生于午，子为北，午为南，北由西北而来，南由西南而来，自其所以成而反其所由生，故再变则乾退乎西北，坤退乎西南。就坎离之变而言，离的运行方向是由东自上而西，坎的运行方向是由西自下而东，在这个运行过程中，由于乾坤已退出南北之位，故离得乾位而居南，坎得坤位而居北。此乾坤坎离四卦所定之位，就是由先天变而为后天的卦位。至于震东兑西，则是本于阳进阴退的原理，震为长男，兑为少女，阳主进，故以长为先而位乎左，阴主退，故以少为贵而位乎右。艮东北巽东南也是本于阳进阴退的原理而定位，艮为少男，巽为长女，少男由西北进而至东北，长女也随之由西南退而至东南。关于第二个问题，朱熹认为，震兑坎离，四者皆当四方之正位，而为用事之卦。乾坤艮巽，四者皆居四隅不正之位，乾西北，坤西南，为不用之地，艮东北全未用，巽东南稍向用，总起来看，居东者未用，而居西者不复用。其所以如此，是因为乾坤乃六子之父母，父母既老，不复用事，退居不用之地，故用事者历举六子而不数乾坤。由于三男三女的具体情况不同，其所承担之用也就有轻有重，各有分职。震兑为阴阳之始交，故当朝夕之位而用事。坎离为进退之中，故当子午之位而用事，是为四正。艮为少男，尚未就傅，不足以用。巽为长女，代母用事，故稍向用而长养于东南。至于其所以为用，仍然是本于水火雷风山泽之相偶，以伏羲先天之卦位为体。

从朱熹的其他一些言论来看，他并未把这种解释视作定论，而是坦率地承认，"文王八卦不可晓处多"，"纵横反覆竟不能得其所以安排之意"，终其一生，始终是感到困惑莫解，留下了许多疑窦。在与学生的交谈中，朱熹指出："文王八卦，不可晓处多。如离南坎北，离坎却不应在南北，且做水火居南北。兑也不属金。如今只是见他底惯了，一似合当恁地相似。""'帝出乎震'，万物发生，便是他主宰，从这里出。'齐乎巽'，晓不得。离中虚明，可以为南方之卦。坤安在西南，不成西北方无地！西方肃杀之地，如何云'万物之所说'？乾西北，也不可晓，如何阴阳只来这里相薄？"（《语类》卷七十七）尽管"帝出乎震"章大抵难晓，但是由于朱熹坚信后天八卦乃文王所定，《说卦》为孔子所作，其中必有深刻的哲学意蕴，所以他一直是以严谨审慎的态度，立足于加深理解，进行不懈的探索。他在《答袁机仲书》中指出："乾于文王八卦之位在西北，于十二卦之位在东南。坤于文王八卦之位在西南，于十二卦之位在西北。故今图子列文王八卦于内而布十二卦于外，以见彼此位置迥然不同，虽有善辩者不能合而一之也。然十二卦之说可晓，而八卦之说难明，可晓者当推，难明者当阙。按图以观，则可见矣。""至于文王八卦，则熹尝以卦画求之，纵横反覆，竟不能得其所以安排之意，是以畏惧不敢妄为之说，非以为文王后天之学而忽之也。夫文王性与天合，乃生知之大圣，而后天之学，方恨求其说而不得，熹虽至愚，亦安敢有忽之之心耶！但如来书所论，则不过是因其已定之位，已成之说，而应和赞叹之尔，若使文王之意止于如此，则熹固已识之，不待深思，而犹病其未得矣。故尝窃谓高明之于此图，尊之虽至，信之虽笃，而所以知之，则恐有不如熹之深者，此又未易以言语道也。至如邵氏以此图为文王之学，虽无所考，然《说卦》以此列于'天地定位''雷以动之'两节之后，而其布置之法，迥然不同，则邵氏分之以属于伏羲文王，恐亦不为无理，但未晓其根源，则姑阙之以俟知音，亦无甚害，不必卓然肆意立论而轻排之也。"（《文集》卷三十八）

朱熹与袁机仲论《易》共十一书，皆作于淳熙十三年丙午（1186）《启蒙》书成之后，以上所引为其第五书与第七书。据陈来《朱子书信编年考证》，此二书作于戊午（见该书第452页），即庆元四年（1198），可见朱熹毕生探索直到晚年尚未对文王八卦的方位排列得出一个成熟的看法。比较起来，朱熹对《原卦画》所论感到满意的并非后天之学，而是先天之学。他在《答袁机仲书》中指出："若要见得圣人作《易》根原直截分明，却不如且看卷首横图。自始初只有两画时渐次看起，以至生满六画之后，其先后多寡既有次第，而位置分明不费词说。于此看得，方见六十四卦全是天理自然挨排出来。""盖《易》之心髓全在此处。""然与见今《周易》次第行列多不同者，故闻者创见多不能晓而不之信，只据目今见行《周易》，缘文生义，穿凿破碎，有不胜其杜撰者，此《启蒙》之书所为作也。若其习闻易晓，人人皆能领略，则又何必更著此书，以为屋下之屋，床上之床哉！"（《文集》卷三十八）这说明朱熹作《启蒙》，主要目的在于阐发先天之学，而这个目的是圆满实现了。此是《易》中第一义，至于后天之学则属于第二义。朱熹认为，即令目前对文王卦位不能完全理会，但只要把第一义理解透彻，然后轻轻揭起第二义去逐渐理会，积累之久，终有一天是会豁然贯通的。

《明蓍策》是对古筮法的研究。所谓筮法，即揲蓍以求卦的方法，这种方法是以画卦的原理为依据的。故画卦与揲蓍虽为二事，实际上是相互联系，不可割裂。如果说画卦是象数的根本，揲蓍乃其用处之实，依据原理而推出方法是由体以及用，通过方法而掌握原理则是由用以明体。朱熹常常慨叹，伏羲画卦的原理而今所以难理会，"盖缘亡了那卜筮之法"。"《说卦》中说许多卜筮，今人说《易》，却要扫去卜筮，如何理会得《易》？每恨不得古人活法，只说得个半死半活底。若更得他那个活法，却须更看得高妙在。""今之说《易》者，先捶击了卜筮。如《下系》说卜筮，是甚次第！某所恨者，不深晓古人卜筮之法，故今说处多是想象古人如此。若更晓得，须更有奥义可推。""大凡人不曾着实理会，则说道理皆是悬空。如读《易》不曾理会揲法，则说《易》亦是悬空。"（《语类》卷六十六）从这些言论可以看出，朱熹对古筮法的研究，主要是着眼于更深入地阐发先天象数所蕴含的哲学奥义，使易学的精神得以落到实处而不悬空，并非完全局限于具体的方法层面，单就筮法本身从事纯技术性的探讨。关于古之筮法，《系辞上传》的"大衍之数"章是唯一可据的文献。《本义》对此章作了简要的解说，后来又加按语指出："此第九章，言天地大衍之数，揲蓍求卦之法，然亦略矣。意其详具于太卜筮人之官，而今不可考耳。其可推者，《启蒙》备言之。"《明蓍策》通篇也是对此章的解说，但是与《本义》相比，却是详备得多了。在《本义》中，朱熹指出，揲蓍求卦之法本于大衍之数，"盖出于理势之自然，而非人之知力所能损益"，"其变化往来、进退离合之妙，皆出自然，非人之所能为"。《启蒙》对筮法的解说，贯穿了同样的思路。他指出，"其为蓍也，分合进退，纵横逆顺，亦无往而不相值"，"其相与低昂如权衡，其相与判合如符契，固有非人之私智所能取舍"，"亦皆有自然之法象焉"。因此，虽然就揲蓍求卦的具体的操作方法而言，《本义》略而《启蒙》详，但就基本思路而言，其实并无二致，始终是站在哲学的高度，力求把这种具体的操作方法安排得合乎"自然之法象"，"理势之自然"。朱熹认为，古之筮法由画卦的原理直接推出，全是自然，自孔子来千五百年，人都理会不得。唐时人说得虽有病痛，大体理会得是。近来说得太乖，自郭子和始。所以朱熹继《启蒙》之后，又作《蓍卦考误》（载于《文集》卷六十六），以辨郭雍之失。《启蒙》侧重于正面的解说，《蓍卦考误》则是一部论战性的著作，此二书互相发明，全面地体现了朱熹的基本思路，凸显了他之所以关注筮法研究的用心所在。

《系辞》指出："大衍之数五十，其用四十有九。分而为二以象两，挂一以象三，揲之以四以象四时，归奇于扐以象闰，故再扐而后挂。""是故四营而成易，十有八变而成卦。"关于大衍之数，《本义》以河图中宫天五乘地十而得之，《启蒙》以河图洛书之中数皆五，衍之而各极其数以至于十，则合为五十，此二说皆推本于图书。以河洛之数用于画卦，自本而干，自干而枝，按照一分为二、二分为四的次序，必然展开而为六十四卦。以大衍之数用于揲蓍，按照四营、十八变的次序，也是同样必然展开而为六十四卦。故观象以画卦与揲蓍以命爻虽为二事，而不约而符，实皆本于图书而出于理势之自然。这种理势之自然既是朱熹从事筮法研究所欲趋向的理想目标，也是据以判断后世筮法之正误的客观准则。

关于揲蓍之法的具体步骤，朱熹解释说，大衍之数五十，置其一不用，以象太极。而其当用之策，凡四十有九，盖两仪具而未分之象。然后分而为二以象两仪，挂一以象三才，揲之以四以象四时，归奇于扐以象闰。此分二、挂一、揲四、归奇谓之四营，即四次经营。四营而成易，易字只是个变字，四度经营，方成一变。第一变挂扐之数，非五即九。一变之后，除前余数，又进行四营，是谓再变，其挂扐之数，非四即八。再变之后，除前两次余数，又进行四营，是谓三变，其挂扐之数，也是非四即八。三变既毕，乃合三变，视其挂扐之奇偶，以分所遇阴阳之老少，是谓一爻，故三变而成爻。关于此三变之阴阳老少如何判定，朱熹指出了四种可能出现的情况。如果挂扐之数为五、四、四，其和为十三，除初挂之一为十有二，以四约而三分之，为一者三，由三变而得三奇，一奇象圆而围三，三三得九，九为老阳。过揲之数三十有六，以四约之得九，亦为老阳之数。如果挂扐之数为五、四、八或九、四、四，其和为十七，除初挂之一为十有六，以四约而三分之，为一、一、二，由三变而得两奇一偶，奇象圆而为三，偶象方而为二，故两奇一偶之数其和为八，八为少阴。过揲之数三十有二，以四约之得八，亦为少阴之数。如果挂扐之数为五、八、八或九、四、八，其和为二十一，除初挂之一为二十，以四约而三分之，为一、二、二，由三变而得两偶一奇，奇三而偶二，故两偶一奇之数其和为七，七为少阳。过揲之数二十有八，以四约之得七，亦为少阳之数。如果挂扐之数为九、八、八，其和为二十五，除初挂之一为二十四，以四约而三分之，为二、二、二，由三变而得三偶，偶象方而为二，故三偶之数其和为六，六为老阴。过揲之数二十有四，以四约之得六，亦为老阴之数。朱熹对具体的操作方法作了详细的解说之后，接着上升到抽象的原理层面，进行哲学的探讨。他指出："凡此四者，皆以三变皆挂之法得之。盖经曰再扐而后挂，又曰四营而成易，其指甚明。《注疏》虽不详说，然刘禹锡所记僧一行、毕中和、顾象之说，亦已备矣。近世诸儒乃有前一变独挂、后二变不挂之说，考之于经，乃为六扐而后挂，不应五岁再闰之义，且后两变又止三营，盖已误矣。"

　　所谓近世诸儒，主要是针对着郭雍而言。郭雍著《蓍卦辨疑》，专以前一变独挂、后二变不挂为说。此说与朱熹的分歧，从文献学的角度看，在于对"归奇于扐"有不同的解释。郭雍认为，奇者所挂之一也，扐者左右两揲之余也。得左右两揲之余置于前而以奇归之，即为归奇于扐。由于归奇所挂之一在前一变中业已完成，故前一变独挂，后二变不必再挂。朱熹指出，按照这种解释，一变有左右两扐，三变共有六扐，这就违背经文"再扐而后挂"之义，而成为六扐而后挂了。此外，经文明言"四营而成易"，如果后二变不挂，这就止有三营而不是四营了。所谓"归奇于扐"，奇指左右四揲之余，扐为指间，正确的解释应该是归此余数于指间。但是，朱熹与郭雍的分歧，关键不在文字训诂，而在由此所推导的方法是否合乎自然之法象。郭雍主张，判定阴阳老少之爻象独以过揲之数为断。这就是说，三变之后，除掉挂扐之数，其余数有四种情况：三十六、三十二、二十八、二十四，分别揲之以四，即可得出九为老阳、八为少阴、七为少阳、六为老阴四种爻象。这种方法叫做"过揲法"，朱熹称之为"近世之法"。朱熹称他自己的方法为"旧法"，即与经文本义相符的古之筮法，也叫做"挂扐法"。这种方法的具体操作如前所述，其根本精神是根据手指之间的余数确定爻象，而不以过揲之数为断。如果单从最后的结果来看，无论是用"挂扐法"还是用"过揲法"，都是一样，没有任何差别，但是朱熹强调指出，"挂扐法"有自然之法象，而"过揲法"无复自然之法象，从象数本原的角度来看，二者存在着重大的分歧。关于这个思想，朱熹在《启蒙》《蓍卦考误》以及《与郭冲晦书》中进行了反复论证，归结起来，其所持的理由约有三点：

一是以挂扐为本，以过揲为末，不可舍本而取末；二是以挂扐为约，以过揲为繁，不可去约以就繁；三是以挂扐定爻象可见阴阳之消长，以过揲定爻象则参差不齐。

关于本末之辨，朱熹指出："挂扐之数，乃七、八、九、六之原，而过揲之数，乃七、八、九、六之委。"原为本，委为末。其所以如此，是因为通过挂扐之数可以直接得出七、八、九、六，若为三奇则为九，若为三偶则为六，若为两奇一偶则为八，若为两偶一奇则为七，至于通过过揲之数，则必除之以四而后始得，何者为本，何者为末，其理甚明。尽管二者可以相通，以四乘挂扐之数，必得过揲之策，以四除过揲之策，必得挂扐之数，其自然之妙，如牝牡之相衔，如符契之相合，但是其前为挂扐，其后为过揲，这种前后相因的次第是不容颠倒的。在《与郭冲晦书》中，朱熹进一步指出："大抵河图洛书者，七八九六之祖也；四象之形体次第者，其父也；归奇之奇隅方圆者，其子也；过揲而以四乘之者，其孙也。今自归奇以上皆弃不录，而独以过揲四乘之数为说，恐或未究象数之本原也。"（《文集》卷三十七）

关于约繁之辨，朱熹指出："过揲之数，虽先得之，然其数众而繁。归奇之数，虽后得之，然其数寡而约。纪数之法，以约御繁，不以众制寡。"从象数之本原的角度看，归奇之数本于图书，定于四象。四象既立，则太阳居一而含九，少阴居二而含八，少阳居三而含七，太阴居四而含六，故七八九六即四象之数，乃天地之间自然之理。通过揲蓍的操作，然后挂扐之奇偶方圆有以兆之于前，过揲之三十六、三十二、二十八、二十四有以乘之于后，而九六七八之数隐然于其中。因而归奇之数寡而约，过揲之数众而繁，应以约御繁，而不可以众制寡。

关于以挂扐定爻象可见阴阳之消长，朱熹着眼于其中的数理论证说，四十九策，除初挂之一而为四十八，以四约之为十二，以十二约之为四，揲蓍虽是一个随机的过程，但由此而确定的阴阳老少的爻象是与数的演变规律完全相符的。如果挂扐之数为十二，过揲之数为三十六，是为老阳。如果挂扐与过揲之数皆为二十四，是为老阴。老阴老阳为阴阳之极，二极之间，相距之数凡十有二。如果以四为单位，自阳之极进其挂扐为十六，退其过揲为三十二，则为少阴。自阴之极退其挂扐为二十，进其过揲为二十八，则为少阳。由此可见，挂扐之数，老阳极少，老阴极多，二少一进一退而交于中，从而显示了阳奇而阴偶、以少为贵的数理。过揲之数，老阳极多，老阴极少，二少亦一进一退而交于中，从而显示了阳实而阴虚、以多为贵的数理。朱熹根据这种论证进一步指出："凡此不唯阴之与阳既为二物而迭为消长，而其一物之中，此二端者又各自为一物而迭为消长。"这种阴阳消长就是气数之自然，自然之法象。若用过揲之法，则三变之余无复奇偶之分，三变之后，阴阳老少之爻象又皆参差不齐，这就无复自然之法象了。

就挂扐与过揲两种方法的本身而言，究竟孰是孰非的问题在易学史上并没有得到真正的解决。朱熹的说法虽然具有权威，郭雍的说法也有不少人拥护。李光地《周易折中》卷十四指出："按郭雍本其先人郭忠孝之说以为蓍说，引张子之言为据，朱子与之往复辩论。""然以归奇为归挂一之奇，则自虞翻已为此说。且玩经文语气，归奇于扐，奇与扐自是两物而并归一处尔，此义则郭氏之义可从。"但是，朱熹之所以必详论挂扐，深病郭说之非，主要是出于哲学的考虑，以明法象自然之妙。郭雍曾向朱熹表示，"大衍之数五十，是为自然之数，皆不可穷其义"。这说明郭雍既不懂哲学，也无哲学的兴趣，只是依据前人的一些成说，局限于从具体的操作方法上进行某种安排。朱熹作为一个伟大的哲学家，则是坚定地认为，"熹窃谓既谓之数，恐必有可穷之理"。（《与郭冲晦书》，《文集》卷三十七）这说明朱熹从事筮法的研究，目的是为了穷筮法之理，并非与郭雍站在同一个层次。尽管他所主张的挂扐法后世仍有异议，不算定论，但是他所开拓的思路，把筮法提到哲学的高度来考察，却对后世产生了极为深远的影响。

《考变占》作为《启蒙》的终篇，结合变占之法，作了卦变三十二图，以明一卦可变六十四卦之理。此三十二图是对《本义》所载之卦变图的进一步的调整和完善。朱熹认为，卦变说非画卦作《易》之本指，独于《彖传》之辞有用，而《彖传》乃孔子所作，属于后天之学。先天与后天的区别，在于先天是自初未有画时说到六画满处，后天则是就卦成之后各因一义推说。如果说文王的后天之学改变了伏羲先天卦图之意，由第一义降而为第二义，那么孔子因文王之《易》而作《彖传》，则是由第二义降而为第三义了。据此而论，在朱熹的易学体系中，关于卦变的思想，其定位并不是很高的。虽然他十分重视这项研究，但却始终是严守先天后天之分，把卦变限制在有助于讲通今本《周易》经传的较低的层次。比如他针对程子专以乾坤言变卦之说指出："便是此处说得有碍。且《程传》贲卦所云，岂有乾坤重而为泰，又自泰而变为贲之理！若其说果然，则所谓乾坤变而为六子，八卦重而为六十四，皆由乾坤而变者，其说不得而通矣。盖有则俱有，自一画而二，二而四，四而八，而八卦成；八而十六，十六而三十二，三十二而六十四，而重卦备。故有八卦，则有六十四矣。此康节所谓先天者也。若'震一索而得男'以下，乃是已有此卦了，就此卦生出此义，皆所谓后天之学。今所谓卦变者，亦是有卦之后，圣人见得有此象，故发于《彖辞》。安得谓之乾坤重而为是卦？则更不可变而为他卦耶！若论先天，一卦亦无。既画之后，乾一兑二，离三震四，至坤居末，又安有乾坤变而为六子之理！凡今《易》中所言，皆是后天之《易》。且以此见得康节先天后天之说，最为有功。"（《语类》卷六十七）"伊川说乾坤变为六子，非是。卦不是逐一卦画了，旋变去，这话难说。伊川说两仪四象，自不分明。卦不是旋取象了方画，须是都画了这卦，方只就已成底卦上面取象，所以有刚柔、来往、上下。"（《语类》卷七十一）

实际上，专以乾坤言卦变并非程子的创论，而是易学史上的成说。早在汉代，孟喜的十二辟卦，京房的八宫卦，荀爽的乾升坤降说，均主此论，虞翻的卦变图更是发展成为一个完整的体系。黄宗羲在《易学象数论》中指出："古之言卦变者，莫备于虞仲翔，后人不过踵事增华耳。"到了宋代，李之才、朱震、苏轼、程颐等人，皆以《说卦》乾坤生六子之文为据，沿袭了这种成说。朱熹认为，乾坤生六子是文王的道理，而不是伏羲的道理。从先天之学的角度来看，八卦乃是从太极两仪四象渐次生出，方其为两仪，则未有四象，方其为四象，则未有八卦，那时只是阴阳，未有乾坤，乾坤之名是直到八卦画成而后始有。故以六子为乾坤所生，以乾坤为卦变的总根源，不合于八卦生成的自然的次序，在理论上难以成立。此外，程子专以乾坤言卦变，然只是上下两体皆变者可通，若只一体变者则不通，作为一种解释的方法，也不是很合用的。正是基于这种考虑，所以朱熹为了把属于后天之学的今本《周易》的经传讲通，不得不摒弃旧说，另辟蹊径，建构一种新的卦变理论。他在《答王伯礼书》中指出：“《易》中先儒旧法皆不可废，但互体、五行、纳甲、飞伏之类未及致思耳。卦变独于《彖传》之词有用，然旧图亦未备。顷尝修定，今写去，可就空处填画卦爻，而以《彖传》考之，则卦所从来皆可见矣。然其间亦有一卦从数卦而来者，须细考之，可以见《易》中象数无所不通，不当如今人之拘滞也。”（《文集》卷五十四）由此可见，朱熹从事卦变理论的建构，一方面是以《彖传》作为主要的参照，另一方面还要参照象数的根本原理，看其是否合乎纵横曲直反覆相生的“活法”。所谓活法，他在《答程可久书》中解释说：“大抵古书残阙，未易以臆说断。惟占筮之法，则其象数具存，恐有可以义起者。推而得之，乃所谓活法耳。”（《文集》卷三十七）就《彖传》而言，说卦变者凡十九卦，盖言成卦之由，《彖传》不言成卦之由，则不言所变之爻。此十九卦是：讼、泰、否、随、蛊、噬嗑、贲、无妄、大畜、咸、恒、晋、睽、蹇、解、升、鼎、渐、涣。归结起来，此十九卦所言成卦之由，皆为爻之刚柔来往上下。这种情况说明，《彖传》是以爻变而言卦变，并没有以乾坤而言卦变，前人的成说在经典上是缺乏依据的。朱熹秉着严谨的治学精神对此十九卦作了全面的考查，以求其义例。比如讼卦☰☰变自遁☰☰而来，为刚来居二。此是卦变中二爻变者。盖四阳二阴自遁来者十四卦，讼即初变之卦，刚来居二，柔进居三，故曰刚来而得中。亦有一卦从数卦而来者。比如贲卦☶，卦自损☶来者，柔自三来而文二，刚自二上而文三；自既济☵而来者，柔自上来而文五，刚自五上而文上。再比如睽卦☲，以卦变言之，则自离☲来者，柔进居三；自中孚☱来者，柔进居五；自家人☲来者，兼之。通过这种全面的考查，可见卦变皆由爻变而来。但是，由于古书残阙，特别是《彖传》仅就十九卦而说卦变，为了求得六十四卦的通例，有必要依据由爻变引起卦变的一般规律进行逻辑推理，以义而起，制定一个完备的卦变图。《本义》卷首所载之卦变图就是朱熹在《彖传》卦变说的基础上推而广之作出来的。朱熹对此图解释说，凡一阴一阳之卦各六，皆自复、姤而来；凡二阴二阳之卦各十有五，皆自临、遁而来；凡三阴三阳之卦各二十，皆自泰、否而来；凡四阴四阳之卦各十有五，皆自大壮、观而来；凡五阴五阳之卦各六，皆自夬、剥而来。朱熹对他的这一套以爻变而言卦变的理论是感到相当满意的。比如他指出："伊川不取卦变之说。至'柔来而文刚'，'刚自外来而为主于内'，诸处皆牵强说了。王辅嗣卦变，又变得不自然。某之说却觉得有自然气象，只是换了一爻。非是圣人合下作卦如此，自是卦成了，自然有此象。""汉上（朱震）《易》卦变，只变到三爻而止，于卦辞多有不通处。某更推尽去，方通。如无妄'刚自外来而为主于内'，只是初刚自讼二移下来。晋'柔进而上行'，只是五柔自观四挨上去。此等类，按汉上卦变则通不得。"（《语类》卷六十七）

既然卦变是由爻变而来，爻变则是由揲蓍而来。按照揲蓍之法以求爻，可以随机地得出七、八、九、六之数。在《启蒙》中，朱熹指出："用九用六者，变卦之凡例也。言凡阳爻皆用九而不用七，阴爻皆用六而不用八。用九，故老阳变为少阴。用六，故老阴变为少阳。不用七八，故少阳少阴不变。"因此，一卦六爻，究竟应该怎样根据其中变爻与不变爻的不同的配置情况占断吉凶，这就是《考变占》篇所要阐明的主题。朱熹归纳出七种配置情况，并且规定了七种相应的占法：

> 凡卦六爻皆不变，则占本卦彖辞，而以内卦为贞，外卦为悔。
>
> 一爻变，则以本卦变爻辞占。
>
> 二爻变，则以本卦二变爻辞占，仍以上爻为主。
>
> 三爻变，则占本卦及之卦之彖辞，而以本卦为贞，之卦为悔。前十卦主贞，后十卦主悔。
>
> 四爻变，则以之卦二不变爻占，仍以下爻为主。
>
> 五爻变，则以之卦不变爻占。
>
> 六爻变，则乾、坤占二用，余卦占之卦彖辞。

为了便于查考这种变占之法，朱熹根据一卦可变六十四卦之理，列为三十二图。他指出："从上三十二图，反复之则为六十四图，以一卦为主，而各具六十四卦，凡四千九十六卦，与焦赣《易林》合，然其条理精密，则有先儒所未发者，览者详之。"其所以如此，元代学者胡一桂解释说："焦延寿卦变法，以一卦变为六十四卦，六十四卦通变四千九十六卦，而卦变之次，本之文王序卦。且如以乾为本卦，其变首坤，次屯、蒙，以至未济。又如以末一卦未济为本卦，其变亦自乾，次坤、屯，以至既济。每一卦变六十三卦，通本卦成六十四卦。紫阳夫子以爻变多寡顺而列之，以定一卦所变之序，又以乾卦所变之次，引而伸之，为六十四卦所变相承之序，然后次第秩然，各得其所。虽出于焦，而比焦氏尤密。"（见《周易折中》卷二十）

我们可以把《本义》之卦变图与《启蒙》之三十二图作一番比较，虽然二者的目的与作用不同，前者是为了解说《彖传》，后者是为了查考变占，但就其基本的思路而言，此二图都同样是以爻变而言卦变，着重于阐明卦变乃气数之自然，而非出于圣人心思智虑之所为。所谓气数之自然，也就是先天象数的成卦之理。由于此二图皆本于成卦之理，所以其所揭示出的卦变形式一一对应，若合符契。凡一阴一阳之卦各六与一爻变相对应，凡二阴二阳之卦各十有五与二爻变相对应，凡三阴三阳之卦各二十与三爻变相对应，凡四阴四阳之卦各十有五与四爻变相对应，凡五阴五阳之卦各六与五爻变相对应。李光地《启蒙附论》发朱子未尽之意，认为此一一对应出于数学中的"开方求廉率"，其法以左一为方，右一为隅，而中间之数则其廉法也。用现代数学的语言来表述，即二项式六次方展开式中间各项的系数：

$$(a+b)^6=a^6+6a^5b+15a^4b^2+20a^3b^3+15a^2b^4+6ab^5+b^6$$

其中间各项的系数依次为6，15，20，15，6。李光地进一步指出，此法于成卦之理亦相肖合。"故开方之法，虽相乘至于无穷，莫不依方隅以立算；成卦之法，虽相加至于无穷，莫不根阴阳以定体。成卦之始，一阴一阳，每每相加而已。及卦成而分析观之，则自一画至六画，惟纯阴纯阳者常不动。其余则方其为四象也，中间一阴一阳者二。方其为八卦也，中间一阴二阳者三，一阳二阴者三。方其为四画也，中间一阴三阳者四，一阳三阴者四,二阴二阳者六。方其为五画也,中间一阴四阳者五,一阳四阴者五,二阴三阳者十,二阳三阴者十。及其六画既成也,中间一阴五阳者六,一阳五阴者六,二阴四阳者十五,二阳四阴者十五,三阴三阳者二十。朱子卦变之图,以此而定也。盖其倍法同于画卦,而其多寡错综之数,则卦变用之。"(见《周易折中》卷二十一)李光地认为,朱熹的卦变图是本于画卦的加一倍法的数理,这种解释是符合实际的。后来江永在《河洛精蕴》中又根据李光地的解释,作"乘方法合画卦加倍法图",使朱熹的思想图更为显豁。其图如下:

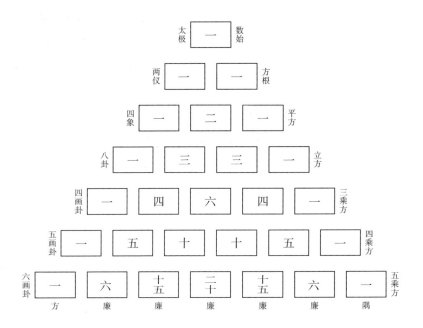

朱熹的这套卦变理论是易学史上的一大公案,成为争论的焦点,引发出各种不同的意见,赞成的固然不少,反对的也很多。比如顾炎武指出:"卦变之说不始于孔子,周公系损之六三已言之矣,曰'三人行则损一人,一人行则得其友'。是六子之变皆出于乾坤,无所谓自复、姤、临、遁而来者。当从《程传》。"(《日知录》卷一)黄宗羲指出,《本义》之卦变图,重出甚多,头绪纷然。朱子虽为此图,亦自知其决不可用,所释十九卦《彖辞》,尽舍主变之爻,以两爻相比者互换为变,多寡不伦,绝无义例。(见《易学象数论》卷二)李光地也指出:"朱子三十二图,其次第最为详密,而后学之疑义有二。一曰筮法用九六不用七八，今四爻五爻变者，用之卦之不变爻占，则是兼用七八也。二曰周公未系爻之先，则《象辞》之用有所不周也。"（《周易折中》卷二十）从这些议论来看，朱熹的卦变理论无论是用于解经或是用于变占，都存在着滞而不通的情况，并不是很完善的。但是，朱熹以卦变附先天之后，也自有其一以贯之的思路，其持之有故，其言之成理，他所关注的重点在哲学而不在方法。我们今天研究他的卦变理论，应该从哲学的角度联系他的整个易学体系来找出其合理的定位，至于能否有效地用于解经或变占，由于问题的本身业已失去了意义，是大可不必去费心探究的。

　　总起来说，朱熹的象数之学，以《本义》之九图与《启蒙》之四篇互相发明，构成为一个完整的体系。在这个体系中，卦变图是孔子之《易》的象数，文王八卦是文王之《易》的象数，伏羲八卦是伏羲之《易》的象数，河图洛书是天地自然之《易》的象数。这四种象数虽然层次历然，不可混淆，其实皆不外乎阴阳奇偶之动静循环，至于其动其静，则必有所以动静之理，这就是所谓太极。因而太极阴阳之妙就成为这四种不同象数的共同的本质，从事象数之学的研究必须追求向上一路，直探本源，不可只从中半说起，以属于后天之学的今本《周易》为对象。太极是理，阴阳是气，所谓太极阴阳之妙，实质上就是一个理与气的关系问题，而这个问题就是朱熹的理学思想的核心。他的整个易学体系完全是围绕着这个核心而展开的。

二、朱熹易学的特色

　　朱熹以太极为理，以阴阳为气，把太极阴阳之妙归结为一个理与气的关系问题，理属于形而上之道，气属于形而下之器，二者不离不杂，由此建构了一个包容性极大而可以集象数与义理两派易学之大成的理论框架。就其对象数之学的研究而言，由于他时时处处联系到作为象数本源的太极之理，追求向上一路，致力于从图书、卦画、蓍策、变占中明其气数之自然，所以一方面在很大程度上继承了历代象数派易学的成果，同时又能依据象数形式发掘出其内在的义理内涵，完全不同于那些仅仅着眼于形式推演而毫无哲学意义的象数之学。但是，朱熹所关注的义理乃是寓于象数之中的义理，而不是如同王弼、程颐的那种扫落象数关于文义的义理，因为象数是作《易》根本，脱离了象数的义理必然是支离散漫而无所根著，所以虽然他在很大程度上继承了历代义理派易学的成果，同时又倾注全力从事象数之学的研究，以纠正这派易学的偏失。朱熹的这个理论框架既是对自秦汉以来所形成的象数与义理两派易学的超越，也是对伏羲、文王、孔子三圣易学的复归。照朱熹看来，圣人作《易》之初，盖是仰观俯察，见得盈乎天地之间，无非一阴一阳之理，有是理，则有是象，有是象，则其数便自在这里，于是伏羲因此自然之象数而画卦。后文王见其不可晓，故为之作彖辞；或占得爻处不可晓，故周公为之作爻辞；又不可晓，故孔子为之作十翼，皆解当初之意。因而三圣易学本来就是象数与义理紧密结合不可分割的统一完整的体系，这也就是易学的本旨。但是秦汉以后的学者不本其初，把统一完整的易学分割而为象数与义理两派，使得易学的本旨晦而不明，造成了许多偏失。考象辞者泥于术数而不得其弘通简易之法，论义理者沦于空寂而不适乎仁义中正之归。这种情况发展到宋代出现了转机。他在《周易五赞·原象》中指出："及宋而明。邵传羲画，程演周经。象陈数列，言尽理得。弥亿万年，永著常式。"这是说，邵雍的象数之学发明了伏羲画卦作《易》的本旨，程颐的义理之学承传了三圣因时立教的密意，可以作为这两派易学的典范而垂之久远。但是，朱熹又进一步指出：

> "伊川之学，于大体上莹彻，于小小节目上犹有疏处。康节能尽得事物之变，却于大体上有未莹处。"用之云："康节善谈《易》。"曰："然。伊川又轻之，尝有简与横渠云：'尧夫说《易》好听，今夜试来听它说看。'某尝说，此便是伊川不及孔子处。只观孔子便不如此。"（《语类》卷一百）

这是认为，尽管邵雍与程颐在各自的领域内取得了很高的成就，但是由于受到象数与义理判为两途的习惯势力的影响而不能站在超越的立场进行整合，所以仍然各有偏失，不能看做是统一完整的体系。因此，为了促进易学的发展，关键在于超越两派而复归于三圣易学，使象数与义理形成一种互补性的结构，言象数者必及于义理，言义理者必落实到象数，取二者之所长而去其所短。提到哲学的高度来看，这种象数与义理的互补就是理与气的不离不杂的关系，而这种理气关系不仅是统率易学的纲领，也是大化流行的道体，宇宙万物的本然。

朱熹的这个思想是基于对天地造化实体的深刻理解而立论的。朱熹认为："天下未有无理之气，亦未有无气之理。""有是理，便有是气。""理未尝离乎气。""但有此气，则理便在其中。"（《语类》卷一）圣人作《易》，只是如实地模写天地造化的本来面目，因而这种理气关系也就自然成为统率易学的纲领。比如"一阴一阳之谓道"，这是易学的基本命题，朱熹解释说："道，须是合理与气看。理是虚底物事，无那气质，则此理无安顿处。《易》说'一阴一阳之谓道'，这便兼理与气而言。阴阳，气也；一阴一阳，则是理矣。"（《语类》卷七十四）由于理不离气，气不离理，所以象数与义理相为表里，虚中有实，实中有虚，结为一体，不可分割。据此而论，象数派易学的偏失在于离理而言气，义理派易学的偏失则在于离气而言理。因此，只有以天地造化本来就有的理气关系为参照，把象数与义理两派易学整合成一个统一完整而无偏失的体系，才能做到如同《系辞》所说的"范围天地之化而不过"，与天地相齐准。

在北宋五子中，周敦颐、邵雍的易学属于象数派，张载、二程的易学属于义理派，朱熹所从事的整合工作主要是以他们的易学思想为依据的。关于周、邵的象数之学，朱熹指出，阴阳五行，康节说得法密，濂溪说得理透。周子《太极》之书如《易》六十四卦，一一有定理，毫发不差，自首至尾，只不出阴阳二端而已。康节以四起数，叠叠推去，自《易》以后，无人做得一物如此整齐，包括得尽。在《答黄直卿书》中，朱熹对二人易学的特色作了细致的比较。他说："《先天》乃伏羲本图，非康节所自作，虽无言语，而所该甚广，凡今《易》中一字一义，无不自其中流出者。《太极》却是濂溪自作，发明《易》中大概纲领意思而已。故论其格局，则《太极》不如《先天》之大而详；论其义理，则《先天》不如《太极》之精而约。

盖合下规模不同，而《太极》终在《先天》范围之内，又不若彼之自然，不假思虑安排也。若以数言之，则《先天》之数，自一而二，自二而四，自四而八，以为八卦。《太极》之数，亦自一而二（刚柔），自二而四（刚善、刚恶、柔善、柔恶），遂加其一（中），以为五行，而遂下及于万物。盖物理本同，而象数亦无二致，但推得有大小详略耳。"（《文集》卷四十六）这是认为，《先天》与《太极》二图虽有格局规模之不同，大小详略之差异，但由于物理本同，故象数亦无二致。由此可以看出，朱熹对周、邵象数之学的研究，着重于阐明其中所蕴含的天地万物之理，并且依据此理进行整合，以见其异中之同。

关于张载的义理之学，朱熹从理气关系的角度作了细致的研究，认为就总体而论，"皆是示人以理"。《语类》卷九十八记载："问：'此虚实动静之机，阴阳刚柔之始。言机言始，莫是说理否？'曰：'此本只是说气，理自在其中。一个动，一个静，便是机处，无非教也。教便是说理。'又曰：'此等言语，都是经锻炼底语，须熟念细看。'问：'一故神。'曰：'横渠说得极好，须当仔细看。'""一是一个道理，却有两端，用处不同。譬如阴阳，阴中有阳，阳中有阴，阳极生阴，阴极生阳，所以神化无穷。""一故神，两故化。'两者，阴阳、消长、进退。'一不立，则两不可得而见；两不可见，则一之道息矣。'横渠此说极精。非一，则阴阳消长无自而见，非阴阳消长，则一亦不可得而见矣。""神化二字，虽程子说得亦不甚分明，惟是横渠推出来。"朱熹把张载的易学看做是一个即气而言理的体系，推崇备至，赞扬为"精义入神"，所谓入神，是入至于微妙处。但是，朱熹又进一步指出："《正蒙》所论道体，觉得源头有未是处。"《语类》卷九十九记载："《正蒙》说道体处，如'太和''太虚''虚空'云者，止是说气。说聚散处，其流乃是个大轮回。盖其思虑考索所至，非性分自然之知。若语道理，惟是周子说'无极而太极'最好。如'由太虚有天之名，由气化有道之名，合虚与气有性之名，合性与知觉有心之名'，亦说得有理。'由气化有道之名'，如所谓'率性之谓道'是也。然使明道形容此理，必不如此说。伊川所谓'横渠之言诚有过者，乃在《正蒙》'；'以清虚一大为万物之原，有未安'等语，概可见矣。""问：'横渠云太虚即气。太虚何所指？'曰：'他亦指理，但说得不分晓。'曰：'太和如何？'曰：'亦指气。'""问：'横渠有清虚一大之说，又要兼清浊虚实。'曰：'渠初云清虚一大，为伊川诘难，乃云清兼浊，虚兼实，一兼二，大兼小。渠本要说形而上，反成形而下，最是于此处不分明。'""又问：'横渠云太虚即气，乃是指理为虚，似非形而下。'曰：'纵指理为虚，亦如何夹气作一处？'""横渠清虚一大却是偏。他后来又要兼清浊虚实言，然皆是形而下。盖有此理，则清浊虚实皆在其中。"朱熹的这些批评，仍是紧紧围绕着理气关系立论，认为就张载之学即气而言理以明二者之不离来看，固然是值得赞扬，但毕竟理是形而上，气是形而下，二者不可相杂，张载于此处未能截得上下分明，往往以气为理，本要说形而上，反成形而下，从而违反了自己的初衷。

关于程颐的义理之学，朱熹更是推崇备至，认为义理精，字数足，无一毫欠阙，"求其因时立教以承三圣不同于法而同于道者，则惟伊川先生程氏之书而已"。（《书伊川先生易传版本后》，《文集》卷八十一）与张载相比较，程颐对理气关系的处理也高出一筹。《语类》卷七十五记载："伊川云：形而上者谓之道，形而下者谓之器，须著如此说。'曰：'这是伊川见得分明，故云须著如此说。形而上者是理，形而下者是物。如此开说，方见分明。如此了，方说得道不离乎器，器不离乎道处。"指器为道固不得，离器于道亦不得，二者既有分别而又不相离，但是，由于程颐严守义理派易学的立场而轻视象数，未能把这个正确的原则用来具体处理象数与义理的关系，故其《易传》言理甚备，象数却欠在。程颐在《易传序》中曾说："《易》，变易也，随时变易以从道也。"朱熹认为，这是把《易》与道分为二事，伊川这般说话难晓。从理气关系的角度来看，所谓随时变易以从道是主卦爻而言，《易》中无一卦一爻不具此理，《易》之与道本来是结为一体的。此体是体质之体，形体之体，犹言骨子，也就是由阴阳奇偶所组成的一套象数结构。朱熹反复强调："《易》不过只是一个阴阳奇偶，千变万变，则《易》之体立。若奇偶不交变，奇纯是奇，偶纯是偶，去那里见《易》？《易》不可见，则阴阳奇偶之用，亦何自而辨？""《易》只是阴阳卦画，没有这几个卦画，凭个甚写出那阴阳造化？何处更得《易》来？"（《语类》卷七十五）因此，易学不可离却象数，虽然伊川《易传》所言义理极妙，亦有未尽之处，必须以象数之学来补足，才能完整而无偏失。在《答郑可学书》中，朱熹指出："程氏《易传》已甚详细，今《启蒙》所附益者，只是向来卜筮一节耳。若推广旁通，则离不得彼书也。程先生说，《易》得其理，则象数在其中，固是如此。然溯流以观，却须先见象数的当下落，方说得理不走。不然，事无实证，则虚理易差也。"（《文集》卷五十六）朱熹对程颐的义理之学有所肯定，有所批评，提出了一个象数与义理互补的理论框架，这是理气关系在易学中的全面的落实，《易》与道结为一体的思想的具体运用。

理是宋代理学的最高范畴，理学之得名即因这个范畴而来。理也叫做道，故理学亦名为道学。此道即《周易》所说的包括天地人在内的三才之道，此三才之道统称为性命之理。北宋五子作为理学的代表人物，同被列入道学传之中，皆以《易》为宗，致力于对此三才之道、性命之理的研究，因而就他们的研究对象与研究目的而言，也就具有理学的共同特色。但是由于象数与义理的殊途，尽管他们生活在同一时代，相互之间过从甚密，在易学思想上却是无法交流，不能会通整合。比如周子之《太极图》，二程生平绝未提及。伊川公开表示，"颐与尧夫同里巷居三十余年，世间事无所不问，惟未尝一字及数"。周子立足于《易》之象，邵子立足于《易》之数，二人自说自话，象与数也未能合一。至于二程对张子的义理之学，则是多见其异，少见其同，排斥的成分大于会通。朱熹生活在南宋时期，是理学的集大成者，他以一种恢宏的气度，宽广的胸怀，对北宋五子的易学思想作了全面的研究，不以立异为高，而着眼于会通整合，认为他们都是紧紧围绕着理学的共同的主题，旨在阐明天道性命之理，故能一致百虑，殊途同归。无论是周、邵的象数之学或是张、程的义理之学，都是以理为最高范畴而获得统一，体现了理学的总体精神。他们的研究成果也自有其合理的定位。朱熹按照这条思路，进一步提出了易学的四要素说，认为一个统一完整而无偏失的易学体系，是由理、象、数、辞四个不可或缺的要素所组成。《语类》卷六十七记载：

　　季通云："看《易》者，须识理、象、数、辞，四者未尝相离。"

> 盖有如是之理，便有如是之象；有如是之象，便有如是之数；有理与象数，便不能无辞。《易》六十四卦，三百八十四爻，有自然之象，不是安排出来。

这四个要素，横看是未尝相离的一体的结构，竖看则是有先有后的生成的系列，历史与逻辑融合无间，高度统一。其中理居于第一义的主导地位，是易学的本体，象数的根源。此理即天地万物的自然之理，当象数之未形而其理已具。伏羲偶然见得此理而画卦，于是生出许多象数，是为先天之学。后来文王改易伏羲卦图之意而推其未明之象，观卦体之象而为之象辞，周公视卦爻之变而为之爻辞，于是生出许多义理来，是为后天之学。再往后，孔子作十翼，专以义理说《易》，这是由于自上世传流至此，象数已分明，不须更说，故孔子只于义理上说。从三圣易学的这种生成系列可以看出四个要素在易学结构中的层次地位，必先有理而后始有象数，有了象数而后始有义理，如果说先于象数而与天地同在的自然之理是第一义，伏羲画卦作《易》之象数是第二义，那么文王周公之辞及孔子之赞所推说的义理则属于第三义了。据此而论，象数居于承上启下的中介地位而为义理之所本，无象数则义理无所根著，故象数乃作《易》根本。由辞所推说的义理与先于象数的自然之理是上下层次不相同的两个范畴，不可混为一谈。朱熹根据这种四要素说来考察北宋五子的易学，认为他们虽有象数与义理之殊途，但却都以第一义的自然之理为依归。周子称此自然之理为"无极而太极"，邵子称之为"画前之易"，张子称之为"天易"，程子称之为"天理"，称谓不同，理无二致，这也就是所谓理一而分殊。由分殊以见其理一，不仅可以集象数与义理两派易学之大成，建构一个统一完整的易学体系，而且可以凸显理学的主题，集理学之大成，建构一个统一完整的理学体系。

所谓自然之理，就其外延而言，即天地万物之理，宇宙大全之理，造化生成之理，理学家皆以此理作为共同的研究对象，并无异议，但是对于此理的实质性的内涵，则有各种不同的说法，没有达成共识。北宋五子的理学之所以未能统一，分为许多门派，关键在内涵而不在外延。从发展的观点看，他们的这些说法见仁见智，表现为一种不断深化和丰富的过程，

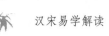

只是需要综合总结，作出明确的规定。这是当时南宋理学所面临的一个重大的理论问题。如果不解决这个问题，则所谓太极、宇宙就失去了意义，而成为空荡荡的话头了。因此，朱熹对理的研究，是要找出里面许多节拍，把重点放在内涵方面，这与陆象山所确定的力图把理置于心之内的重点有很大的不同。《语类》卷九十四有一条材料，说明朱熹的思路与陆象山的区别所在：

> 因曰："这个太极，是个大底物事。四方上下曰宇，古往今来曰宙。无一个物似宇样大，四方去无极，上下去无极，是多少大？无一个物似宙样长远，亘古亘今，往来不穷！自家心下须常认得这意思。"问："此是谁语？"曰："此是古人语。象山常要说此语，但他说便只是这个，又不用里面许多节拍，却只守得个空荡荡底。公更看横渠《西铭》，初看有许多节拍，却似狭，充其量，是什么样大！合下便有个乾健、坤顺意思。"

朱熹把理学与易学看做一事，认为易学的象数是一个最好的理论模型，凡天地有许多道理，《易》上都有，可以通过这个理论模型去理解宇宙，把握其中的条理，规定理的实质性的内涵。《系辞》曾说"《易》与天地准，故能弥纶天地之道"，"范围天地之化而不过"。朱熹解释说：

> 《易》道本与天地齐准，所以能弥纶之。凡天地间之物，无非《易》之道，故《易》能弥纶天地之道，而圣人用之也。弥如封弥之弥，糊合便无缝罅；纶如纶丝之纶，自有条理。言虽是弥得外面无缝罅，而中则事事物物各有条理。弥如"大德敦化"，纶如"小德川流"。弥而非纶，则空疏无物；纶而非弥，则判然不相干。此二字，见得圣人下字甚密也。
>
> 范围天地之化，范是铸金作范，围是围裹。如天地之化都没个遮拦，圣人便将天地之道一如用范来范成个物，包裹了。试举一端，如在天，便做成四时、十二月、二十四气、七十二候之类，以此做个途辙，

更无过差。(《语类》卷七十四)

按照朱熹对弥纶二字的解释，弥是指外延的周遍，纶是指内涵的规定，光有外延而无内涵，则空疏无物，光有内涵而无外延，则所谓条理也就与天地间之物判然不相干，必须把外延与内涵结合而为一个整体，始能弥纶天地之道，与天地齐准。范围二字的意思也是如此，围是围裹，指外延而言，范是模范匡廓，指内涵而言。朱熹认为，天地之化，滔滔无穷，如一炉金汁，镕化不息，都没个遮拦，虽有客观的自然之理，但却处于自在状态而没有转化为自为，凝聚为人们的主观的认识，只有当圣人用易学的象数弥纶之，范围之，建构成一个理论模型，这才给人们提供了一个认识工具，去窥见那客观的自然之理，对宇宙有所言说。以天时为例，就其停留于自在状态而言，本无四时、十二月之类的名目分别，只是无心而成化，这些名目分别是圣人做出的途辙，属于主观的认识。虽然如此，主观的认识却符合客观的自然之理，更无过差，这也就是所谓主客合一。因此，朱熹指出，孔子作《系辞》，或言造化以及《易》，或言《易》以及造化，不出此理，一方面是举天地事理以明《易》，另一方面又举《易》以明天地间事。比如《系辞》首章，"天尊地卑，乾坤定矣"，上句是说天地造化实体，下句是说《易》中之事。"卑高以陈，贵贱位矣"，上句说天地间有卑有高，下句说《易》之六爻有贵贱之位。从这个角度来看，易学的象数与客观的自然之理是一种相互对应、彼此发明的关系，通过对象数的变化规律的研究来规定理的实质性的内涵，在理论上是完全可以成立的。

朱熹本着这认识，发表了一系列的言论，反复阐明，《易》有交易、变易之两义，此两义实即天地万物的自然之理。他指出：

《易》，书名也。其卦本伏羲所画，有交易、变易之义，故谓之《易》(《本义》上经第一)

阴阳有个流行底，有个定位底。"一动一静，互为其根"，便是流行底，寒暑往来是也；"分阴分阴，两仪立焉"，便是定位底，天地上下四方是也。《易》有两义，一是变易，便是流行底；一是交易，便是对待底。

阴阳,有相对而言者,如东阳西阴,南阳北阴是也;有错综而言者,如昼夜寒暑,一个横,一个直是也。伊川言"《易》,变易也",只说得相对底阴阳流转而已,不说错综底阴阳交互之理。言《易》,须兼此二意。

体在天地后,用起天地先。对待底是体,流行底是用,体静而用动。

阴阳有相对言者,如夫妇男女,东西南北是也;有错综言者,如昼夜,春夏秋冬,弦望晦朔,一个间一个辊去是也。

某以为"易"字有二义,有变易,有交易。《先天图》一边本都是阳,一边本都是阴,阳中有阴,阴中有阳,便是阳往交易阴,阴来交易阳,两边各各相对。其实非此往彼来,只是其象如此。然圣人当初亦不恁地思量,只是画一个阳,一个阴,每个便生两个。就一个阳上,又生一个阳,一个阴;就一个阴上,又生一个阴,一个阳。只管恁地去。自一为二,二为四,四为八,八为十六,十六为三十二,三十二为六十四。既成个物事,便自然如此齐整。皆是天地本然之妙元如此,但略假圣人手画出来。

交易是阳交于阴,阴交于阳,是卦图上底。如"天地定位,山泽通气"云云者是也。变易是阳变阴,阴变阳,老阳变为少阴,老阴变为少阳,此是占筮之法。如昼夜寒暑,屈伸往来者是也。(《语类》卷六十五)

所谓《易》有两义,变易便是流行底,交易便是对待底,对待底是体,流行底是用,朱熹的这个界定是对北宋五子易学思想的综合总结,特别是对邵雍所提示的象数规律的简明概括。邵雍曾说:"乾坤纵而六子横,《易》之本也。""震兑横而六卦纵,《易》之用也。"这是认为,先天八卦的方位排列体现了对待的原则,而为《易》之本;后天八卦的方位排列体现了流行的原则,而为《易》之用。朱熹的对待为体、流行为用的思想,即本于此说。但是,关于体用先后的问题,朱熹的看法却与邵雍有所不同。邵雍认为,先天明体,后天入用,后天本于先天,故体先而用后,必先有对待而后始有流行。朱熹却认为，"体在天地后，用起天地先"，用先而体后，必先有流行而后始有对待。邵雍就象数的生成而立论，其说自有道理，因为如果不先立阴阳对待之体，则象数系统便无法展开为一个流行的过程。朱熹换了一个角度，就宇宙的生成而立论，其说也不为无据，因为宇宙首先呈现为一个大化流行的动态的过程，此动即天地生物之心，也就是一气之用，由于气之用分阴分阳，乃成静态的对待之体，所以认为流行在先，对待在后。实际上，关于这个问题，从体用一源的观点来看，有体即有用，有用即有体，本无先后之可言。后来朱熹的大弟子蔡元定秉承师说，执为定论，朱熹又依据这个观点予以遮遣。《语类》卷六记载：

> 季通云："理有流行，有对待。先有流行，后有对待。"曰："难说先有后有。"季通举《太极说》，以为道理皆然，且执其说。

蔡元定的长子蔡渊，也是朱熹的学生，着眼于会通整合，提出了一个圆融无滞的看法，认为对待与流行互为体用，不分先后，可能这个看法代表他们师徒父子三人通过反复研讨所形成的共识。他在《易象意言》中指出：

> 天地之间，对待流行而已。《易》体天地之撰者也，故伏羲八卦圆图，以对待而作也；文王八卦圆图，以流行而作也。伏羲六十四卦横图，以流行而作也；文王六十四卦横图，以对待而作也。是知主对待者，必以流行为用，主流行者，必以对待为用，学者不可不察也。（见《宋元学案》卷六十二）

周敦颐是理学的开山人物，他在《太极图说》中指出："无极而太极。太极动而生阳，动极而静，静而生阴。静极复动，一动一静，互为其根；分阴分阳，两仪立焉。"这一段言论虽未明确拈出对待与流行的概念，却是对理的内涵所作的经典性的表述。朱熹解释说："太极之有动静，是天命之流行也。""动极而静，静极复动，一动一静，互为其根。命之所以流行而不已也。动而生阳，静而生阴，分阴分阳，两仪立焉。分之所以一定而不移也。"太极即所以动而阳、静而阴之本体。阳动即太极之用所以行，阴静即太极之体所以立。朱熹依据周敦颐的表述，提炼出了对待与流行两个概念，认为流行是用，对待是体，用动而体静，体在天地后，用起天地先，皆本于太极之实理，因而这两个概念也就是理的内涵。朱熹的这种解释，以体用先后为说，看来是超出了周敦颐的原意，其实仍然是紧紧围绕着周子的宇宙生成论来发挥，并没有正面阐明他自己的本体论的哲学思想。后来朱熹的学生陈淳对这种解释表示怀疑，于是朱熹从本体论的角度作了进一步的阐明。《语类》卷一记载：

> 问："《太极解》何以先动而后静，先用而后体，先感而后寂？"曰："在阴阳言，则用在阳而体在阴，然动静无端，阴阳无始，不可分先后。今只就起处言之，毕竟动前又是静，用前又是体，感前又是寂，阳前又是阴，而寂前又是感，静前又是动，将何者为先后？不可只道今日动便为始，而昨日静更不说也。如鼻息，言呼吸则辞顺，不可道吸呼。毕竟呼前又是吸，吸前又是呼。"

张载建构了一个成熟的本体论的理论形态，不像周、邵那样把太极看成是宇宙生成的本源，而看成是当下呈现的大化流行的道体，因而扬弃了体用先后之说，而以即体即用来规定太极的内涵。他在《正蒙》中指出："一物而两体，其太极之谓与！""两不立则一不可见，一不可见则两之用息。两体者，虚实也，动静也，聚散也，清浊也，其究一而已。""一物两体，气也；一故神，（两在故不测。）两故化，（推行于一）。此天之所以参也。""神，天德，化，天道。德，其体，道，其用，一于气而已。"张载的这种规定，说的其实就是太极所蕴含的对待与流行的神化之理，两体即对待，一物即流行，二者结成了一种体用相依的关系。朱熹对张载的这个思想极为赞赏，他解释说："'故神'，横渠亲注云：'两在故不测。'只是这一物，却周行乎事物之间。如所谓阴阳、屈伸、往来、上下，以至于行乎什伯千万之中，无非这一个物事，所以谓'两在故不测'。'两故化'，注云'推行乎一'。凡天下之事，一不能化，惟两而后能化。且如一阴一阳，始能化生万物。

虽是两个，要之亦是推行乎此一尔。""言两在者，或在阴，或在阳，在阴时全体都是阴，在阳时全体都是阳。化是逐一挨将去底，一日复一日，一月复一月，节节挨将去，便成一年，这是化。""无这一，则两便不能以推行。两便即是这个消长，又是化，又是推行之意。"(《语类》卷九十八)

从辞源的角度看，对待的概念首先是由二程明确提出来的。《河南程氏遗书》卷十一记明道之语曰："天地万物之理，无独必有对，皆自然而然，非有安排也。每中夜以思，不知手之舞之，足之蹈之也。"伊川在《易传·贲卦》中指出："质必有文，自然之理。理必有对待，生生之本也。有上则有下，有此则有彼，有质则有文，一不独立，二则为文。非知道者，孰能识之？"朱熹对二程的这个思想作了详细的讨论。《语类》卷九十五记载：

问："'天地万物之理，无独必有对。'对是物也，理安得有对？"曰："如高下小大清浊之类，皆是。"曰："高下小大清浊，又是物也，如何？"曰："有高必有下，有大必有小，皆是理必当如此。如天之生物，不能独阴，必有阳；不能独阳，必有阴；皆是对。这对处，不是理对。其所以有对者，是理合当恁地。"

"天地万物之理，无独必有对。"问："如何便至'不知手之舞之，足之蹈之'？"曰："真个是未有无对者。看得破时，真个是差异好笑。且如一阴一阳，便有对；至于太极，便对甚底？"曰："太极有无极对。"曰："此只是一句。如金木水火土，即土亦似无对，然皆有对。太极便与阴阳相对。此是'形而上者谓之道，形而下者谓之器'，便对过，却是横对了。土便与金木水火相对。盖金木水火是有方所，土却无方所，亦对得过。胡氏谓'善不与恶对'。恶是反善，如仁与不仁，如何不可对？若不相对，觉说得天下事都尖斜了，没个是处。"

天下之物未尝无对，有阴便有阳，有仁便有义，有善便有恶，有语便有默，有动便有静，然又却只是一个道理。如人行出去是这脚，归亦是这脚。譬如口中之气，嘘则为温，吸则为寒耳。

问："阴阳昼夜，善恶是非，君臣上下，此天地万物无独必有对之意否？"曰："这也只如喜怒哀乐之中，便有个即发而中节之和在里相似。"

二程所说的对待即张载所说的两体，两体也叫做两端。张载认为，"其阴阳两端循环不已者，立天地之大义"。两端之循环不已即推行于一，也就是流行。故对待与流行乃天地之大义，道体的内涵。此二者合而言之，谓之太和。张载在《正蒙·太和篇》中指出："太和所谓道，中涵浮沉升降动静相感之性，是生纲缊相荡胜负屈伸之始。"朱熹解释说："此以太和状道体，与发而中节之和无异。"照朱熹看来，二程所说的"无独必有对"有个"发而中节之和"的意思，这与张载所说的太和是完全一致的。朱熹的这种解释是立足于整合，力图从分殊中见其理一，目的是为了找出一种共通的说法来给道体的内涵作出更为明确的规定。实际上，理学家皆以道体作为共同的研究对象，各有所见，就其百虑而一致、殊途而同归者言之，用对待与流行两个概念来会通整合，并不违反他们的本意。当他们通过苦心极力的考索，把概念层面的逻辑思维转化为一种经验的东西，一种涵泳体察的实感，就会产生出一种沛然而莫之能御的欣喜之情。所以程颢从实感上体会到无独必有对的天地万物之理，不知手之舞之，足之蹈之，朱熹也是同样感到欢欣鼓舞，认为"真个是未有无对者，看得破时，真个是差（诧）异好笑"。值得注意的是，他们所体会的对待，主要是指阴与阳的相互依存与相互转化，而不是指阴与阳的相互排斥与相互斗争。唯其相互依存，故阴阳虽两两相对而实为一体，唯其相互转化，故能化育流行，生生不已。伊川所说"理必有对待，生生之本也"，这也是理学家的共识。所谓"生生之本"，其要点在于一个"和"字。理学家从不同的角度对这个"和"字作了大量的研究。比如周颐所说的二气五行，妙合而凝，天地之气，感而太和，强调的就是这个"和"字。邵雍指出，"太羹可和，元酒可漓，则是造化亦可和可漓也"（《观物外篇》），这是以"和"作为天地造化的根本的价值取向。程颐称此"和"为天地之和，在《易传》中强调指出，"天地之道，常久而不已者，保合太和也"。张载更是把"和"提升到本体论的高度，以太和状道体。所谓太和，是说未有形器之先，本无不和，既有形器之后，其和不失，这种整体的和谐既是宇宙的起源，也是宇宙的目标。由此看来，理学家所见的道体皆可概括为对待与流行的统一，流行是道体的动态的过程，对待是道体的静态的结构，虽然有的从生成论的角度而言其体用先后，有的从本体论的角度而言其即体即用，但就整体而观之，却是一动一静，互为其根，而归结为一个"和"字。朱熹通过对北宋五子的全面研究，以对待与流行来界定道体的内涵，不仅综合总结了他们的探索成果，完成了集理学之大成的伟业，而且也为自己的宇宙论奠定了一个坚实的理论基础。

理学以天道性命为主题，而天道乃性命之源，欲知性命，必先明天道，故理学家普遍关注天道的问题，都有一套宇宙论的思想。拿朱熹的宇宙论来与北宋五子相比，确实是显得后来居上，格局更恢宏，体系更完整，论证更精密。究其原因，固然是由于他依据理气关系建构了一个无所不包的理论框架，而主要则是由于他以对待与流行两个概念为杠杆，对宇宙的内在结构与运行原理作出了深刻的阐明。尽管北宋五子关于对待与流行的自然之理业已从不同的角度用不同的词语进行了论述，但是语焉不详，尚未形成一对互为体用的哲学概念，需要提炼概括，重新解释。事实上，北宋五子的宇宙论思想的哲学意义及其在理学史上的定位，正是通过朱熹的重新解释，才得以凸显出来而为后世所确认。比如朱熹指出："濂溪著《太极图》，某若不分别出许多节次来，如何看得？未知后人果能如此仔细去看否。"（《语类》卷九十四）"某看康节《易》了，却看别人底不得。他说太极生两仪，两仪生四象，又都无玄妙，只是从来更无人识。"（《语类》卷一百）这种重新解释其实是一种创造性的转化，有继承，也有发展，对于他们表述得不精确或理解得不全面之处，朱熹则以己意批评指正。比如他指出："横渠言：'游气纷扰，合而成质者，生人物之万殊；其阴阳两端，循环不已者，立天地之大义。'说得似稍支离。只合云，阴阳五行，循环错综，升降往来，所以生人物之万殊，立天地之大义。"（《语类》卷九十八）"伊川言：'《易》，变易也。'只说得相对底阴阳流转而已，不说错综底阴阳交互之理。言《易》，须兼此二意。"（《语类》卷六十五）

朱熹批评张载之说似稍支离，是因为张载把游气与阴阳相提并论，没有突出阴阳为气之本的思想。照朱熹看来，阴阳即气，岂阴阳之外，又复有游气？"所谓游气者，指其所以赋与万物。一物各得一个性命，便有一个形质，皆此气合而成之也。虽是如此，而所谓阴阳两端，成片段滚将出来者，固自若也。"因而游气是气之发散生物底气，至此已是渣滓粗浊者，

去生人物，此乃气之用，而非气之本。阴阳循环如磨，其四边散出纷扰者，便是游气，这种游气其实就是阴阳之气。而按照张载的说法，却似有两般，使人误以为除了阴阳之气以外，还有一种游气，这就不免陷入支离。

朱熹批评程颐之说不够全面，是因为程颐对变易的理解，只说得相对底阴阳流转而已，不说错综底阴阳交互之理，只说了对待，而没有说流行。对待是阴阳分为两个，两两相对，其间固然有阴阳之流转，但这种流转只是一阴一阳的对称性的交换。流行是阴阳做一个看，阳之退，便是阴之生，不是阳退了，又别有个阴生，只是一气之消长，其间的错综交互，是指一阴一阳的转化性的推移。对待与流行的区别在于一个是横，一个是直。横是指"分阴分阳，两仪立焉"，就宇宙的结构而言。直是指"一动一静，互为其根"，就宇宙的过程而言。朱熹认为，程颐的易学过分地强调阴阳之对待而忽视一气之流行，只从横看而不从直看，并不是一种全面的说法。

朱熹通过对张、程之说的这种批评，确立了他自己的宇宙论的两个基本论点。第一，朱熹把宇宙看做是由阴阳之气与阴阳之理所组成的一元化的整体，认为天地之间无往而非阴阳，除了阴阳之气以外别无其他的气，除了阴阳之理以外也别无其他的理，因而应该直接依据阴阳之气以见阴阳之理，不可支离其说，别立一个游气来与阴阳之气相并列，对宇宙的整体把握造成干扰。第二，关于阴阳之理，朱熹认为，其内涵兼有对待与流行之两义，对待是体，流行是用，流行是阴阳之会处，对待是阴阳之分处。据此而论，伊川之说，其弊在于只见其体而不见其用，只说其分处而不说其会处。至于浙中学者走向另一个极端，同样也是片面的。他指出："阴阳之理，有会处，有分处，事皆如此。今浙中学者只说合处、混一处，都不理会分处。"（《语类》卷六十五）

关于对待与流行二者的关系，虽然朱熹认为不可以先后言，难说有先有后，但仍然是把一气之流行的动态的过程看做道体之本然，比对待之体更基本。《论语·子罕》："子在川上曰：逝者如斯夫，不舍昼夜。"朱熹解释说："天地之化，往者过，来者续，无一息之停，乃道体之本然也。""此是形容道体。伊川所谓'与道为体'，此一句最妙。某尝为人作《观澜词》，其中有二句云：观川流之不息兮，悟有本之无穷。""与道为体，此四字甚精。盖物生水流，非道之体，乃与道为体也。""道无形体可见，只看日往月来，寒往暑来，水流不息，物生不穷，显显者乃是与道为体。"（《语类》卷三十六）此道体之本然也可用"鸢飞鱼跃"来形容，鸢有鸢之性，鱼有鱼之性，其飞其跃，天机自完，便是天理流行发见之妙处。

朱熹进一步指出，天理流行发见之妙处即天地之心。《复·象》有云："复其见天地之心乎。"朱熹围绕着这个命题作了详细的讨论。《语类》卷七十一记载：

> 问"复见天地之心"。曰："天地所以运行不息者，做个甚事？只是生物而已。物生于春，长于夏，至秋万物咸遂，如收敛结实，是渐欲离其本之时也。及其成，则物之成实者各具生理，所谓硕果不食是已。夫具生理者，固各继其生，而物之归根复命，犹自若也。如说天地以生物为心，斯可见矣。"
>
> 问："天地之心，虽静未尝不流行，何为必于复乃见？"曰："三阳之时，万物蕃新，只见物之盛大，天地之心却不可见。惟是一阳初复，万物未生，冷冷静静，而一阳既动，生物之心闯然而见，虽在积阴之中，自藏掩不得。此所以必于复见天地之心也。"
>
> 伊川言"一阳复于下乃天地生物之心"一段，盖谓天地以生生为德，自元亨利贞乃生物之心也。但其静而复，乃未发之体，动而通焉，则已发之用。一阳来复，其始生甚微，固若静矣。然其实动之机，其势日长，而万物莫不资始焉。此天命流行之初，造化发育之始，天地生生不已之心于是而可见也。若其静而未发，则此之心体虽无所不在，然却有未发见处。此程子所以以动之端为天地之心，亦举用以该其体尔。
>
> 问："程子言'先儒皆以静为见天地之心，不知动之端乃天地之心'。动处如何见得？"曰："这处便见得阳气发生，其端已兆于此。春了又冬，冬了又春，都从这里发去。事物间亦可见，只是这里见得较亲切。"郑兄举王辅嗣说"寂然至无，乃见天地心"。曰："他说无，是胡说！若静处说无，不知下面一画作什么？""渠是添一重说话，

下自是一阳，如何说无？上五阴亦不可说无。说无便死了，无复生成之意，如何见其心？"

理学家普遍关注何为天地之心的问题。比如周敦颐的"观天地生物气象"，就是把天地之心看做是生物之心。邵雍指出："天地之心者，生万物之本也。"（《观物外篇》）张载指出："天地之大德曰生，则以生物为本者，乃天地之心也。地雷见天地之心者，天地之心惟是生物，天地之大德曰生也。"（《横渠易说》）程颐指出："一阳复于下，乃天地生物之心也。先儒皆以静为见天地之心，盖不知动之端乃天地之心也。"（《伊川易传》）程颐的这个思想是直接针对着王弼、孔颖达而来的。王弼站在玄学的立场，以《老》解《易》，认为"动息地中，乃天地之心见也"。孔颖达作《周易正义》，秉承王弼之说作了进一步的发挥："天地养万物，以静为心，不为而物自为，不生而物自生，寂然不动，此天地之心也。此复卦之象，动息地中，雷在地下，息而不动，静寂之义，与天地之心相似。观此复象，乃见天地之心也。"程颐所说"先儒皆以静为见天地之心"即据此而言，说明这种玄学的观点在当时仍居于统治的地位。宋代理学为了建构一种不同于玄学的新型的宇宙论，依据《周易》的经典性的表述，把天地之心归结为生物之心，认为宇宙洋溢着天机盎然的生意，是一个化育流行生生不已的动态的过程，都强调一个动字。因而程颐所说"动之端乃天地之心"，也就代表了理学家的共识。朱熹围绕着何为天地之心的讨论，一方面继承了理学家的共识，同时又以体用动静之说详加论证，力求使这种对宇宙的总体看法能有一个坚实的理论基础。照朱熹看来，王弼说无之所以错误，关键在于"无复生成之意"，而生成乃是宇宙的最主要的特征。生成表现为元亨利贞，元亨者动而通，是已发之用，利贞者静而复，乃未发之体，用为流行，体为对待，举用以该其体，则可见天地之心，流行自若，亘古亘今，未始有毫厘之间断。因此，以阴阳之气言之，则有消有息，以阴阳之理言之，则无消息之间。学者体认此理，则识天地之心。此天地之心，也叫做生理。大至整个宇宙，是一个生理，小至物之成实者，亦各具生理。生理无所不在，但静则人不得而见，必到复而后始可见，这是因为一阳来复乃天命流行之初，造化发育之始，天地生生不已之心于是而可见。程子以动之端为天地之心，不直下动字，却云动之端，虽动而物未生，未到大段动处，凡发生万物，都从这里起。这也是强调从已发之用以见天地之心，把流行的过程看做道体之本然。朱熹通过这一番讨论，对理学家共同持有的以生意为特征的宇宙观作了哲学的论证，阐明了宇宙的动力学的原理，认为就宇宙的整体而言，虽然是动静无端，阴阳无始，但是为了把握其内在的动力，应该举用以该其体，只能从流行之用入手，而不能从对待之体入手。

朱熹依据这条动力学的原理，解释了许多属于自然科学方面的问题，建构了一个系统完备的宇宙论的体系。比如关于宇宙的起源，朱熹解释说："天地初间只是阴阳之气。这一个气运行，磨来磨去，磨得急了，便拶许多渣滓，里面无处出，便结成个地在中央。气之清者便为天，为日月，为星辰，只在外，常周环运转。地便只在中央不动，不是在下。"关于人类的起源，朱熹解释说：生第一个人时"以气化。二五之精合而成形，释家谓之化生。如今物之化生甚多，如虱然"。关于万物的起源，朱熹解释说："造化之运如磨，上面常转而不止。万物之生，似磨中撒出，有粗有细，自是不齐。"（《语类》卷一）这就是说，宇宙间各种自然现象皆可用一阴一阳的气化流行的自然之理来解释。人作为宇宙的一个组成部分，继此自然之理而为人之性，所以此自然之理也就成为人性的本质，人文义理的最高的本源。《系辞》指出："一阴一阳之谓道，继之者善也，成之者性也。"朱熹解释说："一阴一阳，此是天地之理。如'大哉乾元，万物资始'，乃'继之者善也'；'乾道变化，各正性命'，此'成之者性也'。这一段是说天地生成万物之意，不是说人性上事。"但是人性毕竟是继此自然之理而来，所以朱熹又接着解释说："继之者善，方是天理流行之初，人物所资以始。成之者性，则此理各自有个安顿处，故为人为物，或昏或明，方是定。""一阴一阳之谓道。就人身言之，道是吾心。继之者善，是吾心发见恻隐羞恶之类。成之者性，是吾心之理，所以为仁义礼智是也。"（《语类》卷七十四）由此看来，自然之理与人性的本质以及人文义理息息相通，为了建构一个适用于社会人伦的价值本体，首先应该对自然之理能有一个全面的理解。

三、朱熹易学的天人合一思想

朱熹对自然之理的研究，相当于张载的"为天地立心"，着眼于宇宙论的建构，对人文之理的研究，相当于张载的"为生民立命"，着眼于心性论的建构。前者可称为天学，属于科学易的范畴；后者可称为人学，属于人文易的范畴。照理学家看来，此二者并非割裂为两截，而是天人合一，相互贯通，统一于性命之理。但是，自然之理的本质即天道的本然之真，人文之理的本质即人道的应然之善，究竟真何以是善，善何以是真，天与人如何能够合一，为什么无心而成化的客观外在的自然之理蕴含着人文的价值，这些都是很难回答的问题。事实上，中国哲学从先秦一直发展到宋代，虽然各家各派都在围绕着这些问题进行艰苦的探索，却是很少有人得出圆满的结论，往往畸轻畸重，蔽于一曲，而暗于大方，或者过分地强调自然之理而忽视人文之理，蔽于天而不知人，或者过分地强调人文之理，而忽视自然之理，蔽于人而不知天。比如老子曾说"天地不仁，以万物为刍狗"，认为宇宙自然并不蕴含任何与人道之仁义相关的价值。儒家的孔孟对人道之仁义极为关注，但却没有认识到天道是一个受一阴一阳规律所支配的自然运行的过程。尽管就哲学的最高理想而言，儒道两家都是竭尽全力地追求天与人的合一，言天必下及于人，言人必上溯于天，但是道家由"天地不仁"推导出"圣人不仁"，主张不以人灭天，不以故灭命，这就是用本然之真来取代应然之善，有天而无人，从而违反了初衷，建构了一个偏于自然主义的理论形态；儒家恰恰与道家相反，认为"诚者天之道也"，主张扩充善端，尽其在我，由尽心、知性到知天，这就是用应然之善来取代本然之真，有人而无天，同样违反了初衷，建构了一个偏于人文主义的理论形态。在易学史上，这种天与人的割裂，自然主义与人文主义的背离，也有着明显的表现。唐人李鼎祚在《周易集解》的序言中指出：

> 自卜商入室，亲授微言，传注百家，绵历千古，虽竟有穿凿，犹未测渊深。唯王（王弼）、郑（郑玄）相沿，颇行于代。郑则多参天象，王乃全释人事。且《易》之为道，岂偏滞于天人者哉！致使后学之徒，

纷然淆乱，各修局见，莫辨源流。天象远而难寻，人事近而易习，则折杨黄华，嗑然而笑，方以类聚，其在兹乎！

这就是说，郑玄的象数之学"多参天象"，偏于自然主义，王弼的义理之学"全释人事"，偏于人文主义，对《周易》的理解和诠释，这两派的易学都有偏差。李鼎祚作《周易集解》，目的在于"刊辅嗣之野文，补康成之逸象"，扬郑而抑王，因而把王弼的义理派的易学贬为"折杨黄华（即里巷小曲）"，不能登大雅之堂。虽然如此，但也承认，人事近而易习，人们听了便欣然而笑，而天象则是远而难寻，不易把握。这说明李鼎祚站在象数派易学的立场，也认为自然主义必须与人文主义相结合，而不能偏滞于天人。到了宋代，这个问题并没有得到真正的解决。比如刘牧的象数之学，"释人事而责天道"，"谓存亡得丧，一出自然"，依然是蔽于天而不知人。李觏、欧阳修的义理之学，则是表现了一种重人事而轻天道的倾向，认为《易》的主旨在于急人事之用，而与天道无关，依然是蔽于人而不知天。

由此看来，关于天与人的合一，自然之理与人文之理的贯通，无论是从哲学史还是从易学史的角度上说，都是一个基本问题，也是一个不易得到确解的难题。其所以成为难题，是因为此二者的关系既相互联系又相互区别，分中有合，合中有分，如同一个善变的怪物，一当说它是合，立刻就分了，一当说它是分，又立刻就合了。自其分者而言之，天与人本来是分而为二，自然之理与人文之理本来就属于两个不同的领域，"天地不仁"，对人的价值漠不关心，始终是遵循着自己所固有的自然之理独立地运行，而人则是创造了一套价值观念逆天而行，按照自然秩序所无的应然之理来谋划自己的未来。但是，自其合者而言之，天与人又合二而一，这是因为，人作为宇宙间之一物，首先是一个自然的存在，然后才是一个社会的存在，所以人既有自然本性，又有社会本性，既受自然之理的支配，又受人文之理的支配，此二者密不可分，结为一体，内在地统一于人性的本质之中。因此，天与人的关系纠缠扭结，难以名状，言其分者有合在，言其合者有分在，无论作出一种什么回答，都有另一种相反的回答与之形成对立，作为一个无可确解的宇宙人生的难题困惑着历代的哲人。这个难题也同样困惑着西方的哲人。但是西方的哲学信念主要是着眼于分，以天归天，以人归人。对天道的研究可以排除对人道的关怀，只以求真为目的而不管其是否合乎人文之善，对人道的研究可以排除对天道的兴趣，只以求善为目的而不管其是否合乎自然之真。由此而在西方历史上所形成的自然主义与人文主义的两个传统，虽然曾经产生过许多彼此交叉渗透的复杂情况，但就总体而言，却是双峰对峙，两水分流，甚至相互排斥。一直发展到当代，西方的有识之士才意识到此二者必须合流，致力于从科学理性中探寻其价值的内涵，从价值理性中探寻其科学的依据，追求真与善的有机的统一。中国的哲学信念从源头上开始便与西方哲学不同，主要是着眼于合。《庄子·天下》曾说："不离于宗，谓之天人。不离于精，谓之神人。不离于真，谓之至人。以天为宗，以德为本，以道为门，兆于变化，谓之圣人。"这种天人合一是中国哲学包括各家各派在内的共同的信念和最高的理想，作为一种基本的原动力，驱使着中国的哲学家研究天道不能排除对人道的关怀，研究人道也不能排除对天道的兴趣。虽然各家各派的探索皆有所偏，有的偏于天而倾向于自然主义，有的偏于人而倾向于人文主义，但是这两种倾向都受到天人合一的内在逻辑的抑制，既没有形成如同西方的那种二元对峙的传统，也没有分化出如同西方的那种自然科学与人文科学的独立的学科，而是始终合而不分，相互联结，在总体上表现为一种具有张力结构的天人之学。这种张力结构，既对立，又统一，从根本上规定了中国哲学不能割裂天人关系，而必须论证二者的同构性与相似性，找出一个坚实可靠的联结之点来沟通天人，因而"究天人之际"也就贯穿于中国哲学发展的全过程，成为一个弥久而常新的永恒的主题。

宋代理学把这个主题表述为天道与性命的关系。从北宋五子到南宋的朱熹，虽然在哲学信念上都预设了此二者能够合一，天道的本然之真与人道的应然之善相互联结，但是在论证的过程中也和前人一样，不免时有所偏，至于究竟怎样才能把二者联结为一体，各人的回答也不尽相同。如果我们把这些回答按照历史和逻辑的顺序排成一个系列，纵而观之，可以清理出一条理学发展的基本线索，大体上就是在天人之学的张力结构的作用下不断寻求自然主义与人文主义的互补，并且最后落实到人性的本质与心性的修养的层面上来。

理学兴起之初，探索的重点多半偏于天道，因为这是当时儒学的一个最为薄弱的环节。张载曾经十分感慨地指出："知人而不知天，求为贤人而不求为圣人，此秦汉以来学者大蔽也。"（《宋史·张载传》）就历史所积累的既成的探索成果而言，道家偏于天道的自然之理，儒家偏于人道的人文之理，象数之学偏于"多参天象"，义理之学偏于"全释人事"，所以理学思潮的前期代表人物为了弥补儒学的缺陷而从事宇宙论的研究，不能不吸取道家与象数之学的成果。这在周敦颐、邵雍二人的身上表现得特别明显。张载在易学上属于义理派，但是他的天道观赞同老子"天地不仁"的说法，把《易》所谓"絪缊"与庄子所谓"生物以息相吹""野马"相提并论，并且依据庄子关于气的思想提炼而为"太虚即气"的命题，也在很大程度上接受了道家的影响。理学发展到二程的阶段，探索的重点又转而偏于人道。这是因为儒家的人文价值毕竟是理学的最重要的关怀，加上理学以排斥佛老、维护道统自命，意识形态的色彩也越来越强烈，所以二程对源于道教传授系统的周、邵的象数之学抱着一种轻视的态度，对张载的清虚一大之旨多有微辞，其易学的研究着重于"阐明儒理"。虽然如此，北宋五子的探索始终没有脱离天人之学这根主轴。他们皆以《说卦》关于三才之道、性命之理的经典表述为依据，偏于天道者不再蔽于天而不知人，偏于人道者也不再蔽于人而不知天，把天道与性命的贯通奉为最高的哲学理想，紧紧围绕着天道之阴阳与人道之仁义究竟有什么样的同构性与相似性的问题进行探索。比如周敦颐致力于由太极以立人极，太极即宇宙生成的自然之理，人极即仁义中正的人文之理。他在《通书·顺化》中指出："天以阳生万物，以阴成万物。生，仁也。成，义也。故圣人在上，以仁育万物，以义正万民。天道行而万物顺，圣德修而万民化。大顺大化，不见其迹，莫知其然之谓神。"这是认为，天道之阴阳，其本质为生成，阳为生，阴为成，人道之仁义，其本质亦为生成。仁为生，义为成，故仁与阳相配，义与阴相配，天人无二道，统一于生成之理。邵雍在《观物外篇》中指出："学不际天人，不足以谓之学。""不知乾，无以知性命之理。"他以乾之四德元亨利贞为天道之变，代表春夏秋冬四时的循环，以仁礼义智为人道之应，认为此二者互相对应，密切相配，宇宙生成之理本身就蕴含着人文的价值。张载继承了周、邵二人推天道以明人事的思路，但却扬弃了他们的宇宙生成论的理论形态，把天道归结为神化之理。他在《正蒙·神化篇》中指出："气有阴阳，推行有渐为化，合一不测为神。""神不可致思，存焉可也；化不可助长，顺焉可也。存虚明，久至德，顺变化，达时中，仁之至，义之尽也。"这是认为，存神即仁，顺化即义，人道之仁义本于天道阴阳的神化之理。程颐则由人道上溯到天道，把仁义提到天地之序与天地之和的高度来论证，认为义者尊尊，合于天地之序，仁者亲亲，合于天地之和，故仁义不仅是人们应当遵循的伦理规范，而且上通天道，体现了宇宙的秩序与和谐的两个根本原则。他指出："仁者，天下之正理。失正理，则无序而不和。"（《二程粹言》卷一）

从以上这些言论可以看出，北宋五子对人道的理解具有共识，一致认为人文价值的核心就是仁与义，但是对天道的理解却有一些微妙的差异，由此而对天与人的联结也就作出了不同的论证。周、邵二人主要是依据道家的自然主义把天道理解为一种生成之理，然后与人道之仁义或仁礼义智一一相配。从哲学的角度来看，这只是就天人二者外表上的相似性进行简单的比附，而没有深入到内在的结构层次论证其本于一源，虽然在人文之理上认同儒家，在自然之理上却是认同道家。儒道既然分为两截，所以在天道中看不到人道的内容，在人道中也看不到天道的内容，其理论的缺陷也就表现为天人二本，体用殊绝，不能把二者有机地统一起来。周、邵二人的体系在理学内部引起了很大的争议，其故在此。比如陆象山针对着周敦颐的"无极而太极"的命题批评说："'无极'二字，出于《老子》知其雄章，吾圣人之书所无有也。《老子》首章言'无名天地之始，有名万物之母。'而卒同之，此老氏宗旨也。'无极而太极'，即是此旨。老氏学之不正，见理不明，所蔽在此。""惟其所蔽在此，故其流为任术数，为无忌惮。此理乃宇宙之所固有，岂可言无？若以为无，则君不君、臣不臣、父不父、子不子矣。"（《陆九渊集》卷二《与朱元晦》）这是认为，周敦颐的天道观沿袭了道家的自然之理，对儒家所服膺的人文之理产生了极大的损害。陆象山并不反对自然之理，因为"此理乃宇宙之所固有"，但却坚持认为，这种自然之理必须与人文之理相结合，如果仅仅作为一种"天地不仁"的冷性的自然律而与人文的价值相敌对，则是儒家所不能接受的。邵雍以物理之学明天道，以性命之学释人事，认为天道是体，人事是用，老子得《易》之体，孟子得《易》之用，这种思想受到二程和朱熹的批评。二程指出："尧夫之学，先从理上推意言象数，言天下之理，须出于四者，推到理处，曰：'我得此大者，则万事由我，无有不定。'然未必有术，要之亦难以治天下国家。其为人则直是无礼不恭，惟是侮玩，虽天理亦为之侮玩。"（《河南程氏遗书》卷二上）朱熹也指出："他尝说老子得《易》之体，孟子得《易》之用。体用自分作两截。"康节之学"似老子。只是自要寻个宽间快活处，人皆害它不得。后来张子房亦是如此。方众人纷拏扰扰时，它自在背处"。"他都是有个自私自利底意思，所以明道有'要之不可以治天下国家'之说。"（《语类》卷一百）这就是认为，邵雍的思想缺少儒家的人文关怀，有似于老子的自然主义，蔽于天而不知人，并没有真正解决天人合一的问题。

　　平心而论，周、邵二人并不缺少儒家的人文关怀，比如周敦颐明确认为，"圣人之道，仁义中正而已矣"（《通书·道》）；邵雍指出，"佛氏弃君臣父子夫妇，岂自然之理哉"（《观物外篇》）。正是由于这种价值取向，所以他们的学派属性是儒而非道，成为理学的代表人物。但是他们所建构的天道观偏于道家的自然主义，与儒家的价值取向产生了某种程度的背离，这也是一个不争的事实。由此看来，为了沟通天与人的关系，论证自然之理的本身即蕴涵着仁义中正的人文之理，必须对天道的理解取得突破性的进展，把道家的"天地不仁"的命题转化为儒家所期望的"天地之仁"。在理学史上，这个工作是由张载的"为天地立心"的研究所完成的。他指出："天本无心，及其生成万物，则须归功于天，曰：此天地之仁也。"（《经学理窟》）"天体物不遗，犹仁体事无不在也。"（《正蒙·天道篇》）这是把天地生物之心理解为"天体物不遗"的一片仁心，以见物物各有天理，事事皆有仁。朱熹对张载的这种理解作了高度的评价，认为"此数句，是从赤心片片说出来，荀扬岂能到"（《语类》卷九十八）。按照这种理解，理学也就摆脱了周、邵所陷入的天人二本、体用殊绝的困境，可以用一个仁字来沟通天人关系了。二程的天道观不取周、邵之说而直接继承了张载。比如明道指出："万物之生意最可观，此元者善之长也，斯所谓仁也。"（《遗书》卷十一）伊川指出："心譬如谷种，生之性便是仁也。"（《遗书》卷十八）这和张载对天道的理解是完全一致的。但是，如果细加考辨，就他们所遵循的哲学思路而言，仍然存在着不同的偏向，他们所建构的体系也表现了不同的特色。张载主张由知天以知人，认为必先明天道而后始可言性命，二程则主张由知人以知天，认为可以通过"识仁""体仁"的途径而上达天理。由于这种哲学思路的不同，所以张载的探索偏于天道，二程的探索偏于人道。偏于天道者，首先致力于宇宙本体的研究，其所建构的体系，自然主义的比重大于人文主义；偏于人道者，则是首先致力于价值本体的研究，其所建构的体系，人文主义的比重大于自然主义。二程批评张载以清虚一大说天道，有苦心极力之象，而无宽裕温厚之气，就是认为张载的这种自然主义的天道观不是建立在涵泳义理的基础之上，与儒家的人文主义终有一间之隔。但是，如果站在张载的立场来批评二程，也可以认为他们对自然之理的本身缺少系统的研究，在宇宙论上无所建树，不能依据本然之真来论证应然之善，同样是蔽于一曲，而暗于大方。

朱熹生活在南宋时期，作为理学的集大成者，对北宋五子的探索成果进行了综合总结，取其所长，而去其所短，按照天人之学的内在的逻辑要求，采取了一种双向互动的思维模式，一方面援引天道来论证人道，另一方面又依据人道来塑造天道，务求使自然主义与人文主义形成一种有机的结合而不流入一偏。大致说来，朱熹的宇宙论是立足于二程的人道观对周敦颐、邵雍、张载的天道观的一种整合，他的心性论则是立足于周、邵、张的天道观对二程的人道观的一种论证。这种双向互动的思维模式也就使得朱熹在学术思想上表现为儒道互补、象数与义理合流。朱熹出于意识形态的考虑，不敢公然标榜儒道互补，但是他所提倡的象数与义理合流，实际上已经把这层意思暗含于其中了。因为象数之学"多参天象"历来是偏于道家的自然主义，周子与邵子的象数之学又是直接来自道教的传授系统，朱熹主张用这种象数来补足程颐所阐发的儒理，这也就是儒道互补了。

朱熹批评程颐的易学"言理甚备，象数却欠在"。"易，变易也，随时变易以从道。正谓伊川这般说话难说，盖他把这书硬定做人事之书。"（《语类》卷六十七）这就是认为，程颐的义理之学只讲了人事而没有讲天道，知人而不知天，背离了《易》之本义，不是一种完整的天人之学。在《答方伯谟书》中，朱熹进一步指出："'随时变易以从道'主卦爻而言，然天理人事皆在其中。今且以乾卦潜、见、飞、跃观之，其流行而至此者，易也；其定理之当然者，道也。故明道亦曰'其体则谓之易，其理则谓之道'，而伊川又谓变易而后合道，'易'字与'道'字不相似也。"（《文集》卷四十四）照朱熹看来，易即道，不可将易与道看做两截，易之所以变易者，既是大化流行的自然之理，也是人事所应遵循的当然之理，圣人作《易》之书，因其爻象之变灼见理之所当然者而系之辞，教人以变易从道之方，因而《易》中无一卦一爻不见此理，如果脱略了象数，离开了卦爻，则无从窥见天人一理之全。

其实就程颐本人的思想而言，这种天人一理之全是他一贯坚持的哲学信念。《遗书》卷十八记伊川之语曰："问曰：'人有言，尽人道谓之仁，尽天道谓之圣。此语何如？'曰：'此语固无病，然措意未是。安有知人道而不知天道者乎？道一也，岂人道自是人道，天道自是天道？《中庸》曰：尽己之性，则能尽人之性；能尽人之性，则能尽物之性；能尽物之性，则可以赞天地之化育。此言可见矣。'"《遗书》卷二十二上记载："又问：'介甫言尧行天道以治人，舜行人道以事天。如何？'曰：'介甫自不识道字。道未始有天人之别，但在天则为天道，在地则为地道，在人则为人道。'"朱熹对程颐的这种哲学信念当然十分熟悉，也十分赞赏他所阐明的儒理，但是仍然对他的脱略象数的易学表示强烈的不满，关键在于程颐只是片面地强调知人即可知天而忽视了知天即可知人，因而其所阐明的儒理缺少宇宙论的依据，其所谓道一之一也就偏于人道而未得天人一理之全。

朱熹通过对北宋五子的全面的考察，紧紧围绕着理学的主题，提出了自己的一套系统完备而不偏于一端的天人合一的思想。他指出：

> 动静无端，阴阳无始，天道也。始于阳，成于阴，本于静，流于动者，人道也。然阳复本于阴，静复根于动，其动静亦无端，其阴阳亦无始。则人盖未始离乎天，而天亦未始离乎人也。（《太极说》）

525

元、亨、利、贞，性也；生、长、收、藏，情也；以元生，以亨长，以利收，以贞藏者，心也。仁、义、礼、智，性也；恻隐、羞恶、辞让、是非，情也；以仁爱，以义恶，以礼让，以智知者，心也。性者，心之理也；情者，心之用也；心者，性情之主也。（《元亨利贞说》）

天地以生物为心者也，而人物之生，又各得夫天地之心以为心者也。故语心之德，虽其总摄贯通，无所不备，然一言以蔽之，则曰仁而已矣。请试详之。盖天地之心，其德有四，曰元、亨、利、贞，而元无不统。其运行焉，则为春、夏、秋、冬之序，而春生之气无所不通。故人之为心，其德亦有四，曰仁、义、礼、智，而仁无不包。其发用焉，则为爱恭宜别之情，而恻隐之心无所不贯。故论天地之心者，则曰乾元坤元，则四德之体用不待悉数而足。论人心之妙者，则曰仁，人心也，则四德之体用亦不待遍举而该。盖仁之为道，乃天地生物之心，即物而在。情之未发，而此体已具；情之既发，而其用不穷。诚能体而存之，则众善之源、百行之本莫不在是。此孔门之教所以必使学者汲汲于求仁也。其言有曰："克己复礼为仁。"言能克去己私，复乎天理，则此心之体无不在，而此心之用无不行也。又曰："居处恭，执事敬，与人忠"，则亦所以存此心也。又曰："事亲孝，事兄弟，及物恕"，则亦所以行此心也，又曰："求仁得仁"，则以让国而逃，谏伐而饿为能不失乎此心也。又曰："杀身成仁"，则以欲甚于生、恶甚于死为能不害乎此心也。此心何心也？在天地则块然生物之心，在人则温然爱人利物之心，包四德而贯四端者也。（《仁说》，以上均见《文集》卷六十七）

这几段言论是朱熹的天人合一思想的总纲，仔细玩味，可以看出其中的一些个别的论点并非朱熹的独创，在北宋五子那里都能找到有关的论述。朱熹的卓越之处在于他自觉地运用了双向互动的思维模式，把北宋五子的探索成果会通整合为一个完整的体系，特别拈出一个"仁"字来统一天心与人心，从而在很大程度上克服了他们偏滞于天人的局限。

关于心统性情的思想，首先是由张载提出来的。在《性理拾遗》中，张载曾说："心统性情者也。"此心指的是人心而非天心，属于心性论的范畴。朱熹发展了张载的思想，进一步用这个命题来解说天心，从事宇宙论的探讨，认为既然"天地之心"是《复·彖》的经典性的提法，明确肯定其为实有而不容置疑，所以此心乃实说之心而非虚说之心，这就和人心一样，其内在的结构层次有性有情，性者心之理，情者心之用，心则为性情之主。由于"天地之心"属于宇宙论的范畴，其外延是指以天地为匡廓的整个的世界，其内涵是指这个世界化生万物的功能，所以尽管与人心有着相同的结构，但是从自然义与人文义的角度来看，二者的性情及其运行机制仍然各有所指，不可混为一谈。朱熹指出，天之性为元亨利贞，人之性为仁义礼智，天之情为生长收藏，人之情为爱恭宜别，天道为动静无端，阴阳无始，人道为始于阳成于阴，本于静流于动。虽然如此，由于人是宇宙的一个有机组成部分，人心来源于天心，其阴阳动静的运行机制也同样是动静无端，阴阳无始，所以人未始离乎天，天亦未始离乎人，块然生物之心即温然爱物之心，天心与人心都可以用一个"仁"字来概括。据此而论，天心与人心既相互区别又相互联系，朱熹认为，"仁者天地生物之心，而人物之所得以为心"，这个命题对这种微妙的辩证关系作了最为精到贴切的表述。在《答何叔京书》中，他指出："熹所谓'仁者天地生物之心，而人物之所得以为心'，此虽出于一时之臆见，然窃自谓正发明得天人无间断处稍似精密。若看得破，则见'仁'字与'心'字浑然一体之中自有分别，毫厘有辨之际却不破碎。"（《文集》卷四十）。

在理学史、易学史以至整个儒学史上，朱熹把天心与人心贯通整合为一个统一的仁心的思想，具有承上启下的里程碑的意义，代表了中国传统的天人之学发展到南宋年间所达到的最高水平，虽然紧接着陆象山举起心学的旗号来与朱熹相抗衡，但是从逻辑的理路来看，陆象山把天心归结为人心的心学思想，实际上是以朱熹对天心的探索成果为前提的。早在先秦时期，人们就把孔子的思想概括为一个"仁"字，认为儒学即仁学。《吕氏春秋·不二篇》说："老聃贵柔，孔子贵仁。"从先秦到汉唐，儒家学者只是局限在人心的层面论仁，称之为仁心、恻隐之心或不忍人之心，而没有扩展到天心的层面从事宇宙论的论证，关于究竟何为天地之心的问题，大多是沿袭了老子的天地不仁、贵柔守静的思想，认为"天行有常，不为尧存，不为桀亡"，"动息地中，乃天地之心见也"，由此而建构的仁学体系也就不够完整。北宋五子有见于此，围绕着这个问题进行了多方面的艰苦的探索，层层逼近，每个人都取得了阶段性的成果，直到南宋的朱熹才集其大成，终于建构成了一个囊括天人的完整的仁学体系。

就朱熹的基本思路而言，可以明显地看出他与程颐的不同，不是从心性论入手，强调知人即可知天，而是从宇宙论入手，强调知天即可知人。他指出："天地以此心普及万物，人得之遂为人之心，物得之遂为物之心，草木禽兽接着，遂为草木禽兽之心，只是一个天地之心尔。"(《语类》卷一)"天之生物，有有血气知觉者，人兽是也；有无血气知觉而但有生气者，草木是也；有生气已绝而但有形质臭味者，枯槁是也。是虽其分之殊，而其理则未尝不同。但以其分之殊，则其理之在是者不能不异。故人为最灵而备有五常之性，禽兽则昏而不能备，草木枯槁，则又并与其知觉者而亡焉。但其所以为是物之理，则未尝不具尔。"(《答余方叔》，《文集》卷五十九)照朱熹看来，天心与人心是一种理一分殊的关系，天心是理一，人心是分殊，欲明人心之分殊，必须从宇宙论入手，先明天心之理一。但是，另一方面，朱熹对天心的理解，却是运用了张载的"心统性情"的说法，从心性论入手的。按照这种双向互动的思维模式，他又提出了一个"人者天地之心"的反命题。比如他说："人者，天地之心，没这人时，天地便没人管。"(《语类》卷四十五)"盖天只是动，地只是静。到得人，便兼动静，是妙于天地处。故曰人者天地之心。"(《语类》卷一百)朱熹认为，天心即人心与人心即天心，这两个命题并不矛盾，而是可以互相发明的。从宇宙论入手，是由理一推出分殊，从心性论入手，是由分殊见出理一，因而元亨利贞的自然之理蕴含着仁义礼智的人文之理，仁义礼智的人文之理也蕴含着元亨利贞的自然之理。此二者的贯通合一关键不在于外表形态上的相似，而在于其深层的内在结构上的相同。

把自然之理理解为生成之理，把天地之心理解为生物之心，这是理学家的共识。他们由此而建构的宇宙论也就具有共同的特色，与西方的那种建立在牛顿力学基础之上的机械论的宇宙论不同，而是洋溢着一种活泼泼的盎然生机。按照这种理解，虽然宇宙只有自然义而无人文义，没有如同人一样的思虑营为，鼓万物而不与圣人同忧，但是其客观的运行过程却呈现出一种以生物为心的目的论的趋向。理学家普遍认为，天地之大德曰生，自然宇宙的这种生生不已的目的论的趋向本身就蕴含着价值的意义，与人的爱人利物之心相似，因而可以把天地生物之心比喻为天地之仁。朱熹继承了理学家的这种共识，进一步深入到结构的层次进行细致的分析。在《答袁机仲书》中，他指出：

> 盖天地之间，一气而已，分阴分阳，便是两物，故阳为仁而阴为义。然阴阳又各分而为二，故阳之初为木，为春，为仁，阳之盛为火，为夏，为礼，阴之初为金，为秋，为义，阴之极为水，为冬，为智。盖仁之恻隐方自中出，而礼之恭敬则已尽发于外；义之羞恶方自外入，而智之是非则已全伏于中。故其象类如此，非是假合附会，若能默会于心，便自可见。元、亨、利、贞，其理亦然，《文言》取类尤为明白，非区区今日之臆说也。五行之中，四者既各有所属，而土居中宫，为四行之地，四时之主。在人则为信，为真实之义，而为四德之地，众善之主也。（五声、五色、五臭、五味、五藏、五虫，其分放此。）盖天人一物，内外一理，流通贯彻，初无间隔。若不见得，则虽生于天地间，而不知所以为天地之理；虽有人之形貌，而亦不知所以为人之理矣。
>
> 阳主进而阴主退，阳主息而阴主消。进而息者其气强，退而消者其气弱，此阴阳之所以为柔刚也。阳刚温厚，居东南，主春夏，而以作长为事；阴柔严凝，居西北，主秋冬，而以敛藏为事。作长为生，敛藏为杀，此刚柔之所以为仁义也。以此观之，则阴阳、刚柔、仁义之位岂不晓然？（《文集》卷三十八）

朱熹的这种结构分析，是以邵雍的先天之学的象数图式为依据的。邵雍曾说："先天之学，心法也。故图皆自中起，万化万事生乎心也。图虽无文，吾终日言，而未尝离乎是。盖天地万物之理尽在其中矣。"（《观物外篇》）

邵雍所说的"心法",指的是天地生物之心,也就是太极,所以他又指出,"心为太极","道为太极"。邵雍认为,由太极自然展开的先天之学的象数图式,虽无文字,而天地万物之理尽在其中,是对宇宙的内在结构和生成机制的完整的图解。朱熹十分重视邵雍的先天图,常常沉潜把玩,虚心涵泳,从中探寻《易》之心髓。他在《答袁机仲书》中坦诚地表述了自己亲切的体会,"玩之久熟,浃洽于心,则天地变化之神、阴阳消长之妙自将了于心目之间,而其可惊可喜、可笑可乐必有不自知其所以然而然者矣。"(《文集》卷三十八)朱熹之所以感到可惊可喜、可笑可乐,在心灵上由理智的了解升华为情感的震荡,不仅在于从中悟得了天地之理,而且悟得了为人之理,打破了宇宙人生的界限,解决了他多年的困惑。实际上,邵雍的先天图只讲了天道而没有讲人道,只讲了天地之理而没有讲为人之理。因为邵雍以尧之前为先天,以尧之后为后天,虽然先天与后天结成了一种体用相依的关系,但却是按照时间序列区分为前后两截,在先天阶段,只有天道而无人道,只有宇宙的自然史而无人类的文明史,效法天道的人道是直到尧之后的后天才开始有的。由此看来,邵雍的这种天人观着眼于宇宙的自然的生成和演化,自有其逻辑的一贯性,而朱熹所体悟到的"天人一物,内外一理",则是超过了邵雍的原意。虽然如此,朱熹的体悟也并不与邵雍的原意相悖。因为邵雍的先天图所揭示的天心结构,与人心结构完全相同,只要转换一下思路,把他的宇宙生成论改造为哲学本体论,按照理一分殊的关系来联结天人,就可以合乎逻辑地推导出"天人一物,内外一理"的结论,使二者"流通贯彻,初无间隔"。朱熹认为,在天地言,则天地中有太极,在万物言,则万物中各有太极,人人有一太极,物物有一太极,太极分开,只是两个阴阳,阴阳只是一气,阴阳做一个看亦得,做两个看亦得,做两个看是分阴分阳,做一个看只是一个消长,因而天心与人心的内在结构都可以归结为太极阴阳之理。就天心的结构而言,此太极阴阳之理表现为元亨利贞的流行,元亨为阳,利贞为阴,阳主生长,阴主敛藏。阴阳又分为四象,故阳之初为元,为春,为木,阳之盛为亨,为夏,为火,阴之初为利,为秋,为金,阴之极为贞,为冬,为水。人心的结构亦复如是,此太极阴阳之理表现为仁礼义智之四德,仁礼为阳,义智为阴,阳刚温厚,阴柔严凝,以四象言之，仁为阳之初，方自中出，礼为阳之盛，尽发于外，义为阴之初，方自外入，智为阴之极，全伏于中，故人心之恻隐、恭敬、羞恶、是非实即阴阳之进退消长所彰显的四种形态，与天心之元亨利贞不仅在外表上相似，而且在结构上相同。

关于元亨利贞的自然之理与仁义礼智的人文之理在结构上的相同，朱熹曾经作过详细的讨论。比如他说：

> 仁义礼智，便是元亨利贞。若春间不曾发生，得到夏无缘得长，秋冬亦无可收藏。

> 人只是此仁义礼智四种心，如春夏秋冬，千头万绪，只是此四种心发出来。

> 只如四时，春为仁，有个生意；在夏，则见其有个亨通意；在秋，则见其有个诚实意；在冬，则见其有个贞固意。在夏秋冬，生意何尝息！本虽凋零，生意则常存。大抵天地间只一理，随其到处，分许多名字出来。

> 仁字须兼义礼智看，方看得出。仁者，仁之本体；礼者，仁之节文；义者，仁之断制；知者，仁之分别。犹春夏秋冬虽不同，而同出于春，春则生意之生也，夏则生意之长也，秋则生意之成，冬则生意之藏也。自四而两，两而一，则统之有宗，会之有元，故曰五行一阴阳，阴阳一太极。

> 仁为四端之首，而智则能成始而成终；犹元为四德之长，然元不生于元而生于贞。盖天地之化，不翕聚则不能发散也。仁智交际之间，乃万化之机轴。此理循环不穷，吻合无间，故不贞则无以为元也。

> 《文言》上四句说天德之自然，下四句说人事之当然。

> 人之所以为人，其理则天地之理，其气则天地之气。理无迹，不可见，故于气观之。要识仁之意思，是一个浑然温和之气，其气则天地阳春之气，其理则天地生物之心。今只就人身己上看有这意思是如何。才有这意思，便自恁地好，便不恁地干燥。

> 仁有两般，有作为底，有自然底。看来人之生便自然如此，不待

作为。……大凡人心中皆有仁义礼智，然元只是一物，发用出来，自
然成四派。如破梨相似，破开成四片。如东对着西，便有南北相对；
仁对着义，便有礼智相对。以一岁言之，便有寒暑；以气言之，便有
春夏秋冬；以五行言之，便有金木水火土。且如阴阳之间，尽有次第。
大寒后，不成便热，须是且做个春温，渐次到热田地。大热后，不成
便寒，须是且做个秋凉，渐次到寒田地。所以仁义礼智自成四派，各
有界限。仁流行到那田地时，义处便成义，礼智处便成礼智。且如万
物收藏，何尝休了，都有生意在里面。（以上均见《语类》卷六）

朱熹认为，元亨利贞与仁义礼智之所以在结构上相同，是因为此二者
皆本于太极之一源。太极只是一个理字，这个理既是天地万物的自然之理，
也是天地人物万善至好的表德，本然之真与应然之善合而不分，浑然一体。
太极分开，便是两个阴阳，阴阳分开，成为四象，其表现为天道者谓之元
亨利贞，其表现为人道者谓之仁义礼智，因而从本源的意义上看，此二者
不仅结构相同，而且内外一理，相互蕴含，天道之本然蕴含着人道之应然，
人道之应然也蕴含着天道之本然。朱熹根据这一番论证，把自然之理与人
文之理统一于太极之理，建构了一个以太极作为至高无上的终极本源的整
体观。所谓太极之理，其实质性的内涵，可以归结为对待与流行两个层面。
就自然之理而言，元亨利贞就是一个大化流行的过程，贞下起元，循环不
穷，吻合无间，生生不已，此流行的过程自然分成四派，各有界限，元亨
为阳之发散，利贞为阴之翕聚，呈现为一种发散与翕聚的必要的张力，这
就是阴阳之对待。就人文之理而言，同样有对待，有流行。人生天地之间，
不待作为而自然具有仁义礼智四种心，此四种心以仁为本体，统是一个生
意，亦即恻隐之心。本只是这恻隐，羞恶辞逊是非须从这里发来，若非恻隐，
三者俱是死物了，恻隐之心通贯此三者。仁打一动，便是义礼智三个物事
在那里，其实只是一物。因而人文之理就是此心之仁的动态的流行，流行
时便是公共一个，到得成就处，便是各具一个。此流行的过程也和自然之
理一样，自成四派，各有界限，其中仁义又是一大界限，是个对立的关键。
这是因为，天下之物，未尝无对，有阴便有阳，有仁便有义，仁包礼而属阳，

义包智而属阴，仁主发动而言，义主收敛而言，从而也呈现为一种必要的张力，形成阴阳之对待。由此看来，自然之理与人文之理不仅在结构上相同，而且皆以对待与流行作为其共同的运行机制与实质性的内涵。流行为体，对待为用，体是理一，用是分殊，如果片面地强调流行而忽视对待，就是只见理一而不见分殊，反过来看，片面地强调对待而忽视流行，则是只见分殊而不见理一。朱熹反复阐述，无论是元亨利贞的自然之理还是仁义礼智的人文之理，全都按照理一分殊的关系紧密地相互联结，浑然全体之中，自有条理，自有间架，各有面貌之不同，不可割裂这种理一分殊的关系，只知其一，不知其二。

关于理一分殊作为一个明确的哲学命题，首先是由程颐在《答杨时论西铭书》中提出来的。但是在具体的讨论过程中，程颐未能把这个思想贯彻到底，往往是割裂了二者的关系，片面地强调对待而忽视流行，只见分殊而不见理一。朱熹虽然十分尊崇程颐，也对他的这种理论上的偏差多次严肃地批评指正。比如朱熹指出：

> 阴阳，有相对而言者，如东阳西阴，南阳北阴是也；有错综而言者，如昼夜寒暑，一个横，一个直是也。伊川言"《易》，变易也"。只说得相对底阴阳流转而已，不说错综底阴阳交互之理。言《易》，须兼此二意。（《语类》卷六十五）。
>
> 且如程先生云："偏言则一事，专言则包四者。"上云："四德之元，犹五常之仁。"恰似有一个小小底仁，有一个大大底仁。"偏言则一事"，是小小底仁，只做得仁之一事；"专言则包四者"，是大大底仁，又是包得礼义智底。若如此说，是有两样仁。不知仁只是一个，虽是偏言，那许多道理也都在里面；虽是专言，那许多道理也都在里面。（《语类》卷六）

与此相反的另一种偏差，片面地强调流行而忽视对待，只见理一而不见分殊，在程门弟子中也有所表现，比如杨时把统包四德的仁归结为"万物与我为一"，谢良佐则归结为心之知觉，朱熹对这两种说法都提出了批

评。他指出：

> 彼谓物我为一者，可以见仁之无不爱矣，而非仁之所以为体之真也，彼谓心有知觉者，可以见仁之包乎智矣，而非仁之所以得名之实也。
>
> 抑泛言同体者，使人含胡昏缓而无警切之功，其弊或至于认物为己者有之矣。专言知觉者，使人张皇迫躁而无沉潜之味，其弊或至于认欲为理者有之矣。一忘一助，二者盖胥失之。（《仁说》，《文集》卷六十七）

"物我为一"与"心有知觉"二说皆本于程颢。程颢曾说："医书言手足痿痹为不仁，此言最善名状。仁者以天地万物为一体，莫非己也。"（《程氏遗书》卷二上）朱熹认为，"物我为一"之说，其失在"忘"，忘是忘掉了以集义为事，不以分殊之价值规范为准绳，在一言一动之间痛下工夫。如果只是片面强调"物我为一"之仁，而忘掉了义礼智三者，不仅无从见得仁之所以为体的理一分殊的结构，而且有如无星之秤，无寸之尺，使人含胡昏缓，不能有效地指导人们的行为实践。"心有知觉"之说，其失在"助"，助是拔苗助长，待之不得而拔之使长，不待其充而强作之使充。此说可以见仁之包乎智，而非仁之所以得名之实。仁之所以得名，偏言则一事，专言则包四德，理一而分殊，浑然全体之中而粲然有条。如果但以知觉言仁，不去觉得四德之义理，只守得一个空心，这就不仅使人张皇迫躁，不知所以存养，而且完全淘空了性善之理的价值内涵，将性字作知觉心意看，划不清与佛老的界限。

关于儒家的性善之理，其德目有四，四者之中仁义是个对立的关键，是与其他各家相区别最重要的标准，历代儒家对此均持有共识，只是如何把仁义从价值准则的层面提升到宇宙论和心性论的高度进行哲学的论证，这个问题一直未能得到妥善的解决。比如扬雄说："老子之言道德，吾有取焉耳；及捶提仁义，绝灭礼学，吾无取焉耳。"（《法言·问道》）韩愈试图把道德与仁义结合起来，他在《原道》中指出："博爱之谓仁，行而宜之之谓义，由是而之焉之谓道，足乎己无待于外之谓德。仁与义为定名，道与德为虚位。”尽管儒道两家都讲道德，但是儒家所讲的道德，“合仁与义言之也”，“老子之所谓道德云者，去仁与义言之也”，因而老子之言道德与儒家有着根本性的区别，并无可取之处。朱熹认为，扬雄没有划清与老子的界限，韩愈于仁义道德上看得分明，其纲领已正，却无他这个近于老子底说话，然亦只是见得下面一层，上面一层都不曾见得，源头处都不晓，哲学理论水平不高。他指出：

> 问："《原道》上数句如何？"曰："首句极不是。'定名、虚位'却不妨。有仁之道，义之道，仁之德，义之德，故曰'虚位'。大要未说到顶上头，故伊川云：'《西铭》,《原道》之宗祖。'"
>
> 蒋明之问："《原道》起头四句，恐说得差。且如'博爱之谓仁'，爱如何便尽得仁？"曰："只为他说得用，又遗了体。"
>
> 或问:"由是而之焉之谓道。"曰:"此是说行底，非是说道体。"问:"足乎己无待于外之谓德。"曰："此是说行道而有得于身者，非是说自然得之于天者。"(《语类》卷一三七）。
>
> 蜚卿曰:"伊川谓《西铭》乃《原道》之祖，如何？"曰:"《西铭》更从上面说来。《原道》言'率性之谓道',《西铭》连'天命之谓性'说了。"(《语类》卷九十六)。

朱熹认为，韩愈的理论缺陷在于未能上升到本体论的高度，只说了用而遗落了体，只就价值规范的层面说行为实践，而没有说到价值自然得之于天的源头，只见得下面一层的人学，不曾见得上面一层的道体。拿张载的《西铭》来与韩愈的《原道》相比,《西铭》是从价值的源头处说起,从“天命之谓性”说到“率性之谓道”，从天学说到人学，乃是真正的灼见道体之言，而《原道》则只停留于“率性之谓道”的下面一层，若无上面一层的“天命之谓性”，则儒家所服膺的道德仁义岂不成了无源之水，无本之木？所以说,《西铭》追求向上一路，乃《原道》之宗祖。

在理学史上,《西铭》是一篇受到交口称誉的经典文献，程颐首先从仁义统一的价值层面诠释为“明理一而分殊”,认为“分殊之蔽,私胜而失仁；

无分之罪，兼爱而无义"。朱熹则把这种诠释提到向上一路，从事天人一理的本体论的结构分析。他指出：

> 《西铭》一篇，始末皆是理一分殊。以乾为父，坤为母，便是理一而分殊；"予兹藐焉，混然中处"，便是分殊而理一。"天地之塞吾其体，天地之帅吾其性"，分殊而理一；"民吾同胞，物吾与也"，理一而分殊。逐句推之，莫不皆然。
>
> 合下一个理一分殊，截作两段，只是一个天人。
>
> 《西铭》大纲是理一而分自尔殊。然有二说：自天地言之，其中固自有分别；自万殊观之，其中亦自有分别。不可认是一理了，只滚做一看，这里各自有等级差别。且如人之一家，自有等级之别。所以乾则称父，坤则称母，不可弃了自家父母却把乾坤做自家父母看。且如"民吾同胞"，与自家兄弟同胞，又自别。龟山疑其兼爱，想亦未深晓《西铭》之意。《西铭》一篇，正在"天地之塞吾其体，天地之帅吾其性"两句上。
>
> 人且逐日自把身心来体察一遍，便见得吾身便是天地之塞，吾性便是天地之帅。许多人物生于天地之间，同此一气，同此一性，便是吾兄弟党与；大小等级之不同，便是亲疏远近之分。
>
> 林子武问："龟山《语录》曰：《西铭》理一而分殊。知其理一，所以为仁；知其分殊，所以为义。"先生曰："仁，只是流出来底便是仁；各自成一个物事底便是义。仁只是那流行处，义是合当做处。仁只是发出来底；及至发出来有截然不可乱处，便是义。且如爱其亲，爱兄弟，爱亲戚，爱乡里，爱宗族，推而大之，以至于天下国家，只是这一个爱流出来，而爱之中便有许多等差。"（《语类》卷九十八）

由此可以看出，为了论证儒家的性善之理，必须见得上面一层的道体，从天命之谓性的价值的源头处说起。道体之全，流行发用，流行处自有等差，等差处而又浑然一致，其本体论的结构合下是一个理一分殊。唯其理一，所以自然之理与人文之理、本然之真与应然之善相互联系，一而不二；

唯其分殊，所以二者又相互区别，二而不一。就性善之理的四个德目而言，皆为天命之性的流行发用，其大端全体即所谓仁，这便是理一。仁之流行，便有许多等差，遇当辞逊则为辞逊，不安处便为羞恶，分别处便为是非，仁打一动，便是义礼智三个物事在那里，自然而有分殊之对待。因而性善之理的这四个德目源于"天命之谓性"的道体，与道体同样，有着理一分殊的本体论的结构，只有从"率性之谓道"的价值规范层面上升到"天命之谓性"的高度，从事天人一理的结构分析，才能使性善之理得到合理的证明。

所谓天人一理，即天道性命之理，也就是《周易》所说的"性命之理""三才之道"。这既是理学的主题，也是《周易》的核心思想。《说卦》曾说：

> 昔者圣人之作《易》也，将以顺性命之理，是以立天之道曰阴与阳，立地之道曰柔与刚，立人之道曰仁与义。兼三才而两之，故《易》六画而成卦。分阴分阳，迭用柔刚，故《易》六位而成章。

北宋五子围绕着《说卦》的经典表述反复诠释，力图把天道之阴阳与人道之仁义统一于性命之理，各有所见，也各有所偏。朱熹综合总结了北宋五子的探索成果，特别拈出理一分殊的命题对性命之理进行深层次的结构分析，终于集理学之大成，为儒家的价值理想确立了一个坚实的本体论的理论基础。按照朱熹的诠释，性命之理就其外延而言，统贯天人，分中有合，合中有分。就其内涵而言，分阴分阳是对待，迭用柔刚是流行。性命之理也叫做道体。道体浩浩无穷，全体不息，浑然一致，而精粗本末、内外宾主之分粲然于其中，可以用一个"仁"字来概括。天心之仁表现为元亨利贞，人心之仁表现为仁义礼智，一统而万殊，万殊而一贯，合其异而反其同，都可以归结为道体之全。通过朱熹的诠释，理学家对何为本体的问题大致取得了共识，至于究竟应该遵循何种途径来体认本体，朱熹与湖湘学者以及江西学者持有不同的主张，引起了许多争论，这些争论大多发生在工夫层面，认识论的意义大于本体论的意义。